Todos los libros de Linkgua Ediciones cuentan con modelos de Inteligencia Artificial entrenados por hispanistas. Pregúntale al chat de tu libro lo que desees acerca de la obra o su autor/a.

Para **ebooks**: Accede a nuestro modelo de IA a través de este enlace.

Para **libros impresos**: Escanea el código QR de la portada con tu dispositivo móvil.

Obtén análisis detallados de nuestros libros, resúmenes, respuestas a tus preguntas y accede a nuestras ediciones críticas generativas para una experiencia de lectura más enriquecedora.
La transparencia y el respeto hacia la autoría de las fuentes utilizadas son distintivos básicos de nuestro proyecto. Por ello, las respuestas ofrecen, mediante un sistema de citas, las fuentes con las que han sido elaboradas.

Autores varios

Diccionario de la literatura cubana

Tomo II

Barcelona **2024**
Linkgua-ediciones.com

Créditos

Título original: Diccionario de la literatura cubana.

© 2024, Red ediciones S. L.

e-mail: info@linkgua.com

Diseño de cubierta: Michel Mallard.

ISBN tapa dura: 978-84-1126-578-2.
ISBN rústica: 978-84-9953-775-7.
ISBN ebook: 978-84-9953-953-9.

Cualquier forma de reproducción, distribución, comunicación pública o transformación de esta obra solo puede ser realizada con la autorización de sus titulares, salvo excepción prevista por la ley. Diríjase a CEDRO (Centro español de Derechos Reprográficos, www.cedro.org) si necesita fotocopiar, escanear o hacer copias digitales de algún fragmento de esta obra.

Sumario

Créditos _____ 4

D _____ 7

E _____ 38

F _____ 92

G _____ 157

H _____ 267

I _____ 310

J _____ 335

K _____ 351

L _____ 353

LL _____ 453

D

Danza, La (La Habana, 1854-1855). Carlos Manuel Trelles expresa, en la cuarta parte de su trabajo «Bibliografía de la prensa cubana (de 1764 a 1900) y de los periódicos publicados por cubanos en el extranjero» —en *Revista Bibliográfica Cubana* (La Habana, 2, 10-12, 214-215, julio-diciembre, 1938)—, que era una «Publicación quincenal festiva-satírico burlesca». Añade, además, que era redactada por Rafael Otero, José Socorro de León y Juan *del Diablo*, y que comenzó a publicarse en febrero de 1854. De esta época se ha revisado la décima y última entrega, en la que se expresa que la publicación «será desde hoy un verdadero mosaico en que unido lo jocoso con lo serio y lo útil proporcionará a cuantos lean un par de horas de distracción, y a más los retratos de aquellos personajes que se hagan más acreedores a ello». En esta misma entrega se señala que se ha unido a la redacción Agustín Mariscal.

La segunda época comenzó, según afirma Trelles en su antes citado trabajo, en octubre de 1854. Tuvo un suplemento, «Periodiquín ambulante-satírico-burlesco». En general, la publicación era dedicada a la mujer. Publicó poesías, relatos, modas y noticias locales y extranjeras. Colaboraron en sus páginas Francisco de Paula Gelabert, Fernando Pié y Faura, José Fornaris, Joaquín Lorenzo Luaces, Juan Pasán, Juan Antonio Cantalapiedra, Ramón García Oramas, Andrés Nario, Ginés Escanaverino de Linares, Felipe López de Briñas, *Gerónimo*, *Angelín*, *El bachiller tauromaquia* y otros. Trelles aclara, en su trabajo ya citado, que finalizó su publicación en 1855.

Deschamps Chapeaux, Pedro (La Habana, 9 enero 1913). Realizó los primeros estudios en su ciudad natal, en cuya Escuela Superior de Arte y Oficios se gradúa en 1936. A la vez que estudia, trabaja en distintos lugares. Dio a conocer sus primeros escritos en *Nuevos Rumbos* y *Átomo*. Fue empleado del Ministerio de Educación (1944-1946), director-redactor de *Magazine Fantasma* (1949-1950) y jefe de redacción en *Colorama* (1949-1954). Desde 1962 trabaja como investigador en el Instituto de Etnología y Folklore de la Academia de Ciencias de Cuba. Obtuvo el premio de ensayo de Ediciones R. en 1962, por su *El negro en el periodismo cubano en el siglo XIX*, ensayo bibliográfico, así como el premio UNEAC 1970 por *El negro en la economía habanera del siglo XIX*. Obtuvo además, en este último concurso, el premio de biografía por *Rafael Serra y Montalvo, obrero incansable de nuestra independencia*, en 1975. Ha colaborado en *Boletín del Archivo Nacional*, *La Gaceta de Cuba*, *Revista de la Biblioteca Nacional José Martí*, *Cuba*, *Revista de Etnología y Folklore*, *Unión y Revolución y Cultura*. Ha publicado, en colaboración con Juan Pérez de la Riva, *Contribución a la historia de la gente sin historia* (La Habana, Editorial de Ciencias Sociales, 1974).

Bibliografía activa

El negro en el periodismo cubano en el siglo XIX, ensayo bibliográfico, La Habana, Ediciones R, 1963.

Una protesta de los negros lucumís, La Habana, Academia de Ciencias de Cuba, Instituto de Etnología y Folklore, 1966.

El negro en la economía habanera del siglo XIX, La Habana, UNEAC, 1971.

Rafael Serra y Montalvo, obrero incansable de nuestra independencia, La Habana, UNEAC, 1975.

Bibliografía pasiva

Arozarena, Marcelino, «Premio de Ensayo "Enrique José Varona" UNEAC 1970», sobre *El negro en la economía habanera del siglo XIX*, entrevista, en *La Gaceta de Cuba*, La Habana, 89, 8-9, enero, 1971.

Sinfín, «Investigación necesaria, Pedro Deschamps Chapeaux, *El negro en el periodismo cubano*», en *Rotograbado de Revolución*, suplemento del periódico *Revolución*, La Habana, 10, junio 17, 1963.

Desnoes, Edmundo (La Habana, 2 octubre 1930). Su nombre completo es Edmundo Pérez Desnoes. Cursó la primera y la segunda enseñanza en La Habana. Comenzó estudios en dos universidades neoyorquinas, pero no los concluyó. En 1953 fue profesor de inglés en el colegio «América», de Caracas. Ya por estos años había colaborado en la revista *Orígenes*. Se trasladó en 1956 a Nueva York, donde trabajó como corresponsal de la Sherwin Williams y la Remington Rand y como redactor de *Visión* (1956-1959). Retornó a Cuba en 1959 y desde entonces ha sido redactor de *Revolución* y de *Lunes de Revolución* (1959-1965), empleado del Departamento de Publicaciones del Ministerio de Educación (1960), de la Editorial Nacional de Cuba (1961-1966) y más tarde del Instituto Cubano del Libro (1966-1967). Formó parte del consejo de redacción de *Casa de las Américas* (1965-1970). Además ha colaborado en *Unión, La Gaceta de Cuba, Bohemia, Granma, Mujeres, Santiago, Siempre* (México) y *Cruz del Sur* (Venezuela). Fue asesor del Taller de Divulgación de la COR del CC del PCC. Ha viajado por Venezuela, Estados Unidos, Abaco (Las Bahamas), Costa de Marfil, Europa Occidental, Ecuador, Hungría y Checoslovaquia. Su participación en eventos nacionales e internacionales comprende el Primer Congreso Nacional de Escritores y Artistas de Cuba (1961), el Congreso de Editores de Literatura Internacional (Bucarest, 1965), el Congreso Cultural de La Habana (1968) y, por invitación de la UNESCO, la Conferencia de Expertos de Artes Plásticas del Continente Americano (Quito, 1970). En 1967 escribió, junto con Tomás Gutiérrez Alea, el guión de la película *Memorias del subdesarrollo*, basado en su novela de igual título. También es autor de *The photographic image of underdevelopment*, publicado, junto a *The two lives of Malcolm X*, de Ambrosio Fornet (La Habana, Consejo Nacional de Cultura, 1967), y de la selección y el prólogo de la antología *El movimiento negro en los Estados Unidos. Now* (La Habana, Instituto Cubano del Libro, 1967). Algunas de sus obras han sido traducidas al ruso, al húngaro, al búlgaro, al rumano, al inglés, al checo, al holandés, al italiano, al alemán y al sueco.

Bibliografía activa

Todo está en el fuego, Cuentos y poemas, La Habana, Ediciones Nosotros, 1952.

No hay problema, novela, La Habana, Ediciones R, 1961; 2.ª edición, Id., 1964; 3.ª edición, Buenos Aires, Editorial Galerna, 1968.

Lam, azul y negro, ensayo, La Habana, Casa de las Américas, 1963.

Guaní, indio agricultor, Cuento, La Habana, Editora Juvenil, 1964.

El cataclismo, novela, La Habana, Ediciones R, 1965.

Memorias del subdesarrollo, novela, La Habana, Ediciones Unión, 1965; 2.ª edición, Buenos Aires, Editorial Galerna, 1968.

Punto de vista, ensayo, La Habana, Instituto Cubano del Libro, 1967.

Bibliografía pasiva

Agüero, Luis, «Libros, El problema de Sebastián», en *Bohemia*, La Habana, 56, 20, 30-31 mayo 15, 1964.

Álvarez, Federico, «Perspectiva y ambigüedad en la *Memorias del subdesarrollo*», en *Casa de las Américas*, La Habana, 6, 39, 148-150, noviembre-diciembre, 1966.

Antón, Mercedes, «*Memorias del subdesarrollo*, el cataclismo», en *Unión*, La Habana, 5, 1, 164-167, enero-marzo, 1966.

Augier, Ángel, «Ensayo y subdesarrollo» en *El Mundo*, La Habana, 66, 21949, 4, julio 20, 1967.

Bueno, Salvador, «De unas Memorias», en *El Mundo*, La Habana, 64, 21540, 4, marzo 29, 1966.

Carballo, Emmanuel, «La novela cubana», en *Bohemia*, La Habana, 56, 34, 22-23, agosto 21, 1964.

«Debate, *No hay problema*» en *La Gaceta de Cuba*, La Habana, 4, 5-6, junio 15, 1962.

«Diálogo con Edmundo Desnoes», en *Bohemia*, La Habana, 57, 37, 29, septiembre 10, 1965.

Díaz Martínez, Manuel, «*El cataclismo*», en *La Gaceta de Cuba*, La Habana 4, 46, 20, septiembre 1965.

Iznaga, Alcides, «*No hay problema*», en *Islas*, La Habana-Santa Clara, 6, 2, 321-323, julio-diciembre, 1964.

Krasnova, Eva, «*Retorno*, La novela de Desnoes» en *Literatura Soviética*, Moscú, 2, 180-181, 1965.

Lihn, Enrique, «*Punto de vista*, una invitación a la polémica» en *Revista del Granma*, Suplemento a del periódico *Granma*, La Habana, 5, julio 8, 1967.

Otero, Lisandro, «¿Hay problema?», en *Unión*, La Habana, 1, 1, 138-139, mayo-junio, 1962.

Piñera, Virgilio, «Edmundo Desnoes, *No hay problema*», en *Casa de las Américas*, La Habana, 2, 9, 160-161, noviembre-diciembre 1961.

Pogolotti Graziella, «El punto de vista de un intelectual», en *Casa de las Américas*, La Habana, 7, 44, 163-164, sept., 1967.

Despertar Literario (Santa Clara, 1965) Boletín de la Escuela de Letras de la Universidad Central de Las Villas. Inició su salida en septiembre, en forma irregular. Asumió la dirección Nathan Galpert y la subdirección Aimée González Bolaños. Su objetivo fue estimular la creación literaria de alumnos y profesores. De ellos publicó cuentos, poesías y artículos de crítica literaria. Colaboraron en sus páginas Cira Romero, Arturo Chinea, Carlos M. Gutiérrez, Aurelio Gutiérrez González, Clara de la Torre, Mercedes Dorta, Isol Beceñas, Sergio Ruiz Perera y otros. El último ejemplar revisado (número 5) corresponde a marzo-abril de 1966.

Día de Moda (La Habana, 1883-Id.). Semanario literario ilustrado. Revista que inició su salida el 3 de enero, bajo la dirección de Alberto Díaz de la Quintana. A partir del 23 de mayo varía su subtítulo por el de «Semanario ilustrado». Fue una publicación de actualidad cultural, tanto nacional como extranjera. Reseñó las fiestas literarias, conciertos, exposiciones, funciones de teatro y otros espectáculos de su época. Dedicó parte de sus páginas a la crónica. Publicó cuentos, relatos, poesías, así como novelas traducidas del francés.

Colaboraron en ella, además de su director, figuras como Teodoro Guerrero, Francisco Ortega, José Contreras, Manuel Reina, Abelardo Barreal, Antonio López Prieto, José M. Alcalde, *Felicia* (seudónimo de Virginia Felipe Auber) y otros. El último ejemplar revisado (número 43) corresponde al 24 de octubre de 1883. Carlos Manuel Trelles señala, en la cuarta parte de su trabajo «Bibliografía de la prensa cubana (de 1764 a 1900) y de los periódicos publicados por cubanos en el extranjero» —en *Revista Bibliográfica Cubana* (La Habana, 2, 10-12, 221, julio-diciembre, 1938)—, que terminó con el número del 7 de noviembre del año citado.

Diablo Cojuelo, El (La Habana, 1869). El único número publicado salió con fecha 19 de enero. Según aclara Joaquín Llaverías, en la página 21 de su obra *Los periódicos de Martí* (La Habana, Imprenta Pérez Sierra, 1928), fue el primer periódico editado en La Habana durante la libertad de imprenta que el 9 de enero de 1869 decretó el general Domingo Dulce, después de tomar posesión del cargo de capitán general de la Isla. Lo publicaron José Martí y Fermín Valdés Domínguez, según señala el último en su trabajo «Ofrenda de hermano» —aparecido en *El Triunfo* (La Habana, 2, 187-188, 2, 3, 4, 12 y 3, 4, 9, mayo 19 y 20, 1908).

Valdés Domínguez no especifica sobre quiénes recaen los cargos de director y redactor de la publicación, lo que ha provocado opiniones contradictorias. En sus cuatro páginas aparecieron un editorial y varias notas satíricas sobre la prensa y acontecimientos de la época. Dicho editorial fue el primer artículo periodístico, de carácter político, publicado por José Martí, como lo atestiguan las palabras iniciales del trabajo: «Nunca supe lo que era público, ni lo que era escribir para él, mas a fe de diablo honrado, aseguro que ahora como antes, nunca tuve tampoco miedo de hacerlo».

Valdés Domínguez esclarece, en carta enviada a Gonzalo de Quesada —volumen 2 de las *Obras del Apóstol*, editado por Gonzalo de Quesada, con el título *Cuba* (La Habana, La Propaganda Literaria, 1901)—, que «El fondo es de Martí y algún suelto, lo otro es del Doctor Joaquín Núñez de Castro, Antonio Carrillo y O'Farrill y mío».

Bibliografía

Roig de Leuchsenring, Emilio, «Martí, periodista a los dieciséis años», en *Social*, La Habana, 14, 7, 24, 25, 54.ª, 60, 62, julio, 1929.

Dialéctica (La Habana, 1942). «Revista continental de teoría y estudios marxistas», se leía como subtítulo en el número 2, correspondiente a julio-agosto de 1942. En el mismo se publicó un fragmento de los propósitos iniciales de la revista, entre los cuales se expresa el de «exponer las más interesantes indagaciones científicas realizadas a la luz del marxismo y ser un órgano de combate contra los adversarios de la cultura y el decoro de la humanidad». Más adelante, en el número 8, correspondiente a julio-agosto de 1943, la revista señala, como otro de sus objetivos, el de que «sus páginas sirvieran de vehículo a la necesaria polémica marxista sobre problemas de la América Latina [...]». La dirigió Carlos Rafael Rodríguez. Salía en forma irregular. Publicó trabajos y traducciones de pensadores marxistas. La sección «Notas y comentarios» era esclarecedora del texto de la revista. Presentó también las secciones «Índice de nombres», sobre figuras sobresalientes de la historia, y «Revista de libros», la cual presentaba notas sobre libros publicados. En esta última sección colaboraron, además de su director, figuras como Juan Marinello, José Antonio Portuondo, Ángel Augier, Emilio Roig de Leuchsenring, Luis Felipe Rodríguez, Vicente Arroyo y otros. El último ejemplar revisado (número 20) corresponde a enero-abril de 1945.

Bibliografía

«*Dialéctica*», en *Magazine de Hoy*, suplemento del periódico *Noticias de Hoy*, La Habana, 3, febrero 28, 1943.

«*Dialéctica*» en *Noticias de Hoy*, La Habana, 5, 125, 2, mayo 28, 1942.

«Los libros, *Dialéctica*», en *Gaceta del Caribe*, La Habana 1, 5, 30, julio, 1944.

Putnan, Samuel, «Un juicio sobre *Dialéctica* desde E.E.U.U.», en *Noticias de Hoy*, La Habana, 5, 188, 2, ago, 9, 1942.

Diana (Sancti Spíritus, Las Villas, 1923). «Revista quincenal, social y literaria», se lee como subtítulo en el ejemplar más antiguo encontrado (30 de junio, número 2). Era su director gerente Humberto Madrigal. Fueron su director literario y jefe de redacción Domingo García y Pelagio Garma, respectivamente. La redactaron Eligio Hernández, Segundo Marín, Manuel E. Monteagudo, Jesús Cruz Ordaz, María Gómez de Zamora, Juana Cañizares Montero y Carmen Duarte. También figuraron como colaboradores R. Marín Mir, Manuel Faría Villa, Jesús López Silvero y otros. A través de sus páginas divulgó parte de la historia y de la cultura local. El último ejemplar revisado (número 8) corresponde al 30 de septiembre del mismo año.

Diario Cívico (La Habana, 1812-1814). Comenzó a salir el 1.º de septiembre, según expresa Carlos Manuel Trelles en la cuarta parte de su trabajo «Bibliografía de la prensa cubana (de 1764 a 1900) y de los periódicos publicados por cubanos en el extranjero» —en *Revista Bibliográfica Cubana* (La Habana, 2, 10-12, 221, julio-diciembre, 1938)—. El ejemplar más antiguo revisado, correspondiente al 4 de diciembre de 1812, tenía el lema *«Quirites excubano vigilaboque pro vobis»*.

Lo redactaba Simón Bergaño Villegas. Publicaba traducciones, artículos de costumbres, trabajos filosóficos, crítica teatral y noticias de la época. También aparecieron poesías de *El redactor* y *El cubano*. Además colaboraron Manuel García Cáceres, *El amante de las armas* y *Doctor Garulla*. Antonio Bachiller y Morales expresa, en la página 204 del tomo 2 de su obra *Apuntes para la historia de las letras y de la instrucción pública de la Isla de Cuba* (La Habana, Academia de Ciencias de Cuba. Instituto de Literatura y Lingüística; 1971), lo siguiente: «Aunque no muy escrupuloso su autor, estaba escrito con buen gusto literario». Y en la página 205 añade que «sus odas anacreónticas y sus epigramas no están libres de toda objeción por sus alusiones un tanto obscenas o livianas».

El último ejemplar revisado (número 638) corresponde al 31 de mayo de 1814. Bachiller y Morales, en su ya citada obra, señala que su publicación cesó en dicho año. Bajo la responsabilidad de Araceli García Carranza se ha confeccionado su índice analítico, que se encuentra a disposición del público en el Departamento Colección Cubana de la Biblioteca Nacional José Martí.

Diario de Avisos (La Habana, 1844-1845). Periódico mercantil, económico y literario. Comenzó a salir el 1.º de febrero. José María Labraña señala, en la página 661 de su trabajo «La prensa en Cuba» —aparecido en *Cuba en la mano. Enciclopedia popular ilustrada* (La Habana, Imprenta Úcar, García, 1940, págs. 649-786)—, que «era de José M. Zayas y Narciso Foxá». Fue esencialmente un periódico de anuncios económicos y mercantiles, aunque también aparecían en sus páginas trabajos referentes a la cultura. Al iniciar su segunda época (16 de julio de 1844) presentó con más regularidad traducciones de novelas extranjeras, artículos sobre literatura universal y poesías de autores cubanos. También publicaba crónicas de la sociedad habanera y de las sociedades de recreo y culturales de la época. Suspendió su salida del 16 de diciembre al 6 de enero de 1845. En esta última fecha inició su tercera época. Colaboraron en sus páginas José Güell y Renté, Miguel Teurbe Tolón, J. M. Estorino, Ramón de Palma, J. Carcasés y Guerrero, Andrés Avelino de Orihuela, Carolina de Coronado, F. de Madrazo y otros autores, que firmaron con los seudónimos de *Varápalo* (seudónimo de Rafael Hernández de Alva?) y *El ermitaño de Paula*.

El último ejemplar revisado (número 10 de la tercera época) corresponde al 14 de enero de 1845. Carlos Manuel Trelles, en la cuarta parte de su trabajo «Bibliografía de la prensa cubana (de 1764 a 1900) y de los periódicos publicados por cubanos en el extranjero» —en *Revista Bibliografía Cubana* (La Habana, 2, 10-12, 222, julio-diciembre, 1938)—, da por terminada su publicación en 1845.

Diario de Cuba, El (Véase **Páginas literarias**)

Diario de la Familia (Véase **Páginas literarias**)

Diario de La Habana (Véase **Papel Periódico de La Habana**)

Diario de la Marina (Véase **Páginas literarias y Suplementos literarios**)

Diario liberal y de variedades de La Habana (La Habana, 1820-1821). Carlos

Manuel Trelles expresa, en la cuarta parte de su trabajo «Bibliografía de la prensa cubana (de 1764 a 1900) y de los periódicos publicados por cubanos en el extranjero» —en *Revista Bibliográfica Cubana* (La Habana, 2, 10-12, 226, julio-diciembre, 1938)—, que comenzó a salir el 4 de noviembre. El ejemplar más antiguo encontrado corresponde al 2 de enero de 1821 (número 60). José María Labraña señala, en la página 662 de su trabajo «La prensa en Cuba» —aparecido en *Cuba en la mano. Enciclopedia popular ilustrada* (La Habana, Úcar, García, 1940, págs. 649-786)—, que era dirigido por Tiburcio Campe. Presentaba el lema «*Armis tuteris, moribus ornes-Legibus enmendes*». Publicó artículos y poesías. También aparecieron noticias extranjeras y del teatro de la época.

Colaboraron en sus páginas José Policarpo Columbié y otros autores que firmaron con los seudónimos *Un apasionado de la música, Un sincero*. El periódico tuvo un suplemento. El último ejemplar revisado (número 102) corresponde al 22 de febrero de 1821. Carlos Manuel Trelles, en su trabajo antes citado, da por terminada la publicación en ese mismo año.

Díaz, Jesús (La Habana, 7 octubre 1941-Madrid, 2 mayo 2002). Estudió la primaria y el bachillerato en La Habana. Desde su época estudiantil se incorporó a las actividades políticas. En 1961 participó en la lucha contra bandidos en la Sierra del Escambray (Las Villas). Fue alumno de política internacional en un curso auspiciado por el Ministerio de

Relaciones Exteriores (1961-1962). Laboró en la sección de América Latina del Instituto Cubano de Amistad con los Pueblos (1962) y perteneció al Departamento de Filosofía de la Universidad de La Habana (1963-1971). Dirigió la plana cultural de *Juventud Rebelde* (1965-1966) y *El Caimán Barbudo* durante su primera época (1966-1967).

En 1966 recibió el premio de cuento en el Concurso Casa de las Américas por *Los años duros*, traducido al francés y al ruso. Basado en uno de los cuentos del libro realizó su obra teatral *Unos hombres y otros*, estrenada en 1966. Fue miembro del consejo de redacción de *Pensamiento Crítico* (1967-1971). En 1967 participó en los actos conmemorativos del 50.º aniversario de la Revolución de octubre, invitado por la Unión de Escritores Soviéticos. En 1968 asistió al Congreso Cultural de La Habana. Ingresó en el Partido Comunista de Cuba este último año.

Ha viajado a Puerto Rico, Canadá y Chile (1971), en donde asistió a la toma de posesión del presidente Salvador Allende. Ha colaborado en *Casa de las Américas*, *Bohemia*, *OCLAE*, *La Rosa Blindada* (Argentina), *Partisans*, *Les Lettres Françaises* (Francia). Colaboró en el texto y el guión de los documentales fílmicos de largo metraje *Viva la república* y *Puerto Rico*, y confeccionó el argumento y el guión del filme de ficción *Uds. tienen la palabra*. Trabaja en el ICAIC.

Bibliografía activa

Los años duros, relatos, La Habana, Casa de las Américas, 1966; Buenos Aires, Editorial Jorge Álvarez, 1967; La Habana, Instituto Cubano del Libro, 1968.

Bibliografía pasiva

Arias, Salvador, «Duros, pero inmensamente alentadores», en *El Caimán Barbudo*, La Habana, 7, 15, octubre, 1966.

Beltrán, Alejo, seudónimo de Leonel López Nussa, «Unos hombres y otros», en *Unión*, La Habana, 5, 4, 164-167, octubre-diciembre, 1966.

Bueno, Salvador, «Los años duros», en *El Mundo*, La Habana, 65, 21, 732, 4, noviembre 8, 1966.

Callejas, Bernardo, «Pedro Lastra opina sobre el premio de cuento», en *Revista del Granma*, suplemento del periódico *Granma*, La Habana, 2, 18, 4, febrero 27, 1966.

Carrión, Ulises, «Un libro peligroso y admirable», en *Mundo Nuevo*, París, 13, 70-71, julio, 1967.

Claro, Elsa, «Variedades, Jesús Díaz, 1[er.] premio en cuento del Concurso Casa de las Américas», en *Juventud Rebelde*, La Habana, 5, febrero 14, 1966.

Curreros Cuevas, Delio J., «Entrevista con el profesor Jesús Díaz», en *Vida Universitaria*, La Habana, 17, 188-189, 31, abril-mayo, 1966.

Cuza Malé, Belkis, «Habla un premio, j. d.», en *Revista del Granma*, suplemento del periódico *Granma*, La Habana, 2, 18, 8, febrero 27, 1966.

Fernández Iglesias, Roberto, «Compromiso logrado», en *Tunastral*, México D. F., 3, 2, julio-agosto, 1967.

García Ponce, Juan, «*Los años duros*», en *Siempre*, México D. F., 698, 8, noviembre 9, 1966.

González Manet, Enrique, «Premio de cuento 1966. Jesús Díaz y sus problemas», en *El Mundo del Domingo*, suplemento del periódico *El Mundo*, La Habana, 10-11, marzo 20, 1966.

Otero, Lisandro, «*Los años duros*», en *Casa de las Américas*, La Habana, 6, 38, 116-117, septiembre-octubre, 1966.

Pérez Ramírez, Nicolás, «Bibliografía, Díaz, Jesús, *Los años duros*», en *Punto de Partida*, México D. F., 5, 64-65, 1967.

Rodríguez Herrera, Mariano, «Premio Casa de las Américas 1966. Diálogo con Jesús Díaz», en *Bohemia*, La Habana, 58, 11, 20-21, marzo 18, 1966.

Serrano, Pío E., «Ojos y oídos de *Los años duros*», en *Juventud Rebelde*, La Habana, 5, marzo 10, 1967.

Torriente, Loló de la, «Jesús Díaz y la joven literatura», en *El Mundo*, La Habana, 65, 21 718, 4, octubre 22, 1966.

Valdés Rodríguez, José Manuel, «Tablas y pantallas, *Unos hombres y otros*», en *El Mundo* La Habana, 65, 21 723 y 21 725, 5 y 8, octubre 28 y 30, 1966.

Díaz, Roberto (La Habana, 29 julio 1942). Cursó la enseñanza primaria en escuelas públicas de La Habana. Entre 1957 y 1958 colaboró con el Movimiento 26 de julio —sin ser militante del mismo— en la edición de la revista clandestina *Acción*, donde dio a conocer, bajo seudónimo, algunos poemas suyos. Participó en la limpia del Escambray y en la defensa de Playa Girón. Trabajó como obrero metalúrgico. En 1965 fue alumno, en La Habana, de la escuela provincial del Partido Comunista de Cuba. Trabajó como cuadro político de la UJC. En 1968 entró a formar parte de la redacción de *El Caimán Barbudo*. Ha colaborado, además, en otras publicaciones nacionales. Es miembro del PCC. En 1971 ganó el premio de poesía en el Concurso 26 de julio, del MINFAR, con su libro *Limpio fuego el que yace*. Es jefe de la Sección de Cine del Departamento de Cultura, Ciencia y Centros Docentes del Comité Central del PCC. Poemas suyos han aparecido en diversas antologías nacionales.

Bibliografía activa

Limpio fuego el que yace, poesía, «Palabras introductorias», por Eliseo Diego, La Habana, Instituto Cubano del Libro, Editorial Arte y Literatura, 1971.

Bibliografía pasiva

Fidalgo, José A., «Libros cubanos, Concurso MINFAR 1971.

A fuego limpio», en *Universidad de La Habana*, La Habana, 196-197, 351-355, 1972.

Morciego, Efraín, «Identidad de un sueño en *Limpio fuego el que yace*, de Roberto Díaz», en *El Caimán Barbudo*, La Habana, 24 época, 85, 22-24, diciembre, 1974.

Navarro, Osvaldo, «Para avivar el fuego, el limpio fuego», en *Santiago*, Santiago de Cuba, 7, 225-227, junio, 1972.

Díaz Castro, Tania (Camajuaní, Las Villas, 30 abril 1939). Cursó la primaria en su pueblo natal. En 1952 se trasladó a La Habana con su familia. Durante cuatro años siguió cursos de ballet. Estudió secretariado comercial y trabajó de secretaria en la Comisión Nacional Cubana de la UNESCO (1960-1962). Asistió al Congreso Latinoamericano de Juventudes (La Habana, 1960). Tomó un cursillo sobre producción agropecuaria en el INRA, auspiciado por la UPEC. En 1962 viajó a Chile y Brasil, y dos años después a Canadá, RDA y Checoslovaquia. Participó en el Seminario del Congreso Cultural de La Habana (1967). Inició estudios de periodismo en la Universidad de La Habana, que luego abandonó (1968). Ha laborado en las redacciones de *Trabajo* (1964), *con la Guardia en Alto*, *Bohemia* (1968), *Constructores* (1971). Además ha colaborado en *Prensa Libre*, *La Tarde*, *Romances*, *Cuba*, *El Mundo*, *Hoy*, *Revolución*, *juventud Rebelde*, *La Gaceta de Cuba*, *OCLAE; El Corno Emplumado y El Escarabajo de Oro* (México); *Cormorán* y *Delfín*, Argentina.

Bibliografía activa

Apuntes para el tiempo, poemas, La Habana, Eds, R., 1964.
Todos me van a tener que oír, poemas, La Habana, Ediciones Unión, 1970.

Bibliografía pasiva

Claro, Elsa, «5 poetas jóvenes dicen», en *Juventud Rebelde*, La Habana, 7, noviembre 24, 1965.
Cuza Malé, Belkis, «*5 Poetas jóvenes*», en *Hoy Domingo*, suplemento del periódico *Hoy*, La Habana, 5, septiembre 5, 1965.
Enero, Baltasar, seudónimo de José Jorge Gómez Fernández, «Tania Díaz Castro», en *Con la Guardia en Alto*, La Habana, 3.ª época, 4, 1, 62-63, enero, 1965.
Garzón Céspedes, Francisco, «Autores juveniles», en *Juventud Rebelde*, La Habana, 5, junio 27, 1966.
Villares, Ricardo, «*Apuntes para el tiempo*», en *Con la Guardia en Alto*, La Habana, 3.ª época, 4, 5, 56-57, septiembre 1965.

Díaz de la Rionda, Silverio (La Habana, 1902). Cursó sus primeros estudios en el colegio La Salle. Posteriormente se graduó de abogado y desempeñó el cargo de letrado consultor del Ministerio de Justicia. Fue además cantante y pianista. Su libro *Eros*, en el que reunía poemas escritos en 1931, compartió con el libro *Sed*, de Rafael García Bárcena, el Premio Nacional de Poesía, otorgado por la Secretaría de Educación en 1935.

Bibliografía activa

Eros, poemas, La Habana, Empresa Editora de Publicaciones, 1937.
Con la espada inocente de la luz, La Habana,

Editorial Lex, 1951.

Himno a la Virgen, La Habana, s. a.

Bibliografía pasiva

Vitier, Cintio, «Silverio Díaz de la Rionda», en su *Cincuenta años de poesía cubana, 1902-1952*, ordenación, antología y notas, La Habana, Ministerio de Educación, Dirección de Cultura, 1952, págs. 257.

Díaz Llanillo, Esther (La Habana, 2 diciembre 1934). Estudió la enseñanza primaria en La Habana y se graduó de Bachiller en Letras en el colegio Baldor (1952). Cursó la carrera de Filosofía y Letras en la Universidad de La Habana (1952-1957). En 1959 obtuvo el doctorado en Filosofía y Letras y se le otorgó el premio especial «Antonio Barrera» de la Cátedra de Literatura Cubana e Hispanoamericana de dicha Universidad por el ensayo *El arte de novelar de Hernández Catá*. Trabajó en la Casa de las Américas (1959-1961). Cursó bibliotecología en la Universidad de La Habana (1961-1962) y trabajó como bibliotecaria en la Junta Central de Planificación (1961-1973). Ha hecho reseña de libros en la revista *Casa de las Américas*. Algunos de sus cuentos han aparecido en *Lunes de Revolución, Mujeres* y en antologías. Tiene inédito el trabajo *Jorge Luis Borges: su obra literaria*. Desde 1973 hasta 1975 trabajó en investigaciones literarias en el Instituto de Literatura y Lingüística de la Academia de Ciencias de Cuba.

Bibliografía activa

El castigo, relatos, La Habana, Ediciones R, 1966.

Bibliografía pasiva

Llopis, Rogelio, «Epílogo de una ojeada», en *Bohemia*, La Habana, 59, 5, 33, febrero, 1967.

Díaz Martínez, Manuel (Santa Clara, 13 septiembre 1936). Cursó hasta cuarto año de bachillerato en el Instituto de Segunda Enseñanza de la Víbora, de donde fue expulsado por actividades revolucionarias. En 1959 ingresó en el Partido Socialista Popular. Viajó a Europa (1959-1960) con una beca del Gobierno Revolucionario, gracias a la cual realizó estudios en el Instituto Hispánico de la Sorbonne, en París. Fue jefe de redacción del *magazine Hoy Domingo* (1959-1963) y profesor de la Escuela Nacional de Instructores de Arte del C. N. C. (1962-1963). Entre 1963 y 1964 ocupó un cargo diplomático en Bulgaria. Asistió como observador al Congreso de Escritores Búlgaros (1964) y delegado al Congreso Cultural de La Habana (1968). Ha viajado por diversos países de Europa y el campo socialista. Investigador literario en el Instituto de Literatura y Lingüística de la Academia de Ciencias (1965-1967). Fue redactor de *La Gaceta de Cuba* entre 1966 y 1975. Ha colaborado también en *El Sol, Islas, El Mundo, Diario Libre, Verde Olivo, Casa de las Américas, Academus* (México), *Índice* (Madrid). Obtuvo menciones de poesía en el Concurso Casa de las Américas con *Un* *hombre dice* (1963) y *Vivir es eso* (1967). Con este último ganó también el premio «Julián del Casal» 1967 de la UNEAC. Algunos poemas suyos han sido vertidos al francés, al inglés, al italiano, al alemán y a diversas lenguas eslavas. Ha hecho versiones de poemas de Attila Jossef, V. Nezval y Ho Chi Minh. Cultiva además el cuento.

Bibliografía activa

Frutos dispersos, poesía, La Habana, Impresos Arteaga, 1956.

Soledad y otros temas, poesía, La Habana, Impresos Arteaga, 1957.

El amor como ella, poesía, La Habana, La Tertulia, 1961.

Los caminos, poesía, La Habana, Ediciones Unión, 1962.

Nanas del caminante, La Habana, 1963.

El país de Ofelia, La Habana, Ediciones R, 1965.

La tierra de Saud, poesía, La Habana, Ediciones Unión, 1967.

Vivir es eso, poesía, La Habana, UNEAC, 1968.

Bibliografía pasiva

Branly, Roberto, «El amor en la joven poesía cubana, Diálogo con Manuel Díaz Martínez», en *La Calle*, La Habana, 4.ª etapa, 625, 8, agosto 9, 1961.

«Los caminos», en *La Gaceta de Cuba*, La Habana, 2, 11-12, 27, enero, 1963.

Cuza Malé, Belkis, «Vivir en la poesía», en *La Gaceta de Cuba*, La Habana, 6, 67, 20-21, septiembre-octubre, 1968.

Desquirón, Antonio, «El primer Julián», en *El Caimán Barbudo*, La Habana, 2.ª época, 24, 22, octubre, 1968.

Feijóo, Samuel, «Los caminos de Manuel Díaz Martínez», en *Islas*, La Habana-Santa Clara, 5, 2, 404-406, enero-junio, 1963.

Fernández, Pablo Armando, «*El amor como ella*», en *Casa de las Américas*, La Habana, 2, 8, 116-117, septiembre-octubre, 1961.

García Vega, Lorenzo, «*El país de Ofelia*, Poesía de Manuel Díaz Martínez», en *El Mundo del Domingo*, suplemento del periódico *El Mundo*, La Habana, 16, noviembre 13, 1966.

Jaume, Adela, «Los poemas de soledad de Manuel Díaz Martínez», en *Diario de la Marina*, La Habana, 126, 81, 11-A, abril 4, 1958.

Lihn, Enrique, «*Vivir es eso*», en *Unión*, La Habana, 220, 222, octubre-diciembre, 1968.

Llana Castro, María Elena, «Entrevista», en *La Tarde*, La Habana, 201, 3, julio 30, 1962.

Navarro Luna, Manuel, «Manuel Díaz Martínez», en *Verde Olivo*, La Habana, 3, 15, 84-85, abril 15, 1962.

Oraá, Pedro de, «La vida de sobremesa» en *Unión*, La Habana, 6, 3, 150-157, septiembre, 1968.

Recio, Renato, «*Vivir es eso*», en *El Mundo*, La Habana, 67, 22 294, 2, agosto 30, 1968.

Selva, Mauricio de la, «*Vivir es eso*», en *Cuadernos Americanos*, México D. F., 27, 161, 6, 310-311, noviembre-diciembre, 1968.

Díaz Silveira, Francisco (La Habana, 4 febrero 1871-Id., 16 febrero 1925). A los trece años emigró a Cayo Hueso con su familia por razones políticas. Fue secretario del Club San Carlos. Durante la guerra de 1895 regresó a Cuba en la expedición de Carlos Roloff y Serafín Sánchez. Fue representante por Occidente en la Asamblea de Jimaguayú y jefe de despacho de la Secretaría del Interior. Llegó al grado de coronel de caballería. Formó parte del cuerpo de redacción de *La Nación* (1898-1899) del central Mapos, Sancti Spíritus (Las Villas). En 1912 dirigió junto con Carvallo Miyeres el semanario *El Teatro*, que ya bajo su sola dirección, al año siguiente, se llamó *Universal*. Por esta misma época desempeñó diversos cargos públicos, a los que luego renunció por discrepancias políticas. Marchó al campo, donde realizó labores agrícolas. Persuadido por amigos ex combatientes volvió a la vida pública y ocupó un cargo administrativo en el municipio habanero. Colaboró además en *El Yara*, de factura separatista, *La Discusión*, *El Fígaro*, *Cuba y América*, *Azul y Rojo*, *Letras*. Tradujo a Carducci y a Lord Byron entre otros autores. Dejó al morir poesías inéditas.

Bibliografía activa

Fugitivas, prólogo de Esteban Borrero Echeverría, La Habana, Imprenta El Comercio, 1901.

Bibliografía pasiva

Carbonell, José Manuel, «Francisco Díaz Silveira 1871-1925», en su *La poesía lírica en Cuba*, recopilación dirigida, prologada y anotada, tomo 4, La Habana, Imprenta El Siglo XX, 1928, págs. 431-432, Evolución de la cultura cubana, 1608-1927, 4.

«Francisco Díaz Silveira, 1871-1925», en su *La poesía revolucionaria en Cuba*, recopilación dirigida, prologada y anotada, T. único, La Habana, Imprenta El Siglo XX, 1928, págs. 365, Evolución de la cultura cubana, 1608-1927, 6.

Carbonell, Miguel Ángel, *El poeta de la guerra*, La Habana, Editorial Guáimaro, 1938.

Márquez Sterling, Manuel, «Un buen poeta», en *La Escuela Moderna*, La Habana, 3, 15, 176-177, septiembre 15, 1901.

Díaz Velarde, Andrés (La Habana, 27 julio 1834-Id., 24 junio 1869). Se recibió de Licenciado en Medicina y Cirugía en 1860. Estuvo vinculado al Ateneo de La Habana. Se destacó como orador en el Liceo Artístico y Literario de La Habana. Colaboró en *El Faro Industrial*, donde dio a conocer sus primeras poesías, y en casi todas las publicaciones literarias de la época, como la *Revista de La Habana*, *El Duende*, *La Piragua*, *La Prensa*, *Floresta Cubana*, *La Bolsa*, *El Siglo*, *Brisas de Cuba* y *Cuba Literaria*. Aparece antologado en *Cuba poética* (2.ª edición (La Habana, Imprenta de la Viuda de Barcina, 1861, pág. 222). Sus poesías nunca formaron colección. En ocasiones firmó con A. D., Velarde (*Diario de La Habana*, 1853) y A. Díaz (*Camafeos*, 1865).

Bibliografía pasiva
Carbonell, José Manuel, «Andrés Díaz y Velarde, 1834-1869», en su *La poesía lírica en Cuba*, recopilación dirigida, prologada y anotada, tomo 3, La Habana, Imprenta El Siglo XX, 1928, págs. 333-337, Evolución de la cultura cubana, 1608-1927, 3.

Diccionarios La primera referencia que poseemos relacionada con el intento de creación de un diccionario entre nosotros, se remonta a 1795, año en que el fraile Luis Peñalver elevó a la Sociedad Económica de Amigos del País su «Memoria sobre lo útil que sería formar un diccionario provincial», leída en la Sociedad Patriótica de La Habana y recogida en las memorias de esta institución de ese mismo año.

La sugerencia sin embargo, no hallaría eco hasta después de transcurrido un cuarto de siglo, cuando en 1829 Domingo del Monte, al que se unió dos años más tarde un grupo de colaboradores —José Estévez, Joaquín Santos Suárez, Francisco Ruiz y José del Castillo—, comenzó la preparación de nuestro primer diccionario. Desgraciadamente, el trabajo no pasó de su fase inicial. El caudal de «cubanismo» acoplado de modo principal por Del Monte, fue entregado por éste al diccionarista Vicente Salvá, quien hizo inclusión de ellos en su propio diccionario sin indicar la procedencia de los mismos ni dejar constancia de agradecimiento a su generoso colaborador.

Correspondía, pues, a Esteban Pichardo —al publicar en 1836 su *Diccionario provincial de voces cubanas*, el honor de realizar la primera obra de esta clase que se editaba en Hispanoamérica. Este diccionario, que conoció en el propio siglo XIX cuatro ediciones y obtuvo el reconocimiento unánime de los especialistas de su tiempo, ha sido la base de todos los trabajos ulteriores que en esa dirección se desarrollarían en nuestro país.

Pero si los esfuerzos lexicográficos de estos autores encontraron numerosos continuadores en lo que se refiere al aspecto lingüístico, no acontecería lo mismo en el literario. Así, no será hasta 1863, en la parte biográfica de la ingente obra en cuatro volúmenes del español Jacobo de la Pezuela, *Diccionario geográfico, estadístico, histórico de la Isla de Cuba* (1863-1866), que se dio cabida en obras de este tipo —junto a las figuras de los más relevantes funcionarios gubernamentales, militares y eclesiásticos que actuaron en Cuba durante el período colonial— a escritores y figuras destacadas de la cultura cubana, como Francisco de Arango y Parreño, la Avellaneda, Antonio Bachiller y Morales, José María Heredia, el obispo Morell de Santa Cruz, *Plácido* (seudónimo de Gabriel de la Concepción Valdés), Esteban Pichardo, Manuel del Socorro Rodríguez.

Las excelencias y limitaciones de la obra de Pezuela contribuyeron notablemente a la preparación del *Diccionario biográfico cubano* (1878-1886) de Francisco Calcagno, quien comenzó a trabajar en él —según apunta en el prólogo— en 1859. Inició su publicación parcial en forma de entregas en Nueva York en 1878 y la concluyó en 1886 ya de regreso en La Habana, tras una interrupción de 1878 a 1885. Esta obra, pese a no estar exenta de numerosos errores —explicables dada la magnitud del empeño emprendido por un solo hombre—, ha sido hasta nuestros días el más serio intento en trabajos de su clase realizados en el país, y al igual que el diccionario de Pichardo en el orden lingüístico, resulta fuente obligada de consulta para todos los investigadores de la cultura cubana decimonónica.

Lamentablemente, el diccionario de Calcagno no tuvo continuadores de talla en nuestro siglo, donde si es posible hallar numerosas obras que en forma alfabética relacionan escritores o personalidades relevantes de nuestro ámbito cultural, prácticamente han estado presididas por una concepción mercantilista o, cuando menos, no literaria. Entre ellas se destacan las obras del italiano Adolfo Dollero, *Cultura cubana* (1916), edición bilingüe con los ojos puestos en la burguesía europea y destinada a «destruir algunas ideas erróneas que aún existen en las esferas sociales de Europa, que podrían dar el contingente de su emigración a Cuba». El libro es, pues, una empresa típicamente comercial y las esquemáticas notas biográficas que sobre las figuras más sobresalientes de nuestra cultura contiene, se caracterizan por su superficialidad y carencia total de rigor crítico. Igual puede decirse de sus otros volúmenes publicados con posterioridad: *Cultura cubana (La provincia de Matanzas y su evolución)* (1919) y *Cultura cubana (La provincia de Pinar del Río y su evolución)* (1921).

Con todo, por esta misma época se editó una obra altamente valiosa —sin precedentes en nuestra literatura— y que aguarda aún quien la actualice. Nos referimos al *Diccionario cubano de seudónimos* (1922) compilado por el destacado bibliógrafo cubano Domingo Figarola Caneda, obra meritoria, que resulta, también, de consulta imprescindible para todo investigador literario. Cuatro años más tarde, influido por la obra de Figarola Caneda, Manuel García Garófalo Mesa publicó un brevísimo *Diccionario de seudónimos de escritores, poetas y periodistas villaclareños* (1926), que dista mucho de la seriedad del trabajo que le sirvió de modelo.

Años más tarde, en ocasión de celebrar la Asociación de Reporters de La Habana sus treinta años de existencia, apareció *La prensa en Cuba* (1932), de Tomás González Rodríguez, que incluía un «Diccionario biográfico» de periodistas nacidos en Cuba. Las fichas biográficas, que no guardan siquiera un orden alfabético dentro de cada letra, resultan de gran mediocridad.

También como parte del contenido de una obra más amplia, que tuvo el plausible propósito de compendiar en un volumen gran cantidad de información sobre distintos aspectos de nuestra nación, se incluiría en *Cuba en la mano* (1940), dirigida por Esteban Roldán Ollarte, un índice biográfico de personalidades cubanas, que aunque útil, dado el carácter meramente divulgativo, no erudito, del volumen, quedaba muy a la zaga de lo alcanzado por Calcagno en su diccionario, el cual —como se hace constar en la ficha de este autor— constituyó la fuente básica para las biografías de las figuras del siglo XIX.

De mayor vuelo, aunque el valor biográfico de sus fichas es también reducido y son lamentables las numerosas exclusiones de figuras de importancia para Cuba en el orden cultural, resulta la *Enciclopedia popular cubana* (1942-1948) que en tres volúmenes publicó Luis J. Bustamante, autor de un mediocre *Diccionario biográfico cienfueguero* (1931).

En la línea de esta última obra de Luis J. Bustamante que hemos citado, pero con mayor calidad, *Próceres de Santiago de Cuba*, de Felipe Martínez Arango, constituye un fervoroso tributo a su ciudad natal y resulta una fuente valiosa para el estudioso de nuestra cultura, dado el crecido número de santiagueros ilustres que han dado su aporte a ella y que aparecen relacionados en el libro. Pero las obras de mayor importancia para el investigador las realizaría en la década del cincuenta Fermín Peraza Sarausa, autor del *Diccionario biográfico cubano* (1951-1959) —que tanto debe a Calcagno—, en diez tomos, formado por las personalidades fallecidas, y de *Personalidades cubanas* (1957-1959), en siete, constituido por las que vivían en el momento de su redacción. Ambos fueron editados en mimeógrafo. Al abandonar su autor el país con posterioridad al triunfo de la Revolución y vincular su actividad a grupos contrarrevolucionarios en los Estados Unidos, dejó entre nosotros inconclusa su obra.

También en esa década apareció —auspiciado por el Colegio Nacional de Periodistas y dirigido por Gustavo Parapar y Abelardo A. García-Berry— el *Directorio profesional de periodistas de Cuba* (1957), con información biográfica sobre los periodistas colegiados, que aunque más completo y cuidadosamente editado que *La prensa en Cuba*, respondía igualmente a fines comerciales.

Por último, ya después del triunfo de la Revolución, Óscar D. Domech publicó su *Diccionario internacional de autores* (1965) con carácter meramente divulgativo y con lamentables errores.

Como puede apreciarse, fuera del *Diccionario biográfico cubano* de Calcagno en el siglo XIX, y de los esfuerzos inconclusos de Peraza en el XX, nuestra patria ha carecido de un verdadero diccionario en que orgánicamente fuera realizado el estudio de su literatura en particular y de su cultura en general. El presente *Diccionario de la literatura cubana*, en el cual trabajamos los investigadores del Instituto de Literatura y Lingüística, viene a satisfacer una necesidad que se tornaba perentoria para el estudioso de nuestra literatura, y que tendría que esperar al triunfo de una Revolución para llegar a materializarse.

Diego, **Eliseo** (La Habana, 2 julio 1920-Ciudad México, 1 marzo 1994). A los seis años viajó con su familia por Francia y Suiza. Cursó la primaria en su ciudad natal. Se graduó de Bachiller en Ciencias y Letras en el Instituto de La Habana en 1940. En 1941 ingresó en la Universidad de La Habana en la carrera de derecho, pero la abandonó dos años más tarde. Perteneció al cuerpo de redactores de la revista *Clavileño* (1942-1943) y fue miembro fundador del Grupo Orígenes, en cuya revista de igual título, entre 1944 y 1956, dio a conocer poesías y algunos cuentos no recogidos en libros. Maestro de inglés en los centros especiales nocturnos (1944-1947), a partir de 1947 y hasta 1959 laboró como inspector del Ministerio de Educación para dicho idioma. Viajó en dos ocasiones a los Estados Unidos (1948 y 1950). Cursó la carrera de Pedagogía en la Universidad de La Habana (1955-1959). Enseñó literatura inglesa y norteamericana en cursos especiales ofrecidos por la Casa de las Américas (1959-1960). En 1962 se le encomendó la responsabilidad del Departamento de Literatura y Narraciones Infantiles de la Biblioteca Nacional José Martí, la cual desempeñó hasta 1970. Desde 1963 desempeña el cargo de secretario de relaciones públicas de la Sección de Literatura de la UNEAC.

Ha sido jurado en los concursos de la UNEAC, Casa de las Américas y del MINFAR. Viajó a la URSS en 1968 a los actos conmemorativos del sesquicentenario del natalicio del escritor ruso Iván Turgueniev, en 1971 al festival de Pushkin y en 1972 al Congreso de Literatura Soviética de la República de Uzbekistán. Visitó además Hungría. Ha colaborado en *Nueva Revista Cubana, Bohemia, Verde Olivo, Casa de las Américas, La Gaceta de Cuba, El Caimán Barbudo, El Mundo, Granma, Revista de la Biblioteca Nacional José Martí, Amaru* (Perú), *Literatura Extranjera* (URSS).

Conferencista sobre literatura en diversos centros culturales de Cuba y el extranjero. Entre sus ensayos se encuentra un estudio sobre William Faulkner aparecido en la *Revista de la Biblioteca Nacional José Martí*, La Habana, 3, 14, 88-107, enero-diciembre, 1961 (1963). Ha hecho versiones de poemas de autores soviéticos y, junto con David Chericián, del húngaro Sandor Petöfi (*Poemas*. La Habana, Instituto Cubano del Libro, 1973), además de traducciones del inglés de cuentos de Hans Christian Andersen (*Cuentos*, La Habana, Editorial Nacional de Cuba, 1965) y de los hermanos Grimm (*Cuentos de Grimm*. La Habana, Editorial Nacional de Cuba, 1966).

Su labor como prologuista incluye las novelas *Orlando. Una biografía* (La Habana, Editora del Consejo Nacional de Cultura, 1966), de Virginia Woolf, y *La piedra lunar* (La Habana, Instituto Cubano del Libro, 1968), de Wilkie Collins. También seleccionó y prologó un tomo de poemas de Gabriela Mistral (*Poesía*. La Habana, Casa de las Américas, 1967). Algunos de sus poemas y cuentos han sido traducidos al ruso, al italiano, al inglés, al sueco, al francés, al búlgaro, al húngaro y al rumano. Desde 1970 es redactor de la revista *Unión* y miembro de la Comisión de publicaciones de la UNEAC. Obtuvo el Premio Nacional de Literatura en 1986.

Bibliografía activa

En las oscuras manos del olvido, Prosa poética,

La Habana, Ediciones Clavileño, 1942.

Divertimentos, Prosa poética, La Habana, Ediciones Orígenes, 1946.

En la Calzada de Jesús del Monte, poesía, La Habana, Ediciones Orígenes, 1949.

Por los extraños pueblos, poesía, La Habana, Imprenta Úcar, García 1958.

El oscuro esplendor, poemas, La Habana, Ediciones Belic, 1966.

Divertimentos y versiones, Cuentos y prosas breves, prólogo de Ida Vitale, Montevideo, Editorial Arca, 1967.

Muestrario del mundo o libro de las maravillas de Boloña, poesía, La Habana, Instituto Cubano del Libro, 1968; 2.ª edición, La Habana, UNEAC, 1969.

Versiones, poesía, La Habana, UNEAC, 1970.

Nombrar las cosas, poesía, La Habana, UNEAC, 1973.

Bibliografía pasiva

Alomá, Orlando, «Un libro de la inocencia humana», en *Casa de las Américas*, La Habana, 7, 42, 159-160, mayo-junio, 1967.

Benedetti, Mario, «Eliseo Diego encuentra su Olimpo», en *Unión*, La Habana, 6, 2, 132-138, junio, 1968.

Bragunskaia, Ella, «Nuestro amigo Eliseo Diego, acerca de una velada en la biblioteca de literatura extranjera», en *Literatura soviética*, Moscú, 12, 294, 164-165, 1972.

Bueno, Salvador, «Eliseo Diego, *Nombrar las cosas*», en *Bohemia*, La Habana, 66(6, 14-15, febrero 8, 1974.

Contreras, Félix, «Diàlogo con Eliseo Diego», en *Bohemia*, La Habana, 59, 5, 32, febrero 3, 1967.

Bianchi Ross, Ciro, «Una entrevista con Eliseo Diego», en *Juventud Rebelde*, La Habana, 4, noviembre 21, 1968.

Feria, Lina de, «Alquimia del siglo XX», en *El Caimán Barbudo*, La Habana, 2.ª época, 21, 26, junio, 1968.

Fernández Retamar, Roberto, «Eliseo Diego», en su *La Poesía contemporánea en Cuba, 1927-1953*, La Habana, Orígenes, 1954, págs. 111-114.

García Carranza, Aracely, *Bibliografía de Eliseo Diego*, compilación, prólogo de Cintio Vitier, La Habana, Biblioteca Nacional José Martí, 1970.

Lezama Lima, José, «Sobre *Divertimentos* de Eliseo Diego», en *Orígenes*, La Habana, 3, 10, 45-46, verano, 1946.

Nadereau Maceo, Efraín, «El libro, Las *Versiones* de Eliseo Diego», en *Boletín del Poeta*, Santiago de Cuba, 1, 2, 18-20, febrero, 1971.

Orovio, Helio, «Los tesoros de la caducidad», en *Unión*, La Habana 6, 1, 160-164, enero-marzo, 1967.

Pérez Perdomo, Francisco, «*Divertimentos y versiones* de Eliseo Diego», en *Imagen*, Caracas, 77, 4 junio, 1968.

Pita Rodríguez, Félix, «Versión de *Versiones*», en *Unión*, La Habana, 10, 3, 144-146, septiembre, 1971.

Prats Sariol, José, «Breve comentario de la

poesía de Eliseo Diego», en *Revolución y Cultura*, La Habana, 24, 62-66, agosto, 1974.

Sologuren, Javier, «Dos libros de Eliseo Diego», en *Amaru*, Lima, 9, 89-90, marzo, 1969.

Vitale, Ida, «Eliseo Diego», en *Marcha*, Montevideo, 28, 1 350, abril 28, 1967.

Vitier, Cintio, «*Divertimentos*, de Eliseo Diego», en *Revista Cubana*, La Habana, 21, 156-159, enero-diciembre, 1946.

«Eliseo, Diego», en su *Diez poetas cubanos, 1937-1947*. Antología y notas, La Habana, Ediciones Orígenes, 1948, págs. 147-148.

«*En la Calzada de Jesús del Monte*», en *Orígenes*, La Habana, 6, 21, 53-59, primavera, 1949; *Lo cubano en la poesía*, La Habana, Instituto Cubano del Libro, 1970, págs. 501-517.

Dihigo, Ernesto (La Habana, 23 enero 1896). Se recibió de Bachiller en Letras y Ciencias en el Instituto de La Habana en 1912. En 1918 se graduó de Doctor en Filosofía y Letras en la Universidad de La Habana. En la Escuela de Derecho de esta institución fue profesor de Derecho Romano desde 1917 y ocupó el cargo de decano. Colaboró en *El Fígaro, Cuba Contemporánea, Universidad de La Habana, Revista Cubana de Derecho, Revista de Derecho Internacional*. Su trabajo *Sociedades de responsabilidad limitada* (La Habana, Imprenta La Propagandista, 1936) fue premiado por el Colegio de Abogados de La Habana, institución de la que fue decano de 1933 a 1935. Desde 1934 trabajó como profesor en la Escuela de Ciencias Comerciales.

Ha sido miembro del Tribunal Superior Electoral (1934-1939), director de la Academia Interamericana de Derecho Comparado e Internacional, ministro de Estado (1950-1951), Embajador de Cuba en las Naciones Unidas (1951-1952), presidente del Seminario de Dirigentes juveniles de la América Latina convocado por la UNESCO (1954), embajador extraordinario y plenipotenciario en Estados Unidos (1959). Ha participado en numerosas conferencias internacionales convocadas por las Naciones Unidas en México, Estados Unidos, Colombia, Inglaterra, Francia y Cuba. Miembro de la Academia Cubana de la Lengua, ha colaborado en su *Boletín*. Es autor de diversos trabajos sobre derecho, entre ellos *La posesión. La hipoteca* (La Habana, Imprenta El Siglo XX, 1926), *Curso de Derecho Romano*. Primer año (La Habana, Imprenta de Universidad, 1929), *Apuntes de Derecho Romano* (La Habana, 1944, 2 T.). Numerosos trabajos suyos de carácter jurídico han aparecido en obras colectivas.

Bibliografía activa

Juan Bautista Hernández Barreiro, un romanista cubano, La Habana, La Mercantil, 1944.

Cuba y el problema del Caribe, discurso pronunciado, ante el Consejo de la Organización de los Estados Americanos, actuando provisionalmente como órgano de consulta, La Habana, Imprenta Úcar, García, 1950, *discurso pronunciado en la sesión inaugural de la XXII Reunión Anual de la Sociedad Cubana de Derecho Internacional el día 15 de mayo de*

1950, La Habana, 1950.

Nuestro servicio exterior y sus necesidades, discurso, en la sesión inaugural de la XXII Reunión Anual de la Sociedad Cubana de Derecho Internacional, La Habana, 15 de mayo de 1950, La Habana, 1950, Ministerio de Estado, Asuntos administrativos, I.

El veto y la admisión de nuevos miembros en las Naciones Unidas, Palabras del Delegado de Cuba, en la sesión de la Primera Comisión de la Asamblea General del día 21 de enero de 1952, en el debate sobre admisión de nuevos miembros en las Naciones Unidas, La Habana, Editorial Lex, 1952.

Legality of intervention under the charter of the Organization of American States, Reprinted from *Proceedings of the American Society of International Law*, 1957, Pensilvania, Lancaster Press, 1957.

Bibliografía de Juan Miguel Dihigo y Mestre, La Habana, Talleres del Archivo Nacional, 1964.

Los cubanismos en el Diccionario de la Real Academia Española, Madrid, Comisión Permanente de la Asociación de Academias de la Lengua Española, 1974.

Dihigo y Mestre, Juan Miguel (La Habana, 8 mayo 1866-Id., 15 febrero 1952). Estudió en el Colegio de Belén. Se doctoró en Filosofía y Letras en la Universidad de La Habana en 1888. Durante la guerra de 1895 fue delegado del Club Oscar Primelles de Nueva York en la provincia de La Habana y colaboró en diversas actividades revolucionarias bajo el seudónimo *Lincoln*. En 1898 obtuvo el doctorado en Derecho Civil y Canónico en la Universidad de La Habana. Vinculado a ésta desde 1890, desempeñó múltiples actividades docentes como profesor de griego y más tarde de lingüística y filología clásica, fue secretario y decano de la Facultad de Letras y Ciencias y en 1925 rector del Alma Mater. Fundó, junto con Arístides Mestre, la *Revista de la Facultad de Letras y Ciencias* (1905), de la cual fue jefe de redacción y más tarde director (1914), creó el Laboratorio de Fonética Experimental (1908) y el Museo de Arqueología Clásica (1919), promovió las Conferencias Sabatinas celebradas en el Aula Magna y asistió como delegado a las fiestas del Tercer Centenario de la Universidad de Oviedo y al XVI Congreso de Orientalistas celebrado en Atenas (1912). Desde 1910 fue miembro de la Academia de la Historia de Cuba. Perteneció a la Asociación para el Fomento de los Estudios Griegos, de París. Fue uno de los fundadores y presidentes de la Junta Municipal de Educación de La Habana. Colaboró en la *Revista de Instrucción Pública*, *La Escuela Moderna* y *La Discusión*. Es autor de numerosos trabajos de filología y lingüística. Usó el seudónimo *Anacarsis*.

Bibliografía activa

Discurso de gracias en su investidura del doctorado en Filosofía y Letras verificada en la noche del 26 de septiembre de 1888 en la Real Universidad, La Habana, Imprenta de Soler,

Álvarez, 1888.

La lengua árabe y la historia de España, Necesidad del estudio de la lengua árabe para el conocimiento positivo de la historia de España, tesis para el doctorado en Filosofía y Letras leída y sostenida el 22 de junio de 1888, La Habana, Imprenta La Antillana de G. Cacho-Negrete, 1888.

Estudio sobre la tragedia, La Raquel, Siglo XVIII, La Habana, Imprenta de Soler, Álvarez, 1889.

Estudio sobre Sur l'eau, La Habana, Imprenta de Soler, Álvarez, 1889.

Sinopsis de gramática griega, La Habana, Imprenta La Constancia, 1894.

Elogio del Doctor Nicolás Heredia y Mota, profesor de Historia de la Literatura Española e Historia de las Literaturas Modernas Extranjeras, leído en la sesión solemne del Claustro Universitario celebrada la noche del 11 de enero de 1902, La Habana, Imprenta y Librería La Moderna Poesía, 1902, *discurso inaugural leído en la fiesta celebrada la noche del 8 de septiembre en la Escuela Luz Caballero para solemnizar la apertura del curso escolar de 1907 a 1908*, La Habana, Librería e Imprenta La Moderna Poesía, 1907; La Habana, Imprenta Avisador Comercial, 1907.

José Ignacio Rodríguez, contribución a su biografía, La Habana, Imprenta Avisador Comercial, 1907.

Las raíces griegas, estudio clasificado de las mismas, La Habana, Imprenta Avisador Comercial, 1908.

Regnaud y su obra, estudio crítico, La Habana, Imprenta Avisador Comercial, 1908.

La fonética experimental en el Laboratorio Rousselot, La Habana, Imprenta Avisador Comercial, 1909.

Roosevelt y la ortografía inglesa, La Habana, Imprenta Avisador Comercial, 1909.

Tercer centenario de la Universidad de Oviedo, La fonética experimental en el Laboratorio Rousselot, Informe presentado al Rector de la Universidad de La Habana por el representante oficial de la misma en las fiestas de Oviedo, La Habana, Imprenta Avisador Comercial, 1909.

Bréal, estudio crítico, La Habana, Imprenta Avisador Comercial, 1911.

La fonética experimental en la ciencia del lenguaje, La Habana, Imprenta Avisador Comercial, 1911.

El Congreso de Orientalistas y el Jubileo de la Universidad de Grecia, Informe presentado al señor secretario de Instrucción Pública y Bellas Artes, por el delegado de la República de Cuba, La Habana, Imprenta El Siglo XX, 1912.

Elogio del Doctor Ramón Meza y Suárez Inclán, leído en la sesión pública extraordinaria del día 20 de enero de 1912, La Habana, Imprenta El Score, 1912.

Reparos etimológicos al Diccionario de la Lengua Española, *Voces derivadas del griego*, La Habana, Imprenta El Siglo XX, 1912.

Rufino J. Cuervo, estudio crítico, La Habana, Imprenta La Universal, 1912.

La Biblia desde el punto de vista lingüístico, La Habana, Imprenta El Siglo XX, 1913.

El habla popular al través de la literatura cubana,

estudio sobre su transformación, trabajo leído y sostenido el día 10 de abril de 1912 en la Sección X del Congreso Internacional de Orientalistas celebrado en Atenas, La Habana, Imprenta El Siglo XX, 1915.

Rafael María Merchán, conferencia inaugural de la segunda serie sobre «Figuras intelectuales de Cuba», pronunciada el 7 de marzo de 1915, en la «Sociedad de Conferencias», La Habana, Imprenta El Siglo XX, 1915.

Poey en su aspecto literario y lingüístico, La Habana, 1915.

El movimiento lingüístico en Cuba, La Habana, Imprenta El Siglo XX, 1916.

La Universidad de La Habana, Bosquejo histórico, La Habana, Imprenta El Siglo XX, 1916.

Hacia el viejo Oriente, La Habana, Imprenta El Siglo XX, 1917.

El dolor en la escultura griega, conferencia pronunciada en la Universidad, el 19 de marzo de 1919, La Habana, Imprenta El Siglo XX, 1919.

Cómo puede conocerse la historia por las monedas, La Habana, Imprenta El Siglo XX, 1921.

Elogio del Doctor Juan Francisco de Albear, leído en la sesión solemne celebrada el 7 de marzo de 1921 en el Aula Magna de la Universidad de La Habana, La Habana, Imprenta El Siglo XX, 1921.

Dos grandes lingüistas, Hatzidakis y Meillet, La Habana, Imprenta La Propagandista, 1922.

Las siete partidas, estudio lingüístico, s. l., 1923.

Influencia de la Universidad de La Habana en la cultura nacional, discurso inaugural del curso académico de 1924 a 1925, La Habana, Imprenta y Papelería de Rambla y Bouza, 1924; La Habana, Imprenta La Propagandista, 1924.

La vida de la Academia de la Historia, 1910-1924, Memoria leída por el secretario, La Habana, Imprenta El Siglo XX, 1924.

Algunos grandes pensadores de la ciencia del lenguaje, s. l., 1924.

La vida de la Academia de la Historia, 1924-1925, Memoria leída por el secretario, La Habana, Imprenta El Siglo XX, 1925.

La vida de la Academia de Historia, 1925-1926, Memoria leída por el secretario, La Habana, Imprenta El Siglo XX, 1926.

Julio Cejador y Frauca, filólogo, lingüista, literato, La Habana, Imprenta y Papelería La Propagandista, 1927.

La cátedra de Lengua Italiana en la Universidad, La Habana, Imprenta y Librería La Propagandista, 1928.

Elogio del señor Domingo Figarola Caneda, individuo de número, leído en la sesión solemne celebrada en la noche del 14 de marzo de 1928, La Habana, Imprenta El Siglo XX, 1928, Academia de la Historia.

La epigrafía en Cuba, La Habana, Imprenta El Siglo XX, 1928.

Los estudios clásicos en Cuba, La Habana, Imprenta y Librería La Propagandista, 1928.

Léxico cubano, Contribución al estudio de las voces que lo forman, prólogo de Julio Cejador, La Habana, Imprenta El Siglo XX y Editorial Selecta, 1928 y 1946, 2 T.

Pi y Margall y la revolución cubana, discurso leído en la sesión solemne celebrada el 29 de noviembre de 1928 al colocarse su retrato en la Galería de Historiadores de Cuba, La Habana, Imprenta El Siglo XX, 1928.

José Antonio Echeverría, discurso leído en la sesión solemne celebrada el 10 de abril de 1929 al colocarse el retrato de aquél en la Galería de Historiadores de Cuba, La Habana, Imprenta Avisador Comercial, 1929.

La personalidad de Manuel Sanguily, discurso leído en la sesión solemne celebrada el 23 de enero de 1929 en la Universidad de La Habana, La Habana, Imprenta y Papelería La Propagandista, 1930.

La Universidad de La Habana 1728-1928, La Habana, Talleres Tipográficos de Carasa, 1930.

Real y Pontificia Universidad de La Habana, Documentos relativos a su historia, La Habana, Imprenta La Propagandista, 1931.

Un orientalista cubano; Francisco Mateo de Acosta y Zenea, discurso escrito para la sesión solemne que debió celebrarse el 10 de octubre de 1932, La Habana, Imprenta El Siglo XX, 1932.

La universidad moderna, discurso inaugural del curso académico de 1933 a 1934, La Habana, Imprenta y Papelería de Rambla y Bouza, 1933.

El mayor general Pedro E. Betancourt y Dávalos en la lucha por la independencia de Cuba, discurso leído en la sesión solemne celebrada el 28 de junio de 1934, La Habana, Imprenta El Siglo XX, 1934.

Elogio del Doctor Enrique José Varona y Pera, académico de número, leído en la sesión solemne celebrada en la noche del 19 de noviembre de 1935, La Habana, Imprenta El Siglo XX, 1935.

Elogio del Doctor José Antonio Rodríguez García, individuo de número, leído en la sesión solemne celebrada en la noche del 16 de junio de 1935, La Habana, Imprenta El Siglo XX, 1935.

Bibliografía de la Universidad de La Habana, La Habana, Imprenta y Librería La Propagandista, 1936.

Elogio del Doctor Mario García Kohly, fundador de esta corporación, leído en la sesión solemne celebrado en la noche del 8 de febrero de 1937, La Habana, Imprenta El Siglo XX, 1937.

Un gran intelectual colombiano, Antonio Gómez Restrepo, conferencia leída en el Lyceum, La Habana, el 19 de agosto de 1938, Bogotá, Escuelas Gráficas Salesiano, 1939.

Bibliografía pasiva

Bisbé, Manuel, «En el homenaje al Doctor Juan Miguel Dihigo», en *Universidad de La Habana*, La Habana, 11, 64-69, 321-325, 1946.

Boza Masvidal, «Nota bibliográfica sobre el vol, II del *Léxico cubano*», en *Universidad de La Habana*, La Habana, 12, 70-72, 326-327, 1947; *Evocación del Maestro*, trabajo leído el 14 de febrero de 1935 en el Anfiteatro de la Facultad de Filosofía y Letras de la Universidad de La Habana, La Habana, Editorial

Selecta, 1953.

Conde Kostia, seudónimo de Aniceto Valdivia, «Rafael María Merchán, por don Juan Miguel Dihigo», en *La Lucha*, La Habana, edición de la mañana, 31, 67, 5, 8, marzo 8, 1915.

Chacón y Calvo, José María, «El Doctor Dihigo y su *Léxico cubano*», en *Diario de la Marina*, La Habana, edición de la mañana, 114, 215, 33, septiembre 8, 1946.

«El *Léxico cubano* del Doctor Juan Miguel Dihigo», en *Boletín de la Academia Cubana de la Lengua*, La Habana, 1, 1, 28-34, enero-marzo, 1952.

Dihigo y López-Trigo, Ernesto, «Bibliografía del Doctor Juan Miguel Dihigo y Mestre», en *Boletín de la Academia Cubana de la Lengua*, La Habana, 2.ª época, 11, 1, 130-217, enero-diciembre 1964.

Grammont, Maurice, «Nota bibliográfica sobre el trabajo *La fonética experimental en la ciencia del lenguaje*», en *Revue des Langues Romanes*, París, serie 6, 54, abril-agosto, 1911.

Guiral Moreno, Mario, «Un prócer de la cultura cubana», en *El Mundo*, La Habana, 50, 16 073, 6, febrero 20, 1952.

Hernández, Manuel H, «Glosando la vida, Un eminente lingüista», en *Diario de la Marina*, La Habana, edición de la tarde, 93, 216, 2, noviembre 11, 1925.

Ichaso, Francisco, «En la muerte de un sabio», en *Diario de la Marina*, La Habana, edición de la mañana, 120, 42, 52, febrero 17, 1952.

Jústiz, Tomás de, «El Doctor Juan Miguel Dihigo académico de la historia de Cuba», en

Libro jubilar de homenaje al Doctor Juan Miguel Dihigo y Mestre en sus cincuenta años de profesor de la Universidad de La Habana, 1890-1940, La Habana, *Revista de la Universidad de La Habana*, 1941, págs. 239-248.

Larrasquet, Jean, «Le Doctor Juan Miguel Dihigo et la phonétique experímentale», en *Libro jubilar de homenaje al Doctor Juan Miguel Dihigo y Mestre en sus cincuenta años de profesor de la Universidad de La Habana, 1890-1940*, La Habana, *Revista de la Universidad de La Habana*, 1941, págs. 249-256.

Libro jubilar de Homenaje al Doctor Juan Miguel Dihigo y Mestre en sus cincuenta años de profesor de la Universidad de La Habana, 1890-1940, La Habana, *Revista de la Universidad de La Habana*, 1941.

Pris, Gonzalo, «*Rafael María Merchán*», en *El Liberal Ilustrado*, Bogotá, 323-326, 1915.

Rodríguez del Valle, M., «Estudios etimológicos», en *El Maestro Cubano*, La Habana, 1, 5 y 8, 3 y 3-4, marzo 15 y abril 15, 1906.

Salazar, Salvador, «Una interview interesante con el Doctor Dihigo», en *La Escuela Cubana*, La Habana, 1, 10, 2-5, agosto 10, 1912.

Valdés Codina, Carlos, «Juan Miguel Dihigo», en su *Las letras cubanas*, La Habana, Imprenta de Cuba Pedagógica, s. a., págs. 223.

Dirección de Cultura La Dirección de Cultura de la Secretaría de Educación fue creada por Decreto-Ley n.º 283 de fecha 8 de junio de 1834. En 1940, al constituirse el Ministerio de Educación, pasó a llamarse Dirección de

Cultura del Ministerio de Educación. En ocasiones se le denominó Instituto Nacional de Cultura. Contó con dos secciones: Cultura General y Bellas Artes. Correspondieron a la primera los negociados de Extensión Educacional y Bibliotecas, Museos, Archivos y Monumentos, y a la segunda los negociados de Divulgación Artística y el Registro de la Propiedad Intelectual. Como organismos adscriptos a la Dirección de Cultura funcionaron la Junta Nacional de Arqueología, creada en 1935; el Instituto de Altos Estudios, organizado en noviembre de 1938 y que, por carencia de recursos materiales, cesó en marzo de 1939, y el Instituto de Artes Plásticas, fundado en 1939. Entre sus actividades figuraron la creación del Seminario de Investigaciones Históricas, que ofreció doce ciclos de conferencias; la fundación del Estudio Libre para Pintores y Escultores, y la organización de las misiones culturales, que pretendieron realizar una labor complementaria de la tarea docente de la escuela mediante lecturas, conferencias, sesiones de cine, audiciones musicales, exposiciones de arte y representaciones teatrales. Muchos fueron los concursos convocados por la Dirección de Cultura en las distintas manifestaciones artísticas. En 1937 creó el Premio Nacional de Literatura en los distintos géneros literarios. Auspició varias Ferias del Libro, tanto en La Habana como en el interior del país, y colaboró con la emisora radial CMZ del Ministerio de Educación en diversos programas culturales y recreativos. Entre sus directores figuraron José María Chacón y Calvo, Dulce María Borrero, Raúl Roa, Guillermo de Zéndegui. En cuanto a publicaciones periódicas, la Dirección editó la *Revista Cubana* (1935-1957), la *Revista de Arqueología* (1938-1952), la *Revista Cubana de Filosofía* (1946-1957) y la *Serie de Cuadernos de Cultura*, donde están recogidas obras de autores cubanos. Al triunfo de la Revolución ocupó el cargo de director Vicentina Antuña. En 1961, al crearse el Consejo Nacional de Cultura, absorbió todas las funciones de la Dirección.

Bibliografía

Antuña, Vicentina, «La Dirección General de Cultura en el Año de la Liberación», en *Boletín Cultural*, La Habana, 1, 3, 1, febrero, 1960.

«La Dirección de Cultura», en *Anuario Cultural de Cuba 1943*, La Habana, Imprenta Úcar, García, 1944, págs. 305-313.

L. F., «La Dirección de Cultura», en *Revista Cubana*, La Habana, 1, 2 y 3, 308-312, febrero-marzo, 1935.

Madruga, Juan de, seudónimo de Félix Lizaso, «La Autonomía de la Dirección de Cultura», en *Cuba Nueva en Acción*, La Habana, 2.ª época, 1, 54, 12, septiembre 12, 1939.

Doctrina de Martí, La (Nueva York, 1896-1898-La Habana, 1899-1901). Periódico biográfico, político, literario, de intereses generales y anuncios. Comenzó a salir en forma irregular a partir del 25 de julio, bajo el lema «La República con todos y para todos». Lo dirigió Rafael Serra. Desde sus inicios expresó que «hemos de dirigir nuestros esfuerzos para el triunfo de la Independencia de la patria, y para que sean reales y no vaga ficción los derechos del pueblo. Ésta es nuestra labor».

Lo redactaban Sotero Figueroa y Juan Bellido de Luna. Divulgó noticias y acontecimientos de la guerra. Reseñó parte de las actividades del Partido Revolucionario Cubano y de los clubes de emigrados en los Estados Unidos. Además, publicaba las biografías de distintos próceres cubanos caídos en la lucha. Inauguró su «Sección literaria» el 15 de marzo de 1898. En la misma se publicaron poesías de Bonifacio Byrne, Julio Flores y R. Reyes. Otras firmas que aparecieron en sus páginas fueron las de Eduardo Yero, Francisco Pi y Margall, Juan Bonilla, José A. Pujadas, *Cacarajícara* (seudónimo de Enrique Hernández Miyares) y otros.

El último ejemplar revisado (número 37) corresponde al 28 de febrero de 1898. Carlos Manuel Trelles indica, en la cuarta parte de su trabajo «Bibliografía de la prensa cubana (de 1764 a 1900) y de los periódicos publicados por cubanos en el extranjero» —en *Revista Bibliográfica Cubana* (La Habana, 2, 10-12, 229, julio-diciembre, 1938)—, que salió hasta mayo de 1898. Pedro Deschamps Chapeaux señala, en las páginas 41-42 de su libro *El negro en el periodismo cubano en el siglo XIX*. Ensayo bibliográfico (La Habana, Ediciones R. 1963) que al finalizar la guerra de 1895, «*La Doctrina de Martí*», reanudó su publicación en la ciudad de La Habana, el 16 de abril de 1899, como «semanario político e independiente». Aña-

de, además que en junio 30 de 1899 «asumió la dirección y administración Miguel Gualba», con la cooperación de un Comité Editorial y la colaboración de «Policarpio Mira, *Jonatás*, José I. Ramos, C. Armand y Solar, Juan Bonilla, Ramiro Cuesta, Teófilo Domínguez y Joaquín Granados». Trelles señala, en su ya citado trabajo, que su salida se extendió, hasta 1901.

Bibliografía

Deschamps Chapeaux, Pedro, «*La Doctrina de Martí*», en su *El negro en el periodismo cubano en el siglo XIX*, ensayo bibliográfico, La Habana, Ediciones R, 1963, págs. 36-42.

Dolz, **Marco Antonio** (Santiago de Cuba, 1884-La Habana, 1940). A los diecisiete años abandonó los estudios de bachillerato para dedicarse a las letras. Se inició como periodista en *El Estímulo* y en *Ilustración Cubana*, de Santiago de Cuba. Radicado en La Habana, colaboró en *Mundial*, *El Fígaro*, *La Discusión*. Fue redactor de *El Triunfo*, *El Republicano*, *La Prensa*, *El Día*. Fundó y dirigió *La Noche* y *El Globo*. También fue director de *Renacimiento*, *El Jején*, *Las Noticias*. Viajó a Estados Unidos. Fue miembro de la Real Academia de Artes y Letras de Cádiz.

Bibliografía activa

De la vida superficial, prólogo de Manuel Ugarte, La Habana, Imprenta La Prueba, 1911.

En mis montañas; apuntes de un cronista, La

Habana, Hnos. Sardiñas, 1915.

Pasando la vida, crónicas, prólogo de Joaquín Nicolás Aramburu, La Habana, Jesús Montero, 1915, 2.ª edición, Id., 1917.

Vibraciones, Colección de crónicas, y críticas impresionistas, Madrid, Imprenta de Gregorio Pueyo, 1916.

Del momento fugaz, crónicas, prólogo de Miguel de Marcos, La Habana, marzo, 1918.

Bibliografía pasiva

Byrne, Bonifacio, «El libro de Marco Antonio Dolz *De la vida superficial*», en *El Fígaro*, La Habana, 27, 23, 426, julio 9, 1911.

López, Pedro Alejandro, «Prosas volanderas, *Pasando la vida*, crónicas», en *Orto*, Manzanillo, 4, 23, 5 jun, 27, 1915.

Medrano, Higinio, J., «Libros y autores, *Pasando la vida*», en *Orto*, Manzanillo, 4, 33, 1-2, septiembre 12, 1915.

Palmares, Enrique S., «Alma y cerebro, Un libro de Dolz», en *Letras*, La Habana, 2.ª época, 7, 25, 334, julio 2, 1911.

Ugarte, Manuel, «El libro de Marco Antonio Dolz», en *El Fígaro*, La Habana, 25, 42, 528, 1909.

Domingo, El (La Habana, 1885-Id.). Publicación semanal de ciencias, artes y literatura. Comenzó a salir el 2 de septiembre. Carlos Manuel Trelles expresa, en la cuarta parte de su trabajo «Bibliografía de la prensa cubana (de 1764 a 1900) y de los periódicos publicados por cubanos en el extranjero» —en *Revista Bibliográfica Cubana* (La Habana, 2,

10-12, 229, julio-diciembre, 1938)—, que era su director G. Potestad. Publicó artículos literarios, poesías y relatos. Además, en su sección «Ramillete de *El Domingo*» aparecieron noticias de actualidad cultural. Entre sus colaboradores figuraron Francisco Puig y de la Puente, Juan Antonio Cantalapiedra, José de Poo, Manuel Costales, G. Pichardo, Fernando Pié y Faura, Francisco Acosta, Antonio Cartas, Antonio Arenosa, Francisco de Paula y Gelabert y otros autores, entre ellos *Naitano de Almendar* (seudónimo de José de Poo y Álvarez). El último ejemplar visto (número 8) es del 21 de octubre de 1885. Carlos Manuel Trelles, en su trabajo antes citado, da por terminada la publicación en este mismo año.

Domingos de El León Español, Los (La Habana, 1897-1898). Semanario que comenzó a publicarse el 13 de junio bajo la dirección literaria de José Antonio Rodríguez García. En la introducción se lee: «Estos domingos, aunque anexos a *El León Español*, que los edita, constituyen un semanario aparte, de carácter exclusivamente literario y artístico. Sus redactores son en absoluto extraños a toda mira política». Más tarde, el 26 de septiembre de 1897, publica el anuncio siguiente: «*Los Domingos Literarios* serán continuación o segunda época de este semanario».

Con el nuevo título continuó la misma numeración. Correspondió el primer ejemplar (número 16) al 10 de octubre de 1897. Salió entonces en forma mensual. Su director literario asumió la dirección y administración.

Fundamentalmente publicó poesías, cuentos extranjeros, artículos sobre gramática y otras cuestiones de interés general. Brindó noticias culturales y sobre publicaciones de la época. Colaboraron en sus páginas figuras como Diego Vicente Tejera, Pedro Galis, J. March, F. Ramos, C. Hoyos, Ángel Iduarte, V. Ruiz Aguilera y otros. El último ejemplar visto (número 33) corresponde al 27 de marzo de 1898.

Carlos Manuel Trelles señala, en la cuarta parte de su trabajo «Bibliografía de la prensa cubana (de 1764 a 1900) y de los periódicos publicados por cubanos en el extranjero» –en *Revista Bibliográfica Cubana* (La Habana, 2, 10-12, 229, julio-diciembre, 1938)–, que finalizó en 1898.

Bibliografía

Díaz de Escobar, Narciso, «Prensa antigua cubana», en *Diario de la Marina*, La Habana, 100, 353, 16, diciembre 19, 1932.

Domingos Literarios, Los (Véase **Domingos de El León Español, Los**)

Domínguez, Salvador Amado (Villa Clara, Las Villas, 17 abril 1842-La Habana, 5 marzo 1892). Redactó a partir de 1865, junto con tres poetas villaclareños, la publicación por entregas *Pensamientos*. Colaboró en publicaciones de su provincia como *La Alborada* y *El Liceo* (Liceo de Villa Clara). En 1866 fundó con Eduardo Machado Gómez el trisemanario villaclareño *La Época*, que se editó en su primera época hasta 1869. Alrededor de ese año pasó a residir a La Habana. Fue redactor del semanario *El Moro Muza*. En 1872 dirigió con Adolfo Márquez Sterling *La España*. Por más de catorce años escribió crónicas sociales y gacetillas para el *Diario de la Marina*. Publicó folletines dominicales, bajo el encabezamiento de «Ecos de La Habana», en *La Voz de Cuba*. Colaboró además en *Las Hijas de Eva*, *Álbum Cubano de lo Bueno y lo Bello*, *La Tertulia* y *Don Circunstancias*. Sus poesías han sido publicadas, junto con las de otros autores, en diversas colecciones (*Flores villaclareñas*. Villa Clara, Imprenta del Siglo, 1858; *Céfiros y Flores*. Villa Clara, Imprenta El Alba, 1860; y *Para la mujer*. Villa Clara, Imprenta La Época, 1867). Firmó indistintamente Amado, D. Salvador y S. Amado. Usó el seudónimo *Aben-Adel*.

Bibliografía pasiva

García Garófalo Mesa, Manuel, «Salvador Amado Domínguez», en su *Los poetas villaclareños*, La Habana, Imprenta J. Arroyo, 1927, págs. 97-102.

Domínguez Arbelo, Juan (Santa Clara, 1909). Trabajó como linotipista. Fundó y dirigió la revista *Olimpo* (Santa Clara, 1931). En ese mismo año obtuvo el primer premio del concurso literario organizado por el Círculo Cubano de Bellas Artes con *Las humanas miserias; o, La Tragedia guajira*, estrenada poco después en La Habana. Desarrolló, entre 1935 y 1940, actividades teatrales con el grupo literario «Umbral», en la ciudad de Santa Clara. Su obra *Sombras del solar*, que alcanzó mención en el concurso organizado por la Dirección de Cultura de la Secretaría de Educación en 1938, se puso en escena ese mismo año. Otras piezas suyas son *Agonías conyugales* (1933), *Política, veneno social* (1933), *Incesto, El bohío de las pasiones* —que obtuvo mención en el concurso celebrado en 1943 en el Ateneo Ibero Americano de Buenos Aires—, e *Ignacio Agramonte, caballero sin tacha*, con mención honorífica en uno de los concursos del Patronato del Teatro.

Bibliografía pasiva
Arrom, José Juan, «Juan Domínguez Arbelo», en su *Historia de la literatura dramática cubana*, New Haven, Yale University Press, 1944, págs. 87, 88.
González Freire, Natividad, «Juan Domínguez Arbelo», en su *Teatro cubano, 1927-1961*, La Habana, Ministerio de Relaciones Exteriores, 1961, págs. 40-42.
Marquina, Rafael, «*Sombras del solar*», en su *Teatro cubano de selección, reseña crítica*, La Habana, Secretaría de Educación, Dirección de Cultura, 1938, págs. 13-16.
Ramos, José Antonio, «Del teatro cubano de selección, IV, Seis autores en busca de una expresión», sobre *Sombras del solar*, en *El Mundo*, La Habana, 38, 11 904, 13, junio 24, 1938.

Don Pepe (La Habana, 1917-1919). Publicación quincenal, dedicada a las niñas y niños. Revista que comenzó a salir el 1.º de octubre, bajo la dirección de Néstor Carbonell. Se insertaron biografías de figuras cubanas, relatos, cuentos, comedias y poesías para niños. Colaboraron en ella Enrique José Varona, Emeterio Santovenia, F. Romero Fajardo, Aurelia Castillo de González, Paulino G. Báez, Francisco Domenech, Luis Rodríguez Embil y otros. El último ejemplar visto (número 38), corresponde al 15 de mayo de 1919, fecha esta ratificada por León Primelles en la página 108 de su *Crónica cubana 1919-1922* (La Habana, Editorial Lex, 1957).

Don Quijote (La Habana, 1864-1865). Periódico económico, literario y de crítica jocosa, con caricaturas. Comenzó a publicarse el 4 de septiembre, bajo la dirección de José Muñoz García. Criticaba en forma satírica los espectáculos y acontecimientos culturales de la época. También publicó algunas poesías. Fueron sus colaboradores José Socorro de León, Joaquín Lorenzo Luaces y otros autores que firmaron con los seudónimos de *Dalmiro, Maese Pedro, Maese Nicolás* y *Sancho*. El último ejemplar revisado, que presenta un cambio en el formato, corresponde al 23 de abril de 1865 (número 26). Carlos Manuel Trelles expresa, en la cuarta parte de su trabajo «Bibliografía de la prensa cubana (de 1764 a 1900) y de los periódicos publicados por cubanos en el extranjero» —en *Revista Bibliográfica Cubana* (La Habana, 2, 10-12, 230, julio-diciembre, 1938)—, que finalizó el 28 de mayo de 1865.

Dorr, Nicolás (La Habana, 3 febrero 1946-18 diciembre 2018). Su apellido completo es Dorremocea. Cursó la enseñanza primaria e inició la secundaria en La Habana. Estudió teatro infantil en la Escuela Municipal de Arte Dramático (1954-1958) y fue alumno del Seminario de Dramaturgia auspiciado por el Teatro Nacional de Cuba (1961-1963). De 1964 a 1972 fue asesor literario de los grupos teatrales «Rita Montaner» y «Teatro del Tercer Mundo». Se licenció en Literatura Hispanoamericana en la Universidad de La Habana (1970). Obtuvo mención en el primer concurso auspiciado por el Teatro Nacional de Cuba con *La chacota* (1962), voto particular para premio en el concurso de teatro «José Antonio Ramos» de la UNEAC por la pieza *La clave de Sol* (1966), recomendación especial en el Concurso Casa de las Américas por *Un viaje entretenido* (1972), estrenada ese mismo año. Obtuvo el premio de teatro «José Antonio Ramos» de la UNEAC en 1972 por su obra *El agitado pleito entre un autor y un ángel*. Ha colaborado en *Lunes de Revolución*, *La Gaceta de Cuba*, *Casa de las Américas*, *Revolución y Cultura*, *El Mundo*, *Juventud Rebelde* y *Vanguardia* (Colombia). Ha estrenado sus piezas *Las pericas* (1961), *El palacio de los cartones* (1961), *La esquina de los concejales* (1962) y *Escenas de la vida doméstica* (1963). Desde 1973 hasta 1975 fue director general del Grupo «Teatro Popular Latinoamérica».

Bibliografía activa

Teatro de Nicolás Dorr, prólogo de Osvaldo Dragún, La Habana, Ediciones El Puente, 1963.

El agitado pleito, entre un autor y un ángel, La Habana, UNEAC, 1973.

Bibliografía pasiva

Contreras, Félix, «Los desiertos y los premios», en *El Caimán Barbudo*, La Habana, 8, 16-18, noviembre, 1966.

«Diálogo con Nicolás Dorr», en *Bohemia*, La Habana, 56, 47, 23, noviembre 20, 1964.

González Freire, Natividad, «El caso Dorr», en *Unión*, La Habana, 1, 2, 155-157, julio-agosto, 1962.

«*La Chacota*» en *Bohemia*, La Habana, 66, 14, 29, abril 5, 1974.

Leal, Rine, «Nicolás Dorr», en su *Teatro cubano en un acto*, antología, La Habana, Ediciones R, 1963, págs. 126-131.

«Nicolás Dorr», en su *En primera persona, 1954-1966*, La Habana, Instituto Cubano del Libro, 1967, págs. 139-140.

Rigali, Rolando, «El teatro joven», en *La Gaceta de Cuba*, La Habana, 3, 38, 21-22, junio 15, 1964.

Vieta, Ezequiel, «Realidad y absurdo en el teatro de Nicolás Dorr», en *Unión*, La Habana, 4, 2, 157-160, abril-junio, 1965.

Duende, El (Matanzas, 1856-1860). Periódico dominical, festivo, satírico, burlesco, con caricaturas y jeroglíficos. Inicia su salida el 9 de marzo, bajo la dirección de *El tío Rafael* (seudónimo de Rafael Otero), y *El tío Domingo* (seudónimo de José de Armas y Céspedes). En los primeros días de junio de 1856 comenzaron a repartirse las entregas del segundo tomo, cuya publicación se extendió hasta el 17 de agosto del mismo año. El periódico señala en la entrega del 24 de agosto de 1856, que comienza una nueva época, correspondiente a su tercer tomo. En una nota que aparece en el número del 23 de noviembre de 1856, el director expresa: «Termina pues *El Duende*, y aparece *El Duende Matancero*»; pero según parece este cambio no llegó a realizarse y continuó saliendo el primero.

El 12 de abril de 1857, ahora bajo la dirección de Otero y Fernando Valdés Aguirre, comenzó la tercera época, cuya salida se extendió hasta el 30 de agosto del propio año. En la entrega correspondiente a esta última fecha se anuncia la salida del cuarto tomo, el cual inicia su publicación el 6 de septiembre de 1857. Se ha sumado a la dirección Esteban Ribot. Fue un periódico que criticó los males y personajes de la sociedad de su época a través de sus poesías, cuentos, relatos y sus artículos sobre la mujer o sobre las costumbres.

Con frecuencia aparecieron colaboraciones de sus directores, entre ellos, el más asiduo fue Rafael Otero, bajo los seudónimos de *El solitario de Versalles* y *El duende mayor*. Otras figuras prestaron su colaboración, entre ellas, Francisco de Paula y Gelabert, José Victoriano Betancourt, Ramón de Palma, Gerónimo Morán, Francisco Sellén, J. M. Villegas, Gonzalo Peoli, Felipe López de Briñas, *El cucalambé* (seudónimo de Juan Cristóbal Nápoles Fajardo), *Jeremías de Docaransa* (seudónimo de José María de Cárdenas y Rodríguez), *Jacán* (seudónimo de José Florencio López y Jones), *El bachiller claridoso, Nadie, Íñigo, Gerónimo, Herminio, Plácido Constante, Casicaná, Pantaleón Pamplona* y otros.

El último ejemplar revisado corresponde al 15 de noviembre de 1857, pero según señala Carlos Manuel Trelles en la cuarta parte de su trabajo «Bibliografía de la prensa cubana (de 1764 a 1900) y de los periódicos publicados por cubanos en el extranjero» —en *Revista Bibliográfica Cubana* (La Habana, 2, 10-12, 232, julio-diciembre, 1938)—, el 2 de abril de 1858 inició una quinta época, cuya publicación se suspendió un tiempo, pues en el diario *Prensa de La Habana* del 28 de diciembre de 1858 se expresa «que algunas personas que acostumbran a leer *El Duende* desean saber si han suspendido o cesado en su publicación...». En la propia *Prensa de La Habana* el director aclara que «se ocupa con bastante detención de las reformas que ha de sufrir el periódico para que vea de nuevo la luz pública [...]».

Trelles indica, en su trabajo antes citado, que su publicación finalizó en 1860.

Bibliografía

«Mesa censoria», en *Prensa de La Habana*, La Habana, 5.ª época, 16, 17, 120-121 y 141, 2, mayo 21 y junio 2 y 26, 1858.

E

Eco, El (Villa Clara, 1831-1856). Fue el primer periódico de esta ciudad. Comenzó a salir el 3 de diciembre, según señala Manuel Dionisio González en la página 25 de su *Memoria histórica de la villa de Santa Clara y su jurisdicción* (Villa Clara, Imprenta del Siglo, 1858). En su artículo «Periodismo villaclareño» —publicado en *El Palenque Literario* (La Habana, 1, 13, 289, abril 10, 1878)—, Camilo Valdés Veitía afirma que «Don Manuel de Sed y don José Manuel de la Torre, fueron los prohombres que realizaron una empresa que acreditó la sensatez, la cultura de un pueblo ávido de instrucción y anhelante por estar en comunicación con el mundo civilizado». Añade dicho autor, en las páginas 289-290 de su trabajo antes citado, que se publicó dos veces por semana hasta el 1.º de febrero de 1834, fecha en que se extendió a un número más «no solo por haber quedado dueño único de la imprenta D. Manuel de Sed, sino porque la suscripción aumentó en el distrito jurisdiccional y fuera de él a más de trescientos debido a la importante colaboración de los que lo redactaban. José Dionisio Veitía, Andrés José de la Parra, Cristóbal Plana, Indalecio y Joaquín Santos Suárez, Manuel González del Valle, Juan Antonio Pascual y Francisco Poveda fueron los que dieron importancia con sus escritos a una publicación que el *Diario de La Habana* reputó como de las mejores en su época».

Joaquín Llaverías aclara, en la página 271 del tomo 1 de su *Contribución a la historia de la prensa periódica* (La Habana, Talleres del Archivo Nacional de Cuba, 1957), que Manuel de Sed fue su principal redactor y editor. Su título sufrió variaciones. En los facsímiles de los ejemplares correspondientes al 1.º de octubre de 1836 y al 18 de agosto de 1849, reproducidos por Llaverías en las páginas 276 y 278, respectivamente, de su ya mencionada obra, aparece como *El Eco de Villa Clara y Eco de Villa Clara*. Del 2 de mayo al 3 de diciembre de 1844 fue su redactor Luis Eduardo de Cristo. En los ejemplares revisados, correspondientes a los años 1844, 1845 y 1849, se encuentran colaboraciones de Miguel Teurbe Tolón, F. J. de la Cruz, Juan Martínez Villergas. En sus páginas se publicaron, además de noticias oficiales, artículos reproducidos de publicaciones de la capital y de Madrid y otras secciones de interés local, numerosos trabajos de índole literaria: poesías, cuentos, crítica y folletines. Estos últimos aparecían firmados por *Epifanio*. Contó también, según señala Llaverías en la página 271 de su obra anteriormente citada, con la colaboración de Eligio Eulogio Capiró, *Plácido* (seudónimo de Gabriel de la Concepción Valdés) y Manuel Dionisio González.

Camilo Valdés Veitía expresa, en la página 290 de su artículo ya mencionado, que su salida finalizó el 31 de julio de 1856 y que se le trató de sustituir «con una publicación didáctica titulada *El Progreso*, que dio su primer número el 1.º de diciembre de 1856, dirigido por José María Céspedes, y en ese número terminó».

Eco de Cuba (La Habana, 1869-Id.). Periódico político, artístico, literario, de noticias y anuncios, redactado por varias señoras y señoritas. Comenzó a publicarse el 14 de marzo. En el artículo «Dos palabras», que servía de introducción a este primer número, se expresaba, entre otras cosas, lo siguiente: «Aun cuando somos las primeras en lanzarnos al terreno político, al acometer tan ardua empresa en nada creemos faltar al debido decoro de nuestro sexo y estado; por el contrario, el sentimiento de amor patrio que nos impulsa es lleno de fe hasta la abnegación, y esta fe nos hace alentar la dulcísima esperanza de que el cielo guiará nuestros pasos, porque LA PAZ ES NUESTRO LEMA».

En los ejemplares revisados no se expresa quién lo dirigía, pero Carlos Manuel Trelles señala, en la cuarta parte de su trabajo «Bibliografía de la prensa cubana (de 1764 a 1900) y de los periódicos publicados por cubanos en el extranjero» —en *Revista Bibliográfica Cubana* (La Habana, 2, 10-12, 235, julio-diciembre, 1938)—, lo siguiente: «...creo que lo dirigía Doña Domitila García de Coronado». José María Labraña, en la página 707 de su trabajo «La prensa en Cuba» —publicado en *Cuba en la mano. Enciclopedia popular ilustrada* (La Habana, Imprenta Úcar, García, 1940, págs. 649-786)—, afirma que lo dirigía García de Coronado, auxiliada por Rafael María Merchán. En las páginas de este semanario se publicaban artículos de variada índole, así como poesías y otros trabajos de interés literario, debidos todos a plumas femeninas: Domitila García de Coronado, Elena de Santa Cruz, Manuela Consuelo Cancino, *Paz* (seudónimo de Belén Miranda y Céspedes), *La hija del Damují* (seudónimo de Clotilde del Carmen Rodríguez) y otras.

El último ejemplar revisado corresponde al 23 de mayo de 1869, pero Trelles señala en su trabajo antes citado que salió hasta junio de dicho año.

Eco de Cuba, El (Nueva York, 1855-1856). Periódico que, con el lema «Libertad-Igualdad-Fraternidad», comenzó a editar José Mesa el 22 de junio. Se publicaba tres veces al mes. José María Labraña señala, en la página 662 de su trabajo «La prensa en Cuba» —aparecido en *Cuba en la mano. Enciclopedia popular ilustrada* (La Habana, Imprenta Úcar, García, 1940, págs. 649-786)—, que fueron sus directores Domingo Goicuría y Elías Hernández. Dedicado fundamentalmente a la propaganda por la libertad de Cuba, con polémicas y artículos sobre las actividades de la Junta Cubana, es interesante desde el punto de vista histórico por ofrecer un panorama de la difícil situación por que atravesaba la emigración cubana. Siempre aparecieron en sus páginas trabajos de índole literaria: poemas, leyendas en verso, folletines. Estos últimos se debían a Andrés Avelino de Orihuela. Los trabajos aparecían, generalmente, firmados con seudónimos tales como *Caonabo, El criollo, Onicagina, Camarioca, Eleuterio, Bijirita, Grabiel Puñales,*

Guillermo Buenotte, etc. En total llegaron a editarse 22 números, en el último de los cuales (correspondiente al 1 de febrero de 1856) se explica que su publicación se suspende «hasta que *El Eco de Cuba* pueda aparecer como el verdadero Eco de su patria sin temor de que, exigencias de ninguna clase pretendan hacerlo Eco del poder, de las circunstancias o de partido ninguno. *El Eco* por lo tanto deja de oírse y su última vibración, llena de dignidad y patriotismo, es para Cuba y por su independencia, como lo será siempre que reaparezca, ya sea con ese nombre, ya con otro cualquiera, bajo la dirección de su Editor».

Eco de Cuba, El (La Habana, 1886-1888). Revista quincenal de ciencias, filosofía y letras. Comenzó a salir el 15 de septiembre, bajo la dirección de José María Céspedes y Tiburcio Castañeda. En el prospecto publicado en el primer número, los directores, luego de referirse a las revistas que se editaban en esa época, expresan: «Nuestros propósitos son más modestos: venimos a contribuir con nuestro esfuerzo al movimiento general y a poner también nuestra piedra en el edificio de la cultura cubana». Más adelante, al hablar de los trabajos puramente literarios, aclaran que serán «muy escrupulosos, aceptando solo aquellas composiciones en prosa o verso de mérito reconocido, que puedan dar en todas partes muestras de progreso, en vez de señales ostensibles de decadencia». Al comenzar el segundo tomo en enero de 1887, su periodicidad varió a mensual, cambio que, por supuesto, se hizo constar en el subtítulo. Después de publicar el tercer número del segundo tomo (marzo de 1887) desapareció de su subtítulo la periodicidad y se publicó en forma de entregas que solo señalaban el año. En sus páginas se publicaron artículos y ensayos de diverso carácter sobre temas científicos, filosóficos, de derecho, criminalística, jurisprudencia, algunos traducidos de publicaciones extranjeras. Aparecieron también críticas literarias y estudios lingüísticos. La mayor parte de estos trabajos eran de los propios directores. Otros colaboradores fueron Pablo Desvernine, Francisco Lastres, Benjamín de Céspedes, Andrés Clemente Vázquez, Enrique P. de Vignier, Nicasio Silverio, Juan Vilaró. El último número publicado (quinta entrega del tomo segundo) apareció en 1888 aunque en general se ha dado siempre el año 1887 como el de su fin.

Eco de la Literatura Cubana (La Habana, 1858-ld.). Periódico semanal. Comenzó a editarse el 5 de abril, bajo la dirección del español Manuel González de Jonte. En la relación de colaboradores que aparecía en su primera página se destacaban los nombres de Gertrudis Gómez de Avellaneda, Antonio Bachiller y Morales, José Fornaris, Joaquín Lorenzo Luaces, Rafael María Mendive, Tristán de Jesús Medina, aunque en los catorce números vistos no se ha encontrado ningún trabajo firmado por los mismos. Publicaba poesías, artículos de crítica e historia literarias, notas sobre espectáculos y fiestas y otros trabajos. Fueron sus colaboradores, entre algunos menos conocidos, Felipe López de Briñas, Antonio Enrique de Zafra, Ramón Vélez Herrera, Miguel de Cárdenas y Chávez, María del Pilar Sinúes, Ramona Pizarro, J. Martínez Villergas, tomo Tuñón Cañedo, Adalio Scola y Robles, *La hija del Yumurí* (seudónimo de María Belén Cepero). El último ejemplar revisado (número 14) corresponde al 5 de julio de 1858, pero Carlos Manuel Trelles señala, en la cuarta parte de su trabajo «Bibliografía de la prensa cubana (de 1764 a 1900) y de los periódicos publicados por cubanos en el extranjero» —en *Revista Bibliográfica Cubana* (La Habana, 2, 10-12, 237, julio-diciembre, 1938)—, que se publicó hasta agosto de 1858 y que reapareció en octubre de dicho año.

Eco de las Damas, El (La Habana, 1891-1893). Periódico científico, artístico, literario, de modas, actualidades y anuncios. Comenzó a salir el 4 de octubre. Se editaba semanalmente. Sus redactores eran Benjamín Estrada y Morales y Mariano Benítez Veguillas. En su primer número, luego de referirse a que el objeto de la publicación va implícito en el título de la misma, expresa Estrada y Morales: «Demás pues está decir que no se insertará en las columnas de este semanario nada que no sea digno de su objeto y del deber de respeto que, como caballeros y escritores, tenemos que guardar al bello sexo». Y en su segundo número, después de mencionar las características de la prensa general y de explicar la necesidad de periódicos para las damas, se aclaraba: «Bajo tales antecedentes, *El Eco de las Damas* se propone llenar esta digna misión: *ilustrar, instruir, educar* y proporcionar solaz y agradable entretenimiento al *bello sexo*, para quien ex profeso se escribe». Desde el 6 de marzo de 1892, al «renunciar voluntariamente a su cargo» Estrada y Morales, Benítez Veguillas asumió la dirección literaria. Desde el 19 de junio de este mismo año fue el director-propietario. A partir del 24 de abril de 1892 apareció como secretario Francisco García Cisneros, quien posteriormente fue sustituido por Rafael B. Santa Coloma (desde el 19 de febrero de 1893). Además del subtítulo que aparecía en la portada, en la primera página podía leerse otro: «Enciclopedia económica de las familias» (desde el 29 de enero de 1893). La mayor parte de sus páginas se dedicaba a la literatura. Se publicaban cuentos, poesías, pequeñas prosas y otros trabajos, dedicados fundamentalmente a la mujer. También aparecían crónicas teatrales. Entre sus colaboradores se encontraban Ildefonso Estrada y Zenea, Francisco García Cisneros, José de Jesús Márquez, Domitila García de Coronado, Avelina Correa, Carlos Ciaño, Enrique Fontanills, María de Urzáis y Zequeira y otros menos conocidos. Además, aparecieron colaboraciones ocasionales de Enrique José Varona, Diego Vicente Tejera, Juana Borrero, *Conde Kostia* (seudónimo de Aniceto Valdivia), Manuel Serafín Pichardo, *Ofelia* (seudónimo de Mercedes Matamoros?)

El último ejemplar revisado corresponde al 4 de junio de 1893.

Carlos Manuel Trelles indica, en la cuarta parte de su trabajo «Bibliografía de la prensa cubana (de 1764 a 1900) y de los periódicos publicados por cubanos en el extranjero» —en *Revista Bibliográfica Cubana*, La Habana, 2, 10-12, 238, julio-diciembre, 1938)—, que su publicación cesó en ese año.

Eco de Villa Clara, El (Véase **Eco, El**)

Echeverría, José Antonio (Barcelona, Venezuela, 1815-Nueva York, 11 marzo 1885). Emigró a Cuba con su familia durante su primera infancia. Tuvo necesidad de abandonar los estudios de derecho y trabajó desde muy joven como escribiente de Hacienda bajo el intendente Villanueva. Fue autodidacto en los idiomas francés, inglés e italiano. A los dieciséis años obtuvo con su *Oda al nacimiento de la Serenísima Infanta Doña María Isabel Luisa* el primer premio en el certamen literario celebrado por la Sociedad Económica de Amigos del País. Conoció a Domingo del Monte, con quien cooperó en los trabajos de la Comisión de Historia de la Sociedad Patriótica. En 1831 publicó, de forma anónima, en la *Revista Bimestre Cubana*. Junto con Ramón de Palma editó el *Aguinaldo Habanero* (1837) y dirigió *El Plantel* (1838). Colaboró en *La Aurora de Matanzas*, *El Álbum*, *La Cartera Cubana*, *Revista de jurisprudencia*. De 1840 a 1841 asumió la dirección del colegio matancero La Empresa. Fue Vicedirector del Colegio San Fernando, secretario de la compañía de ferrocarriles de Matanzas y administrador en 1842 del ferrocarril de Villanueva. Entró en contacto con la Junta de La Habana y fue deportado a España por orden del capitán general Concha cuando el movimiento de Pintó y de Quitman (1855). En Madrid se relacionó con el ambiente político español. En 1865 se obtuvo el Decreto para la creación de la Junta de Información y Echeverría regresó a Cuba, donde fue electo para ir a Madrid. Fracasada la Junta, no pudo realizar el viaje. Fue abolicionista y apoyó el movimiento de Yara de 1868. Enviado a prisión en España, logró escapar y se dirigió a los Estados Unidos, donde formó parte de la Junta Cubana, recabó fondos, organizó expediciones y trató de conseguir del gobierno americano el reconocimiento de la revolución cubana. Publicó en *El Mundo Nuevo*, *La Ilustración Americana*, *La Revolución*, todos de Nueva York. Al fallecer Morales Lemus pasó a ser director del órgano de la junta Cubana en Nueva York. A partir de la Paz del Zanjón (1878) se retira de la vida política. Entre las obras que publicó en revistas se cita el artículo que dedicó al Obispo Morell de Santa Cruz, reproducido en diversas ocasiones, en el que dio a conocer y glosó el *Espejo de Paciencia* de Silvestre de Balboa, inserto en la obra del mencionado Obispo, *Historia de la Isla y Catedral de Cuba*, cuyos manuscritos dijo haber copiado y logró así salvarlos para la posteridad. En *El Plantel* dejó inconclusa la serie de «Historiadores de Cuba». En 1839 publicó su novela histórica «Antonelli», en *La Cartera Cubana*. Murió en el destierro. Firmó algunos de sus trabajos con los seudónimos *El Anticuario, El Peregrino* y *Zacarías*, así como bajo Echeverría y J. A. E.

Bibliografía activa

Oda al nacimiento de la Serenísima Infanta Doña María Isabel Luisa, La Habana, Imprenta Del Gobierno, 1831.

Cuba before United States, Nueva York, Styles and Cash, Printers, 1869.

Facts about Cuba, Nueva York, Sun Job printing office, 1870.

Los Comisionados y el agente general de la República de Cuba en los Estados Unidos, a los cubanos, Nueva York, Junta Cubana de Nueva York, 1871.

Facts about Cuba, To the Congress of the United States of America Now Assembled, January, 1875. Nueva York, Junta Cubana de Nueva York, 1875.

Obras escogidas, La Habana, Ministerio de Educación, Dirección General de Cultura, 1960.

Bibliografía pasiva

Bachiller y Morales, Antonio, «José Antonio Echeverría, en *Revista Cubana*, La Habana, 1, 264-275, 1885.

Dihigo y Mestre, Doctor Juan Miguel, *José Antonio Echeverría*, discurso leído en la sesión solemne celebrada el 10 de abril de 1929 al colocarse el retrato de aquél en la Galería de Historiadores de Cuba, La Habana, Imprenta Avisador Comercial, 1929.

García Vega, Lorenzo, «José Antonio Echeverría», en su *Antología de la novela cubana*, La Habana, Ministerio de Educación, Dirección General de Cultura, 1960, págs. 69.

López Prieto, Antonio, «José Antonio Echeverría», en su *Parnaso cubano*, Colección de poesías selectas de autores cubanos desde Zequetra a nuestros días precedida de una introducción histórico-crítica sobre el desarrollo de la poesía en Cuba, con biografías y notas críticas y literarias de reputados literatos, tomo 1 La Habana, Miguel de Villa, editor, 1881, págs. 246-247.

Varona, Enrique José, «*In Memoriam*», en *Revista Cubana*, La Habana, 1, 233-234, 1885.

Edad de Oro, La (Nueva York, 1889). Publicación mensual de recreo e instrucción dedicada a los niños de América. Comenzó a salir en julio y terminó en octubre, con la publicación del cuarto número. Era redactada en su totalidad por José Martí. Su editor era Arturo d'Costa Gómez, a quien se debía el título, según expresó Martí en carta a Manuel Mercado, fechada en Nueva York el 3 de agosto de 1889. En dicha carta —publicada en el tomo 20 de sus *Obras completas* (La Habana, Editorial Nacional de Cuba, 1965, págs. 146-148)— Martí expresa que entra «en esta empresa con mucha fe, y como cosa seria y útil, a la que la humildad de la forma no quita cierta importancia de pensamiento». Más adelante define sus propósitos con las siguientes palabras: «Verá por la circular que lleva pensamiento hondo y ya que me la echo a cuestas, que no es poco peso, ha de ser para que ayude a lo que quisiera yo ayudar, que es a llenar nuestras tierras de hombres originales, criados para ser felices en la tierra en que viven, y vivir conforme a ella, sin divorciarse de ella, ni vivir infecundamente en ella, como ciudadanos retóricos, o extranjeros desdeñosos nacidos por castigo en esta otra parte del mundo. El abono se puede traer de otras partes; pero el cultivo se ha de hacer conforme al suelo. A nuestros niños los hemos de criar para hombres de su tiempo, y hombres de América». En la introducción al primer número, aparecida bajo el título «A los niños que lean *La Edad de Oro*», Martí explicaba a sus pequeños lectores los objetivos de la revista: «Este periódico se publica para conversar una vez al mes, como buenos amigos, con los caballeros de mañana, y con las madres de mañana; para contarles a las niñas cuentos lindos con que entretener a sus visitas y jugar con sus muñecas; y para decirles a los niños lo que deben saber para ser de veras hombres. Todo lo que quieran saber les vamos a decir, y de modo que lo entiendan bien, con palabras claras y con láminas finas. Les vamos a decir cómo está hecho el mundo: les vamos a contar todo lo que han hecho los hombres hasta ahora». Y a continuación añade: «Para eso se publica *La Edad de Oro:* para que los niños americanos sepan cómo se vivía antes, y se vive hoy en América y en las demás tierras... Para los niños trabajamos, porque los niños son los que saben querer, los niños son la esperanza del mundo». Para ellos Martí redactaba artículos sobre historia —americana o universal—, arte, tradiciones y otras cuestiones de interés. Además, insertaba poesías y cuentos, algunos adaptados de otros autores. Con fecha 26 de noviembre de 1889 escribe nuevamente a Mercado y le explica que *La Edad de Oro* ha salido de sus manos «a pesar del amor con que la comencé, porque, por creencia o por miedo de comercio, quería el editor que yo hablase del «temor de Dios», y que el nombre de Dios, y no la tolerancia y el espíritu divino, estuvieran en todos los artículos e historias». Y añade: «La precaución del programa, y el singular éxito de crítica del periódico, no me han valido para evitar este choque con las ideas, ocultas hasta ahora, o el interés alarmado del dueño de *La Edad*». (Esta cita puede leerse en su *Obras completas*. T. 5. La Habana, Editorial Nacional de Cuba, 1963, págs. 153-154). Los cuatro números de la revista, reunidos en forma de libro, han sido editados en varias ocasiones.

Bibliografía

Aguirre, Mirta, «*La Edad de Oro* y las ideas martianas sobre educación infantil», en *Revista Lyceum*, La Habana, 9, 33 y 34, 33-58, febrero-mayo, 1953.

«José Martí, *La Edad de Oro*», en *Cuba Socialista*, La Habana, 3, 20, 123-129, abril, 1963.

Almendros, Herminio, *A propósito de* La Edad

de Oro *de José Martí*, Notas sobre literatura infantil, La Habana, Instituto Cubano del Libro, 1972.

Carricarte, Arturo Ramón de, «Apostillas martianas, *La Edad de Oro*», en *Ahora*, La Habana, 2, 295, 4, agosto 4, 1934.

García Marruz, Fina, «*La Edad de Oro*», en *Temas martianos*, La Habana, Biblioteca Nacional José Martí, Departamento Colección Cubana, 1969, págs. 292-304.

Gutiérrez Nájera, Manuel, «*La Edad de Oro*, de José Martí», en *Revolución y Cultura*, La Habana, 2.ª época, 3, 5-8, mayo, 1972.

Jorge Viera, Elena, «Notas sobre la función en *La Edad de Oro*», en *Universidad de La Habana*, La Habana, 198-199, 39-56, enero-febrero, 1973.

Larrea, Elba M., «José Martí, insigne maestro de literatura infantil», en *Cuadernos Americanos*, México D. F., 28, 163, 2, 238-251, marzo-abril, 1969.

Lazo, Raimundo, «Un antecedente de la *Edad de Oro* de Martí», en *Diario de la Marina*, La Habana, 125, 31, 4-A, febrero 5, 1957.

Llaverías, Joaquín, «*La Edad de Oro*», en su *Los periódicos de Martí*, La Habana, Imprenta Pérez Sierra, 1929, págs. 61-70.

Morales, Ernesto, «José Martí y *La Edad de Oro*», en *Diario de la Marina*, La Habana, 97, 147, 16, mayo 28, 1929.

Schultz de Mantovani, Fryda, «*La Edad de Oro* de José Martí» en *La Edad de Oro*, San Salvador, Ministerio de Cultura, Departamento Editorial, 1955, págs. 9-33.

Edad de Oro, La (La Habana, 1904). «Revista quincenal dedicada a los niños», se lee como subtítulo en el ejemplar más antiguo encontrado, correspondiente al 15 de mayo de 1904. Como redactores aparecían Miguel de Carrión y Félix Callejas. Se han revisado varios números de 1904, el último de los cuales (19) corresponde al 15 de diciembre. El 10 de diciembre del año siguiente se encontraba ya en su segunda época (número 3, único visto). Aparecía entonces como «Revista infantil ilustrada». Era su redactor propietario Eduardo Pulgarón, que según parece era quien firmaba la Sección «Con mis niños», con el seudónimo *Eduardo*, en la primera época. Publicaba artículos sobre cuestiones de interés para los niños y trabajos de éstos. Además, aparecían poesías, cuentos, pequeñas obras de teatro infantil y pasatiempos.

Edita (La Habana, 1964-1966). Boletín mensual de la Editorial Nacional de Cuba. En su primer número, correspondiente a julio, Alejo Carpentier, director de la Editorial Nacional de Cuba en ese momento, expresaba, entre otras cosas, lo siguiente: «Esta actividad editorial es tan vasta que requiere una información constante destinada al público lector, al pueblo de Cuba. Cada cual, de acuerdo con sus aficiones o la orientación de sus estudios encontrará en él una indicación útil acerca de las novedades que, por iniciativa de los consejos editores del gobierno revolucionario, vayan apareciendo. Nuestra madurez editora reclama una publicación de esta índole. Debemos añadir que, además de la reseña de publicaciones nacionales, aparecerán, en las columnas de este boletín, los títulos disponibles por concepto de importación». Tuvo una salida irregular. En sus páginas, además de las cuestiones señaladas por Carpentier, apareció durante varios números una «Cronología histórica de la literatura cubana», así como críticas a libros recién publicados y fragmentos de las obras en venta. Contó con la colaboración de José Antonio Portuondo, Edmundo Desnoes, Ambrosio Fornet, Nuria Nuiry, José Triana, Armando Álvarez Bravo, Rogelio Luis Bravet, Luis Agüero, Antón Arrufat y José de la Colina. El último ejemplar revisado (número 10) corresponde a enero de 1966.

Bibliografía

«*Edita*», en *El Mundo*, La Habana, 63, 21 054, 4, septiembre 1, 1964.

Educador, El (La Habana, 1938). Revista trimestral. Órgano oficial de la Orden Caballeros de la Luz en la República de Cuba. Dirigida por Domingo Aragón Armendariz, comenzó a salir en junio. En 1939 pasó a dirigirla Manuel A. de la Terga González. En 1942 (no se han visto ejemplares de 1940-1941) era su director Francisco Madruga Berrier. No obstante ser una revista masónica, dedicada en lo fundamental a reseñar las actividades de las logias de la Orden y otras cuestiones de interés general para sus miembros, publicó cuentos, poemas, críticas literarias, artículos de carácter histórico, generalmente relacionados con las actividades e intereses propios de la institución de la que era órgano oficial. En sus páginas colaboraron Gerardo del Valle, Hilarión Cabrisas, Arturo Doreste, Dulce María Borrero, Juan Luis Martín, Arturo González Dorticós, Ernesto Matamoros Lucha, Luis Gutiérrez Delgado, J. Buttari Gaunaurd, Lucía del Castillo. El último número revisado corresponde a mayo de 1942.

Eguren, Gustavo (Nueva Gerona, Isla de Pinos, 6 abril 1925). Vivió parte de su infancia en España. Se graduó de Bachiller en Letras en el Instituto de Segunda Enseñanza de Pinar del Río (1944) y obtuvo el título de Doctor en Derecho en la Universidad de La Habana (1950). Por esa época formó parte de la dirección de la revista *Pinar del Río* y del semanario pinareño *Extra del Lunes*. Antes del triunfo de la Revolución desempeñó diversos trabajos. En 1959, fue jefe del Negociado de Pactos y Convenios del Ministerio del Trabajo. Desempeñó diferentes cargos diplomáticos, entre 1960 y 1965, en la India, RFA y Finlandia. Ha colaborado en *Diario de la Marina*, *Carteles*, *Nueva Revista Cubana* y *Casa de las Américas*. Su novela *La Robla* obtuvo mención en el concurso literario convocado por la UNEAC (1965). Fue asesor literario de la presidencia (1967) y director nacional de literatura (1968-1969) en el Consejo Nacional de Cultura. Investigador literario en la Biblioteca Nacional José Martí desde 1969 hasta 1971, año en que vuelve al Ministerio de Relaciones Exteriores. Fue encargado de negocios de Cuba en Bélgica (1971-1972). Ha viajado también por otros países de Europa, el campo socialista, Estados Unidos y México. Ha sido jurado en concursos convocados por la UNEAC, el Consejo Nacional de Cultura, los CDR y el MINFAR. A partir de 1972 trabaja en el consejo de redacción de la revista *Unión* y actualmente forma parte del ejecutivo de la Sección de Literatura de la UNEAC.

Bibliografía activa

La Robla, novela, La Habana, Ediciones Unión, 1967.
Algo para la palidez y una ventana sobre el regreso, relatos, La Habana, UNEAC, 1969.
En la cal de las paredes, novela, La Habana, UNEAC, 1971.
Los lagartos no comen queso, relatos, La Habana, UNEAC, 1975.

Bibliografía pasiva

Alcides Pérez, Rafael, «*La Robla*», en *Unión*, La Habana, 6, 3, 134-135, julio-septiembre, 1967.
Benítez Rojo, Antonio, «El Mundo como atmósfera», en *La Gaceta de Cuba*, La Habana, 84, 29-30, julio, 1970 Bueno, Salvador, «*Algo para la palidez...*» en *Revista de la Biblioteca Nacional José Martí*, La Habana, 61, 2, 179-180, mayo-agosto, 1970.
Hoz Pedro de la, «Los lagartos de Gustavo Eguren», en *Bohemia*, La Habana, 67, 20, 28,

mayo 16, 1975.
Suárez, Adolfo, «De los humores del queso y los lagartos», en *El Caimán Barbudo*, La Habana, 2.ª época, 15, mayo 1975.
Friol, Roberto, «El mundo y el logos», en *Unión*, La Habana, 9, 3, 199-203, septiembre, 1970.

Elizagaray, Alga Marina (Caibarién, Las Villas, 17 septiembre 1935). Cursó la primaria en Caibarién y en La Habana. Se graduó de Bachiller en Letras en el Instituto de La Habana en 1956. Entre 1960 y 1964 estudió la carrera de Filosofía y Letras. Durante sus años de estudiante universitaria trabajó como profesora de segunda enseñanza y desempeñó labores en la rectoría de la Universidad. De 1965 a 1967 trabajó en la Dirección Provincial del CNC. Desde 1967 es investigadora del Departamento de Literatura Juvenil de la Biblioteca Nacional José Martí, donde además desempeña labores de asesoría literaria. Participó en el I Forum Nacional de Literatura Infantil y Juvenil (1972) y en un encuentro internacional de escritores y teóricos de literatura infantil de los países socialistas, celebrado en Checoslovaquia. En 1974 ganó el Premio de Ensayo «Enrique José Varona», de la UNEAC, por su libro *En torno a la literatura infantil*. Es miembro del Grupo Asesor Permanente de Literatura Infantil y Juvenil y de la comisión para los textos de lectura de primaria, ambos del MINED. Ofrece seminarios sobre literatura infantil en la Escuela de Técnicos Bibliotecarios y cursillos anuales a los empleados de los departamentos juveniles de toda la red de bibliotecas del país. Ha colaborado en *Bohemia, Unión, Casa de las Américas, La Gaceta de Cuba, Revista de la Biblioteca Nacional José Martí, Anuario Martiano, Boletín de bibliotecas escolares del MINED, Teoría y técnica del arte de narrar* y *Texto para narradores*, estos dos últimos publicados por la Biblioteca Nacional. Ha traducido cuentos de Marcel Aimé y diversos trabajos de carácter teórico sobre literatura infantil. Ha realizado, además, adaptaciones y versiones para niños del folclore cubano.

Bibliografía activa

En torno a la literatura infantil, La Habana, UNEAC, 1975.

Bibliografía pasiva

Robinson Calvert, Nancy, «Alrededor de los libros para niños», en *Granma*, La Habana, 12, 37, 4, febrero 14, 1976.

En el Hogar (La Habana, 1880-1881). «Periódico decenal ilustrado de literatura, artes, ciencias, música, modas, &., que se publica los días 10, 20 y 30 de cada mes, dirigido por Óscar A. Fernández Yánez y Bernardo Costales Sotolongo», se leía a continuación del título. Comenzó a salir el 30 de julio. Desde el 31 de octubre de 1880 su periodicidad varió a semanal. A partir del 2 de enero de 1881 presentó un nuevo subtítulo: «Ilustración cubana. Semanario de literatura, artes, ciencias, música, modas, &.». No obstante lo que se señalaba en el subtítulo, se dedicaba fundamentalmente a la literatura. Aparecían en sus páginas poesías, cuentos, prosas poéticas y notas críticas, algunas traducidas. Tenía un relevante cuerpo de colaboradores, del que formaban parte, entre otros, Antonio López Prieto, Antonio y Francisco Sellén, Antonio Bachiller y Motales, Saturnino Martínez, Luis Victoriano Betancourt, Pablo Hernández, Rafael María de Mendive, Francisco Calcagno, Domitila García, Mercedes Matamoros, Luisa Pérez de Zambrana. Otros colaboradores fueron Rafael María Merchán, Ángel Mestre y Tolón, Eusebio Cacho Negrete, Ramón Codina, Bruno Valdés Miranda, Octavio Irio Bausá. El 20 de marzo de 1881 se publicó el último número, en el que se aclaraba que desde el 3 de abril continuaría publicándose como *Cuba Ilustrada*, «título más adecuado, que llena más las aspiraciones del país y que está más en armonía con su cultura y adelantos literarios».

Enríquez, Carlos (Zulueta, Las Villas, 3 agosto 1901-La Habana, 2 mayo 1957). Cursó la primaria en su ciudad natal y en La Habana. Se graduó de bachiller en 1920. Enviado por su familia a los Estados Unidos, estudió comercio en la *Pearce School* de Trenton. Más tarde ingresó en la *Pennsylvania Academy of Fine Arts*, de Filadelfia, para estudiar pintura, pero fue expulsado por la incompatibilidad entre su sensibilidad artística y los estudios académicos que allí cursaba. Al regresar a La Habana en 1925, no tardó en incorporarse al movimiento plástico cubano denominado «Generación del 27», que encabezaba Víctor Manuel. Trabajó durante esos años como administrador de las carboneras de uno de sus cuñados. Volvió a Nueva York y se estableció en el Greenwich Village. En 1930 regresó a La Habana y partió hacia Europa. De 1930 a 1934 viajó por Francia, España, Italia e Inglaterra. A partir de 1934 se estableció en La Habana. Sus cuadros han sido exhibidos en más de cuarenta exposiciones desde 1927, tanto en La Habana como en España, México, Estados Unidos, Guatemala, Haití y Argentina.

Bibliografía activa

Tilín García, novela, La Habana, Editorial La Verónica, 1939; La Habana, Ministerio de Educación, Dirección General de Cultura, 1960.

La Feria de Guaicanama, novela, La Habana, Ministerio de Educación, Departamento Nacional de Cultura, 1960.

La Vuelta de Chencho, novela, La Habana, Ministerio de Educación, Dirección General de Cultura, 1960.

Dos novelas, Tilín García, La vuelta de Chencho, prólogo de Félix Pita Rodríguez, La Habana, Editorial Arte y Literatura, 1975.

Bibliografía pasiva

Arrufat, Antón, «Las novelas de un pintor», en *Lunes de Revolución*, suplemento del periódico *Revolución*, La Habana, 123, 29-30, septiembre 18, 1961.

«Una breve biografía para una larga vida», en *Lunes de Revolución*, suplemento del periódico *Revolución*, La Habana, 123, 2, septiembre 18, 1961.

Bueno, Salvador, «Carlos Enríquez», en su *Antología del Cuento en Cuba, 1902-1952*, La Habana, Dirección General de Cultura del Ministerio de Educación, 1953, págs. 151.

García Vega, Lorenzo, «Carlos Enríquez», en su *Antología de la novela cubana*, La Habana, Ministerio de Educación, Dirección General de Cultura, 1960, págs. 323.

Pita Rodríguez, Félix, *Carlos Enríquez*, La Habana, Editorial Lex, 1957.

«Magia y creación en Carlos Enríquez», en *Lunes de Revolución*, suplemento del periódico *Revolución*, La Habana, 123, 22-23, septiembre 18, 1961.

Pogolotti, Marcelo, «El tilinismo», en su *La República de Cuba al través de sus escritores*, La Habana, Editorial Lex, 1958, págs. 177-180.

Portal, Herminia del, «Márgenes, *Tilín García*», en *Luz*, La Habana, época 4, 16, 4, marzo 23, 1940.

«Recuerdo de Carlos Enríquez», en *Lunes de Revolución*, suplemento del periódico *Revolución*, La Habana, 123, septiembre 18, 1961.

Victori, María del Carmen, «Carlos Enríquez, pintor de novelas», en *Revolución y Cultura*, La Habana, 23, 9-12, julio 1974.

Ensayo El ensayo es género movedizo, flexible, que irrumpe en muchas zonas limítrofes, y cuyas características más reconocidas por la crítica es conveniente deslindar antes de iniciar el breve recuento de su desarrollo en la literatura cubana. El ensayo como tal se tiene por género moderno, cuyo ejemplo básico es Montaigne, y que gana popularidad según se generalizan las publicaciones de índole literaria en la prensa periódica. Siempre se habla de que no es el tema, sino el modo de tratarlo, lo que define al género. Aquí se valora al máximo la lograda expresión de una fuerte personalidad, sin sujeciones a planes ceñidos, ni propósitos didácticos científicamente analíticos. Esto lo separa de las monografías, informes, disertaciones, o cualquier otro tipo de composición que se imponga el transmitir una información o indagar sobre un tema con precisión determinada por el asunto, sin permitir el libre divagar del autor. Pero éste tampoco nos contará en específico su vida, con lo que el ensayo se deslinda también de la memoria o la autobiografía. Y aunque críticos literarios, historiadores, filósofos u otros escritores especializados puedan expresarse a través del ensayo, será en cada caso la forma en que desarrollen su tema lo que determinará su especificidad genérica. También debe señalarse que el ensayo es típico de la madurez de pueblos y literaturas, y que, dado su carácter reflexivo, suele tener particular florecimiento en aquellas épocas de crisis, en las que los antiguos valores son puestos en duda y los nuevos pugnan por ganar terreno.

Dentro de la literatura cubana solamente podrá hablarse de ensayo cuando aparezcan sus primeros escritores importantes, ya en el siglo XIX. Ni siquiera pueden rastrearse antecedentes ensayísticos en los oradores sagrados o en los cronistas históricos, aunque ya en los prosistas que colaboran en el *Papel Periódico* (1790) pudieran hallarse matices anticipadores, especialmente en algunos de los artículos de José Agustín Caballero (1762-1835). Pero entre los escritores empeñados en convertir la factoría en una rica colonia de plantaciones, la voz principal es la de Francisco de Arango y Parreño (1763-1837), cuya prosa, sobria y elegante, es muestra ya de un estilo personal con valores destacables, aunque aún obras como su *Discurso sobre la agricultura en La Habana y medios de fomentarla* (1792) pertenezcan más al campo de la monografía. Sí ya dentro del ensayo suele ser situada parte de la importantísima obra de Félix Varela (1787-1853), en particular su *Miscelánea filosófica* (1819), así como varios de los artículos publicados en *El Habanero* (1824) y algunos fragmentos de *Cartas a Elpidio* (1835-1838), con lo cual coinciden en Cuba la aparición del género y el surgimiento del sentimiento de «nación», con su consecuente ideal de independencia. La trascendencia de su pensamiento y de su conducta no puede hacernos olvidar que Varela es uno de los mejores ensayistas de la lengua española en aquellos momentos.

Los comienzos de nuestro siglo XIX, período esencialmente formativo, con sus contradicciones políticas, económicas y sociales, era propicio para la aparición de fuertes voces polémicas, que iban a servir de portavoces al patriciado nativo, interesado en la incorporación de la isla al capitalismo industrial contemporáneo. La figura que mejor encarna esta postura es José Antonio Saco (1797-1879), que puso su prosa vigorosa y aguda al servicio de sagaces análisis de la problemática nacional, en los que la vehemencia del tono convierte, ocasionalmente, en ensayos los rigurosos análisis económicos-sociales, recopilados posteriormente en tres tomos bajo el título común de *Colección de papeles* [...] (1858-1859). La otra gran figura intelectual del patriciado en aquellos momentos, José de la Luz y Caballero (1800-1862), realizó su fecunda labor nacionalista más bien a través de la enseñanza. Y aunque cuenta en su haber con distintos ensayos sobre temas literarios, educacionales, filosóficos y sociales, no era un estilista, aunque tuviese vigor y hasta originalidad en su expresión. Ensayista más cuajado, desde el punto de vista estilístico, fue Domingo del Monte (1804-1853), en especial en sus trabajos de crítica literaria, recopilados póstumamente en dos tomos de *Escritos*, con una prosa elegante y fluida, aunque ideológicamente se identifique con la porción más conservadora de la sacarocracia criolla. Porque tanto Del Monte como Saco y Luz, representan la actitud «indagadora y criticista de un pueblo cuya clase hegemónica, la burguesía azucarera, acababa de descubrirse a sí misma». Manuel González del Valle (1802-1884), Ramón de Palma (1812-1860), Antonio Bachiller y Morales (1812-1860) y Anselmo Suárez y Romero (1818-1878), pueden ser citados también entre los escritores de la época que dejaron páginas, en una u otra medida, ensayísticas.

Probablemente el más alto ejemplo del género en los comienzos de siglo lo sea el «Ensayo sobre la novela», de José María Heredia (1803-1839), nuestro primer gran poeta, que ocasionalmente cultivó el artículo periodístico con calidad poco común. Como él, algunos de nuestros principales poetas decimonónicos también harán incursiones no muy extensas en el ensayo, como José Jacinto Milanés (1814-1873), con artículos de crítica literaria, Gertrudis Gómez de Avellaneda (1814-1863), que aportará interesantes colaboraciones en su *Álbum Cubano de lo Bueno y lo Bello* (1860), y Juan Clemente Zenea (1832-1871), que publicó en la *Revista Habanera* (1861-1862) prosas ensayísticas aún no bien valoradas. Por lo demás, en lo que resta del siglo XIX, hasta la terminación de nuestra primera guerra independentista y el posterior surgimiento de la que se ha llamado generación modernista, hacia 1880, el ensayo es género pobremente cultivado, que aparece de manera casi fugaz en algún escritor menor o que se disfraza a veces con los muy gustados ropajes del costumbrismo.

Las guerras por la independencia de Cuba suponen una toma de conciencia definitiva, que implicará el énfasis en los análisis críticos de la problemática nacional, tanto para indagar en sus raíces como para ir sentando las bases de nuestro futuro desarrollo. Por eso no es de extrañar que el ensayo sea quizás el género más favorecido en esos momentos. Incluso Max Henríquez Ureña ha llegado a afirmar que «nunca ha tenido Cuba, como lo tuvo entonces, tan valioso y nutrido conjunto de buenos ensayistas». Dos publicaciones nuclearán a la mayor parte de dichos autores: la *Revista de Cuba* (1877-1884), dirigida por José Antonio Cortina, y la *Revista Cubana* (1885-1895), dirigida por Enrique José Varona. Enrique Piñeyro (1839-1911) es el de más edad entre estos escritores y, aunque su labor es fundamentalmente la de un crítico interesado en el examen de las corrientes literarias del siglo XIX, cosa que pudo realizar solo fragmentariamente, su estilo elegante e impecable, que fue puliendo con el transcurso del tiempo, lo coloca entre los mejores prosistas en lengua española del momento. También más crítico que ensayista fue Rafael María Merchán (1844-1905), riguroso y erudito, que dejó recopilados algunos de sus trabajos en dos interesantes tomos: *Estudios críticos* (1886) y *Variedades* (1894). En el período entre las dos guerras independentistas comenzaron también a destacarse una serie de oradores, agrupados bajo la bandera autonomista, que solían cultivar el ensayo, pero en los cuales siempre primaban las cualidades tribunicias; el más importame de ellos fue Rafael Montoro (1852-1933).

Manuel Sanguily (1848-1925) puede ser considerado un gran orador y un ardiente polemista; ambas características contribuyeron a matizar el tono ensayístico de su certera y exigente revisión de los valores nacionales, como puede comprobarse en la revista *Hojas Literarias* (1891-1894), que él solo redactó casi íntegramente. En sus ensayos hay siempre una prédica política, ya que en él, en definitiva, existía una unidad inquebrantable entre el estilo y el hombre. También en Enrique José Varona (1849-1933) las preocupaciones ideológicas y políticas serán fundamentales, en una obra que va a extenderse hasta el primer tercio del siglo XX. Esta vez nos encontramos ante un escritor sereno y pulido, de rigurosa formación clásica; dos tomos en los que recopiló sus artículos ensayísticos pueden servirnos de ejemplo: *Desde mi belvedere* (1907) y *Violetas y ortigas* (1917). Pero en el ensayo, al igual que en toda nuestra literatura, la culminación va a encontrarse en la obra genial de José Martí (1853-1895), que nunca compuso un libro específico dentro del género, pero que supo elevar el comentario o el artículo periodístico a la más alta categoría ensayística, para lo cual contaba con su prosa renovadora e inigualable, instrumento del cual el pensador y el revolucionario supieron aprovecharse para lograr algunas de las muestras más importantes del género en toda la literatura escrita en lengua española. Y esto, desde su medular «Nuestra América», pasando por sus críticas literarias sobre Emerson y Whitman, hasta algunas de las páginas dedicadas a los niños en *La Edad de Oro* (1889). Manuel de la Cruz (1861-1896) es también estilista agudo, como lo prueban sus escritos recogidos bajo el título de *Crítica y filosofía*, pero generalmente desborda los límites específicos del género. Al igual que el malogrado Aurelio Mitjans (1863-1889), que dejó un tomo de *Estudios literarios* (1887). Aún pueden mencionarse una poetisa, Aurelia Castillo de González (1842-1920), y un novelista, Nicolás Heredia (1852-1901), que también incursionan en el ensayo, particularmente el último con su estudio *La sensibilidad en la poesía castellana* (1898). Dentro de esta generación finisecular, para terminar, citaremos a José de Armas y Cárdenas (1866-1919), Justo de Lara, que alcanza bondades ensayísticas en muchos de sus artículos periodísticos. Preocupado por los estudios formalistas y eruditos, fue dueño de un correcto y ágil estilo, el cual consagró en numerosos libros al estudio de la obra cervantina.

Los comienzos del siglo XX van a contemplar la madurez de algunos de los grandes ensayistas del siglo anterior, como Sanguily y Varona, pero el cultivo del género decaerá si lo comparamos con la etapa anterior. Son los momentos en que la República da sus primeros y tambaleantes pasos, y hay mucho de amargura y desilusión en el ambiente. La revista *Cuba Contemporánea* (1913-1927) será el órgano literario más importante del momento. Entre los escritores que cultivan el ensayo por esta época, figuran algunos que realizan su labor fundamental en otros géneros, como los poetas Regino Eladio Boti (1878-1958) y José Manuel Poveda (1888-1926), y los narradores Jesús Castellanos (1879-1912), prosista de gran calidad que dejó inconcluso su libro *Los optimistas*, y José Antonio Ramos (1885-1946), también dramaturgo, con su *Manual del perfecto fulanista* (1916). Sí dedicaron sus esfuerzos mayores al ensayo Mariano Aramburo (1870-1940), Luis Rodríguez Embil (1879-1954) y sobre todo, los matanceros Fernando Llés (1883-1949) y Emilio Gaspar Rodríguez (1889-1939), estos dos últimos muy influidos por Rodó. También Medardo Vitier (1886-1960) cuenta en su haber numerosos títulos ensayísticos. Entre los periodistas que inciden en el género puede mencionarse a Manuel Márquez Sterling (1872-1934) y Rafael Suárez Solís (1881-1968), mientras que Francisco González del Valle (1881-1942) cae más dentro del campo de la crítica erudita e historicista. El aporte femenino al ensayo es más abundante en estos momentos, contando con dos poetisas, Dulce María Borrero (1883-1945) y Emilia Bernal (1884-1964), además de la helenista Laura Mestre (1867-1944) y la investigadora Carolina Poncet (187...-1969). Hay un autor dominicano, muy notable ensayista, que tiene especial importancia en este momento: Max Henríquez Ureña (1885-1968). Por último, dos figuras que desbordan el género y el momento, ya que su producción se extiende por toda la primera mitad del siglo XX: Ramiro Guerra (1880-1970), historiador y economista, pero que a veces utiliza un certero enfoque ensayístico, como en *Azúcar y población en las Antillas* (1927), y Fernando Ortiz (1881-1969), polígrafo con especial interés en los estudios afrocubanos, cuya amplísima Bibliografía, que trata de apoyarse en bases científicas, no excluye la agilidad ensayística en libros como *Contrapunteo cubano del azúcar y el tabaco* (1940) o *El engaño de las razas* (1946.

La reacción ante la situación política y cultural imperante en el país conduce a los escritores más jóvenes a una actitud crítica y renovadora, reconocible en la llamada Protesta de los Trece (1923) y en la subsiguiente formación del Grupo Minorista, el cual dio a conocer, en 1927, una declaración de principios redactada por el poeta y revolucionario Rubén Martínez Villena (1899-1934). Consecuentemente, ésta va a ser de nuevo una generación en la que los ensayistas tendrán el mayor peso. Dos publicaciones, *Social*, que comenzó a salir en 1916, y de la cual fue jefe de redacción Emilio Roig de Leuchsenring (1889-1964), y la *Revista de Avance* (1927-1930), entre cuyos editores figuraron algunos de los más importantes ensayistas de la época, son los vehículos literarios más utilizados. Los editores de la segunda revista desarrollarán posiciones ideológicamente bien opuestas. El ala derecha va a estar representada por Francisco Ichaso (1900-1962), Jorge Mañach (1899-1961) y, un poco menos, por Félix Lizaso (1891-1966), que realizó una amplia labor como investigador y comentarista. El más importante de ellos fue Mañach, por su aguda incidencia en el género, vinculada a Ortega y Gasset y Eugenio d'Ors, con libros como *Indagación del choteo* (1928) e *Historia y estilo* (1944). El ala izquierda de dichos editores tiene cabal representación en la figura de Juan Marinello (1898), de bien definida filiación marxista, preocupado por lograr la más fiel expresión americana, con mucho más de impulso ensayístico que de análisis científico. Entre sus títulos se encuentran *Poética* (1933), *José Martí, escritor americano* (1958), *Contemporáneos* (1964) y *Creación y revolución* (1973). Otro minorista también destacado como ensayista fue José Antonio Fernández de Castro (1897-1951), especialmente con *Barraca de feria* (1933). Algo al margen de las preocupaciones epocales realizó su acuciosa pero no extensa obra de crítica e investigación José María Chacón y Calvo (1893-1969), del cual pueden citarse *Ensayos de literatura cubana* (1922) y *Estudios heredianos* (1939). Otros cultivadores del género en estos momentos son Francisco José Castellanos (1892-1920), nuestro ensayista más puro, muerto prematuramente, y José de la Luz León (1892.

Entre los autores ya nacidos en el siglo XX, un grupo se vincula estrechamente con la generación del minorismo. A él pertenece Alejo Carpentier (1904), que ya cultivaba el artículo ensayístico mucho antes de iniciar su brillante producción narrativa. En 1966 publicó su *Tientos y diferencias*. Más inmerso en la lucha contra la dictadura machadista, que radicalizará las búsquedas de nuestras soluciones nacionales, está Raúl Roa (1909), cuya pluma, ágil, mordaz y certera, logra páginas ensayísticas inigualables, como las recogidas en *Retorno a la alborada* (1964) y *Escaramuza en las vísperas y otros engendros* (1966). La urgencia de la acción política impide el desarrollo ensayístico de prosas tan vigorosas como la de Julio Antonio Mella (1905-1929). Narradores como Enrique Labrador Ruiz (1902) y Marcelo Pogolotti (1902), pintor además, hacen interesantes incursiones por el ensayo. Y utilizan el género para muchos de sus estudios el historiador Elías Entralgo (1903-1966) y los críticos Raimundo Lazo (1904-1976) y Loló de la Torriente (1907.

Nuevas voces se enfrentan a las premisas sociopolíticas que suceden al derrocamiento de Machado. De la respuesta escapista que propone el grupo de la revista *Orígenes* (1944-1956) surgen tres poetas que son a su vez ensayistas de notable fibra. José Lezama Lima (1912) une la expresión barroca a su aguda percepción en libros como *La expresión americana* (1957), *Tratados en La Habana* (1958) y *La cantidad hechizada* (1970). Los otros dos poetas, Cintio Vitier (1921) y Fina García Marruz (1923), quizás son más críticos que ensayistas, aunque el primero tenga en su haber títulos tan fundamentales como *Lo cubano en la poesía* (1958) y su fina colección de ensayos *Crítica sucesiva* (1971). La otra respuesta generacional la intentan escritores que se afianzan sólidamente en las doctrinas marxistas-leninistas. A ella pertenecen Carlos Rafael Rodríguez (1913) y el historiador Sergio Aguirre (1914). Pero dentro de esta orientación las figuras más notables del género son José Antonio Portuondo (1911), serio y ameno indagador de nuestra realidad nacional, con títulos como *Contenido social de la literatura cubana* (1914), *El heroísmo intelectual* (1955), *Crítica de la época y otros ensayos* (1965), *Astrolabio* (1973), *La emancipación literaria de Hispanoamérica* (1975), y Mirta Aguirre (1912), cuya fina y medular prosa ha cuajado en libros como *Un hombre a través de su obra: Miguel de Cervantes Saavedra* (1948), *El romanticismo de Rousseau a Víctor Hugo* (1973), y *Del encausto a la sangre: sor*

Juana Inés de la Cruz (1975). Prosas ensayísticas también tienen el poeta periodista Ángel Augier (1910), el crítico Salvador Bueno (1917) y, ya en camino hacia la generación más joven, Roberto Fernández Retamar (1930), Edmundo Desnoes (1930), Ambrosio Fornet (1932) y Graciella Pogolotti (1932), con su interesante *Examen de conciencia* (1965). Como un estímulo al desarrollo del género, la Unión de Escritores y Artistas de Cuba instituyó el Premio Nacional de Ensayo «Enrique José Varona», el cual ha sido ganado por Federico de Córdoba en 1966, Francisco López Segrera en 1969 y Pedro Dechamps Chapeaux en 1970.

Bibliografía

Bueno, Salvador, «Proceso de la crítica y el ensayo», en *Medio siglo de literatura cubana, 1902-1952*, La Habana, Publicaciones de la Comisión Nacional Cubana de la UNESCO, 1953, págs. 93-118.

Costa, Octavio R., «El ensayo en Cuba», en *Libro de Cuba*, La Habana, Talleres Tipográficos de Artes Gráficas, 1954, págs. 640-645.

Lizaso, Félix, *Ensayistas contemporáneos, 1900-1920*, La Habana, Editorial Trópico, 1938.

Portuondo, José Antonio, «El ensayo y la crítica en Cuba revolucionaria», en *El ensayo y la crítica literaria en Iberoamérica*, edición al cuidado de Kurt L. Levy y Keith Ellis, Toronto, Canadá, Instituto Internacional de Literatura Iberoamericana, 1970, págs. 215-220

Ensayo, El (La Habana, 1881-ld.). «Semanario de ciencias, artes y literatura», se lee como subtítulo en el segundo número, aparecido con fecha 13 de febrero. Todo parece indicar, por tanto, que comenzó el día 6 de dicho mes, como hace constar Carlos Manuel Trelles en la cuarta parte de su trabajo. «Bibliografía de la prensa cubana (de 1764 a 1900) y de los periódicos publicados por cubanos en el extranjero» —en *Revista Bibliográfica Cubana* (La Habana, 2, 10-12, 247, julio-diciembre, 1938)—. Era dirigido por José María Céspedes, a quien se deben algunos de los artículos de crítica literaria y de filosofía que aparecieron en sus páginas. Además publicaba otros trabajos de índole literaria, fundamentalmente poesías y cuentos.

Fueron sus colaboradores, entre otros menos conocidos, Emilio Bobadilla y Lunar, Pablo Hernández, Mercedes Matamoros, Ricardo Rodríguez Cáceres, Antonio G. Cuyás, Carlos Noreña. En la «Cronología de Julián del Casal», publicada en sus *Poesías* (La Habana, Editorial Nacional de Cuba, 1963, pág. 7), se expresa que en el número de esta publicación correspondiente al 13 de febrero apareció «la primera colaboración de Casal conocida en un órgano de la prensa», firmada con sus iniciales J. C. En los ejemplares revisados, el último de los cuales (número 13) corresponde al 1.º de mayo de 1881, se encuentran otras poesías de Casal, también firmada con sus iniciales. Trelles indica, en su ya citado trabajo, que solo se publicó durante este año.

Ensayo, El (La Habana, 1908-1909). Revista ilustrada científico-literaria. Órgano de los estudiantes del Instituto de La Habana. Comenzó a salir quincenalmente a partir del 7 de diciembre. Era su director literario Manuel Costa. José María Chacón y Calvo y Julio Hernández Miyares ocupaban, respectivamente, los cargos de jefe y de secretario de la redacción. En números posteriores se subtituló «Revista quincenal ilustrada». Fueron sus directores literarios, sucesivamente, Ramiro Capablanca y Gustavo Herrera. Publicaba poemas, cuentos, críticas literarias, semblanzas biográficas y otros trabajos de interés para los estudiantes. Contó con la colaboración de José Antonio Rodríguez García, Luis Alejandro Baralt, Manuel Serafín Pichardo, Fermín Valdés Domínguez, Luis A. Mustelier, Emilio Valdés y de Latorre, Isidro García, Aurelio Silvera y otros. El último ejemplar revisado corresponde al 30 de abril de 1909.

Ensayos Literarios (Santiago de Cuba, 1846-1847). Revista. Emilio Bacardí expresa, en la página 384 del tomo 2 de su obra *Crónicas de Santiago de Cuba* (Santiago de Cuba, Tipografía Arroyo, 1925), que comenzó a publicarse en abril; pero el *Diario de la Marina* señala, en su edición del 4 de junio de 1846, que días antes se había anunciado en *El Redactor*, periódico de Santiago de Cuba, «la pronta publicación de una obra con el título de *Ensayos Literarios*». (Los periódicos del interior se recibían en la capital con un atraso que oscilaba entre los 10 y los 15 días.) Según parece comenzó a finales de mayo o principios de junio, pues el *Diario de la Marina* correspondiente al 25 de junio expresa que desde hace varios días tiene en sus manos la primera entrega, y felicita a los directores «por la elección de asuntos, sobre todo por haber dirigido su atención a la historia antigua de Cuba». Se repartía por entregas mensuales. Fueron sus fundadores y editores José Joaquín Hernández, Pedro Santacilia y Francisco Baralt. No se ha encontrado ningún ejemplar, pero por la reseña que de algunas entregas se hizo en la prensa habanera de la época, se sabe que aparecieron en sus páginas poesías, trabajos de carácter histórico y costumbrista, artículos de crítica e historia literarias, etc., todos debidos a los editores. En su discurso *Pedro Santacilia; su vida y sus versos* (La Habana, Imprenta El Siglo XX, 1924), José Manuel Carbonell reproduce, sin detallar la fuente de que se ha servido, los títulos de todos los trabajos en prosa publicados por Santacilia en la revista.

Bibliografía

«*Ensayos Literarios*», en *Diario de la Marina*, La Habana, 3, 175, 2, junio 25, 1846.
«*Ensayos Literarios*», en *Diario de la Marina*, La Habana, 3, 303, 2, octubre 31, 1846.
«Publicaciones periódicas, *ensayos Literarios*, «*El Prisma*», en *Diario de la Marina*, La Habana, 3, 200, 2, julio 20, 1846.

Ensayos Literarios (La Habana, 1862-ld.). Periódico quincenal. Comenzó a mediados de febrero. La primera entrega apareció sin fecha, pero en la edición del *Diario de la Marina* correspondiente al 16 de febrero de 1862 se acusa recibo de la misma. Eran sus directores Francisco E. de Silva y Alfredo J. Torroella. En nota publicada en el *Diario de la Marina* del 31 de enero de 1862 se señala que en el prospecto los redactores «explican lacónicamente que no la mira del lucro ni la ambición de laureles, sino el deseo de ser útiles a sus semejantes, los impulsa a emprender arduas tareas en la áspera senda del periodismo, ansiosos de buscar la verdad donde la razón ejerce su benéfico influjo». Los mismos redactores, en la primera entrega, explican al público qué sería la publicación, y concluían con las siguientes palabras: «Ahí tenéis hoy la primera entrega de nuestros *Ensayos Literarios* juzgadla si queréis pero estableced bien las premisas: somos estudiantes y no maestros, ensayamos y no componemos: analizad nuestros trabajos, y si lo malo excede a lo bueno confesaremos culpables». Según parece solo salieron dos números (del segundo se da noticia en el diario *Prensa de La Habana* del 7 de marzo de 1862), en los que se publicaron poesías y artículos de contenido filosófico y sobre otras materias. Contó con la colaboración de Andrés Clemente Vázquez, Antonio de Jesús Zambrana, G. de Estrada y Zenea, Leopoldo Berriel, Rosa Marrero y Caro y F. de la Portela. José María Labraña señala, en la página 663 de su trabajo «La prensa en Cuba» —aparecido en *Cuba en la mano. Enciclopedia popular ilustrada* (La Habana, Imprenta Úcar, García, 1940, págs. 649-786)–, que en esta publicación colaboraron Pedro Santacilia, Francisco Baralt y J. J. Hernández, pero es un error, pues la revista en que dichos escritores colaboraron y que tenía el mismo título que ésta, se publicó en Santiago de Cuba en 1846.

Entralgo, Elías (La Habana, 28 marzo 1903-Id., 4 septiembre 1966). Cursó la primaria en las Escuelas Pías de Guanabacoa y el bachillerato en el Instituto de su ciudad natal (1922). Se graduó en la Universidad de La Habana de Doctor en Derecho Civil (1927), en Derecho Público (1928) y en Filosofía y Letras (1929). Profesor instructor de Sociología en dicha Universidad durante el curso 1929-1930, renunció durante la tiranía de Machado. En 1934 volvió a la Universidad para ocupar las cátedras de Historia de Cuba y Sociología Cubana. Fue miembro de la Sección de Ciencias Históricas del Ateneo de La Habana, bibliotecario de la Sociedad Económica de Amigos del País, fundador del Instituto de Altos Estudios de Cuba, miembro correspondiente del Círculo de Altos Estudios de Rosario (Argentina) y miembro del Instituto Internacional de Estudios Ibero-Americanos de París. Dirigió las revistas *Universidad de La Habana* y *Vida Universitaria*. Fue secretario de redacción de la *Revista Bimestre Cubana*. Colaboró en *Cuba Contemporánea, Repertorio Americano* (Costa Rica), *Revista de Occidente* (España). Pronunció numerosas conferencias. Publicó su «Historia social» en el tomo 4 de *Historia de la Nación Cubana* (La Habana, Editorial Historia de la Nación Cubana, 1952). También seleccionó la antología de José Martí *Ideas políticas y sociales* (La Habana, Ediciones Nuevo Mundo, 1960, 2 T.). Al morir desempeñaba los cargos de Decano de la Facultad de Humanidades, presidente de la Comisión de Extensión Universitaria y presidente de la Comisión Nacional Cubana de la UNESCO.

Bibliografía activa

Luisa Pérez de Zambrana; conferencia pronunciada en el Liceo Artístico y Literario de Guanabacoa el día 31 de julio de 1921, La Habana, Editorial Hermes, 1921.

Pepe Antonio; contribución histórica leída en el Ateneo de La Habana el día 26 de febrero de 1922, en la sesión solemne y pública celebrada por la Sección de Ciencias Históricas, La Habana, Editorial Hermes, 1922.

Perfiles, apuntes críticos sobre literatura cubana contemporánea, prólogo del Doctor Salvador Salazar, La Habana, Editorial Hermes, 1923.

Domingo del Monte y su época, conferencia leída en el Colegio de Arquitectos de La Habana, el 8 de abril de 1922, La Habana, Editorial Hermes, 1924.

Esquema de sociografía indocubana, La Habana, Imprenta Molina, 1935.

Historia de Cuba, copias de clase, edición mimeografiada, La Habana, Universidad de La Habana, Facultad de Derecho y Ciencias Sociales, Departamento de Copias, 1937-1956, 20 T.

El ideario de Varona en la filosofía social, La Habana, Imprenta Molina, 1937, publicaciones de la Biblioteca Municipal de La Habana, Serie B, Cultura Popular, 4.

José Silverio Jorrín; o, La timidez política, La Habana, Imprenta Molina, 1937.

Historieta de unas largas oposiciones de historia, La Habana, Imprenta Excélsior, 1939.

Domingo del Monte, La Habana, Cultural, 1940.

Apuntes caracterológicos sobre el léxico cubano, La Habana, Imprenta Molina, 1941; 3.ª edición, La Habana, Editorial Selecta, 1945.

Correría sobre los elementos históricos de la segunda enseñanza en la cultura cubana; verificada en la Federación de Doctores en Ciencias y en Filosofía y Letras el 2 de octubre de 1937, La Habana, Cultural, 1941.

La Universidad de Berriel, La Habana, Publicaciones de la revista *Universidad de La Habana*, 1942.

Síntesis histórica de la cubanidad en los siglos XVI y XVII, La Habana, Imprenta Molina, 1944.

Los diputados por Cuba en las Cortes de España durante los tres primeros períodos constitucionales, trabajo presentado por el académico correspondiente en Marianao, provincia de La Habana, y aprobado en la sesión ordinaria de 20 de abril de 1944, La Habana, Imprenta El Siglo XX, 1945.

La paradoja histórica de Luz Caballero, prólogo de la edición De la vida íntima, tomo I, Epistolario y Diarios, que se han publicado en la Biblioteca de Autores Cubanos de la Editorial de la Universidad de La Habana, La Habana, Imprenta Úcar, García, 1945.

Dos apelativos continentales, Enrique José y José Enrique, conferencia dicha en el Ateneo puertorriqueño, la noche de 26 de julio de 1945, La Habana, Cultural, 1946.

El sentido revolucionario de la protesta de Baraguá, La Habana, Cultural, 1946; Id., 1951.

Períoca sociográfica de la cubanidad, La Habana, Editor Jesús Montero, 1947.

Cartas a Luz Caballero, prólogo de la edición De la vida íntima, tomo 2, que se ha publicado en la Biblioteca de Autores Cubanos de la Editorial de la Universidad de La Habana, La Habana, 1949.

La genuina labor periodística de Enrique José Varona, La Habana, Editorial Librería Selecta, 1949.

Apología de las 7 de la mañana lección inaugural del año académico 1950-51 en la cátedra de Historia de Cuba de la Escuela de Filosofía y Letras de la Universidad de La Habana, La Habana, Universidad de La Habana, Departamento de Intercambio Cultural, 1950, Cursos y conferencias de extensión universitaria, 6; 2.ª edición La Habana, Valcayo, 1959.

La insurrección de los Diez Años, una interpretación social de este fenómeno histórico, discurso de apertura del año académico 1938-39 en la cátedra de Historia de Cuba de la Universidad de La Habana, La Habana, Universidad de La Habana, Departamento de Intercambio Cultural, 1950, Cursos y conferencias de extensión universitaria, 3.

La América Latina y su Enrique José Varona,

conferencia dicha en el hemiciclo del Ministerio de Educación, La Habana, Imprenta de la Universidad de La Habana, 1951.

La Asamblea de la Yaya en Cosme de la Torriente, discurso leído en el Aula Magna de la Universidad de La Habana, en la noche del miércoles 8 de agosto de 1951, La Habana, Imprenta Universitaria, 1951.

Visión de la bandera centenaria, La Habana, Sociedad Colombista Panamericana, 1951.

Dos arquetipos para una deontología cubana, don Pepe y el Generalísimo, lección inaugural del año académico 1951-52 en la cátedra de Historia de Cuba en la Escuela de Filosofía y Letras de la Universidad de La Habana, La Habana, Universidad de La Habana, Departamento de Intercambio Cultural, 1952, Cursos y conferencias de extensión universitaria, 9.

Un humoroide en la presidencia del Ateneo de La Habana, sobre Rafael Fernández de Castro, La Habana, Imprenta Universitaria, 1953.

La liberación étnica cubana, La Habana, Imprenta de la Universidad de La Habana, 1953.

El resentimiento de un prólogo, La Habana, Imprenta de la Universidad de La Habana, 1953.

Los conceptos libertadores en Enrique José Varona, conferencia leída en el salón de actos de la Sociedad Económica de Amigos del País, La Habana, Imprenta de la Universidad de La Habana, 1954.

Contornos y dintornos de la investigación y de la erudición, La Habana, 1955; 3.ª edición, La Habana, 1956; Santa Fe, Argentina, Universidad Nacional del Litoral, Departamento de Extensión Universitaria, 1958, Temas bibliotecológicos, 9.

Las inscripciones en nuestros ventanales, México D. F., Edificaciones Humanismo, 1955, Letras de América, 4.

El modo agraciado de enamoramiento en Domingo del Monte, disertación leída en el Ateneo de La Habana, la noche del 4 de noviembre de 1953 en el acto con que esa Sociedad conmemoró el centenario de la muerte del prócer, La Habana, Imprenta de la Universidad de La Habana, 1955.

Doctrina del progreso + revolución mecánica = El Lugareño, Disertación dicha en el salón de actos de la Sociedad Económica de Amigos del País, en la noche del viernes 8 de agosto de 1952, La Habana, Imprenta de la Universidad, 1956.

La cubanía de Fray Candil, discurso leído en la sesión solemne de su ingreso como académico de número, el día 31 de octubre de 1957, La Habana, Imprenta El Siglo XX, 1957.

Una vocación y su temperamento, desde Emilio Bobadilla hasta después de Fray Candil, discurso de ingreso como miembro correspondiente de la Academia Nacional de Artes y Letras, leído el 26 de junio de 1958, La Habana, Imprenta de la Universidad de La Habana, 1958.

Los grandes cambios sociales traen siempre prosperidad a los pueblos, Versión taquigráfica del discurso pronunciado el 30 de junio de 1959, en el Capitolio Nacional, La Habana, Delegación del Gobierno en el Capitolio Na-

cional, 1959.
Lecciones de historia de Cuba, La Habana, Talleres del Archivo Nacional, 1960.
Lecturas y estudios, La Habana, Comisión Nacional Cubana de la UNESCO, 1962.
Algunas facetas de Varona, La Habana, Comisión Nacional Cubana de la UNESCO, 1965.

Bibliografía pasiva

Aguirre, Sergio, «Huella de un maestro», en *Universidad de La Habana*, La Habana, 30, 181, 7-11, septiembre-octubre, 1966.
Augier, Ángel, «*Lecturas y estudios*, por Elías Entralgo», en Universidad de La Habana, La Habana, 27, 161-162, 167-168, mayo-agosto, 1963 «Bibliografía interamericana, Elías Entralgo.
José Silverio Jorrín; o, La timidez política», en *América*, La Habana, 3, 3, 94-95, septiembre, 1939.
Carbonell, José Manuel, «Elías José Entralgo y Vallina, 1903», en su *La prosa en Cuba*, recopilación dirigida, prologada y anotada, tomo 5, La Habana, Montalvo y Cárdenas, 1928, págs. 403-404, Evolución de la cultura cubana, 1608-1927, 16, Córdoba, Federico de, «Elías Entralgo», en *El Mundo*, La Habana, 66, 21 986, 4, septiembre 3, 1967.
Doctor Elías Entralgo y Vallina, *Apuntes caracteriológicos sobre el léxico cubano*», en *América*, La Habana, 13, 1, 94, enero, 1942.
Nuyri Beltrán, Juan, «Elías Entralgo», en *El Mundo*, La Habana, 65, 21 704, 4, octubre 6, 1966.
Pogolotti, Marcelo, «La estratificación social»,

sobre *Perioca sociográfica de la cubanidad*, en su *La República de Cuba al través de sus escritores*, La Habana, Editorial Lex, 1958, págs. 150-157.

Epigrama, El (La Habana, 1883-ld.). Semanario crítico satírico. Periódico. Comenzó a salir el 7 de enero. Fue dirigido por Emilio Bobadilla. Era su administrador Vivino Govantes y Govantes. Como expresaba el subtítulo, sus columnas se llenaban de comentarios a problemas de actualidad, así como de impresiones críticas sobre cuestiones literarias, algunas con tono serio. Bobadilla firmaba éstas con su conocido seudónimo *Fray Candil*. Otro colaborador se escondía tras el seudónimo *Lord Bilis*.

El último número revisado (4) corresponde al 28 de enero de 1883. Carlos Manuel Trelles indica, en la cuarta parte de su trabajo «Bibliografía de la prensa cubana (de 1764 a 1900) y de los periódicos publicados por cubanos en el extranjero» —en *Revista Bibliográfica Cubana* (La Habana, 2, 10-12, 248, julio-diciembre, 1938)—, que solo salió durante este año.

Epistolarios A pesar de no contar Cuba con una tradición en el género epistolar comparable a la de Europa, a partir del siglo XIX encontramos un crecido número de epistolarios que, tanto por la calidad literaria como por la importancia que para la historia de nuestra cultura revisten, no pueden dejar de mencionarse al hacer un recuento de su vida literaria.

Ya del primero de nuestros poetas mayores —José María Heredia—, poseemos una importante colección de cartas, cuya edición más completa se encuentra en el tomo II de las *Poesías, discursos y cartas de José María Heredia* (1939), publicadas en el volumen XLII de la *Colección de autores cubanos* que dirigía Don Fernando Ortiz. En él se encuentra incluida su célebre carta del 17 de junio de 1824, en donde el poeta narra las impresiones de su visita a las cataratas del Niágara y consigna haber escrito allí, inspirado por el magno espectáculo, su famosa oda. Falta, empero, su más polémico escrito: la carta que envió en 1836 al capitán general de Cuba, Miguel Tacón, en la que solicitaba autorización para regresar a nuestra patria, siquiera por breve tiempo, con el objeto de visitar a su madre y otros familiares. Son las suyas, cartas de gran interés que esclarecen aspectos importantes tanto de su biografía como de su producción literaria.

Por la trascendencia que para el pensamiento cubano del siglo XIX y la formación de nuestra nacionalidad tuvo la figura de José Antonio Saco, resulta de capital importancia la compilación de las cartas a él escritas que ejemplarmente realizó en 1923 el estudioso de nuestras letras José Antonio Fernández de Castro (*Medio siglo de historia colonial (1823-1879)*, con prefacio de Enrique José Varona. La obra cuenta con una erudita introducción del autor y se encuentra dividida en cuatro grandes períodos —«la formación (1823-1837»; «las tentativas de fuerza (1846-1857» «las ideas (1858-1868», y «la revolución (1869-1879»—, en los cuales las cartas comprendidas han sido cuidadosamente anotadas. Cuenta, además, con una tabla biográfica de los corresponsales de Saco, entre los cuales se encuentran personalidades tan relevantes de la cultura cubana como José de la Luz y Caballero, Félix Varela, Domingo del Monte, *El Lugareño* (seudónimo de Gaspar Betancourt Cisneros), José A. Echeverría, Juan Bautista Sagarra y Nicolás Escobedo. En su clase, la obra constituye un verdadero modelo y una fuente de obligada consulta para todo estudioso de nuestro siglo XIX.

Al notable esfuerzo de Fernández de Castro viene a unirse, años más tarde, la publicación del epistolario de otra de las más preclaras figuras del pensamiento decimonónico en Cuba: José de la Luz y Caballero. Con el título de *De la vida íntima* fueron editadas estas cartas en dos volúmenes, entre 1945 y 1949, por la Editorial de la Universidad de La Habana, al publicar en su *Biblioteca de autores cubanos* las obras completas de Luz, prologados ambos volúmenes por el Doctor Elías Entralgo. Tal como en el caso de la obra de Fernández de Castro, nos encontramos en presencia de una muy cuidadosa edición, ampliamente anotada, con una «addenda» biográfica y un índice analítico no solo de los remitentes de las cartas sino también de los destinatarios pues —a diferencia del epistolario de Saco y como una ventaja sobre éste— se encuentran recogidas en el segundo tomo 215 cartas dirigidas a Luz por figuras tan destacadas como Alejandro de Humboldt,

Saco, Varela, *El Lugareño*, Domingo del Monte y José Antonio Echeverría, entre otras.

Continuando la senda abierta por estos trabajos, Federico Córdoba compilaría con gran rigor las *Cartas del Lugareño* (1951), autor que gozó de la más alta reputación como epistológrafo entre los cubanos de su tiempo. Córdoba recoge primeramente las 57 cartas de Gaspar Betancourt Cisneros que se encuentran incluidas en el *Centón epistolario de Domingo del Monte*, luego las 15 dirigidas a Luz y Caballero y las 17 a José Antonio Saco, que junto a las 20 aparecidas en la *Gaceta de Puerto Príncipe* y 4 remitidas a varias personas suman las 113 epístolas que, tras una búsqueda exhaustiva de varios años de duración en todas las fuentes de obtención posibles, le fue dable reunir. Es de lamentar que el epistolario íntimo de *El Lugareño* no hubiera podido ser de nuestro conocimiento, dado que fue incinerado por su autor en 1869, temeroso de una posible requisa por parte de las autoridades españolas. Es, con todo, una valiosísima contribución la que con su paciencia y laboriosidad ingentes ha aportado a nuestras letras Federico Córdoba.

Pero la obra más importante en este género para darnos a conocer el contexto sociopolítico en que se insertó la vida literaria cubana durante la primera mitad del siglo XIX, es, sin dudas, el *Centón epistolario de Domingo del Monte*, cartas dirigidas a del Monte, publicadas en siete gruesos volúmenes por la Academia de la Historia de Cuba entre 1923 y 1957 bajo la dirección sucesiva de Domingo Figarola Caneda, quien preparó la edición de los tres primeros volúmenes (1923, 1924, 1926); Joaquín Llaverías, que a la muerte de Figarola Caneda lo sustituyó en la publicación de los volúmenes cuarto y quinto (1930-1938), y Manuel Isaías Mesa Rodríguez, director de los tomos sexto y séptimo (1953-1957).

Gracias a la paciente labor de estos investigadores, disponemos hoy de esta obra de capital importancia para el estudio de la cultura cubana, obra que se vio interrumpida en más de una ocasión «por falta de numerario al efecto en los pasados presupuestos» y requirió, en otras, auspicios privados para ser editada. En ella se hallan recogidas cronológicamente las cartas que a Del Monte dirigió lo más granado de la cultura cubana del XIX: Saco, Luz, José Jacinto Milanés, Ramón de Palma, Cirilo Villaverde, *El Lugareño*, José A. Echeverría, la Condesa de Merlin (María de las Mercedes Santa Cruz y Montalvo), Anselmo Suárez y Romero, José Zacarías González del Valle, por citar solo algunos nombres del gran número de sus corresponsales. Particular interés ofrece la correspondencia de los dos últimos tomos por la luz que arrojan sobre la controvertible actitud en hechos poco esclarecidos de nuestro historial, en especial la llamada Conspiración de la Escalera, de figuras tan importantes para la cultura nacional como Luz y el propio Del Monte, así como todo lo relacionado con la trata de esclavos y las relaciones de Del Monte con los funcionarios consulares ingleses Turnbull y Madden, opuestos a los intereses de los esclavistas españoles.

Ya enmarcadas en un ámbito más estrictamente literario, aunque es sabida toda la motivación de tipo políticosocial que envolvió la creación de la novela *Francisco*, de Anselmo Suárez y Romero, las 49 cartas que a este autor escribió el joven catedrático de filosofía José Zacarías González del Valle entre 1836 y 1840 —publicadas por la Secretaría de Educación de la Dirección de Cultura bajo el título de *La vida literaria en Cuba* (1938)— resulta un documento de notable valor para el conocimiento no solo de la gestación de la novela mencionada, sino en especial sobre el grupo de intelectuales que orbitaba en torno a la figura de Del Monte y asistían a sus famosas tertulias, de tanta importancia en el desarrollo de la literatura cubana en el pasado siglo.

Pero si en todos estos epistolarios que hemos dejada consignados el valor radica básicamente en su calidad de documento para la comprensión cabal de una época, en el caso de las famosas cartas amorosas dirigidas a Ignacio de Cepeda y Alcalde por Gertrudis Gómez de Avellaneda, la nota lírica resulta en ella la dominante y les confiere un singular encanto que las ha convertido en un verdadero clásico de las letras hispánicas en la vertiente erótica del género.

Muerto Cepeda en 1906, a expensas de su propia viuda se publicaron las cartas que entre 1839 y 1854, con algunos años de interrupción, le dirigió la poetisa. Fueron editadas en Huelva en 1907 con el título de *Autobiografía y cartas de la ilustre poetisa hasta ahora inéditas*, con un prólogo y una necrología por don Lorenzo Cruz de Fuentes. Esta primera edición estaba compuesta por 40 cartas. Una segunda edición hecha en 1914, prologada por el propio Lorenzo Cruz de Fuentes, fue enriquecida con 13 nuevas cartas. El epistolario ha sido editado con posterioridad varias veces en Cuba: en la Edición Nacional del Centenario de las *Obras de la Avellaneda* (1914), en la edición de *Cuba contemporánea* (1914) y en la que tiene por título *Diario de amor* (1969), la más reciente, ya posterior al triunfo de la Revolución. Una selección de las cartas fue publicada en lengua inglesa —traducidas en 1956 por Dorrey Malcolm y prologadas por José Antonio Portuondo— en los talleres gráficos de Juan Fernández Burgos con el título de *The love letters of Gertrudis Gomez de Avellaneda* (1956). Otras expresiones epistolares de la poetisa son los libros *Gertrudis Gómez de Avellaneda. Cartas inéditas y documentos* (1911) y *Memorias inéditas de la Avellaneda* (1914), correspondencia dirigida a su prima Eloísa Arteaga en 1838 las primeras, y a Doña Dolores de la Cruz las segundas, editadas por José Augusto Escoto y Domingo Figarola Caneda respectivamente.

La más noble expresión del género epistolar entre nosotros, que no desmerece en estatura moral o perfección estilística de lo escrito con la de los clásicos de la lengua, habría de lograrla nuestra más alta figura política y literaria. Solo el genio de José Martí pudo alcanzar la milagrosa concisión de estas cartas —ante las cuales el propio genio de Miguel de Unamuno se extraviaba—, que resulta un preciado tesoro que aguarda aún la investigación estilística definitiva.

Política, social, amistosa, estética, amorosa, notas todas sublimadas por la mano del artista impar, armoniosamente aleadas en este epistolario único que para orgullo de nuestra América continúa enriqueciéndose, puesto que la inagotable producción epistolar de Martí dista aún de haberse completado. Cada edición sucesiva de sus obras completas va engrosando el caudal de cartas acopiadas que, arregladas cronológicamente con introducción y notas de Félix Lizaso, en dos volúmenes publicó la *Colección de libros cubanos*, dirigida por Fernando Ortiz, bajo el título de *Epistolario de José Martí* (1930.

Nuestra Revolución, que vela por que cada día se divulgue y estudie sin adulteraciones la vida y la obra de José Martí, garantiza que no se escatimarán esfuerzos a fin de que, en un futuro no lejano, las nuevas generaciones de investigadores formados por ella tengan en sus manos —lo más completamente posible— este legado de valor inapreciable para nuestra América que constituye su epistolario.

El siglo XIX habría de cerrarse con el espléndido aporte al género epistolar de otra poetisa, el cual solo recientemente nos ha sido dable conocer en forma completa. En la conferencia *Juana Borrero, la adolescente atormentada*, pronunciada por el poeta y crítico Ángel Augier el 17 de marzo de 1937 en el Palacio Municipal y recogida al año siguiente como folleto, el autor —al que le había sido dado conocer el epistolario a través de una hermana de la poetisa—, citaba fragmentos de algunas de las cartas y llamaba la atención acerca del valor excepcional del epistolario dirigido a Carlos Pío Uhrbach. Lamentablemente, la familia no se decidió a dar a conocer entonces las cartas de Juana, las que permanecieron inéditas hasta que en 1966, bajo el cuidado de los también poetas y críticos Fina García Marruz y Cintio Vitier fueron publicadas por nuestro Instituto de Literatura y Lingüística (*Epistolario*). Su aparición dio lugar a un extenso trabajo, discutible en más de un aspecto —particularmente en el tratamiento dado a la figura de Carlos Pío—, del profesor norteamericano Manuel Pedro González, el cual motivó observaciones de Ángel Augier y Cintio Vitier sobre algunos planteamientos suyos contenidos en él. Trabajo y observaciones fueron recogidos en el número 1 de nuestro *Anuario L/L* (1970), al que remitimos al lector como la fuente de documentación más completa hasta el presente sobre este epistolario.

Juana Borrero fue un caso excepcional en nuestras letras y el estudio de su personalidad poética no puede hacerse basándose meramente en procedimientos literarios. Ya desde la época en que pronunció su conferencia, Ángel Augier llamaba la atención sobre este particular y hacía hincapié en la necesidad de un estudio sicológico de la autora a la luz de su obra y el testimonio de sus familiares, que complementara el estilístico (de hecho, un intento de ello desde el punto de vista sico-pedagógico fue realizado por la entonces alumna de pedagogía Matilde Serra). En la actualidad, ya publicado el epistolario, ese estudio se impone y confiamos en que pronto se realice para bien de nuestras letras.

Se ha repetido insistentemente que el género epistolar se encuentra en agonía en el presente siglo, pues resulta indudable que el revolucionario progreso técnico de las comunicaciones en nuestra época y el ritmo cada día más agitado de la vida conspiran contra el cultivo de la forma epistolar. Con todo, aunque en crisis, no es de temer —por fortuna— su extinción inmediata. En la actualidad nuestro Instituto prepara la edición de un epistolario trascendental para nuestras letras. Por disposición de la familia del poeta Regino Eladio Boti, nos ha sido legado el epistolario que Boti sostuvo con José Manuel Poveda, que ofrece la particularidad de ser el único epistolario de importancia entre nosotros, en el cual podemos contar —gracias a la extraordinaria capacidad organizativa de Boti— con las respuestas del destinatario. Con excepción de las cartas dirigidas a Poveda en 1907 y 1908, de las cuales Boti no conservó copia por haberlas escrito a mano, poseemos la totalidad casi absoluta de las epístolas cruzadas entre estos dos importantísimos poetas —los más altos de su generación y a quienes se debe la labor renovadora de nuestra poesía a comienzos del siglo— entre 1907 y 1923 en que termina, tras una interrupción casi total a partir de 1915 cuando se entibió la amistad entre ellos por causas que aún se encuentran pendientes de determinación por parte del investigador que prepara la edición.

Si grande es su valor literario —el propio Boti apuntaba que con este epistolario se podría reconstruir la historia del modernismo en Cuba— no es menor el sociológico, pues en estas cartas se nos hace participar, indirectamente, del clima asfixiante de los inicios de la seudorrepública, cuestionada de modo implacable por la conciencia lúcida de estos dos aparentemente fríos estetas, ajenos al trágico destino nacional que se les imponía. Solo cuando sea publicado este epistolario se podrán comprender a cabalidad cuestiones vitales de la vida literaria de las primeras décadas del siglo que, ignoradas o erróneamente interpretadas, se han venido repitiendo en nuestros manuales de literatura.

Queda aún mucho por investigar en el género epistolar entre nosotros. El estudio de los epistolarios de nuestras figuras literarias del XIX es todavía muy incompleto. En cuanto a los de las figuras del siglo XX, apenas se ha ensayado. En manos privadas aún permanecen cartas de personalidades relevantes de nuestra cultura, el estudio de las cuales resulta fundamental para la comprensión plena de nuestra historia literaria. De ahí la necesidad de que esta tarea sea calorizada por nuestros investigadores. La publicación del epistolario Boti-Poveda, más la ulterior edición de la correspondencia que sostuvo Boti durante más de cincuenta años con las más prominentes figuras literarias cubanas y otras de países de habla hispana, son solo los primeros pasos que permiten entrever las nuevas y halagüeñas posibilidades que se nos abren para el género.

Bibliografía

Bueno, Salvador, «El epistolario amoroso de la Avellaneda», en su *Temas y personajes de la literatura cubana*, La Habana, Ediciones Unión, 1964, págs. 29-40.

García Marruz, Fina, «Las cartas de Martí», en *Temas martianos*, La Habana, Biblioteca Nacional José Martí, Departamento Colección Cubana 1969, págs. 305-325.

Gómez de la Serna, Ramón, «Prólogo, La divina Tula», en Gómez de Avellaneda, Gertrudis, *antología*, poesías y cartas amorosas, Buenos Aires, Espasa-Calpe Argentina, 1945, págs. 9-19, Colección Austral, 498.

González, Manuel Pedro, «Escollos al Epistolario de Juana Borrero», en *Anuario L/L*, La Habana, 1, 103-150, 1970.

Rodríguez Embil, Luis, «La Avellaneda al través de sus cartas de amor», en *Cuba y América*, La Habana, 2.ª época, 18, 2, 1, 22-23, abril, 1914.

Rodríguez Marín, Francisco, «Unas cartas de la Avellaneda», en *El Fígaro*, La Habana, 36, 39, 1094, octubre 12, 1919.

Vitier, Cintio, «Las cartas de amor de Juana Borrero», en Borrero, Juana, *Epistolario I*, La Habana, Academia de Ciencias de Cuba, Instituto de Literatura y Lingüística, 1966-1967, 2 V.

Escardó, Rolando (Camagüey, 7 marzo 1925-Cercanías de la ciudad de Matanzas, 16 octubre 1960). Estudió la enseñanza primaria en Camagüey, donde transcurrieron sus primeros años de juventud. Su educación fue autodidacta. Fundó en su provincia el Grupo Los Nuevos, que publicó una selección de versos de Martí (1953). En 1958 fundó el Grupo Yarabey. Llevó a cabo actividades revolucionarias en la clandestinidad, fue perseguido y sufrió prisión. En 1958 tuvo que abandonar el país y se estableció en Mérida, Yucatán. Después del triunfo de la Revolución regresó a Cuba y fue designado teniente del Ejército Rebelde. Fue jefe de Zona de Desarrollo Agrario y organizó cooperativas de carboneros en la Ciénaga de Zapata. Practicó la espeleología. Fue colaborador de *Ciclón* y *Lunes de Revolución*.

Cuando organizaba el Primer Encuentro de Poetas Cubanos, que debía celebrarse en Camagüey, un accidente automovilístico truncó su vida. Con posterioridad a su muerte apareció publicado su poemario «Jardín de piedras» (*Islas*. Santa Clara, 3, 3, 147-154, mayo-agosto, 1961).

Bibliografía activa

Libro de Rolando, poesía, prólogo de Virgilio Piñera, La Habana, Ediciones R, 1961.

Las Ráfagas, poemas, prólogo de Samuel Feijóo, Santa Clara, Universidad Central de Las Villas, 1961.

Bibliografía pasiva

Arrufat, Antón, testimonio, «Lo que será Escardó», en *Lunes de Revolución*, suplemento del periódico *Revolución*, La Habana, 83, 13, octubre 31, 1960.

«La poesía de Escardó», en *Lunes de Revolución*, suplemento del periódico *Revolución*, La Habana, 124, 9, septiembre 25, 1961.

Álvarez Baragaño, José, «Testimonios, Rolando», en *Lunes de Revolución*, suplemento del periódico *Revolución*, La Habana, 83, 13, octubre 31, 1960.

Casey Calvert, «Testimonios, Muerte de un poeta», en *Lunes de Revolución*, suplemento del periódico *Revolución*, La Habana, 83, 13, octubre 31, 1960.

Fornet, Ambrosio, «Testimonios, Imagen de Escardó», en *Lunes de Revolución*, suplemento del periódico *Revolución*, La Habana, 83, 14, octubre 31, 1960.

García Marruz, Fina, «Escardó», en *Islas*, Santa Clara 3, 2, 174-181, enero-abril, 1961.

Guillén, Nicolás, «Testimonios, Escardó», en *Lunes de Revolución*, suplemento del periódico *Revolución*, La Habana, 83, 14, octubre 31, 1960.

«Homenaje a Escardó», en *Lunes de Revolución*, suplemento del periódico *Revolución*, La Habana, 83, octubre 31, 1960.

«Homenaje a Rolando Escardó», en *Islas*, Santa Clara, 3, 2, 165-218, enero-abril, 1961.

Hurtado, Óscar, «Testimonios, *In memoriam*», en *Lunes de Revolución*, suplemento del periódico *Revolución*, La Habana, 83, 14, octubre 31, 1960.

Iznaga, Alcides, «Ha muerto un poeta», en *Islas*, Santa Clara, 3, 2, 189-190, enero-abril, 1961.

Lezama Lima, José, «Testimonios, Orfismo de Escardó», en *Lunes de Revolución*, suplemento del periódico *Revolución*, La Habana, 83, 15, octubre 31, 1960.

Navarro, Noel, «Las páginas por Escardó», en *Islas*, Santa Clara, 3, 2, 184-186, enero-abril, 1961.

Oraá, Pedro de, «*Testimonios*, Un maldito agraciado de libertad, Tomás Escardó», en *Lunes de Revolución*, suplemento del periódico *Revolución*, La Habana, 83, 15, octubre 31, 1960.

«Rolando Escardó, *Libro de Rolando*», en *Casa de las Américas*, La Habana, 2, 9, 151-152, noviembre-diciembre, 1961.

Piñera, Virgilio, «Homenaje», en *Lunes de Revolución*, suplemento del periódico *Revolución*, La Habana, 83, 2, octubre 31, 1960.

Pita Rodríguez, Félix, «Escardó, el derrumbe de un mito», en *El Caimán Barbudo*, La Habana, 2.ª época, 91, 7, junio 1975.

Suardíaz, Luis, «Escardó, pasión y sueños», en *Islas*, Santa Clara, 3, 2, 181-183, enero-abril, 1961.

Triana, José, «Rolando T. Escardó, *Las Ráfagas*», en *Casa de las Américas*, La Habana, 2, 8, 177-178, septiembre-octubre, 1961.

Escoto, José Augusto (Matanzas, 24 enero 1864-ld., 2 febrero 1935). Cursó la primaria en Matanzas. En 1880 se graduó de bachiller en el Instituto de La Habana y se matriculó en Medicina, la cual abandonó para dedicarse a la literatura y a la crítica. En 1900 sucedió a Carlos Manuel Trelles como director de la

Biblioteca Pública de Matanzas. Colaboró en *El Correo de Matanzas*, *Yucayo*, *El Republicano Conservador*, *Juventud*, *La Discusión*, *Revista de Instrucción Primaria*, *Cuba y América*, *Revista Bimestre Cubana* (segunda época), donde divulgó sus investigaciones sobre la historia y la literatura cubanas. Publicó *Revista histórica, crítica y bibliográfica de la literatura cubana* (Matanzas, 1916) de la cual solo se editaron cuatro números, en los que dio a conocer algunos epistolarios importantes de nuestras letras. En 1918 fue premiada su «Contribución a la historia de la primera Orden Franciscana en la Isla de Cuba», publicada en *Crónica del certamen histórico-literario celebrado en la ciudad de La Habana el día 11 de abril de 1918, en homenaje al cardenal Fray Francisco Jiménez de Cisneros en el cuarto centenario de su muerte, ocurrida en Roa el 8 de noviembre de 1517* (La Habana, Editora El Debate, 1918, págs. 417-491). Aportó documentos inéditos y escribió la introducción a las *Obras completas de José Jacinto Milanés*. T. 1. *Poesías*., La Habana, Imprenta El Siglo XX, 1920, págs. IX-XXIX).

Bibliografía activa

Gertrudis Gómez de Avellaneda, Cartas inéditas y documentos relativos a su vida en Cuba de 1859 a 1864.
Matanzas, Imprenta La Pluma de Oro, 1911.
Los indios macuriges en Haití y Cuba, Matanzas, Imprenta de Ricardo Betancourt, 1924.

Bibliografía pasiva

Chacón y Calvo, José María, «La muerte de un erudito, José Augusto Escoto», en *Revista Cubana*, La Habana, 1, 1, 323-324, febrero-marzo, 1935.
Dollero, Adolfo, «Escoto y Castello, José Augusto», en su *Cultura cubana, la provincia de Matanzas y su evolución*, La Habana, Seoane y Fernández, Impresores, 1919, págs. 98-99.

Escovedo, Nicolás Manuel (La Habana, 10 septiembre 1795-París, 11 mayo 1840). Alumno del Seminario de San Carlos, en donde fue discípulo de Félix Varela, a los diecisiete años era bachiller y a los veinte ya se había graduado en filosofía y en derecho. Desempeñó la cátedra de Texto Aristotélico en la Universidad de La Habana. Sobresalió como orador. Fue cofundador en 1820 de *El Observador Habanero*, en el que se dio a conocer como escritor. Alcanzó el segundo lugar en oposiciones a la cátedra de Constitución y pasó a sustituir a Varela en la misma al ser electo éste diputado a Cortes. Fue auxiliar del obispo de Michoacán en el Ministerio de Gracias y Justicia en España. Tras su regreso a Cuba desarrolló actividades en la Sociedad Económica de Amigos del País y en la Academia Cubana de Literatura. Fue electo diputado a Cortes en 1836, pero no fueron admitidos los diputados de Ultramar. En 1837 visitó a París. Ya ciego, regresó a Cuba y se dedicó a la profesión de abogado. Fue electo de nuevo diputado a Cortes. Solo se han conservado dos de sus discursos.

Bibliografía activa
Oración que pronunció el H. N. M. de Escovedo en las honras funerales del M. M. José María Rivero, miembro activo del T., Nueva York, Imprenta de la Fraternidad, 1822.
Oración que pronunció el H, Nicolás Manuel de Escovedo en las honras funerales que la M. R. L. N. 16 bajo el título distintivo La Tranquilidad hizo a su fundador y Prim, Esp. Miguel de Peñalver y Aguirre, Cab Kadoch, G. 30, Nueva York, Imprenta de la Amistad, 1822.

Bibliografía pasiva
Luz y Caballero, José de la, «Elogio de D. Nicolás Manuel Escovedo pronunciado sobre sus reliquias en el cementerio de La Habana el 1.º de agosto de 1840», en su *Escritos literarios*, prólogo de Raimundo Lazo, La Habana, Editorial de la Universidad de La Habana, 1946, págs. 212-233, Biblioteca de autores cubanos, 11, Obras de José de la Luz y Caballero, 6.
Santovenia, Emeterio Santiago, «Nicolás M. Escovedo, el ciego que vio claro», en *Conferencias de historia habanera, 1.ª Serie; Habaneros ilustres, I*, La Habana, Municipio de La Habana, 1937, págs. 23-39, Cuadernos de historia habanera, 9.

Escuela Cubana, **La** (La Habana, 1912-1919). Revista decenal ilustrada, pedagógica y literaria. Comenzó el 10 de mayo, bajo la dirección de Manuel Fernández Valdés, quien en abril de 1913 también ocupaba la jefatura de redacción. Este cargo fue asumido por Salvador Salazar (hasta el 30 de octubre de 1913) desde agosto de ese mismo año, en que reaparece luego de dejar de publicarse desde abril de 1913. Hacia diciembre de 1912 incluyó una sección de varias páginas dedicada a los niños y titulada «Hojas de primavera». Su periodicidad sufrió cambios y, en general, salió irregularmente. Revista dedicada a los problemas de la escuela en Cuba, brindaba a los maestros información general sobre cuestiones pedagógicas y escolares. En su sección literaria se publicaron poesías, cuentos y notas bibliográficas. Entre sus colaboradores se contaron, además de muchos desconocidos, Mario Muñoz Bustamante, Luis A. Baralt, Alfredo Miguel Aguayo, Ramiro Guerra, Manuel Valdés Rodríguez, Adrián del Valle, José Antonio Rodríguez García, Rafael S. Jiménez, Gabriel Jiménez Lamar, Saturnino Escoto y Carrión, Guillermo de Montagú, Miguel Galliano Cancio, Héctor de Saavedra (quien firmaba solo con su nombre), Luciano R. Martínez, Carlos F. Codina. El último ejemplar revisado corresponde al 28 de febrero de 1914. Según parece su publicación cesó en ese año, pues León Primelles no la menciona en su obra *Crónica cubana 1915-1918* (La Habana, Editorial Lex, 1955).

Escuela y Hogar (Güines, La Habana, 1911-1913). Revista quincenal, pedagógica y literaria. Comenzó el 15 de noviembre, bajo la dirección de Valentín Cuesta Jiménez. Después de publicar los tres primeros números suspendió su salida hasta el 15 de febrero de 1912, fecha en que tiene un formato mayor. Cesó nuevamente a mediados de este último año y en enero de 1913 reapareció como «Revista ilustrada». Se publicaba entonces cada diez días. Era una revista de educación que dedicaba la mayor parte de sus páginas a problemas relacionados con la escuela, pero también publicó poesías, cuentos y otros trabajos de interés literario. Entre sus colaboradores ocasionales se contaron Joaquín Nicolás Aramburu, Luis A. Baralt, José Varela Zequeira, Diwaldo Salom, Manuel Rodríguez Rendueles, Carlos Ciaño, José María Collantes. El último ejemplar revisado corresponde al 20 de febrero de 1913.

Bibliografía

Fernández Valdés, Manuel, «Por el título», en Es*cuela y Hogar*, Güines, La Habana, 1, 3, 2-3, diciembre 15, 1911.

«Vida nueva», en *Escuela y Hogar*, Güines, La Habana, 2, 1, 1, enero 10, 1913.

Español Libre, El (La Habana, 1822-1823). Periódico que comenzó el 15 de septiembre. Se editaba tres veces a la semana. En el prospecto, luego de referirse sus editores a la tónica constitucionalista de la publicación, así como a los tres aspectos del plan que se habían propuesto desarrollar con la misma (instrucción pública, recolección de artículos y hechos históricos), expresan su esperanza en que el público sepa dispensar «nuestros descuidos y permitirá que en amenidad de este periódico insertemos alguna vez rasgos de chiste y de crítica fina que puedan entretener instruyendo, y algunas piezas de poesía que halaguen sin detrimento ni de las costumbres, ni del arte, ni del respeto a las autoridades, que serán siempre nuestro norte y el fiel del equilibrio entre la ley y la imaginación; entre la libertad y la licencia; entre la sabiduría y el sarcasmo; entre la urbanidad y la chocarrería». En la página 408 del tomo 2 de su *Contribución a la historia de la prensa periódica* (La Habana, Talleres del Archivo Nacional de Cuba, 1959), Joaquín Llaverías señala que este periódico fue «contrario acérrimo de cuanto fuese beneficioso para las libertades de nuestro país». Añade el propio Llaverías que fue su editor Tiburcio Campe. Debajo del título y fecha, aparecía siempre un verso distinto.

A partir del número 21 (correspondiente al 2 de noviembre de 1822) la portada sufrió cambios en su composición. En la página 417 de su obra antes citada, Llaverías escribe que los trabajos, «anónimos en su inmensa mayoría, se refieren a noticias de la Península, París, México, Puerto Rico y locales, diálogos, poesías, asuntos masónicos, comedias, variedades, bandos, política, antigüedades, anécdotas, etc., habiendo sostenido constantes polémicas con la *Gaceta de La Habana*».

El último ejemplar consultado (números 64 y 65) corresponde al 13 de febrero de 1823, pero según expresa Antonio Bachiller y Morales en la página 223 del tomo 2 de su obra *Apuntes para la historia de las letras y de la instrucción pública en la isla de Cuba* (La Habana, Academia de Ciencias de Cuba, Instituto de Literatura y Lingüística, 1971), el último número (70) salió el 25 de febrero de 1823. Sin embargo, Carlos Manuel Trelles afirma, en la cuarta parte de su trabajo «Bibliografía de la prensa cubana (de 1764 a 1900) y de los periódicos publicados por cubanos en el extranjero» —en *Revista Bibliográfica Cubana* (La Habana, 2, 10-12, 252, julio-diciembre, 1938)— que salieron 71 números, el último con fecha 27 de febrero de 1823.

Bibliografía
Llaverías, Joaquín, «*El Español Libre*», en su *Contribución a la historia de la prensa periódica*, tomo 2, prefacio de Elías Entralgo, La Habana, Talleres del Archivo Nacional de Cuba, 1959, págs. 408-418, Publicaciones del Archivo Nacional de Cuba, 48.

Espartaco (La Habana, 1922-1923). Revista ilustrada. Comenzó a salir el 1.º de octubre. Se editaba mensualmente, bajo la dirección y administración de Carlos Baliño. Se han revisado los tres primeros números, el último de los cuales corresponde a diciembre de 1922 y enero de 1923. Publicación dedicada a la superación cultural y política de los trabajadores, a quienes iba dirigida, aparecían en sus páginas, fundamentalmente, artículos históricos y políticos, algunos sobre cuestiones relativas al socialismo y sobre la Rusia soviética; además, publicaban poesías del mismo carácter y reproducciones de trabajos de otras publicaciones. Entre sus colaboradores se destacan Alfredo López, Luis Gómez Wangüemert, Antonio Penichet, Sara Pérez García y M. de Jesús Parrilla.

Espectador Habanero, El. Una revista mensual utilitaria cubana (La Habana, 1933-1939). Comenzó en julio, como una continuación de *Carta Mensual*, de la que ya se habían publicado doce números, que no se han visto. Era editada por J. Enrique Runken, quien además era su director y propietario. En octubre de 1935 tenía como subtítulo «El magacén [*sic*] más cosmopolita de América». Desde febrero de 1936 Arturo Doreste figuraba como responsable de las colaboraciones y canjes. A partir de noviembre de este mismo año su subtítulo fue «El magacén de las tres Américas», al cual añadieron, desde junio de 1938, «Periódico de combate y acción social interamericana». Su «staff editorial» estaba integrado, desde junio de 1937, por José Ángel Buesa, redactor poético; Andrés de Piedra Bueno, bibliotecario, y Guillermo Villarronda, bibliógrafo. En sus inicios era una revista de cuestiones económicas y sociales; pero poco a poco fue derivando hacia la publicación de materiales de carácter literario, para lo que contaban, según expresión propia, con la «colaboración de las más distinguidas firmas literarias del Nuevo Mundo». En sus páginas aparecieron cuentos, poemas, críticas literarias, reseñas biográficas, artículos sobre problemas sociales, económicos, históricos, religiosos y otros temas muy variados. Sus colaboradores más constantes fueron, entre otros menos conocidos, Gerardo del Valle, Gerardo Castellanos G., Guillermo Villarronda, Arturo Doreste, Andrés de Piedra Bueno y José Ángel Buesa. Además contó con la colaboración de Hilarión Cabrisas, Antonio Iraizoz, Agustín Acosta, Renée Potts, Gustavo Sánchez Galarraga, Dora Alonso, Gonzalo Mazas Garbayo, Eugenio Florit, Esteban Foncueva, Medardo Vitier, Enrique Serpa, Felipe Orlando, Aida Peláez de Villa-Urrutia, Graciela Baringa y Ponce de León y otros, así como con la de numerosos escritores de Latinoamérica. El último número revisado (73) corresponde a julio de 1939.

Bibliografía

Runken, J. Enrique, «Nota prefactoria», en *El Espectador Habanero*, La Habana, 1, 1, 1-2, julio, 1933; «Estamos equivocados?», en *El Espectador Habanero*, La Habana, 1, 6, 97-100, diciembre, 1933.

Esperanza, La (Guanabacoa, La Habana, 1864-1865). Periódico local de Guanabacoa. Comenzó a salir el 15 de septiembre. Se publicaba tres veces a la semana. «Tiempo ha que la Villa de las lomas —expresan en el trabajo "Al público" aparecido en el primer número— tenía necesidad de un periódico que se ocupase de sus intereses, sirviendo de intérprete a las necesidades de la población.» Y más adelante añadían, en el trabajo mencionado: «Nuestra profesión de fe es bien lacónica, por cierto, publicar artículos litera-

rios y científicos de los mejores escritores, poesías, novelas, crónicas de moda y artículos de fondo [...]». Se ignora quién lo dirigía. Contó con la colaboración de Felipe López de Briñas, Ramón Zambrana, Manuel Costales, Saturnino Martínez, Merced Valdés Mendoza, María de Santa Cruz, Fernando Urzáis, *El hijo del Damují* (seudónimo de Antonio Hurtado del Valle), *Shochiklofkfwershpruchisk* (seudónimo de Francisco Calcagno), *Serafín de la Flor* (seudónimo de Manuel Torres y Feria), José Francisco Funes y otros muchos escritores que generalmente firmaban con seudónimos. Dedicaba su primera página a comunicados, partes oficiales y avisos, y las dos centrales a la publicación de artículos de variado carácter, poesías, pequeñas narraciones, así como una crónica local. En la sección de folletines, firmada generalmente por *Julio*, aparecían trabajos en prosa dedicados preferentemente a la mujer. Publicó, durante varios números, las «Noticias históricas y estadísticas de la Villa de Guanabacoa y su jurisdicción, recopiladas por Francisco Cartas». Su salida cesó, según se lee en la edición del periódico habanero *El Siglo* correspondiente al 25 de enero de 1865, el domingo 22 de dicho mes y año. En el periódico *Prensa de La Habana* del 7 de febrero de 1865 se expresa que lo sustituyó *La Reforma*, periódico que comenzó el 5 de febrero de ese año y que se editaba en la misma imprenta.

Bibliografía

«La Esperanza», en *La Esperanza*, Guanabacoa,

La Habana, 1, 1, 2-3, enero 1, 1865.

Espinosa, Ciro (Jicotea, Las Villas, 14 septiembre 1890-La Habana, 18 septiembre 1956). Cursó la primaria en su pueblo natal y el bachillerato en el Instituto de Santa Clara (1924). Obtuvo el doctorado en Filosofía y Letras en 1927 en la Universidad de La Habana. Graduado en la Escuela Profesional de Periodismo Manuel Márquez Sterling. Viajó a los Estados Unidos y estudió un curso en la Universidad de Columbia. Fue fundador, profesor y director de varios centros docentes, entre ellos el Instituto de Segunda Enseñanza del Vedado. Ocupó el cargo de presidente de la Junta de Educación de La Habana, el de secretario de la Junta de Directores de Institutos de la República y el de inspector general de la cátedra de Español. Participó en las luchas contra la tiranía de Machado. Asistió a varios congresos de doctores en Filosofía y Letras. El periódico *Avance* premió su novela *La tragedia del guajiro*. Recibió además el Premio de Ensayo Filosófico por su obra *La crisis de la segunda enseñanza en Cuba y su posible solución*, otorgado por la Dirección de Cultura del Ministerio de Educación. Fue director del boletín masónico *El Nivel* y colaborador en los periódicos *La Patria* y *El Tiempo*, todos de Sagua la Grande. Fue director también de *Labor y Educación* y codirector de *Instituto del Vedado*. Además, colaboró en *Continente, Orientaciones, Azul,* *Avance, El Mundo, El Comercio, Acción*. Utilizó los seudónimos *Dr. Chamizo* y *Ronosa*.

Bibliografía activa

Leopoldo Alas y la novela en España del romanticismo al realismo, La Habana, Impresos Óscar Echevarría, 1928.

Leopoldo Alas, Clarín, *Matices de su personalidad literaria*, La Habana, Impresos Óscar Echevarría, 1930, *En torno a la crítica de Leopoldo Alas*, Clarín, La Habana, Impresos Óscar Echevarría, 1931.

Leopoldo Alas, Clarín, *como ensayista*, La Habana, Impresos Óscar Echevarría, 1931.

Proyecto de constitución en relación con la Sección de Educación, Instrucción y Cultura, La Habana, Impresos Óscar Echevarría, 1933.

Del acervo de mi péñola, La Habana, Impresos Óscar Echevarría, 1934.

La enseñanza privada, Su reforma en relación con el Estado, La Habana, Impresos Óscar Echevarría, 1934.

La evolución fonética de la lengua castellana en Cuba, La Habana, Impresos Óscar Echevarría, 1935.

La novela picaresca y el Guzmán de Alfarache, La Habana, Impresos Óscar Echevarría, 1935.

Programa de gramática castellana para desarrollar en la enseñanza oficial en un curso de 130 horas, La Habana, Impresos Óscar Echevarría, 1935.

Programa de Historia de la Literatura Española para desarrollar en la segunda enseñanza oficial en un curso de 130 horas, La Habana,

Impresos Óscar Echevarría, 1935.
Programa de literatura preceptiva, La Habana, Impresos Óscar Echevarría, 1935.
La tragedia del guajiro, novela, La Habana, Imprenta Carasa, 1939.
Indagación y crítica, Novelistas cubanos, La Habana, Cultural, 1940.
Tratado de lengua española, Ajustado al programa del primer curso de español de los institutos de segunda enseñanza de la República, La Habana, Cultural, 1940.
La crisis de la segunda enseñanza en Cuba y su posible solución, La Habana, Cultural, 1942.
Español primer curso, La Habana, Cultural, 1942; 2.ª edición corregida y aumentada, Id., 1945.
Español segundo curso ajustado al programa vigente en los institutos de segunda enseñanza de la República, La Habana, Cultural, 1943-1944, 2 T.
Verdades y mitos de la enseñanza en Cuba, La Habana, Tipografía Ideas, 1955.
Reforma de la segunda enseñanza privada, La Habana, Editorial Guerrero, s. a.

Bibliografía pasiva

Figueroa, Esperanza, «Ciro Espinosa, *Indagación y crítica; novelistas cubanos*», en *Revista Iberoamericana*, México, 3, 5, 216-219, febrero 15, 1941.
Suvillaga, Lázaro, seudónimo de Gilberto González Contreras, «Ciro Espinosa», en *Mañana*, La Habana, 2.ª época, 5, 168, 2, junio 2, 1943.

Espuela de Plata (La Habana, 1939-1941). Revista. El primer número correspondió al bimestre agosto-septiembre. A partir del segundo número se subtituló «Cuaderno bimestral de arte y poesía». Dirigida por José Lezama Lima, Guy Pérez de Cisneros y Mariano Rodríguez, la revista tenía una especie de comité de colaboración integrado por Jorge Arche, José Ardévol, Gastón Baquero, Adolfo Lozano, René Portocarrero, Justo Rodríguez Santos y Cintio Vitier, a los cuales se van uniendo, posteriormente, Manuel Altolaguirre, Eugenio Florit, Amelia Peláez, Virgilio Piñera y Ángel Gaztelu. En el último número (Cuaderno G), correspondiente a agosto de 1941, solo quedaban Arche, Ardévol, Lozano, Peláez, Portocarrero y Piñera. En este mismo número Ángel Gaztelu entró a formar parte de la dirección. A pesar de su corta existencia fue una publicación importante en más de un sentido. Marcó el inicio de la formación de un grupo intelectual que alcanzaría su coherencia definitiva algunos años después alrededor de la revista *Orígenes*, también dirigida por Lezama Lima. En sus páginas, dedicadas fundamentalmente a la publicación de poesías, vieron la luz también cuentos, trabajos de crítica literaria y de arte y otros artículos de interés, así como dibujos y viñetas de los pintores adscritos al grupo. Según expresaba la revista, todos los trabajos y traducciones eran inéditos. Además de los ya mencionados, colaboraron en sus páginas Mariano Brull, Emilio Ballagas, Ramón Guirao, Enrique Labrador Ruiz y algunos conocidos escritores españoles: Juan Ramón Jiménez, José Ferrater Mora, Jorge Guillén, Pedro Salinas y María Zambrano. Confeccionado por un equipo de investigadores se ha publicado su índice analítico en *Índices de las revistas cubanas*. T. 1. Introducción de Graciella Pogolotti, La Habana, Biblioteca Nacional José Martí. Departamento de Hemeroteca e Información Humanística, 1969, págs. 31-51.

Esténger, Rafael (Santiago de Cuba, 15 octubre 1899). Graduado de Bachiller en Ciencias y Letras, se doctoró en Derecho Civil en la Universidad de La Habana en 1925. Publicó sus primeros versos en *La Independencia, El Cubano Libre* y otros periódicos de Santiago de Cuba. Desempeñó múltiples cargos, entre ellos abogado de oficio en la Audiencia de Oriente, secretario de la Administración Municipal de Santiago de Cuba y consejero del Instituto Nacional de Reforma Económica. Estuvo vinculado al régimen de Gerardo Machado. Perteneció al Colegio Nacional de Periodistas y a la Academia Nacional de Artes y Letras. Fue jefe de redacción de *El Sol* y colaborador de *Letras, El Fígaro, Cuba Contemporánea, Alerta, Avance* y *Bohemia*. Compiló la antología *Cien de las mejores poesías cubanas* (La Habana, Ediciones Mirador, 1943; Id., 1948; Id., 1950). Con motivo del centenario de Antonio Maceo reunió los discursos pronunciados en su honor en la Cámara de Representantes bajo el título *Homenaje a Maceo* (La Habana, Editorial Selecta, 1945). Ha prologado *La vagancia en Cuba* (La Habana, Ministerio de Educación. Dirección de Cultura, 1946), de José Antonio Saco, y los *Proemios de cenáculo* (La Habana, Ministerio de Educación. Dirección de Cultura, 1948) de José Manuel Poveda, entre otros trabajos. Desde 1959 reside en el extranjero por sus vinculaciones con la dictadura de Batista, a la que sirvió como periodista.

Bibliografía activa

Los énfasis antiguos, poemas, Manzanillo, Imprenta y Casa Editorial El Arte, 1924.

Mussolini y la ideología fascista, conferencia pronunciada la noche del 14 de febrero de 1930, en el Centro de Altos Estudios de la Escuela Normal de Oriente, Santiago de Cuba, Casa Editora Arroyo, 1930.

Vida de Martí, Santiago de Cuba, Imprenta Ros, 1934; 2.ª edición, Santiago de Cuba, Taller El Lápiz Rojo, 1935, prólogo de Alfonso Hernández Catá, Santiago de Chile, Ediciones Ercilla, 1936; Id., 1937; Nota preliminar de José Antonio Portuondo, México D. F., Secretaría de Educación Pública, 1944, Biblioteca Enciclopédica Popular, 27; La Habana, México, Ediciones Mirador, Ediciones Botas, 1945; Id., Id., La Habana, México D. F., Librería Económica, Ediciones Botas, 1945; 6.ª edición, La Habana, Ediciones Mirador, 1953.

Heredia, la incomprensión de sí mismo, La Habana, Editorial Trópico, 1938, Biografías cubanas, 7.

Sonata patética, Vida del Doctor Argilagos, La

Habana, Secretaría de Educación, Dirección de Cultura, 1938; La Habana, La Novela de *Avance*, 1941.

Amores de cubanos famosos, Miniatura biográficas, La Habana, Editorial Alfa, 1939; Madrid, Editorial Afrodisio Aguado, 1953.

Esquema de Heredia, La Habana, Cultural, 1939; La Habana, La Novela de *Avance*, 1941.

Hacia un Heredia genuino, conferencia pronunciada en el Instituto «América», Santiago de Cuba, 1939. Santiago de Cuba, Imprenta Renacimiento, 1939.

Sociopatía americana, comentarios a Hostos, La Habana, Imprenta Molina, 1939.

Don Pepe, retrato de un maestro de escuela, La Habana, Editorial Alfa, 1940.

Hostos; biografía para niños, La Habana, Editorial Alfa, 1942.

Retorno, Romancero-Sonetario-Estampas criollas, poemas inconexos, La Habana, Talleres Tipográficos Alfa, 1945.

Céspedes el precursor, Guanajay, La Habana, I. Hernández, impresor, 1949.

Caracteres constantes en las letras cubanas, Apuntes para la revisión de los valores literarios, La Habana, Talleres Tipográficos Alfa, 1954.

El hombre de las montañas, La Habana, Talleres Tipográficos Alfa, 1954.

El pulpo de oro, novela política, México D. F., Librería de Manuel Porrúa, 1954.

Las imágenes de Céspedes, La Habana, Editorial Lex, 1956, Monografías del Museo Nacional, 3.

Las máscaras del sueño, poesía, La Habana, Ediciones de la Organización Nacional de Bibliotecas Ambulantes y Populares, 1957.

Poveda y su doble mundo, México D. F., Litográfica Machado, 1957, Cuadernos de la Embajada de Cuba, 6.

Recordación de Hernández Catá, Cubanidad de Hernández Catá, La Habana, Seoane y Fernández, Impresores, s. a.

Bibliografía pasiva

Argilagos, Rafael G., «Un libro de afirmación patriótica», en *Ahora*, La Habana, 2, 444, 2, enero 27, 1935.

Arocena de Martínez Márquez, Berta, «Lecturas para niños, *Vida de Martí* de Rafael Esténger», en *Ahora*, La Habana, 3, 440, 4, enero 23, 1935.

Labrador Ruiz, Enrique, «*Las máscaras del sueño*, por Rafael Esténger», en *Revista Cubana*, La Habana, 31, 2, 153-154, abril-junio, 1957.

Ladra, Antonio, «En torno a la biografía, *Vida de Martí*, Rafael Esténger», en *El Nuevo Mundo*, edición dominical, La Habana, 2, 61, 7, enero 26, 1941.

Lizaso, Félix y José Antonio Fernández de Castro, «Rafael Esténger», en su *La poesía moderna en Cuba, 1882-1925*, antología crítica, ordenada y publicada, Madrid, Librería y Casa Editorial Hernando, 1926, págs. 357.

Mañach, Jorge, «Glosas, *Los énfasis antiguos* de Esténger», en *Diario de la Marina*, edición de la tarde, La Habana, 93, 76, 1, abril 25,

1925.

Rodríguez, Luis Felipe, «*Vida de Martí*, Epístola a Rafael Esténger», en *Ahora*, La Habana, 3, 447, 2, 14, enero 31, 1935.

Vitier, Cintio, «Rafael Esténger», en su *Cincuenta años de poesía cubana, 1902-1952*, ordenación, antología y notas, La Habana, Ministerio de Educación, Dirección de Cultura, 1952, págs. 133.

Estevanell, Justo Estevan (Santiago de Cuba, 1933). Cursó estudios en el Instituto de Segunda Enseñanza de Santiago de Cuba y en la Escuela de Historia de la Universidad de Oriente. En su ciudad natal participó, con el Movimiento 26 de julio, en la lucha clandestina contra la dictadura de Fulgencio Batista. Después del triunfo de la Revolución pasó a ser oficial de las Fuerzas Armadas Revolucionarias. Su obra *Santiago 57* fue estrenada en 1965 por el Conjunto Dramático de Oriente. En el concurso literario convocado por las FAR en ocasión del sexto aniversario de la Revolución fue premiado por su *El ejército rebelde no es más que el pueblo uniformado*, que apareció publicado con el libro de Alfredo Reyes Trejo, *Memorias de una jornada* (La Habana, Imprenta del Consejo Nacional de Cultura, 1965). Su libro *Testimonio sobre el 30 de noviembre* fue premiado en el II Festival Nacional Cultural Universitario de la FEU (1973). Ha publicado ensayos militares, cuentos y relatos en *Verde Olivo, Sierra Maestra, Bohemia, Combatiente, Santiago*. Es autor, además, de las obras de teatro *El año del plomo, Santiago 59* y *El impacto*. Figura en la recopilación *Quince cuentistas* (La Habana, Casa de las Américas, 1974).

Bibliografía activa

Las FAR en la defensa, La Habana, 1964.
Santiago 57, La Habana, Instituto Cubano del Libro, 1969.
Peor que el marabú, La Habana, 196...

Bibliografía pasiva

«A propósito de Santiago '57», en *Cultura '64*. Santiago de Cuba, 2, 25, 18-19, febrero 1966.
González Freire, Natividad, «*Santiago 57*», en *Granma*, La Habana, 2, 228, 5, agosto 18, 1966.

Estímulo, El (Santiago de Cuba, 1902-1904). «Revista ilustrada», se lee como subtítulo en el ejemplar más antiguo revisado (año 3, número 24), correspondiente al 1.º de enero de 1904. Era su director y administrador, en ese momento, Marco Antonio Dolz. Como redactor-jefe fungía Luis F. Ibarra. Se editaba quincenalmente. Refiriéndose a José Manuel Poveda, su primo Héctor Poveda expresa, en su trabajo «Notas de ampliación y rectificación, al margen del estudio biográfico, bibliográfico y crítico de Regino Eladio Boti, acerca de José Manuel Poveda» —publicado en el folleto de Regino Boti *Notas acerca de José Manuel Poveda, su tiempo, su vida y su obra* (Manzanillo, Imprenta y Casa Editorial El Arte,

1928, pág. 30)–, lo siguiente: «A los catorce años de edad se trasladó con su familia a Santiago de Cuba. Ingresó en el Instituto Provincial de Oriente. Allí, con la cooperación de Marco Antonio Dolz, de Alfredo Antonetti y la mía, publicó su primer periódico impreso, que se llamó *El Estímulo*. Estábamos en el año 1902». Han sido revisados los cinco primeros números de 1904 (el último de ellos, número 28, con fecha 1.º de marzo). En los mismos aparecieron publicados cuentos, poesías, crónicas y otros artículos sobre cuestiones escolares, deportes, filatelia, etc. Entre los colaboradores se destacan José Manuel Poveda, Higinio Julio Medrano, José G. Villa, *El cautivo* (seudónimo de Desiderio Fajardo Ortiz). Su publicación cesó, según señala Héctor Poveda en la página 31 de su trabajo antes citado, en 1904, al marchar su primo José Manuel para La Habana, en cuyo Instituto fundó otra revista con este mismo título el año siguiente.

Estímulo, El (La Habana, 1905). Revista quincenal. Órgano de los alumnos del Instituto de Segunda Enseñanza de La Habana. Comenzó a publicarse el 1.º de febrero. Como jefe de redacción fungía José M. Zayas. La administración estaba a cargo de Antonio M. Eligio de la Puente. Los redactores eran Eusebio A. Hernández, Miguel Ángel Trujillo, José Manuel Poveda, Eligio Villavicencio, Baldomero Grau y José M. López Silvero. En su primer número expresaban que la revista era «la expresión de los sentimientos de la juventud estudiosa y aventajada, que da un paso hacia el Progreso, apenas salida de la primera infancia». Desde el número correspondiente al 1.º de febrero de 1906 se leía en su portada el subtítulo «Revista ilustrada», aunque en su interior continuaba apareciendo el original. El 1.º de agosto de 1906 los fundadores se despiden y dan paso a una nueva redacción, integrada también por alumnos: Lucas Lamadrid, Carlos L. Elcid, Emilio R. Correa, Ricardo Croza, Luis A. Gorordo, Antonio Guiral, Álvaro F. Zaldívar y José A. Sánchez. Los dos últimos ocuparon, respectivamente, la jefatura de redacción y la administración desde el 1.º de noviembre, al pasar a la Universidad José M. Zayas, quien venía desempeñando ambos cargos desde el 15 de julio. Con posterioridad, Bernardo G. Barros y Emilio Villageliú se sumaron a la redacción. Revista estudiantil, dedicaba sus páginas a cuestiones de interés para la juventud, fundamentalmente en el campo literario. En sus páginas se publicaron poemas, cuentos, artículos científicos, históricos, pedagógicos y de crítica literaria. Además de todos los ya mencionados como participantes de la empresa, algunos de los cuales se destacaron por su constante aporte (como es el caso de José Manuel Poveda, que además firmó algunos trabajos con su seudónimo *Filián de Montalver*), contó con la colaboración de Annio Iraizoz, Miguel Macau, Héctor Poveda Sánchez (usó también el seudónimo *Héctor de Balcázar*), José G. Villa, Gonzalo Pou Daubar, Mario O. Betancourt, Marco Antonio Dolz, Max Henríquez Ureña, Guillermo de Montagú. También aparecieron trabajos de profesores del Instituto, entre los que se destacaron José Antonio Rodríguez García, Emilio Blanchet, Luis A. Baralt, Enrique Maza, Guillermo Domínguez Roldán, Rodolfo Rodríguez de Armas. El último ejemplar revisado corresponde al 15 de diciembre de 1906.

Bibliografía
Betancourt, Mario O., «Primeros pasos de *El Estímulo*», en *El Estímulo*, La Habana, 2, 3, 40-41, febrero 1, 1906.
Fundadores, Los, «Despedida», en *El Estímulo*, La Habana, 2, 15, 221-222, agosto 1, 1906.
Piedra, Ángel, «El saber humano y *El Estímulo*», en *El Estímulo*, La Habana, 2, 3, 41-43, febrero 1, 1906.
Redacción, La, «El Estímulo», en *El Estímulo*, La Habana, 1, 1, 1-2, febrero 1, 1905.
«A nuestros compañeros», en *El Estímulo*, La Habana, 1, 17, 227-228, octubre 1, 1905.
«Nuestra fecha» en *El Estímulo*, La Habana, 2, 3, 30-31, febrero 1, 1906.
«Saludo», en *El Estímulo*, La Habana, 2, 15, 222, agosto 1, 1906.

Estorino, Abelardo (Unión de Reyes, Matanzas, 20 enero 1925-La Habana, 22 noviembre 2013). Cursó la primaria en su pueblo natal y el bachillerato en Matanzas. Se trasladó a La Habana en 1946 para estudiar Cirugía Dental. Ejerció esa profesión entre 1954 y 1957. En el Concurso Casa de las Américas de 1961 obtuvo mención de teatro por *El robo del cochino*. Ese mismo año asistió al Primer Congreso Nacional de Escritores y Artistas de Cuba y comenzó a trabajar como asesor literario de los grupos teatrales del Consejo Nacional de Cultura.

En 1962 viajó a la URSS y Checoslovaquia. Volvió a obtener mención en el Concurso Casa de las Américas (1964) con su obra *La casa vieja*. Escribió con Jorge Fraga el guión de *El robo* (1964-1965), adaptación cinematográfica de *El robo del cochino*. Asistió al Encuentro de Teatristas del VI Festival de Teatro Latinoamericano (La Habana, 1966) y al Congreso Cultural de La Habana (1968).

Ha hecho crítica teatral en *Lunes de Revolución, Unión* y *Casa de las Américas*. Tiene estrenadas *Las impuras* (adaptación de la novela de Miguel de Carrión), *Las vacas gordas* (comedia musical) y piezas para guiñol. También ha ejercido la dirección teatral. Sus obras se han representado en Chile, España, Inglaterra y Estados Unidos. *El robo del cochino* ha sido publicada en *Teatro cubano* (La Habana, Casa de las Américas, 1961, págs. 131-182) y en *El teatro hispanoamericano contemporáneo*. T. 2. (México, Fondo de Cultura Económica, 1964, págs. 76-128), de Carlos Solórzano. *El peine y el espejo* apareció en la antología de Rine Leal *Teatro cubano en un acto* (La Habana, Ediciones R, 1963, págs. 171-185). *La casa vieja* se publicó junto con otra obra de Andrés Lizárraga bajo el título común *Teatro* (La Habana, Casa de las Américas, 1964, págs. 9-124). En cuanto a *Los mangos de Caín*, apareció en *Casa de las Américas* (La Habana, 4, 27, 49-64, diciembre, 1964) y ha sido traducida al inglés en la antología de J. M. Cohen *Writers in the new Cuba* (Londres, Penguin Books, 1967). Forma parte desde 1971 del equipo técnico de la Dirección Nacional de Teatro y Danza del Consejo Nacional de Cultura. Obtuvo el Premio Nacional de Literatura en 1992.

Bibliografía activa

El robo del cochino, La Habana, Ediciones R, 1964, Cuadernos ERRE, 13.

Bibliografía pasiva

Abdo, Ada, «Teatro y Revolución», en *La Gaceta de Cuba*, La Habana, 3, 41, 21-22, noviembre, 1964.

Arias, Salvador, «El "machismo" en el teatro de Abelardo Estorino», en *El Caimán Barbudo*, La Habana, 9, 9-11, diciembre 1, 1966.

Casey, Calvert, «*El robo del cochino*», en *La Calle*, La Habana, etapa 4, 617, 8, julio 30, 1961.

«Las vacas gordas», en *Diario de la Tarde*, La Habana, 326, 4, diciembre 26, 1962.

«La casa vieja», en *Diario de la Tarde*, La Habana, 870, 4, octubre 6, 1964.

«Los mangos de Estorino», en *Bohemia*, La Habana, 57, 36, 24, septiembre 3, 1965.

«Diálogo con Estorino», en *Bohemia*, La Habana, 56, 44, 23, octubre 30, 1964.

González Freire, Natividad, «*El robo del cochino*», en *Revista del Granma*, suplemento del periódico *Granma*, La Habana, 2, 19, 15, marzo 6, 1966.

Leal, Rine, «Abelardo Estorino», en su *Teatro cubano en un acto*, antología, La Habana, Ediciones R, 1963, págs. 163-169.

«*El robo del cochino*», «*Las impuras*» y «*Las vacas gordas, I y II*», en su *En primera persona, 1954-1966*, La Habana, Instituto Cubano del Libro, 1967, págs. 135-137, 140-143 y 164-169.

Piñera, Virgilio.

«Tres en uno tras una», en *La Gaceta de Cuba*, La Habana, 2, 15, 11-12, abril 1, 1963.

Torriente, Loló de la, «¿Qué quieren que diga de *Las impuras*?», en *El Mundo*, La Habana, 61, 20 351, 4, mayo 24, 1962.

Valdés Rodríguez, José Manuel, «*La casa vieja*, cubanía y teatralidad», en *El Mundo*, La Habana, 63, 21 098, 6, octubre 22, 1964.

Estrada y Zenea, Ildefonso (La Habana, 23 enero 1826-México, 2 febrero 1912). Cursó estudios de Bachiller en Artes. En 1848 realizó un breve viaje a España. Al regresar se le juzgó en consejo de guerra por creérsele cómplice de Facciolo y Bellido de Luna en la impresión de *La Voz del Pueblo Cubano*. Residió entre 1858 y 1867 en Matanzas, donde desempeñó el cargo de vocal secretario de la Comisión de Instrucción Primaria (1863). En 1861 fue premiado, con medalla de plata impuesta por la Avellaneda en El Liceo de La Habana, su romance de costumbres cubanas *El Guajiro*. Perteneció además al Liceo de Matanzas. Radicó en La Habana en 1868 y emigró a México durante la Guerra de los Diez Años debido a sus sentimientos revolucionarios. Permaneció en México de 1869 a 1878. En Campeche dirigió el Colegio El Porvenir.

Fundó las escuelas del ejército y fue nominado miembro honorario de la Sociedad Mexicana de Geografía y Estadística. Retornó a Cuba en 1878 e introdujo los kindergartens (1880). A partir de 1900 laboró en Ciudad México hasta su muerte. Redactó con Andrés Poey *El Colibrí* (1847). Fue miembro fundador de *El Almendares* (1852), *El Periquito* —para niños—, *El Iris* (Yucatán, México, 1868), *La Primera* (Ciudad México). Dirigió *El Alba* (Mariel, Cuba, 1887) y colaboró en *La Prensa, Revista de La Habana*. Escribió folletos sobre diversos temas no literarios. Firmó como Ildefonso Zenea, I. E. Z., I. de E. y Z., D. I... E... y Z..., Estrada y Estrada y Zenea e Ildefonso, y utilizó el seudónimo *Pablo de la Luz*.

Bibliografía activa

Reloj de las habaneras, cuaderno de versos originales del joven, La Habana, 1847.

Catecismo de la fe, puesto en verso por I. E. Z., Madrid, Imprenta de Gabriel Gil, 1849.

Recuerdos y esperanzas, composición poética, La Habana, Imprenta de La Prensa, 1850.

El grito de la inocencia, La Habana, Imprenta de A. M. Ávila, 1854.

A la Caridad, oda moral premiada con flor de plata y título de socio de mérito, en los Juegos Florales celebrados en el Liceo la noche del 4 de noviembre de 1867, Matanzas, Imprenta Aurora del Yumurí, 1867; 2.ª edición, México, Imprenta de Ildefonso Estrada y Zenea, 1905.

Diccionario de los niños, Mérida, México, Imprenta El Iris, 1869; 2.ª edición, Matanzas, La Aurora del Yumurí, 1879.

Yucatán, Romance histórico y geográfico, dedicado a la juventud yucateca, Mérida, México, Imprenta El Iris, 1870.

Colón, Soliloquio Campeche, México, Tipografía El Fénix, 1871; La Habana, Imprenta La Nacional, 1892; México, 1905.

La heroica Ciudad de Veracruz, Descripción de sus más notables edificios, con noticias históricas sobre el origen y fundación de éstos, México, Tipografía de José Jimeno, 1874.

Guía del mapa enciclopédico intitulado Panorama de las ciencias, de las letras y de las artes, México, Imprenta El Porvenir, 1875.

Memorandum de Ildefonso Estrada y Zenea, Autobiografía, México, F. Díaz de León, 1876.

Chapultepec, México, Imprenta de J. M. Aguilar Ortiz, 1877.

Luisa Sigea, la Minerva de Toledo, drama histórico original en tres actos y en verso, Matanzas, Imprenta Aurora del Yumurí, 1878; 2.ª edición, México, Imprenta de Ildefonso Estrada y Zenea, 1905.

Manual de gobernadores y de jefes políticos, México, Imprenta de T. V. Villada, 1878.

El quitrín, Costumbres cubanas y escenas de otros tiempos, La Habana, Imprenta La Industrial, 1880.

El libro de las charadas, La Habana, 1883.

Ramillete de pascua, presente a las damas, en prosa y verso, La Habana, Imprenta La Universal, 1884.

Opinión de la prensa periódica respecto a la habilitación del Puerto del Mariel, La Habana,

Imprenta Soler, Álvarez, 1886.

La poética al alcance de todos, La Habana, Imprenta El Retiro, 1889.

Alerta a los maridos, observaciones y pensamientos sobre el matrimonio, el amor y la mujer por un maestro en el arte que enseñaba Ovidio, Matanzas, Imprenta Aurora del Yumurí, 1890.

Autobiografía moral en verso, Matanzas, Imprenta La Aurora del Yumurí, 1890.

Recuerdos de Galicia, apuntes de mi viaje a la Península, La Habana, Imprenta La Unión Constitucional, 1893.

Fechas gloriosas, prosa y verso, México, Tipografía, Correo Mayor, 1900.

¡Juárez!, monólogo, México, Imprenta de A. Loaiza, 1903; México, 1906.

Parte histórica de la hoja de servicios del profesor Ildefonso Estrada y Zenea, bachiller en artes, México, Imprenta El Arte Moderno, 1903.

El robo de la bandera, diálogo, México, Imprenta de A. Loaiza, 1903; 2.ª edición, México, Imprenta de Ildefonso Estrada y Zenea, 1906.

Mi labor, apuntes para la historia de la isla de Cuba y especialmente para la ciudad de Matanzas, México, Tipografía de A. Loaiza, 1904.

Crítica literaria, un poeta, paralelo entre la oda «El 5 de mayo» de Manuel María Flores, mexicano, y algunas composiciones de los poetas españoles y americanos más célebres, 2.ª edición, México, Imprenta de Ildefonso Estrada y Zenea, 1905.

Geografía de la República Mexicana, escrita en verso, director de la Escuela Nacional primaria superior n.º 7 de la capital, México, Imprenta de Ildefonso Estrada y Zenea, 1905.

Historia de la monarquía goda en España, en verso, México, Imprenta de Ildefonso Estrada y Zenea, 1906.

Las víctimas del amor, análisis del Canto de Manuel Acuña a Rosario, México, Imprenta de Ildefonso Estrada y Zenea, 1906.

Bibliografía pasiva

Roig de Leuchsenring, Emilio, «Ildefonso Estrada y Zenea», en su *La literatura costumbrista cubana de los siglos XVIII y XIX, IV, Los escritores*, La Habana, Oficina del Historiador de la Ciudad, 1962, págs. 191-192, Colección Histórica cubana y americana, 26.

Estrella Solitaria, La (Camagüey 1869-1870; 1875-1877; La Habana 1898-1899; 1906). Carlos Manuel Trelles señala, en la cuarta parte de su trabajo «Bibliografía de la prensa cubana (de 1764 a 1900) y de los periódicos publicados por cubanos en el extranjero» —en *Revista Bibliográfica Cubana* (La Habana, 2, 10-12, 256, julio-diciembre, 1938)—, que era un «Periódico político republicano», que comenzó a editarse el 1.º de diciembre de 1869 en Camagüey, bajo la dirección de Rafael Morales y González (Moralitos). El propio Trelles añade que escribían en él, entre otros, Luis Victoriano Betancourt y Eduardo Machado. En la página 249 de su obra *Hombres del 68. Rafael Morales y González* (La Habana, Instituto Cubano del Libro, 1972), Vidal Morales expresa que solo ha visto los dos primeros números, el segundo con fecha 15 de enero de 1870, y que los mismos «aparecen hechos en una mala imprenta portátil y rudimentaria, en sendas hojas de papel rayado, como se usa para los libros de cuentas —por el ciudadano Clodomiro Betancourt, dueño de *La Libertad*— imprenta de la República».

Las columnas del periódico se ofrecían, según cita Vidal Morales en la página 257 de su ya mencionada obra, «a todo ciudadano que con justicia quisiese hablar de la Cámara de Representantes, [del] presidente de la República y demás servidores del pueblo». El 1.º de febrero de 1875 comenzó su segunda época, nuevamente editado en Camagüey, expresa Trelles en su trabajo ya citado. La misma se extendió hasta 1877, según señala el propio Trelles, quien añade que durante esta época contó con las firmas de Manuel Sanguily (*Otto*), Eduardo Machado (*Eddy*), Luis Victoriano Betancourt (*Ludovico y Américo*), Ramón Roa (*Tudó*) y F. La Rúa (*René*). De estas dos primeras etapas no se han encontrado ejemplares. En 1898 (17 de septiembre, según Trelles) comenzó a editarse nuevamente, ahora en La Habana, aunque sin indicar, por lo menos en los escasos ejemplares que se han revisado, relación de continuidad o parentesco con los anteriores. Salía semanalmente. El ejemplar más antiguo revisado (número 4, correspondiente al 8 de octubre de dicho año) aparecía como «Periódico libre», subtítulo al que le fueron añadiendo palabras hasta adoptar el definitivo de «Primer periódico libre de La Habana». Su lema era «La Patria Cubana se establece para todos».

A partir del 14 de enero de 1899 presentó a Blas Sandrino como director. Durante esta época, trataba en sus páginas los problemas propios del período confuso en que se vivía a raíz de la terminación de la guerra. Además dio espacio a producciones de índole literaria, fundamentalmente poesías patrióticas. Aparecieron trabajos firmados por Máximo Gómez, Enrique José Varona, Mercedes Matamoros, Ricardo del Monte, Juan Gualberto Gómez, Bonifacio Byrne, Francisco Sellén y otros. El último ejemplar consultado (número 18) corresponde al 14 de enero de 1899. Trelles expresa, en su trabajo anteriormente citado, que en dicho año finalizó su publicación.

El 24 de febrero de 1906 reaparece e indica que se encuentra en su cuarta época y que fue fundado en Camagüey en el año 1869 por Rafael Morales y González. Su subtítulo lo caracterizaba como un «Periódico independiente». Como director y editor responsable fungía Salvador Cisneros Betancourt. Al igual que en sus etapas anteriores, era un periódico de contenido eminentemente político. Contó con la colaboración de Juan Gualberto Gómez, Enrique Collazo, Enrique Loynaz del Castillo, Silverio Sánchez Figueras, Manuel Secades y otros. El último ejemplar revisado (número 10) corresponde al 11 de mayo de 1906.

Bibliografía

Morales y Morales, Vidal, *Hombres del 68. Rafael Morales y González*, La Habana, Instituto

Cubano del Libro, 1972, págs. 249-257.
Santovenia, Emeterio Santiago, «La Estrella Solitaria de Rafael Morales», en El periodismo en Cuba, La Habana, 23-29, 1950.

Estudiante, El (Matanzas, 1882; 1904-1919). Según se lee en el ejemplar correspondiente al 10 de julio de 1910 (número más antiguo visto de este año), comenzó a publicarse en 1882; pero en ninguna de las fuentes consultadas se encuentran referencias a los ejemplares de ese año ni a los subsiguientes. Se ha encontrado, sin embargo, una revista con este título que se editó en la propia ciudad en 1889. El 1.º de febrero de 1904 aparece el primer número como «El Estudiante. Periódico literario quincenal. Órgano de los alumnos del Instituto de 2.ª Enseñanza», sin expresar aún continuidad alguna con la publicación de 1882. Era dirigido por Fermín Aguirre Mercier. De ese año no se han visto ejemplares, pero la propia revista reproduce, en el número correspondiente al 1.º de febrero de 1906, el facsímil del primer ejemplar publicado. En el número 28, con fecha 15 de marzo de 1905 (ejemplar más antiguo visto), se expresa que es una «Revista literaria». La dirigía entonces José R. García. Del 1.º de agosto de 1905 al 15 de enero de 1906 fue su director Prudencio Bacelo. A partir de esta última fecha no se menciona director.

El último ejemplar revisado (número 51) corresponde al 1.º de septiembre de 1906. Había dejado de publicarse desde el 1.º de abril de dicho año. No se han encontrado números de los años 1907-1909, pero Joaquín V. Cataneo señaló, en su artículo «El Areópago Bohemio de Matanzas» —aparecido en la revista El Espectador Habanero (La Habana, 12, 72, 260-262, junio, 1939)—, que en 1908 esta revista «dejó de ser órgano estudiantil, para convertirse en portavoz de los nuevos rumbos del intelecto matancero» y «emprendió nuevos rumbos con Agustín Acosta y Plácido Martínez, como director y administrador, respectivamente, siendo redactores Carlos Prats y el autor de esta línea». Regino Boti señala, sin embargo, en la página 12 de su Notas acerca de José Manuel Poveda, su tiempo, su vida y su obra (Manzanillo, Imprenta y Casa Editorial El Arte, 1928), que en 1908, cuando él comenzó a colaborar en la revista, ésta era dirigida por Plácido Martínez. En julio de 1910 (ejemplar más antiguo revisado de este año) salía como «Revista semanal ilustrada», bajo la dirección de Plácido Martínez, quien también era su propietario. Había sufrido cambios en el formato y se señalaba que había sido fundada en 1882, como se hizo constar al principio de estas líneas, por lo que indicaban que estaba en el año 28 de su existencia. Nuevamente era «Órgano oficial de los estudiantes del Instituto de 2.ª Enseñanza» y, además, «defensor de los intereses de los maestros y alumnos de las Escuelas Públicas de la provincia de Matanzas». En el ejemplar del 7 de julio de 1912 (no se ha encontrado otro desde el 26 de mayo de dicho año) aparece como director Corpus H. Iraeta Lecuona, quien continuaba como tal en el último número revisado de ese año, con fecha 22 de septiembre. No se han encontrado, tampoco, ejemplares de los años

1913-1915. En el número correspondiente al 20 de febrero de 1916 (último revisado) estaba bajo la dirección de Alejandro Pérez y presentaba un formato menor. Sus páginas recogieron gran parte de la producción de los poetas postmodernistas de la provincia, así como de otros escritores cubanos de similar tendencia estética. Aparecieron poesías, cuentos, críticas literarias, prosas poéticas, pequeñas crónicas, etc. También se publicaron artículos de carácter lingüístico, histórico, científico, pedagógico y algunas secciones variadas, con informaciones de interés local fundamentalmente. Contó con la colaboración de Agustín Acosta, José Manuel Poveda, Regino Eladio Boti, Medardo Vitier, Fernando Llés, Bonifacio Byrne, Carlos Manuel Trelles, José Augusto Escoto, José Antonio Rodríguez García, Pedro Alejandro López, Arturo Ramón de Carricarte, Marco Antonio Dolz, Armando Leyva, Carlos Prats, José G. Villa, Esteban Foncueva, Higinio Julio Medrano, Primitivo Ramírez Ros, Emilio Blanchet, Mariano Albaladejo y otros.

Bibliografía

«Aniversario», en *El Estudiante*, Matanzas, 3, 47, 5-6, febrero 1, 1906.

Estudiante, El (Matanzas, 1889-Id.). Semanario ilustrado de literatura y ciencias. Comenzó a salir el 7 de marzo. En este primer número se explicó que la redacción «se compone estrictamente de estudiantes», pero que también escribirían en él «varios señores de una envidiable reputación como escritores». Además señalaron que publicaban el semanario «para ver si de este modo se despierta el interés y el estímulo y logramos que nuestra juventud consagre un tiempo a un estudio tan noble como útil». La idea de su publicación se debió, según expresó Adolfo G. Torres en el artículo «Sin pretensiones», aparecido en la página 4 del primer número, a Anselmo A. Valle. En sus páginas se publicaron, además de trabajos sobre materias científicas y pedagógicas y otras cuestiones de interés general para los estudiantes, numerosas poesías y algunos cuentos. Contó con la colaboración de Mateo I. Fiol, Cosme J. de la Torriente, Guillermo Schweyer, Miguel Garmendía, Francisco Jimeno, Julián González Torres, Anselmo A. Valle, J. Luis Prado, A. L. Baró, Leopoldo Reyes y otros. El último ejemplar revisado (número 7) corresponde al 21 de abril de 1889.

Carlos Manuel Trelles indica, en la cuarta parte de su trabajo «Bibliografía de la prensa cubana (de 1764 a 1900) y de los periódicos publicados por cubanos en el extranjero» —en *Revista Bibliográfica Cubana* (La Habana, 2, 10-12, 257, julio-diciembre, 1938)—, que salió hasta el 28 de abril de dicho año, pero señala, erróneamente, que aparecieron cinco números.

Estudiante, El (Santa Clara, 1910-19...). «Revista literaria ilustrada», se lee como subtítulo en el ejemplar más antiguo encontrado (número 4 de la segunda época), correspondiente al 10 de agosto de 1911. Era su director en ese momento Salvador Domínguez, quien continuó apareciendo como tal en todos los números salteados de los años 1911-1912 que se revisaron. Se publicaba cada diez días. Regino Boti señala, en la página 12 de su *Notas acerca de José Manuel Poveda, su tiempo, su vida y su obra* (Manzanillo, Imprenta y Casa Editorial El Arte, 1928), que había comenzado a publicarse en 1910. Presentaba en sus páginas poesías, cuentos, artículos de crítica literaria y otros trabajos de interés local. Fueron sus colaboradores, entre otros menos conocidos, José Manuel Poveda, Armando Leyva, Fernando Llés, Pedro Alejandro López, José de la Luz León, Miguel Galliano Cancio, Juan Guerra Núñez, Diwaldo Salom. El último ejemplar consultado (número 26 de la segunda época) corresponde al 20 de marzo de 1912.

Estudiante, El (Pinar del Río, 1912-1915). «Revista quincenal. Órgano oficial de la "Asociación Estudiantil Vueltabajeral"», se leía en el ejemplar más antiguo encontrado, correspondiente al 30 de agosto de 1913, momento en que se hallaba en su segundo año. Era su director y redactor jefe, respectivamente, Luis de J. Muñiz y Rafael Daussá. Posteriormente fue dirigida por Rafael Oliva. Su subtítulo se transformó en «Revista quincenal ilustrada. Órgano puramente estudiantil». En sus páginas aparecían, además de trabajos sobre cuestiones estudiantiles y escolares, poesías y otros artículos de interés literario. Entre sus colaboradores se destacan Emilio Blanchet, Emeterio Santovenia, Juan G. Geada, Leandro González Alcorta, Félix Duarte Rivera, José González Vélez y otros. El último ejemplar revisado corresponde al 30 de enero de 1915.

Estudios (La Habana, 1950-ld.). Mensuario de cultura. Revista que comenzó a salir en febrero. Era dirigida por Marcelo Salinas. En este primer número ofrecía una extensa relación de colaboradores extranjeros y cubanos de la que formaban parte, entre estos últimos, Fernando Ortiz, Herminio Portell Vilá, Enrique Labrador Ruiz, Samuel Feijóo, Enrique Serpa, Emilio Ballagas, Leví Marrero, José Zacarías Tallet, aunque de casi ninguno de ellos aparecieron colaboraciones. Desde el segundo número —correspondiente a abril— presentó un consejo de dirección integrado por Marcelo Salinas —quien pertenece al mismo solo hasta el siguiente número—, Abelardo Iglesias y Luis Dulzaides. *Estudios* fue una revista en que se reflejó claramente la confusión estética, política e ideológica de la época. De tendencia anarquista, aparecieron en sus páginas trabajos sobre las actividades y posibilidades de esta corriente en el mundo. En lo estrictamente artístico-literario, dio preferencia a la crítica, sin desdeñar por ello la poesía y el cuento. Colaboraron en sus páginas, además de autores extranjeros, José Álvarez Baragaño, Luis Felipe Collado, Eduardo Manet, Miguel de Marcos, José Antonio Oliva, Joaquín Texidor. Las artes plásticas y la música recibieron una atención constante. Las primeras

87

a través de artículos críticos y polémicos y de reproducciones de los pintores cubanos Lam, Carmelo, Mijares, Feijóo, Antonio Vidal, dibujantes de la revista. La segunda, o sea, la música, mediante críticas y otros trabajos de los músicos José Ardévol, Edgardo Martín y otros. Solo se han revisado seis números, el último correspondiente a septiembre de 1950.

Estudios Afrocubanos (La Habana, 1937-1940; 1945-1946). Revista semestral de la Sociedad de Estudios Afrocubanos. Era dirigida por Emilio Roig de Leuchsenring. La administración estaba a cargo de José Luciano Franco. Sus redactores eran todos los miembros de la Sociedad. En el segundo volumen (1938) —del que solo salió un número— pasó a ser trimestral. En el siguiente (1939) aparecían, como redactores, Fernando Ortiz y Enrique Andreu. Los asociados se convirtieron entonces en colaboradores. En 1940, con la edición del volumen 4, cesó su publicación. «Fueron motivos primordiales e invencibles la insuficiencia de recursos económicos y las dificultades creadas a la prensa cubana por la guerra, que ocasionaron restricciones inesperadas en el mercado del papel y en las posibilidades del transporte», expresaron al reaparecer con la publicación del que sería su quinto y último volumen, correspondiente a los años 1945-1946. Dirigida entonces por Fernando Ortiz, presentaba una comisión redactora integrada por Emilio Roig de Leuchsenring, Enrique Andreu y José Luciano Franco. Como administrador fungía José Luis Vidaurreta. *Estudios Afrocubanos* fue una revista de calidad insuperable en su campo, además de una empresa ardua y casi irrealizable para la época. Dedicada, como su título indica, al estudio de las relaciones entre lo africano y lo español y a la síntesis de ambos en lo afrocubano, no circunscribió su radio de acción a lo nacional, sino que se extendió a lo americano, estudiando las influencias y la presencia del arte, la literatura, la música y otras manifestaciones culturales africanas en nuestro continente. Además, aparecieron en sus páginas otros trabajos sobre cuestiones históricas y sociales, referentes siempre a la presencia africana en América. La sección «Publicaciones recibidas» estaba dedicada a notas crítico-bibliográficas sobre las más recientes obras aparecidas en América relacionadas con las materias propias de la revista. Otras secciones fijas eran «Actividades», donde se reseñaban las que llevaba a cabo la Sociedad, y «Notas y noticias», donde brevemente se comentaban actividades desarrolladas durante el año por otras organizaciones y personalidades ajenas a la Sociedad. En sus páginas se publicaron trabajos de Fernando Ortiz, Emilio Roig de Leuchsenring, José Antonio Ramos, Lydia Cabrera, José Luciano Franco, José Antonio Fernández de Castro, Herminio Portell Vilá, Rómulo Lachatañeré, Salvador García Agüero, Gerardo Castellanos G., José Luis Vidaurreta, Enrique Andreu, Zoila Gálvez, Julio Ayllón, Armando Guerra, Ramón Vasconcelos, Adolfo

Salazar, María Muñoz de Quevedo, Fernando Romero y otros. Compilado por Tomás F. Robaina se ha publicado su índice, aparecido en *Índice. Revistas folklóricas cubanas*, La Habana, Biblioteca Nacional José Martí. Departamento de Hemeroteca e Información de Humanidades, 1971.

Bibliografía

Romero, Fernando, «Los *Estudios Afrocubanos* y el negro en la patria de Martí», en *Revista Bimestre Cubana*, La Habana, 47, 395-401, 1er. semestre, 1941.

Etnología y Folklore (La Habana, 1966-1969). Revista. Era editada semestralmente por el Instituto de Etnología y Folklore de la Academia de Ciencias de Cuba. En ninguno de los números se consigna el nombre del director. Dedicada a la publicación de trabajos e investigaciones llevados a cabo por los miembros de la institución que la editaba, aparecieron en sus páginas trabajos sobre el desarrollo de las culturas africanas en Cuba, sobre sus religiones y sobre la permanencia de las mismas en la sociedad cubana actual. También publicó artículos relativos a cuestiones literarias dentro de este campo. Prestaron su colaboración Argeliers León, Alberto Pedro, Armando Andrés Bermúdez, Rafael L. López Valdés, John Du-Moulin, Alejandrino Borroto Mora y algunos destacados investigadores y escritores como José Antonio Portuondo, Julio Le Riverend, Ángel Augier y René Depestre. Su publicación cesó con la salida del número 7, correspondiente al semestre enero-junio de 1969. Compilado por Tomás F. Robaina se ha publicado su índice, aparecido en *Índice. Revistas folklóricas cubanas*, La Habana, Biblioteca Nacional José Martí. Departamento de Hemeroteca e Información de Humanidades, 1971.

Bibliografía

Pérez de la Riva, Juan, «Una nueva revista, *Etnología y Folklore*», en *Revista de la Biblioteca Nacional José Martí*, La Habana, 57, 3.ª época, 8, 3, 105-09, julio-septiembre, 1966.

Evolución (La Habana, 1914-1921). «Revista quincenal», se lee en el ejemplar más antiguo consultado (número 46), correspondiente al 10 de enero de 1916. En este momento se encontraba en su segunda época y era dirigida por Félix V. Preval. Había comenzado a salir el 25 de febrero de 1914 (según se lee en el número del 25 de febrero de 1916). Desde el 25 de febrero de 1916 presentó una relación de redactores, de la que formaban parte Carlos G. Llorente, José Miró, Manuel Rodríguez Rendueles, José Luis Hevia y José Zamora Valdés. Los dos últimos eran, además, administrador y secretario de redacción, respectivamente. Posteriormente se incluyó también, entre los redactores, a Manuel P. Delgado. Desde el 25 de febrero de 1917 comenzó a editar, adjunto a la revista, un suplemento de 4 páginas dedicado a los niños, con el título *Pulgarcito*. A partir del 10 de agosto de 1921 José L. Hevia pasa a la dirección y Félix V. Preval aparece como propietario. *Evolución* era una revista masónica que dedicaba gran parte de sus páginas a informaciones sobre las actividades de la masonería en Cuba. También dio espacio a producciones de carácter literario: poemas, cuentos, crónicas, artículos de crítica literaria. Entre sus colaboradores más constantes se destacan *Fray Candil* (seudónimo de Emilio Bobadilla), Luis Bonafoux, Aurelia Castillo de González, Francisco G. de Cisneros, José Manuel Carbonell, Gerardo L. Betancourt, José Luis Vidaurrieta. Otros colaboradores fueron Raimundo Cabrera, Eduardo Gómez de Baquero, Jesús Castellanos, León Ichaso, Juan López Núñez, Arturo Doreste, *Billiken* (seudónimo de Félix Callejas), José de la Luz León, Víctor Muñoz (quien también firmó trabajos con su seudónimo *Attaché*). Con la salida del número 188-189, correspondiente a diciembre de 1921, cesó su publicación.

Bibliografía

«25 de febrero», en *Evolución*, La Habana, 2.ª época, 3, 49, 1, febrero 25, 1916.

Expedicionario, El (Tampa, Estados Unidos, 1896-1897). «Hebdomadario cubano», se lee en el ejemplar más antiguo revisado (número 4) correspondiente al 6 de diciembre de 1896. En este momento eran su redactor en jefe y redactor-administrador, respectivamente, Pastor Moinelo y Fernando de Zayas. Como redactores aparecían Carlos Alberto Boissier, Octavio G. Campos y José Manuel Carbonell.

Comenzó a salir en noviembre, según expresa Carlos Manuel Trelles en la cuarta parte de su trabajo «Bibliografía de la prensa cubana (de 1764 a 1900) y de los periódicos publicados por cubanos en el extranjero» —en *Revista Bibliográfica Cubana* (La Habana, 2, 10-12, 258, julio-diciembre, 1938)—. A fines de diciembre de 1896, Fernando de Zayas era redactor en jefe y José Manuel Carbonell redactor-administrador. Los antiguos redactores eran, entonces, colaboradores en Cuba libre. A ellos se sumaba Pastor Moinelo. En enero de 1897 Bonifacio Byrne fungía como redactor en jefe y Fernando de Zayas como secretario de redacción. Este último cargo fue más tarde ocupado por Arturo d'Costa, al pasar nuevamente De Zayas a ser redactor en jefe.

Después de dejar de salir por un corto período reapareció el 1.º de abril de 1897, en una nueva era y como Órgano oficial del Club Discípulos de Martí, con José Manuel Carbonell como redactor en jefe, D'Costa como secretario administrador y Eligio Carbonell y Bernardo Figueredo como redactores. Presentaba además una extensa relación de colaboradores, integrada por Federico Pérez Calbó, Fernando Figueredo, Esteban Borrero Echeverría, Agustín Ibarra, Mendo Méndez, Bonifacio Byrne, Carlos Pío y Federico Uhrbach, Wen Gálvez, Ramón Rivero y Nicolás Arnao, así como los ya mencionados colaboradores en Cuba libre. Aparte del espacio que dedicaba a las noticias y trabajos sobre la revolución en Cuba y sobre las actividades de la emigración y del club de que era órgano oficial, publicaba bastantes trabajos de índole literaria, fundamentalmente poesías. El último ejemplar revisado corresponde al 19 de mayo de 1897. Trelles afirma, en su trabajo antes citado, que finalizó en este mismo año.

F

Facetas de Actualidad (Véase **Facetas de Actualidad Española**)

Facetas de Actualidad Española (La Habana, 1937-1940). Revista que comenzó a salir en abril, bajo la dirección y administración de Adolfo García Fernández. Se editaba mensualmente. «Estos trabajos —expresa el director en el primer número— no fueron escritos con la intención de aparecer impresos. Por eso, en ellos no se podrá hallar literatura. Desaliño, falta de reglas gramaticales, de método: todo estará explicado, porque ellos solo pretendían tener una cosa: emoción [...].» Y añadía: «El ensañamiento hecho contra la República española por las informaciones mundiales, por la prensa impresa y por todos los medios, nos ha herido, en lo más hondo, a cuantos amamos esa República, amamos al pueblo español, y admiramos su gesta heroica». En enero de 1939 cambió su formato, suprimió del título la palabra *española* y expresó que estaba «Al servicio de la Democracia». En sus páginas vieron la luz numerosos artículos de carácter político e histórico sobre la «guerra civil española», noticias sobre el desarrollo de las hostilidades, biografías de héroes y dirigentes republicanos, etc., así como poesías. Contó con la colaboración de Juan Marinello, Nicolás Guillén, Raúl Roa, Félix Pita Rodríguez, Rafael Suárez Solís, Loló Soldevilla, Guillermo Martínez Márquez, Juan Luis Martín, Benicio Rodríguez Vélez, Gerardo del Valle y otros escritores, algunos de ellos extranjeros. El último número revisado corresponde a febrero de 1940.

Fajardo Ortiz, Desiderio (Santiago de Cuba, 11 febrero 1862-Cuabitas, Oriente, 23 enero 1905). Paralítico desde su niñez. En Cartagena de Indias fundó y dirigió el periódico *El Porvenir*. Fundó además la revista *El Mercurio* (Santiago de Cuba, 1882) y dirigió *El Diario Cojuelo* (1885). Viajó por Centroamérica y los Estados Unidos (1885-1893). En Nicaragua conoció a Rubén Darío. Al comenzar la campaña de 1895 fue nombrado agente secreto de la Revolución cubana en Santiago de Cuba. Emigró a Nueva York en 1898. Editó, junto con Manuel Navarro Riera, *El Cubano Libre* (Santiago de Cuba, 1904). Hasta su muerte laboró como pedagogo en el Centro de Instrucción, en Santiago de Cuba. Usó el seudónimo *El cautivo*.

Bibliografía activa

Discurso pronunciado en Chickering Hall la noche del 27 de noviembre de 1897 en la velada conmemorativa organizada por el Club Profesional Óscar Primelles en honor de los estudiantes de medicina fusilados en La Habana, Nueva York, Imprenta de A. W. Howes, 1897.
La fuga de Evangelina, juguete en un acto y cuatro cuadros, por *El cautivo*, seudónimo, Escrito expresamente para el grupo de aficionados del club de niñas «Las Dos Banderas» y estrenado en el «Carnegie Lyceum» el

22 de enero de 1898, En verso, Nueva York, Casa editorial A. W. Howes, 1898.
Patria y arte, Artículos, discursos y versos, prólogo de N. C., La Habana, Imprenta La Prueba, 1916.

Bibliografía pasiva

Cano Lluch, Ángeles, *La obra pedagógica de Desiderio Fajardo Ortiz*, tesis de grado para optar al título de Doctora en Pedagogía, La Habana, Cultural, 1949.

Familia, La (La Habana, 1878-1880). Revista quincenal de artes, ciencias y literatura, dedicada a las madres cubanas. Comenzó a salir el 1.º de junio. Eran sus directores el gaditano Antonio López Prieto y Tomás Delorme. Tenía un marcado matiz españolizante, lo que se comprueba al leer el trabajo aparecido en el número 2 bajo el título «¡Loor a los pacificadores de Cuba!». «No tiene nuestra humilde publicación —expresan en el mismo— carácter político alguno. Sus tareas son modestas y su círculo de acción limitado. Pero los que la dirigen aman a Cuba como el que más, y no pueden, por convicciones propias, ingénitas, permanecer callados en el gran período histórico que hoy se inicia, señalando a este país nuevas vías pacíficas y armónicas para su bienestar y engrandecimiento, merced a las hábiles determinaciones de los ilustres generales don Joaquín Jovellar y don Arsenio Martínez de Campos, que han escrito sus nombres con inmortales caracteres en la historia de Cuba, que jamás podrá olvidar sus nobles y generosos esfuerzos.»

En sus páginas se publicaban poesías, narraciones, artículos sobre moral, religión, lingüística, así como críticas literarias y otros trabajos, preferentemente relacionados con la mujer y sus problemas. Aparecieron también trabajos inéditos de Anselmo Suárez y Romero y reproducciones de autores cubanos ya fallecidos. Contó además con la colaboración de algunos de los más conocidos escritores cubanos de la época, entre ellos, Luisa Pérez de Zambrana, Antonio Bachiller, Luis Victoriano Betancourt, Aurelia Castillo de González, Francisco Calcagno, Domingo Figarola Caneda, Pedro José Guiteras, Domitila García de Coronado, los hermanos Francisco y Antonio Sellén, Sofía Estévez, Merced Valdés Mendoza, Felipe Poey, María del Pilar Sinués, Emilio de los Santos Fuentes y Betancourt, Martina Pierra de Poo y otros. El último ejemplar revisado (número 23) corresponde al 1.º de mayo de 1879. Según Carlos Manuel Trelles en la cuarta parte de su «Bibliografía de la prensa cubana (de 1764 a 1900) y de los periódicos publicados por cubanos en el extranjero» —en *Revista Bibliográfica Cubana* (La Habana, 2, 10-12, 259, julio-diciembre, 1938)—, su salida se extendió hasta mayo de 1880.

Familia Cristiana, La (La Habana, 1891-1892). Semanario católico. Revista que comenzó a salir el 10 de mayo bajo la dirección de Álvaro de la Iglesia. La dirección artística estaba en manos de Santiago Quiñones.

Eran sus redactores Julián del Casal, Federico Villoch y Álvaro Catá; más tarde se incorporaron como tales Pedro Giralt (quien firmaba a veces con el seudónimo *Montecristo*) y José Manuel Fuentevilla. En el reverso de portada se expresaba siempre que la publicación estaba consagrada «a la propaganda de las buenas doctrinas, en el seno de la familia, a cuyo efecto, inspirada su redacción en un criterio esencialmente católico, dentro de la más estricta ortodoxia, estudiará todos los problemas sociales desde el punto de vista de la Fe, la Religión y la moral más escrupulosa, llevando sus escritos la sanción de aquellas personas que por su ciencia y su piedad estén conceptuadas como autoridades de la Iglesia». Incluso los trabajos de índole literaria —poemas, pequeños cuentos, notas bibliográficas— participaban de esta orientación.

Fueron sus colaboradores, entre otros, Avelina Correa, Luis Taboada, María de Santa Cruz, José Lorenzo Castellanos. El último ejemplar revisado corresponde al 1.º de mayo de 1892. Carlos Manuel Trelles indica, en la cuarta parte de su trabajo «Bibliografía de la prensa cubana (de 1764 a 1900) y de los periódicos publicados por cubanos en el extranjero» —en *Revista Bibliográfica Cubana* (La Habana, 2, 10-12, 259, julio-diciembre, 1938)—, que su salida finalizó en dicho año, pero señala, erróneamente, que el último número apareció el 3 de marzo.

Fanal, **El** (Matanzas, 1906). «Decenario miscelánico», se lee como subtítulo en el ejemplar más antiguo revisado, correspondiente al 10 de abril de 1907. Era dirigido en este momento por Juan Porras Vega. Según parece comenzó antes de septiembre de 1906, pues en la edición de la revista matancera *El Estudiante*, correspondiente al día 1.º de dicho mes y año, se saludó la aparición del «nuevo colega [...] cuya divisa es el reflejo de su amenidad literaria que encierran páginas selectas y elegantes». En el número del 1.º de enero de 1911 (último revisado; no se han encontrado ejemplares de 1910) aparece como director-propietario Joaquín V. Cataneo y, como directores literarios, Carlos Prats y Agustín Acosta. Presentó cambios de subtítulo en varias ocasiones. En sus páginas se publicaban poesías —tanto de autores de la ciudad como del resto del país y del extranjero—, relatos, crónicas teatrales y otras informaciones sobre cuestiones de interés local. Contó con la colaboración de Dulce María Borrero, Max Henríquez Ureña, Bonifacio Byrne, Fernando Llés, Hilarión Cabrisas, Armando Leyva, José G. Villa, Miguel Macau, Enrique Loynaz del Castillo, José M. Guerra Núñez, Manuel Fernández Juncos y otros autores menos conocidos.

Faro, **El** (Caibarién, Las Villas, 1883-1887). «Periódico literario, de intereses generales y locales», se leía como subtítulo en el ejemplar más antiguo revisado (número 24), correspondiente al domingo 13 de mayo de 1883. Carlos Manuel Trelles señala, en la cuarta parte de su trabajo «Bibliografía de la prensa cubana (de

1764 a 1900) y de los periódicos publicados por cubanos en el extranjero» —en *Revista Bibliográfica Cubana*— (La Habana, 2, 10-12, 259, julio-diciembre, 1938)—, que comenzó a salir el 1.º de marzo de 1883. Fueron sus directores, sucesivamente, Emilio Ayala y Ruiz (quien, según la propia publicación, fue el introductor de la imprenta periódica en Caibarién), Juan Jorge Sobrado y Alejandro Menéndez.

Se editaba dos veces por semana. Ofreció en sus páginas noticias de carácter general referentes a la provincia. En sus varias secciones literarias reprodujo poesías de autores cubanos ya fallecidos y de escritores locales poco conocidos, tales como Néstor Ramiro, Catalina Rodríguez de Morales, Domingo R. Hernández y otros. También publicó trabajos de Enrique José Varona, Rafael María de Mendive, Antonio Sellén y Aurelia Castillo de González. El último ejemplar revisado corresponde al 26 de diciembre de 1886, pero Trelles indica, en su trabajo antes citado, que su publicación se extendió hasta el 24 de octubre de 1887, fecha que también da Alberto Aragonés Machado en la página 37 de su *El periodismo en Las Villas* (Cienfuegos, Las Villas, Imprenta Casas, 1953.

Faro industrial de La Habana (La Habana, 1841-1851). «Diario de avisos políticos, mercantiles, económicos y literarios», se lee como subtítulo en el ejemplar más antiguo revisado (año 2, número I), correspondiente al 1.º de enero de 1842. Este subtítulo desapareció desde el 2 de febrero de este mismo año.

Carlos Manuel Trelles señala, en la cuarta parte de su trabajo «Bibliografía de la prensa cubana (de 1764 a 1900) y de los periódicos publicados por cubanos en el extranjero» — en *Revista Bibliográfica Cubana* (La Habana, 2, 10-12, 260, julio-diciembre, 1938)—, que comenzó a publicarse el 1.º de diciembre de 1841; pero esto no parece cierto, pues en la página 145 del *Catálogo de publicaciones periódicas cubanas de los siglos* XVIII y XIX (La Habana, Biblioteca Nacional José Martí. Departamento Colección Cubana, 1965) se expresa que comenzó en noviembre y se ofrece como día posible, aunque con dudas, el 28 de dicho mes. Esta información descansa en los ejemplares que poseía el departamento de Colección Cubana, el último de los cuales, destruido por el tiempo, correspondía al 29 de noviembre de 1841. Además, como otro argumento en contra de la afirmación de Trelles, el periódico *Noticioso y Lucero de La Habana* publicó una reseña de su primer número el mismo día que Trelles da para su inicio. Esta coincidencia de fechas hace poco probable, por sí misma, esa fecha de aparición.

En su trabajo antes citado, Trelles aclara que en 1840 solicitó publicarlo Carlos del Castillo, natural de Cádiz, y que era propiedad de Antonio Bachiller y Cirilo Villaverde. No señala Trelles, sin embargo, quién lo dirigía en sus inicios, cuestión esta que es apuntada por José María Labraña en la página 664 de su trabajo «La prensa en Cuba» —en *Cuba en la mano. Enciclopedia popular ilustrada* (La Habana, Imprenta Úcar, García, 1940, págs. 649-786). Según dicho autor su primer director fue José María de Cárdenas, pero en el ya citado *Catálogo de publicaciones periódicas cubanas de los siglos XVIII y XIX* se expresa que lo dirigió, desde su comienzo hasta el 26 de febrero de 1849, José García Arboleya, a quien Trelles da como director desde 1848 hasta el 28 de febrero de 1849. Según el propio Trelles, García Arboleya fue sustituido por José Quintín Suzarte, quien se ocupó de la dirección desde marzo de 1849 hasta el 1.º de agosto de 1850, pero en el *Catálogo de publicaciones periódicas cubanas de los siglos XVIII y XIX* se dice que lo fue hasta el 31 de agosto de 1851, fecha en que, según dicha fuente, finalizó la publicación del periódico.

En sus páginas, además de todos los trabajos y secciones propias de un diario de la época, aparecieron numerosos trabajos de índole literaria: poesías, relatos, novelas, críticas literarias, reseñas de libros, biografías de artistas y personalidades, etc., publicados en sus secciones «Amena literatura», «Sección literaria», «Folletín», «Bibliografía», «Variedades» y otras. Recogió también noticias sobre las obras representadas en La Habana y publicó, en 1851, un «Folletín filarmónico y de modas del *Faro* dedicado a nuestras bellas suscriptoras», en el que se incluían partituras musicales. También publicó numerosos alcances y suplementos, ambos de carácter puramente informativo y mercantil. En las páginas de este periódico aparecieron trabajos, originales o reproducidos, de Félix Varela, Cirilo Villaverde, Gertrudis Gómez de Avellaneda, José Jacinto y Federico Milanés, Antonio Bachiller y Morales, Ramón de Palma, *Jeremías de Docaransa* (seudónimo de José María de Cárdenas), *El lugareño* (seudónimo de Gaspar Betancourt Cisneros), Rafael María de Mendive, Ramón Vélez Herrera, Narciso Foxá, *Delio* (seudónimo de Francisco Iturrondo), Miguel Teurbe Tolón, Francisco Javier Blanchié, José Quintín Suzarte, José Gonzalo Roldán, Rafael de Cárdenas y Cárdenas, Manuel Costales, Felipe López de Briñas, Miguel de Cárdenas y Chávez, José Güell y Renté, Andrés Avelino de Orihuela, Juan Martínez Villergas y otros. El último ejemplar revisado (año 11, número 165) corresponde al 29 de junio de 1851, pero como se señaló anteriormente, su publicación se extendió hasta el 31 de agosto de dicho año.

Labraña apunta, en su trabajo antes citado, lo siguiente: «Puede decirse que fue el primer defensor de los intereses netamente cubanos, por lo que fue suprimido en 1851 por el gobierno».

Bibliografía

Memchaca de la Alpujarra, Telesforo, seudónimo de «Los dos prospectos», en *Diario de La Habana*, La Habana, 337, 2, diciembre 3, 1841.

«Revista del *Faro Industrial de La Habana*», en *Noticioso* y *Lucero de La Habana*, La Habana, 9, 332, 2, diciembre 1.º, 1841.

Fausto (Cienfuegos, Las Villas, 1894-1895). «Periódico de literatura y actualidades dedicado a las damas», se lee como subtítulo en el ejemplar más antiguo consultado (número 7), correspondiente al 26 de agosto de 1894. Salía semanalmente, bajo la dirección de Carlos Arístides Vasseur y Poo. En sus páginas se publicaban numerosos trabajos de índole literaria —poesías y cuentos, fundamentalmente—, así como notas sobre actividades sociales y culturales de la ciudad y otras cuestiones de interés. Contó con la colaboración de Álvaro de la Iglesia, Esteban Borrero Echeverría, Juana Borrero, Pablo Hernández, Eulogio Horta, Martina Pierra de Poo, *César de Guanabacoa* (seudónimo de Ciriaco Sos y Gautreau), *Fray Tabarra* (seudónimo de José Comallonga y Vega), *A. Noche* (seudónimo de Benigno Nochea), *Ursus* (seudónimo de Fidel Miró) y otros. El último ejemplar consultado (número 13) corresponde al 7 de octubre de 1894, pero según señala Carlos Manuel Trelles en la cuarta parte de su trabajo «Bibliografía de la prensa cubana (de 1764 a 1900) y de los periódicos publicados por cubanos en el extranjero» —en *Revista Bibliográfica Cubana* (La Habana, 2, 10-12, 260, julio-diciembre, 1938)—, su publicación se extendió hasta 1895.

Fe, La (Regla, La Habana, 1868-Id.). Semanario reglano de ciencias, literatura y anuncios. Periódico que comenzó el 4 de octubre. José María Labraña expresa, en la página 664 de su trabajo «La prensa en Cuba» —aparecido en *Cuba en la mano. Enciclopedia popular ilustrada* (La Habana, Imprenta Úcar, García,

1940, págs. 649-786)—, que duró tres meses y fue dirigido por Antonio López Prieto y Carlos Rafael; pero en el ejemplar correspondiente al 1.º de noviembre se aclara que a partir de ese número (5), la dirección estaba a cargo de Ramón Pastor de Castro, Antonio López Prieto y Miguel Figueroa. Publicaba, además de disposiciones gubernativas, noticias locales y anuncios, trabajos de carácter literario y científico, así como comentarios sobre publicaciones y sociedades de la época. En sus páginas colaboraron Antonio y Francisco Sellén, Enrique Piñeyro, Luis Victoriano Betancourt, José Agustín Quintero, Fernando Urzáis, Saturnino Martínez, Alfredo Torroella y otros autores poco conocidos, como Lorenzo B. Flores, Antonio V. Valdés, Arístides Díaz y Díaz. El último ejemplar revisado (número 11) corresponde al 13 de diciembre de 1868.

Bibliografía

Escudero, Gregorio, «Carta del señor Pbro. D. Gregorio Escudero de 29 de setiembre de 1868», en *La Fe*, Regla, La Habana, 1, 1, 1-2, octubre 4, 1868.

Federado Escolar, El (La Habana, 1943). Boletín mensual de la Federación Nacional del Retiro Escolar. Revista que comenzó a publicarse en enero, bajo la dirección y administración de Rogelio González Ricardo. En «Palabras del director», trabajo inicial del primer número, se expresa que se edita «para defender tesoneramente los intereses de la clase a cuyo bienestar han consagrado sus fundadores, durante largos años, todas sus energías, lo mejor de su inteligencia y las ansias íntimas de su corazón, con celo y desinterés insospechables». Además señalaban que esta revista era una segunda etapa de *Unión Escolar*, que había sido el órgano de la «Unión Nacional de Maestros Retirados», entidad que se había transformado recientemente en la colectividad que hoy daba a luz esta nueva revista. Según añadían en el mencionado artículo, esta revista podía «considerarse, también, continuación del *Boletín* que, mimeografiado, veníamos ofreciendo los directores de la Federación, a fin de mantener informados a los adherentes de la misma de cuanto pudiera interesarles». Esta colectividad se denominó después «Defensa Unida del Retiro Escolar». La revista presentaba los siguientes lemas: «Por una escuela mejor. Por un retiro estable». Posteriormente apareció como *Letras de El Federado Escolar* y por último como *Letras*, aunque en la cubierta siempre se leía, junto al título, *El Federado Escolar*. Su periodicidad varió a bimestral desde 1954. Como órgano oficial de una agrupación dedicó gran parte de sus páginas a informaciones sobre las actividades de la misma. Publicaba también trabajos sobre temas pedagógicos, históricos, lingüísticos y literarios, entre estos últimos poesías —fundamentalmente de tema patriótico—, artículos de crítica e historia literarias, síntesis biográficas, reseñas de libros, etc. Durante su larga trayectoria presentó secciones fijas tales como «Del ideario de Martí»,

«Sonetistas universales», «Clásicos cubanos» y «Libros y revistas». Es destacable también la serie de artículos que sobre el grupo literario de Manzanillo publicó el director, Rogelio González Ricardo, a quien se debían, además, gran cantidad de los trabajos aparecidos en la revista. Ocasionalmente publicó textos de Félix Lizaso, Loló de la Torriente, Fermín Peraza, Félix Callejas, Néstor Carbonell, José Ma. Chacón y Calvo, Leví Marrero, Antonio Martínez Bello, Ramiro Guerra, J. M. Guerra Núñez. Más constante fue la colaboración de escritores menos conocidos, como Julio Girona, Ángel Cañete, Manuel A. de Cartión, Rafael de la Guardia y Bello, Elvira Fornaris, Guillermo Duyós Jiménez, Bertha Nápoles Manzanedo y Miguel A. Cano, entre otros. El último ejemplar revisado (número 177) corresponde al bimestre noviembre-diciembre de 1962.

Bibliografía

González Ricardo, Rogelio, «Décimo año de nuestra revista», en *El Federado Escolar*, La Habana, 10, 107-108, 1-2, enero-febrero, 1952.

«Once años de labor incesante», en *El Federado Escolar*, La Habana, 11, 119-120, 2-3, enero-febrero, 1953.

«El año XII de nuestra revista», en *El Federado Escolar*, La Habana, 12, 131, 3-4, enero-febrero, 1954.

«Nuestro vigésimo aniversario», en *Letras*, La

Habana, 20, 173, 2-4, enero-febrero, 1962.

Fedora (La Habana, 1911-1912). Revista semanal ilustrada de literatura, artes, *sports*, modas e intereses generales. Comenzó a salir el 14 de mayo, bajo la dirección de su propietario, J. M. Hernández. Ramiro F. Moris y José Ramírez eran, respectivamente, su redactor jefe y su director artístico. En el primer número se consignaba que estaría «completamente alejada a [sic] toda lucha de partido y de toda idea de bandería». Publicó poesías, artículos de crítica literaria y sobre otras cuestiones de interés, tales como actividades teatrales, fechas históricas, etc. Contó con la colaboración de Alfredo Zayas, Joaquín Nicolás Aramburu, *Roger de Lauria* (seudónimo de Ramón Rivera Gollury) y otros autores poco conocidos. Solo se han revisado los tres primeros números (el último con fecha 28 de mayo de 1911), pero según parece aún se publicaba en 1912, pues la revista habanera *Cuba y México* señalaba, en su número correspondiente al 1.º de septiembre de dicho año, que se refundía con *Fedora*.

Feijóo, Samuel (San Juan de los Yeras, Las Villas, 31 marzo 1914-La Habana, 14 julio 1992). Su formación literaria y pictórica fue autodidacta. Trabajó como maestro particular de inglés. En Nueva York laboró además como diseñador en una fábrica de corbatas y participó en movimientos huelguísticos. Ha vivido regularmente en la provincia de Las Villas. Perteneció al Taller de Artes Plásticas de Cienfuegos y desde 1958 se hizo cargo de la Editorial y de la revista *Islas*, de la Universidad Central de Las Villas, de cuyo Departamento de Estudios Folklóricos fue director. Al frente de la Dirección de Publicaciones de la Universidad Central publicó alrededor de un centenar de obras. Viajó a la URSS (1964), a la RDA (1966), a Rumania (1971), a Checoslovaquia, a Francia y a Inglaterra. Ha colaborado en *Carteles*, *Orígenes*, *El Mundo*, *Granma*, *Hoy*, *Bohemia*, etc. Obtuvo el premio «Luis Felipe Rodríguez» de la UNEAC en 1975 con su libro de relatos *Cuentacuentos*. Su obra poética y cuentística ha sido antologada varias veces. Ha compilado numerosas colecciones y antologías: —*Rumores del Hórmigo*. El Cucalambé (1948), *Colección de poetas de la ciudad de Camagüey* (1958), *Cuentos populares cubanos* (1960-1962), en 2 tomos, *Los trovadores del pueblo* (1960), *La décima popular* (1961), *Refranes, adivinanzas, dicharachos, trabalenguas, cuartetas y décimas antiguas* (1962), *La décima culta en Cuba* (1963), *Cantos a la naturaleza cubana del siglo XIX* (1964), *El movimiento de los romances cubanos del siglo XIX* (1964), *Sonetos de Cuba* (1964), *Mitos y leyendas en Las Villas* (1965), *Panorama de la poesía cubana moderna* (*Islas*, 9, 4, octubre-diciembre, 1967). Es autor además de una selección, hecha en colaboración con Nina Bulgakova, de *Poetas rusos y soviéticos* (1966). Sus novelas *Pancho Ruta y Gil Jocuma. Novela costumbrista, nativista folklórica y campera y cubanista. 1967* y *Jira descomunal* (1967). *Novela cubana nativista, costumbrista, folklo-*

rista e iindigenista!, fueron publicadas en *Islas* (Santa Clara, 10, 28, 353-493, enero-marzo, 1968 y 10, 29, 301-457, abril-junio 1968). Dirige la revista *Signos.*

Bibliografía activa

Camarada celeste, 1941, poesía, La Habana, 1944.

Infancia de la tataguaya; aventura con los aguinaldos, prosa lírica, Cienfuegos, Las Villas, 1947, Cuadernillo de la alegre noticia, I.

Beth-el, 1940-48, poesía, s. l., 1949.

Jiras guajiras, 1937-38, poesía, s. l., 1949, Cuadernillo de la alegre noticia, 2.

Poeta en el paisaje, Cienfuegos, Las Villas, 1949.

Gajo joven, poesía, Sabaranamanga, Cuba, Imprenta El Zunzunito, 1950.

Gallo campero, poesía, Cienfuegos, Las Villas, 1950.

Libro de apuntes, 1937-48, poesía, tomo 1, La Habana, Universidad, 1954.

Faz, 1954-55, poesía, La Habana, Universidad de La Habana, 1956.

Carta en otoño, poesía, La Habana, Talleres Tipográficos de la Sociedad Colombista Panamericana, 1957.

La hoja de poeta, 1942-1956, Diarios, La Habana, Imprenta P. Fernández, 1957.

La alcancía del artesano, Pensamientos, La Habana, Universidad Central de Las Villas, Departamento de Relaciones Culturales, 1958.

Diarios de viajes montañeses y llaneros, 1939-46, La Habana, Universidad Central de Las Villas, Departamento de Relaciones Culturales, 1958.

Violas, 1936, poesía, La Habana, Imprenta Úcar, García, 1958.

Diario abierto, Temas folklóricos cubanos, La Habana, Universidad Central de Las Villas, Departamento de Estudios Hispánicos, 1960.

Poemas del bosquezuelo, 1954, y *Haz de la ceniza,* 1958-59, poesía, La Habana, Imprenta Úcar, García, 1960.

Azar de lecturas, crítica, La Habana, Universidad Central de Las Villas, Departamento de Estudios Hispánicos, 1961.

El pájaro de las soledades, Diario de un joven poeta enfermo, 1937-40, poesía, La Habana, Universidad Central de Las Villas, 1961.

Sobre los movimientos por una poesía cubana hasta 1856, 1947-49, La Habana, Universidad Central de Las Villas, Dirección de Publicaciones, 1961.

Caminante montés, 1955-59, Impresiones, pensamientos, La Habana, Universidad Central de Las Villas, Dirección de Publicaciones, 1962.

Mateo Torriente, Monografía, La Habana, Consejo Nacional de Cultura, 1962, Colección artistas cubanos, 3.

Segunda alcancía del artesano, Pensamientos, La Habana, Universidad Central de Las Villas, Dirección de Publicaciones, 1962.

El girasol sediento, 1937-48, poesía, edición definitiva, La Habana, Universidad Central de Las Villas, Dirección de Publicaciones, 1963.

Cuerda menor, 1937-1939, poesía, edición defi-

nitiva, La Habana, Universidad Central de Las Villas, 1964.
Juan Quinquín en Pueblo Mocho, novela cubana, La Habana, Universidad Central de Las Villas, 1964.
Libreta de pasajero, Pensamientos, La Habana, Universidad Central de Las Villas, 1964.
Ser fiel, 1948-62, poesía, edición definitiva, La Habana, Universidad Central de Las Villas, 1964.
Tumbaga, novela y cuentos, La Habana, Universidad Central de Las Villas, 1964.
Caracol vagabundo, 1940-44, Prosa, s. l., s. a.

Bibliografía pasiva

Augier, Ángel, «*Sobre los movimientos por una poesía cubana hasta 1856, 1947-49*, por Samuel Feijóo», en *Vida Universitaria*, La Habana, 13, 139, 12-14, marzo, 1962.
Fernández Retamar, Roberto, «Samuel Feijóo», en su *La poesía contemporánea en Cuba, 1927-1953*, La Habana, Orígenes, 1954, págs. 80-82.
«*Islas* a sangre fría», en *La Gaceta de Cuba*, La Habana, 6, 63, 13, febrero-marzo, 1968.
Guillén, Nicolás, «Samuel Feijóo», en *La Gaceta de Cuba*, La Habana, 125, 7-8, julio, 1974.
Iznaga, Alcides, «Feijóo, Martínez Estrada, El campo cubano», sobre *Poeta en el paisaje*, en *El Mundo*, La Habana, 65, 21 729, 4, noviembre 4, 1966.
«Feijóo», en *Bohemia*, La Habana, 62, 13, 4-13, marzo 27, 1970.
Lorenzo Fuentes, José, «Charla en torno a la pintura de Samuel Feijóo», en Bohemia, La Habana, 55, 17, 10-13, abril 26, 1963.
Rodríguez Rivera, Guillermo, «Sesenta años de falsedad», en *Unión*, La Habana, 6, 1, 166-169, marzo, 1968.
Vitier, Cintio, «Samuel Feijóo», en su *Cincuenta años de poesía cubana, 1902-1952*, La Habana, Ministerio de Educación, Dirección de Cultura, 1952, págs. 295-296.
«La poesía de Feijóo, Tradiciones cubanas que recoge, Paisaje, piedad, adiós», en su *Lo cubano en la poesía*, La Habana, Instituto Cubano del Libro, 1970, págs. 532-563.
Vitier, Medardo, «Valoraciones, Samuel Feijóo, estética», en *Diario de la Marina*, La Habana, 126, 105, 4-A, mayo 3 1958.
Zamora, Bladimir y Arturo Arango Arias, «Pleno día a pleno Sol», en *El Caimán barbudo*, La Habana, 2.ª época, 88, 19-20, marzo 1975.

Felipe, Carlos (La Habana, 4 noviembre 1914-Id., 14 octubre 1975). Su nombre completo es Carlos Felipe Fernández. Desde muy joven tuvo que trabajar para ayudar al mantenimiento de su familia. A los once años escribió su primer drama sin haber ido aún al teatro y leyó a los clásicos españoles. Autodidacto, estudió gramática, literatura, inglés y francés. Estudió además música y armonía. A los diecisiete años trabajó en un café y después en la Aduana de La Habana. Su obra *Esta noche en el bosque* ganó el primer premio en el concurso teatral convocado por el Ministerio de Educación (1939), por lo que decidió dedicarse profesionalmente al teatro. En 1943 gana una mención en un nuevo concurso del Ministerio de Educación con *Tambores*. Obtiene los primeros lugares en los concursos ADAD de 1947 y 1948 con *El Chino* y con *Capricho en rojo*, respectivamente. Más tarde, en el concurso teatral del Ministerio de Educación, ganó también el primer premio con *El travieso Jimmy*, pieza estrenada en 1951. Entre sus obras no publicadas se encuentra *La bruja en el obenque*, *El alfabeto o la bata de encajes* (1962) y los textos y cantables de la comedia musical *De película*, estrenada en 1963. Trabajó como asesor literario del Conjunto Dramático Nacional a partir de 1961. Algunas de sus obras han sido publicadas en colecciones, como *El travieso Jimmy*, recogida por José Cid Pérez en *Teatro cubano contemporáneo* (Madrid, Aguilar, 1959), y *Réquiem por Yarini*, publicada en *Teatro cubano* (La Habana, Universidad Central de Las Villas. Dirección de Publicaciones, 1960). *Ibrahim* fue dada a conocer parcialmente en *Unión* (La Habana, 2, 5-6, 19-40, enero-abril, 1963). Fue asesor literario en el Departamento de Teatro y Danza del Consejo Nacional de Cultura.

Bibliografía activa

Capricho en rojo, comedia en tres actos, La Habana, La Milagrosa, 1959, Escena cubana, I.

Teatro, contiene, *El chino*, *El travieso Jimmy*, *Ladrillos de Plata*, La Habana, Universidad Central de Las Villas, Departamento de Relaciones Culturales, 1959.

Teatro, contiene, *Réquiem por Yarini*, *El travieso Jimmy*, *El chino*, *Los compadres*, La Habana, Ediciones Unión, 1967.

Bibliografía pasiva

Abdo, Ada, «Teatro *versus* cine», en *La Gaceta de Cuba*, La Habana, 3, 31, 15, enero 10, 1964.

Beltrán, Alejo, seudónimo de Leonel López-Nussa, «*Réquiem por Yarini*» en *Unión*, La Habana, 4, 2, 173-178, abril-junio, 1965.

Escarpanter, José Antonio, «Sobre el teatro de Carlos Felipe», en *Nueva Revista Cubana*, La Habana, 2, 1, 201-203, enero-marzo, 1960.

«El teatro de Carlos Felipe», en *Revista Nacional de Teatro*, La Habana, 1, 26-27, 1961.

González Freire, Natividad, *Teatro cubano, 1927-1961*, La Habana, Ministerio de Relaciones Exteriores, 1961, págs. 114-118.

«*Réquiem por Yarini*», en *Revolución*, La Habana, 9, 2 881, 9, mayo, 18, 1965.

Leal, Rine, «Un Carlos llamado Felipe», en su *En primera persona, 1954-1966*, La Habana, Instituto Cubano del Libro, 1967, págs. 189-201.

López-Nussa, Leonel, «Releyendo a *Yarini*», en *Unión*, La Habana, 1, 3-4, 86-96, septiembre-diciembre, 1962.

Lorenzo Fuentes, José, «Yarini entra en escena», en *El Mundo del Domingo*, suplemento del periódico *El Mundo*, La Habana, 6-7, mayo 16, 1965.

Llana, María Elena, «*De película*, una entrevista, un reportaje,» en *Pueblo y Cultura*, La Habana, 19, 7-9, enero, 1964.

Manet, Eduardo, «Actitud y obra de Carlos Felipe», en *Estudios*, La Habana, 1, 5, 46-47, agosto, 1950.

Parajón, Mario, «Al oído de Carlos Felipe», en El Mundo, La Habana, 64, 21 268, 4, mayo 13, 1965.

Parrado, Gloria, «Teatro», en La Gaceta de Cuba, La Habana, 4, 43, 28-29, marzo-abril, 1965.

Valdés Rodríguez, José Manuel, «Réquiem por Yarini», en El Mundo, La Habana, 64, 21 265 y 21 266, 6 y 6, mayo 9 y 11, 1965.

Vieta, Ezequiel, «De películas», en Casa de las Américas, La Habana, y, 28-29, 157, enero-abril, 1965.

Vitier Cintio, «Eros en el infierno», sobre Réquiem por Yarini, en Revista de la Biblioteca Nacional José Martí, La Habana, 3.ª época, 59, 10, 2, 169-175, mayo-agosto, 1968.

Felipe Herrera, Nersys (Pinar del Río, 1935). Durante catorce años ejerció el magisterio. Fue profesora de piano. Es una de las fundadoras del Grupo de Guiñol de Pinar del Río. Al crearse la Escuela de Arte de esa provincia enseñó en ella canto coral durante dos cursos. Después pasó a trabajar en la emisora provincial Radio Guamá como autora de programas infantiles, realizadora y actriz dramática. Ingresó en el Taller Literario Provincial y en la Brigada Hermanos Saíz. Ha colaborado en El Caimán Barbudo. Obtuvo premio de poesía en el Concurso La Edad de Oro, en 1974 con su Para que ellos canten. Ganó mención en 1975, en el mismo concurso, con Música y colores. En el Concurso Casa de las Américas 1975 ganó el premio de Literatura para Niños y jóvenes con su Cuentos de Guane. Ha viajado a la Unión Soviética. Obtuvo el Premio Nacional de Literatura en 2011.

Bibliografía activa

Cuentos de Guane, La Habana, Casa de las Américas, 1975.

Para que ellos canten, La Habana, Gente Nueva, 1975.

Fémina (La Habana, 1909-1916). «Revista mensual del mundo elegante», se lee en su primera página, pero en la cubierta se expresa que es una «Revista mensual ilustrada del mundo elegante para los subscriptores del periódico Cuba». Comenzó a salir en septiembre, bajo la dirección de Mariano Arveras. «Único periódico de su género en Cuba», se señalaba a la cabeza del título en la primera página. Desde septiembre de 1910 fue dirigida por Francisco J. Villaverde, a quien se unió en 1915 Rafael Lillo, que desde 1913 fungía como director artístico. A partir de 1912 se convirtió en «Suplemento mensual del diario Cuba». Revista dedicada a la mujer, publicaba numerosos materiales sobre cuestiones de interés para la misma: modas, costumbres, hogar, cuidado personal, atención a los hijos, etc. Incluía, además, poesías, cuentos, críticas literarias y crónicas de teatros y de sociedad. Estas últimas eran redactadas por Enrique Fontanills; posteriormente estuvieron a cargo de Urbano del Castillo. Contó con la colaboración de Gustavo Sánchez Galarraga, Aurelia Castillo de González, Federico de Ibarzábal,

Felipe Pichardo Moya, Juan J. Geada, *Conde Kostia* (seudónimo de Aniceto Valdivia), Emilio Villaverde y otros. El último ejemplar revisado corresponde a septiembre de 1916, año en que ya ni la menciona León Primelles en su *Crónica cubana. 1915-1918* (La Habana, Editorial Lex, 1955).

Feria, Lina de (Santiago de Cuba, 8 agosto 1945). A los doce años viajó a la Florida. Fue maestra de taquigrafía en la Academia Cultura, en La Habana. En 1960 trabajó en la coordinación del material literario del Teatro Nacional de Cuba. Desempeñó además un cargo en la JUCEI de Santiago de Cuba en 1961. Obtuvo en 1961, 1962 y 1963 respectivas menciones en el concurso de teatro infantil La Edad de Oro. En 1963 se graduó de Bachiller en Letras en el Instituto de Santiago de Cuba. Comenzó estudios en la Escuela de Letras de la Universidad de Oriente y los continuó en la de La Habana. Trabajó en el Departamento de teatro infantil del Consejo Nacional de Cultura. Obtuvo el premio de poesía «Rubén Martínez Villena» de la Federación Estudiantil Universitaria (1965) y el Premio David de la UNEAC, compartido con Luis Rogelio Nogueras, por su libro de poemas *Casa que no existía* (1967). Ha publicado en *Cultura '64*, *Revolución*, *Prensa Libre*, *Juventud Rebelde* y *Pueblo y Cultura*. Fue jefa de redacción de *El Caimán Barbudo* (1968-1971). Obtuvo el Premio Nacional de Literatura en 2019.

Bibliografía activa

La choza, cuento infantil, Santiago de Cuba, D. N. P., 1961.
Vocecita del alba, poesía, Santiago de Cuba, D. N. P., 1961.
Casa que no existía, poesía, La Habana, UNEAC, 1967.

Bibliografía pasiva

Bianchi Ross, Ciro, «Diez preguntas a Lina de Feria», en *El Mundo*, La Habana, 66, 21 993, 4, *septiembre* 12, 1967.
Cuza Malé, Belkis, «Feria, Nogueras y los mal intencionados», en *La Gaceta de Cuba*, La Habana, 6, 64, 12, abril-mayo, 1968.

Feria del Libro (La Habana, 1943-Id.). Gaceta literaria y artística editada por Félix Lizaso. Tabloide que comenzó a salir en febrero como «un eco del éxito ruidoso alcanzado por la Primera Feria Nacional del Libro, para derivar de él, no solo su título sino sus propósitos», según se leía en su primer número. En el mismo se expresaba, además, lo siguiente: «Quisiéramos trabajar por una superación de la producción editorial cubana, por su más amplia difusión en todos los países de nuestra lengua, por las facilidades de importación, por el mayor acercamiento de editores y libreros. Y sobre todo, por la dignificación del libro». Aparecieron en sus páginas artículos críticos e informativos sobre literatura cubana, fundamentalmente, así como poemas de obras inéditas o próximas a publicarse, de poetas cubanos de la época, tales como Emilio Ballagas, Ernesto Fernández Arrondo y Felipe Pichardo Moya. Se dedicó también a la propaganda a favor de la actividad editorial en Cuba y a la lucha por la consecución de un mayor intercambio en este campo entre todos los países de América. Fueron sus colaboradores, entre otros menos conocidos, Juan Marinello, José María Chacón y Calvo, Jorge Mañach, Enrique Serpa, Agustín Acosta, Francisco Ichaso, Emilio Roig de Leuchsenring, Max Henríquez Ureña, Luis Rodríguez Embil, José Antonio Ramos, Felipe Pichardo Moya, Adela Jaume y Juan Chabás. El último ejemplar revisado (número 6) corresponde a julio de 1943.

Fernández, Ángel Luis (La Habana, 21 septiembre 1942). Cursó la primera enseñanza en La Habana. Visitó a Estados Unidos en 1951. Se graduó de bachiller en La Habana en 1960. En 1961 viajó de nuevo a Estados Unidos. Viajó además a Canadá. Fue alumno de filología, durante el verano de 1962, en la Universidad de Bucarest. Ese mismo año visitó a Hungría. Cursó la licenciatura en Lenguas y Literaturas Clásicas en la Universidad de La Habana entre 1963 y 1967. Desde este último año ha trabajado como traductor, corrector de estilo y redactor en el Instituto Cubano del Libro. Ha colaborado en *Casa de las Américas*, *Unión*, *Bohemia*, *Caimán Barbudo*, *Universidad de La Habana*, *Caravelle* (Francia). Es autor de ensayos. Tuvo a su cargo la edición y el prólogo de *Curso superior de lingüística general* (La Habana, Instituto Cubano del Libro, 1973),

de Ferdinand de Saussure, y de *El lenguaje* (La Habana, Instituto Cubano del Libro, 1974), de Edward Sapir. Es autor de los prólogos de *Dafnis y Cloe* (La Habana, Instituto Cubano del Libro, 1966), de Longo, y de la *Odisea* (La Habana, Instituto Cubano del Libro, 1970). Ha traducido textos de Margarite Duras, de René Depestre y de Víctor Sklovsky, todos del francés.

Bibliografía activa
La nueva noche, relatos, La Habana, Ediciones El Puente, 1964.

Bibliografía pasiva
Torrente, Loló de la, «Los jóvenes, en *Unión*», en *El Mundo*, La Habana, 63, 21 157, 4, diciembre 31., 1964.

Fernández, Arístides (Güines, La Habana, 20 julio 1904-La Habana, 21 agosto 1934). Cursó estudios de pintura en la Escuela de San Alejandro. Su formación literaria era autodidacta. Cultivó la pintura durante poco tiempo, a pesar de lo cual ganó cierto renombre. En 1934, después de su muerte, se hizo la primera exposición personal de su pintura, en el Lyceum. En 1950 se exhibió en el Capitolio Nacional su segunda exposición personal. Ese año la Dirección de Cultura del Ministerio de Educación editó su obra pictórica en uno de sus Cuadernos de Arte, el número 2, con un estudio introductorio de José Lezama Lima. Sus cuentos, publicados póstumamente, aparecieron en *Mensuario*, *Espuela de Plata* y *Orígenes*. Dejó cartas y apuntes diversos.

Bibliografía activa

Cuentos, «El Instituto Municipal de Cultura», por Eulalio González Freyre, «Esplendor de Arístides», por René Villarnovo, La Habana, Administración Municipal de Marianao, Instituto Municipal de Cultura, 1959.

Bibliografía pasiva

Bueno, Salvador, «Arístides Fernández 1904-1934», en su *Antología del cuento en Cuba, 1902-1952*, La Habana, Dirección de Cultura del Ministerio de Educación, 1953, págs. 213.

García Marruz, Fina, y otros, «Homenaje, Arístides Fernández, 1904-1934», en *Orígenes*, La Habana, 7, 26, 60-64, 1950.

Lezama Lima, José, «Otra página para Arístides Fernández», en su *Tratados en La Habana*, La Habana, Universidad Central de Las Villas, Departamento de Relaciones Culturales, 1958, págs. 323-331.

«Arístides Fernández, 1904-1934, en su *La cantidad hechizada*, La Habana, UNEAC, 1970, págs. 339-360.

Masó, Fausto, «*Cuentos*, Arístides Fernández»; en *Casa de las Américas*, La Habana, 1, 3, 68-70, octubre-noviembre, 1960.

Rodríguez Tomeu, Julia?, «*Cuentos*, de Arístides Fernández», en *Boletín Cultural*, La Habana, 1, 3, 11, febrero, 1960.

Toural, Eduardo, «Dos cuentos de Arístides Fernández», en *Taller*, Santiago de Cuba, 28, 34-35, agosto, 1974.

Fernández, Francisco A este autor se debe la creación en nuestro teatro del personaje «negrito catedrático», influido por los *minstrels*. Sus sainetes constituyen una vertiente del teatro popular. Es autor de múltiples piezas, algunas de las cuales alcanzaron gran popularidad, como *Los negros catedráticos*, representada en el Teatro de Villanueva, en La Habana, el 31 de mayo de 1868. La tercera de las piezas de la trilogía que encabeza *Los negros catedráticos*, con el título *El negro cheche; o, Veinte años después*, juguete cómico en un acto, en prosa y verso, publicada en La Habana en 1868, fue escrita por el autor en colaboración con Pedro N. Pequeño y estrenada en el Teatro Variedades el 26 de julio de 1868. Piezas suyas en un acto se citan *El dómine del pueblo*, *El pleito de Ño Ciriaco*, *El restaurante de las moscas*, *Juan Coscorrón*, *Doña Caralimpia*, *La caña y el boniato*, *La lotería*, *La mujer fuerte*, *La pesadilla*, *Lances del carnaval*, *Las dos escarolas*, *Las tres lumbreras*, *Liberales y conservadores*, *Los espiritistas*, *Los ingleses en el Polo Norte*, *Melopea y danza*, *¡Mucho ojo!*, *Políticos de Guinea*, *Retórica y poética*. *Un drama viejo*. Trabajó como actor en sus obras. En ocasiones firmaba solo con las iniciales F. F.

Bibliografía activa

Los negros catedráticos, Absurdo cómico en un acto de costumbres cubanas en prosa y ver-

so, La Habana, Imprenta La Tropical, 1868.
El bautizo, Segunda parte de *Los negros catedráticos*, juguete cómico en un acto, La Habana, La Honradez, 1868; La Habana, La Publicidad, 1868.
Sainete nuevo titulado El avaro, La Habana, La Publicidad, s. a.

Bibliografía pasiva
Escarpenter, José A., «Presentación, de *Los negros catedráticos*», en *Cuba en la UNESCO*, La Habana, 6, 7, 60-64, febrero, 1965.

Fernández, Otto (Regla, La Habana, 12 mayo 1934). Cursó la primaria y la secundaria en Regla. Se graduó de bachiller en el Instituto de La Habana (1955). Estudió hasta tercer año de Derecho en la Universidad de La Habana. Después de realizar varios trabajos, al triunfo de la Revolución laboró como comprobador de impuestos en el Ministerio de Hacienda (1959-1964). En 1963 fue premiado por su poema *Regla 1958* en el concurso nacional para escritores inéditos convocado por el semanario *Mella*. Fue director de Ingresos de la Administración Municipal de Marianao (1964-1966) y secretario del Poder Local en Centro-La Habana (1966-1968). Ha colaborado en *El Mundo*, *Casa de las Américas*, *La Gaceta de Cuba*, *OCLAE*, *Bohemia*, *URSS* (en español), *Gaceta Literaria Búlgara*, *Juventud Popular* (Bulgaria). Como dibujante ha participado en diversas exposiciones colectivas. Publicó su poema *En el parque* (La Habana, 1963) en el libro colectivo *Cinco poetas y cinco dibujos*. Poemas suyos se tradujeron al búlgaro, al polaco, al ruso, etc. Desde 1969 ha sido secretario de publicaciones de la UNEAC y director de la revista *Unión*. Viajó a la URSS en 1971. En 1973 fue condecorado por el gobierno búlgaro con la medalla «Cirilo y Metodio».

Bibliografía activa
Los días repartidos, poesía, La Habana, Ediciones Belic, 1964, Serie Leva, I.
Canción, poesía, La Habana, Biblioteca Nacional José Martí, 1971.
De otro árbol, prólogo de Eliseo Diego, La Habana, UNEAC, 1974.

Bibliografía pasiva
Branly, Roberto, «Cuatro poemarios recientes», en *Unión*, La Habana, 3, 3, 152-159, julio-septiembre, 1964.
«Del otro árbol», en *La Gaceta de Cuba*, La Habana, 125, 29, julio 1974.
Ele Nussa, seudónimo de Leonel López Nussa, «Los árboles de Otto», en *Bohemia*, La Habana, 66, 31, 27, agosto 2, 1974.
Oraá, Francisco de, «Entrada de tercero», en *Juventud Rebelde*, La Habana, 5, abril 5, 1966.

Fernández, Pablo Armando (Central Delicias, Oriente, 2 marzo 1930). Cursó la primera enseñanza en su pueblo natal y estudió bachillerato en el Instituto de Holguín y en el Washington Irving High School (Estados Unidos). Después siguió cursos en la Universidad de Columbia (Nueva York). Residió en los Estados Unidos de 1943 a 1959. En 1958 estrenó en Nueva York, en la Sala del Movimiento 26 de julio, su poema dramático *Las armas son de hierro*. Regresó a Cuba en 1959. Fue subdirector de *Lunes de Revolución* (1959-1961) y secretario de redacción de *Casa de las Américas* (1961-1962). Desempeñó el cargo de Consejero Cultural de la Embajada de Cuba en Gran Bretaña (1962-1965). En los concursos Casa de las Américas ganó mención de poesía por *Libro de los Héroes* (1963) y premio de novela por *Los niños se despiden* (1968). Fue secretario del Pen Club de Cuba y ha asistido a numerosos encuentros internacionales, entre ellos el de Lati (Finlandia, 1963), Encuentro de la Sociedad de Escritores Ennio Lenio, bienales de poesía de Bélgica (1963-1965), Cncuentro de poetas de Spoleto (Italia, 1965), Congreso de poetas en Edimburgo (1964-1965), congreso del Pen Club en Yugoslavia (1965), Encuentro con Darío (Cuba, 1966). Ha viajado por Las Antillas, México, Venezuela, América Central, China y la URSS. Ha colaborado en *Orígenes*, *Nuestro Tiempo*, *Nueva Revista Cubana Unión*, *Bohemia*, *BLM*, *Literatura Moderna*, *Europa*, *Parva*, *Palante*, *Arts and Society*, *New Left Review* y *La Gaceta de Cuba*. Su obra ha figurado en diversas antologías, entre ellas la compilada por Roberto Fernández Retamar y Fayad Jamís, *Poesía joven de Cuba* (Lima, Editora Latinoamericana, *s. a.*, págs. 87-105). Es autor del prólogo a la novela de Emily Brönte *Cumbres borrascosas* (La Habana, Instituto Cubano del Libro, 1968). Sus poemas han sido traducidos al inglés, al francés, al ruso, al chino, al búlgaro, al finés, al sueco, al portugués, al checo y al danés. Trabaja en el Departamento de Publicaciones de la Academia de Ciencias de Cuba. Obtuvo el Premio Nacional de Literatura en 1996.

Bibliografía activa

Salterio y lamentaciones, 1951-1953, poesía, La Habana, Imprenta Úcar, García, 1953.

Nuevos poemas, poesía, prólogo de Eugenio Florit, Nueva York, Las Américas Publishing Company, 1955.

Toda la poesía, poesía, La Habana, Ediciones R, 1961; 2.ª edición, Id, 1962.

Himnos, poesía, La Habana, Librería La Tertulia, 1962.

El libro de los héroes, poesía, La Habana, Casa de las Américas, 1964.

Los niños se despiden, novela, La Habana, Casa de las Américas, 1970.

Un sitio permanente, poesía, Madrid, Ediciones Rialp, 1970, Colección Adonais, 271-272.

Bibliografía pasiva

Benedetti, Mario, «Pablo Armando o el desafío subjetivo», en su *Crítica cómplice*, La Habana, Instituto Cubano del Libro, 1971, págs. 94-104.

Díaz Martínez, Manuel «*Libro de los héroes*», en *Unión*, La Habana, 4, 2, 164-165, abril-junio, 1965.

Fernández, David, «*Libro de los héroes*, de Pablo Armando Fernández» en *Casa de las Américas*, La Habana, 5, 32, 105-107, septiembre-octubre, 1965.

González, Reinaldo, «El hombre y los libros, Pablo Armando Fernández, Amo las palabras desde niño» en *Cuba*, La Habana, 7, 72, 63-64, abril, 1968.

Larrazábal Henríquez, Osvaldo, «Pablo Armando Fernández, *Los niños se despiden*», en *Cultura universitaria*, Caracas, 98-99, 286-287, enero-junio, 1968.

Martínez Estrada, Ezequiel, «*Toda la poesía* de Pablo Armando Fernández», en *La Gaceta de Cuba*, La Habana, 1, 4, 4, junio 15, 1962.

Salazar Bondy, Sebastián, «Pablo Armando Fernández; *Toda la poesía*», en *Casa de las Américas*, La Habana, 2, 9, 158-159, noviembre-diciembre, 1961.

Fernández Arrondo, Ernesto (Güines, La Habana, 7 enero 1897-La Habana, 26 junio 1956). Cursó la primera enseñanza en diversos colegios. Se graduó de perito mercantil en 1912. Abandonó sus estudios por razones económicas. Obtuvo empleos menores en el juzgado de Instrucción de Güines, en la junta Municipal Electoral y en notarías de Güines y La Habana. Entre 1917 y 1920 trabajó en el Negociado de Personal de la Secretaría de Comunicaciones. Más tarde desempeñó nuevamente labores en la Zona Fiscal de Güines. Ganó juegos florales en Oriente (1921), en Cienfuegos (1922) y en Cárdenas (1922) con sus poemas «Al Grito de Baire», «Canto al amor» y «Canto a la patria», respectivamente. En 1930 ganó el premio ofrecido por el Centro Gallego de La Habana al mejor artículo sobre el inmigrante español. Obtuvo el Premio Nacional de Poesía del Ministerio de Educación (1940-1942) por su libro *Poemas del amor feliz*. Colaboró en *Letras Güineras*, *El Noticiero*, *La Nota*, *La Unión*, *Mundial*, *La Realidad*. Fue redactor del *Diario de la Marina*. (1937-1956). Cultivó el cuento.

Bibliografía activa

Bronces de libertad, poemas, prólogo de Fernando Ortiz, La Habana, 1923.

Inquietud, poemas, La Habana, R. Veloso, 1925.

Tránsito, poemas, prólogo de Francisco Ichaso, La Habana, Imprenta Pérez Sierra, 1937.

Poemas del amor feliz, versos, La Habana, 1944.

Hacia mí mismo, poemas, Madrid, Editorial Cies, 1950.

Bibliografía pasiva

Bedriñana, Francisco C. «Fernández Arrondo, El poeta y el hombre», en *Noticiero del Lunes*, suplemento de *Diario de la Marina*, La Habana, 1, 11, 11, diciembre 10, 1934.

Capo, José María, «Tránsito, camino, definición...», en *Diario de la Marina*, La Habana, 105, 198, 4, agosto 20., 1937.

Carbonell, José Manuel, «Ernesto Fernández Arrondo, 1897», en su *La poesía lírica en Cuba*, recopilación dirigida, prologada y anotada, tomo 5, La Habana, Imprenta El Siglo

XX, 1928, págs. 435-437, Evolución de la cultura cubana, 1608-1927, 5.

Iraeta Lecuona, Corpus H, «Fernández Arrondo, un libro, un poeta, un hombre», en *Diario de la Marina*, La Habana, 105, 207, 4, agosto 31, 1937.

Iraizoz, Antonio, «Los nuevos líricos de Cuba, Fernández Arrondo», en *Bohemia*, La Habana, 18, 26, 8, junio 27, 1926.

Remos y Rubio, Juan José, «Ernesto Fernández Arrondo», en *Revista de la Biblioteca Nacional*, La Habana, 7, 2, 169-172, abril-junio, 1956.

Vitier, Cintio, «Ernesto Fernández Arrondo», en su *Cincuenta años de poesía cubana*, 1902-1952, ordenación, antología y notas, La Habana, Ministerio de Educación, Dirección de Cultura, 1952, págs. 150.

Fernández Cabrera, Carlos (La Habana, 4 noviembre 1899). En La Habana cursó los primeros estudios. Se graduó en la Escuela Normal de Maestros, de la que más tarde sería profesor. Trabajó además como inspector de escuelas públicas. En la Universidad de La Habana obtuvo los títulos de Doctor en Filosofía y Letras y de Doctor en Pedagogía. En 1925 publicó en *La Discusión*, y en forma de folletín, su novela «Candita». En 1926, en los juegos Florales de Cienfuegos, fue premiado su cuento «El bandolero Macario Artiles». Con «Los polacos», más tarde traducido al ruso y al yidisch, ganó premio en otro concurso. Trabajó como redactor en diversos periódicos de la capital. Sus cuentos aparecieron en publicaciones periódicas, entre las que se cuentan *Carteles* y *Bohemia*.

Bibliografía pasiva

Bueno, Salvador, «Carlos Fernández Cabrera, 1899», en su *Antología del cuento en Cuba, 1902-1952*, La Habana, Dirección de Cultura del Ministerio de Educación, 1953, págs. 107.

Fernández Chericián, David (La Habana 18 octubre 1940-Bogotá, 2000). A los seis años debutó como actor en el Teatro Universitario. Continuó dicha actividad durante varios años en diversos grupos teatrales habaneros, así como en la radio y la televisión. Para estos dos últimos medios realizó guiones en 1959. Estudió actuación, pantomima y danza en el Teatro Musical de La Habana (1961). Fue jefe de redacción de *Conjunto* (1964). Dirigió programas radiales entre 1965 y 1966. Ha viajado por Sudán, Egipto, Jordania, Grecia, Bulgaria, Yugoslavia, Hungría, Checoslovaquia, RDA, RFA, Holanda, Bélgica y México. Ha colaborado en *Prensa Libre*, *El Corno Emplumado*, *Cultura '64*, *La Gaceta de Cuba*, *Unión*, *Islas*, *Casa de las Américas*, *Juventud Rebelde*, *Revolución*, *Bohemia*, *El Caimán Barbudo*, *El Giornale dei Poeti* (Roma.

Varios de sus poemas han sido traducidos al inglés, al búlgaro, al francés y al italiano. Ha traducido poemas del francés, del italiano y del inglés. Junto con Eliseo Diego realizó versiones de obras de Sándor Petöfi (*Poemas*. La

Habana, Instituto Cubano del Libro, 1973). A veces firma como David Chericián.

Bibliografía activa

Diecisiete años, poemas, La Habana, Editorial Casín, 1959.
Árbol y luego bosque, poemas para un niño, La Habana, La Tertulia, 1964.
Una canción de paz, La Habana, 1966.
Días y hombres, poesía, La Habana, UNEAC, 1966.
La onda de David, poesía, prólogo de Nicolás Guillén, La Habana, Ediciones Unión, 1967.
Árbol de la memoria, poesía, La Habana, UNEAC, 1971.
Queriéndolos, nombrándolos, poesía, La Habana, UNEAC, 1971.
El autor intelectual, Glosas sencillas, La Habana, UNEAC, 1975.

Bibliografía pasiva

Branly, Roberto, «*Días y hombres*», en *Granma*, La Habana, 2, 301, 7, octubre 30, 1966.
Casáus, Víctor, «La "onda" de David», en *Unión*, La Habana, 5, 3, 177-179, julio-septiembre, 1966.

Fernández de Castro, José Antonio (La Habana, 18 enero 1897-ld. 30 julio 1951). Cursó la primaria y el bachillerato en La Habana. Estudió inglés en escuelas públicas de Nueva York (1913). Se graduó de Doctor en Derecho en la Universidad de La Habana en 1917. Formó parte del Grupo Minorista (1923-1928) y participó en la famosa protesta de los trece (1923), acción que le costó proceso judicial y prisión. En 1924 se trasladó de nuevo a Estados Unidos. Tras su regreso a La Habana, inició su actividad periodística en *La Nación* en 1925. En 1926 comienza a trabajar en *Diario de la Marina* como jefe del *Suplemento Literario Dominical*, desde el cual fue un gran animador de la literatura de vanguardia. Fue instructor en la cátedra de historia de Cuba en la Universidad de La Habana (1928). Entre 1931 y 1933 fue redactor jefe de la revista *Orbe*, editada por el *Diario de la Marina*. En varias ocasiones fue encarcelado por el régimen de Machado. Como diplomático desempeñó cargos en México (1934, 1938-1944 y 1948-1951, esta vez con el cargo de consejero de embajada), Port-au-Prince (1936), Lisboa (1937), Moscú (1944). Trabajó como redactor en *El País*, *La Mañana* y *La Luz*. Colaboró en *Archivo José Martí*, *Baraguá*, *Bohemia*, *Carteles*, *Cuadernos de Historia*, *Cuba Contemporánea*, *Excélsior*, *Grafos*, *Humanismo*, *Información*, *Nosotros*, *Revista Bimestre Cubana*, *Revista de la Biblioteca Nacional*, *Revista de La Habana*, *Revista de la Universidad*, *Romance*, *Selecta*, *Social*, *Mensuario de arte, literatura, historia y crítica*, *El Mercurio* (Santiago de Chile), *El Nacional* (Caracas y México), *La Crónica de Lima*, *Suplementos Culturales de México* y *La Voz de México*. Perteneció a la Academia de la Historia de Cuba y a la Academia Nacional de Historia y Geografía de México. Es autor de *Medio siglo de historia colonial de Cuba* (1923), recopilación de cartas dirigidas a José Antonio Saco entre 1823 y 1879, de la antología *La poesía moderna en Cuba* (1882-1925) (1926) —en colaboración con Félix Lizaso—, de la edición en dos tomos de *Escritos de Domingo del Monte* (1929) y del prólogo y la selección de *Varona* (México, 1943). Tradujo del inglés *Bibliografía del estado moderno* (México, 1940), de E. R. Crossman, y *Los derechos del hombre* (México, 1943), de Thomas Paine. Utilizó los seudónimos *Half-deck, José M. Fernández, Juan del Pueblo, i. P., Juan Mambí, Pedro de Toledo. Domingo de P. Toledo y J., Jafdec, Juan Julio, Ivan Parson.*

Bibliografía activa

José Antonio Saco y sus amigos durante la Revolución de Yara, ensayo histórico, La Habana, Imprenta El Siglo XX, 1923.

Nada más que 1 hombre, Alrededor de Juan Antiga, La Habana, Imprenta El Siglo XX, 1927.

Ensayos sobre un poeta suicida, Maiakovski, su vida y su obra, La Habana, Ediciones de la Revista de La Habana, 1930.

Barraca de feria, 18 ensayos y 1 estreno, La Habana, Editor Jesús Montero, 1933.

Proyección de las ideas de Fígaro, Larra en Rizal, La Habana, Imprenta y Papelería de Rambla y Bouza, 1937.

Un impugnador cubano de Ernesto Renán, Henri Disdier, su vida, sus obras y su testamento, La Habana, Secretaría de Educación, Dirección de Cultura, 1938.

Domingo del Monte, editor y corrector de las poesías de Heredia, separata de la *Revista Cubana*, La Habana, 1938.

México en la obra de Marx y Engels, por Domingo de P. Toledo y J., seudónimo, México D. F., Fondo de Cultura Económica, 1939.

Proyección de las ideas de Fígaro, Larra en el pensamiento político argentino, México D. F., Fondo de Cultura Económica, 1940.

Ensayos cubanos de historia y de crítica, con una carta de Fernando Ortiz, La Habana, Editor Jesús Montero, 1943, Biblioteca de historia, filosofía y sociología, 13.

Tenía negro en las letras de Cuba, 1608-1935, La Habana, Ediciones Mirador, 1943.

Vicente Rocafuerte, Un americano libre, México D. F., Secretaría de Educación Pública, 1947.

Esquema histórico de las letras en Cuba, 1548-1902, Nota preliminar de Raimundo Lazo, La Habana, Departamento de Intercambio Cultural de la Universidad de La Habana, 1949.

Varona, Recuerdos personales, La Habana, Editoria Lex, 1949.

Órbita de José Antonio Fernández de Castro, introducción y selección de Salvador Bueno, La Habana, Ediciones Unión, 1966.

Bibliografía pasiva

Aizcorbe, David, «José Antonio Fernández de Castro y su último libro», en *Excélsior*, La Habana, 27, 247, 13, octubre 18, 1940.

«*Barraca de feria*, por José Antonio Fernández de Castro», entrevista, en *El Mundo*, La Habana, 33, 10 897, 2, Sección dominical, julio 23, 1933.

Bueno, Salvador, «Nada más que un hombre,

José Antonio Fernández de Castro», en *Carteles*, La Habana, 32, 32, 57, agosto 12, 1951.
Escobar, Antonio, «*Barraca de feria*», en *Diario de la Marina*, La Habana, 101, 199, 14, julio 19, 1933.
Henestrosa, Andrés, «Desde mi belvedere» en *Humanismo*, México D. F., 3, 28, febrero, 1955.
Ichaso, Francisco, «*Nada más que 1 hombre*, folleto, por José Antonio Fernández de Castro», en *Revista de Avance*, La Habana, 1, 12, 318, septiembre 30, 1927.
Lizaso, Félix, «José A. Fernández de Castro», en su *Ensayistas contemporáneos, 1909-1920*, La Habana, Editorial Trópico, 1938, págs. 230-234 y 279-281, Antologías cubanas, 2.
Nora, María Luz de, seudónimo de Loló de la Torriente, «Los contemporáneos, José Antonio Fernández de Castro», en *Bohemia*, La Habana, 55, 26, 78-79, junio 28, 1963.
Pérez Lobo, Rafael, «Una nueva antología de poetas», en *El País*, La Habana, 5, 1, 3, enero 1, 1927.
Roig de Leuchsenring, Emilio, «José A. Fernández de Castro», en *Social*, La Habana, 15, 3, 107, marzo, 1930.
«Un ensayo de José A. Fernández de Castro», en *Social*, La Habana, 15, 8, 6, agosto, 1930.
Sánchez de Bustamante y Montoro, Antonio, «En torno a *Barraca de feria*», en *Grafos*, La Habana, 1, 5, s. p., septiembre, 1933.
Torriente, Loló de la, «José Antonio Fernández de Castro en las letras cubanas», en *Universidad de La Habana*, La Habana, 97-99, 233-246, julio-diciembre, 1951.
Valle, Rafael Heliodoro, «Palabras póstumas de Fernández de Castro», en *Suplemento Dominical de* El Nacional, México D. F., 2.ª época, 375, junio 6, 1954.
Varona, Enrique José, «*Medio siglo de historia colonial de Cuba*», en *Social*, La Habana, 8, 9, 22, septiembre, 1923.

Fernández de Castro, Rafael (Regla, 4-10 1856-La Habana, 14 enero 1920). Graduado de bachiller (1873). Viajó a España, en donde estudió Derecho y Filosofía y Letras en la Universidad de Sevilla. Se doctoró de ambas carreras en la Universidad de Madrid en 1877 y 1878. De regreso a La Habana obtuvo la plaza de profesor auxiliar en la Facultad de Filosofía y Letras de la Universidad (1880) y dos años más tarde la cátedra de Historia Universal. Fue presidente del Ateneo de La Habana y miembro de la Academia de la Historia y de la Sociedad Económica de Amigos del País. Diputado a Cortes en varias ocasiones (1881, 1886, 1893), perteneció a la directiva del Partido Autonomista. Fue Gobernador Civil de La Habana durante el régimen autonomista. Colaboró en *Las Avispas*, *El País*, *El Nuevo País*. Escribió el libreto de la ópera *Yumurí* (La Habana, Imprenta P. Fernández, 1898), con música de Eduardo Sánchez de Fuentes, estrenada el mismo año de su publicación. Sus trabajos políticos fueron compilados por Carmela Nieto Font en el tomo primero de *Para la historia de Cuba* (La Habana, Tipografía La Propaganda Literaria, 1899).

Bibliografía activa

La filosofía oriental, discurso del, en el acto solemne de su recepción en el Claustro General como catedrático numerario por oposición, de la asignatura de Historia Universal, La Habana, Imprenta La Universal, 1883.

Un poeta catalán, conferencia dada en el Nuevo Liceo de La Habana el 30 de noviembre de 1883, sobre el Pbro. Juan Arolas, La Habana, Establecimiento Tipográfico, 1883.

El proceso de la vida humana, conferencia dada en la Caridad del Cerro el 29 de octubre de 1883, La Habana, Imprenta Mercantil, 1884.

La cuestión de Cuba, discurso del, pronunciado en el Congreso el día 19 de julio de 1887 explanando su interpelación sobre los males que afligen a la Administración Pública en la Isla de Cuba, Madrid, Imprenta de los hijos de J. A. García, 1887.

Discurso pronunciado en el meeting liberal autonomista celebrado en la noche del 13 de enero de 1893, La Habana, Imprenta O'Reilly 16, 1893.

Proyecto para pagar los haberes del Ejército Cubano y otros créditos de la Revolución, en substitución del Empréstito, si por circunstancias especiales no pudiera realizarse, La Habana, Establecimiento Tipográfico El Comercio, 1902.

Clamores de libertad, La Habana, Cuba, 1936.

Bibliografía pasiva

Aramburo, Mariano, «Para la historia de Cuba», en su *Impresiones y juicios*, La Habana, La Propaganda Literaria, 1901, págs. 279-284.

Carbonell, José Manuel, «Rafael Fernández de Castro, 1856-1920, en su *La oratoria en Cuba*, recopilación dirigida, prologada y anotada, tomo 2, La Habana, Imprenta Montalvo y Cárdenas, 1928, págs. 215-216, Evolución de la cultura cubana, 1608-1927, 8.

Entralgo, Elías José, *Un humoroide en la presidencia del Ateneo de La Habana*, La Habana, edición Universitaria, 1953.

Infiesta, Ramón, *Rafael Fernández de Castro*, La Habana, La Milagrosa, 1952.

Jústiz, Tomás de, *Elogio de Rafael Fernández de Castro*, La Habana, 1924.

Méndez Capote, Renée, «Rafael Fernández de Castro», en su *Oratoria cubana*, La Habana, Imprenta Editorial Hermes, 1927 págs. 123-129.

Sanguily, Manuel, *Los oradores de Cuba*, La Habana, Tipografía Moderna de Alfredo Dorrbecker, 1926, págs. 202-204. *Obras de Manuel Sanguily*, 3.

Fernández de Veranés, Félix (Santiago de Cuba-Id., 31 diciembre 1808). Su sermón de 1792 se ha señalado como la primera obra impresa en Santiago de Cuba. En 1801 se graduó en la Universidad de San Jerónimo. Fue capellán de la Real Armada. Desempeñó la cátedra de Texto Aristotélico en la Universidad de La Habana. Fue redactor de las *Memorias* de la Real Sociedad Patriótica de La Habana (1793-1795). Más tarde ocupó la dirección de dicha institución durante dos bienios. Fue colaborador en el *Papel Periódico*. En 1805 se instaló en Puerto Príncipe tras haber renunciado a su cátedra. Cultivó la oratoria y la poesía. Su largo romance «Sueño del Doctor Don Félix Veranés» fue incluido en la *Colección de poesías. Arregladas por un aficionado a las musas* (La Habana. Oficina de Boloña, 1833), compilada por José Severino Boloña. Utilizó el seudónimo *Venerexe*.

Bibliografía activa

Sermón, Santiago de Cuba, Imprenta de Matías Alqueza, 1792.

Oración fúnebre que en las exequias con que el Monasterio Santa Teresa Carmelitas descalzas recomendó a Dios el alma de su bienhechor el Ilmo. señor Dr. D. Felipe Joseph Tres Palacios y Verdeja, Dignísimo Prior Obispo de la Santa Iglesia Catedral de esta ciudad, cuyo cuerpo se halla ahí sepultado, y cuyo corazón conservan en su coro las referidas Religiosas por su disposición Testamentaria, dixo, Havana, Imprenta de la Curia Episcopal y Real Seminario de San Carlos, 1799.

Oración fúnebre que en las solemnes exequias que el Venerable Clero de la Villa de Santa María de Puerto-Príncipe, diócesis de Cuba, dedicó en sufragio de los valientes patriotas que sacrificaron sus vidas en defensa de nuestra Religión, de nuestro Rey y de nuestra Patria, dijo a presencia de la Real Audiencia del distrito, en la parroquia de Nuestra Señora de la Soledad el día 10 de octubre de 1808, Cuba, Santiago de Cuba, D. Matías Alqueza, 1808.

Bibliografía pasiva

Lezama Lima, José «Presbítero Félix Veranés», en su *Antología de la poesía cubana*, tomo 1, La Habana, Consejo Nacional de Cultura, 1965, págs. 216-217.

Fernández Retamar, Roberto (La Habana, 9 junio 1930). Entre 1945 y 1946 fue alumno de un curso de artes plásticas. Se graduó de bachiller en 1947 en el Instituto Edison, donde estudió la primaria y todo el bachillerato. Después de terminar sus estudios secundarios trabajó como profesor auxiliar en el mismo centro. Ese mismo año comenzó a colaborar con poemas en revistas juveniles. En 1948 abandona la carrera de arquitectura e ingresa en filosofía y letras. Durante sus años de estudiante universitario participa en actividades políticas y en la formación de la Sociedad Cultural Nuestro Tiempo (1951) y obtiene el Premio Nacional de Poesía con su libro *Patrias (1949-1951)* (1952). En 1954 se Doctora en Filosofía y Letras. Obtuvo por oposición una cátedra de lingüística en la Universidad de La Habana. Cursó estudios en La Sorbona (1955) —donde fue alumno de lingüística y en la Universidad de Londres (1956). Visitó además España, Italia, Grecia, Holanda y Bélgica. De regreso en La Habana se incorporó al grupo clandestino Resistencia. Invitado por la Universidad de Yale para ofrecer un curso sobre literatura hispanoamericana, toma clases con René Welleck y pronuncia conferencias en la Universidad de Columbia. Tras su regreso a Cuba en 1958, cesa en sus actividades como profesor por el cierre de la Universidad y colabora, con el seudónimo *David*, en el periódico *Resistencia*. Después del triunfo de la Revolución se incorpora de nuevo a la Universidad. En 1960 ocupa el cargo de consejero cultural en París. Colaboró en *Les Lettres Nouvelles*, *Esprit*, *Europe*, *Les Lettres Françaises*. Como delegado de Cuba asistió a la XI Conferencia General de la UNESCO. En el primer Congreso Nacional de Escritores y Artistas de Cuba (1961) fue elegido secretario coordinador de la UNEAC. Entre 1961 y 1964 fue coeditor de la revista *Unión*. Ha participado en congresos y reuniones de intelectuales celebrados en el extranjero. En 1965 dio conferencias sobre literatura hispanoamericana en las universidades de Praga y de Bratislava. Viajó a la RDV en 1970 para colaborar en el rodaje de la cinta cubana *Vietnam, tercer mundo, tercera guerra mundial*, dirigida por Julio García Espinosa. Fue director de *Nueva Revista Cubana*. Ha colaborado en *Orígenes*, el suplemento de *El Nacional* (México), *Triad* (Estados Unidos), *Nuestro Tiempo*, *Lunes de Revolución*, *Bohemia*, *Cuba*, *Cuba Socialista*, *Poesía de América*, *Siempre!*, *El Corno Emplumado*, *La Gaceta del Fondo de Cultura Económica* (México), *Marcha* (Uruguay), *Asomante* (Puerto Rico), *Amaru* (Perú), *Revista Hispánica Moderna* (Nueva York), *Partisans* (Francia), *Literatura Mundial* (Checoslovaquia), *Literatura Internacional* y *La Gaceta Literaria* (Unión Soviética), *Ínsula* (España). Es autor de la *Órbita de Rubén Martínez Villena* (1964), de la selección y el prólogo de la antología *Cinco escritores de la revolución rusa* (1968) y de la antología de poesía *Para un mundo amasado por los trabajadores* (1973), entre otros muchos trabajos de esa índole. En colaboración con Fayad Jamís compiló la antología *Poesía joven de Cuba* (1959). Desde 1962 y 1965, respectivamente, es profesor de la Escuela de Letras y de Arte de la Universidad de La Habana y director de la revista *Casa de las Américas*. Textos suyos han sido traducidos a diversos idiomas. Obtuvo el Premio Nacional de Literatura en 1989.

Bibliografía activa

Elegía como un himno, a Rubén Martínez Villena, La Habana, 1950.

Patrias, 1949-1951, La Habana, Imprenta Úcar, García, 1952.

La poesía contemporánea en Cuba, 1927-1953, La Habana, Orígenes, 1954.

Alabanzas, conversaciones, 1951-1955, poemas, México D. F., El Colegio de México, 1955.

Idea de la estilística, La Habana, Universidad Central de Las Villas, 1958.

Vuelta de la antigua esperanza, poemas, La Habana, Imprenta Úcar, García, 1959.

En su lugar, la poesía, poemas, La Habana, 1961.

Con las mismas manos, 1949-1962, poesía, La

Habana, Ediciones Unión, 1962.
Papelería, ensayos., La Habana, Universidad Central de Las Villas, 1962.
Historia antigua, La Habana, La Tertulia, 1964, Cuadernos de poesía, 11.
Poesía reunida, 1948-1965, La Habana, Ediciones Unión, 1966.
Ensayo de otro mundo, La Habana, Instituto Cubano del Libro, 1967.
La historia, La Habana, Instituto Cubano del Libro, 1968, Cuadernos populares, introducción a Cuba.
Modernismo, noventiocho, subdesarrollo, sobretiro de las Actas del Tercer Congreso Internacional de Hispanistas, México D. F., El Colegio de México, 1970.
Que veremos arder, poemas, La Habana, UNEAC, 1970.
Calibán, apuntes sobre la cultura en nuestra América, México D. F., Editorial Diógenes, 1971.
El son de vuelo popular, ensayo, La Habana, UNEAC, 1972.
Cuaderno paralelo, poemas, La Habana, UNEAC, 1973.

Bibliografía pasiva

Benedetti, Mario, «Fernández Retamar, poesía desde el cráter», en su *Crítica cómplice*, La Habana, Instituto Cubano del Libro, 1971, págs. 105-118.
Bianchi Ross, Ciro, «Fernández Retamar, ensayista», en *El Mundo*, La Habana, 66, 22 140 y 22 151, 2 y 2, marzo 2 y 15, 1968.
Bravet, Rogelio Luis, «Con las mismas manos,

Poeta sincero», en *Bohemia*, La Habana, 55, 10, 19, marzo 8, 1963.
Bueno, Salvador, «La nueva poesía cubana, Roberto Fernández Retamar» en *El Mundo del Domingo*, suplemento del periódico *El Mundo*, La Habana, 64, 21 277, 10, mayo 23, 1965.
Chacán y Calvo, José María, «Un poeta joven, Roberto Fernández Retamar, I, II, III y IV», sobre *Patrias*, 1949-1951, en *Diario de la Marina*, La Habana, 121, 63, 69, 75 y 81, 54, 56, 56 y 54, marzo 15, 22, 29 y abril 5, 1953.
Dalton, Roque, «Con las mismas manos de Roberto Fernández Retamar», en *Casa de las Américas*, La Habana, 3, 19, 56-57, julio-agosto, 1963.
«Sobre *Poesía reunida*», en *Casa de las Américas*, La Habana, 7, 41, 131-133, marzo-abril, 1967.
Depestre, René, «Roberto Fernández Retamar o La poesía de manos fértiles», en *La Gaceta de Cuba*, La Habana, 2, 16, 13, abril 15, 1963.
Díaz Martínez, Manuel, «Dos Robertos publican», en *El Mundo*, La Habana, 65, 21 742, 4, noviembre 19, 1966.
Fernández e Izaguirre, Antonio, «Vuelta a la antigua esperanza», en *Lanzas y Letras*, Guatemala, 8, noviembre-diciembre, 1965.
García Gómez, Jorge, «La poesía, la Piadosa, introducción y apuntes a un poema de Roberto Fernández Retamar», en *Cuadernos Hispanoamericanos*, Madrid, 31, 241, 176-182, enero, 1970.
Iduarte, Andrés, «Roberto Fernández Retamar, *La poesía contemporánea en Cuba, 1927-1953*», en *Revista Hispánica-Moderna*, Nueva

117

York, 22, 3-4, 317, julio-octubre, 1956.
Jasz, Jean-Pierre, «*Caliban* Cannibale», en *Cuba Sí*, París, 46, 12-13, junio-septiembre, 1973.
Leante, César, «Amistad reunida», en *Unión*, La Habana, 5, 3, 175-176, julio-septiembre, 1966.
López Morales, Eduardo E., «La historia es para vivirla», en *Unión*, La Habana, 10, 1-2, 139-148, marzo-junio, 1971.
Marré, Luis, «Alabanzas de Fernández Retamar», en *Ciclón*, La Habana, 2, 4, 56-57, julio, 1956.
Moro, Lilliam, «La historia nueva de Retamar», sobre *Historia antigua*, en *Bohemia*, La Habana, 57, 31, 27, julio 30, 1965.
«*Patrias*», en *Germinal*, La Habana, 5, 51, 27-28, julio, 1952.
Pogolotti, Graziella, «La poesía de R. Fernández Retamar», en *Unión*, La Habana, 2, 5-6, 111-117, enero-abril, 1963.
Rodríguez Rivera, Guillermo, «Análisis de la historia», en *Casa de las Américas*, La Habana, 5, 33, 147-149, noviembre-diciembre, 1965.
Selva, Mauricio de la, «Roberto Fernández Retamar, *con las mismas manos*», en *Cuadernos Americanos*, México D. F., 12, 130, 5, 319-320, septiembre-octubre, 1963.
Vitier, Cintio, «Roberto Fernández Retamar», en su *Cincuenta años de poesía cubana, 1902-1952*, ordenación, antología y notas, La Habana, Ministerio de Educación, Dirección de Cultura, 1952, págs. 395.
Yáñez, Mirta, «Cuatro ensayos en busca de Guillén», en *Universidad de La Habana*, 196-197, 369-371, 1972.

Ferrer, Raúl (Mayajigua, Las Villas, 1 julio 1915-12 enero 1993). Se graduó de maestro en la Escuela Normal de Santa Clara y de Bachiller en Ciencias en el Instituto de Segunda Enseñanza de esa ciudad. Durante treinta años trabajó como maestro en escuelas primarias y secundarias. De 1942 a 1962 ocupó diversos cargos en el movimiento sindical de los educadores del país. En 1953 visitó a la Unión Soviética. Ese mismo año participó en la Conferencia Mundial de FISE (Austria, 1953). Fue vicecoordinador nacional de la campaña de alfabetización. Asistió, además, al Congreso Mundial de Alfabetización (Teherán, 1965), el Primer Congreso Nacional de Educación y Cultura (La Habana, 1971), la Conferencia Mundial de Educación de Adultos (Tokio, 1972), el Primer Congreso del PCC (La Habana, 1975) y otros eventos. Ha viajado a Brasil, México, Ecuador, Guinea, Checoslovaquia, Hungría, Bulgaria, China, República Árabe Unida, Suiza, Francia, España. Ha publicado sus poesías y trabajos sobre educación y otros temas en *Hoy, Carta Semanal, Archipiélago, Bohemia, El Mundo, Cuba Internacional, La Gaceta de Cuba, El Caimán Barbudo, Revolución y Cultura, Juventud Rebelde, Cuba Socialista, Granma, Boletín Informativo de la Comisión Nacional Cubana de* la UNESCO, *Prospects*. Dirigió *El Placer de Leer* y *Magisterio de Cuba*. Ha obtenido mención en el Premio Reza

Pahlevi y Kroupskaia sobre alfabetización, la Medalla XX Aniversario y otras distinciones. Al fundarse el Viceministerio para la Educación de Adultos pasó a dirigirlo. Trabajos suyos sobre educación han sido incluidos en los libros *Ocho conferencias revolucionarias* (La Habana, 1959) y *Educación y revolución. Sexto ciclo* (La Habana, 1961). Figura en las colecciones poéticas *Poesías a Martí* (Marianao, La Habana, 1953), *Para el 26 de julio* (La Habana, 1962), *La poesía social en Cuba* (La Habana, 1966), *10 poetas de la revolución* (La Habana, 1975) y otras obras colectivas. Poemas suyos han sido traducidos al ruso y otros idiomas.

Bibliografía activa

El romancillo de las cosas negras y otros poemas escolares, La Habana, Imprenta Berea, 1947.

Bibliografía pasiva

«Galería de poetas, Raúl Ferrer Pérez», en *Archipiélago* Caibarién, 2, 8, 5, octubre, 1944.
«Raúl Ferrer, maestro, poeta, obrero y campesino», en *El Caimán Barbudo*, La Habana, 2.ª época, 78, 11-15, mayo, 1974.
«Raúl Ferrer, 1915, poeta, maestro», en *10 poetas de la revolución*, prólogo de Excilia Saldaña, La Habana, Dirección de Extensión Universitaria, 1975, págs. 37-38.

Ferrer, Rolando (Santiago de Cuba, 13 julio 1925-La Habana, 19 enero 1976). Cursó la primaria y el bachillerato en su ciudad natal. En la Universidad de La Habana estudió parcialmente las carreras de Derecho Civil y Derecho Diplomático. Trabajó como actor y asistente de dirección en el grupo teatral Las Máscaras. Mereció dos menciones en el concurso de teatro ADAD y una en el de cuento «Hernández Catá». Ha publicado en *Ciclón*, en *Carteles* y en *Bohemia*. Visitó Estados Unidos y Canadá (1958-1959). Como becario del Gobierno Revolucionario viajó a Europa (1959-1960). Ha estrenado varias obras de teatro: *La hija de Nacho* (1951), *Lila, la mariposa* (1954), *La taza de café* (1959), *Función homenaje* (1960), *El corte* (1961), *Fiquito* (1961), *El que mató al responsable* (1962), *Los próceres* (1953), *Las de enfrente* (1964). Ha dirigido *Las brujas de Salem* (1961) y entremeses japoneses (1966). Es autor de versiones teatrales de obras de Shakespeare (*Romeo y Julieta*), de Cervantes (*El viejo celoso*) y de Juan Ramón Jiménez (*Platero*). Ha trabajado como profesor de historia del teatro en el Departamento de Aficionados del Teatro Nacional de Cuba y como asesor literario y director artístico del grupo teatral La Rueda.

Bibliografía activa

Teatro, La Habana, Ediciones Unión, 1963.

Bibliografía pasiva

Camps, David, «*Las de enfrente*», en *Pueblo y Cultura*, La Habana, 26, 20-21, agosto, 1964.
Corrales Aguiar, J., «Arrufat y Ferrer en Teatro Estudio», en *La Gaceta de Cuba*, La Habana, 3, 40, 23, octubre, 1964.
Leal, Rine, «El tren y el verano», en *La Gaceta*

de *Cuba*, La Habana, 4, 43, 22-24, marzo-abril, 1965.

Llopis, Rogelio, «El teatro de Rolando Ferrer», en *La Gaceta de Cuba*, La Habana, 3, 37, 22-23, mayo 20, 1964.

Piñera, Virgilio, «Tres en uno a una», en *La Gaceta de Cuba*, La Habana, 2, 15, 11-12, abril 1, 1963.

Ferrer, Ventura Pascual (La Habana, 14 marzo 1772-Id., 22 junio 1851). Su nombre era Buenaventura Pascual. Estudió filosofía y latín con Tomás Romay y se graduó de Bachiller en Leyes. En 1794 se trasladó a España, donde escribió su *Carta de un habanero* para aclarar los errores sobre Cuba en que incurrió don Pedro Estala en *El viajero universal* (Madrid, 1795-1801. 43 T.), lo cual motivó también que escribiera, para el tomo vigésimo de la misma obra, su *Viaje a la isla de Cuba* (1798), considerado el primer libro de viajes publicado por un cubano. De regreso a La Habana, colaboró en el *Papel Periódico*, ingresó en la Sociedad Patriótica y fundó el periódico satírico *El Regañón*. Volvió a España en 1802 y publicó *El Regañón General*. En 1805 pasó a Cartagena de Indias como Ministro Contador. Allí fundó la Sociedad Económica de Cartagena, introdujo la imprenta y creó y dirigió la *Gaceta Real de Cartagena de Indias* (1816). En 1821 volvió a La Habana. Redactó en 1826 la primera *Balanza general de comercio*. Además, en unión de su hijo, fundó *El Nuevo Regañón de La Habana* (1830). Entre sus trabajos se encuentran el *Sainete nuevo*, representado en La Habana en 1790, y traducciones del latín, francés e italiano. Parte de su labor periodística fue incluida en *El Regañón* y *El Nuevo Regañón* (La Habana, Comisión Nacional Cubana de la UNESCO, 1965). Firmó como *El anciano habanero*, *El asesor del Tribunal*, *El Bachiller Blictiri*, *El censor mensual*, *Bernardo Philolethes*, *El tío Tabares* y *Un viajero universal*.

Bibliografía activa

Carta de un Havanero a D. P. E. P., autor, o sea, recopilador de la obra, El viajero universal sobre la carta 156, puesta en el cuaderno 34, con que principia el tomo 12, por B. E. P., Madrid, Librería de Sánchez y Ramos, 1797.

Historia de los dictadores de la República Romana, Cartagena de Indias, Imprenta del Gobierno, 1814.

Cuadro revolucionario y estado actual de la ciudad y provincia de Cartagena de Indias, sacado de las Gacetas del Gobierno de la misma Plaza, publicadas en agosto y setiembre del año 1816.

Cartagena de Indias, Imprenta del Gobierno, 1817.

Arte de vivir en el mundo, Arreglado, La Habana, Imprenta del Gobierno y C. General, 1841; 2.ª edición, La Habana, Comisión Nacional Cubana de la UNESCO, 1964.

Bibliografía pasiva

A. C. F., «Necrología del señor don Ventura Pascual Ferrer», en *Revista de Cuba*, La Habana, 1, 99-108, 1877.

Álvarez Bravo, Armando, «Soyez Gentil», en *La Gaceta de Cuba*, La Habana, 3, 35, 21, abril 20, 1964.

Bueno, Salvador, «*El arte de vivir*», en *El Mundo*, La Habana, 63, 20 983, 4, junio, 10, 1964.

Lezama Lima, José, «Don Ventura Pascual Ferrer y el *Regañón*», en *El Regañón* y *El Nuevo Regañón*, La Habana, Comisión Nacional Cubana de la UNESCO, 1965, págs. 7-24.

Parajón, Mario, «Un cubano desconocido del XVIII», en *Boletín informativo de la Comisión Nacional Cubana de la UNESCO*, La Habana, 4, 11, 4-6, julio, 1965.

Fígaro, El (La Habana, 1885-1933; 1943). «Semanario de *sports* y de literatura. Órgano del *baseball*», se leía como subtítulo en el primer número, aparecido el 23 de julio. Según se expresaba en el trabajo «A nuestros lectores», publicado en dicho primer número, su salida se debía a la necesidad de que existiese «un periódico consagrado a defender los intereses del *sport* en general y muy especialmente los del juego de *Base Ball*», que había tomado un extraordinario auge en el país. Fueron sus fundadores, según se lee en el artículo «Nueva vida de *El Fígaro*» —publicado en el número de la propia revista correspondiente al 15 de mayo de 1921—, Manuel Serafín Pichardo, Crescencio Sacerio, Rafael Bárzaga y Ramón Agapito Catalá. A partir del 12 de noviembre de 1885, y como índice revelador de la profunda transformación que sufriría más tarde y que lo alejaría definitivamente de sus propósitos iniciales, el orden de las palabras *sport* y literatura se altera, al colocarse ésta en primer lugar. Al comenzar 1886 deja de ser «Órgano del *Base-Ball*». En un aviso publicado en el número correspondiente al 11 de febrero de dicho año se expresa que, por ausencia de José Ramiro, la revista ha pasado a ser propiedad de Manuel Serafín Pichardo y que Ramón Agapito Catalá se ha hecho cargo de la gestión económica de la misma. A partir del 2 de septiembre de 1886 se amplía su formato y toma el subtítulo de «Periódico de literatura, artes y *sports*». Desde este mismo momento aparecen, como directores, Rafael Bárzaga y Manuel Serafín Pichardo. En noviembre de este año vuelve a ser un «Semanario de literatura y *sports*» y su formato se reduce al original. En nota aparecida en el ejemplar del 17 de febrero de 1887 se expresa que, cumpliendo lo dispuesto en la Ley de Imprenta y en ausencia de Bárzaga, Pichardo había tenido que legalizar la publicación, por lo que solo aparecería él como director y propietario en la carpeta de la revista y Bárzaga como primer redactor. Se aclara, además, que este último, a su regreso, seguiría compartiendo, «con la misma autoridad de antes», los trabajos de la dirección. Nuevamente toma, desde el 17 de marzo de 1887, el subtítulo de «Periódico de literatura y *sports*», y a partir del 15 de julio del año siguiente, el de «Periódico literario y artístico con caricaturas», subtítulo este último que aún conservaba a fines de febrero de 1894, aunque generalmente no aparece en los ejemplares de la colección. En nota publicada el 4 de marzo de 1894 se anuncia que Antonio del Monte ha entrado en la revista como secretario. A partir del 25 de marzo de 1894 su subtítulo fue, indistintamente, en las contadas ocasiones en que el mismo aparecía, «Periódico literario y artístico» y «Periódico artístico y literario». Desde el 21 de abril de 1895 se editó en imprenta propia. En ese año, y luego en 1899, al viajar Pichardo a Europa ocupó interinamente la dirección Enrique José Varona. En la página 31 del *Catálogo de publicaciones periódicas cubanas de los siglos XVIII y XIX* (La Habana, Biblioteca Nacional José Martí, Departamento Colección Cubana, 1965) se señala que Bárzaga fue el primer director de la revista y que Pichardo compartió el cargo con él desde enero de 1887 hasta 1909. Según parece, esto no fue exactamente así, pues ya se señaló que desde septiembre de 1886 aparecen ambos como directores; que posteriormente, por estar de viaje Bárzaga, solo aparecía como tal Pichardo; ahora se debe añadir que en la edición del 6 de noviembre de 1898 se expresa que Bárzaga ha regresado del extranjero luego de una ausencia de más de dos años, y se le califica como «muy querido y estimado amigo y compañero», nunca como director. El hecho de que Bárzaga estaba desligado de la revista desde varios años antes, parece más cierto si se considera que sus trabajos en la misma, que aparecían bajo el seudónimo *El Duque justo*, abarcan los años 1885 a 1890. Con posterioridad, solo, aparecerá, con su firma, una carta a Pichardo en 1907, según se comprueba a través del índice de la publicación editado por Fermín Peraza. Con estas razones podemos rechazar la afirmación de que Bárzaga codirigió la publicación con Pichardo entre 1887 y 1909. En la primera página del ejemplar del 8 de enero de 1899 continúa apareciendo el subtítulo «Periódico literario y artístico», pero en el reverso de portada se lee «Revista universal ilustrada». Este subtítulo quedará como definitivo a partir de 1901, en las ocasiones en que aparece. Varias veces, por ausencia temporal de Pichardo, Catalá asumió también la dirección y, a la inversa, por ausencia de Catalá, Pichardo se ocupó de la administración, aunque estos cambios no se reflejaron en el machón, sino en notas de la propia revista. El 20 de junio de 1909, queda definitivamente la dirección en mano de Catalá, al ser nombrado Pichardo primer secretario de la Legación de Cuba en Madrid. Éste seguirá apareciendo como director literario en el machón durante varios años más. El 12 de julio de ese mismo año se menciona a Federico Uhrbach como jefe de redacción. Desde el 22 de diciembre de 1912 (y hasta el 8 de agosto de 1915) se leía, debajo del título, que era «órgano de la intelectualidad latino-americana». Desde la primera fecha aparecen Pichardo y Catalá como editores propietarios; el primero, además, como director literario y el segundo como administrador. Se aclara que, en ausencia de Pichardo, Catalá asumirá la dirección literaria. El 21 de mayo de 1916 suspendió su salida hasta noviembre del mismo año. En el ya citado *Catálogo de publicaciones periódicas cubanas de los siglos XVIII y XIX* se señala que la codirección de Pichardo y Catalá cesó en ese año (1915), quedando solo Catalá al frente de la revista. En 1920 salió irregularmente: solo se publicaron 20 números. Raquel Catalá, hija del director, expresa en un trabajo inédito sobre la revista, que Bernardo G. Barros fue jefe de redacción, de la misma de 1915 a 1922. No se ha encontrado esta referencia en ninguno de los ejemplares de la revista. Sí hemos visto que ya el 28 de agosto de 1921 René Lufríu ocupaba dicho cargo y que Barros era, en 1922, secretario de la Sociedad Anónima Editorial Fígaro. Raquel Catalá también menciona en su trabajo citado, aunque sin precisar fecha, que José Manuel Poveda ocupó la jefatura de redacción de la revista, hecho que Rafael Esténger recoge en la página 24 de su trabajo «Evocación de Poveda» —publicado como prólogo al libro de aquél, *Proemios de cenáculo* (La Habana, Ministerio de Educación. Dirección de Cultura, 1948). Con la salida del ejemplar correspondiente a abril de 1923 (número 13) se suspende su publicación hasta el 9 de septiembre de ese año, fecha en que Lufríu ocupaba aún la jefatura de redacción. A partir de ese año su salida fue irregular. Al comenzar 1925 se expresa que Lufríu compartirá con Catalá la dirección, con carácter de subdirector. La jefatura de redacción pasa entonces a manos de Luis Pastor Quesada. El último ejemplar que se ha visto corresponde a octubre de 1929, aunque Raquel Catalá explica, en su ya citado trabajo, que la revista «comenzó a interrumpir su publicación regular desde 1929 y cesó definitivamente de publicarse en mayo de 1933». No se han encontrado otras referencias al respecto. Otra revista con este título, considerada por sus editores continuadora de la anterior, comenzó a publicarse, según parece, en 1943. El ejemplar más antiguo encontrado (año 2, número 1) corresponde a enero de 1944. Su subtítulo la caracterizaba como una «Revista mensual ilustrada». Era su director propietario Pedro Anyaumat. Como director literario fungía Gabriel Menéndez Serpa, quien en los últimos números revisados de la anterior, ocupaba el cargo de redactor jefe de publicidad. En mayo de 1944 la dirección pasó a manos de Gaspar Carbonell. Se han encontrado algunos ejemplares de 1944 y 1945, el último de ellos correspondiente a los meses de enero-febrero. En octubre de 1948 (número 5) estaba en su segunda época. Se editaba mensualmente como una «Revista universal ilustrada». Era dirigida entonces por Humberto Sorí Marín. El último número revisado (10) corresponde al 1.º de junio de 1949. Como se señaló al principio, *El Fígaro* comenzó como una revista fundamentalmente deportiva, pero poco a poco la literatura fue ampliando su espacio hasta cubrir casi por completo sus páginas. Dirigida a la burguesía, las principales actividades de la misma quedaron reflejadas —tanto en los momentos finales de la colonia como en los albores y desarrollo de la seudorrepública—, a través de la crónica social y de los numerosos grabados, ilustraciones y fotografías que insertaba. Pero lo que dio a *El Fígaro* todo su valor y trascendencia fue el aspecto literario, y dentro de éste, fundamentalmente, su adscripción al movimiento literario más avanzado que se desarrollaba cuando comenzó a publicarse: el modernismo. En sus páginas aparecieron poesías, prosas poéticas, crónicas y otros trabajos de las principales figuras de este movimiento literario, tanto cubanas —Julián del Casal, Juana Borrero, Carlos Pío y Federico Uhrbach, entre otros menos importantes—, como del resto de Latinoamérica —Rubén Darío, Manuel Gutiérrez Nájera, Salvador Díaz Mirón, Francisco A. de Icaza, Luis Gonzaga Urbina, José Santos Chocano, Rufino Blanco Fombona, Amado Nervo, etc.—. La única ausencia notable fue, durante el período colonial, José Martí, lo que se comprende si se considera la situación que atravesaba Cuba y lo que significaba su obra. El ensayo y la crítica literaria y estética ocuparon un espacio considerable, también con las firmas más renombradas de la época: Enrique José Varona, Rafael Montoro, Nicolás Heredia, Ricardo del Monte, Manuel Sanguily, *Justo de Lara* (seudónimo de José de Armas y Cárdenas), *Conde Kostia* (seudónimo de Aniceto Valdivia), *Fray Candil* (seudónimo de Emilio Bobadilla). Luego de instaurada la seudorrepública, *El Fígaro* continuó su labor literaria, pero fue ampliando el espacio dedicado a los problemas de actualidad, tanto culturales como sociales y políticos, no solo en Cuba sino también en el extranjero. Además de las numerosas poesías, cuentos, crónicas, fragmentos de novelas, artículos de crítica e historia literarias, notas bibliográficas y trabajos de carácter histórico, se publicaban en sus páginas notas sobre actividades culturales, así como crónicas deportivas y sociales ampliamente ilustradas. En este período se destacan también los certámenes poéticos y de belleza auspiciados por la revista y las encuestas sobre candentes problemas de actualidad. Una importante sección, «Motivos de la semana», que a modo de editorial reflejaba los problemas de actualidad nacional, firmó Catalá desde 1919 hasta 1929. Durante su etapa seudorrepublicana la revista dio cabida en sus páginas a numerosos escritores jóvenes que, si bien en muchos casos no compartían los ideales estéticos de la misma, veían en ella una puerta abierta en sus aspiraciones de darse a conocer. También muchos escritores ya consagrados prestaron su concurso a la revista, a la vez que otros alcanzaron su triunfo definitivo a través de ella. En sus páginas colaboraron, prácticamente, todas las figuras de las letras cubanas de aquellos años y algunos conocidos escritores de Latinoamérica. Para conocer los nombres de estos colaboradores puede verse el *Índice de El Fígaro* (La Habana, Ediciones Anuario Bibliográfico Cubano, 1945-1948), compilado en dos tomos de dos volúmenes cada uno por Fermín Peraza y publicados por éste en los números 9-10 y 23-24 de la colección Biblioteca del bibliotecario que él mismo dirigía. Respecto a la etapa que se inició en la década del cuarenta, puede decirse que carece casi de importancia. Se reprodujeron trabajos de la etapa anterior de la revista y se publicaron artículos de crítica e historia literarias, cuentos, poesías, notas bibliográficas y otros asuntos de interés general. Contó con la colaboración de Luis Rodríguez Embil, Antonio Martínez Bello, Manuel Moreno Fraginals, Luis A. de Arce, Waldo Medina y otros.

Bibliografía

Bueno, Salvador, «El periodismo literario en Cuba, de *El Fígaro* a *Social*», en *Crucero*, La Habana, 1, 2, 19-21, abril-junio, 1960.

Chacón, Francisco, «El número de *El Fígaro*», en *Libertad*, La Habana, 1, 36, 3, marzo 14, 1899.

«Nueva vida de *El Fígaro*», en *El Fígaro*, La Habana, 38, 12, 162, mayo 15, 1921.

Peraza, Fermín, «Nota preliminar», en su *Índice de* El Fígaro, tomo 1, V. 1, La Habana, Ediciones Anuario Bibliográfico Cubano, 1945, págs. II-VI, Biblioteca del bibliotecario, 9.

Figarola Caneda, Domingo (La Habana, 17 enero 1852-ld., 14 marzo 1926). Cursó estudios en diversos colegios. En 1870 ingresó en la Facultad de Medicina de la Universidad de La Habana. Un año más tarde sufrió prisión, con otros compañeros, en el proceso seguido contra los estudiantes de medicina. Poco después abandonó la carrera y se dedicó por entero a las letras. Iniciado en el periodismo desde muy joven con sus trabajos aparecidos en *El ómnibus* y *El Eco del Progreso*, fundó y dirigió *El Mercurio* (1876-1877) y colaboró en *Recreo de las Damas* (1876), *El Mundo Literario* (1877) y *Boletín Comercial* (1877), en el que publicó su primer trabajo bibliográfico importante. Por esa época colabora con Calcagno en su *Diccionario biográfico cubano* (1878) e ingresa en el Partido Autonomista. En 1883 fundó y dirigió *El Argumento*, dedicado al teatro y de poca duración. Fue corresponsal en La Habana (1885-1886) y director (1886-1888) de *La Ilustración Cubana*, de Barcelona, donde publicó numerosos trabajos de autores cubanos. Viajó a España a fines de 1887. Desde Barcelona se trasladó a París en 1888. Al año siguiente regresó a La Habana y se embarcó de nuevo hacia París. Pasó en 1890 a Nueva York. Allí colaboró en *El Avisador Hispano-Americano* y en *Patria* y conoció a Martí, quien le encomendó una misión en La Habana. Regresó ese mismo año y abandonó el autonomismo. En 1893 volvió a París. En la capital francesa publicó *La República Cubana* (1896-1897), en francés y en español, en defensa de la independencia de Cuba. Colaboró en *La Razón*, *La Habana Elegante*, *El Almendares*, *La Caridad*, *Revista Habanera*, *Gaceta Musical*, *Revista de Cuba*, *Revista Cubana*, *El Triunfo*, *El Trunco*, *El País*, *Gil Blas*, *El Liberal*, *La Tarde*, *La Lucha*, *El Porvenir*, *Cuba y América*, *El Mundo*, *Diario de la Marina*, *Revista Bimestre Cubana*, *Social*, *Cuba Contemporánea*, *El Fígaro*. Colaboró además, como propagandista de la causa cubana, en *Le Patriote Ilustré*, de Bruselas y en *Le Quotidien Ilustré*, *L'Intermédiaire des*

Chercheurs et Curieux y Le Monde Ilustré, de París. Fue delegado oficial de Cuba en el Congreso Internacional de Bibliografía y en el de Bibliotecarios, celebrados en París en 1900. En Londres amplió sus estudios de biblioteconomía. En 1901 ocupó la dirección de la recién creada Biblioteca Nacional, cuya Revista fundó y dirigió (1909-1912). Fue miembro fundador y director de publicaciones de la Academia de la Historia de Cuba, de la Library Association of the United Kingdom, de Londres, y miembro honorario de la Association des Bibliotecaires Français, de París. Es autor de la edición de los manuscritos de la Biblioteca Nacional (1909), de las Memorias inéditas de la Avellaneda (1914) y de los tres primeros tomos del Centón epistolario de Domingo del Monte (1923-1926). Se destacó por sus compilaciones bibliográficas, así como por la divulgación de nuestras figuras literarias. Cultivó la poesía. Dejó inéditos su Diccionario biográfico nacional cubano —en el que rectifica los errores del de Calcagno—, la Bibliografía de la Universidad de La Habana, la Bibliografía de Bachiller y Morales, su trabajo El gran poeta José M. Heredia, el Diccionario biográfico cubano y la antología de poetas cubanos que, por encargo de la Academia Española, hizo en colaboración con Ricardo del Monte, Rafael Montoro, José de Armas, Serafín Pichardo y otros. Tradujo del francés La dama vestida de gris (1885), de Jorge Olmet. Utilizó los seudónimos Argos Mercurio, Evangelina, Daniel Isaac, Fausto, El observador, Un americanista, Margarita Blander, U. Noquelovio, El viajero, Quasimodo, El behique de Yariguá, Raúl Rid, El diablo rojo, Cacarajícara, Hatuey, K. Limite, Duval, Un chercheur cubain, Un historien, Un bibliographe, X. Z. A veces firmaba con su nombre solo y otras con sus iniciales.

Bibliografía activa

Bufos cubanos de Salas, Biografía de don Saturnino Valverde, La Habana, Imprenta La Nueva Principal, 1880.

Guía oficial de la Exposición de Matanzas, Matanzas, Imprenta La Nacional, 1881.

Memorias de un viaje, Barcelona, 1888.

Bibliografía de Rafael María Merchán, 2.ª edición corregida y aumentada, La Habana, Imprenta y Papelería La Universal de Ruiz, 1905.

Índice de los títulos contenidos en las diversas colecciones facticias de la biblioteca adquirida, por compra hecha del Doctor Vidal Morales y Morales, La Habana, Imprenta de la Biblioteca Nacional, 1905.

El Doctor Ramón Meza y Suárez Inclán, Noticia biobibliográfica, 2.ª edición corregida, La Habana, Imprenta de la Biblioteca Nacional, 1909.

Cartografía cubana del British Museum, Catálogo cronológico de cartas, planos y mapas de los siglos XVI al XIX, 2.ª edición corregida, La Habana, Imprenta de la Biblioteca Nacional, 1910.

Donativo Bustamante, catálogo, La Habana, Imprenta de la Biblioteca Nacional, 1911; 2.ª

edición aumentada, 1917.
Escudos primitivos de Cuba, Contribución histórica, La Habana, Imprenta de la Biblioteca Nacional, 1913.
Milanés y Plácido, réplica al señor Federico Milanés, La Habana, Imprenta El Siglo XX, 1914.
Bibliografía de Luz y Caballero, 2.ª edición corregida y aumentada, La Habana, Imprenta El Siglo XX de Aurelio Miranda, 1915.
José Antonio Saco, documentos para su vida, Anotados, La Habana, Imprenta El Siglo XX, 1921; 2.ª edición, Id.
Diccionario cubano de seudónimos, La Habana, Imprenta El Siglo XX, 1922.
Plácido, poeta cubano, contribución histórico-literaria, La Habana, Imprenta El Siglo XX de Aurelio Miranda, 1922.
Bibliografía de Enrique Piñeyro, introducción, notas y un complemento, La Habana, Imprenta El Siglo XX, 1924.
La Condesa de Merlín, María de la Merced Santa Cruz y Montalvo, estudio bibliográfico e iconográfico, París, Editions Excelsiors, 1928.
Gertrudis Gómez de Avellaneda, biografía, bibliografía e iconografía incluyendo muchas cartas inéditas o publicadas, escritas por la gran poetisa o dirigidas a ella, y sus memorias, notas ordenadas y publicadas por Doña Emilia Boxhorn, viuda de Figarola Caneda, Madrid, Sociedad General de Librería, 1929.
Gabriel Zéndegui, Bibliografía, s. l., s. a.

Bibliografía pasiva

Castellanos G., Gerardo, «Cuba 24» en *Revista de la Biblioteca Nacional*, La Habana, 2.ª serie, 3, 43-68, enero-marzo, 1952.
Dihigo, Juan Miguel, «Bibliografía de Domingo Figarola Caneda», en *Revista de la Biblioteca Nacional*, La Habana, 2.ª serie, 3, 89-107, enero-marzo, 1952.
González del Valle, Francisco, *Domingo Figarola Caneda*, publicado en la *Revista Bimestre Cubana*, La Habana, Imprenta Molina, 1936.
Herman, seudónimo de Emilio Roig de Leuchsenring, «Acotaciones literarias, Domingo Figarola Caneda», en *Social*, La Habana, 8, 3, 45, marzo, 1923.
Mesa Rodríguez, Manuel Isaías, *Don Domingo Figarola Caneda, 1852-1952*, discurso leído en la sesión solemne celebrada el 16 de enero de 1952, para conmemorar el centenario del nacimiento del ilustre bibliógrafo cubano, La Habana, Imprenta El Siglo XX, 1952.
Roig de Leuchsenring, Emilio, «En el centenario del nacimiento de Domingo Figarola Caneda», en *Revista de la Biblioteca Nacional*, La Habana, 2.ª serie, 3, 7-42, enero-marzo, 1952.
Varona Suárez, Manuel, «Nota de duelo, Domingo Figarola Caneda», en *El Fígaro*, La Habana, 43, 5-8, 99, 1926.

Figueras, Francisco (Cárdenas, Matanzas, 1853). Cursó la carrera de derecho. Ingresó en el Partido Autonomista a raíz de su fundación. Ejerció su cartera en La Habana. Emigró a Estados Unidos después del estallido de la guerra de independencia de 1895. En 1899 dirigía el periódico *La Época*, de La Habana, con texto en inglés y en español. Su actividad política fue, al parecer, exclusivamente intelectual. Su trabajo «Patriot's Appeal for his Country» apareció publicado en *Journal of American History* en 1908.

Bibliografía activa

Cuba libre, Anexión o independencia, Nueva York, A. W. Howes, 1898.

La intervención y su política, La Habana, Imprenta Avisador Comercial, 1906.

Cuba y su evolución colonial, La Habana, Imprenta Avisador Comercial, 1907; Advertencia de Elías Entralgo, La Habana, Isla, 1960.

El arte de la caza en Cuba, La Habana, Imprenta Avisador Comercial, 1912.

Bibliografía pasiva

Lara, Justo de, seudónimo de José de Armas y Cárdenas, «Crítica literaria», sobre *Cuba y su evolución política*, en *Cuba y América*, La Habana, 23, 10, 8, 117, febrero 23, 1907.

Ortiz Fernández, Fernando, «La semana», sobre *Cuba y su evolución colonial*, en *Cuba y América*, La Habana, 23, 10, 4, 49-50, enero 26, 1907.

Rodríguez Feo, José «Un libro para todos los cubanos», sobre *Cuba y su evolución colonial*, en *Lunes de Revolución*, suplemento del periódico *Revolución*, La Habana, 98, 27, marzo 6, 1961.

Figueredo Socarrás, Fernando (Camagüey, 9 febrero 1846-La Habana, 13 agosto 1929). Trelles da como lugar de nacimiento a Bayamo, pues su niñez transcurrió en ese pueblo y después en La Habana. Se trasladó más tarde a los Estados Unidos (Nueva York y Hudson). Allí estudió Ingeniería (1864) y formó parte del Club Revolucionario Cubano. Al estallar la guerra de 1868, vino a Cuba, donde llegó a ser ayudante-secretario de Carlos Manuel de Céspedes. Asistió a la Asamblea Constituyente y ocupó los cargos de jefe del Estado Mayor de la división comandada por el general Manuel de Jesús Calvar, de jefe de despacho del presidente, coronel Juan B. Spotorno, y de representante a la Cámara en 1876.

Estuvo al lado del general Antonio Maceo en la Protesta de Baraguá (1878) y pasó a ser secretario del Gobierno Provisional que constituyó Maceo, presidido por Calvar. Marchó después al exilio (Santo Domingo y La Florida) y fue, durante la lucha armada de 1895, delegado del Partido Revolucionario Cubano en La Florida. Al finalizar la guerra regresó a Cuba, donde desempeñó importantes cargos. Cuando se constituyó la República (1902), fue designado director general de comunicaciones. Al producirse la Segunda Intervención, se le nombró Tesorero General de la República. Fue además presidente de la Academia de la Historia de Cuba (1912). Colaboró en *Revista de Cayo Hueso*, *Patria* (Nueva York), *La Discusión*, *Pro Patria*, *Cuba y América*, *Ideas e Ideales*, *Universal*, *Heraldo de Cuba*, *Vida Nueva*. Firmó sus trabajos como F. y F. F.

Bibliografía activa

La toma de Bayamo, San Antonio de los Baños,

La Habana, Imprenta de Sánchez, 1893, prólogo de Julio Rosas, Tampa, Imprenta Cuba, 1894.

La Revolución de Yara, conferencias, prólogo de Pedro Martínez Freire, La Habana, M. Pulido, 1902; La Habana, Instituto Cubano del Libro, 1968; Id., 1969, 2 T.

José Dolores Poyo, conferencia, La Habana, Imprenta P. Fernández, 1912.

Oriente, Apuntes de un viaje, La Habana, Imprenta El Siglo XX, 1914.

Lauros y evocaciones, La Habana, Imprenta La Prueba, 1916.

España y Cuba, Miguel Jerónimo Gutiérrez, discurso para ser leído en el acto de la colocación de la primera piedra del monumento con que ha de glorificarse su recuerdo en la ciudad de Villa Clara, el 10 de octubre de 1917, La Habana, Imprenta Maza, 1917.

Elogio del General José Miró y Argenter, académico de número, leído por el Académico Doctor Emeterio Santiago Santovenia, en la sesión solemne celebrada en la noche del 2 de mayo de 1926, La Habana, Imprenta El Siglo XX, 1926.

Bibliografía pasiva

Carbonell, José Manuel, «Fernando Figueredo Socarrás, 1846», en su *La poesía revolucionaria en Cuba*, recopilación dirigida, prologada y anotada, tomo único, La Habana, Imprenta El Siglo XX, 1928, págs. 268, Evolución de la cultura cubana, 1608-1927, 6.

Carbonell, Néstor, *Elogio del coronel Fernando Figueredo Socarrás*, La Habana, El Siglo XX, 1935.

Fernández Valdés, Manuel, *discurso pronunciado en la Sociedad Económica de Amigos del País en la fiesta solemne celebrada la noche del 15 de abril de 1918, para adjudicar los diplomas de Socio de Honor y Socio de Mérito, respectivamente, a los señores Carlos Manuel Trelles y Govín, Fernando Figueredo Socarrás y Antonio González Curquejo*, La Habana, Imprenta El Siglo XX, 1918.

«Fernando Figueredo y Socarrás», en *Álbum de El Criollo*, La Habana, Establecimiento Tipográfico, O'Reilly n.º 9, 1888, págs. 133.

Mestre Fernández, Alfredo, «Fernando Figueredo», en *Bohemia*, La Habana, 66, 2, 91, mayo 24, 1974.

Tejera y Calzada, Diego Vicente, *Elogio* de Fernando Figueredo Socarrás, La Habana, La Habana, Imprenta Avisador Comercial, 1929.

Figueroa y García, Miguel (Cárdenas, 29 septiembre 1851-La Habana, 6 julio 1893). Graduado de Bachiller en Artes, ingresó en la Universidad de La Habana en 1865. Al estallar la guerra del 68 se presentó para la lucha, pero fue rechazado por su escasa edad y pobre salud. Fundó *El Farol* (1869), periódico que le valió una denuncia del fiscal de Imprenta. Se trasladó a España y se graduó de abogado en Madrid (1870). Fue nombrado socio de mérito de la Academia de Jurisprudencia, en la que se había destacado como orador. Asistió frecuentemente a las Cortes españolas. Fue designado para un cargo diplomático ante el Rey de Italia, el cual desempeñó hasta 1872. Viajó por las principales ciudades de Europa. Mantuvo contactos con Francisco Vicente Aguilera y fue nombrado agente de la revolución en Madrid, pero presentó su renuncia en 1873. De regreso a Cuba (1874), se estableció como abogado en La Habana. Perteneció a la Junta Central del Partido Liberal o Autonomista. Fue elegido diputado a Cortes en 1886 y en 1893.

Bibliografía activa

El presupuesto de Cuba de 1886-87, discurso pronunciado en el Congreso de los Diputados el 23 de julio de 1886, Madrid, Imprenta de los Hijos de J. A. García, 1886.

Discurso parlamentario pronunciado en la sesión del 25 de febrero de 1888, Madrid, Imprenta de García, 1888.

Bibliografía pasiva

Bobadilla, Emilio, «Figueroa», en su *Solfeo, crítica y sátira*, prólogo de U. González Serrano, Madrid, Manuel Tello, 1893, págs. 257-265.

Carbonell, José Manuel, «Miguel Figueroa, 1851-1893», en su *La oratoria en Cuba*, recopilación dirigida, prologada y anotada, tomo 2, La Habana, Imprenta Montalvo y Cárdenas, 1928, págs. 107-137, Evolución de la cultura cubana, 1608-1927, 8.

Cortina, José Manuel, *Miguel Figueroa*, discurso pronunciado en Cárdens el día 1 de febrero de 1927, con motivo de la colocación de una lápida conmemorativa en la casa en que nació Miguel Figueroa, La Habana, Imprenta El Siglo XX, 1929.

Cruz, Manuel de la, «Miguel Figueroa», en su *Cromitos cubanos, Bocetos de autores hispanoamericanos*, La Habana, Establecimiento Tipográfico La Lucha, 1892, págs. 215-225.

Homenaje a Miguel Figueroa y García por las Academias Nacional de Artes y Letras, Cubana de la Lengua y de la Historia de Cuba, discursos leídos en su elogio, en la sesión solemne conjunta celebrada el día 18 de diciembre de 1951, La Habana, Academia de la Historia de Cuba, 1952.

Horrego Estuch, Leopoldo, «Miguel Figueroa, conferencia en el ciclo Figuras del autonomismo», en *Universidad de La Habana*, La Habana, 84-100, enero-diciembre, 1953.

Río, Pastor del, «Figueroa», en *El Mundo*, La Habana, 37, 11 623, 1, 10, agosto 1, 1937.

Sanguily, Manuel, «Miguel Figueroa», en su *Oradores de Cuba*, La Habana, Tipografía Moderna de Alfredo Dorrbecker, 1926, págs. 135.

Obras de Manuel Sanguily, 3.

Santovenia, Emeterio Santiago, «Miguel Figueroa, redentor de oprimidos», en su *Estudios, biografías y ensayos*, La Habana, Imprenta Úcar, García, 1957, págs. 353-362.

Valverde, Antonio L., *Miguel Figueroa y García, Su vida*, La Habana, Imprenta El Siglo XX, 1925.

Filibustero, El (Nueva York, 1853-1854). Periódico. Comenzó a salir el 24 de abril, con el objetivo de «servir a la patria con la abnegación, entusiasmo y buena fe que cumple al verdadero patriota». En este primer número, que se repartió gratis, se expresaba que la publicación era «órgano de Cuba en Estados Unidos». Se editaba semanalmente. En el ejemplar correspondiente al 8 de septiembre de 1853 (número 19) se dan a conocer al público los editores. Éstos eran Francisco J. Bellido de Luna y Juan Bellido de Luna, quien era, además, redactor. El 19 de octubre de 1853 termina su primera época, en la que se publicaron 22 números. La segunda comienza el 8 de ese mismo mes, con un mayor tamaño y con el subtítulo «órgano de la independencia de Cuba». Desde el 25 de noviembre su periodicidad varió a decenal. José María Labraña señala, en la página 665 de su trabajo «La prensa en Cuba» —aparecido en *Cuba en el mano*. Enciclopedia popular ilustrada (La Habana, Imprenta Úcar, García, 1940, págs. 649-786)—, que Pedro Santacilia era su redactor. De tendencia anexionista, sus páginas eran dedicadas a la propaganda a favor de la independencia de Cuba mediante la publicación de discursos, artículos políticos e informativos sobre la situación de los emigrados y de los cubanos que permanecían en la isla. Además, incluía poesías patrióticas y revolucionarias. Entre sus colaboradores se contaron Juan Clemente Zenea, Leopoldo Turla, Francisco Agüero Estrada, Francisco Javier de la Cruz, *Cuyaguateje* (seudónimo de Pedro Ángel Castellón), José Aniceto Iznaga y otros cuyos verdaderos nombres se ocultaban tras seudónimos, debido a que enviaban sus trabajos, bastante a menudo, desde Cuba. La segunda época de la publicación se extendió hasta el 25 de febrero de 1854 (número 15), fecha en que se suspende porque «motivos sumamente poderosos, fuera del dominio de nuestras facultades, nos impelen hacer este sacrificio como nuestros grandes deseos y decidida voluntad» [*sic*].

Filósofo Verdadero, El (La Habana, 1813-1814). Periódico que comenzó a salir el 15 de marzo. Se editaba semanalmente. En el prospecto dirigido a los «Religiosos moradores de esta Isla», que precedió a la publicación del primer número, se expresaba: «El único objeto que tienen las reflexiones cristiano-filosóficas, que vamos a divulgar, es el de manifestaros el torrente de males a que estáis expuestos, si os dejáis llevar de las tenebrosas ideas en que quieren imbuiros la caterva de seudo filósofos, que hay entre nosotros». Se ignora quién fue su fundador y redactor. La publicación constó de dos series, la primera de las cuales finalizó el 6 de agosto de 1813 (número 22). Al comenzar la segunda serie con el número 23, según parece el día 23 del mismo mes y año (el ejemplar salió sin fecha), se da a conocer un nuevo redactor, quien anuncia que seguirá «cuanto sea posible su objeto, su sistema y plan». En dicho número, luego de referirse al estilo que utilizará para darse a entender, expresa: «Si el público se complace de este método, le serviré gustoso mientras pueda, satisfecho de que no es otro mi objeto que su propio interés y felicidad inspirándole buenas costumbres por máximas morales fundadas en la filosofía cristiana, haciendo ver las malas consequencias de lo contrario». Los números de la primera serie fueron dedicados, en lo fundamental, a refutar las ideas expuestas por Rousseau en su *Contrato social*. En la segunda serie varió el contenido y se publicaron en sus páginas críticas al abuso de la libertad de imprenta, a la política liberal y a algunas costumbres de la época. Se incluyeron, además, algunas poesías satírico-políticas, así como, en los últimos números, artículos sobre la moral de la mujer, firmados por *La moralista*. Los textos en prosa aparecían redactados en forma discursiva, epistolar o dialogada, y firmados con seudónimos cuya identidad no es conocida. «Sostuvo excelentes principios aunque con vulgar estilo», señala Jacobo de la Pezuela en la página 522 del tomo 3 de su *Diccionario geográfico, estadístico, histórico de la isla de Cuba* (Madrid, Imprenta del Establecimiento de Mellado, 1863). El 2 de agosto de 1814, con la salida del número 75, finalizó su publicación. El redactor explica en este último número las causas que lo impelen a suspender la edición del periódico y concluye aclarando «que no es por falta de voluntad de instruir en la moralidad y reprender modestamente los vicios». Joaquín Llaverías presentó un índice de todos los trabajos publicados en *El Filósofo Verdadero*, aparecido en el tomo 2 de su *Contribución a la historia de la prensa periódica* (La Habana, Talleres del Archivo Nacional de Cuba, 1959, págs. 401-407).

Bibliografía

Llaverías, Joaquín, «*El Filósofo Verdadero*», en su *Contribución a la historia de la prensa periódica*, tomo 2.
Prefacio de Elías Entralgo, La Habana, Talleres del Archivo Nacional de Cuba, 1959, págs. 388-401, Publicaciones del Archivo Nacional de Cuba, 48.

Flores de las Antillas, Las (La Habana, 1851-1852). Según expresa Carlos Manuel Trelles en la cuarta parte de su trabajo «Bibliografía de la prensa cubana (de 1764 a 1900) y de los periódicos publicados por cubanos en el extranjero» —en *Revista Bibliográfica Cubana* (La Habana, 2, 10-12, 264, julio-diciembre, 1938)—, fue una «Publicación de amena literatura, crítica literaria, industrias y artísticos [*sic*], novelas y cuentos, poesías, viajes, anécdotas, modas y diversiones». En cuanto a la fecha de inicio se ha incurrido en error desde el siglo pasado, al establecer su comienzo en enero de 1852, como puede leerse en el trabajo de Juan Bautista Pons, «Bibliografía cubana. Publicaciones por entregas, de amena literatura. Artículo 2.º», publicado en las págs. 139-140 de la revista habanera *Floresta Cubana*. En realidad, la primera entrega de *Las Flores de las Antillas* se repartió en diciembre de 1851, como quedó reflejado en la edición del *Diario de la Marina* correspondiente al 25 de diciembre de dicho año. Días antes (el 6 de diciembre), en el propio *Diario de la Marina*, se había expresado que el «principal distintivo» de esta publicación sería «la moral», y que sus redactores guardaban «riguroso incógnito». En su trabajo antes citado, Trelles señala que era dirigida por Rafael Otero. José María Labraña, en la página 665 de su trabajo «La prensa en Cuba» —editado en *Cuba en la mano. Enciclopedia popular ilustrada* (La Habana, Imprenta Úcar, García, 1940, págs. 649-786)—, recoge este dato y añade que era redactada por Santiago Cancio Bello y José Socorro de León. En una nota «Al público» que, con fecha 19 de marzo de 1852, apareció en la quinta entrega, Rafael Otero anunciaba que desde ese momento asumía la dirección de la revista y que quedaban «abiertas sus columnas para toda clase de artículos y poesías que sean dignos de publicarse y que no ofendan en manera alguna el pudor de nuestras compatriotas y amigas». La colección que se ha revisado está formada por siete entregas, la última de las cuales, según apunta Trelles en su ya citado trabajo, correspondió al 13 de mayo de 1852. Ya en la edición del *Diario de la Marina* del 9 de mayo de dicho año, se hacían eco de la salida de esta entrega y expresaban que la publicación «ve la luz semanalmente». En sus comienzos, sin embargo, había sido «semimensual», según se lee en el propio *Diario de la Marina* cuando comentan la salida de la primera entrega. En sus páginas vieron la luz poesías, cuentos, leyendas, novelas, trabajos de crítica literaria y artículos variados sobre cuestiones de interés general. También publicó en planillas anexas que ahora no aparecen en la colección que se conserva en la Biblioteca Nacional José Martí, la novela *Flavia*, de María de las Mercedes Santa Cruz y Montalvo (Condesa de Merlín). Contó con la colaboración de Rafael María de Mendive, José Fornaris, Manuel Costales, José Gonzalo Roldán. Juan Bautista Pons, Antonio F. de Velasco, Joaquín Lebredo, Ricardo García Copley, Juan Martínez Villergas y otros que firmaban con las iniciales A. B. (Antonio Bachiller?, Anacleto Bermúdez?), A. G., M. A. P., A. H., S. C., etc., o con seudónimos tales como *Randolfo*, *Filaretes*, *Malvina*, etc.

Flores del Siglo (La Habana, 1846-1847; 1852). Revista. Comenzó a salir en enero, como puede leerse en el periódico *La Prensa* del día 22 de enero de 1846. Se publicaba mensualmente bajo la dirección de Rafael María de Mendive, y de José Gonzalo Roldán. En su primera época se publicaron tres tomos. El primero y el segundo, con 314 y 406 páginas respectivamente, incluyen un índice al final. El tercero, del que solo se ha visto la primera entrega, aparecida en diciembre de 1847, presenta a José Gonzalo Roldán, Manuel Costales y Juan Güell y Renté. Según parece su salida cesó con esta entrega, pues ya en 1848 no se encuentran referencias en la prensa de la época sobre la revista. Sus páginas se abrieron a trabajos de la más variada índole: literarios, científicos, agrícolas, sociales, morales, ectétera; pero fundamentalmente fueron dedicadas a la literatura y dentro de ésta, en especial, a la poesía. Contó con la colaboración de escritores tan destacados como Anselmo

Suárez y Romero, José Antonio Echeverría, Cirilo Villaverde, Ramón de Palma, Miguel Teurbe Tolón, José Victoriano Betancourt, José María de Cárdenas (quien firmó algunos trabajos con el anagrama *Jeremías de Docaransa*) y Leopoldo Turla. Además, se publicaron trabajos de Francisco Javier Blanchié, Narciso Foxá, Felipe López de Briñas, Ignacio María de Acosta, Francisco Orgaz y otros. En mayo de 1852 reapareció, en su segunda época, bajo la dirección de Roldán y Costales. En el *Diario de la Marina* correspondiente al 22 de abril de 1852, dan noticia de haber recibido el prospecto de la revista y reproducen el siguiente fragmento del mismo: «Las frecuentes demostraciones de aprobación y entusiasmo que hemos recibido tan luego como se difundió la idea de continuar esos trabajos literarios son para nosotros un generoso estímulo a que procuraremos dignamente corresponder. No es esta una promesa; es un sentimiento de gratitud que debemos manifestar y que harán patente más que otras palabras las producciones de nuestra predilecta publicación». Más adelante añaden, en la misma edición del *Diario de la Marina* antes citada, otro fragmento del prospecto, en el que los editores de la revista expresan que nada cederán «ante el firme propósito de no publicar más que artículos muy escogidos cuyas tendencias sean útiles y provechosas». Este tomo de la segunda época, cuyas entregas eran repartidas semanalmente, consta de 266 páginas y presenta, también, un índice final. Además de algunos de los escritores ya mencionados como colaboradores de su primera época, en esta segunda contó con la colaboración de Pedro José Morillas, Lorenzo de Allo, José Manuel Mestre, José Agustín Quintero y Ramón Zambrana, entre otros. Preparado por Feliciana Menocal, con la colaboración de Araceli García Carranza, se ha publicado su índice analítico, aparecido en *Índices analíticos*, La Habana, Biblioteca Nacional José Martí. Depto Colección Cubana, 1964, págs. 49-54.

Bibliografía

«*Flores del Siglo*», en *Diario de la Marina*, La Habana, 3, 163, 2-3, junio 13, 1846.

«*Flores del Siglo*», en *La Prensa*, La Habana, 2.ª época, 4, 248, 3, junio 14, 1846.

García Carranza, Araceli, «*Flores del* Siglo», en *Índices analíticos*, La Habana, Biblioteca Nacional José Martí, Departamento Colección Cubana, 1964, págs. 47-48.

Florescencias Guanajay, Pinar del Río (1911). «Revista de literatura, *sport* e intereses generales», se lee como subtítulo en la cubierta del único ejemplar consultado (número 4), correspondiente al 30 de abril de 1911. Se publicaba los domingos, bajo la dirección de Luis Yero Yero. Sus redactores eran Vicente Silveira, Manuel Reyes, Miguel A. Far, Agustín Heras, Ángel Ortega y Martín Mora. En el número de referencia, de doce páginas, sin anuncios, se publicaron fundamentalmente poesías, así como artículos en prosa y breves noticias sociales, teatrales y deportivas de interés para la localidad. Los trabajos aparecían firmados por los redactores y por Primitivo Ramírez Ros, Arturo Gali, Manuel Gondell Linares y R. Gil Rodríguez.

Floresta Cubana (La Habana, 1855-1856). «Periódico quincenal, de ciencias, literatura, artes, modas, teatros, &, dedicado al bello sexo», se lee como subtítulo en la carátula. Fundado y dirigido en sus inicios por Felipe López de Briñas, quien firma la introducción, era editado por José Socorro de León. Comenzó a salir en julio de 1855 y su actividad se extendió hasta mayo o junio de 1856.

Durante este período se publicaron veinte entregas que salían regularmente cada quince días. En la página 144 anuncian que se incorporan a la revista como redactores Ramón Vélez Herrera y José Fornaris, los cuales aparecen en la página 187 como directores, junto a López de Briñas y Joaquín Fabián Aenlle. En dicha página aparecen también los redactores de la publicación: Felipe Poey, Juan Lambeye, Cristóbal de Mendoza, Pedro José Morilla, José Agustín Quiñones, Isidoro Sánchez, Miguel de Cárdenas y Chávez, José Francisco Ruiz, Sabino Losada, *Adolfo de la Azucena* (seudónimo de Juan Clemente Zenea), Juan Bautista Pons, Joaquín Lorenzo Luaces, Joaquín Lebredo. *Floresta Cubana* es una publicación importante dentro de su época, tanto por la calidad de los trabajos que aparecieron en sus páginas, como por las firmas que los avaloraban. Dedicó bastante espacio a la poesía, fundamentalmente cubana, incluyendo dentro de ésta a la siboneyista. También aparecieron en sus páginas artículos de carácter científico, filosófico, religioso histórico, etc., así como numerosos trabajos de crítica y prosa literarias. Además de los ya mencionados, fueron sus colaboradores José de Armas, Emilio Blanchet, Francisco de Paula Gelabert, Juan N. Fajardo (El *cucalambé*), Patricio Landaluze, Domingo del Monte y P., Francisco Orgaz, José Gonzalo Roldán, Ramón Zambrana, Miguel Teurbe Tolón, Antonio y Francisco Sellén, José Quintín Suzarte y otros. Desde julio de 1856 continuó publicándose como *La Piragua*, cuyo prospecto ofrecen en la última entrega, a la cual acompañaba la carátula para el tomo. Esta carátula o frontis ha sido la causante de muchos errores sobre el año de publicación de la revista, pues aparece fechada en 1856 —momento de su impresión—, con la relación de los últimos directores y redactores. Preparado por Feliciana Menocal, con la colaboración de Araceli García Carranza, se ha publicado su índice analítico, aparecido en *Índices analíticos*, La Habana, Biblioteca Nacional José Martí. Departamento Colección Cubana, 1, 64, págs. 59-70.

Bibliografía

Menocal, Feliciana, «La *Floresta Cubana*», en *Índices analíticos*, La Habana, Biblioteca Nacional José Martí, Departamento Colección Cubana, 1964, págs. 57-38.

Florit, Eugenio (Madrid, 15 octubre 1903). Vivió en Barcelona y en Port Bou hasta que se trasladó a La Habana en 1918. Cursó estudios en el Colegio La Salle (1918-1922). Se graduó en Leyes y en Derecho Público en la Universidad de La Habana en 1926. En 1927 ingresó en la Secretaría de Estado y se unió al grupo de la *Revista de Avance*. Da conferencias y trabaja como actor de radio y en grupos teatrales de aficionados. En 1936 conoce a Juan Ramón Jiménez. En 1940 se trasladó a Nueva York, destinado al Consulado General de Cuba en esa ciudad. Ese mismo año recibió un homenaje del Instituto Hispánico de Nueva York. Desde 1945 ha ejercido como profesor en Barnard College de Columbia University, en su departamento de español, en la Escuela Graduada de la Universidad y en la Escuela de Verano de Middlebury College. Ha colaborado en *Social*, *Revista de Avance*, *Lyceum*, *Revista Cubana*, *Orígenes*, *La Gaceta Literaria* (Madrid), *Repertorio Americano* (San José de Costa Rica) y *Revista Hispánica Moderna* (Nueva York), cuya dirección compartió con Federico de Onís y con Ángel del Río, hasta que la asumió totalmente en 1962. Recopiló y tradujo la *Antología de la poesía norteamericana contemporánea* (Washington, Unión Panamericana, 1955). Es autor además de la selección, el ensayo preliminar y las notas de una antología de poemas de Martí. Con José Olivio Jiménez publicó *La poesía hispanoamericana desde el modernismo* (Nueva York, 1968). Desde Estados Unidos, donde radica desde hace muchos años, mantiene una posición hostil a la Revolución.

Bibliografía activa

32 poemas breves, La Habana, Editorial Hermes, 1927.

Trópico, 1928-1929, La Habana, Revista de Avance, 1930.

Monólogo de Charles Chaplin en una esquina, La Habana, 1931.

Doble acento, poemas, 1930-1936.

«El único estilo de Eugenio Florit», por Juan Ramón Jiménez, La Habana, Editorial Ucacia, 1937.

Reino, 1936-1938, La Habana, Imprenta Úcar, García, 1938.

Cuatro poemas, La Habana, Imprenta Úcar, García, 1940.

..., Que estás en los cielos, Nueva York?, 1946.

La estrella, Auto de Navidad, La Habana, Imprenta Úcar, García, 1947.

Poema mío, 1920-1944, México D. F., Letras de México, 1947.

Conversación a mi padre, La Habana, Ayón, 1949, Colección Yagruma, 3.

Asonante final, Bogotá, Revista de la Universidad Nacional de Colombia, 1950.

Asonante final y otros poemas, 1946-1955, La Habana, Orígenes, 1955.

Antología poética, 1930-1955, prólogo de Andrés Iduarte, Soneto de Alfonso Reyes, México D. F., Ediciones de Andrea, 1956, Antologías Stadium, 2.

Siete poemas, Montevideo, Cuadernos «Julio Herrera y Reissig», 1960.

Hábito de esperanza, poemas, 1936-1964, Ma-

drid, Ínsula, 1965.
Antología penúltima, «La poesía de Eugenio Florit», por José Olivio Jiménez, Madrid, Editorial Plenitud, 1970.

Bibliografía pasiva

Andino, Alberto, «¿Poetas y poesía?..., ¿Por qué no Eugenio Florit?», en *Duquesne Hispanic Review*, Pittsburg, Pensilvania, 5, 1, 1966.
Ballagas, Emilio, «*Trópico*, poemas de Eugenio Florit», en *Revista de Oriente*, Santiago de Cuba, 3, 25, 15, abril, 1931.
«Eugenio Florit, *Doble acento*», en *América*, La Habana, 3, 1, 95, julio, 1939.
«Eugenio Florit, *Reino*», en *América*, La Habana, 20, 1 y 2, 91, octubre-noviembre, 1943.
Eugenio Florit, Vida y obra-Bibliografía-Antología— Obras inéditas, Nueva York, Hispanic Institute, 1943.
Fernández de la Vega, Óscar, «Florit y la evasión trascendente, el poeta conversa con Dios», en *Noverim*, La Habana, 2, 8, 61-65, mayo, 1958.
Fernández Retamar, Roberto, «Eugenio Florit, 1903», en su *La poesía contemporánea en Cuba, 1927-1953*, La Habana, Orígenes, 1954, págs. 34-39.
González, Manuel Pedro, «Eugenio Florit, *Asonante final y otros poemas*», en *Cuadernos del Congreso por la Libertad de la Cultura*, París, 21, 118-119, noviembre-diciembre, 1956.
Jiménez, Juan Ramón, «Eugenio Florit, 1939», en su *Españoles de tres mundos, Viejo mundo, Nuevo mundo, otro mundo, caricatura lírica, 1914-1940*, Buenos Aires, Editorial Losada, 1942, págs. 143-144.
Jiménez Grullón, J. I., «Eugenio Florit», en su *Seis poetas cubanos, ensayos apologéticos*, La Habana, Editorial Cromos, 1954, págs. 145-169.
Lizaso, Félix, «Bibliografía de don Eugenio Florit», sobre Martí, José, *versos*, estudio preliminar, selección y notas de Eugenio Florit, en *Boletín de la Academia Cubana de la Lengua*, La Habana, 2.ª época, 11, 1, 218-223, enero-diciembre, 1964.
Marinello, Juan, «Verbo y alusión», en su *Poética, ensayos de entusiasmo*, Madrid, Espasa-Calpe, 1933, págs. 17-48.
Pollin, Alice M. (ed.), *Concordancias de la obra poética de Eugenio Florit*, «La poesía de Eugenio Florit», por José Olivio Jiménez, Nueva York-Londres, University Press Limited, 1967.
Portuondo, José Antonio, «*Doble acento*, de Eugenio Florit», en *Baraguá*, La Habana, 1, 2, 14, septiembre 1, 1937.
Reyes, Alfonso, «Compás poético, IV, Soberbio juego», en *Sur*, Buenos Aires, 1, 1, 68-70, 1931.
Vitier, Cintio, «Eugenio Florit», en su *Cincuenta años de poesía cubana, 1902-1952*, ordenación, antología y notas, La Habana, Ministerio de Educación, Dirección de Cultura, 1952, págs. 196-197.
Lo cubano en la poesía, La Habana, Instituto Cubano del Libro, 1970, págs. 399-409.

Foncueva, Esteban (La Habana, 1 diciembre 1880). Muy joven abandonó los estudios e inició una activa labor periodística en *La*

Nación, La Lucha, El Fígaro, Bohemia, Letras, Azul y Rojo, El Estudiante (Matanzas), en las que publicó además de poesías, crónicas teatrales y otros trabajos. Figuró en la colección poética Arpas cubanas (1904). Usó el seudónimo Un guajiro de La Habana.

Bibliografía activa

Penas y alegrías, prólogo de Álvaro de la Iglesia, La Habana, Imprenta El Fígaro, 1901.
Melancolías, versos, prólogo de Diego Vicente Tejera, La Habana, Imprenta de Vicente López Veiga, 1902.
Sentimentales, versos, La Habana, Imprenta Avisador Comercial, 1903.
Horas de olvido, poemas, La Habana, Imprenta La Universal, 1907.
Quimeras, versos, La Habana, Imprenta y Papelería El Nuevo Iris, 1910.
La huérfana, monólogo en verso recitado en el Teatro Nacional por la Srta. Castillo, en la noche del 19 de diciembre de 1911, La Habana, Imprenta Avisador Comercial, 1912.
Laurel, La Habana, Imprenta Avisador Comercial, 1912.
El cancionero cubano por Un guajiro de La Habana, seudónimo, décimas originales, La Habana, Imprenta Avisador Comercial, 1915; 2.ª edición, Id., 1917.
Victoria de las Tunas, poema, La Habana, Seoane y Fernández, Impresores, 1916.
Un bohemio, Monólogo en verso, La Habana, Impresores Sierra, 1930.
Punta Brava; o, San Pedro del Guatao, Romance épico, La Habana, Imprenta Industria, 19...

Bibliografía pasiva

Apolinar Serrano, Pedro, «Horas de olvido, por Esteban Foncueva», en El Fígaro, La Habana, 23, 34, 421, agosto 25, 1907.
Carbonell, José Manuel, «Esteban Foncueva y González del Valle, 1880», en su La poesía lírica en Cuba, recopilación dirigida, prologada y anotada, tomo 5, La Habana, Imprenta El Siglo XX, 1928, págs. 125-126, Evolución de la cultura cubana, 1608-1927, 5.
Carricarte, Arturo Ramón de, «Libros nuevos, Sentimentales, poesías de Esteban Foncueva», en Azul y Rojo, La Habana, 2, 28, s, págs. julio 12, 1903.
Collantes, José María, «Foncueva y sus versos», en El Fígaro, La Habana, 17, 4, 39, enero 27, 1901.
Díaz Silveira, Francisco, «Sobre Quimeras», en El Fígaro, La Habana, 26, 19, 224, mayo 8, 1910.
Lles, Fernando, «Un intelectual», en El Estudiante, Matanzas, 30, 30, 343, septiembre 10, 1911.
Márquez Sterling, Manuel, «Un libro», en El Fígaro, La Habana, 17, 3, 35, enero 20, 1901.
Secades, Manuel, «El libro de Foncueva, Impresiones», en El Fígaro, La Habana, 18, 25, 315, julio 6, 1902.

Foncueva, José Antonio (La Habana, 24 marzo 1910-Id., 12 abril 1930). Realizó estudios de bachillerato en el Instituto de La

Habana, pero, según parece, no los concluyó. A los dieciséis años comenzó a colaborar en la revista obrera *Aurora*. En 1927 fundó y dirigió la revista de izquierda *El Estudiante*, que fue clausurada por la dictadura de Machado. Fue uno de los encartados en el «proceso comunista» de 1927. A fines de ese año colaboró en la publicación de la revista vanguardista *Atuei*, de tendencia aprista. Fue responsable de la página «Lunes literarios», publicada solo una vez en el periódico *El Cubano Libre* (1928), que desapareció a los pocos días. Sus trabajos aparecieron en *Orto*, *Bohemia*, *Social*, *Antenas*, suplemento literario del *Diario de la Marina*, *Unión Nacionalista*, *Amauta* (Perú) e *Indoamérica* (México). Cultivó el cuento, la poesía, el ensayo y la crítica literaria. Publicó numerosos artículos de carácter político. Utilizó el seudónimo *Karlo* (o *Carlos*) *NeP.*

Bibliografía pasiva

Castellanos, Edelmiro S., «Conferencia de José A. Portuondo. Tratan sobre un precursor que permanecía olvidado», en *El Mundo*, La Habana, 65, 21 828, 2, marzo 3, 1967.

«José A. Foncueva», en *Atabex*, La Habana, 1, 1, 1, 12-13, mayo 23, 1931.

Fornaris, José (Bayamo, Oriente, 18 marzo 1827-La Habana, 19 septiembre 1890). Cursó la enseñanza primaria en el Seminario de San Basilio el Magno de Santiago de Cuba desde 1835. Estudió en La Habana a partir de 1840 en el Colegio de San Fernando y más tarde en la Universidad, donde se graduó de Bachiller en Leyes (1844) y de Licenciado en Leyes (1852). Entre estas dos fechas tomó posesión en Bayamo del cargo, heredado de su padre, de Regidor del Ayuntamiento, publicó sus primeros ensayos literarios en *La Prensa* y participó en la conspiración de 1851. En 1852 fue encarcelado en Palma Soriano durante cinco meses, junto con Carlos Manuel de Céspedes y Lucas del Castillo. Recibido de abogado en Puerto Príncipe (1853), regresó a Bayamo para ejercer dicha carrera. A partir de 1854 alterna su vida entre Bayamo y La Habana. En 1855 publicó sus «Cantos del siboney», recogidos en *Poesías de José Fornaris*, con los cuales dio gran impulso al Siboneísmo. En 1859 recopiló con Joaquín Lorenzo Luaces *Cuba poética. Colección escogida de las composiciones en verso de los poetas cubanos desde Zequeira hasta nuestros días* (La Habana, Imprenta de la Viuda de Barcina, 1859; 2.ª edición, Id., 1861). Fue codirector de *Floresta Cubana* (1855-1856), *La Piragua* (1856) y *Cuba Literaria* (1861-1862). Cuando su amigo Céspedes (a cuya solicitud escribiera los versos de *La bayamesa*, musicalizados por Francisco del Castillo) inició la guerra del 68, Fornaris rehusó comprometerse y permaneció en La Habana. En 1870 viajó por España, Francia e Italia. Colaboró en *La Abeja*, *El Colibrí*, *El Almendares*, *Revista de La Habana*, *Civilización*, *El Siglo*, *La Prensa*, *Correo de la Tarde*, *Álbum Cubano de lo Bueno y lo Bello*, *Aguinaldo Habanero*, *Camafeos*, *Revista Habanera*, *El País*, *Ateneo*, *La Aurora*, *Revista de Cuba*. Terminó su vida en Cuba consagrado a la enseñanza y a las letras.

En 1951 fue antologado en *Poesías de la patria* (La Habana, Publicaciones del Ministerio de Educación. Dirección de Cultura, 1951). Usó el seudónimo *Bertoldo Araña*.

Bibliografía activa

Recuerdos, poemas, prólogo de Eduardo Lebredo, La Habana, Imprenta de La Prensa, 1850.

Poesías de José Fornaris, prólogo de Rafael María de Mendive, La Habana, Imprenta del Tiempo, 1855; Id., 1857; La Habana, Imprenta La Universal, 1888; La Habana, Imprenta La Moderna Poesía, 1909; Santiago de Cuba, 1936.

Flores y lágrimas, poesía, La Habana, Imprenta del Tiempo, 1860.

Cantos del siboney, La Habana, Imprenta La Antilla, 1862.

Obras, La Habana, Imprenta La Antilla, 1862-1863, 3 T.

La hija del pueblo, drama en tres actos y en verso, La Habana, Imprenta La Antilla, 1865; 2.ª edición, Id.

Amor y sacrificio, drama en tres actos, La Habana, Imprenta La Antilla, 1866.

Definiciones y ejemplos de las principales figuras retóricas, La Habana, Imprenta La Antilla, 1867.

Elementos de Retórica y Poética arreglados al programa del Instituto de La Habana, La Habana, Imprenta La Antilla, 1868.

Nociones de historia universal y particular de España arregladas al programa del Instituto de La Habana, La Habana, Imprenta La Tropical, 1868.

Cantos tropicales, París, Imprenta Walder, 1874.

El arpa del hogar, versos, París, Imprenta H, Lutier, 1878.

Bibliografía pasiva

Casal, Julián del, «*José Fornaris*», en su *Prosas*, tomo 1, La Habana, Consejo Nacional de Cultura, 1963, págs. 275-280.

Figarola Caneda, Domingo, «Notas de hoy sobre libros de ayer, *Poesías de José Fornaris*, La Habana, Imprenta La Universal, de Ruiz y Hermano, 1888», en *La Habana Elegante*, La Habana, 8, 39, 7, octubre 12, 1890.

J. A. I. G., «*Poesías de José Fornaris*», en *La Alborada*, Villa Clara, 1(46, 2, mayo 29, 1856.

López de Briñas, Felipe, «Póstumo, Pepe Fornaris», en *La Bulla*, La Habana, 1, 4, 2, septiembre 23, 1890.

Martínez Bello, Antonio, «Glorias de Cuba, José Fornaris o el Sibonefsmo poético», en *Carteles*, La Habana, 29, 38, 31, 58, septiembre 19, 1948.

Mendive, Rafael María de, «Poesías de don José Fornaris», en *Revista de La Habana*, La Habana, 4, 256-258, 1855.

Remos y Rubio, Juan José, «Poetas cubanos, José Fornaris», en *Arte*, La Habana, 5, 159, 6-7, agosto 5, 1918.

Vitier, Cintio, «José Fornaris», en su *Lo cubano en la poesía*, La Habana, Instituto Cubano del Libro, 1970, págs. 158-162.

Fornet, Ambrosio (Veguitas, Bayamo, Oriente, 6 octubre 1932). Cursó la primaria en su pueblo natal. Se graduó de bachiller en el Instituto de Manzanillo (1950). Realizó estudios en la Universidad de Nueva York (1957) y en la Universidad Central de Madrid, ciudad donde residió de 1957 a 1959. Ha viajado además por México, Francia, Suiza, Alemania y Marruecos. Dirigió de 1964 a 1971 la editora Arte y Literatura, primero perteneciente a la Editorial Nacional de Cuba, y más tarde al Instituto Cubano del Libro, con la colaboración, hasta 1968, de Edmundo Desnoes. Asistió como delegado de Cuba al XXXV Congreso Internacional del Pen Club, celebrado en Abidján, Costa de Marfil (1967). Al año siguiente participó en el Congreso Cultural de La Habana como secretario de la Comisión III. Tiene colaboraciones en *Carteles*, *Lunes de Revolución*, *Casa de las Américas*, *La Gaceta de Cuba*, *Unión*, *Revolución* y *El Bancario*. Ha figurado en diversas antologías de cuentos. Tradujo varias obras del inglés, entre ellas *La llave de cristal* de Dashiell Hammett (La Habana, Instituto Cubano del Libro, 1967). Compiló una *Antología del cuento cubano contemporáneo* (México, Ediciones Era, 1967). Obtuvo el Premio Nacional de Literatura en 2009.

Bibliografía activa

A un paso del diluvio, Cuento, Barcelona, Rumbos, 1958.

En tres y dos, ensayo, La Habana, Ediciones R, 1964.

En blanco y negro, ensayo, La Habana, Instituto Cubano del Libro, 1967.

Bibliografía pasiva

Bueno, Salvador, «Fornet al bate», en *El Mundo*, La Habana, 63, 20 937, 4, abril 16, 1964.

Durán, Augusto, «Hablemos de pelota», en *La Gaceta de Cuba*, La Habana, 3, 41, 22-23, noviembre, 1964.

Foxá y Lecanda, Narciso (San Juan de Puerto Rico, 1822-París, 1883). Niño aún fue trasladado a La Habana donde recibió su educación. A los doce años comenzó a escribir sus primeros poemas. En 1839 publicó en *La Siempreviva* su romance «Aliatar y Zaida». Fue secretario de la Sección de Literatura del Liceo de La Habana al constituirse éste en 1844. En 1846 obtuvo el premio de los juegos Florales del Liceo de La Habana con su *Canto épico sobre el descubrimiento de América por Cristóbal Colón*. Al año siguiente ganó otro premio del Liceo con su oda «Al comercio» y mención honorífica, también en Juegos Florales, con su oda «A la naturaleza». En 1847 viajó a España. Regresó a Cuba en 1849. Fue actor. Colaboró en *Diario de La Habana*, *Diario de Avisos* y *Faro Industrial de La Habana*. Al final de su vida abandonó el cultivo de la poesía. Firmaba a veces con sus iniciales N. de F.

Bibliografía activa

Leyendas cubanas, *La loma del Indio*, La Haba-

na, Imprenta del *Diario de Avisos*, 1944.
Canto épico sobre el descubrimiento de América por Cristóbal Colón, La Habana, Imprenta del Faro Industrial, 1846.
Ensayos poéticos de Don Narciso Foxá, Precedidos de un juicio crítico de Manuel Cañete, Madrid, Imprenta de Andrés y Díaz, 1849.

Bibliografía pasiva

Carbonell, José Manuel, «Narciso Foxá y Lecanda, 1822-1883», en su *La poesía lírica en Cuba*, recopilación dirigida, prologada y anotada, T. 3, La Habana, Imprenta El Siglo XX, 1928, págs. 117-118, Evolución de la cultura cubana, 1608-1927, 3.

Cárdenas, José María de, «Canto épico», en *El Faro Industrial*, La Habana, enero 12, 13 y 14, 1847.

Lezama Lima, José, «Narciso Foxá y Lecanda», en su *Antología de la poesía cubana*, tomo 2, La Habana, Consejo Nacional de Cultura, 1965, págs. 448.

López Prieto, Antonio, «Narciso Foxá», en su *Parnaso cubano*, Colección de poesías selectas de autores cubanos desde Zequeira a nuestros días precedida de una introducción histórico-crítica sobre el desarrollo de la poesía en Cuba, con biografías y notas críticas y literarias de reputados literatos, La Habana, Editor Miguel de Villa, 1881, págs. 295-296.

N. C. R., «*La Loma del indio*, por don Narciso Foxá, Leyenda cubana, inédita», en *Faro industrial de La Habana*, La Habana, 2, 248, 2-3, septiembre 18, 1842.

Onil, seudónimo, «Comunicado, una hoja para la corona del autor de *Don Federico de Castilla*» en *Noticioso y Lucero*, La Habana, 6, 222, 3, agosto 11, 1838.

Fragua (La Habana, 1936-1937). «Sátira, humor, actualidad y mucho más», se leía debajo del título. Comenzó a publicarse semanalmente a partir del 23 de agosto, bajo la dirección de Juan R. Reyes. Entre los integrantes de su redacción se contaban José Zacarías Tallet, Miguel de Marcos y José Manuel Valdés Rodríguez. En sus páginas aparecieron artículos sobre problemas políticos, trabajos de interés literario, cuentos y otras cuestiones generales. Tuvo una sección fija, redactada por Juan Luis Martín, sobre la guerra civil española. Fueron sus colaboradores, entre otros, Juan Marinello, Guillermo Martínez Márquez, Gerardo del Valle, Marcelo Salinas, Mariblanca Sabas Alomá, Marcos García Villarreal, Raúl Roa, Carlos Felipe de Armenteros. Además contó con la presencia de un nutrido grupo de dibujantes, entre los que se destacaban Silvio, Vergara, *Hercar* y Roseñada. El último ejemplar revisado (número 22) corresponde al 16 de febrero de 1937.

Franco, José Luciano (La Habana, 13 diciembre 1891). Estudió comercio. Obtuvo el título de capacidad expedido por la Escuela de Periodismo «Manuel Márquez Sterling» (1945). Con posterioridad ha realizado estudios de Ciencias Municipal y Urbanismo así como de investigación histórica. En diversas ocasiones fue jefe de distintos departamentos de la Administración Municipal de La Habana. Ha participado en numerosos congresos y ha viajado por América Latina, Estados Unidos, Canadá, Turquía y Europa. Perteneció, entre otras organizaciones, a la Sociedad de Estudios Afrocubanos y a la Academia de la Historia de Cuba. Su obra *Política continental americana de España en Cuba, 1812-1830*, recibió el Premio Municipal Histórico de 1947. Dirigió los Cuadernos del Instituto Interamericano de Historia Municipal. Tiene colaboraciones en *Social, Actual, Carteles, Mediodía, Orientación Social, Vida Habanera, Noticiero de Cuba, El Mundo, Hoy, Islas, Granma, La Gaceta de Cuba, Casa de las Américas*. Su trabajo «Juan Francisco Manzano, el poeta esclavo y su tiempo», ha sido recogido en las ediciones de obras de Juan Francisco Manzano, *Autobiografía, cartas y versos* (La Habana, Municipio de La Habana, 1937) y *Obras* (La Habana, Instituto Cubano del Libro, 1973). Ha compilado y publicado los documentos existentes en el Archivo Nacional. para las historias de Haití (1954), Venezuela (1960) y México (1961). Su trabajo *El eco de la primera revolución rusa en Cuba* fue publicado inicialmente en idioma ruso (1965). Ha sido traducido al portugués, al francés, al inglés y al ruso. Desde 1970 participa en comisiones de la UNESCO dedicadas al estudio de África. Es profesor de historia del Instituto Pedagógico de la Universidad de La Habana, e investigador, desde 1962, del Instituto de Historia, más tarde Instituto de Ciencias Sociales, de la Academia de Ciencias de Cuba.

Bibliografía activa

Las cooperativas de consumo y los municipios, La Habana, Imprenta y Papelería de Rambla y Bouza, 1932.

Coloniales, Informe sobre la exposición colonial de París, La Habana, Imprenta y papelería de Rambla y Bouza, 1933.

Primera Exposición de Arte Moderno, La Habana, Imprenta Molina, 1937.

Municipalería, La Habana, Imprenta Molina, 1938.

Pushkin, el gran poeta mulato, La Habana, Imprenta Molina, 1938.

Servicios públicos; definición de los servicios que deben estar a cargo de los municipios, La Habana, Sociedad Colombista Panamericana, 1943.

Un debate sobre la primera Internacional en el congreso español, La Habana, Arrow Press, 1945.

Las democracias municipales en los Países Bajos y España, La Habana, Instituto Interamericano de Historia Municipal e Institucional, 1945.

Las ciudades y sus problemas, La Habana, Imprenta P. Fernández, 1946.

Política continental americana de España en Cuba, 1812-1830.

Prefacio del capitán Joaquín Llaverías, La Habana, Archivo Nacional, 1947, Publicaciones del Archivo Nacional, 15; 2.ª edición, La Habana, Academia de Ciencias de Cuba, Instituto de Historia, 1964, La batalla por el dominio del Caribe y el Golfo de México, I.

La revolución de Yara y la constituyente de Guáimaro, La Habana, Comité Pro Centenario de la Bandera, 1950.

Antonio Maceo, apuntes para una historia de su vida, La Habana, Sociedad Cubana de Estudios Históricos e Internacionales, 1951-1957, 3 T., prólogo de José A. Portuondo, La Habana, Instituto Cubano del Libro, 1973, 3 T.

Tres ensayos, Alejandro Serguéievich Pushkin, Los pintores impresionistas franceses, y Las rebeldías negras, La Habana, Ayón, impresor, 1951.

La verdad histórica sobre la descendencia de Antonio Maceo, La Habana, Municipio de La Habana, 1951, Cuadernos de historia habanera, 47.

Antonio Maceo en Honduras, La Habana, Unión Interamericana del Caribe, 1956.

Proceso y triunfo de la intermunicipalidad, La Habana, Publicaciones del Instituto Interamericano de Historia Municipal e Institucional, 1956.

Diego de Gardoqui y las negociaciones entre España y Norteamérica, 1777-1790, La Habana, 1957.

Folklore criollo y afrocubano, Informe a la Junta Nacional de Arqueología y Etnología, La Habana, Publicaciones de la Junta Nacional de Arqueología y Etnología, 1959.

Instituciones locales, Urbanismo, La Habana, Instituto Interamericano de Historia Municipal e Institucional, 1959.

El gobierno colonial de Cuba y la independencia de Venezuela, La Habana, Archivo Nacional, 1960; La Habana, Casa de las Américas, 1970, Estudios monográficos, 6.

Afroamérica, La Habana, Publicaciones de la Junta Nacional de Arqueología y Etnología, 1961.

La reacción española contra la libertad, La Habana, Oficina del Historiador de la Ciudad, 1961.

Relaciones de Cuba y México durante el período colonial, La Habana, Archivo Nacional de Cuba, 1961.

Ruta de Antonio Maceo en el Caribe, La Habana, Oficina del Historiador de la Ciudad, 1961.

La conspiración de Aponte, La Habana, Archivo Nacional de Cuba, 1963, Publicaciones del Archivo Nacional de Cuba, 58.

La vida heroica y ejemplar de Antonio Maceo, cronología, La Habana, Comisión Nacional de la Academia de Ciencias, Instituto de Historia, 1963.

Plácido, una polémica que tiene cien años y otros ensayos, La Habana, Ediciones Unión, 1964.

Revoluciones y conflictos internacionales en el Caribe, 1789-1854, La Habana, Academia de Ciencias, Instituto de Historia, 1966, La batalla por el dominio del Caribe y el Golfo de México, 2.

Historia de la Revolución de Haití, La Habana, Academia de Ciencias, Instituto de Historia, 1966, La batalla por el dominio del Caribe y el

Golfo de México, 3.

Cuatro siglos de lucha por la libertad, los palenques, separata de la *Revista de la Biblioteca Nacional José Martí*, La Habana, 1967.

La presencia negra en el Nuevo Mundo, La Habana, Casa de las Américas, 1968.

Comercio clandestino de esclavos negros en el siglo XIX, La Habana, Academia de Ciencias de Cuba, Instituto de Historia, 1971, Serie histórica, 21.

Folklore afrocubano, separata de *Cuadernos de Historia Mundial*, Suiza, UNESCO, 1971.

Los fondos del Archivo Nacional, como fuente para la investigación histórica de nuestra etapa colonial, La Habana, Academia de Ciencias de Cuba, Archivo Nacional, 1972, Archivo Nacional, 8.

Los palenques de negros cimarrones, La Habana, COR., 1973.

Armonía y contradicciones cubano-mexicanas, 1554-1830, La Habana, Casa de las Américas, 1975, Estudios monográficos, 9.

Las minas de Santiago del Prado y La rebelión de los cobreros, 1530-1800. Introducción de Pedro Deschamps Chapeaux, La Habana, Editorial de Ciencias Sociales, 1975.

Bibliografía pasiva

Augier, Ángel, «Un libro en el mes, José Luciano Franco, *Folklore criollo y afrocubano*», en *Vida Universitaria*, La Habana, 13, 140, 17-19, abril, 1962.

Bianchi Ross, Ciro, «José Luciano Franco», entrevista en *Cuba Internacional*, La Habana, 6, 62, 18-19, octubre, 1974.

Campuzano, Luisa, «Franco, José Luciano, *Plácido, una polémica que tiene cien años y otros ensayos*», en *Revista de la Biblioteca Nacional José Martí*, La Habana, 6, 34, 136-139, julio-diciembre, 1964.

«Franco, José L., *Política continental americana de España en Cuba, 1812-1830*», en *Boletín del Archivo Nacional*, La Habana, 47, 1-6, 84-85, enero-diciembre, 1948.

J. J. P., «La obra premiada de José Luciano Franco», en *Boletín del Archivo Nacional*, La Habana, 47, 1-6, 103, enero-diciembre, 1948.

Marquina, Rafael, «La política exterior de España», en *Boletín del Archivo Nacional*, La Habana, 47, 1-6, 111-114, enero-diciembre, 1948.

Manucy, Albert, «Un libro de José Luciano Franco», en *Cuadernos del Instituto Interamericano de Historia Municipal e Institucional*, La Habana, 14, 61-67, diciembre, 1955.

Mir, Pedro, «Franco, José L., *Política continental americana de España en Cuba, 1812-1830*, en *Boletín del Archivo Nacional*, La Habana, 47, 1-6, 110-111, enero-diciembre, 1948.

Pitt, Ronald, «Un tópico de interés, España ante América, un libro de J. L. Franco», en *Boletín del Archivo Nacional*, La Habana, 47, 1-6, 104-107, enero-diciembre, 1948.

«Premia el Municipio una obra de José Luciano Franco», sobre *Política continental americana de España en Cuba, 1812-1830*, en *Boletín del Archivo Nacional*, La Habana, 47, 1-6, 85-86, enero-diciembre, 1948.

Rodríguez, Amalia, «Franco, José Luciano, Revoluciones y conflictos internacionales en el Caribe, 1789-1854», en *Revista de la Biblioteca Nacional José Martí*, La Habana, 3.ª época, 56, 7, 4, 115-117, octubre-diciembre, 1965. Rodríguez, César, «*Política continental americana de España en Cuba*», en *Boletín del Archivo Nacional*, La Habana, 47, 1-6, 97, enero-diciembre, 1948.

Fraternidad (Santa Clara, 1911-ld.). «Revista semanal literaria», se lee como subtítulo en el ejemplar más antiguo revisado (número 4), correspondiente al 1.º de abril de 1911. En este momento eran su director y redactor jefe, respectivamente, Eudaldo Gómez Garí y Epifanio Calá Palacios. Su subtítulo sufrió variaciones. En los escasos números encontrados aparecen poesías, cuentos, prosas poéticas, artículos de carácter histórico y otros trabajos de interés puramente local. Se publicaron textos de José Manuel Carbonell, Enrique Hernández Miyares, Francisco Javier Pichardo, Jesús López Silvero, Primitivo Ramírez Ros, Manuel García Garófalo, Lorenzo Despradel, José María Collantes. También contó con la colaboración de autores hoy desconocidos, presumiblemente de la propia ciudad, tales como Ramón Font Jiménez, Leovigildo López del Río, Eligio Hernández, Félix Triana Terry, Juan R. Valdés y otros que se ocultaban tras seudónimos. El último ejemplar consultado (número 15) corresponde al 2 de julio de 1911.

Fraternidad, La (Sancti Spíritus, Las Villas, 1886-1896; 1903-1904; 1924). Semanario de literatura, de intereses generales y órgano de la Sociedad Artística y Literaria «El Progreso». En su primer número, que apareció el 9 de mayo, se expresaba que, por su índole, la publicación estaba «con y sobre todas las opiniones, porque el campo de la Literatura es siempre neutral y pacífico». En este mismo número añadían que su misión sería «propender siempre en fraternal unión y en generosa concordia a la cultura y al adelanto de la sociedad espirituana». Como redactor jefe fungía Francisco J. Rabell. En sus páginas, además de las reseñas sobre las actividades de la sociedad de la cual era órgano, se publicaron artículos de carácter variado sobre cuestiones relativas a la propia ciudad y trabajos de índole literaria, tales como poesías, cuentos, relatos, críticas literarias, biografías, etc. Ocasionalmente aparecieron textos de figuras como José Fornaris, Francisco Sellén, *Justo de Lara* (seudónimo de José de Armas y Cárdenas), Enrique Hernández Miyares, Julián del Casal, *Conde Kostia* (seudónimo de Aniceto Valdivia), Manuel Serafín Pichardo, *César de Hinolia* (seudónimo de Nicolás Heredia), Enrique José Varona, Ricardo del Monte, José Ramón Betancourt, Nieves Xenes, *Fray Candil* (seudónimo de Emilio Bobadilla), Aurelia Castillo de González, Lola Rodríguez de Tió, Federico Villoch, Raimundo Cabrera, Pablo Hernández, Antonio Sellén, María del Pilar Sinués, Eulogio Horta,

Isaac Carrillo y O'Farrill y Úrsula Céspedes de Escanaverino. Contó con la colaboración de escritores poco conocidos, tales como José Manuel Zamora, Federico Rosado, Manuel Castro Marín, Nicanor A. González, Leopoldo Cancio y otros. En el ejemplar correspondiente al 26 de abril de 1896 (número 520) se expresa que, debido a la «aflictiva situación económica que nos domina», se suspende el funcionamiento de la sociedad y la salida de su órgano de difusión. El 1.º de marzo del 1903 reaparece, en su segunda época y con nueva numeración, como «Periódico bimensual [...]». Estaba bajo la dirección de R. García Cañizares. Presentaba un formato diferente, pero posteriormente retomó el original. En esta segunda época contó con la colaboración de Néstor L. Carbonell y otros escritores locales, algunos de los cuales habían colaborado en su primera época. El último ejemplar revisado de esta nueva etapa corresponde al 15 de mayo de 1904. «Una tercera época vino a registrarse con el número 1 de 24 de agosto de 1924 en forma de pequeño magazín de 18 páginas, bonitamente impreso y con buen personal de redacción», señala Manuel Martínez Moles en la página 50 de su obra *Periodismo y periódicos espirituanos* (La Habana, Imprenta El Siglo XX, 1930). El ejemplar más antiguo consultado de esta época (número 8), corresponde a enero-junio de 1926. Su subtítulo la caracterizaba como una «Revista mensual ilustrada / de literatura arte / ciencia. Órgano oficial de la sociedad artística y literaria El Progreso». Era dirigida por Guillermo A. de Valdivia, pero según aparecía en este número había sido su director con anterioridad Félix García Rodríguez. Su salida fue irregular en esta etapa. El contenido de sus páginas no presentó variaciones notables. Sus redactores y colaboradores en esta tercera época, salvo Néstor L. Carbonell, fueron escritores de la localidad, pues, como se señala en el último ejemplar revisado (número 19, correspondiente a mayo de 1931), se habían propuesto «no dar cabida a ningún trabajo cuyo autor no fuera espirituano o vinculado a estos lares».

Bibliografía

Martínez Moles, Manuel, «*La Fraternidad*», en su *Periodismo y periódicos espirituanos*, La Habana, Imprenta El Siglo XX, 1930, págs. 50-51.

Fraternidad y Amor (Guanabacoa, La Habana, 1923-1925). Revista quincenal, literaria y de intereses generales. Comenzó a salir el 1.º de julio, con el objetivo, según se señala en el trabajo «Un saludo y un programa», aparecido en el primer número, de «laborar, decididamente, por el engrandecimiento moral y cultural de la República toda; hacer más vivas cada día las relaciones de confraternidad y de amor entre todos los hijos del país». En los primeros ejemplares de la colección que se conserva en la Biblioteca Nacional José Martí no consta el nombre del director, pero en el trabajo «Ligera advertencia», que aparece en el primer número, su autor, Luis Laurens, expresa que Ramiro Neyra le ha pedido que le haga unas líneas para su nuevo periódico. En el número 19, correspondiente al 1.º de abril de 1924, Ramiro Neyra Lanza firma una nota en su carácter de director y administrador de la revista. Sus trabajos aparecían firmados también con el anagrama *Mario R. Renay*. Al comenzar el segundo año presentó la relación de redactores, de la que formaban parte, entre otros, José Muñiz Vergara (*El Capitán Nemo*), Arturo Ramón de Carricarte y Manuel Cuéllar Vizcaíno. Este último firmaba muchos de sus trabajos con el seudónimo *Don Manuel de la Mancha*. En las páginas de esta revista aparecieron numerosos trabajos de índole literaria: poesías, cuentos, biografías, artículos de crítica e historia literarias, así como otros artículos de carácter histórico y sobre la masonería. También dio cabida a trabajos sobre problemas sociales, de tendencia socialista, y a otros sobre cuestiones variadas de interés local. Se publicaron textos de Nicolás Guillén, Sergio Cuevas Zequeira, Miguel Ángel y José Manuel Carbonell, Francisco Javier Pichardo, Antonio Iraizoz, Fernando Llés, Arturo Doreste, Hilarión Cabrisas, Ciana Valdés Roig, José G. Villa, Paulino G. Báez, Camaño [sic] de Cárdenas, Graziella Garbalosa, Luis Padilla, Gabriel Jiménez Lamar, Manuel Rodríguez Rendueles, José del C. Velasco, Enrique Andreu y otros. El último ejemplar revisado corresponde al 1.º de mayo de 1925. Según parece, éste fue el último que salió, pues en un artículo de Carlos A. Cervantes —«A propósito de... Ramiro Neyra y *Fraternidad y Amor*»— que aparece pegado en uno de los volúmenes de la colección revisada, éste habla de que la revista alcanzó un total de 2346 páginas. El número de referencia termina en la página 2356.

Bibliografía

Neyra Lanza, Ramiro, «Tal día como hoy», en *Fraternidad y Amor*, Guanabacoa, La Habana, 2, 1, 769-771, julio 1, 1924.

Fray Junípero. Cuadernos de la vida espiritual (La Habana, 1943). Revista cuyo primer número correspondió a los meses junio-julio. Estaba, según se leía en sus páginas, al «cuidado literario de Emilio Ballagas», quien, sin embargo, no publicó nada con su firma en ella. En el segundo y último número editado, que corresponde a agosto-septiembre del propio año, se expresa, al comentar un poema de Rubén Martínez Villena inserto en dicho número, que ésta es una «revista de amor, más dedicada a la vida contemplativa que a la activa». Consagrada por completo a la publicación de textos literarios —tanto en prosa como en verso— seleccionados de escritores de renombre universal, como Quevedo, Rilke, Píndaro, Claudel, etc., y de los poetas cubanos Rubén Martínez Villena y justo Rodríguez Santos, «todas las páginas o fragmentos escogidos por él trasuntan la orientación de su espíritu, y muy especialmente la sección titulada "Espejo de pensar», cuyas citas señalan, por diversos caminos el tipo de catolicismo a la vez lúcido, artístico e ingenuo que le atraía con más fuerza», expresa Cintio Vitier en la introducción a su índice analítico, que, compilado por Aleida Domínguez, apareció publicado en *Índices de revistas cubanas*. T. 3. Gaceta del Caribe y Fray Junípero, La Habana, Biblioteca Nacional José Martí. Departamento de Hemeroteca e Información de Humanidades, 1969, págs. 127-139.

Bibliografía

Vitier, Cintio, «Introducción, a *Fray Junípero*», en *Índices de revistas cubanas*, tomo 3. Gaceta del Caribe y Fray Junípero, La Habana, Biblioteca Nacional José Martí, Departamento de Hemeroteca e Información de Humanidades, 1969, págs. 125.

Frías y Jacott, Francisco de (La Habana, 24 septiembre 1809-París, 25 octubre 1877). Cursó estudios en Estados Unidos entre los diez y los diecisiete años de edad. Regresó a Cuba en 1826, tras la muerte de su padre. Realizó un corto viaje a España en 1832. Diez años más tarde viajó a París para estudiar ciencias físico-químicas. Cursó además estudios de agricultura aplicada y de geología. Regresó a La Habana en 1844. Ocupó los cargos de consejero de la Junta de Fomento y de inspector del Instituto de Investigaciones Químicas. Fue elegido socio de número de la Sociedad Económica de Amigos del País y más tarde presidente de su Sección de Agricultura y Comercio. Complicado en 1852 en la Conspiración de Vuelta Abajo, fue encarcelado y condenado a confinamiento en la Península. Volvió a Francia y a Estados Unidos, donde se vinculó a la Junta Cubana Revolucionaria. En 1854 ocupó su vicepresidencia. Disuelta la Junta, regresó a París y comenzó sus correspondencias en *El Correo de la Tarde* (1857-1858), publicó artículos en *El Porvenir del Carmelo* y trabajó como corresponsal del Liceo de La Habana. En 1858, en los Juegos Florales del Liceo, ganó medalla de oro y el título de socio de mérito por su trabajo «¿Descansa sobre bases científicas la opinión de que la destrucción del reino animal lleva consigo la del vegetal, y viceversa?». Tras su regreso a Cuba en 1861, fue nombrado secretario de la Compañía de Ferrocarriles, dirigió *El Siglo* (1863) y llevó a cabo desde sus páginas una campaña para lograr reformas sociales, económicas y políticas para Cuba, que culminó con la creación de la Junta de Información. Elegido para formar parte de la misma, se traslada a España. Volvió a Cuba después del fracaso de la Junta, en la que ocupó la presidencia de la Sección de Inmigración. Fue nombrado regidor del Ayuntamiento de La Habana y nuevamente director de *El Siglo*. En 1868 renuncia a éste y colabora en *El Ateneo*, en *Revista crítica de ciencias, artes y literatura* y es nombrado socio de número de la Real Academia de Ciencias Médicas. Al estallar la guerra del 68 se traslada a París, desde donde colaboró en diversos periódicos latinoamericanos, como *El Deber* (Valparaíso), *La Patria* (Lima), *La República* (Santiago de Chile) y *El Registro Oficial* (Bogotá). Colaboró además en *Educador Popular*, *La América Ilustrada* y *El*

Mundo Nuevo, todos de Nueva York, y en *El Americano* y *Revista Latinoamericana*, de París. Publicó cartas en la *Revista Cubana*. Es autor de trabajos de carácter científico, como la «Memoria sobre la industria pecuaria en la isla de Cuba», publicados en los *Anales de la Real Junta de Fomento y Sociedad Económica de La Habana* y en los *Anales de la Real Academia de Ciencias de La Habana*. Utilizó los seudónimos *Américo, Asur, Un cubano, J. de F., Un homme de la race latine* y sus iniciales C. de P. D., correspondientes a su conocidísimo título de conde de Pozos Dulces.

Bibliografía activa

Lettre a Sa Majesté l'Empereur Napoléon III sur l'influence française en Amérique a propos du message de M. Buchanan, par un homme de la race latine, París, 1858.

Cartas del conde de Pozos Dulces sobre la influencia agrícola de la isla de Cuba y sobre ciencias y artes, La Habana, Imprenta La Honradez, 1860.

Colección de escritos sobre agricultura, ciencias y otros ramos de interés para la isla de Cuba, París, Jorge Kugelmann, 1860.

La cuestión del trabajo agrícola y de la población en la isla de Cuba, teórica y prácticamente examinada, París, Jorge Kugelmann, 1860.

Atraso de la agricultura española y necesidad de mejorarla, Madrid, 1861.

Contestación de los comisionados de Cuba a las preguntas del primer interrogatorio relativo a la inmigración, La Habana, 1867.

Reformismo agrario, prólogo de José Antonio Ramos, La Habana, Secretaría de Educación, 1937, Cuadernos de cultura, 4.ª serie, I.

Bibliografía pasiva

Jorrín, José Silverio, «Don Francisco de Frías, conde de Pozos Dulces, carta», en *Revista Cubana*, La Habana, 2, 537-540, 1885.

Monte, Ricardo del, «Necrología, el conde de Pozos Dulces», en *Revista de Cuba*, La Habana, 2, 566-567, 1877.

«El conde de Pozos Dulces», en *El País*, La Habana, 10, 254, 2, octubre 26, 1887.

El monumento a Don Francisco Frías Jacott, conde de Pozos Dulces, opiniones, artículos y discurso, La Habana, Imprenta P. Fernández, 1927.

Morales y Morales, Vidal, *Biografía del señor don Francisco de Frías y Jacott, conde de Pozos Dulces*, La Habana, La Propaganda Literaria, 1887.

Ramos y Aguirre, José Antonio, *Pozos Dulces, el inútil vidente*, conferencia leída el día 11 de noviembre de 1936 en el Palacio Municipal, La Habana, Imprenta Molina, 1936.

Sanguily, Manuel, «Las reformas políticas y el darwinismo, el conde de Pozos Dulces», en su *Hojas Literarias*, La Habana, 4, 177-206, junio 30, 1894.

Santovenia, Emeterio Santiago, «El conde de Pozos Dulces, La Habana, 24 de septiembre, 1809-París, 25 de octubre, 1877», en *Social*,

La Habana, 8, 3, 43, marzo, 1923.

Friol, Roberto (La Habana, 3 abril 1928-2 junio 2010). Cursó la primera enseñanza en La Habana. En 1946 obtuvo el título de Profesor de Inglés. Se graduó de Bachiller en Ciencias en 1948 y de Maestro Normalista en 1954. Ha ejercido el magisterio en escuelas primarias, en primarias superiores y en secundarias básicas (1954-1962). Cursó estudios de medicina hasta cuarto año. Ha colaborado en *El País*, *Gráfico*, *Bohemia*, *Unión*, *Revista de la Biblioteca Nacional José Martí*, *Boletín del Instituto de Literatura y Lingüística* e *Islas*. Es autor de los trabajos «El hombre de Saul Bellow» y «La novela cubana en el siglo XIX». Cultiva también el cuento. Ha traducido poemas de William Cullen Bryant. Poemas suyos han sido traducidos al ruso, al ucraniano y al italiano y han aparecido en varias antologías. Trabaja como investigador literario en la Biblioteca Nacional José Martí. Obtuvo el Premio Nacional de Literatura en 1998.

Bibliografía activa

En la cabaña del tío Tom, ensayo, La Habana, Biblioteca Nacional José Martí, 1967.
Alción al fuego, poesía, La Habana, UNEAC, 1968.

Bibliografía pasiva

Oraá, Francisco de, «*Alción al fuego*», en *Revista de la Biblioteca Nacional José Martí*, La Habana, 2.ª época, 12, 61, 2, 184-187, mayo-agosto, 1970.

Fuego, El (La Habana, 1893-1894). Semanario de intereses generales, literatura y *sports*. Comenzó a salir el 6 de marzo bajo la dirección de Benito J. Nieto, quien era además su propietario. Con posterioridad hizo mayor su formato y se convirtió en «órgano del servicio de incendios en la Isla de Cuba». Además de artículos sobre cuestiones relacionadas con los incendios, publicó poesías de Luisa Pérez de Zambrana, Ricardo Rodríguez Cáceres, Pablo Hernández y otros, así como colaboraciones ocasionales de Álvaro de la Iglesia, Manuel Serafín Pichardo, Nicolás Heredia, Francisco García Cisneros y Federico Villoch. El último ejemplar revisado (número 35) corresponde al 4 de enero de 1894.

Fuentes, Jorge (La Habana, 28 octubre 1945). A partir de 1960 fue dirigente de la Unión de Estudiantes Secundarios, posteriormente de la Unión de Jóvenes Comunistas en los centros en donde cursó estudios, en su ciudad natal. Inició la licenciatura en Letras en la Universidad de La Habana, la cual abandonó para dedicarse al trabajo periodístico en el Instituto Cubano de Radiodifusión, en donde fue reportero, redactor y director de programas radiales y realizador de documentales para la televisión. Posteriormente fue llamado al Servicio Militar Obligatorio. Ha publicado poemas en *El Caimán Barbudo* y composiciones suyas fueron recogidas en el tomo colectivo *Poemas David 69* (La Habana,

151

UNEAC, 1970, págs. 127-130), seleccionado y prologado por Raúl Luis. Trabaja en la Sección Fílmica del Ministerio de las Fuerzas Armadas Revolucionarias.

Bibliografía activa

Los que nacieron conmigo, poesía, La Habana, Instituto Cubano del Libro, 1971.

Fuentes, José Lorenzo (Véase **Lorenzo Fuentes, José**)

Fuentes, Norberto (La Habana, 2 marzo 1943). Cursó estudios en La Habana. Muy joven aún viajó al extranjero. Fue alumno de artes plásticas en la escuela San Alejandro. Por esa época desempeñó el cargo de secretario de la Unión de Jóvenes Rebeldes de dicho centro de estudios. Se inició en el periodismo con dibujos humorísticos y, más tarde, va abandonado el dibujo, redactando los textos de las historietas cómicas en la revista *Mella*. En ésta aparecieron sus primeros reportajes. Fue su corresponsal en la Sierra del Escambray (Las Villas) durante la lucha contra bandidos. Más tarde comenzó a colaborar en la revista *Cuba*. Tanto en el periódico *Hoy* como en *Cuba* ganó premios periodísticos. En 1968 recibió el premio de cuento en el Concurso Casa de las Américas por su libro *Condenados de Condado*.

Bibliografía activa

Condenados de Condado, relatos, La Habana,

Ediciones Casa de las Américas, 1968; Buenos Aires, Centro Editor de América Latina, 1968.

Cazabandidos, Reportajes, Montevideo, Editorial Arca, 197...

Bibliografía pasiva

Benítez Rojo, Antonio, «*Condenados de Condado*» en *Casa de las Américas*, La Habana, 9, 49, 158-160, julio-agosto, 1968.

«El hombre y los libros, Norberto Fuentes, Lo esencial es la honestidad», en *Cuba*, La Habana, 7, 72, 24, abril, 1968.

Larrazábal Henríquez, Osvaldo, «Norberto Fuentes, *Condenados de Condado*», en *Cultura Universitaria*, Caracas, 98-99, 288-290, enero-junio, 1968.

Martí, Agenor, «Norberto Fuentes por un filtro», en *La Gaceta de Cuba*, La Habana, 6, 63, 2, febrero-marzo, 1968.

Fuentes Betancourt, Emilio de los Santos (Camagüey, 5 noviembre 1843-Jalapa, México, 8 agosto 1909). Se educó en España, donde estudió la filosofía krausista. En La Habana fundó, con el Padre Arteaga, el colegio Educación de la Familia. Obtuvo el Primer Premio en el Certamen del Liceo de Puerto Príncipe (1867) por su *Memoria sobre la conveniencia de reservar a las mujeres ciertos trabajos que están en manos de los hombres, determinando, al mismo tiempo, cuáles sean éstos*. Fue desterrado a Madrid por sus doctrinas religiosas. Allí alcanzó el doctorado en Filosofía y Letras (1877). Fue nombrado socio de honor de la Sociedad Filarmónica de Santiago de Cuba. Ese mismo año se incorporó a la Universidad de San Marcos de Lima. Sacerdote, abjuró de su fe y se convirtió al metodismo al instalarse en México en 1881. Dirigió la revista pedagógica *México Intelectual* (1894), fundó un colegio en Guadalajara y dirigió la Escuela Normal Primaria de Jalapa. Fue colaborador en *La Familia*. Pronunció conferencias que le dieron cierto renombre. Se destacó también como orador sagrado. Firmaba con sus iniciales E. de los S. F. y B.

Bibliografía activa
Memoria sobre la conveniencia de reservar a las mujeres ciertos trabajos que están en manos de los hombres, determinando, al mismo tiempo, cuáles sean éstos, Santiago de Cuba, Imprenta de Espinal y Diez, 1868.
Discurso sobre el concepto de la primera y segunda enseñanza, La Habana, Imprenta del Tiempo, 1875.
Ejercicio de cristiano, La Habana, La Verdad, 1875.
Frutos primaverales, La Habana, El Tiempo, 1875.
Aparición y desarrollo de la poesía en Cuba, Lima, La Opinión Nacional, 1877.
La Poesía y sus géneros fundamentales, Madrid, J. Peña, 1877.
Luisa Pérez de Zambrana, estudio crítico-literario, Lectura dada por su autor en la Sociedad Filarmónica de Santiago de Cuba, Santiago de Cuba, Tipografía de Ravelo, 1879.
Biografía del señor Licenciado don Juan Bautista Sagarra y Bles, Santiago de Cuba, Imprenta de Ravelo, 1880.
Mi conversión, lectura religiosa dada en el Templo Metodista de México, titulada La Santísima Trinidad, el domingo 2 de octubre de 1881, México D. F., Imprenta de la Iglesia Metodista, 1881.
Excomunión y excomuniones, carta dirigida al Illmo. señor Arzobispo de Santiago de Cuba, México D. F., Imprenta de la Iglesia Metodista Episcopal, 1883.
Pequeño devocionario evangélico, México D. F., Zubieta, 1883.
Los grandes líricos españoles contemporáneos, Lecturas dadas en el Liceo Hidalgo de México por su autor, México D. F., La Universal, 1885; 2.ª edición, México D. F., 1887.
Páginas políticas, Colección de artículos originales, Santiago de Cuba, Juan E. Ravelo, 1885.
Elementos de arte métrica castellana, recopilados y expuestos metódicamente, Xalapa, Oficina Tipográfica del Gobierno del Estado, 1899.
El matrimonio, Jalapa, México, Imprenta del Gobierno, 1889.
¡Gloria a Hidalgo!, discurso patriótico, Xalapa, Imprenta de A. D. Lara, 1899.
La palabra humana y sus excelencias, Xalapa, Tipografía del Gobierno del Estado, 1903.

Fulleda León, Gerardo (Santiago de Cuba, 12 febrero 1942). En el Instituto de la Víbora, en La Habana, cursó hasta cuarto año de bachillerato. Trabajó como peón de carpintería. Fue instructor de teatro (1961-1962). Dirigió las ediciones El Puente (1962-1963). En 1963 obtuvo premio y mención en el Primer Concurso Nacional de Teatro convocado por el CNC. Tomó dos cursos en el Seminario de Dramaturgia del Teatro Nacional de Cuba. Fue asistente de dirección del grupo teatral «Milanés» (1964). Ha colaborado en *Lunes de Revolución*, *Prensa Libre* y *Unión*. Asesor literario del grupo teatral «Rita Montaner».

Bibliografía activa

Algo en la nada, La Habana, Ediciones El Puente, 1960.

Fundamentos (La Habana, 1941-1953). Revista mensual. Comenzó a salir en abril como una continuación de *El Comunista* y bajo la dirección de Blas Roca. «El crecimiento de las fuerzas revolucionarias, la complejidad de los problemas que el pueblo cubano tiene que afrontar y vencer, justifican la existencia de una revista de teoría y práctica, en que, al mismo tiempo que se analicen las cuestiones cubanas e internacionales desde el ángulo de los intereses populares y con el enfoque de la teoría revolucionaria del proletariado, se den los rudimentos para la educación de las masas, contribuyéndose de este modo a la formación de los cuadros del movimiento popular», se expresaba en el primer número. Fue el órgano de expresión del Partido Unión Revolucionaria Comunista, después llamado Partido Socialista Popular. Trató sobre cuestiones socio-económicas, históricas, políticas y laborales de nuestra realidad nacional, enfocadas desde el punto de vista marxista. Reprodujo textos de pensadores marxistas, así como noticias referentes a actividades de esta índole en América Latina y en el resto del mundo. En la sección «Bibliografía», después titulada «Crítica y Bibliografía», se recogían notas y reseñas sobre obras de Marx, Lenin, etc. Colaboraron en sus páginas Carlos Rafael Rodríguez, Juan Marinello, Lázaro Peña, Edith García Buchaca, Mirta Aguirre, Jacinto y Pelegrín Torras, Severo Aguirre, Flavio Bravo, César Vilar, Manuel Luzardo, César y Aníbal Escalante, Raúl Valdés Vivó, Faustino Calcines, Ursinio Rojas y Ladislao G. Carvajal, entre otros. El último ejemplar revisado corresponde a julio de 1953.

Bibliografía

«El décimo aniversario», en *Fundamentos*, La Habana, 9, 93, 915-919, noviembre, 1949.

«Una nueva etapa», en *Fundamentos*, La Habana, 6, 53, 3-4, enero, 1946.

«Por una mejor orientación de todo el Partido a la revista Fundamentos», en *Fundamentos*, La Habana, 12, 128, 963-969, noviembre, 1952.

Fundora, Osvaldo (La Habana, 24 septiembre 1942). Realizó los primeros estudios en su ciudad natal. Artillero de las baterías antiaéreas de la Base Granma, participó en los combates de Playa Girón. Trabajó en el Ministerio del Interior. Posteriormente pasó a desempeñar sus servicios dentro del Consejo Nacional de Cultura, cuyo Centro de Documentación dirigió por breve tiempo. Tiene publicados poemas y otros textos en *Moncada*, con *la Guardia en Alto*, *El Caimán Barbudo*, *Bohemia*, *Verde Olivo*, *La Gaceta de Cuba*, *Revolución y Cultura*. Ha ganado varios premios y menciones en concursos nacionales. Milita en el Partido Comunista de Cuba. Es director general provincial de literatura y publicaciones de la Delegación La Habana del Consejo Nacional de Cultura.

Bibliografía activa
Cuentan las piedras, poesía, La Habana, UNEAC, 1974, Colección David.

Futuro Social (La Habana, 1937). Revista. Comenzó a salir en septiembre. Era «Órgano oficial del Sindicato de Empleados Gastronómicos de La Habana». Como tal, se expresaba en el artículo «Nuestra salida», que apareció en su primer número, «será fiel intérprete del ansia reivindicadora del proletariado cubano, recogiendo en sus páginas las palabras de cuantos piensan y sienten como trabajadores». Era su director Francisco Aguirre. La subdirección y la jefatura de redacción eran ocupadas, respectivamente, por Alfredo Rubio e Isidro Figueroa B. Se editaba mensualmente. En sus páginas, dedicadas fundamentalmente a tratar los problemas obreros en general y, en especial, los de aquellos que pertenecían al sindicato de que era órgano oficial, aparecieron también poemas, cuentos y otros trabajos de interés literario y cultural, siempre de un marcado matiz izquierdista. Mostró también una constante preocupación por los problemas relacionados con la guerra civil española. Aparecieron textos de Raúl Roa, José Antonio Portuondo, José Zacarías Tallet, Regino Pedroso, Luis Gómez Wangüemert, Loló Soldevilla, Juan Luis Martín, J. Chelala Aguilera, Osvaldo R. Sánchez Cabrera, Ángel Alberto Giraudy y otros. El último ejemplar revisado (número 4) corresponde a diciembre de 1937.

Fuxá Sanz, Juan José Emilio (Cienfuegos, Las Villas, 28 mayo 1923). Vinculado al teatro desde joven, trabajó como actor en el grupo ADAD (1945-1947). Obtuvo el título de Doctor en Derecho en la Universidad de La Habana en 1947. En su pueblo natal desarrolló una gran actividad política y cultural como dirigente del Movimiento 26 de julio en la zona sur de Las Villas y por su vinculación al Ateneo, en el que ocupó los cargos de director teatral y presidente de Artes Dramáticas y fue profesor de teatro en diversos cursillos. Con su *Canto a Cienfuegos* ganó el premio de poesía en Juegos Florales convocados por el Ateneo. Colaboró con poemas en *La Correspondencia*. Dio conferencias sobre temas literarios en el Lyceum de La Habana. Ejerció su carrera hasta 1959. Después del triunfo de la Revolución se hizo cargo de la administración de la Zona Fiscal de Cienfuegos, fue embajador de

Cuba en Costa Rica y en Hungría, director de Cancillería y Política Regional del MINREX y miembro del Consejo Ejecutivo de la UNESCO. Ha viajado por México, Panamá, España, Francia, Checoslovaquia, Polonia, Austria, Italia. Ha sido traducido al húngaro. En 1974 fue nombrado director de la Escuela Nacional de Arte Dramático.

Bibliografía activa

Ágata, La Habana, Cooperativa, 1947.
Retorno a la emoción, Cienfuegos, Ateneo, 1952.
Nacimiento de la estrella, Cienfuegos, 1955.
Estampas de una guerra cualquiera, relatos, San José de Costa Rica, Helena, 1961.
El hueco, San José de Costa Rica, Helena, 1961.
Receso al invierno, San José de Costa Rica, 1961.

G

Gaceta de Bellas Artes (La Habana, 1923-1928). Publicación bimestral del Club Cubano de Bellas Artes. Revista. Su primer número publicado correspondió a octubre. En él aparecen como directores Sergio Cuevas Zequeira y Esteban Valderrama, pero en los números siguientes solo aparece el primero. Su periodicidad fue variable, a pesar de lo expresado en el subtítulo. Los últimos ejemplares vistos son semestrales. En el correspondiente a enero-junio de 1926 aparece un consejo de redacción en el que funge como director Esteban Valderrama —pues Cuevas Zequeira había fallecido—, Primitivo Cordero Leiva y Gerardo G. González. Esta revista trató de «mejorar y desarrollar el cultivo de las Bellas Artes en Cuba, tanto en su sentido práctico como en el teórico». Contó con diversas secciones, tales como pintura, música, teatro, literatura, historia y Bibliografía, que eran redactadas por Enrique García Cabrera, Eduardo Sánchez de Fuentes, Salvador Salazar, Sergio Cuevas Zequeira, Emeterio Santiago Santovenia y Juan Marinello, respectivamente. Otros colaboradores fueron Enrique José Varona, Néstor y Miguel A. Carbonell, Jorge Mañach y Guillermo Martínez Márquez. El último ejemplar encontrado corresponde al 16 de abril de 1928.

Gaceta de Cuba, La (La Habana, 1962). Periódico quincenal de arte y literatura publicado por la Unión de Escritores y Artistas de Cuba. El primer número correspondió al 15 de abril. En él se expresaba, en un artículo titulado «Nuestras palabras», lo siguiente: «Lograda con buen éxito la celebración del primer congreso de escritores y artistas, en agosto del año último, del que luego surgió la Unión en que aquéllos se agrupan, he aquí una consecuencia de entrambos acontecimientos: la aparición de un periódico nacional en cuyas páginas vibre la inquietud de los hombres y mujeres que ejercen la cultura y buscan la belleza». Más adelante señalan: «El periódico que hoy aparece no está hecho *por* un grupo *para* un grupo, ni responde a capillas o sectas, ni será coto cerrado a quienes no fueron congresistas ayer, ni figuran hoy en las listas de asociados de la Unión: en él puede —y diríamos debe— colaborar todo el que se sienta en posesión de facultades para hacerlo, y más si su obra está enderezada por el camino de la definitiva y sagrada victoria». Y también afirman que «Llegados a este punto bueno será decir así como es de ancho nuestro criterio en lo político o patriótico, somos en cambio empeñosos por demás en lo que toca al rigor con que ha de juzgarse la calidad estética, tanto en lo ajeno como en lo propio. Nuestra amplitud no lo será de modo que en ella se ampare el artista inepto, el escritor inescrupuloso en su trabajo, de técnica insuficiente, que no logra todavía comunicar a su obra la consistencia y solidez que una creación auténtica debe tener [...]». Dirigido por Nicolás Guillén, su primer redactor en jefe fue Lisandro Otero. Posteriormente, entre los números 13 y 14, funge como subdirector Juan Blanco y como redactor en jefe César Leante. A partir del número 15 aparece un consejo de redacción formado por Nicolás Guillén, Lisandro Otero, Juan Blanco, Tomás Gutiérrez Alea, Antonieta Henríquez, Edmundo Desnoes, Alfredo Guevara, Graciela Pogolotti, Ricardo Porro, Ambrosio Fornet y Luis Agüero. El responsable de la edición era César Leante, pero desde el número 17 lo fue Lisandro Otero. Desde el número 32 ocurrió otro cambio. Pasa a ocupar la dirección nuevamente Nicolás Guillén y Juan Blanco fue el jefe de redacción. El consejo de dirección quedó integrado por Roberto Fernández Retamar, Tomás Gutiérrez Alea, Antonieta Henríquez, Graciela Pogolotti, Rine Leal y Luis Agüero. Entre el número 38 y el 42 fue el jefe de redacción Luis Agüero, pasando Juan Blanco al consejo de dirección. Jaime Saruski, ocupó la jefatura de redacción entre los números 44 y 53. A partir del número 54 vuelve a integrarse un consejo de dirección formado por Nicolás Guillén, Félix Pita Rodríguez, Fayad Jamís, Salvador Bueno, Raúl Aparicio, Nancy Morejón y Manuel Díaz Martínez. Ocupó el cargo de secretario de redacción Euclides Vázquez Candela, responsabilidad que adquirió Manuel Díaz Martínez entre los números 65 y 68. A partir del número 69 dicho trabajo fue desempeñado por Luis Marré. A partir del número 92-93 solamente aparecía en el machón de la publicación como director Nicolás Guillén y como secretario de redacción Marré. Desde el número 112 se le ha añadido un comité de colaboración integrado por Ángel Augier, Onelio Jorge Cardoso, Luis Suardíaz, Sergio Chaple, Salvador Bueno y José Martínez Matos. A pesar de que la publicación se autodefine como un periódico, entre los números 1 y 48-49 tuvo la forma de tabloide, entre el 50 y el 64 la de periódico y después ha vuelto a tener la de tabloide. Aparece mensualmente desde el número 42. Publicación dedicada exclusivamente a las artes, y en especial a la literatura, publica cuentos, poemas, capítulos de novelas, artículos sobre artes plásticas, estética, filosofía, teatro y trabajos sobre temas históricos. Ha mantenido a lo largo de su existencia varias secciones fijas, entre ellas «Notas», «Artes, letras, espectáculos», que publicaba crítica literaria; opiniones sobre pintura, cine, música; reseñas de los últimos libros aparecidos, entrevistas y comentarios sobre exposiciones y obras de teatro. También presentó las secciones «Criterios», dedicada a la publicación de materiales referentes a teoría literaria, y «Crítica», tanto cinematográfica como de libros, teatral y musical. Han colaborado en sus páginas muchos escritores cubanos, y también han aparecido trabajos de escritores de otros países, sobre todo de los del campo socialista. Entre los colaboradores cubanos figuran José Antonio Portuondo, Juan Marinello, Raúl Roa, Alejo Carpentier, Onelio Jorge Cardoso, José Lezama Lima, Gustavo Eguren, Cintio Vitier, Fina García Marruz, Roberto Branly, Eliseo Diego, Humberto Arenal, Pedro y Francisco de Oraá, Marcelino Arozarena, Mirta Aguirre,

Armando Álvarez Bravo, Miguel Barnet, Antonio Benítez Rojo, Fernando Campoamor, Calvert Casey, Mary Cruz, Pedro Deschamps Chapeaux, Ambrosio Fornet, José Luciano Franco, Óscar Hurtado, Julio Le Riverend, Leonel López Nussa, Rogelio Llopis, Noel Navarro, Virgilio Piñera, José Rodríguez Feo, Guillermo Rodríguez Rivera, Joaquín G. Santana, Manuel Cofiño, Loló de la Torriente. Compilado por Araceli García Carranza se ha publicado el *Índice analítico de* La Gaceta de Cuba, La Habana, Biblioteca Nacional José Martí. Departamentos de Hemeroteca e Información de Humanidades y Colección Cubana, 1974), que comprende lo publicado entre abril de 1962 y diciembre de 1967-enero de 1968 (números 1 al 62).

Bibliografía

Bueno, Salvador, «Introducción», en *Índice analítico de* La Gaceta de Cuba, La Habana, Biblioteca Nacional José Martí, Departamentos de Hemeroteca e Información de Humanidades y Colección Cubana, 1974, págs. 3-5.

Gaceta del Caribe (La Habana, 1944). Revista mensual de cultura. El primer número apareció en marzo. Fue dirigida por un comité editor formado por Nicolás Guillén, José Antonio Portuondo, Ángel Augier y Mirta Aguirre. En el número 2 aparece formando parte del mismo Félix Pita Rodríguez. Señalaban en el primer ejemplar publicado que «esta revista, que nace con ánimo polémico y creyendo en la eficacia saludable de ciertas controversias, combatirá sin excesos, pero sin descanso a cuantos huyen, a la hora de crear, de todo contacto con el alma y la sangre del pueblo, de todo roce con las grandes cuestiones humanas, por temor a rebajar la categoría de su obra... Solo nos guía el afán de servir a la cultura en esta parte del mapa con un limpio espíritu solidario hacia los pueblos con los que estamos hermanados en el Caribe». Los editores se proponían, además, «patrocinar actos públicos de carácter cultural, rendir homenaje fervoroso a los hombres de artes y letras que ayudaron a darnos dimensión de nacionalidad, propiciar ediciones de obras cubanas, antiguas y contemporáneas; contribuir a la difusión de nuestros elementos de cultura, dando a conocer nuestros literatos y nuestros artistas al resto de América y del Mundo; realizar, en fin, sin estrecheces de criterios ni mezquindades rivalistas, la obra crítica de que carecemos y plantear con energía los problemas más vitales de nuestra inquietud». Esta revista dio cabida en sus páginas a destacados intelectuales revolucionarios, que se manifestaron en ella a través de artículos, críticas y diversos comentarios, tanto de carácter literario como histórico. Publicó también cuentos, poesías y reseñas de libros, estas últimas a través de la sección «Los libros». Mantuvo secciones dedicadas a la música, el teatro y las artes plásticas. Entre sus colaboradores figuran Carlos Rafael Rodríguez, Juan Marinello, Sergio Aguirre, Enrique Serpa, Enrique Labrador Ruiz, Fernando Ortiz, Emilio Roig de Leuchsenring, José Antonio Ramos, Alejo Carpentier, José Luciano Franco, Julio

Le Riverend, José Manuel Valdés Rodríguez, Onelio Jorge Cardoso, Loló de la Torriente, Dora Alonso, Salvador Bueno, Elías Entralgo. El último ejemplar publicado, número 9 y 10, correspondió a los meses de noviembre y diciembre de 1944. Su índice analítico compilado por Aleida Domínguez, ha sido publicado en el tomo 3 de Índices de revistas cubanas, La Habana, Biblioteca Nacional José Martí. Departamento de Hemeroteca e Información de Humanidades, 1969, págs. 17-121.

Bibliografía

Portuondo, José Antonio, «Introducción, a *Gaceta del Caribe*, en *Índices de revistas cubanas*, tomo 3.

Gaceta del Caribe y Fray Junípero, La Habana, Biblioteca Nacional José Martí, Departamento de Hemeroteca e Información de Humanidades, 1969, págs. 13-16.

Galería (Santiago de Cuba, 1956-1960). Boletín de la Galería de Artes Plásticas de Santiago de Cuba. Revista. Fue su director Jesús Sabourin Fornaris. Como subdirectores fungían René Valdés Cedeño, Olga Maidique Patricio, Daniel Serra Badué y Nora Riguenes Vives. Tuvo una periodicidad variable. A partir del número 3 su formato fue mayor y se hizo más lujosa. En ese mismo número expresaban sus editores que se proponían «ofrecer a nuestra personalidad creadora, tanto consagrada como inédita, la difusión y el estímulo necesarios para mantenerse erguida en un ambiente que estima la seriedad artística como frivolidad de sobremesa». Además, señalaban que intentaban «lograr el desarrollo de un espíritu amplio y solidario que rescate, de manos egoístas, ese afán generoso que le otorga, a todo empeño de cultura, su verdadera trascendencia». A partir del número 4 dejó de salir en el machón el grupo de subdirectores. Aparecían entonces Daniel Serra Badué, Cary Bonet Rosell y Olga Maidique Patricio, como subdirector, jefe de redacción y subjefe de redacción, respectivamente. Fue una revista dedicada casi exclusivamente a las artes plásticas y con mayor atención a tales expresiones artísticas en la propia Santiago de Cuba. Aparecieron también cuentos, poesías, reseñas de libros y artículos sobre cine, música, teatro y danza. Entre los colaboradores figuraban José Antonio Portuondo, Nicolás Guillén, José Soler Puig, Mirta Aguirre, Graciela Pogolotti, Francisco Prat Puig, Rosario Antuña, Electo Silva, Raúl Pomares, Nereida Neira Fernández y Guillermo Orozco Sierra. El último número publicado (19-20) correspondió a enero-junio de 1960. La revista *Catálogo*, editada por la Biblioteca «Elvira Cape», de Santiago de Cuba, dedicó un número especial, correspondiente a julio de 1971, al «Índice de *Galería*».

Gálvez, José María (Matanzas, 24 noviembre 1835-La Habana, 16 mayo 1906). Estudió en los colegios La Empresa y El Salvador. Se graduó de Licenciado en Derecho Civil y Canónico en la Universidad de La Habana (1859). Donó su fortuna a la causa de la independencia. Ligado a la Junta Revolucionaria de Nueva York trabajó como agente confidencial de Carlos Manuel de Céspedes. Por sus actividades subversivas sufrió prisión en Isla de Pinos. Después del Pacto del Zanjón (1878) se unió al autonomismo. En 1898 presidió el Gabinete Autonomista. Colaboró en *El Tábano*, *El Triunfo*, *El País*, *El Nuevo País*, *La Independencia*, *La Revolución*, *La América*, *La Semana*. Se destacó como orador forense. Fue uno de los juristas más notables del siglo XIX. Utilizó los seudónimos *Almendares*, *Bainoa*, *Nazario*, *F. Zarreta* y *A. Z.*

Bibliografía activa
Independencia de Cuba, 1821-1869. Paralelos, Nueva York, Imprenta Hallet & Breen, 1869.

Bibliografía pasiva
Carbonell, José Manuel, «José María Gálvez y Alfonso, 1835-1906», en *su La oratoria en Cuba*, recopilación dirigida, prologada y anotada, tomo 2, La Habana, Imprenta Montalvo y Cárdenas, 1928, págs. 19, 20, Evolución de la cultura cubana, 1608-1927, 8.
Conangla Fontanilles, José, *Semblanza de Gálvez*, conferencia dada en el Aula Magna de la Universidad de La Habana, en 19 febrero de 1952; correspondiente a la serie sobre Figuras del Autonomismo, que por encargo de la Comisión de Extensión Cultural organizó el Doctor Elías Entralgo, catedrático de Historia de Cuba, La Habana, Imprenta de la Universidad de La Habana, 1953.
Conangla Fontanilles, José y Antonio García Hernández, *José María Gálvez, discursos*, Sociedad Económica de Amigos del País, Sesión solemne homenaje a don José María Gálvez, en el primer centenario de su nacimiento, celebrada el día 9 de enero de 1938, al cumplirse 145 años de la fundación de esta Sociedad, La Habana, Imprenta Molina, 1938, La Habana, Imprenta El Siglo XX, 1926, págs. 373-389, Academia Nacional de Artes y Letras, Biblioteca de autores cubanos, 1.

Galliano Cancio, Miguel (Sancti Spíritus, Las Villas, 29 septiembre 1890-Manzanillo, Oriente, 196). A los once años se trasladó a Manzanillo. Niño aún, quedó huérfano de padre, por lo que tuvo que abandonar los estudios y comenzar a trabajar en un comercio. Más tarde dirigió varios periódicos manzanilleros. Colaboró en *Cuba y América*, *El Fígaro*, *Nosotros*, *Revista de Avance*. Perteneció al grupo literario de la revista Orto. Fue miembro correspondiente de la Academia Nacional de Artes y Letras por la provincia de Oriente. Poemas suyos han sido traducidos al inglés.

Bibliografía activa
Del rosal de mis sueños, poemas, «A manera de prólogo», por José Manuel Carbonell, La Habana, Biblioteca Studium, 1913.
Ruiseñores del alma, «Portico», por José Manuel Poveda, Manzanillo, Biblioteca Martí,

1918; 24 edición Id., 1920.
1950, año del centenario de la bandera, Manzanillo, 1950.

Bibliografía pasiva
Aramburu, Joaquín N., «Tinta fresca, *Ruiseñores del alma*», en *Bohemia*, La Habana, 10, 10, 6, marzo 9, 1919.
Carbonell, José Manuel, «La semana, A manera de prólogo», en *Letras*, La Habana, 2.ª época, 9, 18, 210-211, mayo 11, 1913.
«Miguel Galliano Cancio, 1890», en su *La poesía lírica en Cuba*, recopilación dirigida, prologada y anotada, tomo 5, La Habana, Imprenta El Siglo XX, 1928, págs. 320-324, Evolución de la cultura cubana, 1608-1927, 5.
Gay Calbó, Enrique, «Glosario, *Del rosal de mis sueños*», en *Orto*, Manzanillo, 4, 39, 5, noviembre 7, 1915.
González R., Rogelio, «El poeta Galiano Cancio, *Del rosal de mis sueños*», en *Orto*, Manzanillo, 4, 35, 2-4, septiembre 26, 1915.
Jerez Villarreal, Juan, «Aspectos sobre la actual lírica cubana, con motivo del volumen de versos *El rosal de mis ensueños*», en *Orto*, Manzanillo, 4, 43, 8-9, diciembre 19, 1915.
López, Pedro Alejandro, «Pétalos, *Del rosal de mis sueños*», en *Orto*, Manzanillo, 4, 32, 1-2, septiembre 5, 1915.
Medrano, Higinio J., «Un libro de juventud, *Del rosal de mis sueños*», en *Orto*, Manzanillo, 4, 38, 5, octubre 24, 1915.
Redacción, «Vida literaria, Miguel Galliano Cancio», en *Orto*, Manzanillo, 1, 9, 1, marzo 3, 1912.
Rodríguez de Tió, Lola, «Miguel Galliano Cancio, en *Orto*, Manzanillo, 5, 28, 1-2, julio 30, 1916.
«Sobre *Ruiseñores del alma*», en *Nosotros*, La Habana, 1, 10, 12, agosto, 1920.

Gandarilla, Julio César (Manzanillo, Oriente, 1888-Id., 1923). Se graduó de abogado. Militó en las filas del Partido Liberal, que lo presentó como candidato a representante por la provincia de Oriente. Sus artículos, destinados a periódicos y revistas de la región oriental, fueron reproducidos en los periódicos habaneros *La Prensa y La Opinión*. En 1913 el propio autor los recogió en el libro *Contra el yanqui*, que suscitó muchos ataques y polémicas. Perteneció a la Asociación Latino-Americana.

Bibliografía activa
Contra el yanqui, Obra de protesta contra la Enmienda Platt y contra la absorción y el maquiavelismo norteamericano, La Habana, Imprenta y Papelería de Rambla y Bouza, 1913; La Habana, Editorial Nuevo Mundo, 1960; Nota preliminar de Julio Le Riverend, La Habana, Instituto Cubano del Libro Editorial de Ciencias Sociales, 1973.
Evitemos el mal, Acta sobre incapacidad de un presunto candidato, Manzanillo, Imprenta El Arte, 1916.

Bibliografía pasiva
Carbonell, Miguel Ángel, «Un libro discutible»,

en *Letras*, La Habana, 2.ª época, 9, 40, *s. p.*, octubre 26, 1913.

Díaz del Gallego, Pascasio, «*Contra el yanqui*», en *La Noche*, La Habana 2.ª época, 2, 201, 3, julio 20, 1913.

Gandarilla, Julio César, «*Contra el yanqui*, Del Doctor Gandarilla al general Freyre, carta», en *Diario de la Marina*, La Habana, 74, 206, 1, agosto 15, 1913.

Rodríguez Rendueles, M., «Plumazos, El libro *Contra el yanqui*», en *Diario de la Marina*, La Habana, 74, 194, 5, agosto 19, 1913.

García, José de Jesús Quintiliano (La Habana, 8 junio 1827-Bu Eure-et-Loire, Francia, 28 junio 1900). Se recibió de Licenciado en Jurisprudencia en la Universidad de La Habana (1843). Con Rafael María de Mendive comenzó a redactar la *Revista de La Habana* (1853), en la que publicó artículos bibliográficos y críticos y el trabajo «La guerra del inglés» (1856), que quedó inconcluso a causa del cierre de la revista. Colaboró además en *Diario de La Habana* y *El Yumurí*. Fue director de la sección «Materias diversas» de *los Anales y Memorias de la Real Junta de Fomento y Real Sociedad Económica de La Habana*. En 1868 fue nombrado profesor de la Escuela Profesional. Es autor de la narración «Dos padres para una hija», publicada en la *Colección de novelas, cuentos, leyendas &, de autores cubanos* (La Habana, Imprenta del Tiempo, 1855). Tradujo del inglés *El símbolo de la serpiente*, de E. G. Squier. Firmaba con sus iniciales J. de J. Q. G.

García Agüero, Salvador (La Habana, 6 agosto 1908-Sofía, 13 febrero 1965). Graduado en la Escuela Normal para Maestros de La Habana, obtuvo por oposición un aula para ejercer el magisterio (1926). Por esa época publicó sus primeros trabajos literarios, especialmente en la página «Ideales de una raza», del suplemento dominical del *Diario de la Marina*. Combatió duramente a la dictadura machadista. Formó parte de la redacción de *La Palabra y Resumen*. En 1935 fue dirigente de la Hermandad de los Jóvenes Cubanos, y más tarde de su órgano, *Juventud*. Se reveló como orador en los actos políticos en favor de Abisinia y España. Figuró en el Comité Nacional del Partido Unión Revolucionaria al fundarse éste, y figuró además en el Partido Socialista Popular y en Unión Revolucionaria Comunista. En 1938 participó, en París, en el encuentro internacional de la Agrupación Mundial por la Paz. Asistió como delegado a la Asamblea Constituyente de 1940. Más tarde fue representante a la Cámara y senador de la República. En 1946 asistió al Congreso de la Confederación Americana del Magisterio, celebrado en México. Colaboró además en *Mediodía, Adelante, Hoy, Estudios Afrocubanos*, etc. Fue socio colaborador de la Sociedad Cubana de Estudios Históricos e Internacionales. Dio conferencias en diversas instituciones culturales. Fue designado embajador de Cuba en la República de Guinea (1960) y en la República Popular de Bulgaria (1962).

Bibliografía activa

Maceo, ciudadano perfecto, conferencia pronunciada en la velada lírico-literaria que en memoria del Gral. Antonio Maceo y demás mártires de la independencia, hubo de efectuar esta asociación en el Teatro «Sauto» el 7 de diciembre de 1936. Matanzas, Asociación Amigos de «Adelante», 1937.

Pablo de la Torriente Brau, La Habana, 1937, *Maceo, cifra y carácter de la revolución cubana*, discurso pronunciado en la sesión solemne de la Cámara de Representantes, el 7 de diciembre de 1941, La Habana, Editorial Páginas, 1942; La Habana, Imprenta Compañía Editora de Libros y Folletos, 1943.

Bibliografía pasiva

Aguirre, Sergio, «Lealtad y traición», en *Hoy*, La Habana, 27, 44, 2, feb, 21, 1965.

Augier, Ángel, «Evocación necesaria», en *El Mundo*, La Habana 65, 21 819 y 21 821, 4 y 4, febrero 21 y 23, 1967.

Díaz Martínez, Manuel, «Salvador García Agüero», en *Hoy*, La Habana, 27, 40, 2, febrero 17, 1965.

Guillén, Nicolás, «Salvador», en *Hoy*, La Habana, 27, 44, 2, febrero 21, 1965.

Marinello, Juan, «Salvador García Agüero», en *La Gaceta de Cuba*, La Habana, 132, 2-3, 1975.

Roa, Raúl, «Salvador García Agüero enseñó con dichos y hechos como Mella y Villena», en *Hoy*, La Habana, 27, 40, 2, febrero 17, 1965.

Roca, Blas, «Discurso, 13 febrero de 1975», en *Bohemia*, La Habana, 67, 8, 62-65, febrero, 1975.

Rodríguez, Carlos Rafael, «En el segundo aniversario de la muerte de Salvador García Agüero», en *El Mundo*, La Habana, 65, 21 814, 7-8, febrero 15, 1967.

García Alzola, Ernesto (La Habana, 7 noviembre 1914-14 abril 1996). Muy joven aún se incorporó a la lucha política contra Machado. Cursó estudios en la Escuela Normal de La Habana, de cuya junta de Gobierno formó parte en 1934, y en la Escuela de Pedagogía de la Universidad, en la que llegó a ocupar la presidencia de la Asociación de Alumnos en 1939. Dejó inconclusa la carrera de Filosofía y Letras. Fue director de la Escuela Anexa a la Normal y codirector de la Escuela Libre de La Habana. Sus cuentos «Juan Peralta», «El velorio» y «Siete horas» obtuvieron mención de honor en el Concurso «Hernández Catá». En 1954, en el mismo concurso, ganó el premio para autores cubanos con «El molino de viento». Obtuvo el Premio Nacional de Cuentos «Anselmo Suárez y Romero» de la Dirección de Cultura del Ministerio de Educación, en 1952, con su libro *Siete horas y otros cuentos*, publicado más tarde bajo el título *El paisaje interior*. En 1953 ganó un premio de la Dirección de Cultura y de la Comisión Nacional Organizadora de los Actos y Ediciones del Centenario Martiano por su extenso poema *Martí va con noso-*

tros. Cultiva el dibujo. Trabaja en el Instituto Pedagógico «Enrique José Varona».

Bibliografía activa

Rumbo sin brújula, poemas, La Habana, Imprenta P. Fernández, 1939.

Diálogo con la vida, poemas, La Habana, Imprenta Herrería y Fernández, 1947.

Martí va con nosotros, poemas, La Habana, publicación de la Comisión Nacional Organizadora de los Actos y Ediciones del Centenario y del Monumento de Martí, 1953.

El paisaje interior, relatos, La Habana, Editorial Lex, 1956.

Lengua y literatura, Su enseñanza en el nivel medio, La Habana, Editorial Revolucionaria, 1971; La Habana, Editorial Pueblo y Educación, 1972.

Bibliografía pasiva

Arias, Salvador, «García Alzola, Ernesto, *Lengua y literatura, Su enseñanza en el nivel medio*», en *Anuario L/L*, La Habana, 2, 203-204, 19171.

Bueno, Salvador, «Ernesto García Alzola, 1914», en su *Antología del cuento en Cuba, 1902-1952*, La Habana, Ministerio de Educación, Dirección de Cultura, 1953, pág. 335.

Figueroa, Esperanza, «*Rumbo sin brújula*, de Ernesto García Alzola», en *Revista de los Estudiantes de Filosofía*, La Habana, 1, 52-53, junio, 1939.

Prats Sariol, José, «*Lengua y literatura*, Notas a propósito de la aparición del libro del mismo título, de Ernesto García Alzola», en *La Gaceta de Cuba*, La Habana, 119, 20, enero 1947.

Vitier, Cintio, «Ernesto García Alzola», en su *Cincuenta años de poesía cubana, 1902-1952*, ordenación, antología y notas, La Habana, Ministerio de Educación, Dirección de Cultura, 1952, pág. 292.

García Bárcenas, Rafael (Güines, La Habana, 1907-La Habana, 13 julio 1961). Cursó la primaria en su pueblo natal. Se graduó de Bachiller en Ciencias y Letras en el Instituto de La Habana (1925) y de Doctor en Filosofía y Letras en la Universidad. Formó parte del Directorio Estudiantil Universitario. En 1930 fue designado director de *Mundo Social*. Entre los premios que mereció su obra literaria se destaca el Premio Nacional de Poesías en 1935 por su libro *Sed*. Fue uno de los fundadores de la Sociedad Cubana de Filosofía y director de la *Revista Cubana de Filosofía* (1946-1952). En 1950 mereció el Premio Nacional de Filosofía por su trabajo *La estructura del mundo biofísico*. Fue profesor de Lógica y de Introducción a la Filosofía en la segunda enseñanza y de Filosofía Moral, en calidad de adscripto, en la Universidad de La Habana. Profesó además en la Escuela Superior de Guerra del Ejército, cargo al que renunció al producirse el golpe de Estado de Batista en 1952. Fundó el Movimiento Nacional Revolucionario. En 1953 sufrió prisión en Isla de Pinos. Después del triunfo de la Revolución fue embajador extraordinario y plenipotenciario en Brasil.

Bibliografía activa

Proa, poemas, prólogo de Agustín Acosta, La Habana, Tipografía Pérez Sierra, 1927.

Sed, poesía, 1929-1936, La Habana, Empresa Editora de Publicaciones, 1937.

Individualización de la Ética, s. l., s. i., 1938.

Esquema de un correlato antropológico en la jerarquía de los valores, La Habana, 1943.

Responso heroico, poema, La Habana, Editorial La Verónica, 1943.

Estampa espiritual de Federico Nietzsche, 1844-1944, exégesis de centenario, La Habana, Ediciones de la revista *Índice*, 1944.

Los aforismos de Luz y Caballero, prólogo de la edición de *los Aforismos*, que se han publicado en la Biblioteca de Autores Cubanos de la Editorial de la Universidad de La Habana, La Habana, Imprenta Úcar, García, 1945.

Coyuntura histórica para una filosofía latinoamericana, s. i., s. i., 1946, discurso pronunciado en el Aula Magna de la Universidad de La Habana, en la velada del 15 de agosto de 1946, para conmemorar la muerte del profesor Ramiro Valdés Daussá, La Habana, Imprenta de la Universidad de La Habana, 1946.

Estructura de la estructura, esquema para la filosofía de la estructura, Nota de Francisco Romero, La Habana, Imprenta de la Universidad, 1948.

Redescubrimiento de Dios, una filosofía de la religión, La Habana, Editorial Lex, 1956.

Bibliografía pasiva

Carbonell, José Manuel, «Rafael García Bárcena, 1907», en su *La poesía Lírica en Cuba*, recopilación dirigida, prologada y anotada, tomo 5, La Habana, Imprenta El Siglo XX, 1928, págs. 595-596, Evolución de la cultura cubana, 1608-1927, 5.

«Rafael García Bárcena, Datos biográficos», en *Diario de la Marina*, La Habana, 98, 157, 12, junio 8, 1930.

Vitier, Cintio, «Rafael García Bárcena», en su *Cincuenta años de poesía cubana, 1902-1952*, ordenación, antología y notas, La Habana, Ministerio de Educación, Dirección de Cultura, 1952, págs. 265.

García Cisneros, Francisco (Santiago de Cuba, 1877). Fundó y dirigió la revista *Gris y Azul* y fue redactor de *La Habana Elegante* y *El Hogar*. Corresponsal y amigo de gran número de escritores cubanos y del resto de América afiliados al modernismo, defendió y propagó las ideas de este movimiento. En los inicios de la guerra de independencia salió del país y se radicó en Nueva York, donde tuvo a su cargo la «Crónica» de *Cuba y América* y colaboró en *Patria, Revista de Cayo Hueso, Las Tres Américas* y otras publicaciones en español. Más tarde se trasladó a Europa, desde donde continuó enviando a la prensa cubana sus crónicas, artículos, críticas y cuentos, que nunca recogió en libro. Colaboró en *El Fígaro* —en el que publicó más de cien trabajos—, *La Discusión, Gráfico, Social, Chic*. Fue cónsul de segunda clase en Lisboa. Firmó trabajos con el nombre François G. de Cisneros y con los seudónimos *Raoul François y Lohengrin*.

Bibliografía pasiva

Cabello de Carbonera, Mercedes, «Francisco García Cisneros», en *Cuba y América*, La Habana, 4, 74, 23-24, enero 5, 1900.

Conde Kostia, seudónimo de Aniceto Valdivia, «Figuritas literarias, Francisco García Cisneros», en *El Hogar*, La Habana, 11, 13, 6, abril 29, 1894.

«Francisco García Cisneros», en Borrero, Juana, *Epistolario*, «Las cartas de amor de Juana Borrero», por Cintio Vitier, Advertencia de Cintio Vitier y Fina García Marruz, tomo 2, La Habana, Academia de Ciencias de Cuba, Instituto de Literatura y Lingüística, 1966, págs. 385-388.

Uhrbach, Federico, «François G. de Cisneros», en *El Fígaro*, La Habana, 27, 3, 32, enero 15, 1911.

García de Coronado, Domitila (Camagüey, 7 mayo 1847-La Habana, 18 septiembre 1937). Cursó la instrucción primaria en su hogar. En 1859 pasó a vivir, en unión de su familia, a Manzanillo, donde se inició en el periodismo como ayudante de su padre. En Camagüey fundó, con Sofía Estévez, la publicación literaria *El Céfiro* (1866), de la que fue redactora hasta 1867. Se trasladó a La Habana en 1868. Fue fundadora de *Eco de Cuba* (1869), *El Correo de las Damas* (1875) *y La Crónica Habanera* (1895). Creó el colegio Nuestra Señora de los Ángeles (1882) y una Academia de Tipógrafas y Encuadernadoras. Colaboró en *La Patria, La Guirnalda, El Álbum, El Hogar, El Fígaro y La Discusión*. Es autora de la antología *Álbum poético fotográfico de escritoras y poetisas cubanas* (La Habana, Imprenta Militar de la viuda de Soler, 1868), reeditada en varias ocasiones (1872, 1914 y 1926). Dejó inédito su libro *Cubanas beneméritas* y la novela *Los enemigos íntimos*. Utilizó los seudónimos *Ángela y Jatibonico*.

Bibliografía activa

Consejos y consuelos de una madre a su hija, «Juicio de algunos escritores acerca de esta obra», por ¿Martínez Villergas, Bachiller, Ricardo del Monte y Luisa Pérez de Zambrana, La Habana, Librería de J. Valdepares, 1880; 2.ª edición, Obra laureada en el certamen literario de Matanzas de 1881.

Premiada con medalla de plata en la Feria Exposición de Santa Clara en 1889.

Declarada de texto para lectura en los colegios de Cuba y Puerto Rico, La Habana, Imprenta Universal, 1893; 3.ª edición, La Habana, Academia de Tipógrafas y Encuadernadoras, 1910.

Método de lectura y breves nociones de instrucción primaria elemental, La Habana, Imprenta Los Niños Huérfanos, 1886.

A la humanitaria sociedad de recreo y beneficencia El Centro Gallego al propagar la vacuna gratuitamente al pueblo en 1887, dedica estos breves apuntes históricos del ilustre cubano Doctor y maestro don Tomás Romay y Chacón, a quien debe Cuba este beneficio

eterno, Domitila García de Coronado, La Habana, Imprenta de Hawson y Heinen, 1888.
Los cementerios de La Habana, apuntes históricos de su fundación, dedicado en homenaje de profundo respeto al Ilmo. señor Obispo de La Habana Don Manuel Santander y Frutos, La Habana, La Propaganda Literaria, 1888.
Breves nociones para aprender el arte tipográfico, La Habana, 1911.

Bibliografía pasiva
Carbonell, Néstor L., «Libro de una cubana», en Letras, La Habana, 2.ª época, 7, 1, 4, ene, 1, 1911.
González Curquejo, Antonio, «Domitila García de Coronado», en su *Florilegio de escritoras cubanas*, tomo 2, La Habana, Imprenta La Moderna Poesía, 1910, págs. 347-349.
Soto Paz, Rafael, «Domitila García», en su *Antología de periodistas cubanos*, La Habana, Empresa Editorial de Publicaciones, 1943, págs. 122-123

García Espinosa, Juan Manuel (Camajuaní, Las Villas, 26 febrero 1911). Muy joven aún trabajó como profesor y dirigió la revista *Argos* (1930). Fue director y colaborador de otras publicaciones de provincia. Tomó parte activa en la lucha contra el gobierno de Machado. Se trasladó a La Habana en 1934. En el Instituto de La Habana obtuvo el título de bachiller en 1937. Cursó estudios de medicina y de filosofía y letras en la Universidad de La Habana entre 1937 y 1942. Por esa época colaboró en

Célula, de la que fue director en 1939, y en *El Mundo*. Fue director de *Magazine Social* (1947). Formó parte del grupo de investigadores de la Sociedad Espeleológica de Cuba. Fue miembro correspondiente de la Academia de la Historia de Cuba, miembro de la Comisión Nacional Cubana de la UNESCO, de la Institución Hispano-Cubana de Cultura, de la Sociedad Cubana de Filosofía, del Colegio Nacional de Periodistas. Fue jefe de despacho de la Dirección de Cultura del Ministerio de Educación y uno de los fundadores de su *Mensuario de arte, literatura, historia y crítica*, donde aparecen poemas y trabajos suyos. En Ottawa, Canadá, trabajó como profesor de español y ofreció conferencias sobre el movimiento cultural cubano. Ha colaborado además en *El Crisol, Niños, Revista Bimestre Cubana, Prensa Libre, Universidad de La Habana, Orto, Vida Universitaria, Juventud Rebelde*, etc. Ha pronunciado numerosas conferencias y ha dirigido diversas actividades de orientación cultural a través de toda su carrera. Entre 1966 y 1973 trabajó como investigador del Grupo de Filosofía de la Academia de Ciencias. Gran parte de su obra, en la que aborda temas relacionados con la historia del pensamiento cubano, permanece inédita. Ha utilizado el seudónimo *Juan Magares*.

Bibliografía activa
Poesías, Camajuaní, Imprenta La Aurora, 1929.
Reminiscencias históricas, Camajuaní, Editorial

Romero, 1934.

La canción de los besos, poemas, La Habana, Imprenta Úcar, García, 1935.

Espiral, poemas, La Habana, Imprenta Casín, 1936.

El historiador Santovenia, La Habana, Talleres de la Editorial Argus, 1941.

Cuatro cantos en arco, Estados Unidos, Inglaterra, URSS, China, La Habana, Imprenta Casín, 1942.

Martí, discurso, La Habana, Imprenta Casín, 1942.

Palabras, discurso, La Habana, Imprenta Casín, 1942.

La UNESCO y su director general, La Habana, Ministerio de Educación, Dirección de Cultura, 1949.

Escala en Piscis, poemas, La Habana, Talleres Tipográficos Alfa, 1950.

Florencia, reina de la Toscana, evocación parcial y viajera, La Habana, Editorial Selecta, 1950.

Estampa en claroscuro, A orillas del Amstel, La Habana, Ediciones del Pen Club de Cuba, 1952.

En torno al proceso revolucionario, La Habana, Impresora Modelo, 1961.

Introducción a la Psicología infantil, La Habana, Ministerio de Salud Pública, 1961.

La Psicología y la mujer, Bases fisiológicas de las inestabilidades psíquicas femeninas, La Habana, s. i., 1961.

El primer director del centro regional de la UNESCO, separata de la revista *Universidad de La Habana*, nos, 168-169, julio-octubre de 1964, La Habana, Imprenta de la Universidad de La Habana, 1964.

Bibliografía pasiva

Méndez, Manuel Isidro, «*Florencia*», en *Revista de la Biblioteca Nacional*, La Habana, 2.ª serie, 2, 2, 144-145, abril-junio, 1951.

García Garófalo Mesa, Manuel (Santa Clara, 20 octubre 1887-México D. F., 10 junio 1946). Se graduó de Doctor en Derecho Civil y Notario en la Universidad de La Habana. Trabajó en la Superintendenda General de Estado. Entre 1927 y 1946 desempeñó funciones de secretario, consejero y encargado de negocios en las legaciones de Cuba en Londres, París, Santo Domingo y México. Colaboró en diversas publicaciones periódicas. Era académico correspondiente de la Academia de la Historia de Cuba, miembro del Ateneo de Ciencias y Artes de Santa Clara, de la Sociedad Mexicana de Geografía y Estadística, del Ateneo Nacional de Ciencias y Artes de México, de la National Geographic Society de Washington D. C., etc. Obtuvo diversas distinciones, entre las que se destacan la Medalla Académica de la Academia Internacional de la Historia, de París; La Medalla de la Academia de Artes y Ciencias de Cádiz (España), etc. Varias de sus obras quedaron inéditas y otras inconclusas, como la que lleva por título *Eduardo Machado y Gómez: su vida y sus obras*, cuya sinopsis publicó en Santa Clara en 1944.

Bibliografía activa

Un patriota heroico, Biografía del Gral, Higinio Esquerra y Rodríguez, Datos para la historia, «Higinio Esquerra y Rodríguez», por Serafín Sánchez, Villa Clara, Quiñones, impresor, 1913.

Mariano Clemente Prado y López, maestro de la juventud villaclareña, La Habana, 1917.

Dicha de amar, Cuento, La Habana, Imprenta Maza, 1918.

U Marta Abreu *de* Estévez, Apuntes biográficos, La Habana, Imprenta y Papelería Maza, 1918.

Yareya, leyenda india, prólogo de José Manuel Poveda, La Habana, Imprenta y papelería de Rambla y Bouza, 1918.

Carmen Gutiérrez Morillo, educadora, patriota, Biografía, La Habana, Tipografía «El Score», 1919.

Eusebio Cornide Peláez, Apuntes biográficos, La Central, 1919.

Miguel Jerónimo Gutiérrez, Semblanza, Villa Clara, Imprenta de Quiñones, 1919.

Leyendas y tradiciones villaclareñas, Yareya, leyenda india, prólogo de José Manuel Poveda, *Un cuento...!* La Habana-París, Librería «La Nacional» Editorial «Le Livre Libre», 1925-1929 2 T.

Marta Abreu Arencibia y el Doctor Luis Estévez y Romero, estudio biográfico, prólogo del Doctor F. de P. Coronado, La Habana, Imprenta y Librería La Moderna Poesía, 1925.

Diccionario de seudónimos de escritores, poetas y periodistas villaclareños, La Habana, Imprenta Julio Arroyo, 1926.

Los poetas villaclareños, La Habana, Imprenta J. Arroyo, 1927.

Fray Félix Lope de Vega Carpio, Santa Clara, Imprenta Antigua de Quiñones, 1935.

Federico Jova González Abreu, discurso de ingreso del académico correspondiente, México D. F., Antigua «Librería Robredo», de José Porrúa e hijos, 1937, Academia de la Historia de Cuba.

El padre Alberto Chao, el apóstol de los pobres, México, Antigua Librería de Robredo, de José Porrúa e hijos, 1937.

Plácido, poeta y mártir, México D. F., edición Botas, 1938.

Cómo acabó la dominación de España en Villa Clara, Villa Clara, La Habana, Imprenta Alfa, 1944.

Vida de José María Heredia en México, 1825-1839, México D. F., Ediciones Botas, 1945.

Bibliografía pasiva

Carbonell, José Manuel, «Manuel García Garófalo Mesa, 1887», en su *La prosa en Cuba*, recopilación dirigida, prologada y anotada, tomo 2, La Habana, Imprenta Montalvo y Cárdenas, 1928, págs. 443-444, Evolución de la cultura cubana, 1608-1927, 13.

Conde Kostia, seudónimo de Aniceto Valdivia, «Notas sobre un libro, *Marta Abreu Arencibia y Luis Estévez y Romero*», en su *Mi linterna mágica*, «Semblanza del *Conde Kostia*», por Arturo Alfonso Roselló, La Habana, Instituto Nacional de Cultura, 1957, págs. 73-76,

Grandes Periodistas Cubanos, 14.

García Marruz, Fina (La Habana, 28 abril 1923). Cursó la primaria en el Colegio Sánchez y Tiant y el bachillerato en el Instituto de La Habana. Se interesó por la literatura desde su adolescencia, por los años de la visita de Juan Ramón Jiménez a Cuba (1936). Integró el consejo de redacción de la revista *Clavileño* (1943). Formó parte del Grupo Orígenes. En *Orígenes*, órgano del Grupo, colaboró asiduamente con poemas, ensayos y notas críticas. Ha colaborado además en *Lyceum*, *Nueva Revista Cubana*, *Cuba en la UNESCO*, *Islas*, *La Gaceta de Cuba*, *Unión*, *Revista de la Biblioteca Nacional*. En *Anuario Martiano* ha publicado diversos ensayos sobre Martí. Se doctoró en Ciencias Sociales en la Universidad de La Habana en 1961. Tomó parte, con otros intelectuales cubanos, en el coloquio internacional en torno a José Martí, celebrado en Burdeos (Francia) en 1972, con el trabajo «El tiempo en la crónica norteamericana de Martí». Ha viajado además a Estados Unidos, a México, a España, a Checoslovaquia y a la Unión Soviética. Es coautora, con su esposo Cintio Vitier, de *Estudios críticos* (1964) y de *Temas martianos* (1969). Entre sus ensayos sobre literatura cubana se destaca su prólogo a las *Poesías* (La Habana, Academia de Ciencias de Cuba. Instituto de Literatura y Lingüística, 1966) de Juana Borrero. Trabaja como investigadora literaria en el Departamento Colección Cubana de la Biblioteca Nacional José Martí.

Obtuvo el Premio Nacional de Literatura en 1990.

Bibliografía activa

Poemas, La Habana, Imprenta Úcar, García, 1942.

Transfiguración de Jesús en el Monte, poesía, La Habana, Orígenes, 1947.

Las miradas perdidas, 1944-1950, poesía, La Habana, Imprenta Úcar, García, 1951.

Los versos de Martí, separata de la *Revista de la Biblioteca Nacional José Martí*, La Habana 1968.

Visitaciones, poesía, La Habana, UNEAC, 1970.

Bibliografía pasiva

Conde, Carmen, «Fina García Marruz», en *su Once grandes poetisas americohispanas*, Madrid, Ediciones Cultura Hispánica, 1967, págs. 569-573.

Chacón y Calvo, José María, «La poesía de Fina García Marruz, I, II, III y IV», en *Diario de la Marina*, La Habana 99, 168, 174, 180 y 186, 33, 56, 46 y 60, julio 15, 22, 29 y ago 5, 1951.

Fernández Retamar, Roberto, «Fina García Marruz, 1923», en su *La poesía contemporánea en Cuba, 1927-1953*, La Habana, Orígenes, 1954, págs. 114-116.

Oraá, Francisco de, «Registro de visitas», en *Unión*, La Habana, 10, 4, 173-179, diciembre, 1971.

Vitier, Cintio, «Fina García Marruz», en su *Diez poetas cubanos, 1937-1947*. Antología y notas, La Habana, Ediciones Orígenes, 1948, págs. 213-214.

«Fina García Marruz», en su *Cincuenta años de poesía cubana*, ordenación, antología y notas, La Habana, Ministerio de Educación, Dirección de Cultura, 1953, págs. 376.

García Pérez, Luis (Santiago de Cuba, 1832-Alvarado, México, 2 octubre 1893). Pasó gran parte de su vida en Alvarado, donde dirigió un colegio de segunda enseñanza entre 1870 y 1878 y más tarde entre 1885 y 1893. En los juegos Florales del Liceo de Matanzas, en 1882, fue premiado su poema «Carlos Manuel de Céspedes», presentado bajo el título «Marcos Botzaris, libertador de Grecia». Su poema «El cementerio de campo» apareció publicado en la *Entrega literaria*, de Caracas. Es autor de un *Tratado de teneduría de libros y de una Aritmética*, así como de *Nociones de geografía*, una *Historia universal* en dos tomos, una *Cosmografía*, dos tomos de *Elocución práctica* y una *Retórica y poética*, escritos en Alvarado casi todos como textos para el colegio antes mencionado. Tradujo cuentos del inglés y del francés.

Bibliografía activa

El grito de Yara, drama en verso en cuatro actos, Nueva York, Imprenta de Hallet y Breen, 1879; Veracruz, México, Tipografía El Progreso, 1900.

La moral en ejemplos prácticos, Nueva York, Appleton, 1897.

Bibliografía pasiva

Carbonell, José Manuel, «Luis García Pérez, 1832-1893», en su *La poesía revolucionaria en Cuba*, recopilación dirigida, prologada y anotada, tomo único, La Habana, Imprenta El Siglo XX, 1928, págs. 193, Evolución de la cultura cubana, 1608-1927, 6.

Garófalo, José Miguel (Minas de Matahambre, Pinar del Río,... 1931). Cursó el bachillerato en el Instituto de Marianao (La Habana). Comenzó a estudiar arquitectura en la Universidad de La Habana, pero abandonó la carrera tras la clausura universitaria de 1957. Participó en las luchas estudiantiles contra el régimen batistiano. Después del triunfo de la Revolución ocupó diversas responsabilidades en la Administración Municipal de Marianao. En el CNC fue director de cultura de la provincia de La Habana entre 1962 y 1964. Fue alumno de la Escuela de Periodismo y de la Escuela de Letras y de Arte de la Universidad de La Habana. En 1967 ganó el premio «Luis Felipe Rodríguez», de la UNEAC, por su libro de cuentos *Se dice fácil*. Ha colaborado en *Verde Olivo*. Visitó la República Popular China. Guionista y reportero en el ICR.

Bibliografía activa

Se dice fácil, La Habana, UNEAC, 1968.

Bibliografía pasiva

Heras, Eduardo, «Gente, Premio UNEAC cuento 1967, entrevista», en *Alma Mater*, La Haba-

na, 83, 10, enero 15, 1968.
Palazuelos, Raúl, «Los premios UNEAC 1967. Cuento, Garófalo, *Se dice fácil*, entrevista» en *La Gaceta de Cuba*, La Habana, 6, 62, 3, diciembre, 1967-enero, 1968.

Garriga, Rafael (Guayos, Las Villas, 24 octubre 1931). Comenzó a escribir en su pueblo natal, donde compartió sus inquietudes literarias con otros jóvenes creadores, como Fayad Jamís y Tomás Álvarez. Fue arrestado por su participación en la lucha clandestina contra la dictadura de Fulgencio Batista; más tarde se unió en el Escambray al Ejército Rebelde, en el cual alcanzó el grado de capitán. Después del triunfo de la Revolución, graduado de Derecho en la Universidad de La Habana, pasó a ser asesor legal del Ministerio del Interior, en el que ostenta el grado de mayor. Ha colaborado en *La Gaceta de Cuba*, *Casa de las Américas*. Ha sido director de teatro.

Bibliografía activa
El barrio de las ranas alegres, La Habana, UNEAC, 1969.
El pueblo de los cien problemas, relatos, La Habana, UNEAC, 1975.

Bibliografía pasiva
Lorenzo Fuentes, José, «Las narraciones de Rafael Garriga», en *El mundo*, La Habana, 66, 22 066, 4, diciembre 6, 1967.

Garzón Céspedes, Francisco (Camagüey, 19 julio 1947). Muy joven aún trabajó como actor en el Guiñol Provincial de Camagüey (1962-1963) y como maestro primario en escuelas de la provincia (1963-1964). Fue coordinador provincial de la Brigada «Hermanos Saíz», de la UNEAC, en 1965. Alumno del Instituto Pedagógico, fue profesor en una secundaria básica en 1967. Fue responsable cultural (1967-1968) y director (1969-1973) de la revista *OCLAE* y *jefe* del Departamento de Prensa y Propaganda de dicha organización estudiantil entre 1969 y 1973. Con su libro de poesía *Desde los órganos de puntería* ganó la única mención del concurso de Extensión Universitaria de la Universidad de La Habana en 1969. Ese mismo año ganó primera mención en el Concurso David, de la UNEAC. En 1972 se graduó de Licenciado en Periodismo en la Universidad de La Habana. Ese año viajó a Bulgaria para asistir al V Seminario de Directores de Prensa Estudiantil, convocado por la Unión Internacional de Estudiantes. Ha viajado también a Checoslovaquia. Fue miembro del consejo de redacción de *El Caimán Barbudo* (1972-1973). Ha colaborado en *El Mundo*, *Revolución, juventud Rebelde*, *Granma*, *Unión*, *La Gaceta de Cuba*, *Islas*, *Signos*, *Bohemia*, *Verde Olivo*, *Casa de las Américas*, *El Corno Emplumado* (México), *Cormorán y Delfín* (Argentina), *Punto Final* (Chile), etc. Responsable de prensa en la Casa de las Américas y secretario de redacción de la revista *Conjunto*. Algunos de sus poemas han sido traducidos al inglés, al alemán y al italiano. Bibliografía activa *Desde los órganos de puntería*. La Habana, UNEAC, 1971.

Bibliografía pasiva

Castaño, Gladys, «De una nueva generación de poetas cubanos, Francisco Garzón Céspedes y sus poemas estructurales», en *Mujeres*, La Habana, 10, 4, 60-61, abril, 1970.

Gay Calbó, Enrique (Holguín, Oriente, 11 octubre 1889). Se inició en el periodismo en 1907. En 1910 se graduó de maestro de instrucción primaria. Obtuvo los títulos de Doctor en Derecho (1925) y de Doctor en Filosofía y Letras (1929) en la Universidad de La Habana. Fue fundador de *El Diario* y director de *El Comercio*, de Cienfuegos. Colaboró en *La Independencia*, *El Cubano Libre*, *El Pensil*, *Renacimiento*, *Oriente Literario*, *El día*, *Heraldo de Cuba*, *El País*, *El Sol*, *Gráfico*, *El Fígaro*, *Chic* y *Anuario de la Sociedad Cubana de Derecho Internacional*. Fue redactor de *Social*, *Carteles*, *Revista de La Habana* y *Revista Bimestre Cubana*. En *Cuba Contemporánea* ocupó el cargo de secretario de redacción y publicó notas críticas sobre libros cubanos y del resto de Latinoamérica. Colaboró además en *La Revue de l'Amérique* (Francia), *Nosotros* (Argentina), *Repertorio Americano* (Costa Rica), *Ariel* (Honduras), *Rodó* (Chile), etc. Ocupó los cargos de abogado consultor de la Intervención General de la República y consultor diplomático del Ministerio de Estado. Fue catedrático de historia de Cuba en la Universidad Masónica, en La Habana. Miembro de la Sociedad Cubana de Derecho Internacional, de la Sociedad Teatro Cubano, del Ateneo de La Habana, de la Sociedad Económica de Amigos del País, etc. Utilizó los seudónimos *Harry* y *Enrique Bello*.

Bibliografía activa

El ayer, comedia, Cienfuegos, Imprenta El Comercio, 1913.

La América indefensa, la intromisión norteamericana en Centroamérica, Centroamérica intervenida, Diplomacia interamericana, La Habana, Imprenta y Papelería de Rambla, Bauza, 1925.

El ideario político de Varela, conferencia leída en el acto público de exposición de libros de Varela, celebrado en la Biblioteca Municipal de La Habana, el día 19 de marzo de 1936. Presentación de Gay Calbó por José Luciano Franco, La Habana, Biblioteca Municipal de La Habana, 1936, publicaciones de la Biblioteca Municipal de La Habana, Serie B, Cultura Popular, 2.

Nuestro problema constitucional, La Habana, Librería Nueva, 1936.

Ciudadanía y extranjería, La Habana, Carasa, 1937.

El momento constitucional, las constituciones del mundo y la futura constitución cubana, conferencia leída en la Escuela Privada de Derecho, el día 21 de agosto de 1936, La Habana, Imprenta Molina, 1937.

El Padre Varela en las Cortes españolas de 1822-23, La Habana, Imprenta y Papelería de

Rambla, Bauza, 1937.

Arango y Parreño; ensayo de interpretación de la realidad económica de Cuba, La Habana, Imprenta Molina, 1938.

El cubano, avestruz del trópico, tentativa exegética de la imprevisión tradicional cubana, La Habana, Publicaciones de la *Revista Universidad de La Habana*, 1938.

Orígenes de la literatura cubana, ensayo de interpretación, La Habana, Revista Universidad de La Habana, 1939.

El colonialismo cubano, La Habana, Imprenta Molina, 1942.

Isla de Pinos, belga, Tentativa de la compra a España en 1838-39, La Habana, 1942.

Asamblea y Constitución de Jimaguayú, La Habana, Cárdenas, 1945.

La bandera, el escudo y el himno, trabajo leído por el académico de número, en la sesión solemne celebrada el 24 de febrero de 1945, La Habana, Imprenta El Siglo XX, 1945.

En el centenario de Ayestarán, lección de juventud, discurso leído en la sesión pública celebrada el 23 de abril de 1946, La Habana, Imprenta El Siglo XX, 1946, Academia de la Historia de Cuba.

Formación de la sociedad cubana, Notas sobre la influencia de la economía y la composición étnica, La Habana, Imprenta P. Fernández, 1948.

El bobo; ensayo sobre el humorismo de Abela, La Habana, 1949.

El centenario de la bandera cubana, 1849-1949, discurso leído en la sesión solemne celebrada el día 7 de junio de 1949, La Habana,

Imprenta El Siglo XX, 1949, Academia de la Historia de Cuba.

Martí y la conducta cubana, discurso leído en la sesión solemne celebrada el día 27 de enero de 1949, conmemorativa del nacimiento de José Martí, La Habana, Imprenta El Siglo XX, 1949.

Hispanidad y coloniaje, La Habana, Oficina del Historiador de la Ciudad, 1953.

Las banderas, el escudo y el himno de Cuba, La Habana, Sociedad Colombista Panamericana, 1956.

Ángel de la Guardia, el compañero de Martí en Dos Ríos, discurso leído en la sesión pública celebrada el día 25 de enero de 1957, La Habana, Imprenta El Siglo XX, 1957, Academia de la Historia de Cuba.

Cincuentenario periodístico de Enrique Gay Calbó, prefacio por Emilio Roig de Leuchsenring, La Habana, Oficina del Historiador de la Ciudad, 1957, Cuadernos de historia habanera, 64.

Los símbolos de la nación cubana, las banderas, los escudos y los himnos, La Habana, Sociedad Colombista Panamericana, 1958.

El decálogo de Máximo Gómez, La Habana, 1964.

Bibliografía pasiva

«Doctor Enrique Gay Calbó, *Arango y Parreño, ensayo de interpretación de la realidad económica de Cuba*», en *América*, La Habana, 3, 2, 93-94, agosto, 1939.

Lavié, Nemesio, «El bobo retorna a la actualidad», en *Acción Ciudadana*, Santiago de

Cuba, 9, 107, 10 sept., 1949.

Lizaso, Félix, «Enrique Gay Calbó», en su *Ensayistas contemporáneos*, La Habana, Editorial Trópico, 1933, págs. 121-123 y 260-261, Antologías cubanas, 2.

Marquina, Rafael, «*Martí y la conducta humana*», en *Información*, La Habana, 13, 26, 13, enero 30, 1941.

Meluzá Otero, F., «Un libro que se acerca, La biografía del «Bobo» de Abela», en *Carteles*, La Habana, 30, 19, 62-63, mayo 8, 1949.

Remos y Rubio, Juan José, «Las bodas de oro de Gay Calbó», en *Diario de la Marina* La Habana, 126, 274, 4-A, noviembre 20, 1957.

Riaño Jauma, Ricardo, «Enrique Gay Calbó», en su *Hombres de tres mundos*, Buenos Aires, 1955, págs. 99-104.

Vasconcelos, Ramón, «*La América indefensa*, por Enrique Gay Calbó», en *Heraldo de Cuba*, La Habana, 14, 337, 3, diciembre 4, 192, 5.

Gaztelu, Ángel (Puente la Reina, Navarra, España, 19 abril 1914-Miami, 30 octubre 2003). Cursó los primeros estudios en España. Vino a Cuba en 1927. En el Seminario Conciliar de San Carlos y San Ambrosio de La Habana estudió la carrera eclesiástica hasta graduarse de sacerdote en 1938. Fue profesor, en el mismo plantel, de latín y de gramática castellana. Ha trabajado como párroco en diversas iglesias, entre ellas la Parroquial del Espíritu Santo de La Habana. Fue miembro del consejo de redacción de *Espuela de Plata* (*1939-1941*). Codirigió, con José Lezama Lima, *Nadie Parecía* (*1942-1944*). Aparecieron colaboraciones suyas en *Grafos, Musicalia, Verbum, Espuela de Plata, Nadie Parecía, Orígenes, La Quincena* e *Islas*. Formó parte del Grupo Orígenes. Ha viajado a México. Es autor del trabajo *La Iglesia Parroquial del Espíritu Santo de La Habana. Reseña histórica*, publicado en 1963 con *Fray Gerónimo Valdés, Obispo de Cuba. Su vida y su obra*, de Luis F. Le Roy.

Bibliografía activa

Poemas, La Habana, Editorial La Verónica, 1940.

Gradual de laudes, «El Padre Gaztelu en la poesía», por José Lezama Lima, La Habana, Ediciones Orígenes, 1955.

Bibliografía pasiva

Bianchi Ross, Ciro, «Instantánea del presbítero Gaztelu», en *La Gaceta de Cuba*, La Habana, 96, 1819, septiembre, 1971.

Lezama Lima, José, «El Padre Gaztelu en la poesía», en su *Tratados en La Habana*, La Habana, Universidad Central de Las Villas, 1958, págs. 373-379.

Rodríguez Santos, Justo?, «Poética», en *Cuba Nueva en ACCIÓN*, La Habana, 2.ª época, 1, 15, 12, julio 26, 1939.

Vitier, Cintio, «Ángel Gaztelu», en su *Diez poetas cubanos, 19371947*.

Antología y notas, La Habana, Ediciones Orígenes, 1943, pág. 59.

«Ángel Gaztelu», en su *Cincuenta años de poesía cubana, 1902-1952*, ordenación, antología y notas, La Habana, Ministerio de Educación, Dirección de Cultura, 1952, págs. 325-326.

Gelabert, Francisco de Paula (La Habana, 14 septiembre 1834 Id., 3 agosto 1894). Al comienzo de su carrera literaria cultivó la poesía, pero la abandonó por la prosa costumbrista. Se dio a conocer, muy joven aún, en *Diario de La Habana* y *La Prensa*. En *El Alba* (La Habana, 1859) publicó su novela «María Luisa». Como recuerdo de su estancia en España redactó en 1867 *Mi viaje a España*, publicado después de su muerte en *Cuba Contemporánea* (La Habana, 1915). Publicó sus «Habaneras» y la novela de costumbres cubanas «Un secreto y un secretario» en *El Siglo* (1867-1868). En *El Moro Muza*, del que fue redactor al ausentarse Villergas, dio a conocer sus trabajos más notables. Fue director de *La Tranca* y *La Tertulia*. Colaboró además en *El Cesto de Flores, Heraldo Cubano, El Duende, La Guirnalda Cubana, El Correo de La Habana, Don Junípero, El Yumurí* (Matanzas), *Alba y Pensamientos* (Villa Clara). En 1891 colaboró en *La Caricatura* (La Habana). Algunos de sus artículos fueron recogidos en la antología *Tipos y costumbres de la Isla de Cuba* (La Habana, 1889). Utilizó los seudónimos *Genaro, Abel, Crispino, Natigay, Gilberto, El mismo, Pánfilo, y Oben Omar*. Firmó en ocasiones con su nombre Francisco y en otras con la letra G.

Bibliografía activa

Cuadros de costumbres cubanas, prólogo de Juan M. Villergas, La Habana, Imprenta de la Botica de Santo Domingo, 1875.
Mi viaje a España en 1867, La Habana, Imprenta El Siglo XX, 1915.

Bibliografía pasiva

Carbonell, José Manuel, «Francisco de Paula Gelabert, 1834-1894», en su *La prosa en Cuba*, recopilación dirigida, prologada y anotada, La Habana, Imprenta Montalvo y Cárdenas, 1928, págs. 233-234, Evolución de la cultura cubana, 1608-1927, 12.

Roig de Leuchsenring, Emilio, «Francisco de Paula Gelabert», en su *La literatura costumbrista cubana de los siglos XVIII y XIX, IV, Los escritores*, La Habana, Oficina del Historiador de la Ciudad de La Habana, 1962, págs. 209-212.

Germinal (Aguada de Pasajeros, Las Villas. 1924). Revista ilustrada. El primer número publicado correspondió al 1.º de mayo de 1924. Su director-administrador fue José M. Quintero. Como director técnico fungía Julio Sancliment. Aparecieron en sus páginas, fundamentalmente, reproducciones de trabajos, tanto en prosa como en verso, de autores europeos. Entre los cubanos aparecen Mariano Aramburu, Manuel Cuéllar Vizcaíno y M. Lozano Casado. Trae además colaboraciones de escritores locales, todos desconocidos. Mantuvo una sección infantil que publicó, sobre todo, pequeñas obras teatrales y también espacios dedicados a la historia y a la política de la provincia. El último ejemplar revisado corresponde a los meses de agosto y septiembre de 1929.

Germinal (La Habana, 1947). Revista quincenal. En el primer número publicado, fechado el 30 de noviembre, aparece como director Antonio Llano Montes, pero desde el número 2, y hasta el último visto, funge como director Fausto Martínez Carbonell. A partir del número 7 aparece en el machón de la publicación que la misma era patrocinada por el Círculo de Amigos de la Cultura. Desde el número 8 se editó en un formato mayor, y del número 11 en adelante salió mensualmente con el subtítulo «Revista de artes, letras y ciencias». Con posterioridad, desde el número 66, fue órgano oficial de la Asociación de Grabadores de Cuba. Esta revista fue una publicación dedicada al arte, en especial a la música, al ballet y a las artes plásticas, a las que dedicó secciones encargadas de su divulgación. La sección de artes plásticas estuvo a cargo de Carmelo González. Publicó además poemas, cuentos, críticas a los libros más recientes y trabajos de divulgación de nuestros valores literarios. Entre sus colaboradores más asiduos están Herminio Portell Vilá, Víctor Agostini, Luis Rodríguez Embil, Gastón Baquero, Rafaela Chacón Nardi. También presentó colaboraciones ocasionales de Nicolás Guillén, Agustín Acosta, José Zacarías Tallet, Óscar Hurtado y otros. El último número revisado (78) corresponde a enero de 1957.

Giberga, Eliseo (Matanzas, 5 octubre 1854-Id., 25 febrero 1916). Hijo de un médico catalán, desde muy joven se trasladó a Barcelona, donde cursó la carrera de abogado. Fue fundador del Colegio de Abogados de La Habana. En la Universidad de La Habana se graduó de Doctor en Filosofía y Letras en 1884. En el certamen de 1884 a 1885, del Colegio de Abogados, fue premiada su memoria *Influencia de la Administración de justicia en el bienestar de los pueblos*. Desarrolló una intensa vida política como diputado a Cortes, diputado del Congreso Insular tras el establecimiento del gobierno autonomista en 1898, fundador del Partido Unión Democrática y participante en la Convención Constituyente en 1901. En los primeros años de la República fue representante de Cuba en la inauguración del Palacio de las Repúblicas Americanas y en el centenario de las Cortes de Cádiz (1912). Es coautor de El *problema colonial contemporáneo* (Madrid, Establecimiento Tipográfico de A. Avrial, 1895). Usó los seudónimos *Un matancero y Ramón Unceta*.

Bibliografía activa

Escrito de defensa de don Ramón Cascajares, en la causa criminal instruida por supuesta defraudación de la Hacienda, Nueva York, 1879.

Defensa de don Silvestre Fernández ante la Exma, Audiencia, Nueva York, 1880.

Adversarios del culteranismo, Escuelas que fundaron, discurso leído en el acto de recibir la investidura del grado de Doctor en Filosofía y Letras, en la Universidad de La Habana..., La Habana, Establecimiento Tipográfico de Soler, Álvarez, 1884.

Fernando de Herrera, monólogo, en verso, escrito para el certamen que celebró en 1885 la tertulia literaria del Doctor Céspedes y premiado en el mismo con primer premio, La Habana, Tipografía El Eco Militar, 1885.

Influencia de la Administración de justicia en el bienestar de los pueblos, La Habana, Imprenta La Correspondencia de Cuba, 1985.

El pesimismo en la política cubana, discurso pronunciado en el Círculo Autonomista de La Habana de 31 de mayo de 1887, La Habana, Imprenta El Retiro, 1887.

Defensa del D. Sabino Núñez, D. Gervasio García Purón y D. José González Aguirre en la causa criminal que se les sigue por supuesto delito de coligación para encarecer el precio del trabajo, La Habana, Imprenta de Soler, Álvarez, 1889.

Proyecto de reforma al Enjuiciamiento Civil, Regla, La Habana, Imprenta La única, 1890.

Apuntes sobre la cuestión de Cuba por un autonomista, s, 1 s. i., 1897, discurso, Pronunciado en la velada inaugural del «Círculo de la Unión Democrática» de La Habana..., La Habana, La Propaganda Literaria, 1900.

Tempora acta, poemas, edición privada, La Habana, Imprenta La Moderna Poesía, 1909.

Últimos discursos de Eliseo Giberga, La Habana, Imprenta La Moderna Poesía, 1910.

El problema del divorcio, discurso pronunciado en la sesión solemne que celebró, en 13 de mayo de 1911, el Colegio de Abogados de La Habana, en Conmemoración de su fundación, La Habana, Imprenta La Moderna Poesía, 1911.

El centenario de Cádiz y la intimidad ibero-americana, discursos pronunciados con motivo del centenario de las Cortes, Constitución y Sitio de Cádiz, celebrado en 1912, La Habana, Imprenta y papelería de Rambla y Bouza, 1913.

El panamericanismo y el pan-hispanismo, estudio político, La Habana, Imprenta y papelería de Rambla y Bouza, 1916.

Obras de Eliseo Giberga, discursos políticos, tomo 1, La Habana, 1930.

Bibliografía pasiva

Carbonell, José Manuel, «Eliseo Giberga y Galí, 1854-1916», en su *La oratoria en Cuba*, recopilación dirigida, prologada y anotada, T. 2, La Habana, Imprenta Montalvo y Cárdenas, 1928, págs. 199-200, Evolución de la cultura cubana, 1608-1927.

Dihigo, Juan Miguel, «Obras de Eliseo Giberga, discursos políticos, tomo primero», en *Revista de la Facultad de Letras y Ciencias*, La Habana, 4, 3 y 4, 418, julio-diciembre, 1930.

Iglesia, Emilio y otros, *discursos pronunciados en la velada fúnebre que en honor de Eliseo Giberga se celebró en el salón anfiteatro de la Academia de Ciencias la noche del 26 de junio de 1916*, La Habana, Imprenta y papelería de Rambla y Bouza, 1916.

Méndez Capote, Renée, «Eliseo Giberga» en su *Oratoria cubana*, ensayos, La Habana, Imprenta Editorial Hermes, 1929, págs. 91-95. Montoro, Rafael, «Eliseo Giberga, discurso pronunciado en la Academia de Ciencias, en la velada fúnebre del 26 de junio de 1916», en su *Conferencias y ensayos filosóficos y literarios*, La Habana, Cultural, 1930, págs. 163-171, Obras, tomo 2, V. 2.

Girona, Julio (Manzanillo, Oriente, 12 abril 1887). En Manzanillo cursó la primaria y el bachillerato, trabajó como dependiente de víveres, como maestro de escuelas nocturnas de adultos y como procurador, fue cofundador de la revista *Orto* (1912) —en la que se dio a conocer como escritor— y del Grupo Literario de Manzanillo. En Yara ejerció como maestro de primaria. Colaboró en *Alma joven*, *Infancia*, *Cultura*, *Postal*, *El Baluarte*, *La Defensa*, *La Tribuna*, *El Demócrata* y *La Montaña*. Radicado en La Habana desde fines de 1929, se graduó de Doctor en Derecho Civil en la Universidad (1933). Ejerció la abogacía y continuó trabajando como maestro de adultos en escuelas nocturnas. Escribió un folleto sobre taquigrafía, publicado en Manzanillo, un libro sobre ortología y —para adultos analfabetos— un libro de lectura, ambos inéditos.

Bibliografía pasiva

González Ricardo, Rogelio, «El Grupo Literario de Manzanillo», en *Letras*, *El federado escolar*, La Habana, 20, 175, 40-42, junio-julio, 1962.

Gómez, Juan Gualberto (Sabanilla del Encomendador, Matanzas, 12 julio 1854-La Habana, 5 marzo 1933). Nació libre de padres esclavos. A los diez años vino a La Habana con su familia. Cursó estudios en el colegio de Antonio Medina. A principios de 1869 se trasladó a París para estudiar el oficio de carpintero. Recibe clases en una escuela nocturna y matricula en la Escuela Preparatoria de Ingeniería, en Mungo. Fue intérprete de Francisco Vicente Aguilera. Iniciado en el periodismo desde hacía algún tiempo, colaboró en la *Revue et Gazette des Théâtres* y fue corresponsal de un periódico de Bruselas y de otro de Ginebra. Publicó artículos comentando la política francesa. En 1877 se trasladó a México. Allí fue representante del violinista cubano Claudio Brindis de Salas. Regresó a Cuba después de la firma del Pacto del Zanjón (1878).

Fundó, en 1879, el periódico *La Fraternidad*. Trabajó como maestro en la sociedad El siglo XIX, organizada para dar instrucción a los negros, y ayudar en su labor docente a su antiguo maestro Antonio Medina. Hecho prisionero por prestar apoyo a la insurrección en 1879, es condenado a la cárcel de Ceuta en 1880. En 1882 obtuvo autorización para trasladarse a Madrid, donde hace amistad con Rafael María de Labra y colabora en *El Abolicionista*, en *La Tribuna* y en *El Progreso*. Regresó a Cuba en 1890. Ese mismo año reanudó la publicación de *La Fraternidad*. Sus ideas separatistas provocan la clausura del periódico y su encarcelamiento durante ocho meses. Más tarde fundó *La Igualdad* y colaboró en *La Lucha*. En 1892 fundó el Directorio de las Sociedades de Color con el fin de velar por el progreso intelectual de los negros y por el cese de la discriminación racial. Como delegado de Cuba en la Junta Revolucionaria de Nueva York, colaboró íntimamente con Martí —a quien había conocido después de su primer viaje a Cuba tras el Pacto del Zanjón— en la preparación de la guerra de 1895. Al iniciarse las hostilidades se alza en la provincia de Matanzas, pero es hecho prisionero y condenado nuevamente a Ceuta y más tarde trasladado a la cárcel de Valencia. Beneficiado por una amnistía, se trasladó a Francia en 1898. Más tarde pasó a Estados Unidos.

Regresó a Cuba después de terminada la guerra en 1898. Fue electo representante a la Asamblea de Santa Cruz del Sur. Como miembro de la Asamblea Constituyente desde 1900, lidera el grupo de cubanos que se oponen a la Enmienda Platt. Se opone al gobierno de Tomás Estrada Palma. Miembro del Partido Liberal, fue representante a la Cámara y senador de la República. Atacó al gobierno de José Miguel Gómez. En 1925 fundó el periódico *Patria*, desde el que combatió durante la tiranía machadista. Fue miembro de la Academia de la Historia de Cuba. Se destacó como orador político y parlamentario. Es autor, con Antonio Sendrás y Burín, de *La isla de Puerto Rico*. Primera parte, *Bosquejo histórico (desde la conquista hasta principios de 1891)* (1891). Dejó inédito *Hombres ilustres de mi raza*, cuya introducción apareció en la *Revista de las Antillas* en 1884, y la novela *El rey de las Carolinas*, cuya publicación anunció en 1885.

Bibliografía activa

La cuestión de Cuba en 1884, historia y soluciones de los partidos cubanos, Madrid, Imprenta de Aurelio J. Alaria, 1885.

Un documento importante, carta de don Juan Gualberto Gómez, La Habana, Imprenta El Pilar, 1885.

Las Islas Carolinas y las Marianas, Madrid, Imprenta de San José, 1885.

Juan Gualberto Gómez, su labor patriótica y sociológica, Homenaje del Club Atenas, La Habana, Imprenta y papelería de Rambla y Bouza, 1934.

Preparando la Revolución, La Habana, Dirección de Cultura de la Secretaria de Educación, 1936.

Separatista y rebelde, prólogo de Hilda Parets, La Habana, Editorial Cuba, 1937; 2.ª edición, La Habana, Editorial Guáimaro, 1941.

Por Cuba libre, La Habana, Oficina del Historiador de la Ciudad, 194; 2.ª edición y prólogo de Sergio Aguirre, La Habana, Instituto Cubano del Libro, 1974.

Bibliografía pasiva

Bueno, Salvador, «Figuras cubanas, Juan Gualberto Gómez héroe civil», en *Bohemia*, La Habana, 55, 8, 32-35, 110, febrero 22, 1936.

Caturla, Víctor de, «Trayectoria ideológica de Juan Gualberto Gómez», en *Universidad de La Habana*, La Habana, 21, 130-132, 120-162, enero-junio, 1957.

Costa, Octavio, *Juan Gualberto Gómez, una vida sin sombra*, La Habana, Imprenta El Siglo XX, 1950.

García Galán, Gabriel, *Juan Gualberto Gómez y Ferrer, gran ciudadano, guía y fundador*, La Habana, Imprenta Concepción, 1954.

Guas Inclán, Rafael y Juan José Remos, *Juan Gualberto Gómez, el Martí de tierra adentro, y Juan Gualberto Gómez, un carácter ante la irredención y la inarmonía*, discursos leídos en el Capitolio Nacional, el 12 de julio de 1954, La Habana, Editorial Lex, 1954.

Hevia, Aurelio, *Juan Gualberto Gómez*, conferencia leída el 3 de septiembre de 1942 en el Lyceum, serie organizada por esta Sociedad y el fondo cubano-americano de socorro a los aliados, La Habana, Ediciones de la revista *Índice* 1943.

Horrego Estuch, Leopoldo, *Juan Gualberto Gómez, perfiles biográficos*, La Habana, Editorial Lex, 1954.

Juan Gualberto Gómez, un gran inconforme, 2.ª edición aumentada y corregida, La Habana, La Milagrosa, 1954.

Llanes Migueli, Rita, *Un enlace decisivo en la guerra del 95*, La Habana, Consejo Nacional de Cultura, Centro de Documentación, 1975.

Marquina, Rafael, *Juan Gualberto Gómez en sí*, La Habana, Instituto Nacional de Cultura del Ministerio de Educación, 1956.

Moliner, Israel M., *Monumento a Juan Gualberto Gómez, ciudadano ilustre*, Matanzas, Imprenta Pimentel, 1954, Matanzas epigráfica y monumental, 3.

Pérez Cabrera, José Manuel, *La Juventud de Juan Gualberto Gómez*, discurso leído, en la sesión solemne celebrada el 10 de octubre de 1945, La Habana, Imprenta El Siglo XX, 1945.

Pinto, Ángel César, «La filosofía social de Juan Gualberto Gómez, del Directorio Central de la Raza de Color a la Federación de Sociedades Negras» en su *El pensamiento filosófico de José Martí y la Revolución cubana y otros ensayos*, La Habana, Jaidy, 1946, págs. 69-81.

Roig de Leuchsenring, Emilio, *Juan Gualberto Gómez, paladín de la independencia y la libertad de Cuba*, La Habana, Oficina del Historiador de la ciudad de La Habana, 1954.

Sabourin Fornaris, Jesús, *Juan Gualberto Gómez, símbolo del poder*, «Palabras iniciales», por Baudilio Castellanos García, Santiago de Cuba, Tipografía San Román, 1954, Publicaciones de la Universidad de Oriente, Cuadernos, 32.

Torriente, Cosme de la, *Juan Gualberto Gómez*, discurso leído en la sesión solemne celebrada el 12 de julio de 1954, en homenaje al gran ciudadano, La Habana, Imprenta El Siglo XX, 1954, Academia de la Historia de Cuba.

Urrutia, Gustavo E., «Juan Gualberto Gómez, gran periodista», en *El periodismo en Cuba*, Libro conmemorativo del Día del Periodista, La Habana, Carasa y Ca., Impresores, 1935, págs. 49-53.

Vasconcelos, Ramón, «Juan Gualberto», en *El*

País, La Habana, 5, 37, 16, febrero 6, 1927.

Gómez-Lubián, Agustín «Chiqui» (Santa Clara, 25 junio 1937-Id., 26 mayo 1957). Realizó estudios en escuelas privadas de Santa Clara (La Habana y Cárdenas). Apenas Batista da su golpe de Estado, en 1952, se incorpora a la lucha activa contra el dictador. Se gradúa de Bachiller en Ciencias en el Instituto de Segunda Enseñanza de Santa Clara, en 1954. Comienza estudios de medicina en la Universidad de La Habana al año siguiente. Continúa allí su actividad revolucionaria. Distribuye material de propaganda y participa en actos de sabotaje. En 1956 fue detenido y torturado. Al ser clausurada la Universidad regresa a su ciudad natal, en diciembre de 1956. Funda el Bloque Estudiantil Villareño. Dirigente del Directorio Revolucionario en Las Villas. Ocupa la jefatura de acción y sabotaje en la zona central de la provincia. Colabora en *El Villareño y en* el clandestino *El Baluarte*. Muere destrozado por una bomba, con la que iba a realizar un importante sabotaje. Un volumen con sus *Versos* fue publicado clandestinamente por sus padres y alcanzó cinco ediciones de 1000 ejemplares cada una; contenía treinta y cuatro composiciones y su venta sirvió para recaudar fondos para la Revolución.

Bibliografía activa

Breve antología, «Muerte y eternidad de Gómez Lubián», por Luis Suardíaz, La Habana, Consejo Nacional de Cultura, Dirección de Literatura, 1972.

Bibliografía pasiva

«Agustín Gómez Lubián Urioste, héroe y mártir», en *Bohemia*, La Habana, 59, 21, 104-105, mayo 26, 1967.

Pérez, María Antonia, «Chiqui Gómez-Lubián», en *Boletín Literario*, Las Villas, 2, 3, julio, 1973.

Torres Hernández, Lázaro, «Chiqui» Gómez Lubián», en *Bohemia*, La Habana, 65, 21, 107, mayo 25, 1973.

Gómez de Avellaneda, Gertrudis (Puerto Príncipe, 23 marzo 1814-Madrid, 1 febrero 1873). Hija de un oficial de la Marina española y de una camagüeyana. Antes de cumplir los nueve años «ya escribía apasionados versos», según declara en sus páginas autobiográficas. Pronto compuso novelas y dramas y se distinguió como actriz en funciones de aficionados. En su ciudad natal estudia francés y realiza abundantes lecturas, sobre todo de autores españoles y franceses. En abril de 1836 sale de Santiago de Cuba hacia Europa con su padrastro, también militar español, y su madre. Después de una corta estancia en Burdeos, reside un año en La Coruña y más tarde en Sevilla, donde conoce a Ignacio Cepeda, con el que tiene amores frustrados. Por esta época empieza a publicar en revistas y periódicos, estrena su primer drama (*Leoncia*, 1840) y es acogida por los liceos de Sevilla, Málaga y Granada. Amiga ya de Lista, Gallego, Quintana. Espronceda, Zorrilla, Bretón, Hartzenbusch, el Duque de Frías, se traslada a Madrid, en cuyo Liceo es recibida como Socia de Literatura. Probablemente hacia 1844 comenzaron sus amores con el poeta Gabriel García Tassara, de los cuales es fruto una hija, que muere a los pocos meses de nacida (1845). En junio del mismo año obtiene los dos premios (uno utilizando como seudónimo el nombre de su hermano, Felipe de Escalada) en un certamen poético organizado por el Liceo. Al año siguiente contrae matrimonio con Pedro Sabater, que muere en Burdeos apenas tres meses después. Tras un retiro conventual, la Avellaneda vuelve a Madrid y despliega una intensa actividad intelectual; entre 1846 y 1858 estrena en teatros de Madrid, a veces con gran éxito, no menos de trece obras dramáticas, entre ellas *Hortensia* (1850), *Los puntapiés* (1851) y *La sonámbula* (1854), no impresas y actualmente perdidas. Hacia 1853 intenta ingresar en la Academia Española, pero le es denegada la solicitud por ser mujer. Por esa época rompe definitivamente con Cepeda. Dos años después se casa con el coronel Domingo Verdugo, conocida figura política, que en 1858 es víctima de un atentado: en la convalecencia de las heridas recibidas, viaja con su esposa por distintos lugares de Francia y España y posteriormente es designado para un cargo oficial en Cuba, por lo que la Avellaneda regresa a su isla natal en noviembre de 1859. Aquí se le tributa un homenaje nacional en el teatro Tacón de La Habana el 27 de enero de 1860, en el que fue coronada por la poetisa Luisa Pérez de Zambrana. Verdugo pasa sucesivamente a las tenencias del Gobierno de Cienfuegos, Cárdenas y Pinar del Río. La Avellaneda dirige en La Habana la revista *Álbum Cubano de lo Bueno y lo Bello* (1860) y, en unión de su esposo, realiza un recorrido triunfal por varias ciudades de la isla, incluyendo Puerto Príncipe, en donde es también homenajeada. En octubre de 1863 muere Verdugo en la ciudad de Pinar del Río. Posteriormente parte la Avellaneda con su hermano Manuel hacia Estados Unidos, pasa por Londres y París y regresa por fin a Madrid en 1864. Durante los cuatro años siguientes reside en Sevilla. Entre 1869 y 1871 se dedica a cuidar la edición revisada de sus *Obras literarias*. Entre las publicaciones periódicas en las que colaboró durante su vida están *El Cisne* (Sevilla, 1838), *La Alhambra* (Granada, 1839). *La Aureola* (Cádiz, 1839), *El Recreo Compostelano* (Santiago de Compostela); *Álbum Literario Español, El Laberinto, Álbum del Bello Sexo; o, Las mujeres pintadas por sí mismas, Revista de Madrid, El Globo, Semanario Pintoresco, El Heraldo, Revista Literaria de «El Español», La América. El Correo de la Moda* (Madrid); *Faro Industrial de La Habana, El Liceo de La Habana, Cuba Literaria, Diario de la Marina, la Idea, El Trabajo, El Siglo* (La Habana); *Gaceta de Puerto Príncipe*. Prologó el *Viaje a La Habana* (1844), de la Condesa de Merlín, dos novelas de Teodoro Guerrero (1857, 1864) y el tomo de *Poesías* (1860) de Luisa Pérez de Zambrana. Tradujo poemas del francés. De las traducciones de su obra pueden citarse dos ediciones en inglés de su drama Baltasar (Nueva York, 1908, y Londres, 1914), la traducción, también al inglés, de *Guatimozín, último emperador de México* (México, 1898) y de las cartas de amor (La Habana, c. 1956.). Utilizó el seudónimo de *La peregrina*.

Bibliografía activa

Poesías de la señorita doña Gertrudis Gómez de Avellaneda, prólogo de Juan Nicasio Gallego, Madrid, Establecimiento Tipográfico calle del Sordo n.º 11, 1841; 2.ª edición corregida y aumentada.

«Noticia biográfica» por Los Editores, Madrid, Imprenta de Delgrás Hermanos, 1850; 3.ª edición, México, Imprenta de Juan R. Navarro, 1852.

Sab, novela original, Madrid, Imprenta calle del Barco n.º 26, 1841, 2 V.

«Gertrudis Gómez de Avellaneda, 1814-1873», por Hugo D. Barbagelata, París, Agencia General de Librería, 1920; La Habana, Editorial Nacional de Cuba, 1963; introducción de Carmen Bravo Villasante, Salamanca, Ediciones Anaya, 1970, Biblioteca Anaya, 16, prólogo —«*Sab*, su texto y su contexto»— y notas por Mary Cruz, La Habana, Instituto Cubano del Libro, 1973.

Dos mujeres, Madrid, Gabinete Literario, 1842-1843, 4 T.

Alfonso Munio, tragedia en cuatro actos, Madrid, Imprenta de José Repullés, 1844.

La baronesa de Joux, novela original, La Habana, Imprenta de *La Prensa*, 1844.

Espatolino, novela original, La Habana, Imprenta de *La Prensa*, 1844; México, 1856; Madrid, Imprenta de Luis García, 1858.

El príncipe de Viana, drama trágico en cuatro actos y en verso, Madrid, Imprenta de José Repullés, 1844.

Egilona, drama trágico en tres actos y cuatro cuadros, Madrid, Imprenta de José Repullés, 1845.

Guatimozín, último emperador de México, novela histórica, Madrid, Imprenta de A. Espinosa, 1846, 4 V., en dos; Valparaíso, *Imprenta del Mercurio*, 1847; México, Imprenta de J. R. Navarro, 1853; México, P. Mata, 1887.

Saúl, Tragedia bíblica en cuatro actos, Madrid, Imprenta de José María Repullés, 1849.

Dolores, novela histórica, México, Imprenta de V. G. Torres, 1851.

Dolores, páginas de una crónica de familia, La Habana, Imprenta del *Diario de la Marina*, 1860.

Flavio Recaredo, drama en tres actos y en variedad de metros, Madrid, Imprenta de José María Repullés, 1851.

El donativo del diablo, drama en tres actos y en prosa, Madrid, Imprenta a cargo de C. González, 1852; México, Imprenta de Juan R. Navarro, 1858.

Errores del corazón, drama en tres actos y en prosa, Madrid, Imprenta de José María Repullés, 1852; México, 1853.

La hija de las flores; o, Todos están locos, drama en tres actos y en verso, Madrid, Imprenta a cargo de C. González, 1852; Madrid, Imprenta de C. González 1859.

La verdad vence apariencias, drama en verso, dos actos y un prólogo, Madrid, Imprenta de José María Repullés, 1852.

La aventurera, drama en cuatro actos y en verso, imitación de la comedia francesa de igual título y en cinco actos, Madrid Imprenta a cargo de C. González, 1853; Valparaíso, Imprenta y Librería del *Mercurio*, 1862.

La mano de Dios, novela, Matanzas, Imprenta del Gobierno por S. M., 1853.

La hija del rey René, drama en un acto, arreglado del francés, Madrid, Imprenta de José Rodríguez, 1855.

Oráculos de Talía; o, Los duendes en palacio, comedia en cinco actos y en verso, Madrid, Imprenta de José Rodríguez, 1855.

Simpatía y antipatía, comedia en un acto, Madrid, Imprenta de José Rodríguez, 1855.

La flor del ángel, tradición guipuzcoana, La Habana, A. M. Dávila, 1857; *s. l.*, Imprenta del *Diario de Cienfuegos*, 1873.

Baltasar, drama oriental en cuatro actos y en verso, Madrid, Imprenta de José Rodríguez, 1858; 2.ª edición, Id.; drama bíblico, Bogotá, 1858; drama original en cuatro actos y en verso, La Habana, Consejo Nacional de Cultura, 1962.

Los tres amores, drama en tres actos precedidos de un prólogo, Madrid, Imprenta de José Rodríguez, 1858.

El artista barquero; o Los cuatro cinco de junio, La Habana, Librería e Imprenta El Iris, 1861; Barcelona, Fidel Giró, 1885-1887; La Habana, Imprenta El Pilar, 1890, 2 T.; Barcelona, Gorgas, s. a., 2 V.

Catilina, drama en cuatro actos y en verso, refundición del escrito en francés y en prosa, con igual título por los señores Dumas y Maquet, Sevilla, Imprenta y Librería de Antonio Izquierdo, 1867.

Devocionario nuevo y completísimo en prosa y en verso, Sevilla, Imprenta y librería de Antonio Izquierdo, 1867.

Obras literarias, colección completa, prólogo de Juan Nicasio Gallego, «Noticia biográfica», por Nicomedes Pastor Díaz, «Adición a los anteriores apuntes», por Enrique Gil, Adición al tomo 5 con artículos críticos sobre varias obras de la autora y cartas dirigidas a ella, Madrid, Imprenta y estereotipia de Manuel Rivadeneyra, 1869-1871, 5 T.

Leyendas, novelas y artículos literarios, reimpresión de los tomos 4 y 5 de las *Obras literarias*, Madrid, Imprenta de Aribau, 1877, 2 V.

Obras dramáticas, reimpresión de los tomos 2 y 3 de las *Obras literarias*, Madrid, Imprenta y estereotipia de Manuel Rivadeneyra, 1877.

Poesías líricas, reimpresión del tomo 1 de las *Obras literarias*, Madrid, Librería de Leocadio López, 1877.

La Avellaneda, Autobiografía y cartas de la ilustre poetisa, hasta ahora inéditas, con un prólogo y una necrología por don Lorenzo Cruz de Fuentes, Huelva, Imprenta de Miguel Mora, 1907; *La Avellaneda, Autobiografía y cartas*, 2.ª edición corregida y aumentada, Madrid, Imprenta Helénica, 1914; *Cartas amatorias de la Avellaneda*, con su autobiografía, un prólogo del señor Cruz de Fuentes, y una necrología del señor Cepeda Alcalde, a quien fueron escritas, reimpresas en *Cuba Contemporánea*, con una introducción de Carlos de Velasco, La Habana, Imprenta El Siglo XX, 1914.

Diario de amor, obra inédita, prólogo, ordenación y notas de Alberto Ghiraldo, Madrid, Manuel Aguilar, 1928; *Diario de amor; autobiografía*, Cartas a Ignacio de Cepeda, La Habana, Instituto Cubano del Libro, 1969.

Cartas inéditas y documentos relativos a su vida en Cuba de 1859 a 1864, Matanzas, Imprenta La Pluma de Oro, 1911.

Memorias inéditas de la Avellaneda, anotadas por Domingo Figarola Caneda, La Habana, Imprenta de la Biblioteca Nacional, 1914.

Obras de la Avellaneda, Edición Nacional del Centenario, «Discursos», por Mariano Aramburo y Enrique José Varona, Noticia biográfica, Apéndice 1, «Variantes en las poesías líricas de la Avellaneda», por José María Chacón y Calvo, Apéndice 2, «La Avellaneda ante la crítica», Apéndice 3, «Composiciones dedicadas a la Avellaneda», La Habana, Imprenta de Aurelio Miranda, 1914, 6 T.

Leoncia, drama inédito, Madrid, Tip. de la *Revista de Archivos, Biblioteca y Museos*, 1917.

Poesías escogidas, París, Casa Editorial Franco-Iberoamericana, 1923.

Selección poética, La Habana, Secretaría de Educación, Dirección de Cultura, 1936, Cuadernos de cultura, 2.ª serie, 2.

Antología, poesías y cartas amorosas, prólogo de Ramón Gómez de la Serna, Buenos Aires, Espasa-Calpe Argentina, 1945, Colección Austral, 498.

Sus mejores poesías, Barcelona, Editorial Bruguera, 1953.

El aura blanca, leyenda, notas por Israel N. Moliner, Matanzas, Oficina del Historiador de la Ciudad, 1959, Cuadernos de historia matancera, 2; 2.ª edición, Id., 1963, Cuadernos de historia matancera, 7.

Teatro, La Habana, Consejo Nacional de Cultura, 1965.

Bibliografía pasiva

Aguirre, Mirta, «Gertrudis Gómez de Avellaneda», en su *Influencia de la mujer en Iberoamérica*, ensayo, La Habana, Servicio Femenino para la Defensa Civil, 1948, págs. 20-26.

«Una página de la Avellaneda», en su *El romanticismo de Rousseau a Víctor Hugo*, La Habana, Instituto Cubano del Libro, 1973, págs. 348-353.

Almeyda, Apolonio, «De los tiempos viejos, La coronación de la Avellaneda», en *Almanaque Social*, La Habana, 3, 30, 22-23, 50, octubre, 1931.

Altamirano, Ignacio Manuel, «Ensayo crítico sobre *Baltasar*», en *Revista de Cuba*, La Habana, 7, 242-256 y 365-380, marzo y abril, 1880.

Aramburo y Machado, Mariano, «Discurso en acto conmemorativo del centenario de la Avellaneda», en *Cuba Contemporánea*, La Habana, 2, 5, 1, 94-99, mayo, 1914.

Personalidad literaria de Doña Gertrudis Gómez de Avellaneda, conferencias pronunciadas en el Ateneo Científico, Literario y Artístico de Madrid el año de 1897, Madrid, Imprenta Teresiana, 1898.

Arias, Salvador, «Algunas notas sobre la poesía lírica de la Avellaneda», en *Islas*, Santa Clara, 44, 43-90, enero-abril, 1973.

«La Avellaneda, una figura contradictoria» en *Granma*, La Habana, 9, 82, 4, abril 6, 1973.

Armas, José de, «Impresiones», en *La Discusión*, La Habana, 26, 86, 3, marzo 27, 1914.

«Impresiones, Gertrudis Gómez de Avellaneda», en *La Discusión*, La Habana, 25, 194, 3, julio 13, 1913.

Arrom, José Juan, «Gertrudis Gómez de Avellaneda», en su *Historia de la literatura dramática cubana*, New Haven, Yale University Press, 1914, págs. 54-57.

Augier, Ángel, «De cuando "Tula" no fue admitida en la Academia Española», en *La Última Hora*, La Habana, 2, 7, 4-5, marzo 20, 1952.

Ballesteros, Mercedes, *Vida de la Avellaneda*, Madrid, Ediciones Cultura Hispánica, 1949.

Baquero, Gastón, «Gertrudis Gómez de Avellaneda, 1814-1873, la mariposa del romanticismo», en *Mundo Hispánico*, Madrid, 26, 299, 52-55, febrero, 1973.

Barrios, Modesto, «Gertrudis Gómez de Avellaneda», en *El Estudiante*, Matanzas, 3, 48, 5-7, marzo 1, 1906.

Bernal, Emilia, «Gertrudis Gómez de Avellaneda; su vida y su obra», en *Cuba Contemporánea*, La Habana, 13, 37, 146, 85-111, febrero, 1925.

Betancourt, José Ramón, «Discurso leído por el señor director general del Liceo», en *Coronación de la señora doña Gertrudis Gómez de Avellaneda, acordada por el Liceo de La Habana, que tuvo efecto en la noche del 27 de enero de 1860*, La Habana, Imprenta Militar, 1860, págs. 5-9.

Blanco García, P. Francisco, *La literatura española en el siglo XIX*, tomo 1, Madrid, Sáenz de Jubera Hermanos, Editores, 1909, págs. 190-193, 265-271, 374-376.

Blanchet, Emilio, «Gertrudis Gómez de Avellaneda como poetisa lírica y dramática», en *Revista de la Facultad de Letras y Ciencias de la Universidad de La Habana*, La Habana, 18, 2, 129-179, marzo, 1914.

Boti, Regino Eladio, «La Avellaneda como metrificadora», en *Cuba Contemporánea*, La Habana, 3, 4, 373-390, diciembre, 1913.

Bravo Villasante, Carmen, «Las corrientes sociales del Romanticismo en la obra de la Avellaneda», en *Cuadernos Hispanoamericanos*, Madrid, 76, 228, 771-775, diciembre 1968.

Una vida romántica, la Avellaneda, Barcelona, EDHASA, 1967.

Bueno, Salvador, «Los años de doña Tula», en *El Mundo*, La Habana, 63, 20 989, 4, junio 17, 1964.

«El epistolario amoroso de la Avellaneda», en su *Temas y personajes de la literatura cubana*, La Habana, Ediciones Unión, 1964, págs. 29-40.

«Gertrudis Gómez de Avellaneda, gran poetisa», en su *Figuras cubanas*, Breves biografías de grandes cubanos del siglo XIX, La Habana, Comisión Nacional Cubana de la

UNESCO, 1964, págs. 363-368.

«Sab, novela romántica», en *El Mundo*, La Habana, 62, 20 779, 4, octubre 11, 1963.

«Sesquicentenario, Gertrudis Gómez de Avellaneda», en *Boletín informativo de la Comisión Nacional Cubana de la UNESCO*, La Habana, 3, 8, 22-23, junio, 1964.

Carlos, Alberto J., «La conciencia feminista en dos ensayos, Sor Juana y la Avellaneda», en *El ensayo y la crítica literaria en Iberoamérica*, Memoria del XIV Congreso Internacional de Literatura Iberoamericana, 24-28 de agosto de 1969, edición al cuidado de Kurt L. Levy y Keith Ellis, Toronto, Universidad de Toronto, Instituto Internacional de Literatura Iberoamericana, 1970, págs. 33-41.

«El mal du siècle en un soneto de la Avellaneda», en *Romances Notes*, Chapel Hill, North Caroline, 7, 2, 1966.

«René, Werther y la Nouvelle Héloise en la primera novela de la Avellaneda», en *Revista Iberoamericana*, Pittsburgh, 31, 60, 223-238, julio-diciembre, 1965.

«Un error de Gertrudis Gómez de Avellaneda», en *Boletín Biblioteca Menéndez Pelayo*, Santander, España, 329-330, enero-diciembre, 1970.

Castellá, Condesa de, *Gertrudis Gómez de Avellaneda, gloria hispanoamericana*, conferencia en el Centro de Cultura Hispanoamericana el 27 de abril de 1913, Madrid, El Liberal, 1914.

Castillo de González, Aurelia, *Biografía de Gertrudis Gómez de Avellaneda y juicio crítico de sus obras*, La Habana, Imprenta de Soler,

Álvarez, 1887.

Cejador y Frauca, Julio, *Historia de la Lengua y Literatura Castellana*, tomo 7, Época romántica, 1830-1849, Madrid, Tipográfica de la Revista de Archivos, Bibliotecas y Museos, 1917, págs. 288-296.

«Centenario de la Avellaneda», en *Boletín del Archivo Nacional*, La Habana, 13, 2, 49-71, marzo-abril, 1914.

«El centenario de la Avellaneda», en *El Fígaro*, La Habana, 30, 1, 3, enero 4, 1914.

«El centenario de la Avellaneda», en *Orto*, Manzanillo, 3, 11, 2, marzo 29, 1914.

Cervantes, Rodrigo, «El alma mística de la Avellaneda», en *Bohemia*, La Habana, 5, 12, 134-135, marzo 22, 1914.

Claro, Elsa, «Diario de amor», en *Juventud Rebelde*, La Habana, 7, mayo 14, 1969.

Claro Valle, Clara del, seudónimo de José de la Luz León, «Un alma ardiente y lacerada», en *El Mundo del Domingo*, suplemento del periódico *El Mundo*, La Habana, 13, septiembre 17, 1967.

«Contribución a la Bibliografía de Gertrudis Gómez de Avellaneda», en *Anuario L/L*, La Habana, 3-4, 25-39, 1972-1973.

Coronación de la señora doña Gertrudis Gómez de Avellaneda, acordada por el Liceo de La Habana, que tuvo efecto en la noche del 27 de enero de 1860, La Habana, Imprenta Militar, 1860.

Cotarelo y Mori, Emilio, *La Avellaneda y sus obras*, ensayo biográfico y crítico, Madrid, Tipografía de Archivos, 1930

Una tragedia real de la Avellaneda, tirada apar-

189

te de la *Revista de la Biblioteca, Archivo y Museo del Ayuntamiento de Madrid*, Madrid, Imprenta Municipal, 1926.

Cruz, Mary, «Gertrudis Gómez de Avellaneda y su novela *Sab*», en *Unión*, La Habana, 12, 1, 116-149, marzo, 1973.

«¿Por qué *Sab*?», en *La Gaceta de Cuba*, La Habana, 83, 9-10, junio, 1970.

«*Sab*, vigorosa protesta contra toda servidumbre», en *El Caimán Barbudo*, La Habana, 2.ª época, 60, 12-15, septiembre, 1972.

Cuesta Jiménez, Valentín, *Sangre en los labios*, contribución al estudio de la vida de Gertrudis Gómez de Avellaneda, Güines, La Habana, Imprenta Tosco, 1943, Vidas Ejemplares, Serie B, Libro 2.

Cuza Malé, Belkis, «La Avellaneda, una mujer con importancia», en *La Gaceta de Cuba*, La Habana, 74, 28-29, junio, 1969.

Chacón y Calvo, José María, «La Avellaneda», en *Gráfico*, La Habana, 3, 55, 13, marzo 21, 1914.

Gertrudis Gómez de Avellaneda, las influencias castellanas, examen negativo, La Habana, Imprenta El Siglo XX, 1914.

Díaz del Gallego, Pascasio, «Noticias de la Avellaneda», en *Bohemia*, La Habana, 4, 32, 374, agosto 10, 1913.

Díaz-Plaja, Guillermo, *Introducción al estudio del romanticismo español*, Madrid, Espasa-Calpe, 1942, págs. 212-214.

Esténger, Rafael, «Heredia en la Avellaneda», en *América*, La Habana, 1, 4, 12-13, abril, 1939.

«Expediente donde se decreta la retención y reembarque de dos obras de Gertrudis Gómez de Avellaneda por contener doctrinas subversivas y contrarias a la moral», en *Boletín del Archivo Nacional*, La Habana, 40, 1-6, 103-108, enero-diciembre, 1941.

Fernández Peláez, Julio, «Gertrudis Gómez de Avellaneda en la Argentina», en *Revista de la Biblioteca Nacional*, La Habana, 2.ª serie, 7, 4, 157-161, octubre-diciembre, 1956.

Ferrer, Antonio, «Bibliografía de la Avellaneda, relación de las obras de ella, y de las que a ella se refieren, que existen en el Instituto de La Habana» en *La Discusión*, La Habana, 26, 82, 7, marzo 23, 1914.

Figarola Caneda, Domingo, *Gertrudis Gómez de Avellaneda*, biografía, bibliografía e iconografía, incluyendo muchas cartas, inéditas o publicadas, escritas por la gran poetisa o dirigidas a ella, y sus memorias, Notas ordenadas y publicadas por Emilia Boxhorn, Madrid, Sociedad General Española de Librería, 1929.

«La Avellaneda», en *La Discusión*, La Habana, 26, 83, 6, marzo 24, 1914.

Figueroa, Agustín de, «Gertrudis Gómez de Avellaneda», en *Revista Bimestre Cubana*, La Habana, 37, 2, 238-248, marzo-abril, 1936.

Fornaris, José, «Folletín, Correo del Domingo, sobre la Avellaneda», en *El Triunfo*, La Habana, 2.ª época, 6, 36, 2, febrero 11, 1883.

García, Domitila, «Gertrudis Gómez de Avellaneda», en su *Álbum poético fotográfico de las escritoras cubanas*, tomo 1, La Habana,

Imprenta Militar de la viuda de Soler, 1872, págs. 1-19.

García Carranza, Araceli, «Esquema bibliográfico de la Avellaneda en su centenario, 1814-1873», en *Revista de la Biblioteca Nacional José Martí*, La Habana, 64, 3.ª época, 15, 3, 137-173, septiembre-diciembre, 1973.

García de Zayas Bazán, Laura, «Algunas observaciones relativas a la publicación de las epístolas amorosas de la Avellaneda», en *El Fígaro*, La Habana, 30, 14, 163, abril 5, 1914.

García Pons, César, «Tres poetas, Heredia, Plácido y la Avellaneda, seguido, de una discusión sobre el tema», en *Cuadernos de la Universidad del Aire del Circuito CMQ*, La Habana, 20, 21-30, agosto, 1930.

González Curquejo, Antonio, «Gertrudis Gómez de Avellaneda», en su *Florilegio de escritoras cubanas*, tomo 1, prólogo de Raimundo Cabrera, La Habana, Librería e Imprenta La Moderna Poesía, 1910, págs. 5-7.

«Recuerdos de un sesentón de 1858 a 1867, la Avellaneda en Cuba», en *Cuba y América*, La Habana, 2.ª época, 21, 8, 1, 5-7, abril, 1917.

González del Valle, Martín, «Gertrudis Gómez de Avellaneda», en su *La poesía lírica en Cuba*, apuntes para un libro de biografía y de crítica, Barcelona, Imprenta de Luis Tasso, 1900, págs. 95-109.

Guiteras, Pedro José, «Poetisas cubanas, Gertrudis Gómez de Avellaneda, dedicada al bello sexo de Cuba», en *Revista de Cuba*, La Habana, 2, 481-502, diciembre, 187.

Gullón, Ricardo, «Tula, la incomprendida», en *Ínsula*, Madrid, 6, 62, 3, febrero 15, 1951.

Henríquez Ureña, Camila, «Los valores literarios de Cuba en la cultura hispánica», en *Cuadernos de la Universidad del Aire del Circuito CMQ*, La Habana, 22, 56-57, octubre, 1950.

Henríquez Ureña, Pedro, «En defensa de la lírica española, a propósito del discurso del Doctor Varona sobre la Avellaneda», en *El Fígaro*, La Habana, 30, 20, 235, mayo 17, 1914.

Ibarzábal, Federico de, «Casi crónicas, la Avellaneda», en *Revista Habanera*, La Habana, 1, 8, 5-6, octubre 20, 1913.

Iraizoz, Antonio, «Safo y la Avellaneda», en su *Libro y autores cubanos*, Santa María del Rosario, La Habana, Madrid, Editorial Rosareña, 1956, págs. 14-16.

Kelly, Edith L., *La Avellaneda's Sab and The Political Situation in Cuba*, Washington D. C., 1945.

«Bibliografía de la Avellaneda», en *Revista Bimestre Cubana*, La Habana, 35, 1 y 2, 107-139 y 261-295, enero-febrero, y marzo abril, 1935.

«The Cantonal of a Great Sonnet», en *Hispania*, Stanford University, California, 19, 3, 337-345, octubre, 1936.

«Lo que dicen los críticos acerca de la versificación en la poesía lírica de la Avellaneda», en *Revista Cubana*, La Habana, 8, 22-24, 120-133, abril-junio, 1937.

«Th Metamorphosis of a Poet», en *Bulletin of Th Pan American Union*, Estados Unidos, 71, 546-552, 1937.

Observaciones sobre algunas obras de la Avellaneda publicadas en México, s. l., Revista

Iberoamericana, 1941.

Lazo, Raimundo, «El caso singular de Gertrudis Gómez de Avellaneda», en su *El romanticismo, fijación sicológico-social de su concepto, lo romántico en la lírica hispano-americana, del siglo XVI a 1970*, México, Editorial Porrúa, 1971, págs. 49-52.

Gertrudis Gómez de Avellaneda, la mujer y la poetisa lírica, México, Editorial Porrúa, 1972.

Leal, Rine, *El teatro de Gertrudis Gómez de Avellaneda*, La Habana, Consejo Nacional de Cultura, 1973.

León, José de la Luz, *Fernán Caballero, «Tula» de Avellaneda*, conferencia, «Palabras de salutación a José de la Luz León», por Piedad Maza, comentarios por Rafael Marquina y Antonio Martínez Bello, París, Ediciones Internacionales Le Cygne, 1949.

Lezama Lima, José, «Gertrudis Gómez de Avellaneda», en su *Antología de la poesía cubana*, tomo 2, La Habana, Consejo Nacional de Cultura, 1965, págs. 69-74.

López Argüello, Alberto, *La Avellaneda y sus versos*, prólogo de José María Chacón y Calvo, Santander, *Boletín de la Biblioteca Menéndez y Pelayo*, 1928.

López Prieto, Antonio, «Gertrudis Gómez de Avellaneda», en su *Parnaso Cubano*, Colección de poesías selectas de autores cubanos desde Zequeira a nuestros días precedida de una introducción histórico-crítica sobre el desarrollo de la poesía en Cuba, con biografía y notas críticas y literarias de reputados literatos, tomo 1, La Habana, Editor Miguel de Villa, 1881, págs. 349-356.

Loynaz, Dulce María, «La Avellaneda», en *Revista Cubana*, La Habana, 31, 2, 7-28, abril-junio, 1957.

La Avellaneda, una cubana universal, Camagüey, 1953.

Marinello, Juan, «Centenario, Gertrudis Gómez de Avellaneda», en *Boletín informativo de la Comisión Nacional Cubana de la UNESCO*, La Habana, 12, 45, 2-4, mayo-junio, 1973.

Marquina, Rafael, *Gertrudis Gómez de Avellaneda; La Peregrina*, La Habana, Editorial Trópico, 1939, Biografías Cubanas, 10.

«La poesía religiosa de la Avellaneda», en *Revista Cubana*, La Habana, 23, 193-221, enero-diciembre, 1948.

Martí, José, «Tres libros, poetisas americanas, Carolina Freyre, Luisa Pérez, La Avellaneda, las mexicanas en el libro, tarea aplazada», en su *Obras completas*, tomo 8, La Habana, Editorial Nacional de Cuba, 1963, págs. 309-313.

Martínez, Luis, «El mundo dramático de Gertrudis Gómez de Avellaneda», en *Islas*, Santa Clara, 1, 3, 585-591, mayo-agosto, 1959.

Martínez Arango, C., «El amor a Cuba en la poesía lírica de la Avellaneda», en *Belén*, La Habana, 6, 30, 54-58, noviembre, 1931.

Martínez Bello, Antonio, «La cubanidad de la Avellaneda», en *Carteles*, La Habana, 28, 35 y 36, 15-16 y 21-22, agosto 31 y septiembre 7, 1947.

Dos musas cubanas; Gertrudis Gómez de Avellaneda, Luisa Pérez de Zambrana, La Habana, Imprenta P. Fernández, 1954.

«Reposarán en el suelo natal los restos de la Avellaneda», en *Carteles*, La Habana, 29, 23, 14-16, junio 6, 1948.

«La medalla del Centenario de la Avellaneda», en *El Fígaro*, La Habana, 30, 24, 283, junio 14, 1914.

Meléndez, Concha, «Las novelas indias de la Avellaneda», en su *La novela indianista en Hispanoamérica, 1832-1889*, Madrid, Imprenta de la librería y casa Editorial Hernando, 1934, págs. 73-79; Monografías de la Universidad de Puerto Rico, Serie A, Estudios Hispánicos, 2.

Méndez Bejerano, Mario, *Tassara; nueva biografía crítica*, Madrid, Imprenta de F. Pérez, 1928, págs. 38-34.

Mendoza, Nora Dalia, «Impresiones sobre la Avellaneda, su época y su obra», en *Granma*, La Habana, 9, 74, 4, marzo 28, 1973.

Menéndez y Pelayo, Marcelino, «Gertrudis Gómez de Avellaneda», en su *Historia de la poesía hispano-americana*, tomo 1, Madrid, Librería General de Victoriano Suárez, 1911, págs. 263-271.

Merchán, Rafael María, «La Avellaneda es nuestra», en su *Patria y cultura*, selección y prólogo de Félix Lizaso, La Habana, Publicaciones del Ministerio de Educación, Dirección de Cultura, 1948, págs. 116-121, Grandes periodistas cubanos, 7.

Miguel Ángel, seudónimo, «De cuando Gertrudis Gómez de Avellaneda estrenó Baltasar en Madrid», en *Crónica*, La Habana, 20, 4, 21, abril, 1949.

Mitjans, Aurelio, «De la Avellaneda y sus obras, estudio premiado con una escribanía de plata en los juegos Florales celebrados por la Colla de San Mus en 1886», en su *Estudios literarios*, Colección de memorias premiadas en varios certámenes, La Habana, Imprenta La Prueba, 1887, págs. 73-153.

Monte, Ricardo del, «Coronación de la Avellaneda», en su *Obras*, La Habana, Academia Nacional de Artes y Letras, 1929, págs. 51-59, Biblioteca de autores cubanos, I.

Montoro, Rafael, «Discurso pronunciado en Puerto Príncipe en 3 de diciembre de 1886», en su *Discursos políticos y parlamentarios, informaciones y disertaciones*, Filadelfia, La Compañía Levytype, Impresores y Grabadores, 1894, págs. 96-97.

Navarro, Tomás, «Romanticismo», en su *Métrica española, reseña histórica y descriptiva*, La Habana, Editorial Revolucionaria, 1968, págs. 334-385.

Nelken, Margarita, «La Corina española, Gertrudis Gómez de Avellaneda», en su *Las escritoras españolas*, Barcelona, Editorial Labor, 1930, págs. 185-199, Colección Labor, Biblioteca de Iniciación Cultural, Ciencias Literarias, 262.

Novoa y Luis, Rosario, «Lírica cubana, Gertrudis Gómez de Avellaneda, trabajo leído en la tercera sesión de la Fiesta de la Lírica Española en el Aula Magna de la Universidad Nacional, el día 27 de abril de 1925», en *Alma Cubana*, La Habana, 3, 8, 280-283, agosto,

1925.

Pardo Canalís, Enrique, «El retrato de la Avellaneda por Federico Madrazo», en *Goya*, Madrid, 60, 434-437, may-junio, 1964.

Peers, E. Allison, *Historia del movimiento romántico español*, tomo 2, Madrid, Editorial Gredos, 1967, págs. 184-187, 269-270, Biblioteca Románica Hispánica, Tratados y monografías, 4.

Percas Ponseti, Helena, «Sobre la Avellaneda y su novela *Sab*», en *Revista Iberoamericana*, México D. F., 28, 54, 347-357, julio-diciembre, 1962.

Petronio, seudónimo, «En honor de la Avellaneda», en *Orto*, Manzanillo, Oriente, 3, 11, 4-5, marzo 29, 1914.

Piñera, Virgilio, «Gertrudis Gómez de Avellaneda, revisión de su poesía», en *Universidad de La Habana*, La Habana, 100-103, 7-38, enero-diciembre, 1952.

Piñeyro, Enrique, «La Avellaneda y Safo», en *El Fígaro*, La Habana, 27, 4, 44, enero 22, 1911.

«Gertrudis Gómez de Avellaneda», en su *El romanticismo en España*, París, Garnier Hermanos, Editores-Impresores, 1904, págs. 233-253.

«Poetas líricos cubanos, la muerte de la Avellaneda», en su *Estudios y conferencias de historia y literatura*, Nueva York, Imprenta de Thompson y Moreau, 1880, págs. 213-215.

«Sobre Gertrudis Gómez de Avellaneda», en su *Bosquejos, retratos, recuerdos*, obra póstuma, París, Casa Editorial Garnier, 1912, págs. 245-267.

Portuondo, José Antonio, «La dramática neutralidad de Gertrudis Gómez de Avellaneda», en *Revolución y Cultura*, La Habana, 11, 2-16, 1973.

«Recuerdos de la Avellaneda», en *Gráfico*, La Habana, 3, 56, 11, marzo 28, 1914.

Remos y Rubio, Juan José, «Gertrudis Gómez de Avellaneda», en su *Proceso histórico de las letras cubanas*, Madrid, Ediciones Guadarrama, 1958, págs. 110-118.

«El regreso de la Avellaneda», en su *Micrófono*, La Habana, Imprenta Molina, 1937, págs. 169-190.

Tendencias de la narración imaginativa en Cuba, La Habana, La Casa Montalvo-Cárdenas, 1935, págs. 35-41, 89-90, 115-119.

Ríos de Lampérez, Blanca de los, «La Avellaneda autora dramática», en *El Fígaro*, La Habana, 30, 18, 209-210, mayo 3, 1914.

Roberts, Graves Baxter, «Gertrudis Gómez de Avellaneda», en su *Th Epithet in Spanish Poetry of the Romantic Period*, A dessertarion submitted in partial fulfillment of the requirements for the degree of Doctor of Philosophy, in the Department of Romance Languages, in the Graduate College of the State University of Iowa, August, 1934, Iowa City, University of Iowa, 1936; págs. 132-142, Studies in Spanish Languages and Literature, 6.

Rodríguez Embil, Luis, «La Avellaneda al través de sus cartas de amor», en *Cuba y América*, La Habana, 2.ª época, 18, 2, 1, 22-23, abril,

1914.

Rodríguez García, José Antonio, *De la Avellaneda*, colección de artículos, La Habana, Imprenta Cuba Intelectual, 1914.

Rodríguez Marín, Francisco, «Unas cartas de la Avellaneda», en *El Fígaro*, La Habana, 36, 39, 1094, octubre 12, 1919.

Roig de Leuchsenring, Emilio, «A propósito del traslado de unas cenizas, glorifiquemos a Cuba glorificando a la Avellaneda», en *Carteles*, La Habana, 30, 14, 72-73, abril 3, 1949.

«El centenario de la Avellaneda», en *Gráfico*, La Habana, 2, 31, 8, octubre 11, 1913.

«Siluetas patrias, Gertrudis Gómez de Avellaneda, datos biográficos», en *Gráfico*, La Habana, 3, 56, 10, marzo 28, 1914.

«Vida, obra y pasiones de la Avellaneda», en *Carteles*, La Habana, 29, 31, 34 y 35, 60-61, agosto 1, 22 y 29, 1948.

Romero Marchent, J., «Centenario de la Avellaneda», en *Mundo Hispánico*, Madrid, 24, 279, 40-41, junio, 1971.

Salazar y Roig, Salvador, *Milanés, Luaces y la Avellaneda, como poetas dramáticos*, conferencia de la Serie de Extensión Universitaria leída en la Universidad de La Habana el día 15 de enero de 1916, La Habana, Imprenta de Aurelio Miranda, 1916.

La novela en Cuba, sus manifestaciones, ideales y posibilidades, La Habana, Academia Nacional de Artes y Letras, 1934, págs. 16-17.

Salgado, José, «El centenario de la Avellaneda», en *Revista Habanera*, La Habana, 2, 8, 72-73, marzo 30, 1914.

Sánchez de Bustamante, Antonio, «Discurso en la sesión inaugural de la Academia Nacional de Artes y Letras», en *La Discusión*, La Habana, 24, 331, 9, noviembre 26, 1912.

Santos Jiménez, Rafael, *Gertrudis Gómez de Avellaneda*, conferencia leída en el Aula Magna del Instituto de 2.ª Enseñanza en la velada celebrada el 14 de marzo de 1914, La Habana, Avisador Comercial, 1914.

Santovenia, Emeterio Santiago, «Gertrudis Gómez de Avellaneda», en *Don Pepe*, La Habana, 3, 38, 11-16, mayo 15, 1919.

Schultz de Mantovani, Fryda, «Pasión de la Avellandea», en *Cuadernos Americanos*, México D. F., 15, 90, 6, 238-251, noviembre-diciembre, 1956.

Torriente, Loló de la, «La Avellaneda un siglo después», en *El Mundo*, La Habana, 62, 20 888, 4, febrero 18, 1964.

«Una poesía de la Avellaneda "Amor y orgullo" vertida al latín», en *Alma Cubana*, La Habana, 4, 6, 130-136, junio, 1926.

Valbuena, Segundo, seudónimo de Arturo Ramón de Carricarte, *Un centenario, injusticia patriótica y desastre poético*, crítica de actualidad, La Habana, Jesús Montero, 1914, Autores cubanos, Colección popular, I.

Valdés de la Paz, Osvaldo, «Dos iniciativas femeninas cubanas, el monumento a la Avellaneda y la casa para la mujer americana», en *Carteles*, La Habana, 29, 39, 23-25, septiembre 26, 1948.

«Un natalicio glorioso, otro aniversario de la Avellaneda», en *Carteles*, La Habana, 30, 13, 34-36, marzo 27 1949.

Valdivia de Santo Tomás, Conchita, «Evocación,

Gertrudis Gómez de Avellaneda», en *Grafos*, La Habana, 10, 7, 125-126, 26, noviembre, 1944.

Valera, Juan, «Gertrudis Gómez de Avellaneda», en su *Obras completas*, tomo 2, Madrid, Aguilar, 1961, págs. 1351-1354.

«Observaciones sobre el drama *Baltasar* de la señora Doña Gertrudis Gómez de Avellaneda», en *su Obras completas*, tomo 2, Madrid, Aguilar, 1961, págs. 109-115.

«Poesías líricas, de Gertrudis Gómez de Avellaneda», en su *Obras completas*, tomo 2, Madrid, Aguilar, 1961, págs. 370-382.

Varona, Enrique José, «Discurso en acto conmemorativo del centenario de la Avellaneda», en *Cuba Contemporánea*, La Habana, 2, 5, 1, 99-105, mayo, 1914.

«G. G. de Avellaneda», en *La Lucha*, La Habana, 1, 4, 6, febrero 4, 1883.

Vilardell Arteaga, Roque, «Gertrudis Gómez de Avellaneda», en *Diario de la Marina*, Suplemento Literario, La Habana, 93, 81, III, V, marzo 22, 1925.

Villabela, Manuel, «Tula, provechosa sombra de crédito literario», en *Islas*, La Habana, 47, 51-69, enero-abril, 1974.

Vitier, Cintio, «Gertrudis Gómez de Avellaneda», en su *Lo cubano en la poesía*, La Habana, Instituto Cubano del Libro, 1970, págs. 127-130.

«La Retórica», en su *Poetas cubanos del siglo XIX*, Semblanzas, La Habana, Cuadernos de la revista Unión, 1969, págs. 24.

Williams, Edwin Bucher, *The Life and Dramatic Works of Gertrudis Gómez de Avellaneda*, A thesis presented to the faculty of the graduate school of the University of Pennsylvania in partial fulfillment of the requirements for the degree of Doctor of Philosophy, Filadelfia, 1924, Publications of The University of Pennsylvania, Department of Romanic Languages and Literatures, 11.

Gómez Fernández, José Jorge (La Habana, 6 enero 1920). Desde los seis años de edad y hasta 1929 vivió en Galicia. Es de formación autodidacta. Ha trabajado como cajista, redactor y encuadernador. Fue profesor de tipografía en la Asociación de la Prensa Obrera de Cuba. En el V Concurso Literario de esta Asociación obtuvo el primer premio (1945). En 1954 entró a formar parte de la Federación de Escritores de Cuba, donde desempeñó diversos cargos. En 1957 fundó, con Francisco Chofre y Ramón Azarloza, la revista *Presencia*. Ha colaborado en *Voz Gráfica*, *Chic*, *Cuba Nueva*, *El Fígaro*, *Revolución*, *La Gaceta de Cuba* y *Con la Guardia en Alto*. Miembro del cuerpo de redactores de la revista *Cuba*. Es autor de libretos radiales para «La voz de España», de CMQ. Aparece antologado y traducido al ruso en *Los cuentos cubanos del siglo XX* (Leningrado, 1966). Es conocido por su seudónimo *Baltasar Enero*.

Bibliografía activa

La ruta interplanetaria, novela, La Habana,

1946.
La corteza y la savia, relatos, prólogo de Rafael Marquina, La Habana, Ediciones Presencia, 1959.
La voz multiplicada, 1946-1961, poesía, La Habana, Ediciones Presencia, 1961.
Los hijos de Abel, poesía, La Habana, 1963.

Bibliografía pasiva

Bohórquez, Abigael, «*Baltasar Enero*, ángel con cuchillo», en *El Mexicano*, Sonora, México, agosto 13, 1961.

Diego, Eliseo Alberto, «Sobre cómo y porqué el Doctor Wolson está en la Luna», entrevista, en *Cuba Internacional*, La Habana, 6, 60, 66, agosto, 1974.

Martínez Herrera, Alberto, «La corteza y la savia», en su De golpe y porrazo, La Habana, Eds, 1964, págs. 97-103.

Marquina, Rafael, «Un libro de *Baltasar Enero*», en *Información*, La Habana, 24, 2, c-4, enero 3, 1960.

Gómez García, Raúl (La Habana, 14 diciembre 1928-Santiago de Cuba, 29 julio 1953). Cursó la primaria y el bachillerato, en forma alterna, en Güines (La Habana) y en La Habana. Publicó trabajos escolares en el boletín *Labor* (Güines, 1942). Trabajó como mensajero, pintor y oficinista. Comenzó la carrera de Derecho en la Universidad de La Habana en 1947. Poco después se decidió por los estudios de pedagogía. En 1950 se inició en el ejercicio del magisterio, primero como profesor particular y más tarde como profesor del Colegio Baldor, de donde fue expulsado a causa de sus actividades subversivas. Por esta época entabló amistad con Fidel Castro, ya destacado líder estudiantil. Ingresó en el Partido Ortodoxo. Colaboró con diversos trabajos en un periódico editado por los estudiantes. Escribió un manifiesto, titulado «Revolución sin juventud», contra el golpe de Estado del 10 de marzo de 1952. En contacto con Abel y Haydée Santamaría y con Melba Hernández, realiza diversas actividades clandestinas. Editó, con varios compañeros de lucha, el periódico subversivo titulado *Son los mismos*, cuyo título fue cambiado a sugerencia de Fidel, por el de *El Acusador*. En él firmaba con el seudónimo *El ciudadano*. Redactó, por orden de Fidel Castro, el «Manifiesto del Moncada». Ambos manifiestos fueron publicados en su único libro. Tomó parte activa en los preparativos del ataque al cuartel Moncada el 26 de julio de 1953. Recibió la misión, conjuntamente con otros compañeros, de ocupar el hospital próximo al cuartel. Detenido por los esbirros de la tiranía, fue asesinado.

Bibliografía activa

Raúl Gómez García, texto y recopilación, de Basilia Papastamatíu, La Habana, Instituto Cubano del Libro, 1971.

Escritos y poemas, «Moncada, a un quinquenio, Virginia describe a su hijo, un encuentro con la madre», por Marta Rojas, La Habana, Instituto Cubano del Libro, Editorial Arte y Literatura, 1973.

Bibliografía pasiva

«Raúl Gómez García», en *UPEC*, La Habana, 3, 9, 50-53, julio, 1970.

Rego, Óscar F., «Raúl Gómez García», en *Bohemia*, La Habana, 65, 28, 91, julio 13, 1973.

Rivas Porta, Guillermo, «Letras, Arte, Revolución, Raúl Gómez García, el poeta mártir del 26 de julio», en *Bohemia*, La Habana, 53, 30, 52-55, julio 23, 1961.

Simmons Fernández, Claudio, «Odas eternas», en *El pregonero de Jesús del Monte*, La Habana, 1, 3, 3-5, abril-junio, 1973.

González, Manuel Dionisio (Santa Clara, 8 abril 1815-ld., 14 mayo 1883). Cursó la primera enseñanza en su ciudad natal. En el Seminario San Carlos, de La Habana, hizo estudios especiales de filosofía. Tras su regreso a Santa Clara en 1836, trabajó como oficial cartulario y ganó cierta nombradía. Fue fundador, con Eligio Eulogio Capiró y José de Jesús Velis, de *La Alborada* (1856). Además de su trabajo como redactor en esta publicación, colaboró en *Eco* de Villa Clara, *El Alba*, *El Sagua* y *La Guirnalda literaria*. Fue condecorado con la Cruz de Caballero de la Orden de Carlos III. Es autor, con Capirá y Miguel Jerónimo Gutiérrez, de *Idealismo y realidad* (1848), comedia en tres actos y en verso, y de *El judío errante*, también en colaboración con Gutiérrez, ambas representadas en Santa Clara.

Bibliografía activa

El indio de Cubanacán; o, Las brujas de Peña Blanca, novela histórica, Villa Clara, 1848; 2.ª edición, Villa Clara, Imprenta El Siglo, 1860; 3.ª edición, Villa Clara, Imprenta J. Berenguer, 1908.

Sobre todo, mi dinero, pieza dramática en un acto y en verso, Villa Clara, 1848.

Memoria histórica de la villa de Santa Clara y su jurisdicción, Villa Clara, Imprenta El Siglo, 1858.

Bibliografía pasiva

García Garófalo Mesa, M., «Manuel Dionisio González y Yanes», en su *Los poetas villaclareños*, La Habana, Imprenta J. Arroyo, 1927, págs. 19-23.

López Prieto, Antonio, «Manuel Dionisio González» en su *Parnaso cubano*, Colección de poesías selectas de autores cubanos desde Zequeira a nuestros días, precedida de una introducción histórico-crítica sobre el desarrollo de la poesía en Cuba, con biografías y notas críticas y literarias de reputados literatos, tomo 1, La Habana, Editor Miguel de Villa, 1881, págs. 290-291.

González, Miguel (La Habana-ld., 1799). Es posible que se trate del Miguel González y González que sostuvo una polémica con el seudónimo *Luengo Guimezlaz*, con Manuel de Zequeira a propósito de unas quintillas que éste publicó en el *Papel Periódico de La Habana* (15 de julio de 1792) con el título «Retrato de Siparizo» y bajo el seudónimo *Izmael Raquenue*. Publicó su romance

Expresión fúnebre a la inmortal memoria de don Juan Bautista Barea (1789) junto con sermones y traducciones de éste. Es autor además del *Poema genethliaco al cumple años de Nuestro Serenísimo Príncipe de Asturias (que Dios guarde)* (1791), de la comedia *Elegir con discreción y amante privilegiado* (1792), representada por la compañía de Lucas Saez, y de diversas poesías de ocasión. Hacia el final de su vida alcanzó cierta popularidad.

Bibliografía activa

Expresión fúnebre a la inmortal memoria de don Juan Bautista Barea, cura más antiguo por S. M. de las parroquiales y auxiliares de esta ciudad de La Habana, en que se incluyen los jeroglíficos que se pusieron en el convento de los M. R. R. P. P. Agustinos, en las honras funerales, que como a hermano, y en sufragio de su alma se hicieron el día 20 de febrero de 1789, La Habana, Imprenta de la Capitanía General, 1789.

Bibliografía pasiva

Lezama Lima, José, «Miguel González», en su *Antología de la poesía cubana*, tomo 1, La Habana, Consejo Nacional de Cultura, 1965, págs. 199.

González, Nicanor A. (Matanzas, 6 octubre 1844-Id., 22 marzo 1898). Carbonell da 1843 como fecha de nacimiento. Trabajó como maestro. Fue colaborador en *La Libertad* y *Diario de Matanzas* (1879). Fundó y dirigió todos los números de la revista literaria *El Pensamiento* (1879-1880). En 1893 era director del colegio El Estudio, de Santa Isabel de las Lajas (Las Villas). Es autor de poemas, publicados en la *Revista de Cuba*. Utilizó el seudónimo *Corino Gazzannel*. En ocasiones firmaba solo con su nombre.

Bibliografía activa

El éxito de un drama, ensayo escénico en cinco actos y un prólogo, Matanzas, Sedano y Hernández, 1883.

Bibliografía pasiva

Carbonell, José Manuel, «Nicanor A. González, 1843 1898», en su *La poesía lírica en Cuba*, recopilación dirigida, prologada y anotada, tomo 4, La Habana, Imprenta El Siglo XX, 1928, págs. 63, Evolución de la cultura cubana, 1608-1927, 4.

González, Omar (Vueltas, Las Villas, 14 junio 1950). Cursó la primaria en su pueblo natal. Trabajó como profesor de matemática de enseñanza media en El Escambray (Las Villas) entre 1969 y 1970. Terminó sus estudios de preuniversitario en La Habana en 1971. En 1973 comenzó a trabajar como redactor en *El Caimán Barbudo*. Ese mismo aflo fue seleccionado en la Primera Bienal de Poesía Novel de La Habana. Ganó primera mención en cuento en el Concurso David 1974 con su libro *Al encuentro*. Ha colaborado, además de en *El Caimán Barbudo*, en *Verde Olivo, Revolución y Cultura, La Gaceta de Cuba, Bohemia y Lobogó* (Budapest). Ha viajado a Checoslovaquia y a

Hungría. Es miembro de la Brigada Hermanos Saíz, de la UNEAC. Cursa la carrera de periodismo en la Universidad de La Habana.

Bibliografía activa

Al encuentro, prólogo de Imeldo Álvarez García, La Habana, Editorial Arte y Literatura, 1975.

Bibliografía pasiva

«Omar González», en *Nuevos narradores*, 1974.
«Sobre los *Nuevos narradores*, 1974», por Imeldo Álvarez García, La Habana, Editorial Arte y Literatura, 1957, págs. 32.
«Omar González», en *Nuevos poetas, 1974*, prólogo de Roberto Díaz, La Habana, Editorial Arte y Literatura, 1975, págs. 84.
Santana, Joaquín G., «Cuentos de la tierra», en *Bohemia*, La Habana, 67, 52, 28-29, diciembre 26, 1975.
Suárez, Adolfo, «Sobre un libro de Omar González, Un primer encuentro», en *El Caimán Barbudo*, La Habana, 2.ª época, 95, 20, octubre, 1975.

González, Reynaldo (Ciego de Ávila, Camagüey, 23 agosto 1940). En su pueblo natal cursó la primaria, la secundaria superior y la Escuela de Comercio. Entre 1956 y 1959 desempeñó diversos trabajos, entre ellos el de bancario. En 1960 matriculó en la Escuela de Artes Plásticas e ingresó en la Asociación de jóvenes Rebeldes. Fue brigadista alfabetizador (1961). En Camagüey ocupó el cargo de responsable provincial de cultura y fue miembro del Comité provincial de la UJC entre 1961 y 1962. Fue jefe de redacción de *Pueblo* y *Cultura y de Revolution et/and Culture* y jefe de la plana cultural de *Revolución*. En 1968 obtuvo mención de novela en el Concurso Casa de las Américas por *Siempre la muerte, su paso breve*. Ha colaborado en *Unión, La Gaceta de Cuba, Bohemia, Revolución, Juventud Rebelde* y *Cultura '64*. Es autor de trabajos críticos y coautor de *Che Comandante*. Biografía de Ernesto Che Guevara (México D. F., Editorial Diógenes, 1969). Cuentos suyos han sido traducidos al ruso por Pavel Grushko y al inglés por J. M. Cohen. Obtuvo el Premio Nacional de Literatura en 2003.

Bibliografía activa

Miel sobre hojuelas, Cuento, La Habana, Ediciones R, 1964, Cuadernos Erre, 12.
Siempre la muerte, su paso breve, novela, La Habana, Casa de las Américas, 1968.

Bibliografía pasiva

Martí, Agenor, «Miel sobre un pasado», en *La Gaceta de Cuba*, La Habana, 3, 41, 22, noviembre, 1964.

González, Sergio (Güinía de Miranda, Las Villas, 7 octubre 1942). En Santa Clara cursó la primaria y parte del bachillerato. Abandonó los estudios por dificultades económicas. Después del triunfo de la Revolución trabajó en los primeros festivales de aficionados. En la

Universidad Central de Las Villas tomó clases de actuación. Al fundarse el Centro Dramático de Las Villas pasó a formar parte del mismo durante siete años. En 1969 se traslada a ropes de Collantes (Las Villas) y trabaja con los alumnos de la Escuela Formadora de Maestros. Ingresó más tarde en el Grupo Teatro Escambray como actor. Además de su labor de actuación ha trabajado como asistente de dirección y como director en distintos grupos de aficionados. Su obra *Las provisiones* fue estrenadapor el Grupo Teatro Escambray en 1973 y ganó el premio en el Concurso 26 de julio, del MINFAR, en 1975.

En 1974 fue estrenada, por el mismo grupo, su obra *El ladrillo sin mezcla*.

Bibliografía pasiva

Hoz, Pedro de la, «Las provisiones y los cuentos», en *Bohemia*, La Habana, 67, 39, 29, septiembre 26, 1975.

González-Campoamor, Fernando (Véase **Campoamor, Fernando G.**

González Bermúdez, Jorge Antonio (La Habana, 24 agosto 1912). Cursó la primaria y el bachillerato en La Habana. Fue responsable de la sección de investigación y documentación de la Casa del Teatro y profesor de historia del Ballet en la Escuela Nacional de Arte. Obtuvo mención en el Concurso de Teatro ADAD y en el Concurso Patronato del Teatro con sus obras *La arena está entre el mar y las rocas* (1948) y *Ensayando* (1949). Fue responsable

de la sección de teatro y música de la revista *Romances*. Ha colaborado además en *Ellas, Carteles, Revista de Música de la Biblioteca Nacional, Prometeo, Crítica* y *La Gaceta de Cuba*. Ha estrenado además de las obras antes mencionadas, *Estudio A* (*1950*) quinta sinfonía (1964) y *Funeral Party* (1966). Es autor, con Edwin Teurbe Tolón, de *Óperas cubanas y sus autores* (La Habana, Imprenta Úcar, García, 1943) y de una *Historia del teatro en La Habana* (La Habana, Universidad Central de Las Villas, 1961).

Bibliografía pasiva

González Freire, Natividad, «Jorge Antonio González Bermúdez», en su *Teatro cubano, 1927-1961*, La Habana, Ministerio de Relaciones Exteriores, 1961, págs. 104-107.

González Carbajal, Ladislao (Baracoa, Oriente, 27 junio 1912). Todavía en la enseñanza secundaria, hacia 1929, ingresó en el Partido Comunista y contribuyó a crear su Liga juvenil. Participó en la fundación del Ala Izquierda Estudiantil y la dirigió hasta su disolución. Sufrió prisión en Isla de Pinos durante la dictadura de Gerardo Machado. Formó parte del consejo de redacción de *Línea*. Colaboró en *Mediodía, Fundamentos, Magazine de Hoy*. Recorrió América del Sur, Puerto Rico y México en representación del Partido Comunista, en cuyo Comité Central ocupó el cargo de Responsable de Finanzas. Trabajó en Defensa Obrera y, durante casi una década, hasta después del triunfo de la

Revolución, desempeñó la Secretaría General del Partido Socialista Popular en la provincia de Oriente. Organizó la Editora Política, que dirigió durante cuatro años. Ha colaborado en Cuba *Socialista, OCLAE, Revista de la Biblioteca Nacional José Martí.* Ha sido embajador de Cuba en la República Popular Democrática de Corea y en la República Popular China.

Bibliografía activa

Paquito Rosales, La Habana, 1966.

La Reforma Universitaria de los años veinte y la rebelión estudiantil de nuestros días, separata de la *Revista de la Biblioteca Nacional José Martí*, año 60, n.º 3 La Habana, Biblioteca Nacional José Martí, 1969.

El Ala Izquierda Estudiantil y su época, prólogo de Carlos Rafael Rodríguez, La Habana, Instituto Cubano del Libro, Editorial de Ciencias Sociales, 1974.

Mella, La Habana, 19.

Bibliografía pasiva

Martínez, Aurelio, «*El Ala Izquierda Estudiantil y su época*», en *Verde Olivo*, La Habana, 17, 26, 41-43, junio, 29, 1975.

González de Cascorro, Raúl (Cascorro, Camagüey, 13 junio 1922). Tomó su segundo apellido de su pueblo natal. Se graduó de Doctor en Pedagogía en la Universidad de La Habana. Trabajó como profesor de segunda enseñanza. En el Concurso «Hernández Cata» recibió varias menciones y el premio nacional (1952), este último por su cuento «La cadena». En 1954 ganó el premio del periódico *El Nacional*, de México, otorgado a cuentistas hispanoamericanos, por «Un centavo al Sol». Recibió primera mención en el Concurso «Luis de Soto» (1958) por su obra de teatro *Árboles sin raíces*. Después del triunfo de la Revolución ha obtenido diversos galardones literarios, como el Premio Casa de las Américas 1962 por su libro de cuentos *Gente de Playa Girón*. En los concursos UNEAC ha ganado mención de novela con *Paraíso terrenal* (1965), premio de teatro con *Piezas de museo* (1969), mención de cuento con *Jinetes sin cabeza* (1973) y premio de teatro con *El hijo de Arturo Estévez* (1974). Además, obtuvo mención en el Concurso 26 de julio (1973) con su novela *Romper la noche* y premio de teatro juvenil en el Concurso La Edad de Oro (1974) con *Vamos a hablar del Mayor* (1975). También en 1975 recibió el Premio Casa de las Américas por su libro de testimonio *Aquí se habla de combatientes y de bandidos*. Ha colaborado en *Casa de las Américas, Revolución y Cultura, Unión, La Gaceta de Cuba, Bohemia.* Su novela *Concentración pública* fue traducida al rumano. Cuentos suyos han sido traducidos al alemán, al francés y al ruso.

Bibliografía activa

Motivo, poemas, La Habana, Imprenta Molina, 1946.

Cincuentenario y otros cuentos, «Cuentos cubanos», por Hilda Orosa, La Habana, Editorial

Lex, 1952.
Vidas sin domingo, La Habana, Ediciones Tiempo Nuevo, 1956.
Árboles sin raíces, La Habana, Universidad Central de Las Villas, Departamento de Relaciones Culturales, 1960.
Gente de Playa Girón, La Habana, Casa de las Américas, 1962; 2.ª edición, La Habana, Editorial Arte y Literatura, 1975.
Concentración pública, novela, La Habana, Ediciones Unión, 1964.
La semilla, La Habana, Ediciones R, 1965.
Gente de San Andrés, La Habana, 1968.
Piezas de museo, La Habana, UNEAC, 1970.
Aquí se habla de combatientes y de bandidos, La Habana, Casa de las Américas, 1975.
Jinetes sin cabeza, La Habana, UNEAC, 1975.

Bibliografía pasiva

Antón Mercedes, «Acerca de la Concentración pública», en *Unión*, La Habana, 3, 37, 21-22, mayo 20, 1964.
Bueno, Salvador, «Raúl González de Cascorro, 1922», en su *Antología del cuento en Cuba, 1902-1952*, La Habana, Dirección de Cultura del Ministerio de Educación, 1953, págs. 371.
Buzzi, David, «Cuando la literatura sale en busca de la historia», entrevista, en *Revolución y Cultura*, La Habana, 11, 70-72, junio, 1973.
Cruz, Soledad, «Una obra nutrida con la savia del pueblo, El escritor camagüeyano Raúl González de Cascorro habla de su pieza *El hijo de Arturo Estévez*», en *Juventud Rebelde*, La Habana, 5, agosto 12, 1975.
Fernández, Sara Pastora, «*Árboles sin raíces*»,
en *Boletín Cultural*, La Habana, 1, 6, s. p., mayo, 1960.
González Freire, Natividad, «*Piezas de museo*», en *Bohemia*, La Habana, 62, 6, 8-9, febrero 6, 1970.
«*El hijo de Arturo Estévez*» en *Bohemia*, La Habana, 67, 35, 27, agosto 29, 1975.
Iznaga, Alcides, «*Vidas sin domingo*», en *Islas*, La Habana-Santa Clara, 1, 1, 20, septiembre-diciembre, 1958.
Malaret, Niso, «Raúl González de Cascorro; Teatro, *Árboles sin raíces, Una paloma para Graciela, El mejor fruto*, en junio-julio, 1960.
Marré, Luis, «Cinco preguntas a un premiado», en *La Gaceta de Cuba*, La Habana, 130, 3-4, enero-febrero, 1975.
Pérez Valdés, Trinidad, «Aquí se habla de una batalla», sobre *Aquí se habla de combatientes y soldados*, en *Casa de las Américas*, La Habana, 16, 93, 130-131, noviembre-diciembre, 1975.
Suárez, Adolfo, «Cuando el lector se siente representado, el fruto es poderoso y bello», entrevista, en *El Caimán Barbudo*, La Habana, 2.ª época, 90, 10-11, 28, mayo, 1975.

González, Emilio Martín (La Habana, 11 noviembre 1853-Córdoba, España, 27 marzo 1911). Vivió desde los diez años de edad, y durante la mayor parte de su vida, en Oviedo (España). En su Universidad cursó Derecho y Filosofía y Letras. Se doctoró en la Universidad Central de Madrid. Desempeñó cátedra en la Universidad de La Habana. Dos veces fue diputado a Cortes. Fue elegido para el Senado por la provincia de Lérida. Fue miembro correspondiente de la Real Academia Española de la Historia, académico profesor de la de Jurisprudencia y jefe superior honorario de Administración Civil. Relacionado con la vida política del momento, fue designado jefe del Partido Liberal Asturiano en 1893. Al final de su vida se alejó de toda actividad política. Colaboró en *Novedades* y en *La Moda Elegante*, de Cádiz. Ostentó el título de Marqués de la Vega de Anzo. Utilizó los seudónimos *Alamur* y *Ricardo de las Cabañas*, y su nombre Emilio Martín.

Bibliografía activa

Un libro más, recuerdo de estudiante, versos, 1868-1874, París, E. D. Shmitz, 1874; 2.ª edición, *Un libro más, páginas de estudiante, 1868-1874*, prólogo de Ángel García, Oviedo, Imprenta V. Brid, 1886.

Asturianos ilustres, apuntes biográficos, 2.ª edición, La Habana, La Propaganda Literaria, 1879.

Páginas en prosa, Madrid, Establecimiento Tipográfico Sucesores de Rivadeneyra, 1882.

La poesía lírica en Cuba, Apuntes para un libro de biografía y de crítica, Primera serie, Oviedo, Imprenta de Valina, 1882; 2.ª edición corregida y aumentada, Oviedo, Tipografía Literaria de C. Verdaguer, 1884; 4.ª edición, con una carta de Marcelino Menéndez y Pelayo, Oviedo, Vicente Brid, 1888; 5.ª edición, Barcelona, Tipografía de Luis Tasso, 1900.

Renglones desiguales, Madrid, Establecimiento Tipográfico Sucesores de Rivadeneyra, 1882.

Bibliografía pasiva

Alcover, Antonio Miguel, «Martín González del Valle», en *Bohemia*, La Habana, 4, 12, 133-134, marzo 23, 1913.

González del Valle, Francisco (La Habana, 6 diciembre 1881-Id., 18 diciembre 1942). Se graduó de bachiller en el Colegio San Cristóbal de La Habana en 1897. Mientras estudiaba la segunda enseñanza trabajó como profesor en el colegio La Ilustración. Cursó la carrera de Derecho en la Universidad de La Habana (1897-1903). Entre 1901 y 1907 colaboró en *Revista de Derecho, Boletín Oficial del Colegio de Notarios de La Habana* —del que fue además redactor entre 1903 y 1907—, *La Discusión* y *El Estudio*. Publicó además trabajos de temas diversos en *Heraldo de Cuba* (1914-1917), *Cuba Contemporánea* (1914-1926), *La Noche* (1918-1920), *El Fígaro* (1918, 1919 y 1921), *Revista Bimestre Cubana* (1933-1942), *Social, Evolución, Gráfico, España Nueva, Boletín Oficial de la Cámara de Comercio, Industria y Navegación* y *Archipiélago* Fue miembro de la Academia de la Historia de Cuba y director y colaborador de sus *Anales*. Fue vicepresidente (1937) y presidente (1938) de la Biblioteca Nacional. Formó parte de la Fundación Luz y Caballero, encaminada a orientar la instrucción pública, de la agrupación Amigos de la Biblioteca Nacional y de la Asociación Bibliográfica Cultural de Cuba. Junto a Emilio

Roig de Leuchsenring, José A. Portuondo, Fermín Peraza y otros, tomó parte activa en la campaña por las escuelas. Fue un herediano destacado. Utilizó el seudónimo *Fray Llave*.

Bibliografía activa

Estudio biográfico del Doctor Ambrosio González del Valle y Cañizo, La Habana, Imprenta El Siglo XX, 1911.

La Compañía de Jesús, La Habana, Imprenta El Siglo XX, 1914.

Moral religiosa y moral laica, Carta de Enrique José Varona, La Habana, Imprenta El Siglo XX, 1914.

El divorcio y los hijos, La Habana, 1915.

La Compañía de Jesús y el voto de pobreza, La Habana, Imprenta El Siglo XX, 1917.

José de la Luz y los católicos españoles, La Habana, Sociedad Editorial Cuba Contemporánea, 1919.

Los derechos de los hijos ilegítimos, La Habana, Imprenta El Siglo XX, 1920.

El Padre Ricardo Arteaga, La Habana, Imprenta El Siglo XX, 1920.

El Padre Dobal, La Habana, Imprenta El Siglo XX, 1921.

¿Es de Plácido la «Plegaria a Dios»? Discurso leído en la recepción pública del Doctor, la noche del 16 de julio de 1923. Contesta en nombre de la Corporación el señor Domingo Figarola Caneda, La Habana, Imprenta El Siglo XX, 1923, Academia de la Historia.

La Conspiración de la Escalera, I, José de la Luz y Caballero, La Habana, Imprenta El Siglo XX, 1925.

Cronología herediana, 1803-1839, introducción, publicado en la *Revista Bimestre Cubana*, julio-octubre 1933, La Habana, Imprenta Molina, 1933.

Dos orientadores de la enseñanza, el Padre José Agustín Caballero y José de la Luz Caballero, La Habana, Imprenta Molina, 1935.

Domingo Figarola Caneda, conferencia dada en la Asociación de Reporters por los Amigos de la Biblioteca Nacional, en el décimo aniversario de la muerte de Figarola Caneda, La Habana, Imprenta Molina, 1936.

El Padre Varela y la independencia de la América Hispana, La Habana, 1936.

Del epistolario de Heredia, cartas a Silvestre Alfonso, La Habana, Secretaría de Educación, Dirección de Cultura, 1937.

Cronología herediana, 1803-1839, La Habana, Secretaría de Educación, Dirección de Cultura, 1938.

Documentos para la vida de Heredia, La Habana, Secretaría de Educación, Dirección de Cultura, 1938.

Heredia en La Habana, homenaje de la Ciudad de La Habana a José María de Heredia en el centenario de su muerte, 1839-1939, nota preliminar de Emilio Roig de Leuchsenring, La Habana, Municipio de La Habana, 1939, Cuadernos de historia habanera, 16.

Poesías de Heredia traducidas a otros idiomas, 2.ª edición, La Habana, Imprenta Molina, 1940.

La Habana en 1841, obra póstuma ordenada y revisada, con advertencia por Raquel Catalá,

La Habana, Municipio de La Habana, 1947-1948, 2 T., Cuadernos de historia habanera, 37-38; 2.ª edición, nota preliminar de Emilio Roig de Leuchsenring, «Palabras de duelo», por Mario Guiral Moreno, «Saber y civismo en la obra del historiador cubano Francisco González del Valle», por Emilio Roig de Leuchsenring, «Ejemplaridad de Francisco González del Valle», por Emilio Portell Vilá, «Francisco González del Valle, historiador en función social», por Manuel Isaías Mesa Rodríguez, «Acuerdos en honor de Francisco González del Valle», por Sociedad Cubana de Estudios Históricos e Internacionales, «Bibliografía de Francisco González del Valle, presentada al Segundo Congreso Nacional de Historia, 8-12 octubre de 1943», por Fermín Peraza, Advertencia de Raquel Catalá, con apéndices de José Agustín Govantes, Cirilo Villaverde y otros, La Habana, Oficina del historiador de la Ciudad de La Habana, 1952, Colección histórica cubana y americana, 10.

Bibliografía pasiva

Chacón y Calvo, José María, «Valle, F. del, ¿Es de Plácido la «Plegaria a Dios»?», en *Revista de Filología Española*, Madrid, 10, 4, 410-411, octubre-diciembre, 1923.

«Francisco González del Valle; con motivo de su muerte», en *Revista Cubana*, La Habana, 17, 136-137, enero-marzo, 1943.

Figarola Caneda, Domingo, «Discurso del académico de número señor Domingo Figarola Caneda en contestación al precedente», en *Discursos leídos en la recepción pública del Doctor Francisco González del Valle y Ramírez, la noche del 16 de julio de 1923*, La Habana, Imprenta El Siglo XX, 1923, págs. 107-118, Academia de la Historia.

Gay Calbó, Enrique, «*La Compañía de Jesús*, por Francisco G. del Valle», en *Cuba Contemporánea*, La Habana, 5, 79, 1914.

«¿*¿Es de Plácido la «Plegaria a Dios»?*, por Francisco González del Valle», en *Cuba Contemporánea*, La Habana, 33, 11, 130, 214-215, octubre, 1923.

«Francisco González del Valle», en *Revista Bimestre Cubana*, La Habana, 1, 1, 146-148, enero-febrero, 1943.

González, Manuel Pedro, «*Heredia en La Habana*, por Francisco González del Valle», en *Revista Iberoamericana*, México D. F., 1, 2, 448-450, noviembre 20, 1939.

Henríquez y Carvajal, Federico, «*Cronología herediana, 1803-1839*, por Francisco González del Valle», en *Clío*, Ciudad Trujillo, 33, 31-32, julio, 1939.

Peraza Sarausa, Fermín, *Bibliografía de Francisco González del Valle*, trabajo presentado al II Congreso Nacional de Historia, La Habana, Ediciones Anuario Bibliográfico Cubano, 1943, Biblioteca del bibliotecario, 14.

Roig de Leuchsenring, Emilio, «Francisco González del Valle y Ramírez, exponente final de una dinastía de patricios cubanos», «Un paladín de toda noble causa patriótica, Francisco González del Valle» y «La admirable labor histórica de un ejemplar historiador cubano,

Francisco González del Valle» en *Carteles*, La Habana, 24, 2, 3 y 4, 38-39 58, 38-39 y 38-39, enero 10, 17 y 24, 1943.

Suvillaga, Lázaro, seudónimo de Gilberto González y Contreras, «Francisco González del Valle», en *Mañana*, La Habana, 5, 401, 2, octubre 16, 1943.

González del Valle, José Zacarías (La Habana, 5 noviembre 1820-Sevilla, 17 octubre 1851). Fue alumno del Seminario San Carlos. Se graduó de Bachiller en Filosofía (1834), en Jurisprudencia (1837) y en Sagrados Cánones (1838). Se licenció en Filosofía en 1838. Ese mismo año la Sociedad Patriótica le premió su «Memoria sobre la educación». De 1838 data también su primera novela, *Recuerdos del cólera*. En 1839 se recibió de Licenciado en Derecho y se presentó a oposiciones en la cátedra de Texto Aristotélico de la Universidad de La Habana. Más tarde pudo desempeñarla interinamente. En 1842 viajó a España. Se recibió de abogado en Madrid. Visitó a Francia. Obtuvo la cátedra de Física en la Universidad de La Habana en 1847. Colaboró en *La Siempreviva*, *La Flor de Mayo*, *La Cartera Cubana*, *Memorias de la Sociedad Patriótica*, *Gaceta de Puerto Príncipe*, *Faro Industrial de La Habana*, *El Álbum*, *El Plantel*, *El Prisma*, *Diario de La Habana*, *El Artista*, *Noticioso y Lucero*. En las páginas del *Diario de La Habana* (octubre, 1839) sostuvo su famosa polémica con José de la Luz y Caballero acerca del eclecticismo. Formó parte del círculo de intelectuales que se reunió en torno a Del Monte. Cultivó ocasionalmente la crítica literaria. Al final de su vida, ya enfermo de tisis, se trasladó a España y fue nombrado secretario de Su Majestad. Utilizó los seudónimos *El ecléctico*, *Otro* y *Tulio*.

Bibliografía activa

Lecciones de filosofía, Sobre algunos puntos de la ciencia, La Habana, Imprenta de J. S. Boloña, 1839.

Luisa, novela cubana, La Habana, Imprenta Literaria, 1839; 2.ª edición, La Habana, 1846.

Examen público sobre algunas materias filosóficas a que han de presentarse en esta Real y Pontificia Universidad el día primero de mayo D. Clemente Calero &, dirigiéndolos el Licenciado en Filosofía D. José Zacarías González del Valle; bachiller en ambos derechos y catedrático sustituto del texto aristotélico, La Habana, D. J. S. Boloña, impresor de Cámara de S. M., 1839.

Breves explicaciones con motiva de algunos lugares de Aristóteles por José Z. G. del Valle, Licenciado en artes y catedrático sustituto del Texto de la Real y Pontificia Universidad, La Habana, Imprenta Literaria, 1840.

Rasgos históricos de la filosofía, La Habana, Oficina de Boloña, 1840.

Las tropicales, poesía, La Habana, Imprenta de Ramón Oliva, 1844.

Lecciones, La Habana, Oficina de Boloña, 1841.

Viajes por Europa, La Habana, Imprenta de Ramón Oliva, 1844.

Lecciones elementales de meteorología, La Habana, Imprenta del *Diario de la Marina*, 1849.

Novelas cubanas, prólogo de Ramón Meza, La

Habana, Imprenta El Pilar, 1895.

La vida literaria en Cuba, 1836-1840, «La vida literaria en Cuba», por Francisco González del Valle, La Habana, Publicaciones de la Secretaría de Educación Pública, Dirección de Cultura, 1938, Cuadernos de cultura, 4.ª serie, 5.

Bibliografía pasiva

Carcasés y Guerrero, José, *Biografía del Doctor Don José Zacarías González del Valle*, La Habana, Imprenta del Tiempo, 1852.

Mestre, José Manuel, «Elogio del Doctor Don José Zacarías González del Valle, leído en sesión solemne del claustro general de la Real Universidad Literaria el 21 de diciembre de 1861», en su *Obras*, introducción de Loló de la Torriente, La Habana, Editorial de la Universidad de La Habana, 1965, págs. 261-274, Biblioteca de autores cubanos, 30.

Meza, Ramón, «Doctor José Zacarías González del Valle», en su *Los González del Valle, estudio biográfico*, La Habana, Imprenta El Siglo XX, 1911, págs. 31-39.

Milanés, José Jacinto, «*Las tropicales* de Don José Z. González», en *Diario de La Habana*, La Habana, 319, 2, noviembre 15, 1841.

Pardo Pimentel, Nicolás, «*Las tropicales*, en *Noticioso y Lucero de La Habana*, La Habana, 9, 312, 2, noviembre 9, 1841.

S., «*Tropicales*», en *Noticioso y Lucero de La Habana*, La Habana, 9, 311, 3, noviembre 8, 1841.

Suárez y Romero, Anselmo, «*Guirnalda fúnebre*», en *Faro Industrial de La Habana*, La Habana, 4, 401, 1-2, diciembre 15, 1844.

«José Zacarías G. del Valle», en su *Colección de artículos*, La Habana, Consejo Nacional de Cultura, 1963, págs. 186-195.

Zenea, Juan Clemente, «Galería de escritores cubanos, José Zacarías González del Valle», en *El Almendares*, La Habana, 1, 3, 45-47, febrero 1, 1852.

González del Valle, Manuel (La Habana, 16 octubre 1802-Id., 17 enero 1884). Cursó estudios en el Seminario de San Carlos, donde fue discípulo de Varela. Más tarde, ya graduado de bachiller, obtuvo los títulos de Bachiller en Leyes (1822), Doctor en Filosofía (1824) y Doctor en Leyes (1824) en la Universidad de La Habana. Fue profesor de Prima de Leyes entre 1823 y 1825 y profesor de Filosofía por oposición. Profesó en el Real Colegio Cubano, en el Liceo de La Habana y en la Academia de San Fernando, donde tuvo por discípulo a José Fornaris. Obtuvo, también por oposición, las cátedras de Moral aplicada al Derecho (1840) y de Lógica, Metafísica e Historia de la Filosofía (1842) en la Universidad. A raíz de la reforma universitaria de 1842, en que se produjo la secularización, ocupó el decanato de su Facultad de Filosofía hasta 1856. Fue regidor del Ayuntamiento (1847-1854), alcalde interino de La Habana (1854), secretario de Gobierno con carácter interino (1856) y más tarde en propiedad (1860), consejero de Administración (1862), etc. Con Ignacio Valdés Machuca fue redactor de *La Moda*.

Recreo Semanal del Bello Sexo. Colaboró en *La Lira de Apolo*, *El Revisor Político y Literario*, *El Diario de La Habana*, *La Cartera Cubana*, *Gaceta de Puerto Príncipe*, *Memorias de la Real Sociedad Económica*, *Brisas de Cuba*, *Revista de La Habana*, *El Liceo de La Habana*, *Noticioso y Lucero*. Con el presbítero Ruiz sostuvo una polémica en torno al pensamiento de Helvecio y del Barón de Holbach, en la que terció Luz y Caballero, publicada en *Diario de La Habana* (julio 30-septiembre 28, 1839). En éste y en *Noticioso y Lucero* (primer semestre de 1840) polemizó con Luz y Caballero sobre Cousin, con claras implicaciones políticas y a propósito de las traducciones de los trabajos de Cousin sobre Locke y Condillac publicados en *Noticioso y Lucero* (noviembre 27 y diciembre 8, 1839) y en *La Cartera Cubana* (diciembre, 1839), respectivamente. Fue académico de número de la Academia Cubana de Literatura, directivo, miembro de diversas secciones y más tarde socio de mérito y presidente de la Sociedad Patriótica. Tradujo del italiano la ópera *El barbero de Sevilla*, de Rossini, en verso; la *Breve historia del proceso en lo criminal*, de Pagano, y las *Relaciones del Derecho y de la legislación en la Economía Política* (París, 1864), de F. Rivet. Utilizó los seudónimos *Dorilo*, *El redactor*, *M. J.*, *Juan Vasallo Caraciolo*. *El psicólogo*, *El frenólogo*, *El bayamés*, *Fray Gerundio habanero*, *El ontólogo*. Firmaba también con sus iniciales.

Bibliografía activa

A su amigo El amante de las musas, al Licenciado don Ignacio Valdés dedica estos rasgos líricos, el Doctor M. González del Valle, La Habana, s. i., 1826.

Diccionario de las Musas, donde se explica lo más importante de la poética, teórica y práctica, con aplicación de la retórica y mitología en lo que se juzga necesario, Nueva York, Lanuza, Mendia, 1827.

Programa de materias filosóficas para los alumnos del Colegio de San Fernando, La Habana, 1839.

Artículos publicados sobre Psicología, según la doctrina de Cousin, La Habana, Oficina Boloña, 1840.

Oración inaugural pronunciada por el Doctor M. González del Valle para abrir la cátedra de Filosofía Moral en la Real y Pontificia Universidad de San Gerónimo de La Habana, La Habana, Imprenta de don José Boloña, impresor de la R. Marina, 1840.

Proposiciones de Lógica para el examen de los alumnos de filosofía en los colegios unidos de San Fernando y Cubano, La Habana, 1840.

Discurso para abrir el curso de Moral en la Real y Pontificia Universidad de esta ciudad, La Habana, Oficina de Boloña, 1841.

Discurso para abrir el 22 de diciembre de 1842 la cátedra de Lógica en la Real Universidad de La Habana, La Habana, D. José Severino Boloña, 1842.

Estudio de la moral, La Habana, Oficina de José Severino Boloña, 1843.

Discurso pronunciado en la cátedra de Moral de esta Universidad Literaria, La Habana, Im-

prenta del Tiempo, 1856.
Discursos pronunciados en las cátedras de Lógica y Moral de esta Universidad Literaria 2.ª edición, La Habana, Imprenta de P. Martínez, 1856.
Apuntes de Lógica seguidos de una competencia entre los métodos a priori y a posteriori según las explicaciones dadas en la Real Universidad de La Habana, Arreglado para su publicación por F. F. R., La Habana, Imprenta La Protección, 1862.

Bibliografía pasiva
Fornaris, José, «Correo del domingo, Manuel González del Valle», en *El Triunfo*, La Habana, 2.ª época, 7, 18, 2, enero 20, 1884.
López Prieto, Antonio, «Illmo, señor Doctor don Manuel González del Valle y Cañizo», en su *Parnaso cubano*, Colección de poesías selectas de autores cubanos desde Zequeira a nuestros días, precedida de una introducción histórico-crítica sobre el desarrollo de la poesía en Cuba, con biografías y notas críticas y literarias de reputados literatos, T. 1, La Habana, Editor Miguel de Villa, 1884, págs. 183-184.
Maz, R. E., seudónimo de Ramón Meza, «Manuel González del Valle», en *La Ilustración Cubana*, La Habana-Barcelona, 3, 17, 181-182, junio 20, 1887.
Meza, Ramón, «Doctor Manuel González del Valle», en su *Los González del Valle, estudio biográfico*, La Habana, Imprenta El Siglo XX, 1911, págs. 17-30.
Valverde, Antonio L., «Jurisconsultos cubanos, Manuel González del Valle y Cañizo», en *Revista Bimestre Cubana*, La Habana, 32, 78-86, 1933.

González Fonseca o Alfonseca, José (La Habana, 1717-1764). Obtuvo el doctorado en filosofía y más tarde en teología (1739). Era maestro de la orden de Santo Domingo. Fue prior del convento de San Juan de Letrán de La Habana. Fue profesor y rector de la Universidad de La Habana en 1744, 1749 y 1756. Trelles lo identifica con José Fonseca, autor de la *Noticia de los escritores de la Isla de Cuba*, primer trabajo en que se habla de los escritores cubanos, y maestro en teología de Santa Cruz de la Isla Española. Estaba encargado de una historia de su provincia. Se destacó por sus sermones. Es autor de *Origen, fundación, progresos, gobierno, cátedra y estudios de la Insigne, Pontificia y Real Universidad literaria de San Gerónimo, fundada en el convento de San Juan de Letrán del Orden de Predicadores de la ciudad de San Cristóbal de La Habana* (1745) y de *Historia de la Orden de Santo Domingo en Cuba* (ca. 1750).

Bibliografía activa
Sermones varios del M. R. P. Mro. Fray Josef González Fonseca, hijo del convento de San Juan de Letrán de La Habana, y provincia de Santa Cruz de las Indias, del sagrado Orden de Predicadores, prior conventual y provincial

que fue de dicho convento y Provincia; Doctor en Sagrada Theología y varias veces rector y chanciller de la insigne Provincia, y Real Universidad de San Gerónimo de La Habana, y regente de sus estudios, tomo primero que contiene quince sermones, Madrid, Oficina de don Antonio Muñoz del Valle, 1776.

González Freire, Natividad (La Habana, 3 octubre 1927). Cursó el bachillerato en el Instituto del Vedado y la carrera de Filosofía y Letras en la Universidad de La Habana. Es graduada del Teatro Universitario. Durante sus años de estudiante participó como actriz en las temporadas organizadas por este centro en México, Guatemala y Estados Unidos. Trabajó además en los grupos teatrales Patronato del Teatro, GEL, Los Comediantes, Arena. Fue alumna del primer curso que se impartió en Cuba sobre el sistema Stanislawski, ofrecido por el profesor mexicano José Gelada en la Sociedad Cultural Nuestro Tiempo. Por esta época recorrió el país como actriz y responsable del grupo de teatro de las misiones culturales del Ministerio de Educación. Más tarde, entre 1954 y 1958, trabajó como productora de novelas y actriz en la radio y la televisión nacionales. Después del triunfo de la Revolución creó un grupo de teatro con miembros del Ejército Rebelde, con el que trabajó en la Sierra Maestra y otras zonas de la provincia de Oriente. Ha sido profesora de dramaturgia e historia del teatro latinoamericano y cubano en la Escuela de Instructores de Arte, el Teatro Universitario y la escuela de periodismo del MINFAR. Ha colaborado, como crítico de teatro, en *Verde Olivo*, *Revolución*, *Hoy*, *El Mundo*, *Granma*, *Casa de las Américas*, *Unión*, *Revolución y Cultura*, *Signos*, *Conjunto*, *La Gaceta de Cuba*, *Bohemia*. Ha realizado viajes de estudio por la URSS, Hungría, Polonia RDA. Como periodista ha viajado por la zona del Caribe. Actualmente es profesora de la Escuela Nacional de Arte de Cubanacán. Firma sus trabajos con el nombre Nati González Freire.

Bibliografía activa
Teatro cubano contemporáneo, 1928-1957, La Habana, 1958, 2.ª edición.
Teatro cubano, 1927-1961, La Habana, Ministerio de Relaciones Exteriores, 1961.

Bibliografía pasiva
Bueno, Salvador, «Libros y publicaciones», en *Boletín de la Comisión Nacional Cubana de la UNESCO*, La Habana, 7, 5, 22-23, mayo, 1958.
Feijóo, Samuel, «Un estudio del teatro cubano contemporáneo», en *Islas*, La Habana-Santa Clara, 4, 307-308, septiembre-diciembre, 1959.
Orozco Sierra, Guillermo, «Natividad González Freire, *teatro cubano contemporáneo, 1928-1957*», en *Galería*, Santiago de Cuba, 2, 11-12, 12, 13, septiembre-diciembre, 1958.
Suárez Solís, Rafael, «Las pequeñas causas, Natividad», en *Diario de la Marina*, La Habana, 126, 111, 4-A, mayo 10, 1958.

González Santana, **Joaquín** (La Habana, 19 octubre 1938). Se graduó de bachiller en el Instituto de la Víbora, en La Habana, en 1956. Asistió a diversos cursillos sobre literatura hispanoamericana y sobre Martí en la Escuela de Verano de la Universidad de La Habana. En 1958 obtuvo el premio de cuento en el concurso convocado por la revista *Iris*, de San Antonio de los Baños (La Habana). Entre 1961 y 1963 desempeñó cargos de dirección en el ICR. En 1962 obtuvo el Premio Nacional de Radio por su libreto «Primero de mayo» y el premio del Sindicato Nacional de Trabajadores de Artes y Espectáculos. En la COR fue responsable de *El Orientador Revolucionario* (*1964*) y de publicaciones (1965-1966). Tuvo a su cargo las planas «Novación literaria», de *Prensa Libre* y «Arte y Literatura», del suplemento *Hoy Domingo*. Fue director de la revista de poesía *Qué*. Ha colaborado en *Excélsior*, *La Gaceta de Cuba*, *Unión*, *Islas*, *El Sol de La Plata* (Córdoba, Argentina), *Izvestia* (Moscú), etc. Dirigió *Palante*. Ha trabajado en la agenda noticiosa Prensa Latina y, actualmente, en la Editorial de Ciencias Sociales del Instituto Cubano del Libro. Es conocido como Joaquín G. Santana.

Bibliografía activa

Mis poemas, La Habana, Ediciones Echevarría, 1958.
Interior, La Habana, 1960.
Poemas en Santiago, La Habana, Ediciones El Puente, 1962.
La llave, La Habana, Ediciones en colores, 1967.
Furia y juego en Manuel Navarro Luna, La Habana, UNEAC, 1975.

Bibliografía pasiva

Augier, Ángel, «*Poemas en Santiago*, por Joaquín G. Santana», en *Universidad de La Habana*, La Habana, 27, 161-162, 168-169, mayo-agosto, 1963.
Branly, Roberto, «Santana, *La Llave* y la colección Meñique», en *Granma*, La Habana, 3, 45, 7, febrero 15, 1967.
Felipe, Reinaldo y Ana María Simó, «Joaquín G. Santana», en su *Novísima poesía cubana*, antología, La Habana, Ediciones El Puente, 1962.
Torriente, Loló de la, «Las llaves que me mandaste», en *El Mundo*, La Habana, 65, 21 826, 4, marzo 1, 1967.

Govantes, **José Joaquín** (La Habana-Guanabacoa, La Habana, 1881). Hijo del jurisconsulto José Agustín Govantes. Colaboró en *Aurora* y *Aguinaldo Habanero* (1865). En 1868, después de iniciada la revolución en Yara, se trasladó a Nueva York, desde donde trabajó en favor de Cuba. En 1876 fundó, en esa ciudad, el periódico *La Voz de la Patria*, que dejó de salir en 1877.

Bibliografía activa

Horas de amargura, Colección de poesías, prólogo de Manuel Costales, La Habana, Im-

prenta del Tiempo, 1865.
Una vieja como hay muchas, comedia en un acto y en verso, La Habana, La Intrépida, 1865.
Poesías de José Joaquín Govantes, La Habana, Imprenta Mercantil, 1867.

Bibliografía pasiva

Lezama Lima, José, «José Joaquín Govantes», en su *Antología de la poesía cubana*, tomo 2, La Habana, Consejo Nacional de Cultura, 1965, págs. 473.
Lorenzo Luaces, Joaquín «*Poesías de José Joaquín Govantes*», en *El Siglo*, La Habana, 6, 140 y 141, 4, junio 14 y 15, 1867.

Govín y Torres, Antonio (Matanzas, 22 septiembre 1849-Id., 15 noviembre 1915). Se graduó de Doctor en Derecho en la Universidad de La Habana. Fue fundador y secretario del Partido Autonomista (1879). Obtuvo medalla de oro en el certamen celebrado en el Círculo de Abogados de La Habana con su memoria *De la importancia del estudio del Derecho Romano para el conocimiento de nuestra legislación* (1880). Emigró a Estados Unidos al estallar la guerra de 1895. Regresó a Cuba después del establecimiento del gobierno autónomo y fue nombrado secretario de Gobernación y Justicia. Dirigió la *Revista General de Derecho y Administración*, órgano oficial del Colegio de Abogados de La Habana. Colaboró en *Revista de Cuba*, *El Triunfo*, *El País* y *El Nuevo País*. Después de establecida la República (1902) ocupó la cátedra de Derecho Administrativo en la Universidad y el cargo de Magistrado del Tribunal Supremo de Justicia.

Bibliografía activa

Exposition which in behalf of the most worshipful Grand Symbolical Lodge of Ancient free and accepted masons of Colon, Havana, Island of Cuba, its Grand Master addresses to The Masonic World, La Habana, s. i., 1878.
De los elementos constitutivos del delito, La Habana, 1879-1880, *discurso pronunciado por D. A. Govín, secretario de la Junta Central del Partido Liberal, en la reunión pública celebrada en Santa Clara el 24 de septiembre de 1879*, La Habana, 1879.
Folleto refutando los cargos que se le hacían a él y a la Gran Logia, La Habana, 1879.
De la propiedad intelectual ante la Filosofía del Derecho y la Legislación, Memoria leída en el Círculo de Abogados de La Habana el 16 de julio de 1879, La Habana, Imprenta de la Viuda de Soler, 1880.
Las leyes especiales, Colección de artículos publicados en *El Triunfo*, órgano oficial del Partido Liberal de la Isla de Cuba, La Habana, Imprenta El Cosmopolita, 1880, 2 V.
Defensa de El Triunfo, La Habana, 1881.
Circular del Gran Maestro sobre el verdadero concepto de la masonería y la admisión de señoras en ella, La Habana, Imprenta de C. J. Valdés, 1882.
Exposición de agravios en los autos promovidos por Agustín Ariosa y don Guillermo Gutiérrez contra don Joaquín Laudo, etc, La Habana,

Imprenta La Idea, 1882.

Elementos teórico-prácticos del Derecho Administrativo vigente en Cuba, La Habana, Editor Miguel Alorda, 1882-1883, 3 V., 2.ª edición, tomo 1, La Habana, Imprenta de M. Ricoy, 1910.

El enjuiciamiento civil en Cuba y Puerto Rico, La Habana, Editor Miguel Alorda, 1886.

Apéndice a los Elementos teórico-prácticos del Derecho Administrativo vigente en Cuba, La Habana, Editor M. Alorda, 1887.

La autonomía colonial, Colección de artículos publicados por *El Triunfo*, órgano oficial del Partido Liberal, La Habana, Imprenta El Retiro, 1887.

Memoria sobre la reforma penitenciaria, discurso leído en la sesión solemne del Círculo de Abogados el día 19 de enero de 1887, La Habana, 1887.

Proyecto de estatuto para el régimen municipal presentado por el Excmo. señor Secretario de Gracia y Justicia y Gobernación, D. A. Govín y Torres, La Habana, Imprenta La Moderna, 1898.

Trabajo que a la Facultad de Derecho de la Universidad de La Habana presenta el Licenciado en dicha Facultad D. A. Govín y Torres, para el grado de Doctor en la misma conforme a lo que se dispone en la orden del Gobernador General de Cuba, La Habana, Establecimiento Tipográfico La Australia, 1900.

Sumario de la asignatura de Derecho Administrativo, 1er. curso, La Habana, Imprenta La Australia, 1901.

Elementos de Derecho Administrativo, La Habana, Imprenta Avisador Comercial, 1903-1904, 2 V.; 2.ª edición, La Habana, 1910.

El Derecho Penal en la ley y en la doctrina, tomo 1, La Habana, Imprenta Avisador Comercial, 1907.

Bibliografía pasiva

Carbonell, José Manuel, «Antonio Govín y Torres, 1849-1915», en su *La oratoria en Cuba*, recopilación dirigida, prologada y anotada, tomo 2, La Habana, Imprenta Montalvo y Cárdenas, 1928, págs. 73-74, Evolución de la cultura cubana, 1608-1927, 8.

Méndez Capote, Renée, «Antonio Govín y Torres», en su *Oratoria cubana*, ensayos, La Habana, Editorial Hermes, 1926, págs. 85-89.

Gráfico (La Habana, 1913). Revista cuyo primer número apareció el 15 de marzo. Era su director Conrado Walter Massaguer. Como redactor en jefe fungía Willy de Blank. Entre los números 18 y 95 fue su jefe de redacción Emilio Roig de Leuchsenring. Desde el número 20 se subtituló «Semanario de información mundial». Entre los números 96 y 148 ocupó la jefatura de redacción M. Donaciano Rivas. Desde el número 186 al último ejemplar encontrado fungió como director Laureano Rodríguez Castells. A partir del número 204 la revista se subtituló «Publicación ilustrada». Entre dicho número y el 225 se editó dos veces al mes. Revista dedicada fundamentalmente a la información mundial a través de la fotografía, publicó trabajos literarios, históricos, de artes plásticas, cuentos y poemas, todos aparecidos a través de sus diferentes secciones: «Parnaso cubano», «Rasgos y rasguños», «Siluetas patrias» y «Acotaciones literarias». Son importantes sus artículos de fondo, que abordaron los problemas cubanos de mayor actualidad, tanto políticos y sociales como científicos y literarios. Conocidos intelectuales cubanos colaboraron en sus páginas, entre ellos, Fernando Ortiz, Rafael Montoro, Enrique José Varona, *Fray Candil* (seudónimo de Emilio Bobadilla), Arturo Ramón de Carricarte, Salvador Salazar, Aurelia Castillo de González, Emilio Blanchet, Mariano Brull, Alfonso Hernández Catá, José María Chacón y Calvo, *Billiken* (seudónimo de Félix Callejas), Julio Villoldo, Federico de Ibarzábal, Enrique Gay Calbó, Dulce María Borrero, Gustavo Robreño, José Antonio Ramos y François G. de Cisneros. El último número visto (248) corresponde al 7 de septiembre de 1918.

Bibliografía

«Comentarios de «*Gráfico*», en *Gráfico*, La Habana, 7, 160, 7, marzo 25, 1916.
Roig de Leuchsenring, Emilio, «Nuestro primer aniversario, en *Gráfico*», La Habana, 3, 54, *s. p.*, marzo 14, 1914.

Grafos (La Habana, 1933). Revista mensual. El primer número apareció en mayo. Fueron sus editoras-directoras María Radelat de Fontanills y María Dolores Machín de Upmann. Entre los números 34 y 41 de 1936 fungió además como editor-director Carlos M. Zoehrer. Ramón Guirao ocupó la jefatura de redacción entre los números 44 y 80-82. Posteriormente ocuparon este cargo Enrique y Guy Pérez Cisneros y J. Z. Horstman. A partir del número 84 y hasta el último visto eran directores de la revista María Radelat de Fontanills y Luis Posada de la Vega. Desde el número 143 hasta el último visto fue su redactor literario Rafael Marquina. Los ejemplares comprendidos entre los números 99 y 125-126 se denominaron *Grafos Havanity*, al unírsele esta última publicación. Revista lujosamente impresa y dedicada a la alta sociedad habanera, manifestó en su primer número que sería «una publicación de carácter gráfico, sin que por ello se relegue la parte literaria, a la que prestaremos toda la atención que merece». Aparecieron en sus páginas las «miniaturas literarias», llamadas así por la propia revista, especie de prosa poética, firmadas por conocidos intelectuales: Nicolás Guillén, René Méndez Capote, Mariblanca Sabas Alomá, Joaquín Navarro Riera (*Ducazcal*) y Rosario Sansores. Mantuvo la sección «Del pasado», que recogía notas históricas de Cuba, en especial de la ciudad de La Habana. Allí aparecieron trabajos de Jorge Mañach, Gaspar Betancourt, Héctor de Miranda y Eduardo Avilés Ramírez. También presentó la sección «Antología poética del siglo XIX», a cargo de Cintio Vitier y Gastón Baquero. Publicó además crítica teatral, poemas y cuentos. Otros colaboradores fueron Alfonso Hernández Catá, Emilio Ballagas, Gustavo Sánchez Galarraga,

Ramón Agapito Catalá, José Antonio Fernández de Castro, Camila y Max Henríquez Ureña, José Lezama Lima, José Zacarías Tallet, Eugenio Florit, Dulce María Borrero, Ángel Gaztelu, Félix Pita Rodríguez, Rafael Suárez Solís, Luis Amado Blanco, Antonio Sánchez de Bustamante, Gonzalo de Quesada y Miranda, Lydia Cabrera, Medardo Vitier, Juan José Remos, Rosa Hilda Zell, Félix Lizaso y Dora Alonso. El último número revisado (151) corresponde a abril de 1946.

Bibliografía
Pérez Cisneros Guy, «*Grafos-Havanity* tiene diez años», en *Grafos-Havanity*, La Habana, 9, 13, 111, *s. p.*, mayo, 1943.

Granados, **Manuel** (Santa Clara, 27 agosto 1930-París, 1998). Desde muy niño vivió en Camagüey, donde cursó la primera y hasta segundo año de bachillerato. En Santa Clara cursó el tercero y cuarto años de bachillerato y desempeñó diversos trabajos. En La Habana tomó parte activa en la lucha clandestina contra Batista. Más tarde se incorporó a la Columna 9 «Antonio Guiteras», del Tercer Frente Oriental. Después del triunfo de la Revolución trabajó en la organización de comunidades rurales en el Ministerio de Bienestar Social y comenzó a colaborar en la página literaria de *Prensa Libre*. Fue clasificador fílmico en el ICAIC entre 1961 y 1971. Ha tomado cursos de literatura en el CNC. En 1967 ganó mención en el Concurso Casa de las Américas por su novela *Adire y el tiempo roto*. Ha colaborado en *Unión*, *La Gaceta de Cuba* y *Casa de las Américas*. Ha sido traducido al búlgaro y al húngaro.

Bibliografía activa
El orden presentido, poemas, La Habana, Ediciones El Puente, 1962.
Adire y el tiempo roto, novela, La Habana, Ediciones Casa de las Américas, 1967.
El viento en la casa-Sol, Cuento, La Habana, UNEAC, 1970.

Bibliografía pasiva
Leyva, Waldo, «Granados, Julién, Adire», en *Taller Literario*, Santiago de Cuba, 18, 22-23, noviembre, 1968.
Navarro, Noel, «Manolo Granados y su obra», en *El Mundo*, La Habana, 65, 21 851, 6, marzo 30, 1967.
Sáez, Luis M., «Desde el cañaveral, Una entrevista a Manuel Granados», en *La Gaceta de Cuba*, La Habana, 6, 56, 3, marzo, 1967.
Villares, Ricardo, «Crítica y autocrítica en *Adire y el tiempo roto* de Manolo Granados», en *Bohemia*, La Habana, 59, 43, 29 octubre 7, 1967.

Granma (Véase **Suplementos literarios**)

Grillo Longoria, **José Antonio** (Santiago de Cuba, 21 octubre 1919). Durante sus años de estudiante militó en el Ala Izquierda Estudiantil y en la Liga Juvenil Comunista, tomó parte en actividades revolucionarias contra la primera dictadura de Fulgencio Batista, por lo que sufrió prisión, y presidió el Comité Antifascista en la Universidad de La Habana. En la Escuela de Derecho de esta institución se recibió de Doctor en Leyes en 1941. Al servicio de la Federación General de Trabajadores y de la Federación Campesina de Oriente, defendió a obreros y campesinos ante los Tribunales de Urgencia. También fue abogado de numerosos revolucionarios combatientes contra la segunda dictadura batistiana, durante la cual sufrió prisión nuevamente. Después del triunfo de la Revolución pasó a ocupar el cargo de jefe del Departamento de Derecho Penal de la Escuela de Ciencias Jurídicas de la Universidad de La Habana. En 1974 obtuvo mención en el concurso 26 de julio por su libro de cuentos *Qué color tiene el infierno* y premio en la Jornada Ideológica Nacional sobre *La historia me absolverá*, del Departamento de Orientación Revolucionaria, por su ensayo *Aspectos jurídicos penales de* La historia me absolverá. Al año siguiente obtuvo el premio en el concurso 26 de julio por su libro de cuentos *Los patos en el pantano*. Es autor de *Lecciones de derecho procesal penal* (La Habana, Instituto Cubano del Libro, 1972, 2 T.).

Bibliografía activa

Qué color tiene el infierno, La Habana, Instituto Cubano del Libro, Editorial Arte y Literatura, 1975.

Bibliografía pasiva

Álvarez García, Imeldo, «Un joven autor de 56 años», en *El Caimán Barbudo*, La Habana, 2.ª época, 98, 9, enero, 1976.

Iznaga, Alcides, «Qué color tienero...», en *Bohemia*, La Habana, 67, 50, 29, diciembre 12, 1975.

Rivero García, José, «¿Qué color tiene el infierno?», en *Verde Olivo*, La Habana, 17, 43, 59, octubre 26, 1975.

Griñán Peralta, Leonardo (Santiago de Cuba, 6 diciembre 1892-Id., 19 abril 1962). Se recibió de Bachiller en Ciencias y Letras en el Instituto de Oriente (1911) y de Doctor en Derecho Civil de la Universidad de La Habana (1916). Ejerció como letrado y miembro de la carrera judicial. Formó parte del Grupo H, de Santiago de Cuba. En la Escuela Normal para Maestros y en la de Artes y Oficios de esta ciudad se dedicó a la enseñanza de la historia de Cuba. Participó en el Primer Congreso Nacional de Historia (La Habana, 1942) y en el Congreso de los Pueblos (Viena, 1951). Al fundarse la Universidad de Oriente, fue catedrático de Historia del Derecho Cubano en la Facultad de Derecho y, más tarde, de Historia de Cuba en la Facultad de Humanidades, de la que fue decano hasta su muerte. Ofreció conferencias en la Universidad y en la Sociedad de Estudios Superiores, de Oriente, y en otras instituciones. Colaboró en *Revista de la Universidad de Oriente*. Publicó trabajos en obras colectivas. Prologó, de Felipe Martínez Arango, *Próceres de Santiago de Cuba*. (La Habana, 1946).

Bibliografía activa

Artonio Maceo, análisis caracterológico, La Habana, Editorial Trópico, 1936, Biografías cubanas, 3; *Maceo, análisis caracterológico*, edición corregida y aumentada, La Habana, Editorial Sánchez, 1952; La Habana, Cooperativa de Cultura Popular, 1962, 2 T.

La muerte de Antonio Maceo; causas y consecuencias, La Habana, Imprenta A. Ríos, 1941.

Martí, líder político, La Habana, Editor Jesús Montero, 1943; La Habana, Instituto Cubano del Libro, Editorial de Ciencias Sociales 1970.

El carácter de Máximo Gómez, La Habana, Editor Jesús Montero, 1946, Biblioteca de historia, filosofía y sociología, 26.

Carlos Manuel de Céspedes, análisis caracterológico, Santiago de Cuba, Universidad de Oriente, Departamento de Extensión y Relaciones Culturales, 1954, Publicaciones de la Universidad de Oriente, Libros, 3; Santiago de Cuba, Universidad de Oriente, 1968, Serie conmemorativa del Centenario, 3.

Bartolomé de las Casas como propagandista, edición separada de la *Revista de la Universidad de Oriente*, Santiago de Cuba, Imprenta Universitaria, 1964.

Ensayos y conferencias, Santiago de Cuba, Editora del Consejo Nacional de Universidades, Universidad de Oriente, 1964.

Bibliografía pasiva

«Fallecimiento del Griñán Peralta», en *La Gaceta de Cuba*, La Habana, 1, 2, 16, mayo 15, 1962.

Ferrer, Surama, «*El carácter de Máximo Gómez*», en *Universidad de La Habana*, La Habana, 70-72, 342-345, enero-junio, 1947.

Nacimiento Colarte, Rafael de, «Leonardo Griñán Peralta, 1892-1962», en *Catálogo*, Santiago de Cuba, 1, 1, 15-16, enero-febrero, 1971.

Sarabia, Nydia, «Leonardo Griñán Peralta; su interpretación materialista de la Historia», en *Bohemia*, La Habana, 62, 15, 98-100, abril 10, 1970.

Gris y Azul (La Habana, 1894-1895). «Revista americana», aparece en el subtítulo del primer ejemplar visto (número 2), correspondiente al 12 de septiembre. Carlos Manuel Trelles expresa, en la quinta parte de su trabajo «Bibliografía de la prensa cubana (de 1794 a 1900) y de los periódicos publicados por cubanos en el extranjero» —en *Revista Bibliográfica Cubana* (La Habana, 3, 13, 16, enero-febrero, 1939)—, que comenzó a salir en dicho mes. Mensualmente se publicaban cuatro números. Era su director literario Francisco García Cisneros, quien firmaba algunos trabajos con el seudónimo *Lohengrin*. En los ejemplares revisados aparecen poemas de Carlos Pío y Federico Uhrbach, Bonifacio Byrne, Federico Baralt y Nieves Xenes, y trabajos en prosa de Diego Vicente Tejera y *Conde Kostia* (seudónimo de Aniceto Valdivia). Publicó poemas de autores modernistas, traducciones de poetas franceses y notas sobre teatro. El último número revisado corresponde al 3 de enero de 1895. Según Frelles, en su ya citado trabajo, ese año termina su publicación.

Grito de Baire (Véase **Selvas Cubanas, Las**)

Grupo Acento A finales de 1946, y con mayor cohesión aún en 1947, fue integrándose en la ciudad de Bayamo, Oriente, un grupo de jóvenes inquietos por desarrollar un movimiento cultural que hiciera salir a la provincia oriental de su estancamiento artístico. Entre ellos se encontraban Alberto Baeza Flores, Humberto Moya Díez, Francisco Morales Maceo, Carlos Catasús Bertot, René Capote Riera, Benigno Pacheco Bonet y Víctor Montero Mendoza. Resolvieron comenzar a editar una revista, dirigida por Baeza Flores, y así apareció el *Primer Acento*, correspondiente al invierno de 1947, junto con el cual también vio la luz *El Machete*, «boletín relámpago publicado por el grupo Acento». En los sucesivos números editados se dio a conocer la poesía de algunos de los integrantes del grupo, así como otros trabajos literarios de autores cubanos, especialmente poetas, tales como Cintio Vitier, José Lezama Lima y Fina García Marruz. En el *Segundo Acento* (primavera, 1947) aparece una nota en la que se señala que «Nos proponemos iniciar, completando nuestra labor de *Acento*, la publicación de algunas obras inéditas, de sensibilidad y arte, con cuyo trabajo creemos contribuir a la sensibilidad general y a la difusión de obras producidas en Las Antillas, y de interés para el resto de los países de nuestra América. Las ediciones de *Acento* estarán normadas por la misma selección, calidad y tono, que definen nuestra revista». Se desconoce si esta empresa rindió frutos. No se conocen otras actividades del grupo ni el tiempo que se mantuvo en activo.

Grupo de Matanzas También con el nombre de «Areópago Bohemio» fue conocido este grupo, que se formó en la ciudad de Matanzas alrededor del año 1908, y cuyas actividades gozaron de mayor auge entre 1910 y 1915. Estuvo constituido por un núcleo de escritores, nacidos todos en la década del ochenta y pertenecientes, por tanto, a la primera generación republicana. Era Bonifacio Byrne el eje central sobre el cual se movía esta agrupación, formada por poetas, periodistas, conferencistas y escritores en general, entre los que se destacaban Agustín Acosta, Hilarión Cabrisas, Fernando y Francisco Lles, Medardo Vitier, Joaquín Calaneo, Miguel Macau, Carlos Prats y Mariano Albaladejo. En la casa que ocupaba la redacción de la revista *El Estudiante* se reunían preferentemente estos jóvenes, cuyos criterios eran renovadores dentro de la concepción literaria de la época. Al pasar a dirigir la mencionada revista Agustín Acosta, en 1908, acogió en sus páginas muchas de las composiciones posmodernistas de los escritores pertenecientes a este cenáculo literario, así como de otros escritores cubanos de tendencias estéticas afines. Algunos escritores extranjeros, como Santos Chocano, visitaron la tertulia, que también se reunía, para sus pláticas filosóficas y literarias, en el Paseo de Martí y en la Plaza de la Libertad. Hacia 1915 el grupo se disolvió espontáneamente, ya que la mayoría de sus integrantes se trasladaron a La Habana, bien a estudiar leyes o a ingresar en el periodismo de la capital.

Bibliografía
Cataneo, Joaquín V., «El Areópago Bohemio de Matanzas», en *El Espectador Habanero*, La Habana, 12, 72, 260-262, junio, 1939.
Pascual, José Antonio, *Peñas y tertulias*, tomo 1, La Habana, Editorial Ágora, 1964, págs. 110-113.

Grupo H Grupo vanguardista de Santiago de Cuba. Fue siempre una tertulia literaria que, bohemia y errante, frecuentó parques y cafetines. En *El Diario de Cuba* publicó todos los lunes, entre junio y septiembre de 1928, la «Página literaria del Grupo H», dirigida por Juan Ramón Breá con la ayuda de Julián Mateo y Francisco Palacios Estrada. Miembros activos del grupo fueron también Alberto Santa Cruz Pacheco, Manuel Palacios Estrada, Lino Horruitiner y Lucas Pichardo, un dominicano que hacía tiempo residía en aquella localidad. Colaboradores de la página literaria y contertulios esporádicos fueron también Max Henríquez Ureña, Rafael Esténger, Leonardo Griñán Peralta y Carlos González Palacio.

Bibliografía
Barrero, Amparo, «El Grupo H», en *Encuentro de escritores de Oriente*, tomo 2. Santiago de Cuba, 1975, págs. 14-28, edición mimeografiada.
«El Grupo H», en *Santiago*, Santiago de Cuba, 8, 223-245, septiembre, 1972.
Low, Mary, «Las memorias literarias, El Grupo H», en *Orígenes*, La Habana, 13, 40, 69-75, 1956.

Grupo Índice Agrupación cultural constituida oficialmente en la ciudad de Matanzas el día 3 de marzo de 1935, gracias a la iniciativa de Américo Alvarado. Su objetivo fundamental consistió en crear una institución cultural para estimular el amor a las bellas artes, la ciencia y la literatura. El presidente de la institución fue Domingo Russinyol. Ofreció conciertos, conferencias, exposiciones, algunas de ellas celebradas en el Círculo de Bellas Artes de La Habana, conciertos y recitales. Organizaron también un cuadro de comedias, una escuela de declamación y una orquesta. Otros miembros del grupo fueron Bonifacio Byrne, Fernando Lles, Andrés de Piedra-Bueno y, ocasionalmente Medardo Vitier. En 1936 apareció, en un volumen, los *Anales del Grupo Índice*, que recoge a través de varias actas el origen y desenvolvimiento de este núcleo artístico entre 1935 y 1936, y además contiene todas las conferencias pronunciadas en iguales años por miembros del grupo o invitados. También inserta los poemas que se leyeron en diferentes recitales y una muestra de los catálogos que se ofrecían al inaugurar alguna exposición. Se desconoce hasta cuándo se mantuvo activa esta asociación cultural.

Bibliografía

Castellanos G., Gerardo, «La excursión de «Índice», en *El Espectador Habanero*, La Habana, 6, 36, 247-255, junio, 1936.

Grupo Literario de Manzanillo Quedó constituido oficialmente el 4 de septiembre de 1921 en la ciudad de Manzartillo, Oriente. Tomó fuerte consistencia como agrupación de intelectuales y artistas en torno a la revista *Orto*, que había sido fundada en 1912 por Juan Francisco Sariol, editor y animador del grupo, y cuya publicación se extendió hasta 1957. *Orto* constituyó un vocero de las actividades literarias de la provincia, y en especial de los participantes de la tertulia de Manzanillo. La imprenta «El Arte» y la editorial «Biblioteca Martí», ambas propiedad de Sariol, fueron también medios utilizados por los integrantes del grupo para dar a conocer sus obras. Ofrecieron la primera actividad pública el 10 de octubre de 1921, al celebrar una velada conmemorativa a esa fecha, en la cual algunos integrantes del movimiento dijeron poemas, leyeron conferencias y pronunciaron discursos literarios. Reunidos en el parque Céspedes y, a partir de 1929 todos los miércoles, en la redacción de *Orto*, los miembros de la agrupación conversaban del último libre publicado, leían sus propias composiciones, trataban sobre diversos temas literarios. Ofrecían conferencias en diferentes lugares públicos. Numerosas personalidades, cubanas y extranjeras, fueron invitadas por el grupo de Manzanillo, con el fin de que disertaran acerca de temas culturales y para intercambiar opiniones. Entre sus miembros figuraron Manuel Navarro Luna, Luis Felipe Rodríguez, Julio Girona, Elpidio Sánchez Quesada, Ángel y Braulio Cañete, José Manuel Poveda, Miguel Galliano Cancio, Nemesio Lavié, Alberto Aza Montero y Rogelio González. En 1957 las dificultades económicas para editar *Orto*, la muerte de muchos de los integrantes del grupo, la ausencia de Manzanillo de otros y la grave situación por la que atravesaba el país, determinaron su desintegración.

Bibliografía

González Ricardo, Rogelio, «El grupo literario de Manzanillo, I y II», en *Letras de El Federado Escolar*, La Habana, 13, 137 y 139, 30-33 y 30-34, enero-febrero y mayo-junio, 1955.

Orto, Manzanillo, 10, 27, 1, septiembre 15, 1921.

Pascual, José Antonio, *Peñas y tertulias*, tomo 1, La Habana, Editorial Ágora, 1964, págs. 116-117.

Sánchez Quesada, Epi, «Instantáneas, Personajes del Grupo Literario», en *Orto* Manzanillo, 20, 1, 22-25, enero, 1931.

Sariol, Juan Francisco, «A manera de prólogo», en su *Juguetería de ensueños*, poemas, Una carta de Ángel Cañete, Manzanillo, Editorial

El Arte, 1966, págs. 5-32.

Surís Conesa, Manuel, «La vida literaria de Manzanillo» en *El Mundo*, La Habana, 65, 21 850, 4, mar, 29, 1967.

Villarronda, Guillermo, «Elogio y censura, Cena martiana, Grupo Literario», en *Cuba Nueva en Acción*, La Habana, 6, 132, 2, junio 7, 1945.

Grupo Minorista En 1923 fue agrupándose un núcleo de jóvenes intelectuales de izquierda, cuya unidad se hizo más fuerte después de ocurrida la Protesta de los Trece (mayo de 1923), la cual constituyó una reacción revolucionaria contra los desafueros del gobierno de Alfredo Zayas. Este grupo, reunido en almuerzos sabáticos en el hotel Lafayette o en tertulias en el café Martí, realizó una necesaria labor de depuración y de reforma, tanto literaria y artística como política y social, que alcanzó repercusiones continentales y dejó sentir su influencia y acción en España. Se pronunciaron contra los falsos valores, por una radical y completa renovación formal e ideológica en las letras y en las artes, además de preocuparse por los problemas políticos de cada momento, tanto en Cuba como en el mundo. Los intelectuales cubanos asumieron conscientemente una posición ante la vida pública nacional. Fue un grupo sin reglamento, sin presidente, sin cuota mensual. No organizó ciclos de conferencias, ni fundó bibliotecas o editoriales. No levantó actas ni hizo balances del trabajo realizado. No tuvo órgano de difusión, pero contó con la mayoría de los periódicos y revistas que se editaban en la época, ya que casi todos sus miembros eran periodistas o tenían cargos de importancia en las publicaciones periódicas. En Social, revista de la cual era jefe de redacción Emilio Roig de Leuchsenring, quien formó parte del movimiento, apareció cuanta actividad desarrolló el grupo. Cohesionados por lazos de fraterna amistad, de comunidad de pensamientos e ideales, sus participantes tomaron conciencia de la responsabilidad del intelectual para con la sociedad y del deber de poner la cultura y el talento al servicio de su país y del hombre. Los minoristas, llamados así por el poco número de miembros que formaban el movimiento, pero mayoritarios porque constituían el sentir del pueblo, lanzaron a la opinión pública, en 1927, una declaración de principios, redactada por uno de los miembros principales del grupo, Rubén Martínez Villena, en la que expresaban: «Colectiva, o individualmente, sus verdaderos componentes han laborado y laboran: Por la revisión de los valores falsos y gastados; por el arte vernáculo y, en general, por el arte nuevo en sus diversas manifestaciones; por la introducción y vulgarización en Cuba de las últimas doctrinas, teóricas y prácticas, artísticas y científicas; por la reforma de la enseñanza pública y contra los corrompidos sistemas de oposición a cátedras; por la autonomía universitaria; por la independencia económica de Cuba y contra el imperialismo yanqui; contra las dictaduras políticas unipersonales, en el mundo, en América, en Cuba; contra los desafueros de la pseudo-democracia, contra la farsa del sufragio y por la participación efectiva del pueblo en el gobierno; en pro del mejoramiento del agricultor, del colono y el obrero en Cuba; por la cordialidad y la unión latinoamericana». Artísticamente, esta promoción literaria, poseedora de fina sensibilidad, reflejó en sus obras el sentimiento. Muchos de los poetas que pertenecieron al grupo, el propio Villena, Juan Marinello, Enrique Serpa y otros, se apartaron del género y se dedicaron a la prosa literaria o periodística, aportando a ella nuevas concepciones, enfoques más severos y mayor responsabilidad intelectual. En 1926 apareció la antología *La poesía moderna en Cuba*, que comprende de 1882 a 1925, ordenada y publicada por Félix Lizaso y José Antonio Fernández de Castro, ambos minoristas, y en la que colaboraron casi todos los integrantes del grupo. A él pertenecieron también Alejo Carpentier, Regino Pedroso, José Zacarías Tallet, Andrés Núñez Olano, Mariblanca Sabas Alomá, Rafael Esténger, Jorge Mañach, Francisco Ichaso, Eduardo Abela, Luis Gómez Wangüemert, Conrado Massaguer, Juan Antiga, Mariano Brull, Max Henríquez Ureña, Armando Maribona, Arturo Alfonso Roselló. En 1928, tras verse perseguidos algunos de sus miembros por los testaferros del tirano Gerardo Machado, dispersos otros por cuestiones laborales o familiares, e imposibilitados de seguir realizando la obra de renovación y depuración político-social que habían pretendido llevar a cabo, con muy escasos resultados, el movimiento fue desintegrándose paulatinamente.

Bibliografía

Ariquistaín, Luis, *La agonía antillana*, Madrid, Espasa Calpe, 1928, págs. 258.

Bojórquez, Juan de Dios, «Los minoristas de Cuba», en *Social*, La Habana, 12, 6, 35, junio, 1927.

«Declaraciones de los minoristas sabáticos», en *Social*, La Habana, 12, 10; 5-6, octubre, 1927.

«La protesta del Grupo Minorista», en *Carteles*, La Habana, 9, 20, 16, mayo 16, 1926.

«Manifiesto del Grupo Minorista», en *Carteles*, La Habana, 10, 21, 16 y 25, mayo 22, 1927.

Núñez Machín, Ana, «La Protesta de los Trece, antecedentes y consecuencias», en su *Rubén Martínez Villena*, La Habana, Ediciones Unión, 1971, págs. 63-81.

Roig de Leuchsenring, Emilio, «El grupo minorista», en *Social*, La Habana, 14, 9 y 10, 24, 53, 60, 61 y 91 y 32, 54, 60-61 y 66, septiembre y octubre, 1929.

«Rubén y el Grupo Minorista», en *Ahora*, La Habana, 2, 107, 8, enero 17, 1934; *El grupo minorista de intelectuales y artistas habaneros*, La Habana, Oficina del Historiador de la Ciudad, 1961.

Villar Buceta, María, «Minorismo y minoristas», en, *Universidad de La Habana*, La Habana, 28, 166-167, 59-65, marzo-junio, 1964.

Grupo Orígenes El año 1937 podría considerarse el del inicio del llamado Grupo Orígenes.

Ese año se publica *Muerte de Narciso*, de José Lezama Lima —la figura central del grupo—, y se edita, fundada por el propio Lezama, la revista *Verbum*. En *Muerte de Narciso* —escrito desde una estética que rompe con los cánones anteriores— aparecen ya las características que darán la tónica esencial a esta llamada generación de Orígenes. Entre 1939 y 1941 se edita *Espuela de Plata*, mucho más importante que la anterior y que continúa su misma línea expresiva. En 1941 publica Lezama *Enemigo rumor*, libro definitivo dentro de esta nueva estética. A partir de esta fecha se suceden las revistas: *Nadie Parecía* (1942-1943), *Clavileño* (1943) y finalmente *Orígenes* (1944-1956) —que da nombre al grupo y en torno a la cual éste se cohesiona realmente—, todas dirigidas por Lezama. Los integrantes del grupo fueron Ángel Gaztelu (1914), Virgilio Piñera (1914), Justo Rodríguez Santos (1915), Gastón Baquero (1916), Eliseo Diego (1920), Octavio Smith (1921), Cintio Vitier (1921), Fina García Marruz (1923) y Lorenzo García Vega (1926), todos colaboradores de *Orígenes* y algunos de las anteriores revistas. Conjuntamente con estos escritores, formaron parte del grupo los pintores Mario Carreño, Lozano, Raúl Milián, René Portocarrero, Mariano, así como los músicos José Ardévol y Julián Orbón. Entre sus influencias se destacan los grandes momentos de la poesía española —los siglos de oro y el siglo XX— y la obra de poetas mayores como Whitman, Valéry, Elliot, Rilke, Vallejo. El ideal estético del grupo ha sido expuesto por Cintio Vitier, el crítico más importante de esta poesía, en la página 10 del prólogo a su antología *Diez poetas cubanos, 1937-1947* (La Habana, Ediciones Orígenes, 1948), donde expresa lo siguiente: «Y en efecto, a las bellas variaciones en torno a la elegía; la rosa, la estatua (típicas de la generación anterior, y persistentes aún en otros países hispanoamericanos) sucede entre nosotros un salto, que diríamos en ocasiones sombrío de voracidad, hacia más dramáticas variaciones en torno a la fábula, el destino, la sustancia; el justo y transparente endecasílabo es abandonado por un verso imperioso e imprevisible, una poesía de deliquio, en fin, da paso a una poesía de penetración. Comprobamos así cómo el intimismo esteticista (usadas estas palabras en su sentido estrictamente descriptivo) se abre a la aventura metafísica o mística, y por lo tanto muchas veces hermética. El poema, de más compleja melodía o alterado contrapunto, crece y se rompe por todas partes bajo la presión de ese universo desconocido y anhelante que de pronto ha querido habitarlo, y cada poeta inicia, estremecido por la señal de José Lezama Lima en *Muerte de Narciso* (1937) la búsqueda de su propio canon, de su propia y distinta perfección». Otros críticos han señalado además un alejamiento evidente, en las obras de los integrantes del grupo, de toda la problemática política del momento y un afán consciente de evasión. Editaron, además de las revistas antes mencionadas, los libros de poesía *Aventuras sigilosas* (1945), de Lezama; *De mi provincia* (1945), de Cintio Vitier; *Divertimentos* (1946), pequeñas prosas de Eliseo Diego; *Del Furtivo destierro* (1946), de Octavio Smith; *Transfiguración de Jesús en el Monte* (1947), de Fina García Marruz; *Suite para la espera* (1948), de Lorenzo García Vega; la antología antes mencionada, donde se recoge lo mejor de estos poetas, y otros libros de escritores más jóvenes. Poco después de la separación de Virgilio Piñera y José Rodríguez Feo —durante un tiempo codirector de *Orígenes* con Lezama— del grupo de colaboradores de la revista, ésta desaparece (1956) y se desintegra el grupo como tal.

Bibliografía

Bueno, Salvador, «*Orígenes* cumple diez años», en *Carteles*, La Habana, 35, 21, 45, 88, 98, mayo 23, 1954.

Fernández Retamar, Roberto, «Tercera generación republicana» y «Poesía trascendentalista» en su *La poesía contemporánea en Cuba, 1927-1933*, La Habana, Orígenes, 1954, págs. 83-85 y 86-117.

Pogolotti, Graciella, «Introducción», en *Indice de revistas cubanas*, tomo 1, La Habana, Biblioteca Nacional José Martí, Hemeroteca e Información Humanística, 1969, págs. 9-12.

Vitier, Cintio, *Diez poetas cubanos, 1937-1947.* Antología y notas de La Habana, Ediciones Orígenes, 1948.

Grupo Proa Movimiento cultural organizado alrededor de 1933 en la ciudad de Artemisa, provincia de Pinar del Río. Su fundador y animador fue Fernando G. Campoamor. Participaron en él jóvenes con inquietudes intelectuales y artísticas en general. El grupo tomó como punto de partida preocupaciones intelectuales y políticas semejantes a las que habían dado lugar a la creación del Grupo Minorista (Véase), aunque adaptándolas a su medio local. En su declaración de principios expresaban: «El grupo «proa» nació en un empeño de pulsar los valores jóvenes de la provincia con vista a ingresarlos en la lucha nacional del pueblo oprimido, y levantar la conciencia regional ante el imperativo de lucha que nos exige, la posición de Cuba junto a Nuestra América y junto al mundo. El momento histórico nos enseña la única ruta salvadora: el papel conductor que presiona sobre la intelectualidad, levantando el gesto y la acción protestante, contra la estulticia de la obra republicana; proclamando la unión interpopular americana, frente al imperialismo y los gobiernos serviles». En 1935 apareció la revista *Proa*, que fue portavoz de las expresiones literarias de los miembros de la agrupación. Se organizaron además salones de pintura, se ofrecieron recitales musicales y poéticos, etc. El grupo fue visitado, con el fin de ofrecer conferencias, por distinguidos representantes de la cultura cubana, entre ellos, Juan Marinello, Emilio Ballagas y Salvador MassiP. Tuvieron su editorial, «proa», que publicó libros de sus miembros. También se dieron a la tarea de fundar el periódico *Mástil* y los *Cuadernos del pueblo*, pero de ambas publicaciones no tenemos noticias. Pertenecieron al grupo, entre otros, Elizardo Díaz, Ody Breijo, Evelio Llera, Evelio Valdés Acosta y Mario Llorens. A pesar de los esfuerzos realizados y los no pocos logros alcanzados, las actividades del grupo fueron decreciendo a finales de 1937.

Bibliografía

Campoamor, Fernando G., «El grupo proa, Minoría de campo», en *Proa*, Artemisa, 1, 1, 1, 22-24, noviembre, 1935.

Güell y Renté, José (La Habana, 1818- Madrid, 20 diciembre 1884). Cursó la primaria en el colegio de Cubí y Soler y el bachillerato en el Seminario. En 1838 se graduó de Doctor en Derecho Civil en la Universidad de Barcelona. En Valladolid contrajo matrimonio con doña Josefa Fernanda, hermana del rey consorte don Francisco de Asís. Fue desterrado y se trasladó a Francia, donde residió cuatro años y conspiró en favor de O'Donnell y Espartero. En 1854 colaboró en la sublevación de Valladolid. Fue elegido por esta misma ciudad diputado para Las Cortes Constituyentes. En 1856 emigró de nuevo a Francia en unión de Prim, Castelar y otros. Colaboró en *La Guirnalda* (1842), de Matanzas. Durante su estancia en España colaboró en los periódicos madrileños *El Heraldo*, *El Tiempo*, *Clamor Público*, *Ilustración Española y Americana* y *La América*. Después de la Paz del Zanjón, en 1879, fue electo senador por la Universidad de La Habana. Desde ese cargo abogó por la abolición y renovó el proyecto para un edificio para la Universidad. Escribió algunos de sus libros en francés. Varias de sus obras fueron traducidas al francés y al italiano.

Bibliografía activa

Amarguras del corazón, poesía, La Habana, Imprenta del Gobierno y Capitanía General por S. M., 1843.

Lágrimas del corazón, poesía, Madrid, Imprenta de D. José M. Alonso, 1848; Valladolid, Imprenta Pastor 1854; París, Imprenta de J. Clavé, 1860.

Pensamientos cristianos, filosóficos y Políticos, Valladolid, Imprenta de J. M. Lezcano, 1854; 2.ª edición, *Consideraciones políticas, filosóficas y literarias*, Valladolid, 1863.

Guacanajarí, rey de Marien, Madrid, 1855.

Leyendas Americanas, Madrid, Imprenta de Las *Novedades e Ilustración*, 1856.

Nieta del Rey, Leyenda histórica, París, Imprenta de Clayé, 1858.

Paralelo entre las reinas católicas Doña Isabel y Doña Isabel II, París, Imprenta de J. Clayé, 1858.

La virgen de las azucenas, Leyenda histórica del siglo XII, Madrid, Imprenta de *Las Novedades, 1858.*

Leyendas de un alma triste, París, Imprenta de J. Clayé, 1860.

Tradiciones de América, París, Imprenta de J. Clayé, 1861.

Estudio sobre los Césares, de Shakespeare, Alfieri y Voltaire, y juicio crítico sobre La muerte de César *de D. Ventura de la Vega*, Madrid,

Imprenta de M. Tello, 1866.

Leyendas de Monserrat, Madrid, 1866.

Origen y reflexiones hechas al Gobierno y las Cortes sobre la consignación de 3 500 000 reales asignada al Infante don Francisco de Paula y sus hijos habidos con la Infanta doña Carlota de Borbón, a fin de declarar el modo de su aplicación entre los Infantes sus hijos, Madrid, Imprenta de Tello, 1866.

Poesías, prólogo de don Ángel Fernández de los Ríos, París, Imprenta Hispanoamericana e Rouge hs, Dumón y Fresné; nueva edición corregida y aumentada, prólogo de don Ángel Fernández de los Ríos, París, Librería de P. Bregi, 1881; nueva edición corregida y aumentada, Id., 1883.

Hildebranda, París, Calman Levy, éditeur, 1870.

Légende de Catherine Ossema, Blois, Francia, Imprimerie Lecesne, 1872.

Néludia, Blois, Imprimerie Lecesne 1872-1873.

Exposición a S. M. el Rey Don Alfonso XII sobre la nulidad de la Pragmática-Sanción del 23 de marzo de 1776, con un apéndice del porqué son Infantes los nietos de los Reyes de España y el origen de las consignaciones de los hijos de SS. AA. RR., los Infantes don Francisco y doña Carlota de Borbón, París, Imprenta Hispano Americana, 1876.

Les amours d'un négre, Blois, Imprimerie Lecesne, 1877.

Les corbeaux de la cité d'Antin, Leyenda, Blois, Imprimerie Lecesne, 1877.

Philippe II et Don Carlos devant l'histoire, París, Calman Lévy, éditeur, 1878.

Les deux folies, 2ème édition, París-Blois, Imprimerie Lecesne, 1879.

Don Carlos, drama histórico en cinco actos, Blois, Imprimerie Lecesne, 1879; Barcelona, López, s, a.

Los restos de Colón, Recuerdos históricos y observaciones a la Academia Española de la Historia y al Illmo, señor Fray Roque Cocchia, obispo de Orope, delegado apostólico en la República de Santo Domingo, París, Imprenta G. Rougier, 1885.

Bibliografía pasiva

«*Amarguras del corazón*, Poesías de don José Güell y Renté» en *Diario de La Habana*, La Habana, 318, 2 noviembre, 15, 1843.

«Biografía de José Güell y Renté», en *El Estudio*, La Habana, 1, 17, 111-114, abril 27, 1884.

Castañeda Escarra, Orlando, «José Güell y Renté, Una figura de leyenda de nuestra historia», en *Revista de la Biblioteca Nacional*, La Habana, 2.ª serie, 6, 2, 193-207, abril-junio, 1955.

«*Hojas del alma*, por Juan Güell y Renté», en *Diario de la Marina*, La Habana, 3, 163 y 166, 2 y 2, junio 13 y 16, 1846.

Guerra, Ramiro (Batabanó, La Habana, 31 enero 1880-La Habana, 29 octubre 1970). Cursó la primera enseñanza en una escuela privada, en la escuela municipal y en el colegio La Luz, de Batabanó. En este último inició sus estudios de bachillerato en 1893. Tres años más tarde, en 1896, los abandonó a causa de la guerra. Colaboró con diversos servicios a la causa de la independencia entre 1896 y 1898. Continuó el bachillerato en El Liceo. En 1900 comenzó a prestar servicios en la enseñanza pública de Batabanó y fue designado por la Junta de Educación para tomar parte en el curso especial para maestros cubanos de la Universidad de Harvard. Trabajó como maestro en diversas escuelas. En 1903 comenzó a trabajar en *Cuba Pedagógica*. En 1911 es elegido presidente regional para Cuba del Bureau International de Documentation Educative, de Bélgica. Se graduó de Doctor en Pedagogía en la Universidad de La Habana (1912) y dirigió su Escuela Práctica Anexa (1912-1913). Fue superintendente provincial de escuelas de Pinar del Río. Ganó por oposición la cátedra de Estudios Pedagógicos al ser creadas las Escuelas Normales para Maestros. Fue designado director de la de La Habana. Por estos años dirigió, con Arturo Montori, *Cuba Pedagógica*. Ocupó el cargo de superintendente general de escuelas de Cuba. Reformó los planes y cursos de las escuelas, propuso la creación de las escuelas primarias superiores y organizó pedagógica e internamente las cuarenta primeras. Organizó además la primera Escuela de Comercio de La Habana y promovió la creación de las asociaciones de padres, vecinos y maestros en toda la República. Fue presidente de la Sección de Educación en el V Congreso Panamericano del Niño (1927). Entre 1927 y 1930 fue profesor de historia y de geografía de Cuba en la Universidad de La Habana. Dirigió *Heraldo de Cuba* (1930-1932). En 1932, durante el gobierno dictatorial de Machado, fue secretario de la Presidencia de la República. En 1933, tras la caída del régimen, se trasladó a Estados Unidos. En 1935, designado asesor de asuntos económicos y sociales de la Asociación Nacional de Hacendados de Cuba, se estableció en Washington. Representó a Cuba en diversas reuniones internacionales sobre problemas económicos entre 1939 y 1946. Fue director del *Diario de la Marina* (1943-1946) y de la revista *Trimestre* (1947-1950). En 1949 ingresó en la Academia de la Historia de Cuba. Fue miembro además de la Sociedad Geográfica, del Instituto Interamericano de Estadísticas, del Ateneo de La Habana, de la Asociación de la Prensa. En 1956 recibió el título de Doctor *Honoris Causa* en Ciencias Comerciales de la Universidad de Las Villas (Santa Clara). Es autor de *Libro primero de lectura* (1917). En colaboración con Arturo Montori publicó el *Libro cuarto de lectura* (1920), *Libro quinto de lectura* (1923) *y Libro quinto de lectura; quinto y sexto grados lectura suplementaria* (1955). Fue uno de los directores y colaboradores de *Historia de la nación cubana* (1952), publicada en diez tomos y traducida al inglés. Su libro *Azúcar y población en las Antillas* fue traducido al inglés en *1964*.

Bibliografía activa

La lección en la escuela primaria, tesis para optar al grado de Doctor en Pedagogía en la Universidad de La Habana, edición Mecanografiada, La Habana, 1911; La Habana, Cuba

Pedagógica, 1913.
Educadores cubanos, el Padre Varela, La Habana, Imprenta de Cuba Pedagógica, 1912.
Educadores cubanos, José A. Saco, La Habana, Cuba Pedagógica, 1912.
La Patria en la escuela, conferencia pronunciada el 29 de noviembre de 1913, La Habana, Imprenta La Propagandista, 1913.
José Antonio Saco y la educación nacional, La Habana, Imprenta El Siglo XX, 1915.
La enseñanza en Pinar del Río, La Habana, 1917.
Fines de la educación nacional, La Habana, Imprenta La Propagandista, 1917.
Del conocimiento de sí mismo, trabajo leído en la Sociedad Económica de Amigos del País el 5 de mayo de 1918, La Habana, Imprenta Cuba Pedagógica, 1918.
La regencia del Cardenal Cisneros y el principio de autoridad en una nación, trabajo premiado con el premio de honor en el certamen en honor del Cardenal Fco. Jiménez de Cisneros, La Habana, El Debate, 1918.
A los nuevos maestros, discurso en la fiesta celebrada el 9 de noviembre de 1919 para conmemorar la entrega de sus diplomas a los primeros maestros normales de la República de Cuba, La Habana, Cuba Pedagógica, 1919.
En las escuelas americanas, Lecciones y prácticas descritas y comentadas, La Habana, Cuba Pedagógica, 1919.
Los problemas del niño, La Habana, Cuba Pedagógica, 1920.
Historia de Cuba, La Habana, Imprenta El Siglo XX, 1921-1925, 2 T.; tomo 1, 2.ª edición, Id., 1922.
Historia de Cuba, Escuelas Primarias Superiores Preparatorias y Normales, La Habana, Librería Cervantes, 1922.
Un programa nacional de acción pedagógica, prólogo de Alfredo Miguel Aguayo, La Habana, Imprenta La Prueba, 1922.
Cuba en la vida internacional, ensayo sobre las ideas del Doctor Cosme de la Torriente en cuestiones de política internacional, La Habana, Imprenta El Siglo XX, 1923.
La defensa nacional y la escuela, La Habana, Cervantes, 1923, Biblioteca cubana de educación, I.
Un cuarto de siglo de evolución cubana, prólogo de Pedro E. Betancourt, La Habana, Librería Cervantes, 1924.
Conmemoración del centenario de la muerte de los dos primeros mártires de la independencia, La Habana, 1926, Boletín n.º 1.
Conmemoración del natalicio del gran patriota Carlos Manuel de Céspedes y del Castillo, La Habana, 1926, Boletín n.º 2.
Conmemoración de la muerte del lugarteniente del ejército libertador general Antonio Maceo y Grajales, La Habana, 1926, Boletín n.º 9.
Contribución de las escuelas primarias a la independencia económica de la República, La Habana, Imprenta y papelería de Rambla y Bouza, 1926.
Adelantos en el año escolar próximo pasado, Matrícula, asistencia y graduación, Necesidad de tratar de hacer más regular la asistencia y de mejorar la graduación de las aulas, La Ha-

bana, 1927, Boletín n.º 10.

Azúcar y población en las Antillas, La Habana, Imprenta El Siglo XX, 1927; Id., 1934; 2.ª edición, La Habana, Cultural, 1935; 3.ª edición, Id., 1944, 5.ª edición, La Habana, Editorial Lex, 1955; 6.ª edición, La Habana, 1961; Presentación de Manuel Moreno Fraginals, La Habana, Instituto Cubano del Libro, Editorial de Ciencias Sociales, 1970.

Nociones de historia de Cuba para uso de las escuelas primarias elementales, La Habana, Cultural, 1927; 2.ª edición, Id., 1928; Id., 3.ª edición, Id., 1938, 4.ª edición, Id., 1943; 5.ª edición, Id., 1948.

Antecedentes y significación de la guerra del 68, conferencia leída en la Sociedad Hispanocubana de Cultura el día 10 de octubre de 1928, La Habana, 1928.

Conmemoración del sexagésimo aniversario de la proclamación de la independencia por Carlos Manuel de Céspedes el 10 de octubre de 1968, La Habana, 1928, Boletín n.º 11.

Historia elemental de Cuba para uso de las escuelas primarias, 2.ª edición, con un índice alfabético de nombres y materias y una guía metodológica para el uso del texto, La Habana, Cultural, 1928; 4.ª edición, Id., 1937; 5.ª edición, Id., 1938; 9.ª edición, Id., 1952; 10.ª edición, Id., 1957; Id., 1964.

La muerte, meta del héroe, discurso leído en el teatro Luisa Martínez Casado, de Cienfuegos, en la velada organizada por el alcalde de dicha ciudad para conmemorar la muerte del lugarteniente general del ejército libertador Antonio Maceo y Grajales y de su ayudante Francisco Gómez Toro, en Punta Brava, el 7 de diciembre de 1896, La Habana, Cultural, 1928.

Introducción al estudio de la historia de la colonización española en el Nuevo Mundo, Versión taquigráfica, curso de 1928-1929, La Habana, Alberto Soto, 1929.

En el camino de la independencia, estudio histórico sobre la rivalidad de Estados Unidos y Gran Bretaña en sus relaciones con la independencia de Cuba, con un apéndice titulado «De Monroe a Platt», prólogo de Domingo Méndez Capote, La Habana, Cultural, 1930; 2.ª edición, prólogo de Jorge Valdés Miranda, La Habana, Instituto Cubano del Libro, Editorial de Ciencias Sociales, 1974.

Práctica profesional o productiva que a más de la que se realiza en la Universidad debe exigirse en las escuelas universitarias de índole profesional, La Habana, Carasa, 1930.

La expansión territorial de los Estados Unidos, a expensas de España y de los países hispanoamericanos, La Habana, Cultural, 1935; 2.ª edición, La Habana, Editorial Nacional de Cuba, 1964; La Habana, Instituto Cubano del Libro, 1973.

Commercial relations between Cuba and the United States of America, La Habana, 1936; Washington, 1936.

Manual de historia de Cuba, económica, social y política, desde su descubrimiento hasta 1868, y un apéndice, con la historia contemporánea, La Habana, Cultural, 1938; 2.ª edición, La Habana, Consejo Nacional de Cultura, 1962; La Habana, Editorial Nacional de Cuba 1964; La Habana, Instituto Cubano del Libro, 1971.

Cuaderno de trabajo de historia de Cuba, para ser usado en conexión con la Historia elemental de Cuba, La Habana, Cultural, 1939.

Nuevo mapa de Europa, La Habana, Cultural, 1939.

La industria azucarera de Cuba; su importancia nacional, su organización, sus mercados, su situación actual, La Habana, Cultural, 1940.

Sugar, index of Cuban American Corporation, Nueva York, 1942.

Filosofía de la producción cubana, agrícola e industrial, La Habana, Cultural, 1944.

Actualidad económica, La Habana, Editorial Lex, 1948.

Azúcar, artículo de exportación, La Habana, 1948.

Enormidad jurídico-económica, trabajos leídos el 5 de septiembre de 1948 por las audiciones radiales «Sin azúcar no hay país», La Habana, 1948.

Mudos testigos; crónica del excafetal Jesús Nazareno, La Habana, Editorial Lex, 1948; 2.ª edición, «En torno a este libro», por Manuel Moreno Fraginals, La Habana, Instituto Cubano del Libro, Editorial de Ciencias Sociales, 1974.

La Guerra de los Diez Años, su sentido profundo en la historia de Cuba, 1868-1878, discursos leídos en la recepción pública el día 14 de julio de 1949. Contesta en nombre de la corporación el coronel Cosme de la Torriente y Peraza, La Habana, Imprenta El Siglo XX, 1949.

Guerra de los Diez Años, 1868-1878, La Habana, Cultural, 1950-1952, 2 T.; 2.ª edición, La Habana, Editorial Lex, 1960, 2 T.; La Habana, Instituto Cubano del Libro, 1971, 2 T.

Criterios fundamentales y actitudes peculiares, Lectura en el Aula Magna de nuestra Universidad en la tarde del 2 de abril de 1951, La Habana, Universidad de La Habana, Departamento de Intercambio Cultural, 1951, Cursos y conferencias de extensión universitaria, 8.

Joaquín Agüero y Agüero, héroe camagüeyano de la independencia, Conmemoración del primer centenario de su fusilamiento con sus compañeros de insurrección José T. Betancourt, Fernando de Zayas y Miguel Benavídes, en Arroyo Méndez, Puerto Príncipe, el 12 de agosto de 1851, La Habana, Imprenta P. Fernández, 1951.

Martí en las primeras décadas de la escuela primaria republicana, discurso leído el 26 de enero de 1952, conmemorativo del nacimiento de José Martí, La Habana, Imprenta El Siglo XX, 1952.

Fundación del sistema de escuelas públicas de Cuba, 1900-1901, La Habana, Editorial Lex, 1954, Biblioteca cubana de educación, 3.

Rehabilitación de la escuela pública; un problema vital de Cuba en 1954, La Habana, Imprenta P. Fernández, 1954, Biblioteca cubana de educación, 2.

La educación primaria en el siglo XX; proceso histórico de la misma en Estados Unidos de

América, Gran Bretaña y Cuba, La Habana, Talleres de la Sección de Artes Gráficas del Centro Superior Tecnológico del Instituto Cívico Militar, 1955, Biblioteca cubana de educación, 4.

José de la Luz y Caballero como político, Santa Clara, publicaciones de la Dirección de Extensión Cultural Universidad Central de Las Villas, 1957.

Por las veredas del pasado, 1880-1902, La Habana, Editorial Lex, 1957.

Comentarios a un gran libro de Claudio Sánchez Albornoz, España, un enigma histórico, Carta de José María Chacón y Calvo, La Habana, Editorial Lex, 1958.

Teodoro Roosevelt; 27 de octubre de 1958-6 de enero de 1959.

Un Rough Rider que luchó por Cuba libre, La Habana, Editorial Lex, 1958.

El General Leonardo Wood y la instrucción pública en Cuba, 20 diciembre 1899-20 de mayo de 1902, La Habana, Editorial Lex, 1959.

Discurso conmemorativo de la muerte del lugarteniente del ejército libertador Mayor General Antonio Maceo y Grajales y de su ayudante Francisco Gómez Toro, La Habana, Editorial Lex, 1960.

Dos heroicos y trágicos episodios de nuestras guerras de independencia, discurso leído en sesión pública, el día 23 de febrero de 1960, La Habana, Imprenta El Siglo XX, 1960.

Bibliografía pasiva

Álvarez Gallego, Gerardo, «Los libros por dentro, Historia, categoría y anécdota de *Mudos testigos*», en *Carteles*, La Habana, 29, 31, 26-27, agosto 1, 1941.

Bueno, Salvador, «Una obra histórica de Ramiro Guerra», en *Carteles*, La Habana, 34, 19, 20, mayo 10, 1953.

Campoamor, Fernando G., «La gloria de Don Ramiro», en *Bohemia*, La Habana, 62, 45, 56-57, noviembre 6, 1970.

Costa, Octavio R., «Cómo vive y trabaja el Doctor Ramiro Guerra», en *Diario de la Marina*, La Habana, 122, 156, 6-D, julio 4, 1954.

Chacón y Calvo, José María, «Palabras sobre Ramiro Guerra», en *Diario de la Marina*, La Habana, 117, 50, 4, marzo 1, 1949.

Deschamps Chapeaux, Pedro, «Ramiro Guerra, Maestro e historiador», en *La Gaceta de Cuba*, La Habana, 88, 6, diciembre, 1970.

García Carranza, A., «Breve bioBibliografía del Doctor Ramiro Guerra», en *Revista de la Biblioteca Nacional José Martí*, La Habana, 3.ª época, 14, 63, 1, 141-199, marzo-abril, 1972.

Lavié, Nemesio, «Rasgos y perfiles, *Guerra de los Diez Años*, libro extraordinario del Doctor Ramiro Guerra», en *Acción Ciudadana*, Santiago de Cuba, 10, 124, 5-6, febrero 28, 1951.

Mañach, Jorge, «Ensayos, Ramiro Guerra y su *Historia*», en *Diario de la Marina*, La Habana, 93, 340, 16, diciembre 7, 1925.

Moreno Fraginals, Manuel, «*Azúcar y población en las Antillas*, Ramiro Guerra», en *CS*, La Habana, 24-25, 1971.

Portuondo, José Antonio, «Ramiro Guerra, 1880-1970», en *Verde Olivo*, La Habana, 11,

45, 6-7, noviembre 8, 1970.
Roa, Raúl, «El libro de hoy, *Azúcar y población en las Antillas*, de Ramiro Guerra», en *Diario de la Marina*, La Habana, 95, 351, 35, diciembre 18, 1927.
«Guerra de los Diez Años», en su *Viento sur*, La Habana, Editorial Selecta, 1953, págs. 199-201.
Sans, Guillermo de, «*Historia de Cuba*, tomo 1», en *Bohemia*, La Habana, 12, 35, 5, agosto 28, 1921.
Torriente, Loló de la, «Ramiro Guerra y Sánchez», en *Bohemia*, La Habana, 55, 19, 67-69, 79, 97, mayo 10, 1963.
Vitier, Medardo, «Ramiro Guerra evoca», en su *Valoraciones*, I. Nota preliminar por Mariano Rodríguez Solveira, La Habana, Universidad Central de Las Villas, Departamento de Relaciones Culturales, 1960, págs. 435-438.

Guerra Debén, Jorge (La Habana, 16 abril 1916). Hijo del historiador Ramiro Guerra. Cursó la primera y la segunda enseñanzas en La Habana. Se graduó de ingeniero en Estados Unidos. En Cuba ha trabajado en diversas industrias y en centros de investigación científica y tecnológica. Profesor auxiliar de la Escuela de Ingeniería y Química de la Universidad de La Habana. Sus cuentos aparecieron en las revistas *Carteles* y *Bohemia*. Ha publicado algunos trabajos sobre termodinámica química aplicada. Es miembro de la UNEAC.

Bibliografía activa
Nueve cuentos por un peso. La Habana, Editorial Lex, 1959.

Guerrero y Pallarés, Teodoro (La Habana, 9 noviembre 1824-Madrid, 6 octubre 1904). Se educó en España. Desde muy joven comenzó a colaborar en la prensa, sobre todo en *Diario de la Marina* y en *Faro Industrial de La Habana*. Editó, con Andrés A. de Orihuela, la publicación *Quita Pesares* (1845), de carácter burlesco, en la que aparecieron numerosos colaboradores. Fue colaborador, a su vez, en *El Siglo*, *Gaceta de La Habana* y *Juan Palomo*. Tras algún tiempo de residencia en España, regresó a Cuba en 1869. Ocupó el cargo de presidente interino de la Audiencia de Camagüey. Es autor, con R. Sepúlveda, de *El matrimonio*, *Pleito en verso*, que vio varias ediciones. Con R. Valladares es coautor del juguete cómico *Perder el tiempo*, y con éste y Saavedra, de la comedia *Está en deuda* (1849). Sus obras *La filosofía del vino* y *Sermón perdido* fueron estrenadas en el Teatro de Alhambra, de Madrid, en 1874. Utilizó los seudónimos *Juan Diente*, *Tomás García Piñeyro*, *Goliat*, *Mr. Papillon*, *Juan sin miedo*, *Tadmir el Medyched* y *Fanny Warrior*, y sus iniciales T. G.

Bibliografía activa
La copa de rom, novela, Madrid, Imprenta de la Unión, 1843.
Totum revolutum, poemas, «Prólogo joco-serio», por don Andrés Avelino de Orihuela, La

Habana, s. i., 1846.

Diccionario filosófico del amor y las mujeres, Madrid, Imprenta de D. Luis García, 1848.

Páginas de un demente, Baturillo agri-dulce, Enciclopedia de sátiras sin hiel, de chistes sin sal, de bromas pesadas, de banderillas de fuego, de epigramas, de chismografía, de cáusticos, &, Madrid, Imprenta de García, 1849-1850.

Una historia del gran mundo, novela original de costumbres contemporáneas, Madrid, F. de Serra y Madírolas, 1851.

Siglo XVIII y siglo XIX, comedia original en un acto, Madrid, Imprenta de J. M. Repullés, 1851.

Carlos Broschi, Zarzuela en tres actos y en verso original, Música de don Joaquín Espín, Madrid, Imprenta que fue de Operarios, 1853.

Los jardines del Buen Retiro, Zarzuela en tres actos y en verso original, Música de don José Manzocho, Madrid, Imprenta de J. Rodríguez, 1854.

Tales padres, tales hijos, comedia en un acto y en verso, Madrid, J. Rodríguez, 1854.

La escala del poder, drama en verso, en tres actos y un prólogo, Madrid, Imprenta de J. Rodríguez, 1855.

Anatomía del corazón, novela original, 2.ª edición, Madrid, Imprenta Española, 1856; 3.ª edición, prólogo de Gertrudis Gómez de Avellaneda, Madrid, Imprenta de L. García, 1857; 4.ª edición, La Habana, Imprenta del Tiempo, 1858; 8.ª edición, La Habana, Imprenta del Gobierno, 1863; *Anatomía del corazón*, estudio social, La Habana, Imprenta El Iris, 1867.

Fea y pobre, novela, La Habana, 1857.

Historia último de seis mujeres, Cuadros sociales, La Habana, Imprenta La Charanga, 1859; 2.ª edición, México, 1862; 3.ª edición, La Habana, Imprenta del Gobierno por S. M., 1863.

La cabeza y el corazón, comedia en tres actos y en verso original representada por primera vez en el Gran Teatro de Tacón de La Habana en noviembre de 1861, La Habana, Imprenta del Gobierno, 1861; 2.ª edición, Madrid, Imprenta de José Rodríguez, 1871.

Lecciones de mundo, Páginas de infancia, La Habana, Imprenta del Gobierno, 1862; 5.ª edición aumentada Id., 1865.

Cuentos de salón, 2.ª edición, La Habana, Imprenta y Librería El Iris, 1864-1867, 5 V.; 3.ª edición, La Habana, 1872; Nueva edición Barcelona, Establecimiento Tipográfico de Espasa, 1887-1888, 2 V.

Madrid por dentro, Cuadros de la vida cortesana, La Habana, Imprenta El Iris, 1865.

Lecciones familiares, Páginas de la infancia y la adolescencia, Puerto Rico, Imprenta de GuasP., 1869; 3.ª edición, Madrid, 1871; 4.ª edición, Madrid, 1871; 4.ª edición, *Lecciones familiares*, Páginas morales en prosa, Madrid, Imprenta de M. Tello, 1876.

Anatomía del corazón, Segunda parte, Madrid, Imprenta de la Viuda de Galiano, 1873.

La mujer de Cuba, Monografía escrita, Madrid, 1873.

La nube negra, novela original, La Habana, La

Propaganda Literaria, 1874.
Cuentos sociales, Madrid, Librería de Sánchez, 1876.
El escabel de la fortuna, novela original, Madrid, Imprenta de M. Tello, 1876; 2.ª edición, Madrid, 1877.
Las llaves, Madrid, Imprenta de M. Tello, 1876; 2.ª edición, Madrid, 1877.
Los mártires del amor, novela original, Madrid, Imprenta de M. Tello, 1876; 2.ª edición, Madrid, 1877.
Fábulas en acción, Cuadritos dramáticos en verso, Madrid, Imprenta de M. Tello, 1877; 2.ª edición, Madrid, 1883.
Las trece noches de Carmen, Encantos de la vida ideal, Madrid, Imprenta de M. Tello, 1877; 3.ª edición, Madrid, 1884.
Las huellas del crimen, novela cubana, Puerto Rico, Establecimiento Tipográfico del Boletín, 1879, 2 V.
Cantares de un viejo, Madrid, 1881; Id., 1882.
Al calor del hogar, Impresiones y cantares, La Habana, Imprenta de, Gobierno y Capitanía General, 1885; 2.ª edición, Id., 1886.
La pasión de los celos, Cuadros de la vida íntima, La Habana, Imprenta del Gobierno..., 1888.
Impresiones y cantares, Madrid, Imprenta de J. Palacios, 1892.
Gritos del alma, Desahogos en prosa, Barcelona, A. López Robert, impresor, 1895.
Maldita vanidad, Madrid., s. a.

Bibliografía pasiva
Mendive, R. M., de «*La escala del poder*, drama en verso, en tres actos y un prólogo, original de D. T. Guerrero», en *Revista de La Habana*, La Habana, 4, 182-185, 1855.
«*Totum revolutum*, poesías de Don Teodoro Guerrero», en *Diario de la Marina*, La Habana, 3, 48, 2, febrero 17, 1846.

Guevara, Ernesto (Rosario, Argentina, 14 junio 1928-Ñancahuazu, Bolivia, 8 octubre 1967). En 1934 se traslada con su familia a la provincia de Córdoba, donde inicia los estudios de bachillerato (1941) y conoce a Alberto Granados. Interesado ya en la política de su país, participa en manifestaciones estudiantiles radicales. En 1945 se establece con su familia en Buenos Aires. Allí alterna sus estudios en la Facultad de Medicina con trabajo voluntario en un Instituto de Investigaciones Alérgicas. Durante las vacaciones de invierno realiza viajes en bicicleta o en vapor por el interior del país. El 29 de diciembre de 1951 emprende un viaje en motocicleta con Granados. En Chile la motocicleta se rompe, por lo que se ven obligados a realizar diversos oficios para poder seguir el viaje. En el leprosorio de San Pablo, en Perú, trabajan en un laboratorio y hacen psicoterapia con los enfermos. Viajan en balsa por el Amazonas hasta Colombia, donde son arrestados por la policía del dictador Laureano Gómez. En Venezuela encuentran a un amigo de la familia Guevara, en cuyo avión Che regresa a Buenos Aires tras una estadía de un mes en Miami, donde tiene dificultades con un agente del FBI.

En 1953 se gradúa de médico. Es llamado al Servicio Militar Obligatorio, pero los médicos militares lo declaran inepto. Cuando se dirige en tren a Caracas para reunirse con Granados, que trabaja en el leprosorio de Cabo Blanco, se encuentra con el abogado porteño Ricardo Rojo, evadido de la cárcel y en viaje como asilado hacia Guatemala, quien lo convence para que vaya a este país, en el que se lleva a cabo una revolución social. No pudiendo ejercer allí su profesión, recorre el interior del país como vendedor ambulante. Conoce a Ñico López y a otros revolucionarios cubanos. Al producirse la invasión mercenaria contra el gobierno de Jacobo Arbenz, pide combatir en el frente, pero, no teniendo ocasión, se alista en las milicias y patrulla las calles de la ciudad. Cuando en agosto de 1954 entran las tropas mercenarias en Ciudad Guatemala, se asila en la Embajada de Argentina. Al mes siguiente viaja a México, donde vuelve a encontrar a algunos revolucionarios cubanos y conoce a Raúl Castro. Allí escribe su primer artículo político: «Yo vi la caída de Jacobo Arbenz».

Se gana la vida como fotógrafo ambulante hasta que logra trabajar como médico en el Hospital Central de Ciudad México. Estudia sistemáticamente el marxismo-leninismo y frecuenta las reuniones de los revolucionarios cubanos. En 1956 conoce a Fidel Castro, quien lo invita a participar en la expedición del Granma. En junio de ese año es detenido por la policía mexicana en un rancho donde se entrenaba para la guerra de guerrillas.

El 25 de noviembre parte hacia Cuba en el Granma junto con los demás combatientes, bajo el mando de Fidel Castro. En Cuba, aunque es designado médico del Ejército Rebelde, participa en los combates que se libran contra el ejército batistiano. El 5 de junio de 1957 es nombrado comandante de la Cuarta Columna. En 1958 funda en la Sierra Maestra el periódico *El Cubano Libre* y la emisora Radio Rebelde. Ese mismo año, de acuerdo con el plan estratégico del Ejército Rebelde, conduce la Columna n.º 8 «Ciro, Redondo» desde la Sierra Maestra hasta Las Villas y es nombrado jefe de todas las unidades del Movimiento 26 de julio que operan en esta provincia.

El 2 de enero de 1959, después de la huida del tirano, su columna entra victoriosa en La Habana y ocupa la fortaleza de La Cabaña. El 9 de febrero, por ley de la Revolución, es declarado ciudadano cubano por nacimiento, según el precedente establecido en el caso de Máximo Gómez. En junio de ese año inicia un recorrido por África, Asia y Europa en representación del Gobierno Revolucionario. Es nombrado jefe del Departamento de Industrias del INRA y más tarde presidente del Banco Nacional de Cuba. Con Salvador Vilaseca estudia matemáticas superiores durante tres años. El 10 de enero de 1960, la Facultad de Pedagogía de la Universidad Central de Las Villas le confiere el título de Doctor Honoris Causa. El 21 de octubre parte al frente de una delegación comercial a Checoslovaquia, Unión Soviética, República Popular China y la RPD de Corea. Durante la invasión mercenaria a Playa Girón, ocupa su puesto de combate en las FAR. Al crearse el Ministerio de Industrias en febrero de 1961, es designado ministro del ramo. En agosto viaja a Punta del Este, Uruguay, como delegado de Cuba al Consejo Interamericano Económico y Social, ante el cual denuncia la Alianza para el Progreso como maniobra neocolonialista del imperialismo en América Latina. Durante el viaje de regreso hace escala en Brasilia, donde es condecorado por el presidente Janio Quadros. En 1962 forma parte de la Dirección Nacional de las Organizaciones Revolucionarias Integradas. El 15 de abril de 1962 clausura el Consejo Nacional de la CTC, en el que se acordó el inicio de la emulación socialista en toda la nación. En agosto viaja a la URSS y Checoslovaquia presidiendo una delegación económica. En octubre, durante la crisis internacional del Caribe, ocupa su puesto de combate como jefe de la provincia de Pinar del Río. En julio de 1963 representa al Gobierno Revolucionario en los actos conmemorativos del primer aniversario de la independencia de Argelia y asiste, en ese país, al Seminario Internacional sobre Planificación. El 16 de enero de 1964 firma un protocolo de Ayuda Técnica entre Cuba y la URSS. En marzo parte hacia Ginebra, Suiza, como presidente de la delegación cubana a la Conferencia de la ONU sobre Comercio y Desarrollo. Antes de regresar a Cuba viaja a Argelia, vía Praga. El 15 de agosto recibe un distintivo y un certificado de trabajo comunista por haber cumplido más de doscientas cuarenta horas de trabajo voluntario en el semestre. En noviembre viaja a Moscú al frente de la delegación cubana que asiste a los festejos, por el 47 aniversario de la Revolución de octubre. Al mes siguiente va a Nueva York para asumir el cargo de presidente de la delegación cubana a la Asamblea General de las Naciones Unidas, donde aboga por la independencia definitiva de África, Asia y América Latina. Visita a Argelia, Malí, Congo (Brazzaville), Guinea, Ghana, Dahomey, Francia, Tanzania, República Árabe Unida. Regresa a Argelia en febrero de 1965 para asistir a las sesiones del II Seminario Económico de la Organización de la Solidaridad Afroasiática. En marzo visita a la República Árabe Unida y regresa a La Habana. Desde el triunfo de la Revolución realizó numerosas comparecencias ante la radio y la televisión para hablar sobre temas políticos y económicos.

Sus discursos, artículos y entrevistas concedidas aparecieron en *Verde Olivo* —revista en que utilizó el seudónimo *El francotirador*—, *Bohemia*, *INRA*, *Hoy*, *Revolución*, *Casa de las Américas*, *Mella*, *Juventud Rebelde*, *Olas*, *Pionero*, *Humanismo*, *Cuba Socialista*, *El Mundo del Domingo* (Suplemento del periódico *El Mundo*), *Unión*, *Nuestra Industria*, *Trabajo*, *Lunes de Revolución*, *La Gaceta de Cuba*, *Pensamiento Crítico*, *El Mundo*, *La Calle*; *El Caimán Barbudo*, *Obra Revolucionaria*, *Universidad Popular*, *Diario de la Tarde*, *El Orientador Revolucionario* y otras publicaciones cubanas y extranjeras.

El 1.º de abril de 1965 escribe una carta de despedida al comandante en jefe Fidel Castro, en la que expresa su decisión de luchar contra el imperialismo en otras tierras del mundo. Murió asesinado por agentes del régimen de Bolivia, donde dirigía un destacamento guerrillero. Prologó *Mi aporte a la revolución cubana* (La Habana, 1960), de Alberto Bayo; *Biografía del tabaco habano* (2.ª edición, La Habana, 1961), de Gaspar Jorge García Galló; *Guerra del pueblo, ejército del pueblo* (La Habana, 1964), de Vo Nguyen Giap, y los libros colectivos *Economía y planificación.* Séptimo ciclo (La Habana, 1961) y *El Partido Marxista-Leninista* (La Habana, 1963). Figuró en las obras colectivas *Homenaje a Martí; en el 107 aniversario de su nacimiento: 28 de enero de 1960* (La Habana, 1960) y *3 intervenciones en la ONU* (La Habana, 1965). Ha sido traducido al ruso, inglés, francés, alemán, italiano, portugués, búlgaro, polaco, danés, noruego, sueco, holandés, turco, persa.

Bibliografía activa

La guerra de guerrillas, La Habana, Talleres Tipográficos del INRA, 1960; La Habana, Departamento de Instrucción del MINFAR, 196...

Necesitamos técnicos, conferencia del Comandante, pronunciada el día 2 de marzo de 1960 en la Plaza Cadenas de la Universidad de La Habana, Marianao, La Habana, Instituto Municipal de Cultura, 1960.

Para ser médico revolucionario o para ser revolucionario lo primero que hay que tener es revolución, La Habana, Colegio Médico Nacional, 1960.

Proyecciones futuras del orden económico, político y social de nuestra patria, conferencia pronunciada en la Universidad de La Habana, La Habana, 1960.

La aspiración es educar al pueblo hasta altos niveles, La Habana, Ministerio del Trabajo, 1961.

Cuba en Punta del Este, La Habana, Editorial En Marcha, 1961.

Cumpliendo el ideario de Guiteras, discurso del Comandante, en el acto conmemorativo del asesinato a Antonio Guiteras, en Industria Eléctrica «Antonio Guiteras», lunes 8 de mayo de 1961, La Habana, 1961.

Charlas sobre problemas económicos; el papel de la ayuda exterior en el desarrollo de Cuba, ofrecida en el Cine-Teatro Minfar, marzo 9 de 1961, La Habana, Imprenta Nacional de Cuba, 1961, Ciclo de problemas económicos, I.

Discurso del comandante Ernesto Guevara en la fábrica de pinturas KLIPER, el día 15 de noviembre de 1961, La Habana, Ministerio de Educación, 1961.

Discusión colectiva; decisión y responsabilidad únicas, La Habana, Instituto Nacional de la Industria Turística, 1961.

El cuadro, columna vertebral de la revolución, La Habana, Ministerio de Transportes, 1962.

Una nueva actitud ante el trabajo, discurso en el teatro América en el homenaje de la CTC-R a las Secciones Sindicales que batieron records de producción, La Habana, Editorial

CTC-R, 1962.

Orden general de alarma para la zafra, discurso en la Plenaria Nacional Azucarera, el 14 de diciembre de 1962, en el teatro «Chaplin», La Habana, Editorial CTC-R, 1962.

El papel de la clase obrera en la construcción del socialismo, y *Emulación, parte vital del trabajo de la nación*, 2 exposiciones del Ministro de Industrias, La Habana, Sindicato Nacional de Trabajadores de la Aviación, 1962.

Contra el burocratismo, artículo del Comandante, publicado en el número 18 de la revista *Cuba Socialista*, La Habana, Ministerio de Transportes, Dirección de Divulgación, 1963.

Pasajes de la guerra revolucionaria, La Habana, Ediciones Unión, 1963; La Habana, Editorial Arte y Literatura, 1975.

La profecía del Che, Buenos Aires, Escorpión, 1964.

Sobre las tareas fundamentales de la industria y los trabajos de dirección, comparecencia en televisión en el programa «Información Pública», La Habana, 1964.

Una aspiración común, la derrota del imperialismo, une a Cuba con África y Asia, La Habana, Ministerio de Relaciones Exteriores, 1965.

Che Guevara; su pensamiento guerrillero, La Habana, 1965.

Ha sonado la hora postrera del colonialismo, intervención del Comdte. en las Naciones Unidas, La Habana, Ministerio de Relaciones Exteriores, 1965.

El socialismo y el hombre en Cuba, La Habana, Ediciones R, 1965, Cuadernos Erre, 23; La Habana, Editora del Ministerio de Educación, 1965; La Habana, Instituto Cubano del Libro, 1967.

Tres combates, La Habana, Editorial Nacional de Cuba, Editora juvenil, 1965; La Habana, Instituto Cubano del Libro, 1972.

Che, La Habana, Centro Nacional de Investigaciones Científicas, 1967.

Che, La Habana, Dirección Nacional de los CDR, 1967.

El Che nos habla de Camilo, recopilación y presentación de Jesús Soto Acosta, La Habana, Comisión de Estudios Históricos de la UJC, 1967.

Mensaje a la Tricontinental, Suplemento especial de la *Revista tricontinental*, La Habana, Secretario Ejecutivo de la OSPAAAL, 1967.

Obra revolucionaria, prólogo y selección de Roberto Fernández Retamar, México D. F., Ediciones Era, 1967.

Testamento político, Lima, Ediciones Peruanas, 1967.

Che Guevara, La Habana, Instituto Cubano del Libro, 1968.

Che, una vida y un ejemplo, compilación de Jesús Soto Acosta, La Habana, Comisión de Estudios Históricos de la UJC, 1968.

El diario del Che en Bolivia; noviembre 7, 1966 a octubre 7, 1967, prólogo de Fidel Castro, La Habana, Instituto Cubano del Libro, 1968; *Diario de Bolivia, Che*, San Sebastián, Equipo Editorial, 1968, Colección Escuela Social, 1; *El Diario del Che*, Comentario preliminar de Armando Fernández Xesta, 2.ª edición, Bilbao, La Gran Enciclopedia Vasca, 1968, Colección Reportaje Documento, 1; *El Diario del Che en*

Bolivia, Madrid, Ciencia Nueva, 1968, Colección Cuadernos Ciencia Nueva, 12; *Diario del Che en Bolivia, noviembre 7, 1966-octubre 7, 1967*, París, Ruedo Ibérico, 1968; *Diario del Che en Bolivia, Noviembre 7, 1966 / octubre 7, 1967*, prólogo de Fidel Castro, Lima, Francisco Moncloa, 1968; *El diario del Che en Bolivia*, prólogo de Fidel Castro, México D. F., Siglo XXI, 1968.

Che, La Habana, Instituto Cubano del Libro, Editorial de Ciencias Sociales, 1969.

Escritos económicos, Córdoba, Argentina, Establecimiento Gráfico la Docta, 1969, Cuadernos de Pasado y Presente, 5.

Cada obrero un estudiante, discurso, La Habana, 196...

La economía en Cuba, conferencia pronunciada en la Universidad Popular, La Habana, Industria Eléctrica «Antonio Guiteras», Sind, de Plantas Eléctricas, 196.

Los términos de la gran lucha están definidos, discurso en el Primer Encuentro Quinquenal Azucarero «Orden Jesús Menéndez», Santa Clara, 196...

Obras, 1957-1967, La Habana, Casa de las Américas, 1970, 2 T.

Cuba, excepción histórica o vanguardia de la lucha anticolonialista? Lima, Instituto Cultural de Amistad Peruano-Cubano, 1972.

Escritos y discursos, La Habana, Instituto Cubano del Libro, Editorial de Ciencias Sociales, 1972, 3 T.

La planificación socialista y su significado, Santiago de Chile, Empresa Editora Nacional Quimantu, 1972, Colección Clásicos del Pensamiento Social, 15.

Reforma universitaria y revolución, El papel de la Universidad en el desarrollo económico de Cuba, Notas para el estudio de la ideología de la Revolución cubana, La Habana, COR-PCC-Universidad de La Habana, 197...

Fragmentos del pensamiento de Ernesto Che Guevara, introducción de Francisco Martínez de la Vega, s. l., s, a.

Bibliografía pasiva

Agüero, Luis y otros, *Che comandante*, Biografía, México D. F., Editorial Diógenes, 1969.

Alcázar, José Luis, *Ñancahuazú, la guerrilla del Che en Bolivia*, México D. F., Ediciones Era, 1969.

Alexandre, Marianne (ed.), *Viva Che! Contributions in tribute to* Ernesto Che Guevara, Londres, Lorrimer, 1968.

«La alta luz del comandante Guevara», en *El Mundo*, La Habana, 66, 22 026, 4, octubre 20, 1967.

Álvarez, Rolando, *Acto de recordación del comandante Ernesto Che Guevara*, La Habana, Academia de Ciencias de Cuba, 1968, Serie Actividades, 8.

Augier, Ángel, «*Pasajes de la guerra revolucionaria*, por Ernesto Che Guevara», en *Universidad de La Habana*, La Habana, 27, 163, 202-203, septiembre-octubre, 1963.

Batista Moreno, René, «Una tarde de Che», en *Vamos*, Santa Clara, 2, 7, 1971.

«Bibliografía del Comandante Ernesto Che

Guevara compilada bajo la dirección del Departamento de Consulta y Referencia», en *Revista de la Biblioteca Nacional José Martí*, La Habana, 3.ª época, 4, 58, 3-4, 7-101, julio-diciembre, 1967.

Bueno, Salvador, «Guerrillero y escritor», en *El Mundo*, La Habana, 66, 22 035, 4, octubre 31, 1967.

«Che Guevara y la literatura del testimonio», en *UPEC*, La Habana, 3, 11, 3-7, octubre, 1970.

Carreras Cuevas, Delio J., «Del epistolario de un comunista», en *Vida Universitaria*, La Habana, 18, 206, 42-45, octubre, 1967.

Carta de la juventud al Che y El Socialismo y el hombre en Cuba, La Habana, Instituto Cubano del Libro, 1968.

Castro Ruiz, Fidel, *Comparecencia para informar al pueblo acerca de la muerte del comandante Ernesto Guevara por las emisoras de radio y televisión nacionales y por radio La Habana Cuba*, La Habana, Comité Central del Partido, Comisión de Orientación Revolucionaria, 1967, El Orientador Revolucionario, 26.

Discurso pronunciado por el comandante Fidel Castro en la velada solemne en memoria del comandante Ernesto Che Guevara, Plaza de la Revolución, octubre 18 de 1967, La Habana, Instituto Cubano del Libro, 1967.

Comparecencia ante las cámaras de televisión para responder a los gorilas bolivianos sobre la autenticidad del Diario *de Ernesto Che Guevara en Bolivia*, La Habana, Instituto Cubano del Libro, 1968, Ediciones COR, 11.

«Era ya en esa época un marxista de pensamiento, acto ante la estatua del Che en la Comuna de San Miguel, Departamento Pedro Aguirre Cerda, Santiago de Chile, 28 de noviembre de 1971», en *Revolución y Cultura*, La Habana, 7, 11-12, 1972.

Cossío, Adolfina, «El humorismo y la ironía en los escritos del Che», en *Santiago*, Santiago de Cuba, 2-3, 211-218, junio, 1971.

«El Che en la prensa mundial», en *Verde Olivo*, La Habana, 8, 17, 65, abril 30, 1967.

«El Che, los poetas, la poesía», en *Granma*, La Habana, 5, 246, 5 octubre 14, 1969.

Che sierra adentro, 2.ª edición, Caracas, Editorial Fuentes, 1973, Colección Testimonios, 5.

Chomón, Faure, «Cuando el Che llegó al Escambray», en *Bohemia*, La Habana, 57, 50, 52-56, diciembre 10, 1965.

Dutra, Elio y Ela Álvarez, *El camino de las balas*, La Habana, Talleres de Impresos del MINSAP, 1969.

«Elogian en Moscú el libro *Guerra de guerrillas* del Che Guevara», en *Revolución*, La Habana, 4, 687, 5, marzo 1, 1961.

En memoria de Ernesto Che Guevara, sobretiro de *Cuadernos Americanos*, México D. F., 1968, Cuadernos Americanos, 2.

«En torno a la muerte del comandante Ernesto Che Guevara», en *Granma*, La Habana, 3, 256, 257 y 258, octubre 16, 18 y 19, 1967.

«En torno al comandante Ernesto Che Guevara», en *Granma, Suplemento*, La Habana, octubre 29, 1967.

F. B. P., «*La guerra de guerrillas*», en *Boletín Cultural*, La Habana, 1, 7, 19, junio, 1960.

Fernández Retamar, Roberto, «Introducción al pensamiento del Che», en *Bohemia*, La Habana, 60, 11, 18-25, marzo 15, 1968.

Galich, Manuel, «Escritor ideológico», en *El Mundo*, La Habana, 66, 22 023, 2, octubre 16, 1967.

Gavi, Philippe, *Che Guevara*, París, Ediciones Universitaires, 1970, Les Justes, 3, 11.

Griguievich, Iosif Romualdovich, *Che Guevara*, Sofía, 1974.

Guillén, Nicolás, «Un gran muerto invencible», en *El Mundo*, La Habana, 66, 22 023, 4B, octubre 16, 1967.

Gutiérrez, Carlos María, *Los motivos del Che*, sobretiro de la revista *Casa de las Américas*, La Habana, 1969.

¡Hasta la victoria siempre! Eine Biographie mit einer Einführung von Bolívar Echevarría, Berlín, Verlag Peter von Maikowski, 1968.

Homenaje al Che, La Habana, 1970.

Ignatiev, Oleg y Juan Muñoz, *Reportajes bajo el fuego, Vietnam, Laos, Guinea «Portuguesa», Bolivia*, Moscú, Editorial de la Agencia de Prensa Novosti, 1967.

Kim Ilsung, *La gran causa revolucionaria antiimperialista de los Pueblos de Asia, África y América Latina es invencible*, con motivo del primer aniversario de la caída de Che Guevara, Pyongyang, Ediciones en Lenguas Extranjeras, 1968.

Koning, Hans, *Che Guevara, il futuro della rivoluzione*, Tr, di Mario Spinella, Milán, A. Mondadori, 1973.

Lartéguy, Jean, *Les guerrilléros*, París, Raoul Solar, 1967.

Leante, César, «Los pasajes del Che», en su *El espacio real*, La Habana, UNEAC, 1975, págs. 89-98.

Lowy, Michael, *La pensée de Che Guevara*, París, François Maspero, 1970, Petite collection Maspero, 62.

Maldonado Denis, Manuel, «Ernesto Guevara y Camilo Torres, revolucionarios por convicción», en *Casa de las Américas*, La Habana, 8, 47, 4-16, marzo-abril, 1968.

Martínez Estrada, Ezequiel, «Che Guevara, capitán del pueblo», en su *En Cuba y al servicio de la Revolución Cubana*, La Habana, Ediciones Unión, 1963, págs. 79-84.

Medin, Izvi, «El socialismo y la espontaneidad de las masas según los escritos y discursos de Ernesto Che Guevara», en *Punto de Partida*, México, 4, 21, 12-16, septiembre-octubre, 1970.

Ministerio de Educación, Departamento de Orientación de Estudios Sociales y Económicos, *El Che en el desarrollo de la nueva sociedad en Cuba*, La Habana, Dirección General de Actividades Políticas y Extraescolares, 1972.

Ministerio de las Fuerzas Armadas Revolucionarias, La Habana, Dirección Política FAR, 1969.

Neira Vila, José, «Un libro y una voluntad», en *El Mundo*, La Habana, 62, 20 790, 4, octubre 24, 1963.

Nora, María Luz de, seudónimo de Loló de la Torriente, «Memoria y experiencia de un guerrillero» en *Bohemia*, La Habana, 52, 35, 20-

21, 94, agosto 28, 1960.
«Batalla de Santa Clara, 31 de diciembre, 1958», en *Bohemia*, La Habana, 55, 52, 75-76, diciembre, 27, 1963.
«El Comandante Guevara», en *El Mundo*, La Habana, 66, 22 026, 4, octubre 20, 1967.
«Número completo dedicado al Comdte, Ernesto Che Guevara», en *Casa de las Américas*, La Habana, 8, 46, 2-160, enero-febrero, 1968.
«Número dedicado al Comdte, Ernesto Che Guevara», en *Jaque Mate*, La Habana, 4, 10-11, 7-393, octubre-noviembre, 1967.
«Número dedicado el comandante Ernesto Che Guevara», en *El Militante Comunista*, La Habana, 5-69, diciembre, 1967.
«Número dedicado al Comdte, Ernesto Che Guevara», en *OCLAE*, La Habana, 11, 1-48, noviembre, 1967.
«Número dedicado al Comandante Ernesto Che Guevara», en *Pensamiento crítico*, La Habana, 1-222, octubre 9, 1967.
«Número dedicado al Comdte, Ernesto Che Guevara», en *Política Internacional*, La Habana, 5, 20, 21-24, octubre-diciembre, 1967.
«Número dedicado al Comdte, Ernesto Che Guevara», en *Vida Universitaria*, La Habana, 18, 206, 2-68, octubre, 1967.
«Número especial dedicado al Comdte, Ernesto Che Guevara», en *Cuba*, La Habana, 1-106, noviembre, 1967.
Ortega, Benjamín, *El Che Guevara, Reacción de la prensa del continente americano con motivo de su muerte, octubre-noviembre, 1967*, Cuernavaca, México, Centro Intercultural de Documentación, 1968.
Otero, José Manuel, «Comentario del libro, *Pasajes de la guerra revolucionaria*», en *Verde Olivo*, La Habana, 4, 41, 20-21, octubre 13, 1963.
«Para el Che», en *Casa de las Américas*, La Habana, 10, 58, 151-152, enero-febrero, 1970, Partido Comunista de Cuba, Comité Central, Comisión de Orientación Revolucionaria.
Primer aniversario de la muerte heroica del Comandante Ernesto Che Guevara, La Habana, Instituto Cubano del Libro, 1968, Ediciones COR, 17.
Portuondo, José Antonio, «Notas preliminares sobre el Che escritor», en *Unión*, La Habana, 6, 4, 29-34, diciembre, 1967.
Sobre el concepto marxista del héroe, a propósito de Camilo y el Che, conferencia académica ofrecida en la Velada Solemne celebrada por la Academia de Ciencias de Cuba, el día 28 de octubre de 1974 en el Hemiciclo Camilo Cienfuegos, La Habana, Academia de Ciencias de Cuba, 1975.
Pudar, Moma, *Che Guevara, muzlegenda*, trad. Viera Fejdiova, Bratislava, *Vydavatalstvo Politickej Literatúry*, 1968.
Ramos, Melquíades, seudónimo de Sidroc Ramos, «Guerra de guerrillas; un manual para el patriota de nuestra América», en *Verde Olivo*, La Habana, 1, 6, 6-8, abril 24, 1960.
Roa, Raúl, «Che», en *Política Internacional*, La Habana, 5, 20, 21-24, octubre-diciembre, 1967.
Rodríguez Herrera, Mariano, *Con la adarga al brazo*, La Habana, Comisión Nacional de His-

toria, UJC, Secretaría de Trabajo Ideológico, 1972.

Rojo, Ricardo, *Mi amigo, el Che*, 2.ª edición, Buenos Aires, Merapo, 1974.

Sabourin, Jesús, «Martí en el Che», en su *Amor y combate, algunas antinomias en José Martí*, La Habana, Casa de las Américas, 1974, págs. 71-89, Cuadernos Casa, 13.

San Martín, Rafael, «*La guerra de guerrillas* del Che Guevara, edición argentina», en *Bohemia*, La Habana, 53, 51, 119, diciembre 17, 1961.

Santis, Sergio de, «Guerrilla y revolución en el pensamiento del Che Guevara», en *Casa de las Américas*, La Habana, 7, 45, 115, noviembre-diciembre, 1967.

Sarabia, Nydia, «Ernesto Che Guevara, fundador de *El Cubano Libre*, También fundó Radio Rebelde, ambos desde su campamento de «El Hombrito"», en *Bohemia*, La Habana, 59, 42, 72-81, octubre 20, 1967.

«Breve biografía del comandante guerrillero Ernesto Che Guevara», en *Verde Olivo*, La Habana, 8, 42, 32-33, octubre 22, 1967.

«Che Guevara, fundador de Radio Rebelde», en *Bohemia*, La Habana, 59, 43, 48-53, octubre 27, 1967.

Sartre, Jean Paul, «"Vengan temprano, a medianoche", me dijo el director del Banco Nacional», en su *Huracán sobre el azúcar*, La Habana, Ministerio de Relaciones Exteriores, 1961, págs. 53-58.

«El Che fue el hombre más completo de su tiempo», en *Bohemia*, La Habana, 59, 51, 45, diciembre, 1967.

Scauzillo, Heberto J., «Ernesto Che Guevara, A research bibliography», en *Latin American Research Review*, Austin, 5, 2, 53-82, Summer, 1970.

Sonntag, Heinz Rudolf, *Che Guevara und die Revolution*, Hamburg, Fischer Bücherei, 1970, Fischer Bücherei, 896.

Soto León Velarde, Enrique, *Los guerrilleros; de Kullash a Ernesto Che Guevara*, Arequipa, Ediciones Nueva Era, 1968.

Tiempo de Che, Primer ensayo de cronología, trabajo publicado en el n.º 3-4, julio-diciembre, 1967, de la *Revista* de la misma Biblioteca, Nacional José Martí, La Habana, 3.ª edición, México D. F., Fondo Editorial Salvador de la Plaza, 1969.

Unión de jóvenes Comunistas, Secretaría de Trabajo Ideológico, Comisión Nacional de Historia, *Seguir a los héroes*, La Habana, Instituto Cubano del Libro, 1972.

Valdés, Ramiro, *V aniversario de la caída del Guerrillero Heroico, 8 de octubre de 1972*.

Clausura de la Jornada Ideológica de Homenaje a Che y Camilo, 28 de octubre de 1972, La Habana, Comité Central del Partido Comunista de Cuba, Comisión de Orientación Revolucionaria, 1972, Ediciones COR, 9.

Valle, Aldo Isidrón del, «Che Guevara, apuntes para una biografía», en *Islas*, La Habana, 10, 1, 23-44, enero-marzo, 1968.

Vázquez Díaz, Rubén, *Bolivia a la hora del Che*, México D. F., Siglo XXI, 1968.

Weiss, Peter, «Che Guevara», en *Pensamiento*

Crítico, La Habana, 12, 79-84, enero, 1968.

Zavatini, Cesare, «Por el Che Guevara», en *Cine Cubano*, La Habana, 8, 47, s. p., 1967.

Guillén, Nicolás (Camagüey, 10 julio 1902-La Habana, 16 julio 1989). Cursó estudios en diversas escuelas de su ciudad natal entre 1908 y 1912. Aprendió tipografía en la imprenta del diario *La Libertad*, que dirigía su padre. Entre 1918 y 1919 trabaja como operario tipógrafo en el taller de obra anexo al del periódico *El Nacional* y asiste a clases gratuitas en una academia nocturna. En 1920 se gradúa de bachiller en el Instituto de Camagüey y matricula la carrera de Derecho en la Universidad de La Habana. Pocas semanas más tarde abandona sus estudios por carecer de recursos económicos y de trabajo. De nuevo en Camagüey, publica sus primeros versos en la revista *Camagüey Gráfico*. Colabora además en *Orto* y en *Castalia*. Es responsable, con Vicente Menéndez Roque, de la página literaria del periódico *Las Dos Repúblicas*.

En 1921 vuelve de nuevo a la Universidad. Regresa a Camagüey en 1922, decidido a abandonar los estudios. Ese mismo año reúne los poemas de su libro *Cerebro y corazón*, que permanecería inédito hasta que Ángel Augier lo publicara en el tomo 1 de su *Nicolás Guillén. Notas para un estudio biográfico crítico*. 2.ª edición (La Habana, Universidad Central de Las Villas, 1964). En *Alma Mater* (1922) publica sus sonetos «Al margen de mis libros de estudio». Edita la revista *Lis*, trabaja como redactor del periódico *El camagüeyano* y anima el Círculo de Bellas Artes. En 1926 se traslada a La Habana y desempeña trabajos de mecanógrafo en la Secretaría de Gobernación. A fines de 1928 comienza a colaborar en la páginas «Ideales de una raza», del *Diario de la Marina*. En *La Semana*, en 1929, fueron publicados de nuevo sus sonetos «Al margen de mis libros de estudio», con los que adquiere cierta notoriedad. Sus poemas de *Motivos de son*, aparecidos en «Ideales de una raza» en 1930, producen gran resonancia. En 1931 colabora en la página «La marcha de una raza», del periódico *El Mundo*, dirigida por Lino Dou, que se inició tras la desaparición de la página del *Diario de la Marina* ese mismo año. Trabajó como redactor del periódico *Información* y como jefe de redacción del semanario humorístico *El Loco*.

En 1935 obtiene un empleo en el Departamento de Cultura del Municipio de La Habana, del que quedaría cesante por sus actividades oposicionistas. Formó parte del cuerpo de redacción de la revista *Resumen*, editada por el Partido Comunista. Desde sus comienzos en 1936 es miembro del comité editor de la revista literaria *Mediodía*. Más tarde fue su director, al convertirse en semanario político-literario. En Santiago de Cuba y otros pueblos de la provincia de Oriente ofrece charlas y conferencias, invitado por la Hermandad de Jóvenes Cubanos. En 1937 asistió al Congreso de Escritores y Artistas convocado por la Liga de Escritores y Artistas Revolucionarios, de México, y al II Congreso Internacional de Escritores para la Defensa de la Cultura, en Barcelona, Valencia y Madrid, en compañía de Juan Marinello, Alejo Carpentier, Félix Pita Rodríguez y Leonardo Fernández Sánchez. Ese mismo año ingresa en el Partido Comunista.

En 1938 inicia sus colaboraciones en el periódico *Hoy*, órgano obrero editado por el Partido desde esa fecha, y regresa a Cuba, después de año y medio de ausencia. Es designado miembro del Comité Nacional de Unión Revolucionaria Comunista. En 1939, por breve tiempo, desempeña el cargo de jefe de información de *Hoy*. Fue candidato a alcalde de Camagüey en las elecciones generales de 1940. Viajó a Haití en 1942, en misión cultural y política, invitado por Jacques Roumain. En el Teatro Principal de la Comedia, de La Habana, se representa su única obra teatral, *Poema con niños* (1943). Es uno de los editores, con José Antonio Portuondo, Mirta Aguirre y Ángel Augier, de la revista *Gaceta del Caribe* (1944). Viaja a Caracas (1945) invitado por Miguel Otero Silva. Pronuncia conferencias en su Universidad Central y es designado miembro correspondiente de la Asociación de Escritores Venezolanos.

Viajó además por Colombia, Perú, Chile, Argentina, Uruguay y Brasil. Fue recibido por la Academia Brasileña de Letras. Regresó a Cuba en 1948. Fue candidato a senador por el Partido Socialista Popular en la provincia de La Habana. Participa en distintos actos del Partido Socialista Popular. Durante los tres primeros meses de 1949 colabora diariamente en *Hoy* con una décima sobre algún hecho de actualidad. Viaja a Nueva York (1949) como miembro de la delegación cubana a la Conferencia Cultural y Científica por la Paz Mundial. En París participa, con Juan Marinello, en las deliberaciones del Congreso Mundial de Partidarios de la Paz. Asistió, con Marinello, al IX Congreso del Partido Comunista Checoslovaco como delegado del Partido Socialista Popular. Visitó a la Unión Soviética como invitado. Vino a La Habana en compañía del poeta Paul Eluard. Con él viajó a México para participar en el Congreso Continental por la Paz. Inició su colaboración regular en el diario *El Nacional*, de Caracas, con su sección «Semanario habanero». En 1950 recorre las provincias de Cuba en unión de otros dirigentes socialistas, sufre las presiones del gobierno de Prío y, al clausurar éste el diario *Hoy*, colabora en *Vanguardia Obrera*, órgano del Partido Socialista, y en *Viernes*, semanario dirigido por Renée Potts. Tras su regreso a Cuba de un viaje por Europa, colabora en *La Última Hora*. Es detenido y fichado por el Servicio de Inteligencia Militar. Viajó a Viena para asistir al Congreso Mundial por la Paz. A su regreso es detenido nuevamente y sometido a interrogatorio.

En 1953 viajó a Chile para asistir al Congreso Continental de la Cultura y no pudo regresar a causa de la represión desencadenada a raíz del asalto al cuartel Moncada. Realiza en 1954 diversos viajes por América y Europa y recibe el Premio Internacional Lenin de la Paz. De 1955 a 1958 residió en París y viajó a distintos países europeos. Desde París, logra trasladarse a Argentina por gestiones de Rafael Alberti. Lee poemas suyos por Radio El Mundo y ofrece recitales en diversas instituciones culturales de la capital y del interior. Después del triunfo de la Revolución, en 1959, toma parte en los actos organizados en Buenos Aires para festejar el triunfo y publica su poema «Che Guevara» en el semanario *Propósitos*. De regreso en Cuba tras varios años de exilio, reanuda su colaboración en *Hoy*, da numerosos recitales en La Habana y en las provincias. Entre este año y 1960 viaja de nuevo en misión política y cultural. En 1961 es designado miembro del Consejo Nacional de Educación y es nombrado presidente de la Unión de Escritores y Artistas de Cuba (UNEAC), creada ese mismo año como resultado del Primer Congreso de Artistas y Escritores Cubanos. Viajó además a Brasil como consejero cultural del Ministerio de Relaciones Exteriores del Gobierno Revolucionario, para asistir a la VI Bienal de São Paulo. Es nombrado, por decreto presidencial, embajador extraordinario y ministro plenipotenciario del Servicio Exterior de la República (1962). Es homenajeado con diversos actos en centros culturales de todo el país por su 60.º aniversario. Viaja a la Unión Soviética y a Hungría en misiones culturales y políticas. Creó el Taller de la UNEAC, durante la crisis de octubre de 1962. Desde sus altos cargos culturales y políticos y por su prestigio en toda América y Europa, ha participado en importantes actividades por la cultura, tanto en Cuba como en el extranjero, y ha representado a los intelectuales cubanos en innumerables actos de significación política y cultural. Su poesía, recogida en múltiples antologías, ha sido traducida al ruso, francés, alemán, búlgaro, checo, chino, eslovaco, griego, hebreo, holandés, húngaro, inglés, italiano, japonés, polaco, portugués y rumano. Es miembro del Comité Central del Partido Comunista de Cuba. Obtuvo el Premio Nacional de Literatura en 1989.

Bibliografía activa

Motivos de son, La Habana, Imprenta y Papelería de Rambla y Bouza, 1930.

Sóngoro Cosongo, poemas mulatos, La Habana, Imprenta Úcar, García, 1931.

West Indies Ltd, poemas, La Habana, Imprenta Úcar, García, 1934.

Claudio José Domingo Brindis de Salas, el rey de las octavas, apuntes biográficos, La Habana, Municipio de La Habana, 1935, Cuadernos de historia habanera, 3.

Cantos para soldados y sones para turistas, «Hazaña y triunfo americanos de Nicolás Guillén», por Juan Marinello, México, Editorial Masas, 1937.

España, poema en cuatro angustias y una esperanza, México, Editorial México Nuevo, 1937.

«Noticia a España», por Manuel Altolaguirre, Valencia, Ediciones Españolas, 1937.

Sóngoro cosongo y otros poemas, «Carta a Nicolás Guillén», por Miguel de Unamuno, La Habana, Editorial La Verónica, 1942; 2.ª edición, La Habana, Editorial Páginas, 1943.

Estampa de Lino Dou, La Habana, Ediciones Gaceta del Caribe, 1944.

El son entero, Suma poética, 1929-1946, con una carta de Miguel de Unamuno, Buenos

Aires, Editorial Pleamar, 1947.

Elegía a Jacques Roumain en el cielo de Haití, La Habana, Imprenta Ayón, 1948, Colección Yagruma, 1.

Versos negros, selección y prólogo de José Luis Varela, Madrid, Edinter, 1950, Poesía Siglo XX, 2.

Elegía a Jesús Menéndez, La Habana, Editorial Páginas, 1951.

Cantos para soldados y sones para turistas, El son entero, Buenos Aires, Editorial Losada, 1952, Biblioteca contemporánea, 240; 2.ª edición, Id., 1957.

Elegía cubana, La Habana, Mujeres y Obreros Unificados, 1952.

Sóngoro cosongo, Motivos de son, West Indies Ltd, España, poemas en cuatro angustias y una esperanza, Buenos Aires, Editorial Losada, 1952, Biblioteca contemporánea, 235; 2.ª edición, Id., 1957.

La paloma de vuelo popular, Elegías, Buenos Aires, Editorial Losada, 1958; Id., 1959; 2.ª edición, Id., 1965.

Buenos días, Fidel, México, Gráfico Horizonte, 1959, Colección Quinto Regimiento, 3.

Sus mejores poemas, Lima, Primer Festival del Libro Cubano, 1959, Organización Continental de los Festivales del Libro, Biblioteca Básica de Cultura Cubana, primera serie, 8.

¿Puedes?, La Habana, Imprenta Úcar, García, 1960, Colección Centro, 3.

Canción puertorriqueña, La Habana, Municipio de La Habana, Departamento de Bellas Artes, 1961.

Los mejores versos de Nicolás Guillén, «Nicolás Guillén», por Simón Latino, Buenos Aires, Editorial Nuestra América, 1961, Cuadernillos de poesía, 32.

Balada, La Habana, Movimiento por la Paz y la Soberanía de los Pueblos, 1962; México, Movimiento Mexicano por la Paz, 1963.

Poesías, La Habana, Comisión Nacional Cubana de la UNESCO, 1962.

Prosa de prisa, crónicas, prólogo de Samuel Feijóo, Santa Clara, Universidad Central de Las Villas, Dirección de Publicaciones, 1962; Buenos Aires, Editorial Hernández, 1968.

Antología mayor, La Habana, Ediciones Unión, 1964; 2.ª edición aumentada, La Habana, Instituto Cubano del Libro, Ediciones Huracán, 1969; México D. F., Diógenes, 1972.

Poemas de amor, La Habana, Ediciones La Tertulia, 1964, Cuadernos de poesía, 6.

Tengo, Pról de José Antonio Portuondo, La Habana, Editora del Consejo Nacional de Universidades, Universidad Central de Las Villas, 1964; Montevideo, El Siglo Ilustrado, 1967.

Che Comandante, poema, La Habana, Instituto Cubano del Libro, 1967.

El gran zoo, La Habana, Ediciones Unión 1967; Madrid, Editorial Ciencia Nueva, 1969, El Bardo, Colección de poesía serie especial, 5; 2.ª edición, La Habana, UNEAC, 1971.

Poemas Para el Che, La Habana, 1968, edición mimeografiada.

Cuatro canciones para el Che, La Habana, Con-

sejo Nacional de Cultura, 1969.
Antología clave, «Introducción a la poesía de Nicolás Guillén», por Luis Íñigo Madrigal, Santiago de Chile, Editorial Nascimento, 1971.
Cuba, amor y revolución, poemas, selección de Winston Orrillo, prólogo de Ángel Augier, Lima, Ediciones Causachun, 1972.
El diario que a diario, La Habana, UNEAC, 1972.
Obra poética, 1920-1972, prólogo, notas y variantes de Ángel Augier, La Habana, Instituto Cubano del Libro, 1972-1973, 2 t; 2.ª edición, La Habana, UNEAC, 1974, 2 T.
La rueda dentada, La Habana, UNEAC, 1972.
El corazón con que vivo, La Habana, UNEAC, 1975.
Poemas manuables, La Habana, UNEAC, 1975.
Prosa de prisa, 1929-1972.
Compilación, prólogo y notas de Ángel Augier, La Habana, Instituto Cubano del Libro, Editorial Arte y Literatura, 1975-1976, 3 T.

Bibliografía pasiva

Adoum, Jorge Enrique, «Nicolás Guillén, poética y política», en *Poesía del siglo XX*, Quito, Casa de la Cultura Ecuatoriana, 1957, págs. 248.
Aguirre, Mirta, «Un gran poema para una gran muerte, I y II», en *Vanguardia Cubana*, La Habana, 2 y 7, julio 20 y 31, 1951.
«Maestro de poesía» y «En torno a la *Elegía a Jesús Menéndez*», en *Recopilación de textos sobre Nicolás Guillén*, selección y prólogo de Nancy Morejón, La Habana, Ediciones Casa de las Américas, 1974, págs. 159-170 y 293-302.
Aguirre, Sergio, «Los poetas populares no tienen edad», en *La Última Hora*, La Habana, 2, 23, 19, julio 10, 1952.
Allen, Martha E., «Nicolás Guillén, poeta del pueblo», en *Revista Iberoamericana*, Alburquerque, 15, 29, 29-43, febrero-julio, 1949.
Altolaguirre, Manuel, «*Sóngoro cosongo*», en *Revista de Occidente*, Madrid, 36, 381-384, junio, 1932.
Antuña, María Luisa y Josefina García Carranza, *Bibliografía de Nicolás Guillén*, compilada, Nota preliminar, La Habana, Instituto Cubano del Libro-Biblioteca Nacional José Martí, 1975.
Arozarena, Marcelino, «El antillano domador de sones», en *América*, La Habana, 17, 1 y 2, 37-42, enero-febrero, 1943.
Augier, Ángel, «Poesía de Cuba en Nicolás Guillén, su expresión plástica», en *Unión*, La Habana, 1, 2, 61-78, junio-agosto, 1962.
«La crítica extranjera ante la obra de Nicolás Guillén», en *La Gaceta de Cuba*, La Habana, 1, 8-9, 4-6, agosto, 1962; *Nicolás Guillén, notas para un estudio biográfico-crítico*, La Habana, Universidad Central de Las Villas, 1962-1964, 2 T.
«Alusiones afrocubanas en la poesía de Nicolás Guillén», en *Unión*, La Habana, 6, 4, 143-151, diciembre, 1968.
Ballagas, Emilio, «El mensaje inédito», en *Recopilación de textos sobre Nicolás Guillén*, selección y prólogo de Nancy Morejón, La Habana, Casa de las Américas, 1974, págs.

259-261.

Bandeira, Manuel, «*Discurso na Academia Brasileira de Letras*, Homenaje a Guillén», en *Literatura*, Río de Janeiro, 2, 6, 23-26, octubre-diciembre, 1947.

Biobiblograpi Cheskii Wkasogel, Moskva, 1964.

Boti, Regino E., «La poesía cubana de Nicolás Guillén», en *Recopilación de textos sobre Nicolás Guillén*, selección y prólogo de Nancy Morejón, La Habana, Casa de las Américas, 1974, págs. 81-90.

Campoamor, Fernando G., «*Prosa de Prisa*», en *Unión*, La Habana, 1, 3-4, 97-99, septiembre-diciembre, 1962.

Carrera Andrade, Jorge, «Nicolás Guillén, poeta del hombre común y mensajero del trópico», en *Revista de las Indias*, Bogotá, 28, 90, 467-472, 1946.

Carrión, Ulises, «Un libro peligroso y admirable», en *Mundo Nuevo*, París, 13, 70, julio, 1967.

Cartey, Wilfred, «Cómo surge Nicolás Guillén en las Antillas», en *Universidad de Antioquia*, Medellín, Colombia, 34, 133, 257-274, abril-junio, 1958.

«*The* «*son*» *in crescendo*», en *Black Images*, Nueva York, Teachers College Press, 1970, págs. 111-148.

Castellanos, Gerardo, «Carta sobre Guillén», en *La Última Hora*, La Habana, 2, 23, 33, julio 20, 1952.

Catunda, Eunice, *Dos expresiones del espíritu americano, Guillén y Revueltas*, Sao Paulo, 1948.

Clariana, Bernardo, «*España, poema, en cuatro angustias y una esperanza*», en *Hora de España*, Valencia, 11, 77-78, noviembre, 1937.

Cossío, Adolfina, «Recursos rítmicos en la poesía de Nicolás Guillén», en *Santiago*, Santiago de Cuba, 5, 177-222, diciembre, 1971.

Couffon, Claude, «Nicolás Guillén y la geógrafa sentimental», en *Cuadernos de Arte y Poesía*, Quito, 6, 93-96, marzo, 1955.

Coulthard, G. R., «Nicolás Guillén *and West Indian negritude*», en *Caribbean Quarterly*, Port of Spain, 16, 1, 52-57, marzo, 1970.

Cuéllar Vizcaíno, Manuel, «El Guillén que usted no conoce», en *La Gaceta de Cuba*, La Habana, 1, 8-9, 7-8, agosto, 1962.

Canard, Nancy, «Tres poetas, Langston Hughes, Nicolás Guillén, Jacquar Ramón», en *Pan*, Buenos Aires, 4, 144, 12-13, 1938.

Dehesare, René, «Paseo por el *Gran Zoo* de Nicolás Guillén», en *Por la revolución, por la poesía*, La Habana, Instituto Cubano del Libro, 1969, págs. 160-164.

«Orfeo negro», en *Recopilación de textos sobre Nicolás Guillén*, selección y prólogo de Nancy Morejón, La Habana, Casa de las Américas, 1974, págs. 121-125.

Hill, Has-Otro, «De la exposición periodística a la representación artística», estudio crítico sobre Nicolás Guillén, en *Revista de la Biblioteca Nacional*, La Habana, 3.ª época, 14, 63, 2, 65-80, mayo-agosto, 1972.

Ehremburg, Ilya, «Palabras sobre Guillén», en *La Última Hora*, La Habana, 2, 23, 9, julio 10,

1952.
«La poesía de Nicolás Guillén», en *La Última Hora*, La Habana, 3, 6, 6, febrero, 5, 1953.
Entralgo, Elías José, «La poesía de Nicolás Guillén en miniatura», en *La Última Hora*, La Habana, 2, 23, 33, julio 10, 1952.
Exposición homenaje a Nicolás Guillén en su 60 aniversario, La Habana, Biblioteca Nacional José Martí-Consejo Nacional de Cultura, 1962.
Fernández Arrondo, Ernesto, «*Sóngoro cosongo*», en *Diario de la Marina*, La Habana, 99, 279, 3, 3.ª sec., octubre 30, 1931.
Fernández Retamar, Roberto, «Nicolás Guillén, su poesía negra» y «Nicolás Guillén, su poesía social», en su *La poesía contemporánea en Cuba, 1927-1953*, La Habana, Orígenes, 1954, págs. 56-62 y 69-75.
«Sobre Guillén, poeta cubano», en *Islas*, La Habana-Santa Clara, 5, 1, 127-132, julio-diciembre, 1962; *El son de vuelo popular*, La Habana, Ediciones Unión, 1972.
Figueira, Gastón, «Dos poetas iberoamericanos de nuestro tiempo, Nicolás Guillén y Manuel del Cabral», en *Revista Iberoamericana*, Alburquerque, Nuevo México, 10, 107-117, 1945.
Florit, Eugenio, «Nicolás Guillén», en *Revista Hispánica Moderna*, Nueva York, 8, 3, 225 julio, 1942.
«Presencia de Cuba, Nicolás Guillén, poeta entero», en *Revista de América*, Bogotá, 13, 234-248, febrero 1948.
Gaetani, Francis Marion, *Nicolás Guillén, A study of the Phonology and Metrics in his Poetry*, Nueva York, Columbia University 1940.
García Veitía, Margarita, «Sobre *El gran Zoo*», en *Taller Literario*, Santiago de Cuba, 8, 21, 7-10, mayo, 1970.
González Tuñón, Raúl, «Guilléntero», en *Orientación*, Buenos Aires, 5, junio 4, 1947.
González y Contreras, Gilberto, «Personas, países, artes, Nicolás Guillén», en *El Mundo*, La Habana, 34, 11 088, 4, octubre 13, 1934.
Hays, H. R., «Nicolás Guillén y la poesía afrocubana», en *Recopilación de textos sobre Nicolás Guillén*, selección y prólogo de Nancy Morejón, La Habana, Casa de las Américas, 1974, págs. 91-99.
Hernández Catá, Sara, «Unas palabras sobre Nicolás Guillén», en *La Última Hora*, La Habana, 2, 23, 19, julio 10, 1952.
Hernández Novás, Raúl, «La más reciente poesía de Nicolás Guillén», en *Casa de las Américas*, La Habana, 13, 75, 159-162, noviembre-diciembre, 1972.
Hughes, Langston, «Sobre Guillén», en *The Crisis*, Nueva York, 336, noviembre, 1948.
Íñigo Madrigal, Luis, «Poesía última de Nicolás Guillén», en *Revista del Pacífico*, Valparaíso, Chile, 1, 1, 73-82, 1964.
«Las elegías de Nicolás Guillén, Elegía a Emmett Till», en *Cuadernos de Filología*, Valparaíso, Chile, 1, 47-58, 1968.
Jamís, Fayad, «A la salida del Gran Zoo», en *El Mundo*, La Habana, 65, 21 820, 4, febrero 22, 1967.
Jiménez Grullón, Juan Isidro, «Nicolás Guillén», en su *Seis poetas cubanos, ensayos apologéti-*

cos, La Habana, Cromos, 1954, págs. 87-108.

Lavín, Pablo F., «Un gran hombre y un gran poeta», en *La Última Hora*, La Habana, 2, 25, 10, julio 24, 1952.

Lázaro, Ángel, «Poesía de Nicolás Guillén», en *Carteles*, La Habana, 23, 25, 9, junio 21, 1942.

Levidova, I. M., *Nicolás Guillén, bio-bibliografitseski akasat-jel*, Moscú, 1952.

López del Amo, Rolando, «Un homenaje, notas sobre la temática de la poesía de Nicolás Guillén», en *Universidad de La Habana*, La Habana, 196-197, 320-336, 1972.

M. G., «Un grand poète cubain, Nicolás Guillén», en *Croissance des jeunes nations*, París, 43, 14, abril, 1965.

Manjarrez, Froylán, «Cuba en la poesía de Nicolás Guillén», en *Bohemia*, La Habana, 55, 6, 7-9, 106, febrero 8, 1963.

Marinello, Juan, «Poesía negra, Apuntes desde Guillén y Ballagas», en su *Poética, ensayos en entusiasmo*, Madrid, Espasa-Calpe, 1933, págs. 99-143.

«Hazaña y triunfo americanos de Nicolás Guillén», en *Literatura hispanoamericana, Hombres-meditaciones*, México D. F., Universidad Nacional de México, 1937, págs. 81-90.

«Sobre Nicolás Guillén», en *La Última Hora*, La Habana, 2, 23, 11, julio 10, 1952.

Márquez, Robert, «Introducción a Guillén», en *Recopilación de textos sobre Nicolás Guillén*, selección y prólogo de Nancy Morejón, La Habana, Casa de las Américas, 1974, págs. 127-138.

Martí, Adolfo, «España en cinco esperanzas, comentarios a un poema de Nicolás Guillén», en *Revista de la Biblioteca Nacional*, La Habana, 3.ª época, 14, 63, 2, 55-63, mayo-agosto, 1972.

Martínez, Vicente, «*Elegía a Jesús Menéndez*, el último gran poema de Guillén», en *Vanguardia Cubana*, La Habana, 5, julio 22, 1951.

Martínez Estrada, Ezequiel, *La poesía afrocubana de Nicolás Guillén*, 3.ª edición, La Habana, Ediciones Unión, 1967.

Melon, Alfred, «Guillén, poeta de la síntesis», en *Unión*, La Habana, 9, 4, 96-132, diciembre, 1970.

Michalski, Andre, «La Balada del güije», de Nicolás Guillén, un poema garcilorquiano y magicorrealista», en *Cuadernos Hispanoamericanos*, Madrid, 92, 274, 159-167, abril, 1973.

Millan, Verna C. «Nicolás Guillén y la crítica yanki», en *Mediodía*, La Habana, 2, 27, 20, agosto 3, 1937.

Miró, César, «*El son entero* de Nicolás Guillén», en *Mercurio Peruano*, Lima, 22, 28, 242, 272-273, mayo, 1947.

Naderau, Efraín, «Nicolás Guillén, poesía y tiempo, chéveres y navajas», en *La Gaceta de Cuba*, La Habana, 95, 28-29, agosto, 1971.

Navarro Luna, Manuel, «Un líder de la poesía revolucionaria», en *La Última Hora*, La Habana, 2, 1, 16, 48, 50, julio 31, 1952.

Navas-Ruiz, Ricardo, «Neruda y Guillén, un caso de relaciones literarias», en *Revista Iberoamericana*, Pittsburg, 31, 60, 251-262, julio-diciembre, 1965.

Neruda, Pablo, «Homenaje a Guillén en Chile»,

en *Revista Cubana*, La Habana, 23, 344-347, enero-diciembre, 1948.

«Discurso de despedida a Nicolás Guillén», fragmentos, en *La Última Hora*, La Habana, 2, 23, 22, julio 10, 1952.

«Nicolás Guillén, poeta antillano», en *Watapana*, Nigmejen, Holanda, 2, 7, 6-7, julio, 1970.

«Nota sobre *Sóngoro cosongo y otros poemas*», en *Dialéctica*, La Habana, 2, 2, 207, marzo-abril, 1943.

Ortiz Fernández, Fernando, «*Motivos de son*, por Nicolás Guillén», en *Archivos del Folklore Cubano*, La Habana, 5, 222-238, julio-septiembre, 1930.

Ortiz Oderigo, N. R., «Nicolás Guillén, poeta social», en *Saber Vivir*, Buenos Aires, 6, 72, abril, 1947.

Otero Silva, Miguel, «Notas al margen de «Poemas venezolanos, de Nicolás Guillén», en *El Nacional*, Caracas, abril 21, 1946.

«Nicolás Guillén», en *La Última Hora*, La Habana, 2, 23, 9, julio 10, 1952.

Pedroso, Regino, «El poeta Guillén y yo», en *Diario de la Marina*, La Habana, 97, 348, 2, 3.ª sección, diciembre 15, 1929.

Pereda Valdés, Ildefonso, «Nicolás Guillén y el ritmo del son», en *Línea de color, ensayos afroamericanos*, Santiago de Chile, Ediciones Ercilla, 1938, págs. 143-151.

Plavskin, Sajar, *Nicolás Guillén*, Moscú, Literatura, 1965.

«Los poetas jóvenes opinan sobre Guillén», en *Revolución y Cultura*, La Habana, 5, 32-35, junio, 1972.

Portogalo, José, «La poética de Nicolás Guillén», en *La Última Hora*, La Habana, 2, 23, 10, julio 10, 1952.

Portuondo, José Antonio, «Sentido elegíaco de la poesía de Guillén», en *La Gaceta de Cuba*, La Habana, 1, 8-9, 2, agosto, 1962.

«Canta a la Revolución con toda la voz que tiene», en *Recopilación de textos sobre Nicolás Guillén*, selección y prólogo de Nancy Morejón, La Habana, Casa de las Américas, 1974, págs. 303-309.

Queral, Ana Luisa, «Nicolás Guillén, lamento y son», en *El Mundo del Domingo*, suplemento del periódico *El Mundo*, La Habana, 12, enero 25, 1958.

Ramos, Sidroc, «Presentación de Nicolás Guillén», en *Islas*, La Habana-Santa Clara, 10, 1, 133-135, enero-marzo, 1968.

Recopilación de textos sobre Nicolás Guillén, selección y prólogo de Nancy Morejón, La Habana, Casa de las Américas, 1974.

Roca, Blas, «Sobre la Elegía a Jesús Menéndez», La Habana, Imprenta Nacional de Cuba, 1962.

Rodríguez Rivera, Guillermo, «Animalia», en *Casa de las Américas*, La Habana, 8, 48, 138-139, mayo-junio, 1968.

Ruiz, Águeda, «Nicolás Guillén habla de poesía y de revolución», en *Sucesos*, México D. F., 46-53, abril 15, 1967.

Salomón, Noel, «A propos de *El son entero*», en *Cuba sí*, París, 12, 3-12, primer trimestre, 1965.

Selva, Mauricio de la, «Nicolás Guillén, *antología mayor*», en *Cuadernos Americanos*, México D. F., 24, 138, 1, 272, enero-febrero, 1965.

«Nicolás Guillén, *Tengo*», en *Cuadernos Americanos*, México D. F., 24, 140, 3, 281-282, mayo-junio, 1965.

Suárez Solís, Rafael, «Versos de Guillén», en *Ahora*, La Habana, 2, 257, 1 y 4, junio 26, 1934.

«Largo paseo por *El Gran Zoo*, I, II y III», en *El Mundo*, La Habana, 65, 21830, 21834 y 21841, 4, 4 y 4, marzo 5, 10 y 18, 1967.

«*Prosa de prisa*», en *Islas*, La Habana-Santa Clara, 5, 1, 301-303, julio-diciembre, 1962.

Tamayo Vargas, Augusto, «Tres poetas de América, César Vallejo, Pablo Neruda y Nicolás Guillén», en *Mercurio Peruano*, Lima, 33, 377, 483-503, septiembre, 1958.

Torriente, Loló de la, «El zoo de Nicolás», en *El Mundo*, La Habana, 65, 21 831, 4, marzo 7, 1967.

Tous, Adriana, *La poesía de Nicolás Guillén*, Madrid, Ediciones Cultura Hispánica, 1971.

Uribe, Emilio, «La poesía de Nicolás Guillén», en *La Última Hora*, La Habana, 2, 23, 11-37, julio 10, 1952.

Urrutia, Gustavo E., «Guillén, poeta americano», en *Diario de la Marina*, La Habana, 99, 294, 2, 3.ª secc., noviembre 14, 1931.

«El mulato Guillén», en *Diario de la Marina*, La Habana, 99, 315, 2, 34, secc., diciembre 5, 1931.

Valdés Vivó, Raúl, «Guillén, periodista», en *La Gaceta de Cuba*, La Habana, 1, 8-9, 9, agosto, 1962.

Varela, José Luis, «Ensayo de una poesía mulata», en *Ensayos de poesía indígena en Cuba*, Madrid, Ediciones Cultura Hispánica, 1951, págs. 75-120.

Vasconcelos, Ramón, «Motivos de son», en *Diario de la Marina*, La Habana, 98, 164, 4, 3.ª secc., junio 15, 1930.

Verhesen, Fernand, «Nicolás Guillén et *Le grand zoo*», en *Le Journal des Poètes*, Bruselas, 37, 6, 3, agosto, 1967.

Vilar, Jean P., «Nicolás Guillén, journaliste de couleaur», en *Cuba sí*, París, 12, 14-15, primer trimestre, 1965.

Vitier, Cintio, «Breve examen de la poesía «social y negra», La obra de Nicolás Guillén, Hallazgo del son», en su *Lo cubano en la poesía*, La Habana, Universidad Central de Las Villas, 1958, págs. 340-368.

«West Indies Ltd., poemas de Nicolás Guillén, con portada de Hernández Cárdenas», en *Orto*, Manzanillo, 23, 7, 118, julio, 1934.

Guiral Moreno, Mario (La Habana, 26 enero 1882-Fort Lauderdale, enero 1964). Cursó la primaria y parte del bachillerato en La Habana. Después de abandonar el país con su familia a causa de la guerra de 1895, continuó sus estudios secundarios en la Escuela Preparatoria de Córdoba (México). En La Habana obtuvo el título de bachiller (1902) y los de Ingeniero Electricista (1906) e Ingeniero Civil (1908). Desde joven se inició en el periodismo como redactor de *La Prensa* y de *La Discusión*. Era miembro del grupo fundador y más tarde, tras la muerte de Carlos de Velasco, director de *Cuba Contemporánea*. Colaboró en *Diario de la Marina*, *El Día*, *El Tiempo*, *Revista de la Facultad de Letras y Ciencias*, *El Fígaro*, *Gráfico*, *Carteles*, *El Mundo* y en varias publicaciones técnicas. Fue miembro fundador y directivo de la Academia Nacional de Artes y Letras, vicedirector del Ateneo de La Habana, presidente de los Amigos de la Biblioteca Nacional y miembro de la Sociedad Cubana de Estudios Históricos e Internacionales. Fue funcionario de la Secretaría de Agricultura. Representó a Cuba en diversas conferencias internacionales. Es autor de un *Diccionario tecnológico del constructor* (1907). Después del triunfo de la Revolución se trasladó a Estados Unidos con su familia.

Bibliografía activa

Nuestros problemas políticos, económicos y sociales, La Habana, Imprenta El Siglo XX, 1914.

El régimen parlamentario y la reforma constitucional, La Habana, Aurelio Miranda, 1918.

En pos de la felicidad, comedia en un acto y en prosa, La Habana, Imprenta El Siglo XX, 1920.

Una convención norteamericana y una conferencia panamericana sobre arquitectura y urbanismo, Informe del presidente de la sección de Arquitectura, La Habana, Imprenta El Siglo XX, 1927, Academia Nacional de Artes y Letras.

Cuba Contemporánea, Su origen, su existencia y su significación, La Habana, Imprenta Molina, 1940.

Malcriados y descorteses, conferencia dada en la Institución Hispano-Cubana de Cultura el 19 de agosto de 1941, La Habana, Imprenta Molina, 1941.

Auge y decadencia del vanguardismo literario en Cuba, discurso leído en la sesión solemne inaugural del curso de 1942 a 1943 de la Academia Nacional de Artes y Letras celebrada en la noche del 3 de noviembre de 1942, La Habana, Imprenta Molina, 1942.

Coexistencia de los conocimientos científicos y las aptitudes literarias, discurso leído por su autor en la sesión solemne inaugural del curso de 1943 a 1944, de la Academia Nacional de Artes y Letras, celebrada en la noche del 29 de octubre de 1943, La Habana, Imprenta El Siglo XX, 1943.

Francisco Estrampes y Ramón Pintó, conferencia dada en la Sociedad Cubana de Estudios Históricos e Internacionales el día 14 de febrero de 1942, La Habana, Imprenta Molina, 1944.

Un gran musicógrafo y compositor cubano, Eduardo Sánchez de Fuentes, discurso leído por su autor en la sesión solemne inaugural del curso de 1944 a 1945, de la Academia Nacional de Artes y Letras, celebrada en la noche del 28 de diciembre de 1944, La Habana, Imprenta El Siglo XX, 1944.

La función académica en el aspecto cultural, discurso leído por su autor en la sesión solemne inaugural del curso 1945 a 1946, de la misma corporación, celebrado en la noche del 31 de octubre de 1945, La Habana, Imprenta El Siglo XX, 1945, Academia Nacional de Artes y Letras.

Un gran impulsor de nuestra cultura, Mario García Kohly, discurso leído por su autor en la sesión solemne inaugural del curso de 1946 a 1947, de la misma corporación, celebrada en la noche del 18 de diciembre de 1946, La Habana, Imprenta El Siglo XX, 1946.

La autenticidad de un grupo histórico, trabajo presentado al Undécimo Congreso de Historia, La Habana, Editora Biblioteca Nacional, 1955.

José Isaac Corral y Alemán, un sabio cubano que sobresalió en las ciencias matemáticas, físico-químicas, naturales y el derecho, 2.ª edición, ampliada y corregida, La Habana, Imprenta El Siglo XX, 1958.

Bibliografía pasiva

Méndez, Manuel Isidro, «La autenticidad de un grupo histórico», en *Revista de la Biblioteca Nacional*, La Habana, 2.ª serie, 7, 2, 198-199, abril-junio, 1956.

Guirao, Ramón (La Habana, 1908-ld., 17 abril 1949). Estuvo familiarizado con la literatura desde su adolescencia. Se dio a conocer en el suplemento literario del *Diario de la Marina*, en 1928, con su poema afrocubano «La bailadora de rumba». Desempeñó diversos trabajos en centros comerciales. Ejerció el periodismo. Viajó a México en 1933. Entre ese año y 1940 colaboró asiduamente en el suplemento antes mencionado. En 1937 ganó el premio nacional de ensayo de tema cubano en el Concurso de la Secretaría de Educación y ocupó, hasta 1940, la jefatura de redacción de *Grafos*. Colaboró además en *Revista de Avance, La Prensa, Orbe, Carteles, Revista de La Habana, Social, Línea, Confederación, Masas, Resumen, Revista Bimestre Cubana, Revista Cubana, Bohemia, Espuela de Plata, La Verónica, Verbum, Orígenes, Repertorio Americano* (Costa Rica), *Semanario Ercilla* (Santiago de Chile), *Sur* (Argentina). Al final de su vida trabajó en las redacciones de *Avance* y *Alerta*. Fue miembro fundador de la Sociedad de Estudios Afrocubanos. Es autor de ensayos críticos, del trabajo «Poetas negros y mestizos de la época esclavista» (publicado en *Bohemia* de agosto de 1934), de la selección, las notas biográficas y el vocabulario de *Órbita de la poesía afrocubana. 1928-37* (1938) y de la antología *Cuentos y leyendas negras de Cuba* (1942). Dejó inéditos los libros de poesía *Cuadrante* (1930) y *Seguro secreto* (1936) y su trabajo *Juan Francisco Manzano, introducción, autobiografía y obra poética* (1936.

Bibliografía activa

Bongó, poemas negros, La Habana, Editorial Minerva, 1934.

Presencia, prólogo de Alberto Baeza Flores, Mendoza, Argentina, edición «Brigadas Líricas», 1947.

Bibliografía pasiva

Baquero, Gastón, «Recuerdo de Ramón Guirao», en *Diario de la Marina*, La Habana, 117,

97, 36, abril 24, 1949.

Delgado Montejo, Alberto, «Evocación de Ramón Guirao», en *Crónica*, La Habana, 1, 11, 38-39, julio 1, 1949.

Fernández Retamar, Roberto, «Ramón Guirao, su poesía negra», en su *La poesía contemporánea en Cuba, 1927-1953*, La Habana, Orígenes, 1954, págs. 53-54.

González y Contreras, G., «*Bongó* y el arte negro en Cuba», en *Grafos*, La Habana, 2, 13, s. p., mayo, 1934.

Jiménez, Max, «El poeta Ramón Guirao», en *Repertorio Americano*, San José de Costa Rica, abril 9, 1936.

Labrador Ruiz, Enrique, «Guirao», en su *El pan de los muertos*, La Habana, Universidad de Las Villas, Departamento de Relaciones Culturales, 1958, págs. 65-70.

«Ramón Guirao, *Cuentos y leyendas negras de Cuba*», en *América*, La Habana, 24, 1, 2 y 3, 93-94, enero, febrero-marzo, 1945.

Roa, Raúl, «*Órbita de la poesía afrocubana, 1928-37*», en *Grafos*, La Habana, 7, 7, 62, s. p., junio, 1938.

Souvirón, José María, «Un poeta, Ramón Guirao», en *Ercilla*, Santiago de Chile, julio 6, 1936.

Vitier, Cintio, «Ramón Guirao», en su *Cincuenta años de poesía cubana, 1902-1952*, ordenación antología y notas, La Habana, Ministerio de Educación, Dirección de Cultura, 1952, págs. 219.

Guirnalda, La (Matanzas 1842). Periódico. No se ha encontrado ningún ejemplar.

«Dedicado al bello sexo de Matanzas», reza debajo del título en el facsímil del primer ejemplar publicado, que es reproducido por Joaquín Llaverías en la página 393 del tomo 1 de su *Contribución a la historia de la prensa periódica* (La Habana, Talleres del Archivo Nacional de Cuba, 1957). Llaverías también señala, en la página 402 de su obra, que el primer editor de la publicación fue José María Salinero. Carlos Manuel Trelles afirma, en la página 42 del tomo 3 de su *Bibliografía cubana del siglo XIX* (Matanzas, Imprenta de Quirós y Estrada, 1912) que sus redactores fueron Miguel Teurbe Tolón, Rafael Valdés, Ignacio María de Acosta y Francisco Javier de la Cruz, y que apareció en junio o julio. Posteriormente Trelles modificó esta información, pues en la quinta parte de su trabajo «Bibliografía de la prensa cubana (de 1790 a 1900) y de los periódicos publicados por cubanos en el extranjero» —en *Revista Bibliográfica Cubana* (La Habana, 3, 13, 18, enero-febrero, 1939)—, expresa que se publicó entre junio y septiembre, con un total de seis entregas y que su director era Miguel Teurbe Tolón. Llaverías, por su parte, señala que Teurbe Tolón ocupaba la jefatura de redacción y, en la página 401 de su obra, incluye un índice de los trabajos publicados, en los que aparecen composiciones poéticas, artículos de moral y de crítica literaria. Entre los colaboradores figuran Anselmo Suárez y Romero, Ignacio Rodríguez Galván y José Güell y Renté.

Por los datos que ofrece Llaverías en su ya citada obra, se sabe que el 25 de julio se dispuso la cesación del periódico por no estar autorizado por el capitán general de la isla. Cuando en Matanzas se recibió dicha orden, ya habían sido publicadas las seis entregas. No apareció más, a pesar de las múltiples gestiones realizadas por Teurbe Tolón y otros. «Fue una preciosa revista literaria que llamó la atención, no solo por su fina presentación, sino por la calidad del material y la importancia intelectual de su cuerpo de redactores», expresa Israel M. Moliner en la página 6 de su *Índice cronológico de la prensa en Matanzas* (Matanzas, García, 1955).

Bibliografía
Llaverías, Joaquín, «La Guirnalda, en su *Contribución a la historia de la prensa periódica*, tomo 1.
Prefacio de Emeterio Santiago Santovenia, La Habana, Talleres del Archivo Nacional de Cuba, 1957, págs. 400-404, Publicaciones del Archivo Nacional de Cuba, 47.

Guirnalda Cubana, La (La Habana, 1854-Id.). Periódico de literatura, moral, artes, teatros, música, modas, con grabados y litografías, dedicado al bello sexo. Fue su redactor Fernando Pié y Faura y su editor J. O. de Meza. A pesar de autodefinirse como periódico, presenta un formato propio de revistas. La colección revisada comprende los meses de abril a diciembre. La paginación del tomo que agrupa los números salidos es continuada y no hay división de una entrega a otra. En la presentación del primer ejemplar señalaban: «En dos palabras se encierran las tendencias de este periódico: *instruir y recrear*, adoptando la forma miscelánea, porque así pensamos que cada cual puede quedar complacido». Publicó poemas, crítica literaria, artículos de costumbres, fábulas y prosa literaria; además aparecieron trabajos sobre arquitectura, botánica, música, educación de la mujer y moral. Colaboraron en sus páginas Rafael María de Mendive, Ramón Zambrana, Ramón de Palma, José Fornaris, Felipe López de Briñas, Ramón Vélez, Eduardo García Lebredo, Francisco de Paula Gelabert, Antonio Bachiller y Morales, Manuel Costales, Tristán de Jesús Medina, José Victoriano Betancourt y *Adolfo de la Azucena* (seudónimo de Juan Clemente Zenea). Preparado por Feliciana Menocal, con la colaboración de Araceli García Carranza, se ha publicado su índice analítico, aparecido en *Índices analíticos*, La Habana, Biblioteca Nacional José Martí. Departamento Colección Cubana, 1964, págs. 77-80.

Bibliografía
García Carranza, Araceli, «*La Guirnalda Cubana*», en *Índices analíticos*, La Habana, Biblioteca Nacional José Martí, Departamento Colección Cubana, 1954, págs. 73-76.

Guiteras y Font, Antonio (Matanzas, 20 junio 1819-San Hilarión de Sacalm, Cataluña, 17 agosto 1901). Fue alumno de la escuela de Ambrosio José González, donde fue condiscípulo de Milanés. Estudió en el Colegio San Cristóbal, de La Habana, donde recibió lecciones de José de la Luz y Caballero. Se graduó de abogado en España en 1843. Revalidó su título en la Real Audiencia Pretorial de La Habana, pero no ejerció la profesión. Viajó, en compañía de su hermano Eusebio, por Europa y el Oriente (1843-1845). Dedicado por entero a la enseñanza, fue profesor (1850-1852) y, en sustitución de su hermano Eusebio, director (1852-1869) del colegio matancero La Empresa. Dada la situación imperante en Cuba y tras la clausura del colegio por el recelo del gobierno, abandonó el país como emigrado y se estableció en Barcelona. Es autor de una traducción en verso libre de los cuatro primeros libros de *La Eneida* (Barcelona, Jaime Jesús, 1885), de Virgilio. Años atrás había publicado fragmentos de la traducción en un periódico de Madrid, por intervención de Domingo del Monte. Aparecieron otros fragmentos en *Aguinaldo de Luisa Molina, El Liceo de Matanzas, Revista de Cuba, El Ramillete* y *La Ilustración Cubana* (Barcelona). La traducción fue elogiada por críticos cubanos y extranjeros.

Bibliografía activa

Nueva gramática castellana, dividida en tres partes, Matanzas, 1856.

Gramática castellana, adaptada a la capacidad de los niños tiernos en el segundo y tercer año de esta enseñanza, dispuesta para servir de texto en la tercera y cuarta clase del colegio La Empresa, 2.ª edición, Matanzas, Imprenta de la *Aurora del Yumurí*, 1859; 3.ª edición, Id., 1864; 4.ª edición, Id, 1868.

Rudimentos de gramática castellana, Nueva edición Matanzas, 1859; 3.ª edición, Matanzas, Imprenta Aurora del Yumurí, 1863.

Rudimentos de gramática castellana, adaptados a la capacidad de los niños tiernos en el primer año de esta enseñanza, dispuestos para servir de texto en la segunda clase del colegio La Empresa, 4.ª edición, 1.ª y 2.ª parte, Matanzas, s. i., 1867-1868.

Bibliografía pasiva

Calcagno, Francisco, «Antonio Guiteras», en *El Tipógrafo*, Matanzas, 1, 36, 1-2, octubre 13, 1901.

«Don Antonio Guiteras, su vida literaria y su obra en el colegio La Empresa», en *El Tipógrafo*, Matanzas, 1, 36, 1-11, octubre 13, 1901.

Escoto, José Augusto, «El colegio La Empresa», y «La obra literaria de don Antonio Guiteras», en *El Tipógrafo*, Matanzas, 1, 36, 34 y 6-7, octubre 13, 1901.

Favole Giraude, Guiseppe, «*La Eneida* traducida por un cubano», en *Revista Cubana*, La Habana, 1, 60-90, enero, 1935.

Heredia, Nicolás, «*La Eneida* de Virgilio, traducción en verso castellano por el señor don Antonio Guiteras», en *El Tipógrafo*, Matanzas, 1, 36, 10, octubre 13, 1901.

Guiteras y Font, Eusebio (Matanzas, 5 marzo 1823-Filadelfia, 24 diciembre 1893). Cursó la primera enseñanza en el colegio matancero que dirigía Ambrosio José González y en el colegio de Carraguao, de La Habana, donde fue discípulo de Luz. Con su hermano Antonio recorrió diversos países europeos con el fin de estudiar los sistemas educacionales más modernos para ensayarlos en Cuba. En París asistió a un curso de literatura, en la Sorbona, y oyó a diversas personalidades del momento. Regresó a Cuba en 1845. Sufrió prisión en el Morro a los veintisiete años por considerársele agente revolucionario. Dirigió el colegio La Empresa entre 1850 y 1852 en ausencia del bilbaíno José Miranda. En 1853 se trasladó a Filadelfia por motivos de salud. Rehusó la propuesta de Luz para que le sustituyera en El Salvador. Regresó a Cuba en 1858 y trabajó durante diez años en la enseñanza. Colaboró en *Revista de La Habana*, *Liceo de Matanzas*, *La Verdad Católica* (en las tres publicó fragmentos de sus impresiones del viaje por Europa), *Faro Industrial de La Habana*, *La Aurora de Matanzas*, *Álbum Cubano de lo Bueno y lo Bello*, *Revista Habanera* y *La Ilustración Cubana*, de Barcelona. Fue uno de los fundadores del Liceo de Matanzas, en cuyos Juegos Florales de 1861 obtuvo medalla de oro por un romance costumbrista. Denunciado el colegio La Empresa a las autoridades y sus libros prohibidos en las escuelas, en 1869 abandonó definitivamente el país para ir a vivir a Filadelfia. Era miembro de la Catholic Historical Society. En *Cuba y América* publicó su novela «Gabriel Reyes». Dejó inéditos un volumen de poesías religiosas, otro titulado *Reminiscencias* (el tercer volumen de su novela *Irene Albar*), algunos ensayos sobre educación y un libro para aprender inglés. Tradujo *Catecismo de la misa* (1863) y tradujo y adaptó un *Método práctico elemental para aprender la lengua francesa expresamente adaptado a la capacidad de los niños* (1869). Corrigió una antigua versión española de la *Biblia* y *Enni Sacri*, de Manzoni.

Bibliografía activa

Libro primero de lectura, Filadelfia, Imprenta de J. K. y P. G. Collins, 1856.
Libro segundo de lectura, Filadelfia, Imprenta de J. K. y P. G. Collins, 1857.
Libro tercero de lectura, Filadelfia, J. K. y P. G. Collins, 1858.
Texto de lectura graduada, Matanzas, 1861.
Guía de la Cueva de Bellamar, A guide to the Cave of Bellamar, Matanzas, Imprenta El Ferrocarril, 1863; 2.ª edición, Matanzas, Aurora del Yumurí, 1863.
Libro cuarto de lectura, Matanzas, 1868.
Un invierno en Nueva York; apuntes de viaje y esbozos de pluma, Barcelona, Tipografía de F. Giró, 1869.
Cartilla de Guiteras, Nueva York, D. Appleton, 1879.
Irene Albar, novela cubana, Barcelona, Imprenta de Luis Tasso, 1885-1886, 2 V.

Bibliografía pasiva

Cabrera, Raimundo, «Eusebio Guiteras», en *El Fígaro*, La Habana, 10, 1, 7, enero 14, 1894.
Cruz, Manuel de la, «Eusebio Guiteras», en *La*

Habana Elegante, La Habana, 10, 3, 4-5, enero 21, 1894.

«Eusebio Guiteras», en *La Ilustración Cubana*, La Habana, 3, 4, 30, febrero, 1887.

Garmendia, Miguel, «Eusebio Guiteras», en *El Estudiante*, Matanzas, 3, 48, I-2, marzo I, 1906.

Guiteras, Laura, *Briefsketch of the Life of Eusebio Guiteras*, Philadelfia, 1894.

Martí, José, «Eusebio Guiteras», en su *Obras completas*, tomo 5, La Habana, Editorial Nacional de Cuba, 1963, págs. 270-271.

Meza y Suárez Inclán, Ramón, *Eusebio Guiteras*, estudio biográfico, La Habana, Imprenta Avisador Comercial, 1908.

Guiteras y Font, Pedro José Patricio (Matanzas, 17 marzo 1814-Charleston, 3 febrero 1890). Cursó su primera educación en la escuela de Ambrosio José González, de Matanzas. En dicha ciudad prosiguió sus estudios de humanidades con Francisco Guerra Betancourt. Más tarde estudió ciencias naturales en La Habana con Francisco Campos y matemáticas con Pedro Alejandro Auber. Cursó luego estudios en la Universidad de Sevilla. Cerrada en 1836 la Universidad de Madrid, no pudo estudiar jurisprudencia. Regresó a Cuba en 1837, pero le fue imposible desembarcar a causa de que el General Tacón lo consideraba cómplice de Saco, al que había conocido en Sevilla en 1833. Ya en Matanzas, se dedicó a incrementar la cultura popular desde la Sección de Educación de la Sociedad Económica de Amigos del País. Fue uno de los orientadores del colegio La Empresa, dirigido sucesivamente por sus hermanos. Sufrió cárcel durante más de seis meses en el Castillo del Morro por haber firmado una solicitud de abolición de la trata y por aparecer acusado en la causa de la Conspiración de la Escalera. A fines de 1849 fue perseguido nuevamente bajo el cargo de pertenecer al partido de Narciso López, por lo que sufrió cárcel nuevamente en San Severino y el Morro durante más de siete meses. Declarado inocente, se trasladó a Europa y recorrió Inglaterra, Francia, Italia, Suiza, Alemania y Bélgica. Se radicó en Londres hasta fines de 1853. Ese año se trasladó a Estados Unidos, donde vivió hasta 1878, con la excepción de dos inviernos (1866 y 1868) que pasó en Matanzas. Durante sus años de estancia en Estados Unidos trabajó intensamente y colaboró en *Mundo Nuevo* y *América Ilustrada* (Nueva York, 1873-1875) donde publicó sus artículos sobre escritores cubanos. Colaboró además en *Aurora del Yumurí* y *Revista de Cuba*. En dichas publicaciones aparecieron sus biografías de poetas cubanos. Ya en París, en 1879, redactó un estudio sobre la renovación institucional de Cuba, publicado anónimamente y con otros escritos de emigrados, en el *Informe sobre las reformas políticas, sociales y económicas que deben introducirse en la Isla de Cuba*, bajo el nombre de León Crespo de la Cerna. Regresó a Estados Unidos en 1880. Es autor del trabajo *Influencia de la mujer en la sociedad cubana, el estado de su educación y los medios de mejorarla y extenderla*, escrito en 1847 para los Juegos Florales del Liceo de La Habana. Es autor además de un *Diccionario bibliográfico americano* (1848), inédito.

Bibliografía activa

Discurso sobre educación moral y religiosa en Cuba, Matanzas, Tipografía de Salinero, 1848.

Cuba y su gobierno, con un apéndice de documentos históricos, Londres, Imprenta de C. Wood, 1853.

Historia de la conquista de La Habana, 1762, Filadelfia, Parry and Mc, Millan, 1856; *Historia de la conquista de La Habana por los ingleses*, Nota preliminar por Emilio Roig de Leuchsenring, La Habana, Oficina del Historiador de la Ciudad, 1962, Colección del bicentenario de 1762, 3.

Historia de la isla de Cuba, con notas e ilustraciones, Nueva York, J. Roe Lockwood, F. W. Christern, 1865-1866, 2 V.; 2.ª edición, con correcciones inéditas por el autor y una «Introducción bibliográfica» por Fernando Ortiz, La Habana, Cultural, 1927-1928, 3 V., Colección de libros cubanos, 1-3.

Historia de la conquista de La Habana por los ingleses, seguida de Cuba y su gobierno, introducción de Herminio Portell Vilá, La Habana, Cultural, 1932, Colección de libros cubanos, 31.

Bibliografía pasiva

Cruz, Manuel de la, *Literatura cubana*, Madrid, Editorial Saturnino Callejas, 1924, págs. 24-25, *Obras de Manuel de la Cruz*, 3.

Marinello, Juan, «La Historia de Cuba, de Guiteras», en *Revista de Avance*, La Habana, 1, 17, 136, diciembre 15, 1927.

Ortiz Fernández, Fernando, «Pedro José Guiteras y sus obras», en *Revista Bimestre Cubana*, La Habana, 23, 161-181, 1928.

«Quién fue don Pedro José Guiteras», en *Heraldo de Cuba*, La Habana, 3, 6, 2, enero 6, 1915.

Trelles, Carlos Manuel, «Pedro Guiteras», en *El Estudiante*, Matanzas, 3, 47, 6, febrero 1, 1906.

Gutiérrez, Ignacio (La Habana, 27 noviembre 1929-6 febrero 2007). Se graduó de Bachiller en Letras en el Instituto de la Víbora (La Habana). Estudió en la Academia Municipal de Arte Dramático. En 1958 fue representada, en la Academia antes mencionada, su obra *El autor*. En un concurso de teatro infantil convocado por el Ministerio de Educación en 1959, ganó mención por su obra *Ha llegado el circo*. Obtuvo el primer premio en el Concurso de Teatro Aplicado a la Alfabetización, convocado por el CNC y el MINED en 1960, con su obra *La carta*. En el Concurso La Edad de Oro, en 1961, fue mencionada su obra *Siboney y el manatí*. Entre 1963 y 1971 ha sido profesor de actuación en el Palacio de los Pioneros (1963-1965), el Grupo de Aficionados «Armando Mirabal» (1964), el Grupo Juvenil de La Habana (1966), la Casa del Teatro (1966), la Escuela de Arte Dramático de Cubanacán (1968-1971). Cursó un año de dirección teatral en la Universidad

Carolina de Praga (1965-1966). En 1966 asistió a los congresos de teatro infantil celebrados en Berlín y Praga. Fue director artístico (1966-1973) y director (1970-1973) del Grupo «Rita Montaner», director y profesor —en la especialidad de teatro— en el Conjunto de las Fuerzas Armadas (1974-1975), director de Teatro y Danza del CNC de la provincia de La Habana. Además de los galardones antes citados ganó mención en el Concurso UNEAC de 1969 por *Llévame a la pelota*, estrenada en el teatro El Sótano en 1970. Ha participado, además, en el Festival de Teatro Musical celebrado en Berlín en 1970 y en los congresos XV y XVI del Instituto de Teatro Internacional —de cuyo Centro Cubano es director desde 1973—, celebrado en Moscú (1973) y Berlín (1975). Sus obras *Joaquín, el obrero* —publicada en *Lunes de Revolución*—, *El señor colmillero, El pulpo* —recogidas ambas en *Obras de repertorio* (La Habana, 1961)—, *Los mendigos* —publicada por Rine Leal en *Teatro cubano en un acto. Antología* (La Habana, 1963)—, *Una aventura, La inundación, Luisa y Manuel, Juan Pérez, Hay que casar a Luisa!, Ana, José Manuel, Pato macho, La vida comienza hoy, El regreso del rey del toldo, Los chapuzones, Los pavos reales, La carta, Doña Beatriz, El mambisito, Viejo verde*, han sido representadas en diversos escenarios nacionales. Ha colaborado en *Lunes de Revolución, Juventud Rebelde, Granma, Cuadernillo, Teatro*. Ha adaptado y puesto en escena *Mulato*, de Langston Hugues; *La bella durmiente; Los negros catedráticos*, de Francisco Fernández, y *Pinocho*.

Bibliografía pasiva

Beltrán Alejo, seudónimo de Leonel López Nussa, «Risas y lágrimas en Arlequín», en *Noticias de Hoy*, La Habana, 25, 19, 4, enero 23, 1963.

Casey, Calvert, «Escenas de teatro», en *Diario de la Tarde*, La Habana, 2.ª edición, 144, 4, mayo 23, 1962.

«Tres ejercicios dramáticos», en *Diario de la Tarde*, La Habana, 2.ª edición, 204, 4, agosto 2, 1962.

«Noveno lunes de teatro cubano», en *Diario de la Tarde*, La Habana, 2.ª edición, 361, 4, febrero 7, 1963.

«Tres estrenos en la Sala Granma», en *Diario de la Tarde*, La Habana, 2.ª edición, 715, 4, abril 7, 1964.

Garzón Céspedes, Francisco, «Críticos, teatristas y espectadores debaten», en *Juventud Rebelde*, La Habana, 5, junio 20, 1974.

González, Xiomara, «Actuarán hasta que se cosa el saco de los 10 millones», en *Juventud Rebelde*, La Habana, 5, diciembre 28, 1969.

González Freire, Natividad, «La linda durmiente», en *Granma*, La Habana, 1, 83, 7, diciembre 26, 1965.

«Ignacio Gutiérrez en el teatro checoslovaco», en *Granma*, La Habana, 2, 269, 5, septiembre 28, 1966.

«*Llévame a la pelota*» en *Bohemia*, La Habana, 63, 5, 22-23, enero 29, 1971.

«*Los chapuzones*», en *Bohemia*, La Habana, 65, 9, 36-37, marzo 2, 1973.

«Entrevista a Ignacio Gutiérrez», en *Bohemia*,

La Habana, 66, 26, 28, junio 28, 1974.

Leal, Rine, «Un experimento, Escenas de teatro», en *Revolución*, La Habana, 5, 1963, 3.ª sección, *s. p.*, mayo 24, 1962.

Luciérnaga, seudónimo de? «Candilejas», en *Diario de la Tarde*, La Habana, 2.ª edición, 638, 4, enero 7, 1964.

Orticón, Luis, «La tevé como experiencia», en *Revolución*, La Habana, 4, 823, 10, agosto 9, 1961.

Otero, José Manuel, «Escenas de Teatro», en *Noticias de Hoy*, La Habana, 24, 122, 4, mayo 26, 1962.

«¡Y lo llevaron a la pelota...!», en *Granma*, La Habana, 10, 152, 4, junio 29, 1974.

Santiesteban, Elder, «Panorama de teatro cubano, *Los chapuzones*», en *Verde Olivo*, La Habana, 16, 26, 60, junio 30, 1974.

«Dos obras del panorama», en *Verde Olivo*, La Habana, 16, 27, 60, julio 7, 1974.

Suárez Moreno, Jesús, «Prefestival», en *Verde Olivo*, La Habana, 15, 42, 61, octubre 21, 1973.

Virgilio, «Una nueva obra teatral, *Ana*, es la Cuba de 1933», en *Revolución*, La Habana, 8, 2 460, 9, enero 7, 1964.

Gutiérrez, Miguel Jerónimo (Santa Clara, 15-6-1822-Monte El Purgatorio, Sancti-Spíritu, Las Villas, 20 abril 1871). Se educó en el plantel de los Padres de San Francisco de Asís de su ciudad natal. Muy joven aún dio sus primeras colaboraciones a *Eco de Villa Clara*. Trabajó como procurador público.

Colaboró en casi todas las publicaciones de la ciudad (*La Alborada*, *La Guirnalda Literaria*, *El Progreso*, *El Guateque*, *El Central*, *El Alba* y *La Época*). Animó, en diversas ocasiones, tertulias político-literarias. Se destacó por sus actividades políticas clandestinas. Presidió la junta Revolucionaria de Las Villas. Fue miembro de la Asamblea Constituyente de Guáimaro y vicepresidente de la Cámara de Diputados de la República en Armas. Es coautor, con Manuel D. González y Efigio Capiró, de la comedia *Idealismo y realidad* (1848), y con el primero solo, de *El judío errante*. Trelles le atribuye la pieza *Solo mi dinero*. Fue antologado en *Los poetas de la guerra* (Nueva York, Imprenta América, 1893), colección prologada por José Martí. Tradujo a Lamartine.

Bibliografía pasiva

Carbonell, José Manuel, «Miguel Jerónimo Gutiérrez, 1822-1871», en su *La poesía revolucionaria en Cuba*, recopilación dirigida, prologada y anotada, tomo único, La Habana, Imprenta El Siglo XX, 1928, págs. 172, Evolución de la cultura cubana, 1608-1927, 6.

Figueredo Socarrás, Fernando, *España y Cuba*, *Miguel Jerónimo Gutiérrez*, discurso para ser leído en el acto de la colocación de la primera piedra del monumento con que ha de glorificarse su recuerdo en la ciudad de Villa Clara, el 10 de octubre de 1917, La Habana, Imprenta Maza, 1917.

García Garófalo Mesa, Manuel, *Miguel Jerónimo Gutiérrez*, Semblanza, Villa Clara, Imprenta de Quiñones, 1919.

«Miguel Jerónimo Gutiérrez y Hurtado de Mendoza», en su *Los poetas villaclareños*, La Habana, Imprenta J. Arroyo, 1927, págs. 29-37.

Marino Pérez, Luis, *Biografía de Miguel Jerónimo Gutiérrez, revolucionario y poeta cubano*, Precedida de un escrito por el coronel Fernando Figueredo Socarrás, La Habana, Imprenta El Siglo XX, 1912.

Sanguily, Manuel, «Una biografía de Miguel Jerónimo Gutiérrez», en *Cuba Contemporánea*, La Habana, 1, 2, 81-87, febrero, 1913.

Gutiérrez de Piñeres, Tomás (Castilla la Vieja-La Habana, 15 abril 1828). Graduado de Doctor en Sagrada Teología. Trabajó como profesor. Fue párroco de Jaruco, en la provincia de La Habana, y fiscal de la curia eclesiástica del obispado de La Habana (1798). Más tarde se trasladó a Europa. A causa de las revueltas políticas decidió regresar a La Habana. Desde finales de 1811 se dio a conocer como polemista. En 1812, con su folleto *Mi opinión sobre los jueces de letras*, dio lugar a una larga polémica entre el *Diario Liberal* y el *Noticioso*. Por un ataque a la Diputación Provincial, de la que era secretario Tomás Romay, sufrió condena acusado de difamación y fue recluido en un convento. Entre 1820 y 1823 alcanzó toda su fama como polemista. Colaboró en *El Esquife Arranchador*. Desterrado a causa de los escándalos que suscitó, pudo regresar a La Habana gracias a la intercesión de Tomás Romay ante el Gobernador Vives. Utilizó el seudónimo *Liberato*.

Bibliografía activa

Declamaciones contra el despotismo del Poder Judicial, La Habana, Imprenta de Pedro Nolasco Palmer, 1811-1814.

Desengaño a don Antonio del Valle Hernández, La Habana, Imprenta de don Pedro Nolasco Palmer, 1812.

Primera defensa de la declamación octava, La Habana, Imprenta de Pedro Nolasco Palmer, 1812.

Primera defensa de la declamación primera contra el despotismo del Poder Judicial, La Habana, 1812.

Segunda defensa de la declamación primera, La Habana, 1812.

Tercera defensa de la declamación primera, La Habana, 1812.

Ataque brusco al papel titulado, Examen de los derechos con que se establecieron los gobiernos populares en la Península &, La Habana, Imprenta de Pedro Nolasco Palmer, 1813.

Ataque en regla al, Examen de los derechos con que se establecieron los gobiernos populares, *De paso que se refuta la Contestación apacible que dio al* Ataque brusco *el tesorero jubilado D. José de Arango*, La Habana, Imprenta de D. Pedro Nolasco Palmer, 1813.

Los abusos se radican si se toleran los errores, Imprenta de don Pedro Nolasco Palmer, 1820.

Herodias del precursor, En contestación al Purga urbem de Romay, La Habana, Oficina de

Arazoza y Soler, 1820.
Prevención contra los asesinos de la honra, La Habana, Imprenta de Pedro Nolasco Palmer, 1820.
Proclama, en contra de la independencia, La Habana, 1820.
Satisfacción a la vindicación y manifiesto dado por la Diputación de esta Provincia, La Habana, Imprenta de Pedro Nolasco Palmer, 1820.
Sobre elecciones parroquiales, Imprenta de don Pedro Nolasco Palmer, 1820.
Justa respuesta a don Manuel García Lavin, La Habana, Imprenta de Pedro Nolasco Palmer, 1822.

Bibliografía pasiva

López Sánchez, José, *Tomás Romay y el origen de la ciencia en Cuba*, La Habana, Academia de Ciencias, 1964, págs. 162-169, 173-182.

Santos Suárez, Leonardo, *Reflexiones al último impreso del Doctor don Tomás Gutiérrez de Piñeres*, La Habana, Imprenta de Arazoza y Soler, 1820.

H

Habana, La (La Habana, 1858-1860). Publicación quincenal. Revista. Su primer número apareció el 15 de septiembre. En ninguno de los ejemplares publicados consta expresamente quiénes fueron sus directores. Carlos Manuel Trelles señala, en la quinta parte de su «Bibliografía de la prensa cubana (de 1764 a 1900) y de los periódicos publicados por cubanos en el extranjero» —en *Revista Bibliográfica Cubana* (La Habana, 3, 13, 19, enero-febrero, 1939)—, que su director fue Adolfo Márquez Sterling. José María Labraña afirma, en la página 666 de su trabajo «La prensa en Cuba» —aparecido en *Cuba en la mano. Enciclopedia popular ilustrada* (La Habana, Imprenta Úcar, García, 1940, págs. 649-786)—, que sus directores fueron el ya citado Márquez Sterling y Francisco Calcagno. En el número inicial se expresaba que «*La Habana* se presenta al público con legítima ambición: la de ser un espejo fiel de los adelantos y progresos de esta tierra privilegiada, el eco sonoro que lleve a propios y a extraños climas cuantos hechos y cuantos nombres sean dignos de llenar una página en la historia». A partir del 14 de marzo de 1859 (tomo 2, entrega I), comenzó a salir mensualmente. El 10 de agosto de este último año comenzó su segunda época. En dicho número manifestaban, entre otras cosas: «Por último, para que nuestro periódico corresponda a su título en cuanto esté en nuestras facultades, no pasaremos por alto nada de lo que atañe o atañer

pueda a los intereses morales, sociales y económicos de Cuba; sobre todo nos ocuparemos de las producciones de todo género que vean la luz en ella, procurando dar a conocer las que merezcan ser conocidas; fomentaremos el amor a las letras y a los conocimientos útiles en la juventud que nace, y no perdonaremos medio ni fatiga para que *La Habana* llene su misión cumplida y satisfactoriamente. Su redacción corre ahora a cargo de una reunión de literatos, y no hay temor de que decaiga en variedad, amenidad e interés».

Revista de contenido variado, publicó cuentos, poemas, notas críticas, reseñas y fragmentos de novelas de conocidos escritores cubanos. Se destacan las colaboraciones de Antonio Bachiller y Morales, Cirilo Villaverde, Francisco de Armas, Tranquilino Sandalio de Noda, Tristán de Jesús Medina, Carlos Navarrete y Manuel Cañete. Aparecieron también trabajos de destacados autores españoles. Mantuvo dos secciones fijas, «Revista exterior», que hacía comentarios variados sobre los países europeos, y «Revista interior», que comentaba las piezas teatrales que se exhibían en La Habana, publicaba crónicas diversas, etc. Desde el 8 de agosto de 1859 (tomo 3, entrega 2) se unió a esta publicación la revista *El Kaleidoscopio*, que era dirigida por Ramón Zambrana y Próspero Massana, quienes pasaron a formar parte de la redacción de *La Habana*. Aparecieron cuatro tomos; la última entrega que vio la luz correspondió al 16 de enero de 1860, aunque Trelles, en su ya mencionado trabajo, cita como fecha de terminación el 16 de enero de 1859.

La Habana Elegante (La Habana, 1883-1891; 1893-1896). «Periódico bisemanal de noticias interesantes a las señoras y señoritas», se lee en el primer ejemplar publicado (4 de agosto), aunque presentaba formato de revista. Fungía como director Casimiro del Monte. Sus colaboradores eran Ricardo Diago, Ignacio Sarachaga, Juan Miguel Ferrer, Carlos Ayala y Enrique Hernández Miyares. Del año 1883 solo se han localizado tres ejemplares. En los que se han visto del año 1884 se lee «Periódico bisemanal de noticias interesantes al bello sexo». En la relación, no ya de colaboradores, sino de redactores, aparecen Sarachaga, Ferrer y Pedro Giralt, a los que después vuelve a unirse Hernández Miyares. En el ejemplar del 10 de agosto de 1884, al cambiar la periodicidad de la revista, se lee: «Semanario dedicado al bello sexo». En el ejemplar del 21 de septiembre del propio año aparece como director-propietario Ignacio Sarachaga; a los redactores se añade el nombre de Manuel de la Cruz.

A partir de 1885 el formato fue más pequeño. Desde el 12 de abril de ese año y hasta mediados de 1889 fue órgano oficial del Círculo Habanero y posteriormente del Habana Yacht Club. Su subtítulo varió: «Semanario de literatura, bellas artes y modas. Dedicado al bello sexo», «Semanario ilustrado, literario y artístico. Crónica de los salones» y «Semanario artístico y literario». Desde el 4 de octubre de 1885 aparece como director literario Manuel de la Cruz, quien ocupó durante corto tiempo tal responsabilidad, pues poco después formó parte nuevamente del cuerpo de redactores. A éste se unen, desde el número correspondiente al 25 de octubre de 1885, Julián del Casal, Ramón Meza y Aniceto Valdivia. Desde el número correspondiente al 19 de enero de 1888, y hasta su desaparición definitiva, fue su director Enrique Hernández Miyares. En el número del 1.º de julio de dicho año aparece una nota en la que se expresa: «Conviene advertir a nuestros abonados que, desde hace muchos meses, y a repetidas instancias de los redactores de este semanario, aparecía como director del periódico, nuestro muy querido amigo el señor Ignacio Sarachaga, a quien otras obligaciones alejaron del periodismo, encomendándonos *La Habana Elegante* a los que habíamos sido sus compañeros. Mutuas delicadezas por parte de Sarachaga y de Hernández Miyares —siendo mayores la del primero— permitían que el nombre de aquél apareciera al frente de la publicación; pero habiendo surgido nuevos inconvenientes materiales que impiden a nuestro amigo seguir dirigiendo el periódico, lo obliga a renunciar la Dirección. Conste pues, desde ahora, que el director de este semanario es nuestro compañero don Enrique Hernández Miyares, por renuncia de Sarachaga; cuyo nombre aún seguirá apareciendo en el periódico mientras se cumplen los requisitos de la Ley de Imprenta».

El 16 de agosto de 1891 se despide la revista de sus lectores y se refunde con la revista *La*

América, bajo el rubro de *La Habana Literaria*, que puede considerarse sucesora, por muchas de sus características, de *La Habana Elegante*. Ésta reapareció, continuando la numeración de la etapa anterior, el 8 de enero de 1893, bajo la dirección de Hernández Miyares. En dicho ejemplar puede leerse, aunque dificultuosamente: «*La Habana Elegante* es la misma de ayer. Su programa y sus ideales no son necesarios definirlos... Bien puede decirse que no [es tal] resurrección la de nuestro semanario; porque en verdad [el] espíritu que lo informaba siempre quedó latente cuando [la aparición] de *La Habana Literaria*, que actualmente [dirige con] meritísimo acierto nuestro ilustrado amigo don Alfredo Zayas».

Volvió a unirse a la empresa Ignacio Sarachaga, quien fungió ahora como secretario de redacción. En el ejemplar correspondiente al 5 de noviembre de 1893 se lee: «Desde el presente número queda constituida la redacción de *La Habana Elegante* de la siguiente manera: Director: Enrique Hernández Miyares. Redactores: Manuel de la Cruz, Aniceto Valdivia, Enrique Fontanills y Alfredo Pérez Carrillo. Redactor-secretario: Ignacio de Sarachaga. Redactor-administrador: Aurelio Miranda».

En números correspondientes a 1895 aparecen en el cuerpo de redactores Federico y Carlos Pío Uhrbach, Eulogio Horta y otros menos conocidos. El contenido de esta revista, en sus inicios, no era precisamente literario. Bastante espacio dedicaba, en primer término, a los anuncios. El resto contenía noticias locales, modas, acertijos y santorales. En su mayoría,

las colaboraciones eran anónimas. Hasta 1890 la revista tuvo dificultades materiales (carencia de dibujantes, falta de buen papel) y sobre todo serias dificultades económicas, pero logró subsistir; poco a poco aumentaron las noticias nacionales (deportivas, culturales, sociales) y fue ampliando su marco hasta ofrecer noticias mundiales, especialmente las relacionadas con Francia, Estados Unidos y España.

Las composiciones literarias que aparecen en lo que pudiera considerarse primera etapa de la revista, están inscritas dentro de la línea estética del romanticismo, tanto las colaboraciones de los autores locales como las traducciones que insertaban. Aparecen también folletines, en su mayoría de autores extranjeros, cuyos capítulos se sucedían a través de varios números. Paulatinamente la revista fue encauzándose hacia los terrenos literarios, tanto de la creación como de la crítica.

Al reaparecer la publicación en 1893, fue el órgano de la corriente modernista y se convirtió de lleno en una revista literaria, estimada no solo en Cuba, sino también en Centro y Sudamérica. Su papel y sus grabados fueron de primera calidad; se percibe una fuerte orientación francesa, que abarca desde los artículos periodísticos hasta los propios grabados. Cuentos, poemas, leyendas, noveletas, artículos costumbristas, modas, noticias culturales, crítica literaria, deportes, trabajos sobre artes plásticas, historia, ciencias, crítica teatral y musical, tuvieron cabida en sus páginas. Entre las secciones fijas que mantuvo figuran: «Mesa revuelta», que comentaba acontecimientos de cualquier índole; «Variedades», semejante a la anterior; «Cuentos blancos», con material costumbrista; «Sección literaria»; «Biblioteca de *La Habana Elegante*», que publicaba cuentos y artículos periodísticos, y que llegó a editar, en libro aparte, los Cuentos de *La Habana Elegante*, recopilación de muchos de los cuentos publicados en la revista; «Medallones cubanos», con biografías de cubanos notables; «Notas bibliográficas» y «Notas literarias», ambas de crítica. Durante la temporada de teatro de finales de 1887 vio la luz, en forma independiente y con numeración aparte, *La Habana Elegante*. Edición de teatros. Salió cada noche de función, y traía argumentos de operetas, juicios críticos, anécdotas musicales, noticias artísticas y trabajos literarios en general.

En varias oportunidades, siempre a final de año, apareció el Almanaque de *La Habana Elegante*, que recogía colaboraciones de toda índole. Solo se ha visto el correspondiente a 1885. Entre la infinidad de colaboradores de *La Habana Elegante* mencionaremos a Rafael María de Mendive, Antonio y Francisco Sellén, Enrique José Varona, Rafael Fernández de Castro, Mercedes Matamoros, Bernardo Costales y Sotolongo, *Fray Candil* (seudónimo de Emilio Bobadilla), Augusto de Armas, Justo José de Cárdenas, Pablo Hernández, Nieves Xenes, José de Armas y Cárdenas, Ricardo del Monte, Domingo Figarola Caneda, Ramón Agapito Catalá, Esteban Borrero Echeverría, Ramón Ignacio Arnao, Cirilo Villaverde, Manuel Sanguily, *Julio Rosas* (seudónimo de Francisco Puig de la Puente), Antonio Zambrana, Gastón Mora y Varona, Aurelio Mitjans, Bonifacio Byrne, Federico Villoch, Lola Rodríguez de Tió, Luis Alejandro Baralt, Nicolás Heredia, Rafael Montoro, Juana Borrero, Leopoldo Turla, Felipe López de Briñas, Raimundo Cabrera, *Ignotus* (seudónimo de Héctor de Saavedra) y Fernando de Zayas. Vale destacar que en un número de 1894 aparece «A una novia cubana», de José Martí, además de una carta que éste dirige al director de la publicación. Posteriormente, ya muerto Martí, aparecieron algunos de sus versos sencillos. Es necesario señalar que *La Habana Elegante* no publicó artículos políticos, ni nacionales ni extranjeros. Tal tema, al parecer, fue ajeno a sus intereses, aunque no es menos cierto que el cese definitivo de la revista se debió en gran medida a que algunos de sus integrantes partieron hacia la manigua o el exilio. Entre los colaboradores extranjeros figuran Manuel Zeno Gandía, Rubén Darío, Juan de Dios Peza, Luis Gonzaga Urbina, Manuel Gutiérrez Nájera, Ricardo Palma, Jorge Isaacs, José Santos Chocano, José Juan Tablada y José María Vargas Vila. El último número revisado corresponde al 25 de diciembre de 1895. Carlos Manuel Trelles señala, en la quinta parte de su trabajo «Bibliografía de la prensa cubana (de 1764 a 1900) y de los periódicos publicados por cubanos en el extranjero» —en la *Revista Bibliográfica Cubana* (La Habana, 3, 14-15, 20, enero-febrero, 1939)—, que la publicación cesó el 4 de junio de 1896.

Bibliografía

Bueno, Salvador, «El periodismo literario en Cuba, de *El Fígaro a Social*», en *Crucero*, La Habana, 1, 2, 18-19, abril-junio, 1960.

Fernández Carvajal y Bello, Juan, «A través de *La Habana Elegante*» en *Revista de la Biblioteca Nacional*, La Habana, 2.ª serie, 8, 2, 39-60 y 63-67, abril-junio, 1957.

La Habana Literaria (La Habana, 1891-1893). Revista quincenal ilustrada. Surgida de la refundición de la proyectada revista *La América* y *La Habana Elegante*, comenzó a salir el 15 de septiembre, bajo la dirección de Enrique Hernández Miyares y Alfredo Zayas. Posteriormente (desde el ejemplar correspondiente al 15 de mayo de 1892) Zayas quedó como único director. En el número inicial expresaban: «En consecuencia, la prosa y el verso, se repartirán en conveniente proporción las páginas de la revista, y en ella se leerán junto a los artículos de amena literatura, serias e instructivas disertaciones, que sin árido tecnicismo ni fatigosa amplitud, den a conocer el movimiento progresivo de las artes y ciencias, o expongan los problemas de la política y los adelantos de las industrias. Al propio tiempo, alternando con noticias acerca de libros, autores, inventos, viajes y obras, no descuidaremos a las fiestas de nuestra buena sociedad, y a los sucesos locales que revistan alguna importancia».

Aparecieron poemas, cuentos, críticas, trabajos históricos, notas bibliográficas, artículos sobre arte y noticias culturales. Entre los destacados escritores cubanos que colaboraron en sus páginas, figuran Julián del Casal, Enrique José Varona, Manuel Sanguily, Antonio Zambrana, Raimundo Cabrera, Nicolás Heredia, Martín Morúa Delgado, Aurelia Castillo de González, Esteban Borrero Echeverría, Manuel de la Cruz, Mercedes Matamoros, Pedro Santacilia, Rafael Montoro, Enrique Fontanills, Pablo Hernández, José María de Cárdenas y Rodríguez, Eusebio Guiteras, Rafael María Merchán, Juana Borrero, Julio Rosas (seudónimo de Francisco Puig de la Puente), Alfredo Zayas —quien escribía bajo el seudónimo *El habanero*—, Antonio González Curquejo y Ramón Meza. Aparecieron composiciones poéticas de Rubén Darío, Manuel Gutiérrez Nájera y otros. El último número publicado correspondió al 15 de junio de 1893.

Bibliografía

Fernández Carvajal y Bello, Juan, «*La Habana Literaria*, en *Revista de la Biblioteca Nacional*, La Habana, 2.ª serie, 8, 2, 60-62, abril-junio, 1957.

Habanero, El (Filadelfia, 1824-1825; Nueva York, 1825-1826). Papel político, científico y literario redactado por Félix Varela. Es considerado por algunos como «la primera manifestación revolucionaria de carácter periodístico entre nosotros». Se publicaron siete números, el último de los cuales no es conocido, tal vez porque no circuló o porque no fue enviado a Cuba, donde entraba clandestinamente. Todos los números están redactados por Varela, y, como afirma Emilio Roig de Leuchsenring en la página XLII de su trabajo «Varela en *El Habanero*. Precursor de la revolución cubana» —aparecido en *El Habanero. Papel político, científico y literario*. Seguido de las apuntaciones sobre *El Habanero* (La Habana, Editorial de la Universidad de La Habana, 1945, págs. XLILXXXIII)—, «en cada uno de ellos se desarrollan principalmente temas de carácter político, inspirados en un franco, decidido y vibrante espíritu revolucionario tendente a lograr por ese medio la separación total de Cuba de España y la libertad y la independencia absoluta de la Isla».

Se publicaron en sus páginas, además, artículos de divulgación científica. No apareció ningún trabajo de carácter estrictamente literario. El entonces capitán general de la Isla de Cuba, Francisco Dionisio Vives, y otros gobernantes integristas, denunciaron el periódico y provocaron hasta una Real Orden que prohibía su introducción y circulación «en la Península, e islas adyacentes». Intentaron asesinar a Varela, quien por su parte, continuó su labor periodística con más tesón aún.

Bajo el cuidado de Enrique Gay Calbó se reprodujeron, en el tomo 4 de la colección Biblioteca de autores cubanos, que a la vez corresponde al tomo 9 de las obras completas de Félix Varela y Morales, los seis números conocidos de la publicación, con el título *El Habanero. Papel político, científico y literario*. Seguido de las apuntaciones sobre *El Habanero* (La Habana, Editorial de la Universidad de La Habana, 1945), precedido de estudios del propio Gay Calbó y de Emilio Roig de Leuchsenring. Una segunda edición apareció en 1962. El Departamento de Colección Cubana de la Biblioteca Nacional José Martí tiene a disposición del público, en las gavetas de su hemeroteca, un índice analítico de los trabajos publicados.

Bibliografía

Bachiller y Morales, Antonio, «Error político de don Félix Varela, los contemporáneos y la posteridad, *El Habanero*», en *Revista Cubana*, La Habana, 2, 4, 289-294, octubre, 1885.

Gay Calbó, Enrique, «Varela y *El Habanero*», en *El Habanero, papel político, científico y literario*, seguido de las apuntaciones sobre El Habanero, La Habana, Editorial de la Universidad de La Habana, 1945, págs. IX-XLI.

Roig de Leuchsenring, Emilio, «Varela en El Habanero, precursor de la revolución cubana», en *El Habanero, papel político, científico y literario*, seguido de las apuntaciones sobre *El Habanero*, La Habana, Editorial de la Universidad de La Habana, 1945, págs. XLI-LXXXIII.

Zambrana, Ramón, *Apuntaciones sobre* El Habanero, *periódico que redacta en Filadelfia el Presbítero don Félix Varela, hechas por un discípulo del propio Varela*, La Habana, Oficina del Gobierno y Capitanía General, 1825.

Hechavarría, Santiago José de (Santiago de Cuba, 1724-Puebla de los Ángeles, México, 20 enero 1790). Estudió en los seminarios de San Basilio (Santiago de Cuba) y de San Carlos (La Habana). En la Universidad de La Habana cursó filosofía, derecho canónico y teología. Se recibió en 1750. Fue profesor de la cátedra de Cánones. Ocupó el cargo de cura beneficiado de la parroquial mayor de San Cristóbal de La Habana, con designación a la del Espíritu Santo. Se hizo cargo del obispado de dicha parroquial mayor durante el tiempo que el obispo Morell de Santa Cruz estuvo desterrado por los ingleses en la Florida. Tras el regreso de éste en 1763, desempeñó funciones administrativas como provisor. En 1770, tras la muerte del obispo, desempeñó el cargo en propiedad. Llevó a cabo importantes reformas en los seminarios de San Basilio y de San Carlos. Es autor de trabajos de tema religioso. Fue obispo de Puebla, México, donde residió desde 1788 hasta su muerte.

Bibliografía activa

Pastoral del Illmo. señor Obispo de Cuba, para todo el venerable clero secular de su diócesis, La Habana, Imprenta del Cómputo Eclesiástico, 1770.

Carta a todos los médicos y cirujanos de Santiago de Cuba, de Jamaica y provincias de la Florida, Santiago de Cuba, 1771.

Carta pastoral, A los curas, Beneficiados de Santiago de Cuba &, Santiago de Cuba, 1771.

Carta pastoral, A todos los fieles de nuestra Diócesis de la Puebla de los Ángeles, Puebla, México, 1788.

Estatutos del Seminario Conciliar de San Basilio el Magno de esta ciudad, impuestos por el Ilustrísimo señor Obispo de esta Diócesis, Dr. D. S. J. H..., en el año de 1774 y aprobado por S. M. el de 1781, Santiago de Cuba, en la imprenta del mismo Colegio, a cargo de *don José E. Toledo*, impresor de Gobierno por S. M., 1812.

Estatutos del Real Seminario de San Carlos, que con la ubicación de Su Majestad, bajo su regio patronato, y jurisdicción del ordinario se ha fundado en el Colegio Vacante de los regulares expatriados de la Compañía del nombre de Jesús en la ciudad de La Habana, Formados en 1769, Nueva York, Imprenta de G. Newell, 1835.

Bibliografía pasiva

Bachiller y Morales, Antonio, «Real Colegio de San Carlos y San Ambrosio de La Habana», en su *Apuntes para la historia de las letras y de la instrucción pública en la Isla de Cuba*, «Biografía de Antonio Bachiller y Morales», por Vidal Morales y Morales, tomo 1, La Habana, Academia de Ciencias de Cuba, Instituto de Literatura y Lingüística, 1965, págs. 283-296.

Pérez-Marchand, Monelisa Lina, «Nota de los libros prohibidos que se encontraron en la librería que quedó por muerte del Illmo. S. D. D. Santiago Joseph de Echevarría obispo que fue de este Obispado, de Puebla», en su *Dos etapas ideológicas del siglo XVIII en México a través de los papeles de la Inquisición*, México D. F., El Colegio de México, 1945, págs. 228-229.

Relación de méritos, y ejercicios literarios del Dr. Don Santiago de Echavarría y Elguezua, Pres-

273

bítero, *Domiciliario del Obispado de Cuba, y Catedrático de Prima en Sagrados Cánones de la Universidad de La Habana, s. l.*, 1754.

Hechavarría y O'Gaban, Prudencio (Santiago de Cuba, mayo 1796-La Habana, 29 marzo 1846). Se graduó de Bachiller en Leyes en el Seminario de San Carlos en 1815. Obtuvo los títulos de Licenciado (1818) y de Doctor (1818) en Derecho Civil en la Universidad de La Habana. Fue catedrático de Derecho Real. Ingresó en la Real Sociedad Patriótica como socio de número. Ocupó el cargo de oidor de la Audiencia de Barcelona (1835). Como poeta colaboró en el *Diario Liberal* y en la *Lira de Apolo*. Escribió epigramas y sátiras y cultivó la oratoria. Según Calcagno, redactó el *Bando de Buen Gobierno* (La Habana, 1819) de don Juan Manuel Cagigal, capitán general de la isla. Sus obras no han sido coleccionadas.

Bibliografía activa

Sátira contra el estudio preferente del Derecho Romano en nuestras aulas, Oda, La Habana, Oficina de Arazoza y Soler, 1820; *Sátira contra la predilección del Derecho Romano en nuestras aulas y tribunales*, La Habana, Imprenta Fraternal de los Díaz de Castro, 1826; París, Imprenta de Julio Didot, 1828; Madrid, Imprenta de la *Revista de Legislación*, 1879.

Hélice. Hoja de arte nuevo (La Habana, 1932). Revista. El primer ejemplar publicado correspondió al mes de febrero. En el segundo —y último localizado—, del mes de marzo de igual año, se le agrega al subtítulo la palabra mensual. Fue dirigido por Francisco Pita Rodríguez, Felipe Orlando y Pablo Le Riverend. Era una publicación en la que aparecían poemas, cuentos, críticas literarias y artículos sobre arte y política Sus colaboradores fueron Gerardo del Valle, José Zacarías Tallet, Félix Pita Rodríguez, María Villar Buceta, Vicente Menéndez Roque, Jorge Quintana y Alberto Rodríguez León.

Henríquez Ureña, Camila (República Dominicana, 9 abril 1894-Id., 12 septiembre 1973). Graduada de Doctora en Filosofía y Letras y en Pedagogía en la Universidad de La Habana, cursó estudios también en las universidades de Minnesota y Columbia, en Estados Unidos, y en la Universidad de París.

En 1936 compiló, con Juan Ramó Jiménez y José María Chacón y Calvo, la antología *La poesía en Cuba en 1936*. En México trabajó como editor-consejero del Fondo de Cultura Económica (1946-1947). Se ha destacado como conferenciante en universidades e instituciones culturales de Estados Unidos, México y otros países de América Latina. Profesora de diversos cursos de verano en Cuba y en el extranjero, lo ha sido además de Lengua y Literatura Españolas en la Escuela Normal de Santiago de Cuba y en el *Center College* de Kentucky, Estados Unidos. Fue asesora técnica del Ministerio de Educación (1960-1962), miembro de la Comisión Nacional Cubana de la UNESCO y vicepresidenta del Pen Club de Cuba.

Ha publicado sus trabajos en *Revista de Instrucción Pública, Ultra, Archipiélago, Revista Bimestre Cubana, Grafos, Isla, Revista Lyceum, Revista de la Biblioteca Nacional, Universidad de La Habana, La Gaceta de Cuba* y *Casa de las Américas.* Entre sus prólogos se destaca su «Introducción. Goethe dramaturgo», en el *Fausto* (La Habana, Instituto Cubano del Libro, 1973). Fue profesora de literatura del departamento de Lengua y Literaturas Hispánicas de la Escuela de Letras y de Arte de la Universidad de La Habana desde 1962.

Bibliografía activa

Francisco de Rioja; Su verdadera significación en la lírica española, tesis para el doctorado en Filosofía y Letras, Universidad de La Habana, 1917, La Habana, 1917.

Ideas pedagógicas de Eugenio María de Hostos, República Dominicana, Talleres Gráficos de *La Nación,* 1932.

Curso de apreciación literaria, conferencias pronunciadas en la Sociedad Lyceum, texto mimeografiado, La Habana, 1935.

Invitación a la lectura, Curso de apreciación literaria, La Habana, Lyceum y Lawn Tennis Club, 1954; *Apreciación literaria,* texto ampliado y revisado, La Habana, Ministerio de Educación, Instituto de Superación Educacional, 1964, 2 T.; 2.ª edición, prólogo de Asesoría Nacional de Español, Viceministerio de Educación Técnica y Profesional, La Habana, Instituto Cubano del Libro, Editorial Pueblo y Educación, 1974.

Invitación a la lectura, notas sobre apreciación literaria, «Notas a la tercera edición», por Luis Rogelio Nogueras, 3.ª edición, La Habana, Editorial Pueblo y Educación, 1975.

Cervantes, texto mimeografiado, La Habana, Universidad de La Habana, Asociación de Alumnos de la Escuela de Letras, 1963.

El Renacimiento español, texto mimeografiado, La Habana, Universidad de La Habana, Asociación de Alumnos de la Escuela de Letras, 1963.

Origen del hombre, Resumen de los datos de la Antropología biológica y la Paleontología humana conocidos en la actualidad, texto mimeografiado, La Habana, Universidad EPUH, 1964.

Tres expresiones literarias del conflicto renacentista, Separada de la *Revista de la Biblioteca Nacional José Martí,* La Habana, 1964.

Cantares de gesta, La Habana, Instituto Cubano del Libro, 1971, Cuadernos H, Serie Literatura, 6.

Dante Alighieri, La Habana, Instituto Cubano del Libro, 1971, Cuadernos H, Serie Literatura, 7.

William Shakespeare, La Habana, Instituto Cubano del Libro, 1972, Cuadernos H, Serie grandes figuras, 2.

Bibliografía pasiva

Abril de Toro Torres, Ana, «Palabras de salutación y de homenaje», en *Archipiélago* Santiago de Cuba, 1, 2, 22, junio, 1928.

Aguirre, Mirta, «Para Camila Henríquez Ureña»,

en *Casa de las Américas*, La Habana, 11, 65-66, 143-146, marzo-junio, 1971.

Antuña, Vicentina, «Camila Henríquez Ureña, *In memoriam*», en *Casa de las Américas*, La Habana, 14, 84, 96-105, mayo-junio, 1974.

Benítez, José A., «Camila Henríquez Ureña, en *Granma*, La Habana, 9, 227, 3, septiembre 25, 1973.

«Camila Henríquez Ureña», en *Archipiélago* Santiago de Cuba, 1, 1, 4, mayo, 1928.

González Manet, Enrique, «Charla con Camila Henríquez Ureña, La crítica es necesaria para promover la cultura», en *Vida Universitaria*, La Habana, 14, 152, 8-9, abril, 1963.

«Habla Camila Henríquez Ureña, Todos hemos de actuar en provecho de todos» en *Granma*, La Habana, 7, 103, 8, abril 30, 1971.

Martín, Daisy, «Camila Henríquez, profesora emérita», en *Mujeres*, La Habana, 3, 2, 4-5, febrero, 1971.

Rodríguez Bethencourt, Miriam, «Conferencia de Camila Henríquez Ureña, Literatura y Revolución», en *El Mundo*, La Habana, 67, 22 335, 2, octubre 17, 1968.

Salado, Minerva y Miriam Rodríguez, «Camila, maestra», Opiniones, en *Vida Universitaria*, La Habana, 216-217, 10-13, julio-diciembre, 1969.

Soto, Jesús, «Camila Henríquez Ureña, la maestra de siempre», en *Juventud Rebelde*, La Habana, 7, septiembre 23, 1973.

Valenzuela, Lídice, «Recibió Camila Henríquez Ureña título de profesora emérita de la Universidad de La Habana», en *Granma*, La Habana, 6, 305, 3, diciembre 22, 1970.

Heraldo, El (Véase **Páginas literarias**)

Heraldo de Cuba, El (Véase **Páginas literarias**)

Heras León, Eduardo (La Habana, 5 agosto 1940). Graduado de magisterio en la Escuela Normal de La Habana. A los veinte años ingresó en las milicias y posteriormente en las FAR, donde sirvió como oficial durante más de seis años. En 1968 obtuvo el Premio David de la UNEAC con su libro de cuentos *La guerra tuvo seis nombres*. Fue profesor de la Escuela de Periodismo de la Universidad de La Habana de 1969 a 1970. Ganó Mención en el Concurso Casa de las Américas 1970 con su libro de cuentos *Los pasos en la hierba*. Ha colaborado en *El Mundo* y en *Vida Universitaria* y ha sido jefe de redacción de *Alma Mater*. Obtuvo el Premio Nacional de Literatura en 2014.

Bibliografía activa

La guerra tuvo seis nombres, relatos, La Habana, UNEAC, 1968; México, Editorial Bogavante, 1970.

Los pasos en la hierba, La Habana, Casa de las Américas, 1970.

Bibliografía pasiva

Benítez Rojo, Antonio, «El libro tuvo seis críticas, 3, La guerra como aprendizaje», en *La Gaceta de Cuba*, La Habana, 76, 27, septiembre, 1969.

Casáus, Víctor, «Heras y Chaple, "Un paso más allí de la promesa"», en *Pensamiento Crítico*, La Habana, 31, 175-185, agosto, 1969.

Díaz, Roberto, «Otra mención a *Los pasos*», en *El Caimán Barbudo*, La Habana, 2.ª época, 45, 16-22, marzo, 1971.

«Eduardo Heras, y Víctor Casáus responden» en *Alma Mater*, La Habana, 114, 4-5, agosto, 1970.

Eguren, Gustavo, «El libro tuvo seis críticas, 4, En medio de la acción», en *La Gaceta de Cuba*, La Habana, 76, 27, septiembre, 1969.

Fuentes, Norberto, «El libro tuvo seis críticas, 6, El potencial épico de estos años», en *La Gaceta de Cuba*, La Habana, 76, 27, septiembre, 1969.

González, Reynaldo, «El libro tuvo seis críticas, 2, Violencia en la literatura o literatura violenta», en *La Gaceta de Cuba*, La Habana, 76, 26, septiembre, 1969.

Jorge Cardoso, Onelio, «El libro tuvo seis críticas, 1, Eduardo Premio David», en *La Gaceta de Cuba*, La Habana, 76, 26, septiembre, 1969.

Ortega, Víctor Joaquín, «El canto fuerte de Eduardo Heras», en *Alma Mater*, La Habana, 98, 5, abril, 1969.

Piniella, Germán, «El libro tuvo seis críticas, 5, Ahí a su lado», en *La Gaceta de Cuba*, La Habana, 76, 27, septiembre, 1969.

Heredia, Nicolás (Baní, Santo Domingo, 20 junio 1855-Estados Unidos, 12 julio 1901). Muy niño aún fue trasladado a Cuba, donde cursó todos sus estudios. Residió la mayor parte de su vida en Matanzas. Obtuvo los títulos de Licenciado en Leyes y Licenciado en Filosofía y Letras. Se dedicó a la enseñanza. Aunque se afilió al Partido Autonomista, sus ideas marcharon hacia el separatismo. Presidió el Círculo de la Juventud Liberal, en el que pronunció numerosos discursos. Su novela *Un hombre de negocios* fue premiada en los juegos Florales del Liceo de Matanzas (1882). Fundó el *Diario de Matanzas* y *El Álbum*. Fue colaborador de la *Revista de Cuba*, *Revista Cubana*, *Cuba y América* y *El Fígaro*. En esta última publicó, tras el estallido de la guerra del '95, las «Crónicas de la guerra de Cuba». Suspendida la publicación de estos cuadernos por las autoridades españolas, Heredia se trasladó a Estados Unidos y se unió a los dirigentes revolucionarios. En Nueva York pronunció discursos políticos de interés y escribió asiduamente para el periódico *Patria*. De regreso en Cuba durante el gobierno norteamericano de ocupación, se hizo cargo de la Dirección de Instrucción Pública y de la Cátedra de Literaturas Modernas y Extranjeras en la Universidad de La Habana. Es autor de la antología de prosa y verso titulada *El lector cubano* (La Habana, 1903, 1908 y 1917), revisada por Enrique José Varona. Firmó algunos de sus trabajos bajo los seudónimos *César de Hinolia, Mostaza, El emigrado, Rodrigo Ruiz, El Caballero Bayardo, Luis Villarena, Marabut, Porfirio, Nemo, Bibelot* y otros y con las iniciales N. H.

Bibliografía activa

Un hombre de negocios, novela premiada en los Juegos Florales celebrados en el Liceo de Matanzas el 4 de noviembre de 1882, Matanzas, Imprenta La Nacional, 1882; 2ª edición Id., 1883.

Discurso en la velada inaugural, del círculo de la juventud Liberal de Matanzas del 21 de agosto de 1886, Matanzas, Imprenta La Comercial, 1886.

Puntos de vista, artículos y conferencias, La Habana, Imprenta de Álvarez, 1892.

Leonela, narración cubana, La Habana, Imprenta La Moderna, 1893; 2.ª edición, carta prólogo de Enrique José Varona, La Habana, Cultural, 1930, 3.ª edición, prólogo de Concepción Duchesne, La Habana, Instituto Cubano del Libro, 1972.

El dualismo autonomista, conferencia dada en Steinway Hall, la noche del 17 de diciembre de 1896, Nueva York, Imprenta América, 1897.

Por la independencia, discurso, Nueva York, Imprenta de Alfred Howes, 1897.

Homenaje a José Martí, discursos pronunciados por los señores Nicolás Heredia y N. Bolet Pereza, en la velada conmemorativa que tuvo lugar en «Chickering Hall» la noche del 19 de mayo de 1898, tercer aniversario de la muerte de José Martí, Nueva York, Imprenta América, 1898.

La sensibilidad en la poesía castellana, Filadelfia, Levytype, 1898.

El utopista y la utopía, Guantánamo, El Managui, 1899.

Bibliografía pasiva

Aguirre, Yolanda, «Libros cubanos, sobre *Leonela*, de Nicolás Herreria», en *Universidad de La Habana*, La Habana, 196-197, 358-361, 1972.

Beralt, Luis A., «*La sensibilidad en la poesía castellana por Nicolás Heredia*», en *El Fígaro*, La Habana, 15, 36, 354, sep, 24, 1899.

César de Madrid, seudónimo de Francisco de Pauta Coronado, «Heredia y *Leonela*, I y II», en *El Fígaro*, La Habana, 9, 36 y 37, 434 y 447-450, octubre 15 y 22, 1893.

Collado y López, Oiga, «Nicolás Heredia, vida y obra», en *Revista de la Biblioteca Nacional*. La Habana, segunda serie, 5, 3, 103-197, jul-septiembre, 1954.

Cristóbal de La Habana, seudónimo, «Una novela que más parece una historia, en el cincuentenario de la muerte de Nicolás Heredia», en *Carteles*, La Habana, 32, 33, 70-71, agosto 19, 1951.

Cruz, Manuel de la «*Leonela*, I y II», en *El Fígaro*, La Habana, 9, 39 y 40, 470 y 482, noviembre 5 y 12, 1893.

Chacón, Francisco, «Nicolás Heredia» en *El Fígaro*, La Habana, 17, 27, 314, julio 21, 1901.

Dihigo y Mestre, Juan Miguel, *Elogio del Doctor Nicolás Heredia y Mota, leído en la sesión solemne del claustro universitario celebrada la noche del 11 de enero de 1902*, La Habana, Imprenta La Moderna Poesía, 1902.

García Vega, Lorenzo, «Nicolás Heredia», en

su *Antología de la novela cubana*, La Habana, Ministerio de Educación, Dirección de Cultura, 1960, págs. 151-157.

Márquez Sterling, Manuel, «Nicolás Heredia», en *El Fígaro*, La Habana, 17, 27, 312, julio 21, 1901.

Martín Morales, Alfredo, «Un recuerdo», en *El Fígaro*, La Habana, 17, 27, 314, julio 21, 1901.

Quintana, Jorge, «Nicolás Heredia en el Archivo Nacional», en Boletín del Archivo Nacional, La Habana, 53-54, 1-6, 9-46, enero-diciembre, 1954 y 1955.

Remos y Rubio, Juan José, *Tendencias de la narración imaginativa en Cuba*, La Habana, Montalvo-Cárdenas, 1935, págs. 97-105; *La personalidad de Nicolás Heredia y su obra polémica*, discurso pronunciado en la sesión solemne inaugural del nuevo curso académico el 28 de octubre de 1955, La Habana, Imprenta P. Fernández, 1955.

Sanguily, Manuel, «Nicolás Heredia», en *El Fígaro*, La Habana, 17, 27, 311, julio 21, 1901.

Trelles, Carlos Manuel, «Nicolás Heredia, revolucionario», en *Cuba Contemporánea*, La Habana, 12, 269-273, 1916.

Heredia y Heredia, **José María** (Santiago de Cuba, 31 diciembre 1803-Ciudad México, 7 mayo 1839). Hijo de José Francisco Heredia, emigrado de Santo Domingo con su mujer, la carrera judicial del padre hizo que la familia cambiase varias veces de residencia. A partir de 1806 viven en Pensacola (Florida) y hacia 1810, por algunos meses, en La Habana. Después José María pasa a Santo Domingo, en donde realiza estudios con su primo Francisco Javier Caro y con el canónigo Doctor Tomás Correa, hasta que, nombrado el padre oidor de la Audiencia de Caracas, en 1812 la familia se traslada a Venezuela. Desde su niñez, la educación de Heredia había estado bajo la orientación directa de su padre, a quien debió la iniciación humanística, tan precoz en él que a los ocho años traducía a Horacio. En la Universidad de Caracas cursa estudios de gramática latina (1816). De entonces datan sus primeros poemas manuscritos conocidos. Al regresar la familia a La Habana (diciembre 1817), en su Universidad comienza estudios de leyes y, hacia 1819, actúa en Matanzas en representaciones de su obra *Eduardo IV o El usurpador clemente* (probablemente una traducción) y compone la tragedia *Motezuma* y el sainete *El campesino espantado*. Después de aprobar el segundo año de leyes embarca para México (1819) al ser nombrado allí su padre Alcalde del Crimen de la Audiencia. En la Universidad de esta ciudad matricula nuevamente el primer curso de leyes. Por esta época comienza a colaborar en publicaciones periódicas y reúne sus composiciones poéticas iniciales en dos cuadernos manuscritos. Tras la muerte de su padre, regresa la familia a La Habana (febrero de 1821). Antes de partir de México había solicitado del virrey la dispensa de los cursos de leyes que le faltaban (poco más de uno), dados sus conocimientos reales, pero no obtiene el grado de Bachiller en Leyes sino en la Universidad de La Habana (1821). Aquí funda la revista *Biblioteca de Damas* (mayo-junio 1821), de la que solo vieron la luz cinco números, donde publicó diversos trabajos suyos. Estrena la tragedia *Atreo*, imitada del francés, en Matanzas (1822), y pasa a formar parte, residiendo en dicha ciudad, de la Milicia Nacional. En 1823 recibe el título de abogado en la Audiencia de Puerto Príncipe. De regreso a Matanzas, es denunciado por conspirar contra la dominación española como miembro de los Caballeros Racionales, rama de la orden de los Soles y Rayos de Bolívar, y se dicta contra él auto de prisión el 5 de noviembre de 1823. Después de permanecer varios días oculto en la residencia de José Arango y Castillo, embarca clandestinamente el 14 de noviembre del puerto de Matanzas hacia Boston. Se traslada más tarde a Nueva York y visita distintos lugares de los Estados Unidos, entre ellos las cataratas del Niágara. En 1824 entra como profesor de lengua española en el colegio neoyorquino de M. Bancel. Al año siguiente se traslada a México invitado por el presidente de esa nación, Guadalupe Victoria. Es designado funcionario de la Secretaría de Estado y del Despacho de Relaciones Interiores y Exteriores en 1826. Durante algunos meses de ese mismo año fue coeditor de *El Iris*, periódico literario. Juez de Primera Instancia de Cuernavaca en 1826, Fiscal de la Audiencia de México en 1828, oidor de la misma en el siguiente año, restituido en 1830 al juzgado de Cuernavaca, las vicisitudes de su cartera administrativa corren parejas con las intensas agitaciones políticas del país. En 1829 había fundado en Tlalpam *Miscelánea. Periódico crítico y literario*, que a partir de 1831 comienza a publicarse en Toluca, ya en su segunda época y hasta julio de 1832, bajo el título de *La Miscelánea*, ya que Heredia había sido nombrado oidor de la Audiencia de esta segunda ciudad. También en Toluca, en 1834, publica la revista *Minerva*. Además de escribir en las publicaciones de las que fue editor, colaboró en *Noticioso General* (México, 1819-1820), *Diario del Gobierno Constitucional de La Habana* (1820), *El Indicador Constitucional* (La Habana, 1820), *Semanario Político y Literario de México* (1820), *El Amigo del Pueblo* (México, 1821, 1827-1828), *Semanario de Matanzas* (1822), *El Revisor Político y Literario* (La Habana, 1823), *El Indicador Federal* (México, 1825), *El Sol* (México, 1826-1828), *Diario de La Habana* (1829-1833), *La Moda o Recreo Semanal del Bello Sexo* (La Habana, 1829-1830), *El Conservador* (Toluca, 1830-1831), *El Fénix de la Libertad* (México, 1833), *El Reformador* (Toluca, 1833-1834), *Aguinaldo Habanero* (1837), *Calendario de las señoritas Megicanas* [sic] *para el año...* (París, 1838; 1839), *Recreo de las Familias* (México, 1838), *Diario del Gobierno de la República Mexicana* (1839). Su intensa actividad como periodista, miembro de la Legislatura del Estado, orador parlamentario y cívico, catedrático, conspirador, Ministro de la Audiencia, etc., en un medio de incesantes convulsiones políticas, lo llevó a una actitud de desaliento, agravada por la muerte de su hija Julia y el quebranto de su salud. El 1.º de abril de 1836 escribe a Miguel Tacón, capitán general de la Isla de Cuba, una carta en la que se retracta de sus ideales revolucionarios y solicita permiso para volver a su patria, en donde residía su madre. Concedido el permiso, llega a La Habana a principios de noviembre. Sus antiguos amigos, con Domingo del Monte a la cabeza, desaprueban la carta a Tacón y rehuyen su compañía. Enfermo y desalentado, embarca de regreso hacia Veracruz en enero de 1837. Pero en México había perdido ya su influencia política, y de Ministro de la Audiencia pasó a ser un simple redactor del *Diario del Gobierno*. Realizó una abundante labor como traductor. Del inglés tradujo las novelas *Waverly;* o *Ahora sesenta años* (México, Imprenta de Galván, 1833, 3 V.), de W. Scott, y *El Epicúreo* de Thomas Moore; tradujo y refundió los *Elementos de historia* del profesor Tyler bajo el título *Lecciones de Historia Universal* (Toluca, Imprenta del Estado, 1831-1832, 4 T. en 2 V.), de la que existe otra edición, dirigida por José Antonio Rodríguez García (La Habana, *Imprenta Cuba Intelectual*, 1915). Tradujo libremente del francés numerosas tragedias. Entre las publicadas en vida del poeta se encuentran *Sila,* tragedia en cinco actos (México, Imprenta del ciudadano Alejandro Valdés, 1825), de V. J. E. Jouy, y *Tiberio,* tragedia en cinco actos (México, Imprenta del Supremo Gobierno, en Palacio, 1827), de J. M. B. Chenier. Y entre las no publicadas en vida del poeta, *Pirro*, de Jolgot de Crebillón; *Abufar o la familia árabe*, de Ducis;

Cayo Graco, de Chenier; *Saúl*, de V. Alfieri; *El fanatismo*, de Voltaire. No hay seguridad de que sea original suya *Los últimos romanos* (Tlalpam, Imprenta del Gobierno, 1829). De entre todas las obras anteriores, parece ser esta última la única que no pudo estrenarse en vida del poeta por razones políticas. Tradujo numerosos poemas del latín, el francés, el italiano y el inglés. Entre las otras muchas traducciones menores que hizo puede señalarse, del francés, el *Bosquejo de los viajes aéreos de Eugenio Robertson en Europa, los Estados Unidos y las Antillas* (México, Imprenta de Galván, 1835), por E. Roch. Sus poemas han sido traducidos a diversos idiomas extranjeros; puede mencionarse en especial la traducción inglesa en verso realizada por Tames Kennedy *Selections from the poems of don José María Heredia* (La Habana, J. M. Eleizegui, 1844). Era frecuente que firmara sus artículos periodísticos con solo la inicial de su apellido. En sus comienzos como escritor, utilizó el seudónimo *Eidareh.*

Bibliografía activa [facsímil]

España Libre, oda, segunda impresión, México, Imprenta de Arizpe, 1820.

Himno patriótico al restablecimiento de la Constitución, México, Imprenta de J. B. A r i z p e, 1820.

El dos de mayo, canción fúnebre, La Habana, Imprenta Fraternal de los Díaz de Castro, 1821.

Poesías, Nueva York, Librería de Behr y Kahl,

Imprenta de Gray y Bunce, 1825.

Oración pronunciada por el C. José María Heredia, juez de Primera Instancia en Cuernavaca, y vicepresidente de su junta patriótica, en la plaza mayor de dicha villa, en el último aniversario del grito de Independencia Nacional, Tlalpam, Imprenta del Gobierno dirigida por el ciudadano Juan Matute y González, 1828.

Discurso pronunciado en la plaza mayor de Toluca, en la festividad nacional del 16 de setiembre de 1831, Toluca, Imprenta del Gobierno, a cargo del ciudadano Juan Matute y González, 1831; 3.ª edición, Puebla, Imprenta Nacional a cargo del ciudadano Mariano Palacios, 1831.

Poesías, 2.ª edición corregida y aumentada, Toluca, Imprenta del Estado, a cargo de Juan Matute, 1832, 2 T.

Discurso pronunciado en la Plaza Mayor de Toluca el 27 de setiembre de 1834, en la fiesta cívica para celebrar el aniversario de la independencia, Toluca, Imprenta del Gobierno la cargo del ciudadano Juan Matute y González, 1834.

Discurso pronunciado en la festividad de Toluca, el 16 de setiembre de 1836, Toluca, 1836; reimpresión, Toluca, J. M. de Lara, 1836.

Poesías, Barcelona, Juan Francisco Piferrer, impresor de S. M., 1840; 2.ª edición, Id., 1848.

Poesías, México, Tipografía de Rafael y Vilá, 1852.

Poesías, nueva y completa edición, incluyendo varias poesías inéditas, Nueva York, Roe, Lockwood and Son, 1853; 2.ª edición, Id.; 3.ª edición aumentada y corregida, Id., 1854; 4.ª edición aumentada, Id., 1858; 5.ª edición, Nueva York, F. W. Christern, Foreign Bookseller, 1858; 6.ª edición, Nueva York, Roe Lockwood and son, 1860, 7.ª edición, Nueva York, J. Durand, 1862.

Obras poéticas, compilación e introducción por Antonio Bachiller y Morales, Nueva York, Imprenta y Librería de Néstor Ponce de León, 1875, 2 T.

Poesías líricas, prólogo de Elías Zerolo, París, Casa Editorial Garnier Hnos, 1893.

Poesías líricas, La Habana, Imprenta La Moderna Poesía, 1912; Id., 1913.

Cantos patrióticos, Mayo 19 de 1916, La Habana, Imprenta La Prueba, 1916.

Prédicas de libertad, selección y prólogo de Francisco G. del Valle, La Habana, Secretaría de Educación, Dirección de Cultura, 1936.

En el destierro, La Habana, Editorial Cuba, 1937.

Antología herediana, selección de las mejores poesías líricas, obras dramáticas, cartas, discursos y artículos, varios, escogidos y anotador por Emilio Valdés y de Latorre, La Habana, Imprenta El Siglo XX, 1939.

Pequeña antología, selección y prólogo de José María Chacón y Calvo, La Habana, Editor Jesús Montero, 1939.

Poesías, discursos y cartas de José María Heredia, con una biografía del poeta por María Lacoste de Arufe, y juicios de José Martí, Manuel Sanguily, Enrique Piñeyro y Rafael Esténger, La Habana, Cultural, 1939, 2 T.

Poesías completas, homenaje de la ciudad de

La Habana en el centenario de la muerte de Heredia, 1839-1939, introducción de Emilio Roig de Leuchsenring, «Díaz y hechos de José María», por Francisco González del Valle y Emilio Roig de Leuchsenring, «Heredia, apuntes para un estudio sobre su vida y su obra», por Enrique Gay Calbó, «Reencuentro y afirmación del poeta Heredia», por Ángel Augier, La Habana, Municipio de La Habana, 1940-1941, 2 T.

Antología herediana, con estudios de Marcelino Menéndez y Pelayo, José Martí y Samuel Boxeo, Montevideo, Claudio García, 1945.

Revisiones literarias, selección y prólogo de José María Chacón y Calvo, La Habana, Ministerio de Educación, Dirección de Cultura, 1947.

Versos, selección, «Nota introductoria», por Mariano Sánchez Roca, La Habana, Editorial Lex, 1960.

Poesías, La Habana, Consejo Nacional de Cultura, 1965.

Poesías completas, Miami-Salamanca, Ediciones Universal, 1970.

Trabajos desconocidos y olvidados, selección y estudio por Ángel Aparicio Laurrencio, Madrid, Editorial Universal, 1972.

Poesías completas, «Heredia, el gran poeta cubano de la naturaleza y de la patria», por Raimundo Lazo, México D. F., Editorial Porrúa, 1974, Sepan cuantos..., 271.

Poesías líricas, prólogo de Emilio Gascó Contell, París, Casa Editorial Franco-ibero-americana, s. a.

Bibliografía pasiva

Alonso, Amado, «Heredia crítico», en su *Ensayo sobre la novela histórica*, *El modernismo* en La gloria de don Ramiro, Buenos Aires, Instituto de Filología, 1942, págs. 75-78.

Alonso, Amado y Julio Caillet-Bois, «Heredia como crítico literario», en *Revista Cubana*, La Habana, 15, 54-62, enero-junio, 1941.

Arias, Salvador, «Nuestro primer gran poema, estudio de "En el Teocalli de Cholula"», en su *Búsqueda y análisis, ensayos críticos sobre literatura cubana*, prólogo de José Antonio Portuondo, La Habana, Ediciones Unión, 1974, págs. 15-57.

Arnáiz y Freg, Arturo, «El primer centenario de la muerte de Heredia», en *Revista Iberoamericana*, Estados Unidos, 1, 1, 117-120, mayo, 1939.

Arrom, José Juan, *Historia de la literatura dramática cubana*, New Haven, Yale University Press, 1944, págs. 37-40 y otras.

Bachiller y Morales, Antonio, «Don José María Heredia», en su *Galería de hombres útiles*, La Habana, Instituto Nacional de Cultura, 1955, págs. 183-193.

Bello, Andrés, «Comentario sobre la obra de Jouy, *Sila*, traducida por Heredia», en *El Repertorio Americano*, Londres, 4, 306, agosto, 1827.

«Juicio sobre Heredia», en *Revista Habanera*, La Habana, 3, 246-250, 1862.

Blanchet, Emilio, «Heredia», en *Cuba Contem-*

poránea, La Habana, 3, 221-242, 1913.

Boxhom, Emile, «El gran poeta José María Heredia», en *Cuba Contemporánea*, La Habana, 41, 113-133, junio, 1926.

Bueno, Salvador, «José María Heredia, el poeta romántico», en su *Figuras cubanas*, La Habana, Comisión de la UNESCO, 1964, págs. 93-106.

«Heredia otra vez», en *Unión*, La Habana, 5, 2, 169-171, abril-junio, 1966.

Cánovas del Castillo, Antonio, «Estudios sobre la literatura hispanoamericana», en *Revista española de ambos mundos*, Madrid, 1, 303-320, 393-414, 571-584, 1853.

«Don José María Heredia», en *El Palenque Literario*, La Habana, 2, 10, 219-222, octubre 20, 1878.

Carilla, Emilio, *El romanticismo en la América hispánica*, tomo 1 y 2, 2.ª edición revisada y ampliada, Madrid, Editorial Gredos, 1967, págs. 52-55, 57, 76, 89-90, 92, 94, 248 y 33, 62, 65-66.

Casasús, Juan J. E., *José María Heredia y Heredia; patriota, político y jurista*, conferencia pronunciada el 7 de mayo de 1939 en la Sociedad «El Progreso» de Sancti Spíritus, La Habana, Imprenta Compañía Editora de Libros y Folletos, 1939.

Castellanos, Carlos A. R., «En la fiesta del poeta José María Heredia», en *Revista de la Facultad de Letras y Ciencias*, La Habana, 36, 1-2, 23-39, enero-junio, 1926.

La fiesta del poeta en casa de José María Heredia, discurso pronunciado el día 31 de diciembre de 1924, La Habana, Imprenta La Propaganda, 1946.

Catalá, Raquel, «Notas para una Bibliografía de la poesía & Heredia», en *Libros Cubanos*, La Habana, 1, 6, 2-4, marzo-diciembre, 1941.

Coester, Alfred, «José María Heredia», en su *The Literary History of Spanish America*, Nueva York, MacMillan, 1916, págs. 90-103.

«Hallazgo de un regalo desconocido de Domingo del Monte a José María Heredia», en *Revista Bimestre Cubana*, La Habana, 43, 354-357, 1939.

Cossío, Adolfina, «Heredia, el primer romántico», en *Cultura'64*, Santiago De Cuba, 1, 7, 69, julio, 1964.

Cruz, Manuel de la, «José María de Heredia», en su *Cromitos cubanos*», por Manuel Sanguily, Madrid, Editorial Saturnino Calleja, 1926, págs. 245-256, Obras de Manuel de la Cruz, 5.

Chicón y Calvo, José María, «Vida universitaria de Heredia, papeles inéditos», en *Cuba Contemporánea*, La Habana, 11, 200-212, 1916.

Del epistolario de Heredia, del Homenaje a Menéndez Pidal, tomo 2, 1924, Madrid, Imprenta de los Sucesores de Hernando, 1924.

«El poeta Heredia y el sentido de la libertad», en *Lyceum*, La Habana, 3, 9-10, 3-12, marzo-junio, 1938.

Estudios heredianos, La Habana, Editorial Trópico, 1939.

El horacianismo en la poesía de Heredia, discurso de recepción del Académico, leído por su autor en la sesión solemne celebrada el día 2 de enero de 1940, La Habana, Imprenta Molina, 1939.

«Las constantes de la vida de Heredia», en *Revista Iberoamericana*, Estados Unidos, 2, 3, 87-98, abril, 1940.

«Proceso de la poesía de Heredia», en *Revista de la Universidad de La Habana*, La Habana, 6, 38-39, 134-149, septiembre-diciembre, 1941.

«José María Heredia», en *Nueva Revista Cubana*, La Habana, 34, 225-259, enero junio, 1948.

«Heredia y su ensayo sobre la novela», en *Memoria del Cuarto Congreso del Instituto Internacional de Literatura Iberoamericana, celebrado en la Universidad de La Habana en abril de 1949*, La Habana, Ministerio de Educación, Dirección de Cultura, 1949, págs. 177-198.

«Heredia y su influjo en nuestros orígenes nacionales», en *Cuadernos de la Universidad del Aire*, La Habana, 3, 44, 101-123, octubre 20, 1952.

Un aspecto de la poesía de Heredia, su tonalidad religiosa, tirada aparte de la *Miscelánea de estudios dedicados al Doctor Fernando Ortiz*, La Habana, 1955.

Chapman, Arnold, «Heredia's Ossian translations», en *Hispanic Review*, Estados Unidos, 23, 3, 231-236, julio, 1955.

«Unos versos olvidados de José María Heredia», en *Revista Iberoamericana*, Estados Unidos, 27, 5, 357-366, julio-diciembre, 1961.

Defant, Alba, «José María Heredia y el romanticismo», en Humanitas, San Miguel de Tucumán, Argentina, 9, 14, 171-178, 1961.

Díez Canedo, Enrique, «Heredia y Martí», en *Revista Bimestre Cubana*, La Habana, 29, 179-183, 1932.

«Documentos sobre la declaración de Pablo Aranguren acusando como partidarios de la independencia de Cuba al poeta José María Heredia y otros», en *Boletín del Archivo Nacional*, La Habana, 43, 196-198, 1944.

«Don José María Heredia, documentos para su vida, carrera literaria, méritos y servicios del Licenciado don José María Heredia, en *Revista de Cuba*, La Habana, 9, 270-273, 1881.

Escoto, José Augusto, «Los restos de José María Heredia», en *Cuba y América*, La Habana, 13, 7, 207-2 11, noviembre 15, 1903.

«Ensayo de una biblioteca herediana», en *Cuba y América*, La Habana, 8, 14, 6 y 10, 148-149 y 261-269, febrero 7 y marzo 6, 1904.

«Correspondencia de José María Heredia, cartas del poeta a Domingo del Monte», en *Revista histórica, crítica y bibliográfica de la literatura cubana*, Matanzas, 1, 2, 157-169, 1916.

«Una obra inédita del teatro de Heredia», en *Revista histórica, crítica y bibliográfica de la literatura cubana*, Matanzas, I, 1, 49-58, 1916.

«Los primeros estudios de Heredia», en *Revista histórica, crítica y bibliográfica de la literatura cubana*, Matanzas, 1, 3, 258-266, 1916.

«Una nueva obra del teatro de José María Heredia», en *Revista histórica crítica y bibliográfica de la literatura cubana*, Matanzas, 1, 4, 360-369, 1917.

Esténger, Rafael, *Heredia, la incomprensión de*

sí mismo, La Habana, Editorial Trópico, 1938
Hacia un Heredia genuino, conferencia pronunciada en el Instituto América, Santiago de Cuba, Imprenta Renacimiento, 1939.
«Heredia en la Avellaneda», en *América*, La Habana, 1, 4, 12-13, abril, 1939.
Feijóo, Samuel, «Heredia, el paisaje» y «Heredia, indios», en *Sobre los movimientos por una poesía cubana hasta 1856*, La Habana, Universidad Central de Las Villas, 1961, págs. 25-27 y 27-28.
Fernández de Castro, José Antonio, «Domingo del Monte, editor y corrector de las poesías de Heredia», en *Revista Cubana*, La Habana, 12, 91-144, abril-junio, 1938.
«Un poeta y un crítico», en *Grafos*, La Habana, 6, 60, 12-13, abril, 1938.
Fernández Robaina, Tomás, *Bibliografía sobre José María Heredia*, compilado, introducción de Salvador Bueno, La Habana, Biblioteca Nacional José Martí, 1970.
Fornaris, José y Joaquín Lorenzo Luaces, «José María Heredia», en su *Cuba poética*, La Habana, Imprenta y Papelería de la Viuda de Barcina, 1858, págs. 23-24.
García Garófalo Mesa, M., *Vida de José María Heredia en México, 1825-1839*, México, Ediciones Botas, 1945.
García Marruz, Fina, «Martí y los críticos de Heredia del XIX, en torno a un ejemplar de Heredia anotado por Martí», en *Temas martianos*, La Habana, Biblioteca Nacional José Martí, 1969, págs. 326-347.
García Tudurí, Mercedes, «Personalidad y nacionalidad en Heredia», en *Revista Bimestre Cubana*, La Habana, 43, 421-427, 1939.
Garmendía, Miguel, «Bryant y Heredia», en *Revista histórica, crítica y bibliográfica de la literatura cubana*, Matanzas, 1, 2, 197-200, 1916.
Gicovate, Bernardo, «José María Heredia en el romanticismo hispánico», en *Anuario de Letras*, México, 3, 300-308, 1963.
Giusti, Roberto F., «José María Heredia», en su *Lecciones de literatura argentina e hispanoamericana*, Buenos Aires, Ángel Estrada, 1947, págs. 71-72.
González, Manuel Pedro, *José María Heredia, primogénito del romanticismo hispano, ensayo de rectificación histórica*, México D. F., El Colegio de México, 1955.
«Una influencia inexplorada en Ignacio Rodríguez Galván», en *Boletín de la Academia Cubana de la Lengua*, La Habana, 7, 3-4, 292-314, julio-diciembre, 1958.
«Bryant y Heredia, dos grandes pioneros de las relaciones culturales inter-americanas», en *Revista Nacional de Cultura*, Caracas, 25, 155, 43-56, noviembre-diciembre, 1962.
González del Valle, Francisco, «La carta acusatoria de Del Monte a Heredia», en *Boletín del Archivo Nacional*, La Habana, 35, 1-6, 5-11, enero-diciembre, 1936
Del epistolario de Heredia, cartas a Silvestre Alfonso, La Habana, Secretaría de Educación, Dirección de Cultura, 1937.
Cronología herediana, 1803-1839, La Habana, Secretaría de Educación, Dirección de Cul-

tura, 1938.

Documentos para la vida de Heredia, La Habana, Secretaría de Educación, Dirección de Cultura, 1938.

Heredia en La Habana, homenaje de la ciudad de La Habana a José María Heredia en el centenario de su muerte, 1839-1939, La Habana, Municipio, de La Habana, 1939.

«El Niágara de Heredia y el de Brainard», en *Lyceum*, La Habana, 4, 15-16, 6-18, septiembre-diciembre, 1939.

«Mis trabajos heredianos», en *Revista Bimestre Cubana*, La Habana, 46, 198-207, 1940.

Poesías de Heredia traducidas a otros idiomas, La Habana, Imprenta Molina, 1940.

Guiteras, Pedro José, *Don José María Heredia*, La Habana, Imprenta Militar de la Viuda de Soler, 1881.

Gutiérrez-Vega, Zenaida, «Estudios heredianos» en su *José María Chacón y Calvo, hispanista cubano*, Madrid, Ediciones Cultura Hispánica, 1969, págs. 189-194 y otras.

Henríquez Ureña, Max, «Heredia», en *Cuba Contemporánea*, La Habana, 34, 23-37, 1924.

«Heredia y los pinos del Niágara», en *Social*, La Habana, 16, 6, 45, junio, 1931.

Henríquez Ureña, Pedro, «La versificación de Heredia», en *Revista de Filología Hispánica*, Buenos Aires, 4, 2, 171-172, abril-junio, 1942.

Hills, E. C., «¿Tradujo Bryant la oda de Heredia al "Niágara"?», en *Bohemia*, La Habana, 11, 12, 5, 31, marzo 21, 1920.

Iraizoz, Antonio, «Un precursor olvidado, el argentino José Antonio Miralla, su amistad y sus relaciones políticas con José María Heredia», en *Cuba Contemporánea*, La Habana, 31, 331-344, 1923.

Jiménez Pastrana, Juan, «Personalidad de José María Heredia y su influencia en la evolución histórica de la nacionalidad cubana» en *Universidad de La Habana*, La Habana, 24-25, 53-64, mayo-agosto, 1939.

Larrondo y Maza, Enrique, «Una fábula de Heredia, El filósofo y el búho», en *Ideas*, La Habana, 3, 2, 66-68, febrero-marzo, 1930.

Lazo, Raimundo, *Heredia, Zenea y Martí; poetas patrióticos*, La Habana, Imprenta del Ejército, 1929.

Leal, Rine, «El ángel caído», en *Santiago*, Santiago de Cuba, 1, 1, 147-160, diciembre, 1970.

Lezama Lima, José, «José María Heredia», en su *Antología de la poesía cubana*, tomo 2, La Habana, Consejo Nacional de Cultura, 1965, págs. 1021.

Lista, Alberto, «Juicio crítico de las poesías de don José María Heredia», en *El Mensajero Semanal*, Filadelfia, 149-159, diciembre 27, 1828, reproducido en *Revista de Cuba*, La Habana, 6, 190-194, 1879.

Mañach, Jorge, «Heredia o la precocidad histórica», en su *Historia y estilo*, La Habana, Editorial Minerva, 1944, págs. 137-142.

«Heredia y el romanticismo», en *Cuadernos Hispanoamericanos*, Madrid, 86, 195-220, 1957.

Martí, José, «Heredia» y «Heredia», en su *Obras completas*, tomo 5, La Habana, Editorial Nacional de Cuba, 1963, 9, 131-139 y 163-176.

Martínez Echemendía, Luciano, «Informaciones, el centenario del poeta José María Heredia», en *Revista Bimestre Cubana*, La Habana,

39, 457-459, 1937.

Mejía, Gustavo Adolfo, *José María Heredia y sus obras*, La Habana, Imprenta Molina, 1941.

Menéndez y Pelayo, Marcelino, *Historia de la poesía hispano-americana*, tomo 1, Madrid, Victoriano Suárez, 1911, págs. 228-248.

Mitjans, Aurelio «Luces y Heredia», en *Revista Cubana*, La Habana, 7, 385-390, 1888.

Monte, Domingo del, «Anuncio, poesías de don J. M. Heredia», en *El Revisor Político y Literario*, La Habana, 13, 5-8, marzo 31, 1823, reproducido en *La crítica literaria y estética en el siglo XIX cubana*, tomo 1, prólogo y selección de Cintio Vitier, La Habana, Biblioteca Nacional José Martí, 1968, págs. 109-110.

«Sátira a la sátira del satírico *Dorilo*, seudónimo de Manuel González del Valle, por el Autor del Anuncio», en *El Revisor Político y Literario*, La Habana, 5-7, abril 11, 1823.

«Cartas de Domingo del Monte a su amigo don José María Heredia, a su hermano don José y a don José L. Alfonso», en *Revista Cubana*, La Habana, 8, 171-178, 1888.

Monterde, Francisco, «Heredia y el enigma de *Los últimos romanos*», en *Revista Iberoamericana*, Estados Unidos, 1, 2, 355-359, noviembre, 1939.

Morales y Morales, Vidal, «José María Heredia», en *Cuba y América*, La Habana, 14, 4, 87-89, enero 24, 1904.

Nieto y Cortadella, Rafael, «Documentos sacramentales de algunos cubanos ilustres, 39. José María Heredia», en *Revista de la Biblioteca Nacional*, La Habana, 147-149, octubre-diciembre, 1953.

Núñez y Domínguez, José de J., «En torno a la vida en México de José María Heredia», en *Anales de la Academia de la Historia*, La Habana, 13, 87-103, enero-diciembre, 1931.

Orjuela, Héctor H., «Revaloración de una vieja polémica literaria, W. C. Bryant y la oda al Niágara», en *Thesaurus*, Bogotá, 19, 2, 248-273, mayo-agosto, 1964.

Onís, José de, «William Cullen Bryant y José María Heredia, vieja y nueva polémica», en *Cuadernos Americanos*, México, 17, 98, 2, 154-161, marzo-abril, 1958.

Páez, Alfonso E., *Recordando a Heredia, estudio crítico*, La Habana, Cultural, 1939.

Pascuale, Don, seudónimo de Ricardo Potestad y Cordero, «Heredia y Plácido», en *El Palenque Literario*, La Habana, 2, 5, 97-102, agosto 5, 1878.

Peraza y Sarausa, Fermín, «Heredia en la *Revista de Cuba*» en *Anuario Bibliográfico Cubano*, *Boletín*, La Habana, 1, 1, 1-3, febrero-abril, 1938.

Pérez de Acevedo, Luciano, «Un problema literario, ¿Bryant tradujo la "Oda al Niágara", de Heredia?», en *Cuba Contemporánea*, La Habana, 22, 210-212, 1920.

Piñeyro, Enrique, «Poetas líricos cubanos, I. José María Heredia», en su *Estudios y conferencias de historia y literatura*, Nueva York, Imprenta de Thompson y Morcau, 1880, págs. 197-202.

«Introducción», en Heredia, José Francisco, *Memorias sobre las revoluciones de Venezue-*

la, París, Garnier, 1895.

«José María Heredia y la Antología de poetas hispanoamericanos de la Real Academia Española», en su *Hombres y glorias de América*, París, Garnier, 1903, págs. 297-315.

«José María Heredia», en su *Cómo acabó la dominación de España en América*, París, Garnier, 1908, págs. 295-333.

Plasencia, Aleida, «Los manuscritos, de José María Heredia en la Biblioteca Nacional», en *Revista de la Biblioteca Nacional José Martí*, La Habana 3.ª época, 1, 1, 9-17, 1959.

Poncet, Carolina, «El centenario de José María Heredia» en *Lyceum*, La Habana, 4, 14, 62-65, abril-junio, 1939.

Rangel, Nicolás, *Nuevos datos para la biografía de José María Heredia*, La Habana, Imprenta El Universo, 1930.

Reyes, Alfonso, *El paisaje en la poesía mexicana del siglo XIX*, México, Tipografía de la Viuda de P. Díaz de León, 1911, págs. 41-45.

Roa, Raúl, «José María Heredia», en *Escaramuza en las vísperas y otros engendros*, La Habana, Universidad Central de Las Villas, 1966, págs. 296-298.

Rodríguez Demorizi, Emilio, *El cantor del Niágara en Santo Domingo*, Ciudad Trujillo, Editora Montalvo, 1939.

Rodríguez García, José Antonio, «Heredia como historiador», en *El Fígaro*, La Habana, 20, 2, 24-26, enero 10, 1904.

Roig de Leuchsenring, Emilio, «En el sesquicentenario del nacimiento de José María Heredia», en *Carteles*, La Habana, 35, 1, 68-70, enero 3, 1954.

Saco, José Antonio, «Observaciones sobre el juicio crítico de las poesías de Heredia por don Ramón de la Sagra en sus *Anales de Ciencias, Agricultura, Comercio y Artes*, publicados en La Habana», en *El Mensajero Semanal*, Nueva York, julio 18 y agosto 1, 8, 1829.

Reproducido en *La crítica literaria y estética en el siglo XIX cubano*, tomo 1, prólogo y selección de Cintio Vitier, La Habana, Biblioteca Nacional José Martí, 1968, págs. 83-105.

Sagra, Ramón de la, «Variedades, *poesías* de don José María Heredia...» en *Anales de Ciencias, Agricultura, Comercio y Artes*, La Habana, 2, 18, 19, 20 y 21, 178-182, 210-213, 239-243 y 270-271, diciembre 1828 y enero, febrero, marzo, 1829.

Reproducido como «Juicio, crítico de las poesías de Don José María Heredia», en *La crítica literaria y estética en el siglo XIX cubano*, tomo 1, prólogo y selección de Cintio Vitier, La Habana, Biblioteca Nacional José Martí, 1968, págs. 69-82.

Sanguily, Manuel, «José María Heredia, discurso pronunciado en el Círculo de Artesanos de San Antonio de los Baños, en la velada del día 22 de mayo de 1890, cuyo producto se destinaba a aumentar los fondos para comprar la casa en que nació en Santiago de Cuba don José María Heredia, repararla y fundar en ella una biblioteca pública» y «José María Heredia, el poeta y el revolucionario cubano, discurso pronunciado en el Liceo de Guanabacoa, el 26 de julio de 1890», en su

Discursos y conferencias, tomo 1, La Habana, Imprenta y papelería de Rambla y Bouza, 1918, págs. 213-235 y 237-287.

«Una estrofa sobre el Niágara en Heredia y dos poetas americanos», «Alrededor de Heredia» y «El soneto es de Heredia», en su *Juicios literarios*, Libro primero, La Habana, Imprenta Molina, 1930, págs. 407-421, 423-433 y 435-446, *Obras de Manuel Sanguily*, 7.

Spell, J. R., «*The Mexican Periodicals of* José María Heredia», en *Hispania*, Stanford University, California, 22, 2, 189-194, mayo, 1939.

Torres Rioseco, Arturo, *La gran literatura iberoamericana*, Buenos Aires, Emecé editores, 1945, págs. 65-68, 70-71.

Toussaint, Manuel, *Bibliografía mexicana de Heredia*, México, Secretaría de Relaciones Exteriores 1953.

Utrera, Cipriano de, *Heredia*, Ciudad Trujillo, Editorial Franciscana, 1939.

Valle, Rafael Heliodoro, «Amigos mexicanos de Heredia», en *Revista Bimestre Cubana*, La Habana, 43, 348-353, 1939.

«A cien años de Heredia», en *Revista Bimestre Cubana*, La Habana, 46, 149-154, 1940.

Varona, Enrique José, «Un traductor de Heredia», en *El Fígaro*, La Habana, 12, 168, abril 14, 1895.

«Heredia», en *El Fígaro*, La Habana, 19, 52, 638, diciembre 27, 1903.

«La poesía de Heredia», en *El Fígaro*, La Habana, 21, 46, 556, noviembre 12, 1905.

Vitier, Cintio, «La interiorización de la naturaleza; paisaje, patria, alma, Heredia...», en su *Lo cubano en la poesía*, La Habana, Universidad de Las Villas, 1958, págs. 59-74.

«Prólogo», en su *La crítica literaria y estética en el siglo XIX cubano*, tomo 1, prólogo y selección de La Habana, Biblioteca Nacional José Martí, 1968, págs. 15-18, 23-26.

«El desterrado», en su *Poetas cubanos del siglo XIX*, Semblanzas, La Habana, Cuadernos de la *Revista Unión*, 1969, págs. 9-12.

Williams, Stanley T., *La huella española en la literatura norteamericana*, tomo 2, Madrid, Editorial Gredos, 1957, págs. 164, 166, 185-186, 415, 423-424.

Hernández, Pablo (La Habana, 26 octubre 1843-Id., 19 septiembre 1919). A los veintiún años ya asistía a las sesiones del Ateneo Cubano. En 1872 colaboró en el semanario *La Guirnalda*, fundado en La Habana por Ricardo Potestad y Bernardo Costales. Hacia 1885 presidía la Sección de Instrucción de La Caridad del Cerro. Fue vocal de la Sección de Literatura del Círculo Habanero (1887). En el Archivo Nacional ocupó los cargos de escribiente de segunda clase, oficial y más tarde oficial primero de la Sección Judicial, de 1900 a 1908. Trabajó después en la Biblioteca Nacional y en las oficinas de la Secretaría de Instrucción y Bellas Artes. Pasó de nuevo al Archivo, donde ocupó, en 1916, el cargo de vocal de la Comisión de Subasta. Fue colaborador en *El Almendares*, *El Aguinaldo Habanero*, *La Habana Elegante*, *El Pitcher*, *El Fígaro*. Es autor de las piezas teatrales *La*

Verdad de lo que pasa y *Pongan pleito*. Es coautor, con A. Figueroa, de *Ensayos poéticos* (La Habana, 1866). Su poema «Canto a Polonia», fue laureado en Sancti Spíritus. En 1919, a raíz de su muerte, ocupaba la jefatura de la Sección Judicial del Archivo Nacional.

Bibliografía activa

¡Sueños de Ángel!, Paso moral en un acto y verso, La Habana, Imprenta El Telégrafo, 1872.
La comunión, Monólogo en verso, La Habana, Imprenta El Fénix, 1885.
Idilios, prólogo de Rafael Fernández de Castro, La Habana, La Propaganda Literaria, 1885.
Primaverales, poesía, prólogo de Rafael Montoro, La Habana, La Propaganda Literaria, 1892.

Bibliografía pasiva

Armas, Juan Ignacio de, «Los *Idilios* de Pablo Hernández» en *El País*, La Habana, 1, 108, 2, octubre 7, 1885.
Carbonell, José Manuel, «Pablo Hernández, 1843-1919», en su *La poesía lírica en Cuba*, recopilación dirigida, prologada y anotada, tomo 4, La Habana, Imprenta El Siglo XX, 1928, págs. 71-72, Evolución de la cultura cubana, 1608-1927, 4.
Corifede, seudónimo, «Pablo Hernández, Apuntes para un juicio crítico», en *La Fe*, Regla, La Habana, 1, 7, 2, noviembre 15, 1968.
Fornaris, José, «Los *Idilios* de Pablo Hernández», en *El País*, La Habana, 1, 106, 2, octubre 4, 1885.
Lezama Lima, José, «Pablo Hernández», en su *Antología de la poesía cubana*, tomo 3, La Habana, Consejo Nacional de Cultura, 1965, págs. 443.
«Revista de Archivos Óbito», en *Boletín del Archivo Nacional*, La Habana, 18, 4-5, 436-437, julio-octubre, 1919.

Hernández, Rafael (La Habana, 21 enero 1948). Cursó la enseñanza primaria en Cabaiguán, Las Villas. Fue brigadista «Conrado Benítez» durante la campaña de alfabetización (1961). Se graduó de Bachiller en Ciencias y Letras en el Instituto «Raúl Cepero Bonilla» (1965). Ha sido profesor de español y traductor. Fue profesor de Historia de la Filosofía en la Universidad de La Habana (1971-1972). Obtuvo la licenciatura en Lengua y Literatura Francesas en 1973. Recibió mención de poesía en el Concurso UNEAC 1967 con *Pañuelo de cuadros rojos*. Su obra teatral *Aparentaciones sobre la vida y la muerte del bandolero nombrado Polo Vélez* fue recomendada en el Concurso Casa de las Américas 1973. *Versos del soldado* obtuvo premio de poesía en el Concurso 26 de julio de las FAR (1973). Poemas y notas suyas han aparecido en revistas y periódicos nacionales, como *La Gaceta de Cuba*, *Juventud Rebelde* y *Vida Universitaria*. Entre sus traducciones se encuentra la de la antología *Desde Vietnam*, del poeta To Huu.

Bibliografía activa

Versos del soldado, poesía, introducción de Eduardo López Morales, La Habana, Instituto

Cubano del Libro, 1974.

Bibliografía pasiva

Chío, Evangelina, «Libros, Circulan ya *Juracán y Versos del soldado*», en *Juventud Rebelde*, La Habana, 4 julio 30, 1974.

Ele Nussa, seud, de Leonel López Nussa, «*Versos del soldado*», en *Bohemia*, La Habana, 66, 24, 25, junio 14, 1974.

«Los premios, Literatura, Rafael Hernández, Poesía», entrevista, en *Verde Olivo*, La Habana, 15, 35, 11-12, septiembre 2, 1973.

Hernández Catá, Alfonso (Aldeadávila de la Ribera, Castilla, España, 24 junio 1885-Río de Janeiro, 8 noviembre 1940). Vivió hasta los catorce años en Santiago de Cuba. Dos años más tarde ingresó en el Colegio de Huérfanos Militares de Toledo. Escapado del Colegio, se trasladó a Madrid, donde llevó una vida bohemia. Volvió a Cuba en 1905 y se estableció en La Habana. Comenzó a trabajar como lector de tabaquería. Por esa época publicó en *Diario de la Marina y La Discusión*. En 1909 ingresó en la carrera diplomática como cónsul de segunda clase. Además de haber sido cónsul en El Havre (1909), lo fue en Birmingham (1911), en Santander (1913), en Alicante (1914) y en Madrid (1918-1925), así como encargado de negocios en la Legación de Cuba en Lisboa hasta 1933, año en que es nombrado embajador de Cuba en Madrid. Fue ministro en Panamá (1935), en Chile (1937) y en Brasil (1938). Colaboró en *Gráfico, El Fígaro y Social*. Escribió, en colaboración con Alberto Insúa, las obras de teatro *En familia, El amor tardío* y *El bandido*. Es autor de la zarzuela *Martierra*, con música de Jacinto Guerrero. Su obra ha sido traducida al francés, al inglés, al alemán, al ruso, al holandés, al portugués, al italiano y al lituano.

Bibliografía activa

Cuentos pasionales, Madrid, M. Pérez Villavicencio, 1907; París Garnier, 1909; Madrid, América, 1920.

Novela erótica, novelas, Madrid, M. Pérez Villavicencio, 1909; Barcelona, Sopena, s. a.

Pelayo González, Algunas de sus ideas, Algunos de sus hechos, Su muerte, novela, París, Garnier Hermanos, 1909; Madrid, Editorial Mundo Latino, 1922.

La juventud de Aurelio Zaldívar, novela, 2.ª edición, Madrid, Prieto, 1911; Madrid, Renacimiento, 1914; Barcelona, Ramón Sopena, s. a.

La piel, novela, La Habana, La Novela Cubana, 1913.

Los frutos ácidos, novelas, Madrid, Juan Pueyo, 1915; Madrid, Atenea, 1919; Madrid, Aguilar, 1953.

Zoología pintoresca, Madrid, Editorial Estrella, 1919.

El placer de sufrir, Madrid, Juan Pueyo, 1920; Madrid, Editorial Mundo Latina, 1921; Madrid, Cía, Iberoamericana de Publicaciones, 1929.

Los siete pecados, Cuento, La Habana, Instituto de Artes Gráficas de La Habana, 1920; Ma-

drid, S. L. de Artes Gráficas, s. a.
El drama de la Señorita Occidente, novela, Madrid, Prensa Gráfica, 1921, La novela semanal, 12.
Estrellas errantes, novela, Madrid, 1921, *La Novela Corta*, 298.
El nieto de Hamlet, novela, en *La Novela Corta*, Madrid, 1921, *La Novela Corta*, 278.
La voluntad de Dios, novelas, Madrid, Alejandro Pueyo, editor, 1921.
La casa de fieras, Bestiario, Madrid, Editorial Mundo Latino, 1922.
Una mala mujer, novelas, Madrid, Editorial Mundo Latino, 1922.
La muerte nueva, Madrid, Editorial Mundo Latino, 1922.
El corazón, novela, Madrid, Editorial Mundo Latino, 1923.
Libro de amor, novelas, Madrid, Editorial Mundo Latino, 1924.
Piedras preciosas, novela, Madrid, Prensa Gráfica, 1924, *La novela semanal*, 174; Madrid, Editorial Mundo Latino, 1927.
El bebedor de lágrimas, Madrid, s. i., 1926.
El ángel de Sodoma, novela, Madrid, Mundo Latino, 1928; 2.ª edición, Id., 1929.
Martierra, Zarzuela en tres actos, Madrid, G. Hernández, y Galo Sáez, 1928; Madrid, Prensa Moderna, 1928.
Mitología de Martí, Madrid, Renacimiento, 1929; Buenos Aires, Club del Libro, A. L. A., 1939.
Escala, poesía, Madrid, Renacimiento, 1931.
Manicomio, Madrid, Compañía Ibero-Americana de Publicaciones, 1931.
Un cementerio en las Antillas, Madrid, s. i., 1933.
Cuatro libras de felicidad, Madrid, Editorial Renacimiento, 1933.
Sus mejores cuentos, Santiago de Chile, Nascimento, 1936.
Cuentos, La Habana, Academia de Ciencias, Instituto de Literatura y Lingüística, 1966.
Fuegos fatuos, novelas, Barcelona, Sopena, s. a.

Bibliografía pasiva

Balseiro Ramos, José Agustín, «Notas acerca del arte de Hernández Catá» en *Revista Bimestre Cubana*, La Habana, 23, 1, 386-396, may-junio, 1928.

Calmon, Pedro, «Despedida de Hernández Catá», en *Revista Cubana*, La Habana, 15, 283-285, enero junio, 1941.

Chacón y Calvo, José María, «La muerte de Alfonso Hernández Catá», en *Revista Cubana*, La Habana, 15, 276-277, enero-junio, 1941.

Esténger, Rafael, *Recordación de Hernández Catá*, La Habana, s. a.

Ferrer, Surama, «Hernández Catá en su décimo aniversario», en *Revista Cubana*, La Habana, 27, 263-265, julio-diciembre, 1950.

Gay Calbó, Enrique, «A Hernández Catá, *La voluntad de Dios*, novelas», en *Cuba Contemporánea*, La Habana, 10, 28, 109, 84-85, enero, 1922.

Ibarzábal, Federico de, «Hernández Catá», en su *Cuentos contemporáneos*, La Habana, Editorial Trópico, 1937, págs. 15-21, Antologías cubanas, I.

Insúa, Alberto, *Evocación de Hernández Catá*, conferencia pronunciada en el Ateneo Popular de la Boca, Buenos Aires, Ateneo Popular de la Boca, 1943.

Lizaso, Félix, «Alfonso Hernández Catá», en su *Ensayistas contemporáneos, 1900-1920*, La Habana, Editorial Trópico, 1938, págs. 53-59, 249-251.

Mañach Robato, Jorge, Juan Marinello y Antonio Barreras, *Recordación de Alfonso Hernández Catá*, discursos pronunciados en el Cementerio de Colón el día 8 de noviembre, La Habana, Editorial La Verónica, 1941.

Marinello, Juan, «Nueva vida de Hernández Catá», en su *Contemporáneos, Noticia y memoria*, La Habana, Universidad Central de Las Villas, 1964, págs. 15-22.

Martínez Márquez, Guillermo, «Hernández Catá», en *El País*, La Habana, 20, 271, 1, noviembre 9, 1942.

Mistral, Gabriela, «Despedida de Hernández Catá», en *Revista Cubana*, La Habana, 15-278-280, enero-junio, 1941.

Pérez, Emma, «Hernández Catá», en su *Cuentos cubanos*, antología, La Habana, Cultural, 1945, pág. 15.

Portuondo, José Antonio, «Hernández Catá», en su *Cuentos cubanos contemporáneos*, México D. F., Editorial Leyenda, 1946, págs. 25.

Ramos, José Antonio, «Alfonso Hernández Catá» en *Revista de la Universidad de La Habana*, La Habana, 70-72, 81-89, enero-junio,

1947.

Serpa, Enrique, «Hernández Catá, cuentista», en *El País*, La Habana, 20, 273, 1, noviembre 11, 1942.

Suárez Solís, Rafael, «Hernández Catá diplomático», en *Revista Cubana*, La Habana, 1, 320, febrero-marzo, 1935.

Zweig, Stefan, «Despedida de Hernández Catá», en *Revista Cubana*, La Habana, 15, 281-283, ene-junio, 1941.

Hernández de Alba, Rafael (México, Madrid, 1883). En 1827 ingresó en el ejército español. Fue gobernador de Matanzas y de Puerto Príncipe (1875). Llegó a ocupar los grados de capitán y de brigadier (1878). Fue comandante militar de Bayamo. Dirigió *El Fénix* (Sancti Spíritus, Las Villas) en su 2.ª época, a partir de 1842. Fue además su redactor. Colaboró también en el *Faro Industrial de La Habana* (1844), *Gaceta de Puerto Príncipe* (1844-1848) y *El Artista* (La Habana, 1848-1849). En el periódico *La Aurora de Matanzas* publicó sus artículos sobre la mejora del puerto matancero (1852). Es autor de las comedias *Gato por liebre* y *Una madre como muchas* y de la novela *Alicia* (1845), aparecida en *La Aurora de Matanzas*. El Liceo de Matanzas premió su comedia en tres actos *Pablo y Virginia* (1867). En sus artículos de costumbres utilizó el seudónimo *Varapalo*.

Bibliografía activa

Ensayos poéticos y dramáticos, Trinidad, Im-

prenta de Murtra e Hijos, 1841.
Amoríos de novela, ensayo dramático en un acto y en verso, Puerto Príncipe, Imprenta del Gobierno, 1844.
Sancho Saldaña, drama en cinco actos en verso, Matanzas, Imprenta de Juan Roquero, 1848.

Bibliografía pasiva
Maceo Verdecia, José, *Bayamo*, Manzanillo, Casa Editorial El Arte, 1936, págs. 256.
Pardo Pimentel, Nicolás, «*Ensayos Poéticos y Dramáticos*» en *Noticioso y Lucero de La Habana*, La Habana, 9, 192, 2, julio 15, 1841.

Hernández de Armas, Nicasio (Pinar del Río, 22 agosto 1922). Cursó la primaria en su ciudad natal. En 1937 ingresó en la Hermandad de los Jóvenes Cubanos, organización de la que llegó a ser dirigente. En 1939 milita en el Partido Unión Revolucionaria Comunista y se inicia en las luchas estudiantiles en el Instituto de Segunda Enseñanza de Pinar del Río, de cuya Asociación de Alumnos llegó a ser secretario (1941-1942). Posteriormente fue militante del Partido Socialista Popular. En 1944 se graduó de Bachiller. En la Universidad de La Habana obtuvo el título de Doctor en Derecho (1950). Hasta 1960 ejerció la abogacía. Magistrado de la Audiencia de Pinar del Río y del Tribunal Supremo. Miembro del Comité Nacional de la UNEAC. Fue profesor de filosofía marxista en la Escuela Profesional de Instrucción Revolucionaria de Pinar del Río (1962-1964). Responsable de la sección literaria del periódico *Vocero Occidental* y de la plana literaria de la revista del Comité Todo por Pinar del Río, ha colaborado además con poemas en *El País Gráfico* y en *Boletín del Consejo Mundial de la Paz*. En diversas ocasiones obtuvo el primer premio de poesía en un concurso auspiciado por el Ayuntamiento de Pinar del Río en memoria del compositor Pedro Junco Jr. Su *Oda por Vietnam* ha sido traducida y publicada en la RDV. Ha traducido poemas de Verlaine y de Rimbaud.

Bibliografía activa
Elegiario de tu ausencia, Pinar del Río, Imprenta Vocero Occidental, 1944.

Bibliografía pasiva
Aguirre, Mirta, «*Elegiario de tu ausencia*», en *Hoy*, La Habana, 7, 277, 6, noviembre 21, 1944.
Almirall de Henríquez, Zolla Estrella, *Valores poéticos pinareños, Nicasio Hernández Armas*, conferencia explicada en la clase de literatura cubana, en la Escuela Normal de Pinar del Río, el día 23 de mayo de 1936, Pinar del Río, Talleres de *Heraldo Pinareño*, 1946.
Herrero, Gustavo Galo, «Nicasio Hernández de Armas», en *El País Gráfico*, La Habana, 14, 18, 14, agosto 6, 1944.

Hernández Miyares, Enrique (Santiago de Cuba, 20 octubre 1859-La Habana, 2 agosto 1914). A los quince años se trasladó con su familia a La Habana. Casi adolescente aún se inició en el periodismo con Diego Vicente

Tejera. Como periodista desarrolló una amplia labor durante años en múltiples publicaciones. Fue redactor del *Diario de Señoras* y de *El Almendares*. Como corrector de pruebas y colaborador trabajó en *El País*. Su labor más importante la desarrolló en La Habana *Elegante*, cuya dirección ocupó a partir de 1888. Con Alfredo Zayas fue codirector de *La Habana Literaria*, que surgió tras la desaparición de la anterior en 1891. Tras la muerte de Casal presidió el comité encargado de levantar un mausoleo al poeta e instituyó el «Día de Casal» el 21 de octubre. En 1895 emigró a Estados Unidos, donde formó parte de la redacción de *Patria* y dirigió el semanario *Cacarajícara*. Regresó a Cuba en 1903 y se reintegró al periodismo. Con Diego Vicente Tejera publicó *La Victoria*. Fue redactor de *El Triunfo*, en el que publicaba artículos sobre temas de actualidad. Colaboró en *La Discusión* y *El Fígaro*. Fue miembro fundador de la Academia Nacional de Artes y Letras y secretario del Instituto de Segunda Enseñanza de La Habana. Como ministro plenipotenciario asistió a las fiestas del aniversario de la independencia de México. Utilizó los seudónimos *Grisóstomo*, *Hernán de Henríquez y Juan de Jiguaní*.

Bibliografía activa

Obras completas de Enrique Hernández Miyares, I., poesía, «Ofrenda póstuma», por José Manuel Carbonell, La Habana, Imprenta Avisador Comercial, 1915.
Obras completas de Enrique Hernández Miyares, II. Prosas, «Enrique Hernández Miyares, su actuación y sus obras», por José Manuel Carbonell, La Habana, Imprenta Avisador Comercial, 1916.
Tú y mi patria, La Habana, Editorial Cuba, 1936; La Habana, Editorial Guáimaro, 1939.

Bibliografía pasiva

Carbonell, José Manuel, *«La más fermosa», historia de un soneto*, La Habana, Imprenta El Siglo XX, 1917.
Carricarte, Arturo Ramón de, «Enrique Hernández Miyares», en *El Fígaro*, La Habana, 30, 32, 378-379, agosto 9, 1914.
Esténger, Rafael, «Enrique Hernández Miyares», en su *Cien de las mejores poesías cubanas*, 2.ª edición, aumentada con un ensayo preliminar y la inclusión de poetas actuales, La Habana, Ediciones Mirador, 1948, págs. 265.
Lezama Lima, José, «Enrique Hernández Miyares», en su *Antología de la poesía cubana*, tomo 3, La Habana, Consejo Nacional de Cultura, 1965, págs. 438-439.
Lizaso, Félix y José A. Fernández de Castro, «Enrique Hernández Miyares», en su *La poesía moderna en Cuba, 1882-1925*, antología crítica, ordenada y publicada, Madrid, Librería y Casa Editorial Hernando, 1926, págs. 117-118.
Maderal, Luis, *Enrique Hernández Miyares y su poesía, en su centenario*, Marianao, La Haba-

na, Administración Municipal, Instituto Municipal de Cultura, 1959.
Muñoz, Honorio, «"La más fermosa», Un soneto que es un acto civil», en *Noticias de Hoy*, La Habana, 14, 86, 2, diciembre 7, 1951.
Vitier, Cintio, «Enrique Hernández Miyares», en su *Cincuenta años de poesía cubana, 1902-1952*, ordenación, antología y notas, La Habana, Ministerio de Educación, Dirección de Cultura, 1952, págs. 14.

Hernández Pérez, Antonio (Santa Cruz de Tenerife, Islas Canarias, 21 mayo 1909-Caibarién (Las Villas), 7-1975). Desde 1910 vivió en Yaguajay (Las Villas), donde cursó la enseñanza primaria. Se trasladó más tarde a Caibarién, en la misma provincia. Autodidacto. Adoptó la ciudadanía cubana en 1944. Colaboró en *Cúspide, El País Gráfico, Vanidades, Surco, Archipiélago* (Caibarién) y otras publicaciones cubanas. Participó en encuentros de escritores noveles auspiciados por el CNC. Su libro *Contigo comparto la poesía* obtuvo mención de poesía en el Concurso «26 de julio», de las FAR, en 1969. En 1970 recibió el premio de poesía de la UNEAC con *De pronto sales con tu voz*. Obtuvo nuevamente menciones en poesía en el propio Concurso «26 de julio» en 1973, 1974 y 1975, con *En la ventana abierta, Los árboles* y *Yo digo mi valle*, respectivamente, este último de décimas. Ganó mención en el Concurso «La Edad de Oro» por su libro de poemas infantiles *En enero, la flor,* editado con otros trabajos de Emilio de Armas y Fidel Galbán Ramírez,

como parte de la antología titulada *Poesías* (La Habana, Instituto Cubano del Libro. Editorial Gente Nueva, 1974).

Bibliografía activa
Vientos sin Pausa, poemas, La Habana, Talleres Gráficos de Tamayo, 1947.
De pronto sales con tu voz, poesía, La Habana, UNEAC, 1971.
Los árboles, poesía, La Habana, Instituto Cubano del Libro, 1975.

Bibliografía pasiva
«Galería de poetas, Antonio Hernández Pérez», en *Archipiélago* Caibarién, 2, 3, 4, mayo, 1944.

Hernández Portela, Ramiro (Guanabacoa (La Habana, 14 diciembre 1882-Santiago de Chile, 30 octubre 1957). Cursó estudios en La Habana hasta graduarse de Doctor en Derecho Civil. Ejerció como abogado. En 1908 ingresó en el servicio exterior de la República con el cargo de canciller de primera clase en la Legación de Cuba en Madrid. A partir de esa fecha representó a Cuba en varios países de América y Europa. Asistió a congresos, conferencias, reuniones y comités internacionales literarios y científicos. Obtuvo condecoraciones y diplomas de diferentes instituciones. Sus poemas, no recogidos en libros, fueron publicados en *El Fígaro, Azul y Rojo* y otras revistas cubanas.

Bibliografía pasiva

Carbonell, José Manuel, «Ramiro Hernández Portela, 1882», en su *La poesía lírica en Cuba*, recopilación dirigida, prologada y anotada, T. 5, La Habana, Imprenta El siglo XX, 1928, págs. 157, Evolución de la cultura cubana, 1608-1927, 5.

Castañeda, E. S., «Ramiro Hernández Portela, Un poeta modernista», en *Azul y Rojo*, La Habana, 3, 5, 2, enero 31, 1904.

Hernández Rivera, Sergio Enrique (Remedios, Las Villas, 8 diciembre 1920). Cursó la primaria en su pueblo natal. En 1945 obtuvo el título de periodista en la Escuela Profesional de Periodismo Manuel Márquez Sterling. En Caibarién (Las Villas), donde residió desde muy joven, formó parte de la Asociación de la Prensa y del Círculo de Periodistas. Integró la Comisión de Cultura de la Asociación de Reporteros de La Habana. Ha trabajado en diversas bibliotecas y en las ediciones «Islas», de la ONBAP. Fue redactor de *Acción* y colaborador de *El País Gráfico*, *Alerta*, *Mañana*, *Prensa Libre*, *Sucesos* e *Islas*. Obtuvo el premio periodístico «Enrique José Varona». Trabaja en la biblioteca del ICAP.

Bibliografía activa

Forastero de la sombra, poemas, «Visa para el forastero», por José Ángel Buesa, La Habana, Imprenta de Tamayo, 1948.

Mis siete palabras, poemas, La Habana, Imprenta de Tamayo, 1948.

Defensa de la golondrina, poemas, La Habana, Ediciones de la Organización Nacional de Bibliotecas Ambulantes y Populares, 1956.

Compadecido bosque, poemas, La Habana, Ediciones Belic, 1965.

Tomás Tuma IZA, El médico ejemplar, Biografía, La Habana, Publicaciones de la Organización Nacional de Bibliotecas Ambulantes y Populares, *s. a.*

Revolución es también eso, poemas, La Habana, UNEAC, 1975.

Bibliografía pasiva

Casas, Luis Ángel, «La poesía de Hernández Rivera», en *Mañana*, La Habana, 15, 10, 12, enero 11 1953.

Iraizoz, Antonio, «*Forastero de la sombra*», en *El Mundo*, La Habana, 49, 15 766, 6, febrero 25, 1951.

Labrador Ruiz, Enrique, «*Defensa de la golondrina*», en *Revista Cubana*, La Habana, 31, 126, enero-marzo, 1957.

Santana, Joaquín, «La belleza como utilidad», en *Granma*, La Habana, 2, 16, 2, enero 17, 1966.

Hernández Santana, Gilberto (Santa Clara, 11 junio 1920). Cursó los primeros estudios en La Habana. Fue alumno de la Escuela Normal para Maestros de Las Villas. En Nueva York, donde residió durante cuatro años, colaboró con poemas en el periódico *La Voz*, ejerció el magisterio como profesor de español, dio conferencias y ocupó la secretaría del Comité de Ayuda a la República Española. Regresó a Cuba en 1940. Trabajó como maestro. Fue colaborador en *Orto*, *Grafos* y *Surcos*. Residente en México por más de quince años, colaboró en *Novedades*, *Crisol* y *Humanismo*, cursó pedagogía y filosofía y letras en la Universidad Nacional Autónoma y formó parte del grupo literario «Cuauhtemoc». Tras su regreso a Nueva York en 1957, colaboró en *La Prensa* y *Diario de Nueva York*, fue secretario general del Círculo de Escritores y Poetas Iberoamericanos, presidió el grupo literario «Ulysses» y fue miembro del Centro Cultural Mexicano de Nueva York. En 1960 regresó definitivamente a Cuba. Ha viajado por Checoslovaquia y la URSS. Trabajó como corrector científico de la Editora del MINED y del Instituto Cubano del Libro.

Bibliografía activa

El canto eterno, poemas, La Habana, Imprenta Alfa, 934.
La pecorea, poema épico en cuatro cantos, Santa Clara, Imprenta de E. Lanier, 1939.
Semblanzas negras, poemas, La Habana, Imprenta Alfa, 1939.
La era martiana, Santa Clara, Imprenta E. Lanier, 1941.
Balada de la espera interminable, poema, Santa Clara, Imprenta de Sed, 1943.
Encarcelada ausencia, Sonetos, México D. F., Editorial Estaciones, 1959.
Cinco poemas laureados, Nueva York, Ediciones Ulysses, 1960.

Hernández Savio, Reinaldo (La Habana, 27 junio 1935). Cursó la primera enseñanza en La Habana. Se graduó de Químico Industrial y de Dibujante Profesional en la especialidad de Química. Cursó hasta segundo año de Ingeniería Agronómica en la Universidad de La Habana. Fue profesor de secundaria básica. Ha obtenido diversas distinciones, tales como la mención honorífica en el Concurso «Luis de Soto», del Patronato del Teatro, por *El bobito de Enma* (1958), premio en 1960 en el Concurso del Teatro Nacional con las obras en un acto *Bolsillos vacíos* y *Los apellidos*, el tercer premio con *De espaldas* en el «José Antonio Ramos» del Consejo Provincial de Cultura (1962) y mención honorífica por *El heavyweight es una dama* (1963), en el Concurso de Obras Teatrales del CNC. Obtuvo mención honorífica en el concurso de cuento del periódico *Juventud Rebelde* por «Año 2015» (1966), de ficción científica. En 1972 se le otorgó mención a su cuento *Una muerte per capita* en el Concurso Casa de las Américas. En el 13 de marzo de la Universidad de La Habana ganó premio de teatro con *En Chiva Muerta no hay bandidos* (1974). Ha estrenado, entre otras obras teatrales, *Bolsillos vacíos* (1961), *Los cuchillos de 23* (1963), *El sillón* (1965), *El tornillo* (1965) y *En Chiva Muerta no hay bandidos* (1975). Ha colaborado en *Palante* y *El Caimán Barbudo*. Trabaja en el ICR como escritor de programas.

Bibliografía activa

En Chiva Muerta no hay bandidos, La Habana, Universidad de La Habana, Dirección de extensión universitaria, 1975.

Bibliografía pasiva

Beltrán, Alejo, «*Los cuchillos de 23*» en *Hoy*, La Habana, 25, 178, 4, julio 28, 1963.

«Savio y Durrenmat», en *Hoy*, La Habana, 27, 129, 4, junio 3, 1965.

Dorta, Alberto, «Los Premios de 1974. *En Chiva Muerta no hay bandidos*», en *Extensión*, La Habana, 1, 4, abril, 1975.

Garzón Céspedes, Francisco, «Los aficionados en Camagüey», en *Bohemia*, La Habana, 57, 35, 29, agosto 27, 1965.

González Freire, Natividad, «*Los cuchillos de 23 en Las Máscaras*», en *Revolución*, La Habana, 9, 2 810, 4, febrero 23, 1965.

JAG, «Fiquito» y *Los cuchillos de 23*», en *Romances*, La Habana, 28, 323, 29, agosto 29, 1963.

Otero, José Manuel, «Teatro Oriente, Los mejores en escena», en *Granma*, La Habana, 1, 888, 10, diciembre 11, 1965.

Rodríguez Alemán, Mario, «Festival de teatro obrero y campesino», en *Combate*, La Habana, 525, 7, marzo 25, 1961.

Rodríguez, Raimundo, «*El tornillo,* estocada contra el burocratismo», en *El Mundo*, La Habana, 64, 21 432, 9, noviembre 20, 1965.

«Teatro cubano», en *Juventud Rebelde*, La Habana, 3, agosto 27, 1975.

Vázquez, Omar, «Clausurado anoche el Panorama de Teatro», en *Granma*, La Habana, 11, 224, 4, septiembre 22, 1975.

Hernández y Echarri, José (Trinidad, Las Villas, 30 octubre 18234-Id., 18 agosto 1851). Estudió la primera enseñanza en su pueblo natal. Fue discípulo de José de la Luz y Caballero. En 1846 obtuvo el título de preceptor de instrucción primaria. Trabajó como ayudante en varios colegios y fue profesor en El Salvador, donde tuvo como alumno a Enrique Piñeyro. De La Habana se dirigió al interior del país para prestar su ayuda a la Junta Libertadora de Puerto Príncipe, que fomentaba la revolución en Trinidad. En esta ciudad se sublevó en 1851 junto con Isidoro Armenteros y Rafael Arcis y redactó las proclamas y documentos principales del alzamiento. Una vez capturado, fue condenado a la pena de muerte. Cultivó la poesía y preparó un *Libro de lectura para uso de las escuelas* (1851), pero no se le permitió publicarlo.

Bibliografía pasiva

Carbonell, José Manuel, «José Fernando Hernández y Echarri, 1823-1851», en su *La poesía revolucionaria en Cuba*, recopilación dirigida, prologada y anotada, T. único, La Habana, Imprenta El Siglo XX, 1928, págs. 115-117, Evolución de la cultura cubana, 1608-1927, 6.

Zayas, Alfredo, «José Fernando Hernández», en su *La poesía patriótica en Cuba hasta 1868*, La Habana, Imprenta de Molina, 1931, págs. 32.

Hero (Sancti Spíritus, Las Villas, 1907). «Revista latinoamericana de literatura, ciencias y artes», se lee en el primer número visto, correspondiente al 10 de enero de 1911. En dicho número se expresa lo siguiente: «El día 20 del próximo pasado diciembre cumpliéronse tres años desde que el primer número de esta revista salió a la luz pública...» Era su director Anastasio Fernández-Morera y su redactor jefe Jacinto Gomer Fernández-Morera, padre del anterior y, según señala José María Labraña en la página 759 de su trabajo «La prensa en Cuba» —aparecido en *Cuba en la mano. Enciclopedia popular ilustrada* (La Habana, Imprenta Úcar, García, 1940, págs. 649-786)—, fundador de la publicación. Aparecía los días 10, 20 y 30 de cada mes. En el ejemplar del 10 de abril de 1910 (no se ha visto otro desde el 28 de febrero del propio año) estaba en su segunda época. En el número correspondiente al 15 de agosto de 1912 (no se ha visto otro desde el 10 de marzo de ese año), aparece como «*Hero. Lectura para todos.* Magazine mensual». No se han visto ejemplares de los años 1913-1926. En el correspondiente a enero de 1927 presentaba el subtítulo «Magazine latinoamericano», y seguía apareciendo mensualmente. No se han encontrado ejemplares de los años 1933-1941. Publicó cuentos, poemas, ensayos y críticas literarias de escritores preferentemente latinoamericanos. Entre sus colaboradores figuran Agustín Acosta, Arturo Ramón de Carricarte y Gustavo Sánchez Galarraga. Reflejó poco la vida cultural cubana y en particular de la ciudad donde vio la luz, aunque no dejó de constituir un esfuerzo editorial serio. El último número visto corresponde a enero-febrero de 1944.

Bibliografía pasiva

«Sancti Spíritus literario, *Hero*», en *El Triunfo*, La Habana, 4, 38, 9, febrero 7, 1910.

Herrera, Georgina (Jovellanos, Matanzas, 23 abril 1936). Estudió la primera enseñanza en su pueblo natal. Dio a conocer sus primeros poemas en *El País* hacia 1951. En 1956 se trasladó a La Habana. Estudió secretariado en una academia pública nocturna entre 1958 y 1961. Estuvo vinculada al grupo de escritores que publicaba en la página «Novación Literaria», de *Prensa Libre*. En 1961 empezó a trabajar de mecanógrafa-copista en el Departamento de Programas del ICR. Fue alumna de dos cursos para escritores de radio auspiciados por el ICR (1966 y 1969). En 1970 recibió el premio de poesía en el concurso especial que la UNEAC convocó por el centenario del natalicio de Lenin. Ha colaborado en *Diario de la Tarde*, *Diario Libre*, *Iris*, *Romances*, *Revolución*, *Mujeres*, *OCLAE*, *La Gaceta de Cuba* y *Unión*. Trabaja en el ICR como escritora radial.

Bibliografía activa

G. H., poemas, La Habana, Ediciones El Puente,

1962.
Gentes y cosas, La Habana, UNEAC, 1974.

Bibliografía pasiva

Alberto, Eliseo, «*Gente y cosas*», en *Cuba International*, La Habana, 6, 64, 68, diciembre, 1974.

Conte, Antonio, «Georgina, la gente y las cosas», en *Bohemia*, La Habana, 67, 10, 25, marzo 7, 1975.

Navarro, Osvaldo, «*Gentes y cosas*», en *El Caimán Barbudo*, La Habana, 2.ª época, 82, 28-29, septiembre, 1974.

Suardíaz, Luis, «*G. H.*», en *Revolución*, La Habana, 8, 2681, 3, septiembre 23, 1964.

Valle, Rafael del, «Georgina Herrera, *Gentes y cosas*», en *La Gaceta de Cuba*, La Habana, 132, 29-30, abril, 1975.

Hogar, El (Véase **Lotería, La**)

Hojas Literarias (La Habana, 1893-1894). Revista mensual. El primer número apareció el 31 de marzo. Fue «redactada íntegramente», como señala Max Henríquez Ureña en la página 52 del tomo 2 [segunda parte] de su *Panorama histórico de la literatura cubana* (La Habana, Editorial Revolucionaria, 1967), por Manuel Sanguily, aunque en alguna ocasión dio cabida a trabajos de Enrique Piñeyro. Su administrador fue Antonio del Monte. En el número inicial Sanguily manifestaba las ideas que lo guiarían para llevar a cabo su cometido, y expresaba entre otras cosas que «Lo único que ahora me es dable asegurar, y puedo desde luego asegurarlo, es que *impresionista* o no, procuraré con cuidado librarme de la crítica de temperamento. Si mi admiración puede llegar a ser grande, me abstendré en todo caso de ofender y —mucho más— de injuriar a nadie, pues no concibo que los hombres merezcan ni compasión ni ira por las ideas que sustenten o profesen de buena fe [...]». Aparecieron trabajos de crítica literaria, tanto de obras editadas en Cuba como en el extranjero. Pero como afirma Henríquez Ureña en su obra antes señalada, «...no era la crítica literaria la que atraía la atención preferente de Sanguily, pues su mayor interés se concentraba en aquellos temas que tuvieran relación con el proceso político de Cuba». En dos oportunidades la revista fue acusada ante los tribunales por sus artículos en defensa de la revolución y por algunos otros que, sin tocar directamente el tema, hacían alguna alusión a la situación cubana. En ambas ocasiones Sanguily salió airoso. El propio Henríquez Ureña anota en la página 54 de su ya mencionada obra: «Era así, paso a paso, como había que ir conquistando entonces mayores posibilidades para la libre expresión de las ideas. *Hojas Literarias* no volvió a ser objeto de nuevas persecuciones, y Sanguily pudo insertar en sus páginas buen número de artículos en los que campeaba el espíritu separatista.» Tuvo una sección dedicada a divulgar noticias literarias, acontecimientos científicos y variedades en general. La agitación política de la isla en vísperas de la guerra que estallaría en febrero de 1895, hizo que se suspendiera su publicación. Aparecieron en total cinco tomos. El último número correspondió al 31 de diciembre de 1894.

Bibliografía

Dopico, Blanca, «*Hojas Literarias*», en *Universidad de La Habana*, La Habana, 30, 177, 136-152, enero-febrero, 1966.

Hojas Nuevas (La Habana, 1909). Revista ilustrada artístico-literaria. Fue órgano de los estudiantes del Instituto de La Habana. El primer número correspondió al 7 de enero. Aparecía quincenalmente bajo la dirección de Julio Hernández Miyares. Fungieron como jefe y secretario de redacción, respectivamente, Miguel A. Carbonell y Ramón Zaydín. A partir del ejemplar correspondiente al 7 de agosto de 1909, ocupó la jefatura de redacción Gustavo Sánchez Galarraga, quien junto con Julio Hernández Miyares se hizo cargo de la dirección de la revista desde el 30 de enero de 1910 (último ejemplar localizado). No se ha encontrado la colección completa de esta revista, en la que aparecen cuentos, poemas y trabajos sobre historia, arte, política y ciencias. A pesar de ser una revista estudiantil, colaboraron en sus páginas Bonifacio Byrne, Ramón Roa, Enrique Hernández Miyares, Félix Callejas y Manuel Serafín Pichardo.

Hojas Nuevas (San José de las Lajas, La Habana, 1921-1922; Güines, La Habana, 1924).

Revista quincenal ilustrada [de] literatura, arte, ciencias, sport e intereses generales. El primer ejemplar apareció el 1.º de junio. Era dirigida por Pedro Pablo Mestre. Figuran, en los ejemplares vistos, colaboraciones literarias (cuentos y poemas) de autores desconocidos, al parecer locales. El último ejemplar revisado (número 11) corresponde al 15 de noviembre de 1921, pero según parece su salida se extendió hasta el año siguiente, pues al reaparecer en Güines el 10 de septiembre de 1924, con numeración independiente, se expresaba, luego de señalar la continuidad entre ambas publicaciones, lo siguiente: «Con un amor y una ternura incomparables, fue sostenida dicha publicación por espacio de dos años. Durante ellos, se puso a contribución mucho idealismo y no menos fe en la redención de la sociedad por estímulos, reaparece en esta Villa de Güines; la cultura. Hoy *Hojas Nuevas*, bajo iguales, pero consecuente con su origen, mantiene con la Villa de San José el contacto, la inteligencia, la compenetración que se derivan del recuerdo y del más acendrado afecto...» Su subtítulo la caracterizaba entonces como una «Revista patriótica ilustrada [de] literatura, arte, ciencia, sport e intereses generales». Fungía como director Manuel Fernández Valdés y como redactores Ernesto Fernández Arrondo, Valentín Cuesta Jiménez, Esteban y Enrique Fernández Roig y otros. Manifestaban sus editores que la publicación aspiraba a «promover las iniciativas generosas de cuantos nos deleitamos en el cultivo de las letras y sustentamos el criterio de que, por ese rumbo, favorecemos el mejoramiento de las costumbres...» Publicó cuentos, poemas y notas culturales, literarias e históricas. Fueron colaboradores, además de los escritores locales, Heliodoro García Rojas y Osvaldo Valdés de la Paz. El último número visto corresponde al 10 de octubre de 1924.

Hojas y Flores (Bayamo, Oriente, 1911)

Revista semanal literaria. El primer número correspondió al 10 de octubre. Entre esta fecha y el número 29, fue su director F. Lavernia Betancourt. A partir del número 30 se responsabilizó con la dirección Luis Tablada Mojena, quien ocupaba hasta entonces el cargo de jefe de redacción. Publicó poesías y cuentos y mantuvo la sección «Bayameses ilustres», que atendía Fernando Figueredo Socarrás. Colaboraron en sus páginas autores locales y sobre todo escritores jóvenes que se nuclearían poco después alrededor de la revista Orto. Entre ellos, Miguel Galliano Cancio, Rogelio González R., Ángel Cañete, Pedro Alejandro López. Otras colaboraciones aparecieron firmadas por José de la Luz León, Bonifacio Byrne, Jesús Castellanos y Juan Jerez Villarreal. El último número visto (70) corresponde al 11 de mayo de 1913.

Horizontes (La Habana, 1917-1918). Revista científica, literaria y social. Órgano de la Asociación Cultural Universitaria. El primer número salió el 20 de octubre, bajo la dirección de Guillermo Alonso Pujol y Delio Silva Castro. Como jefe de redacción fungía Pedro Martínez Fraga y como secretarios Carlos Azcárate Rosell, y Luis Marinello Vidaurreta. Entre los redactores figuraban Rubén Martínez Villena, Eduardo Núñez y Núñez, José M. Vega Cabrera, José A. Mestre Fernández e Isabel Margarita Ordetx. En el número correspondiente a enero de 1918 aparecían como directores Carlos Azcárate Rosell y Pedro Martínez Fraga, y como jefe de redacción Juan Marinello Vidaurreta. Fue una revista dedicada, casi especialmente, a tratar asuntos referentes al derecho civil, aunque en ocasiones publicaron algunos poemas y otros trabajos literarios firmados por Álvaro de la Iglesia y Sergio Cuevas Zequeira. Publicó también algunas de las conferencias que se pronunciaban en el Ateneo de La Habana. Otros colaboradores fueron Rafael Montoro, Alfredo Zayas, *Conde Kostia* (seudónimo de Aniceto Valdivia) y Francisco Carrera Jústiz. El último número localizado corresponde al mes de abril de 1918, fecha que también menciona León Primelles en la página 456 de su *Crónica cubana. 1915-1917* (La Habana, Editorial Lex, 1955) como la del último ejemplar.

Horizontes (Sancti Spíritus, Las Villas, 1935). «Revista quincenal literaria [y] social», se lee en el primer ejemplar visto (número 7), correspondiente al 15 de mayo de 1935. Figuraban como directoras Margot Álvarez de Meneses y Ernestina Trelles Trelles. Según parece comenzó a salir en febrero, pues en el ejemplar correspondiente al 15 y 29 de febrero de 1936, señalan que en dicho mes cumplen un año de publicación. En este momento solo aparecía como directora Margot Álvarez de Meneses. En el ejemplar de septiembre de 1936 anunciaron que desde el próximo número que viera la luz sería «órgano Oficial de la Biblioteca Pública Municipal». En otros números sueltos que se han localizado, su periodicidad pasó a ser mensual. Publicó cuentos, poemas, críticas literarias, trabajos sobre historia local y notas sobre arte. Colaboraron en sus páginas, además de los escritores locales, Cintio Vitier, Eugenio Florit, Josefina de Cepeda, Thelvia Marín, Andrés Segura Cabrera, Eduardo Benet, Dulce María Borrero, Adela Jaume, Emilio Ballagas, Fernando G. Campoamor y Dulce María Loynaz. El último número localizado corresponde a julio de 1939.

Horrego Estuch, Leopoldo (Cárdenas, Matanzas, 18 diciembre 1892). Cursó la instrucción primaria en Cárdenas. En 1914 asistió al Primer Congreso Nacional Obrero como representante de esa ciudad. Fue jefe de despacho del Ayuntamiento durante once años. En 1925 se graduó de maestro primario y de Bachiller en Ciencias y Letras. En la Universidad de La Habana se doctoró en Derecho Civil (1930). Perteneció al Comité Cultural Argentino (1939). En el Ateneo Cubano de Nueva York le fue otorgado el Premio Bacardí (1945). En 1946 la Cámara de Representantes, en un concurso convocado por la Academia de la Historia de Cuba, premió su obra *Maceo, estudio político y patriótico*. El Colegio Nacional de Abogados de Cuba, en el centenario de Martí, premió su obra *Martí, su pensamiento jurídico*. Era miembro, por Cárdenas, de la Academia de la Historia de Cuba. Fundó la revista *Mecenas* y trabajó en *Prensa Libre*, de Cárdenas. Colaboró en *El Mundo*, *Carteles* y *Bohemia*. Es autor de una cronología de Antonio Maceo y de diversos trabajos sobre asuntos legales.

Bibliografía activa

Antonio Maceo, héroe y carácter, La Habana, Imprenta Luz-Hilo, 1939; Id., 1943; 2.ª edición, ampliada, Id., 1944; 3.ª edición, ampliada y corregida, Id., 1946; edición oficial del cincuentenario de la independencia, La Habana, La Milagrosa, 1952.

Plácido, el poeta infortunado, La Habana, Editorial Luz-Hilo, 1944; edición aumentada y corregida, La Habana, Municipio de La Habana, 1949; 2.ª edición aumentada y corregida, La Habana, Editorial Mecenas, 1949; Edición definitiva, aumentada y corregida, La Habana, Ministerio de Educación, Dirección General de Cultura, 1960.

El sentido revolucionario del 68, historia de un proceso ideológico, La Habana, Editor Jesús Montero, 1945.

*Discurso pronunciado por el Doctor Leopoldo Horrego Estuch en la velada solemne celebrada el 7 de diciembre de 1947, por las sociedades Club Atenas y Unión Fraternal, para conmemorar la muerte del Lugarteniente Ge-

neral Antonio Maceo, La Habana, Imprenta Belascoaín 909, 1947.

Maceo, estudio político y patriótico, La Habana, Imprenta El Siglo XX, 1947; La Habana, Imprenta P. Fernández, 1947.

Máximo Gómez, libertador y ciudadano, La Habana, Imprenta P. Fernández, 1948.

Juan Gualberto Gómez, Un gran inconforme, La Habana, Editorial Mecenas, 1949; 2.ª edición aumentada y corregida, La Habana, Editorial La Milagrosa, 1954.

Maceo, el titán de bronce, La Habana, Imprenta La Revoltosa, 1949.

Emilio Casanova, La vehemencia del separatismo, trabajo leído en sesión pública, el día 16 de marzo de 1951, La Habana, Imprenta El Siglo XX, 1951.

Juan Gualberto Gómez; perfiles biográficos, La Habana, Editorial Lex, 1954.

Martí, su pensamiento jurídico, La Habana, Editorial Mecenas, 1954.

Martín Morúa Delgado, conferencia, Santa Clara, Universidad Central de Las Villas, 1957.

Martín Morúa Delgado, vida y mensaje, Año del centenario de Martín Morúa Delgado, La Habana, Editorial Sánchez, 1957.

Bibliografía pasiva

Cosío Sierra, Santiago, «*Martí, su pensamiento jurídico*», en *Universidad de La Habana*, La Habana, 118-123, 481-492, enero-diciembre, 1955.

Entralgo, Elías José, «*Maceo, héroe y carácter*», en *Universidad de La Habana*, La Habana, 55-57, 371, julio-diciembre, 1944.

Lazo, Raimundo, «*Plácido, el poeta infortunado*», en *Universidad de La Habana*, La Habana, 88-90, 419, enero-junio, 1950.

Horruitiner, Lino (Santiago de Cuba, 1902- Id. 22-9-1972). Cursó la primaria y el bachillerato en Santiago de Cuba. Trabajó ocasionalmente en labores administrativas de oficinas. Muy joven aún comenzó a publicar poemas en periódicos santiagueros y de La Habana. Obtuvo premios de poesía en juegos florales y certámenes convocados por instituciones de Santiago. Fue colaborador en *Diario de Cuba*, *Oriente*, *Acción Ciudadana*, *Surco*, *Sierra Maestra* (Santiago de Cuba), *El Fígaro*, *Carteles*, *Información* y *Diario Libre* (La Habana). Formó parte del Grupo H, que introdujo la inquietud vanguardista en Santiago de Cuba. Vivió toda su vida en su ciudad natal, salvo un breve paréntesis en La Habana de 1960 a 1965.

Dejó inéditos varios libros de poemas.

Bibliografía activa

Presencia, poesía, Santiago de Cuba, Manigua, 1955.

Bibliografía pasiva

Augier, Ángel, «Presencia y poesía de Lino Horruitiner», en *El Mundo*, La Habana, 55, 17 446, D-3, junio 24, 1956.

Portuondo, José Antonio, «Presencia poética de Lino Horruitiner», en *Nosotros*, Santiago de Cuba, 1, 7, 19, diciembre 24, 1955.

Horta, Eulogio (Cienfuegos, Las Villas, 11 marzo 1865-San Juan, Puerto Rico, 31 agosto 1912). Muy joven aún, ya colaboraba en periódicos de Cienfuegos. En 1885 fundó y dirigió, en esa ciudad, la revista *La Nueva Alianza*, órgano del centro espiritista «Lazo de Unión». Fue redactor de *La Verdad*. Emigró de Cuba al estallar la guerra del 95 y viajó por diversos países de Europa y América. Durante su estancia en París perfeccionó sus estudios de ocultismo, a los que se dedicó activamente. Se estableció nuevamente en Cienfuegos a fines de la década del noventa. Fue delegado en Cuba de la Sociedad de Estudios Esotéricos de París. En 1899 fue redactor de la revista *Cienfuegos Ilustrado*. Colaboró en *El Fígaro*, *La Habana Elegante*, *El Hogar*, *Gris y Azul*, *Social* y la revista santiaguera *Ilustración Cubana*. Fue un entusiasta propagador del modernismo a través de artículos y conferencias. Ocupó el cargo de canciller del Consulado de Cuba en San Juan, Puerto Rico, poco antes de su muerte. En esa capital se representó su monólogo *Juego de flechas*. Tradujo poemas de Baudelaire, Verlaine, Mallarmé, etc.

Bibliografía activa
Bronces y rosas, Prosa, prólogo de Conde Kostia, seudónimo de Aniceto Valdivia, La Habana, Imprenta Avisador Comercial, 1908.

Bibliografía pasiva
Caamaño de Cárdenas, Francisco, «Una flor para una tumba», en *El Triunfo*, La Habana, 7, 263, 6, septiembre 29, 1913.

Carbonell, José Manuel, «Eulogio Horta y Alonso, 1865-1912», en su *La prosa en Cuba*, recopilación dirigida, prologada y anotada, T. 1, La Habana, Imprenta Montalvo y Cárdenas, 1928, págs. 285-286, Evolución de la cultura cubana, 1608-1927, 12.

Carbonell, Néstor, «Eulogio Horta», en *Letras*, La Habana, 2.ª época, 8, 33, 394, septiembre 8, 1912.

Carricarte, Arturo R., «De crítica», en *Letras*, La Habana, 2.ª época, 4, 1, 3-4, julio 5, 1908.

Dolz, Marco Antonio, «El último bohemio», en su *Pasando la vida...*, crónicas, 2.ª edición, La Habana, Jesús Montero, 1917, págs. 23-29.

«Eulogio Horta», en Borrero, Juana, *Epistolario II*, La Habana, Academia de Ciencias de Cuba, Instituto de Literatura y Lingüística, 1967, págs. 398-401.

Nolasco, A., Sócrates, «Eulogio Horta», en *Orto*, Manzanillo, 1, 38, 4-5, septiembre 22, 1912.

Uhrbach, Federico, «Bronce funerario, Eulogio Horta», en *El Fígaro*, La Habana, 28, 36, 524, 1912.

Valdivia, Aniceto, «Eulogio Horta», en *El Fígaro*, La Habana, 21, 37, 451, 1905.

Hoy (Véase **Suplementos literarios**)

Hoy Domingo (Véase **Suplementos literarios**)

Humanismo (México, 1952-1958; La Habana, 1959-1961). Revista mensual de cultura. El primer número correspondió a julio. Era dirigida por Mario Puga. Su consejo de redacción estaba integrado por Andrés Eloy Blanco, Alfonso Caso, Miguel A. Cevallos, Juan de la Encina, Carlos Lazo, Rafael Loera y Chávez, Margarita Paz Paredes y Manuel Sánchez Sarto. Entre los números 7-8 y 11-12, su periodicidad fue bimestral. Solamente en el primer número de los citados anteriormente figuró como subdirector Mario Monteforte Toledo. Entre los números 13 y 19-20 su consejo de redacción estuvo integrado por intelectuales de diferentes países latinoamericanos y de España. Por México figuraban Alfonso Caso, Carlos Lazo y Luis I. Rodríguez; por Centroamérica y Las Antillas Joaquín García Monge, Félix Lizaso, Mario Monteforte Toledo y Rogelio Sinán; por Sudamérica Andrés Eloy Blanco, F. Díez de Medina, Alberto Hidalgo y Juan Marín; por España en el exilio Juan de la Encina y Manuel Sánchez Sarto. A partir del número 21 la revista pasó a ser dirigida por Raúl Roa. Apareció también un grupo de colaboradores, cubanos muchos de ellos, entre los cuales se destacan Fernando Ortiz, José Antonio Portuondo, Nicolás Guillén, Emilio Roig de Leuchsenring, Julio Le Riverend, Elías Entralgo, José Zacarías Tallet, Salvador Bueno, Víctor Agostini y Felipe Martínez Arango. El subtítulo de la revista cambió a «Revista de insobornable orientación democrática» y posteriormente a «Revista de orientación democrática». Su lema indicaba que estaba «Al servicio de nuestra América». Entre los números 41 y 52 fue dirigida por Roa e Ildegar Pérez Segnini. Al triunfo de la Revolución cubana pasó a ser editada en Cuba (número 53-54, enero-abril de 1959) y ocupó la dirección Pérez Segnini solamente. A partir del número 57 fue dirigida por Juan Juarbe y Juarbe. Revista de contenido variado, publicó trabajos de economía, filosofía, psicología, lingüística, historia, teatro, política, artes plásticas. Mantuvo varias secciones fijas: «Artículos», que publicó trabajos de diversos temas, tratados siempre con profundidad; «Ficción», que generalmente publicaba cuentos; «Artes y letras», que reproducía fragmentos de piezas teatrales, poemas, etc.; «Notas», que comprendía reseñas de libros y espacios dedicados al cine, a la música y al teatro. Dedicó números de homenaje a Cuba, a México y a figuras intelectuales de renombre, como Rómulo Gallegos. También publicó algunos materiales relacionados con la revolución cubana, antes del triunfo de ésta, tales como el manifiesto-programa del Movimiento 26 de julio y cartas de Fidel Castro desde la Sierra Maestra. Al pasar a editarse en Cuba, su contenido estuvo encaminado fundamentalmente a divulgar las leyes dictadas por el Gobierno Revolucionario y a dar a conocer trabajos sobre política internacional. Colaboraron en sus páginas, tanto en México como en Cuba, distinguidos intelectuales. Además de los ya mencionados, figuraron también Alfonso Reyes, Luis Alberto Sánchez, Jesús Silva Herzog, Mauricio de la Selva, José Mancisidor, Emilio

Rodríguez Demorizi, Max Henríquez Ureña, Rómulo Gallegos, Mariano Picón Salas, Miguel Ángel Asturias y Ezequiel Martínez Estrada. Otros colaboradores cubanos fueron Antonio Núñez Jiménez, Enrique Labrador Ruiz, Jorge Mañach, Manuel Bisbé, Luis de Soto, Manuel Navarro Luna, Luis F. Le Roy y Gálvez, Mario Rodríguez Alemán, Rafael Suárez Solís y Carlos M. Lechuga. Los números finales aparecieron muy irregularmente. El último que apareció, 64-65, corresponde a 1961.

Humanismo (Guanabacoa, La Habana, 1959). Publicación editada por el Instituto Municipal de Cultura de Guanabacoa. Revista. El primer número apareció en mayo. El responsable de la edición fue Julio Sancliment A. Publicó cuentos, poemas, crítica literaria, trabajos históricos, notas sobre arte, etc. Entre sus colaboradores figuraron Marta Vignier, Samuel Feijóo, Luis Ángel Casas, Ana Núñez Machín, Roberto Branly, César Leante y Alcides Iznaga. El último número visto corresponde al trimestre julio-septiembre de 1960.

Hurtado del Valle, **Antonio** (Cienfuegos, Las Villas, 9 febrero 1841-Campamento insurgente en las cercanías de La Sacra, Camagüey, 7 junio 1875). Recibió la primera enseñanza en una escuela gratuita. En la guerra de 1868 alcanzó el grado de capitán del Ejército Libertador. Fue diputado a la Cámara de Representantes de Guáimaro y secretario de Estado en diciembre de 1873. Fue director de *El Fomento* (Cienfuegos) y fundó *El Damují*.

Colaboró en *El Correo* (Trinidad), *La Hoja Económica* (Cienfuegos), *El Central* (Villa Clara), *El Siglo*, *Cuba Literaria* y *La Moda Ilustrada*, de Cádiz. Trabajó como corresponsal de *La Aurora*, de Madrid. Algunas de sus poesías fueron recogidas en la antología *Los poetas de la guerra* (Nueva York, Imprenta América, 1893), prologada por José Martí. Usó el seudónimo *El hijo del Damují*.

Bibliografía activa
Producciones de Antonio Hurtado del Valle, El hijo del Damují, prólogo de H. Pruna Santa Cruz, Guanabacoa, La Habana, Imprenta La Esperanza, 1864.
Obsequios, poemas, Cienfuegos, 1885.

Bibliografía pasiva
Carbonell y Rivero, José Manuel, «Antonio Hurtado del Valle, *El hijo del Damují*, 1842-1875», en su *La poesía revolucionaria en Cuba*, recopilación dirigida, prologada y anotada, tomo único, La Habana, Imprenta El Siglo XX, 1928, págs. 199, Evolución de la cultura cubana, 1608-1927, 6.

I

Ibarra Cuesta, Jorge (Santiago de Cuba, 11 agosto 1931). Graduado de High School en la Williston Academy de East Hampton en 1950. En la Universidad de Pennsylvania cursó un año de economía. Regresó a Cuba en 1951. Alumno de la Escuela de Derecho de la Universidad de Oriente desde 1952, fue elegido presidente de su Federación Estudiantil en 1953. Militó en diversas organizaciones clandestinas fundadas por Frank País, hasta que ingresa en el Movimiento 26 de julio en 1956. Tomó parte activa en las luchas del Directorio Revolucionario 13 de marzo. Se trasladó de nuevo a Estados Unidos en 1956, esta vez como exiliado político, y recorrió México y Costa Rica. Regresó a Cuba después del triunfo de la Revolución. En 1960 se graduó de Doctor en Derecho. En la provincia de Oriente desempeñó labores en el Consejo Provincial de Cultura (1960-1961) y fue profesor de historia en la Escuela Provincial de Instrucción Revolucionaria. Trabajó como investigador y redactor de textos de historia en la Dirección Política del MINFAR (1964-1967). Ha colaborado en *Bohemia*, *Sierra Maestra*, *Casa de las Américas*, *Revista de la Biblioteca Nacional José Martí*. Publicó con otros investigadores del Instituto de Historia de la Academia de Ciencias, *Latifundismo y especulación. Notas para la historia agraria de Isla de Pinos (1900-1958)* (1968.

Bibliografía activa

Ideología mambisa, ensayo, La Habana, Instituto Cubano del Libro, 1967; 2.ª edición; Id., 1972.

Ibarzábal, Federico de (La Habana, 1-1894-Id., 6 noviembre 1955). Cursó la primaria en La Habana. Abandonó el bachillerato para dedicarse al periodismo. Con Alfonso Camín dirigió la revista de poesía *Apolo*, que comenzó a salir a mediados de 1915. Fue jefe de información de *Heraldo de Cuba*, *El Comercio* y *El País*. Colaboró en *Social*, *Bohemia*, *El Día*, *Mundial*, *Gráfico*, *Revista Habanera*, *Cuba Contemporánea y Carteles* –donde también ocupó el cargo de jefe de redacción–. Es autor de la primera antología del cuento cubano, titulada *Cuentos contemporáneos* (La Habana, Editorial Trópico, 1937). Es coautor, con Bernardo Merino, de *La revolución de febrero. Datos para la historia* (La Habana, Imprenta de Ramiro Andrés, 1917).

Bibliografía activa

Huerto lírico, poemas, prólogo de M. Lozano Casado, La Habana, Imprenta Avisador Comercial, 1913.

El balcón de Julieta, Sonetos, La Habana 1916.

Gente del Heraldo, La Habana, Imprenta Moderna, 1917.

Gesta de héroes; el poema de la guerra, «Gesta de héroes», por Salvador Rueda, La Habana, Ricardo Veloso, editor, 1918.

Una ciudad del Trópico, El año lírico, versos de

ayer, La Habana, Editorial La Habana, 1919.

La Avalancha, novela, La Habana, Imprenta Nuestra Señora de Montserrat, 1932.

El problema negro, ensayo de interpretación, La Habana, Talleres Tipográficos de F. Verdugo, 1935.

Derelictos, Cuento, La Habana, Editorial Hermes, 1937.

La Charca, Cuento, La Habana, Editorial Hermes 1938.

Lucha antituberculosa en Cuba, un reportaje documental, palabras iniciales de Arturo Alfonso Roselló, La Habana, Burga, 1939.

5 iniciativas del Consejo Corporativo, La Habana, Caras, 1940.

Tal-tal, novela, La Habana, Editorial Alfa, 1941.

Nombre del tiempo, La Habana, Alfa, 1946.

Bibliografía pasiva

Alfonso Roselló, Arturo, «Federico de Ibarzábal», en *Cuba Contemporánea*, La Habana, 29, 257-274, 1922.

Bibliófilo, seudónimo, «Tinta fresca, Un nuevo libro de F. de Ibarzábal», sobre *Una ciudad del Trópico*, en *Bohemia*, La Habana, 10, 15, 4, abril 13, 1919.

Bueno, Salvador, «Federico de Ibarzábal, 1889», en su *Antología del cuento en Cuba, 1902-1952*, La Habana, Ministerio de Educación, Dirección de Cultura, 1953, págs. 87.

C. M., «Notas bibliográficas, *Derelictos* y otros cuentos, por F. de Ibarzábal», en *Baraguá*, La Habana, 1, 4, 15, octubre 1, 1937.

Fernández de Castro, J. A., «Un poeta actual de Cuba», en *Cervantes*, La Habana, 2, 12, 19, diciembre, 1926.

Lamar Schweyer, Alberto, «Federico de Ibarzábal», en su *Los contemporáneos, ensayos sobre literatura cubana del siglo*, La Habana, Imprenta Los Rayos X, 1912, págs. 95-107.

Lezcano, Miguel, «Federico de Ibarzábal», en Arte, La Habana, 7, 214, 12, agosto 30, 1920.

Lizaso, Félix y José Antonio Fernández de Castro, «Federico de Ibarzábal», en su *La poesía moderna en Cuba, 1882-1925*, antología crítica, ordenada y publicada por Madrid, Librería y Casa Editorial Hernando, 1926, págs. 305-307.

Mañach, Jorge, «Ibarzábal, novelista en potencia», en Heraldo de Cuba, La Habana, 16, 140, 3, mayo 21, 1927.

Pérez Lobo, Rafael, «Ibarzábal o el escritor periodista», en *Cervantes*, La Habana, 13, 1-2, 19-20, ene— febrero, 1938.

Piedra Bueno, Andrés de, «Ibarzábal y su antología», en *El Espectador Habanero*, La Habana, 9, 49, 18, julio, 1937.

Portuondo, José Antonio, «Federico de Ibarzábal, 1894», en su *Cuentos cubanos contemporáneos*, selección, prólogo y notas, México D. F., Editorial Leyenda, 1946, págs. 53-54.

Suárez Solís, Rafael, «*Derelictos* y otros cuentos, de Federico de Ibarzábal», en *Revista Cubana*, La Habana, 10, 281-282, octubre-diciembre, 1937.

Vitier, Cintio, «Federico de Ibarzábal», en su *Cincuenta años de poesía cubana, 1902-1952*, ordenación, antología y notas, La Habana, Ministerio de Educación, Dirección de Cultura, 1952, págs. 111.

Ichaso, Francisco (Cienfuegos, Las Villas, 10 octubre 1901-México, 27 octubre 1962). Cursó estudios en La Habana hasta graduarse de Doctor en Derecho Civil. Fue miembro del Grupo Minorista y coeditor de la *Revista de Avance*. Crítico y ensayista. Durante la dictadura de Machado fue miembro del ABC, director de *Denuncia*, su órgano clandestino, y más tarde redactor de *Acción*. Fue director de la Oficina de Prensa e Información del Palacio Presidencial en 1934, tras la caída de la dictadura. Fue delegado a la Asamblea Constituyente de 1940 y representante a la Cámara por el Partido ABC. Ocupó además el cargo de director de Relaciones Culturales del Ministerio de Estado. Recibió el premio periodístico «Justo de Lara». Fue profesor de la Escuela de Periodismo «Manuel Márquez Sterling». Durante muchos años fue redactor del *Diario de la Marina*. Colaboró en *Bohemia*. Tras el triunfo de la Revolución abandonó el país y se trasladó a México, donde ejerció el periodismo y militó en grupos contrarrevolucionarios.

Bibliografía activa

En torno a Juan Sebastián Bach, La Habana, Publicaciones del Conservatorio Bach, 1927.

Góngora y la nueva poesía, Esta conferencia fue leída en el acto organizado por la revista *1927* para conmemorar el tricentenario de la muerte de Góngora, La Habana, Editorial Hermes, 1928.

Crisis de lo cursi, homenaje a Varona, La Habana, Secretaría de Educación, Dirección de Cultura, 1935.

Lope de vega, poeta de la vida cotidiana, La Habana, Comisión Organizadora del Homenaje a Lope de Vega, 1935.

Martí y el teatro, La Habana, Imprenta P. Fernández, 1935, Cuadernos de divulgación Cultural de la Comisión Nacional Cubana de la UNESCO, 6.

Defensa del hombre, La Habana, Editorial Trópico, 1937, Ensayo cubano, 2.

Entre excelencias; los incidentes Braden-Santovenia, prólogo de Joaquín Martínez Sáenz, La Habana, Centro de Estudios Políticos y Sociales de Cuba, 1947.

Bibliografía pasiva

Carbonell, José Manuel, «Francisco Ichaso y Macías, 1900», en su prosa en Cuba, recopilación dirigida, prologada y anotada, tomo 5, La Habana, Imprenta Montalvo y Cárdenas, 1928, págs. 375-376, Evolución de la cultura cubana, 1608-1927, 16.

Chacón y Calvo, José María, «*Defensa del hombre*, por Francisco Ichaso», en *Revista Cubana*, La Habana, 10, 269-270, octubre-diciembre, 1937.

—Vitier, Medardo. «Dos ensayos: Góngora y Goya», *El País*, 18 junio 1928, pág. 3.

—Mañach, Jorge, «Reseña de Defensa del hombre», *Revista Hispánica Moderna*, t. IV,

1938-1939, págs. 34-35.

Idea, La (La Habana, 1866-1867). Revista de instrucción pública. Comenzó a salir en forma quincenal a partir del 10 de enero. José María Labraña señala, en la página 667 de su trabajo «La prensa en Cuba» —aparecido en *Cuba en la Mano*. Enciclopedia popular frustrada (La Habana, Imprenta Úcar, García, 1940, págs. 649-786)—, que fue dirigida por José M. Céspedes y Teodoro Guerrero. Este último firmaba el artículo inicial en que se expresaban los propósitos de la publicación. En dicho trabajo se expresa: «Por el bien de la instrucción trabajamos y ese es nuestro programa; dirigir al niño, educar al adolescente, formar al hombre, velar por los medios de conseguir tan bellos triunfos, he aquí la síntesis de *La Idea*.» Presentó en toda su trayectoria un artículo que versaba sobre distintos temas de educación y una sección fija denominada «Crónica», que informaba sobre el estado de los distintos centros de enseñanza de la provincia de La Habana. Publicó trabajos o artículos sobre biología, física, gramática, pedagogía, filosofía, legislación penal, bellas artes, literatura contemporánea y arquitectura. También publicó poesías y notas bibliográficas. En sus páginas aparecieron las firmas de José M. Céspedes, Teodoro Guerrero, Anselmo Suárez y Romero, Gertrudis Gómez de Avellaneda, José Quintín Suzarte, Francisco Calcagno, Úrsula Céspedes de Escanaverino, Ramón Zambrana y otros. La propia publicación expresa que finaliza con los ejemplares 45 y 46 de finales de 1867.

Idea, La (Sagua la Grande, Las Villas, 1880-1882). Semanario de literatura, ciencias y artes. Comenzó a salir el 6 de noviembre, bajo la dirección de Miguel A. Montero y Manuel Gutiérrez. Al expresar sus objetivos declara: «Culto al arte, culto a la ciencia, amor a lo bello; esto falta en Sagua, y aunque *La Idea* no trae al campo de la publicidad pretensiones absurdas ni vanidades pueriles, ella se promete despertar ese culto y ese amor a nuestra villa, animada del deseo de serla útil, y obedeciendo al movimiento literario que se observa en todas las esferas de nuestra joven sociedad.» Publicó artículos sobre geografía, física, psicología, gramática, literatura cubana, teoría literaria y otros trabajos de interés general. Además, presentó poesías y relatos. Colaboraron en sus páginas, además de sus directores, Antonio y Francisco Rosales, Ignacio del Monte, Miguel Gutiérrez, Manuel Felipe Ledón, Belisario Casanova, Miguel Ventura, Miguel Gerónimo Gutiérrez, Carolina Bécquer, Eduardo Ruiz y García, Manuel Reina, Luis Victoriano Betancourt, Alfredo Torroella y otros. Finaliza su publicación con el número 43, correspondiente al 27 de agosto de 1882.

Ideal (La Habana, 1919-Id.). Revista universal ilustrada. Comenzó a salir quincenalmente a partir del 1.º de febrero, bajo la dirección de Aida Peláez de Villa-Urrutia. Gustavo Sánchez Galarraga y Armando R. Maribona ocuparon la jefatura de redacción y la dirección artística, respectivamente. Como administradora fungía Isabel M. Ordetx. Fundamentalmente fue una revista de actualidad cultural. Además, publicaba artículos, poesías, relatos y crónicas de arte y modas. Colaboraron en sus páginas José Manuel Carbonell, Juan José Remos, Dulce María Borrero, Graciela Garbalosa, Manuel Salas. I. Robainas, Eduardo Tro, Pilar de Fontanilles y otros. El último ejemplar encontrado (número 8) corresponde al 24 de mayo de 1919. Según parece finalizó en este mismo año, pues León Primelles, en su *Crónica cubana. 1919-1922* (La Habana, Editorial Lex, 1957) solo la menciona en 1919.

Ideas (La Habana, 1929). Revista de ciencias, artes y letras. Comenzó a publicarse en mayo bajo la dirección de Juan José Remos. En agosto de 1929 asumió la jefatura de redacción Enrique Larrondo y Maza. Señala entre sus propósitos el de «reverdecer los laureles de la *Revista de Cuba* y la *Revista Cubana*...». Añade, además, lo siguiente: «Anhelamos ser útiles a la juventud cubana, la eterna esperanza de todos los presentes de todas las épocas; y creemos que nada puede ser más provechoso a ella, que una publicación de Ideas, donde halle algo más que el clisé ilustrativo, o de información gráfica; donde palpite un ideario que se vigorice con una acción firme y trascendente, traducida en literatura fuerte, sana y noble.» Suspendió su salida durante los meses de noviembre y diciembre de 1929. Al reaparecer en enero de 1930, la dirección se propuso «reducir la actividad de la Revista al sector literario exclusivamente, en consorcio desde luego, con los problemas de la historia y del arte, sin dejar de mantener en sus editoriales una tribuna política y social, de amplitud de criterio y sanas aspiraciones». Fue una publicación de crítica literaria, tanto de literatura cubana como universal. Presentaba un editorial sobre los acontecimientos políticos nacionales e internacionales más sobresalientes y a continuación aparecían en sus páginas poesías de autores cubanos y del resto del continente, muchas de ellas inéditas, al igual que cuentos, relatos, crónicas y traducciones. Publicó trabajos de algunos autores del siglo pasado. Además divulgó notas bibliográficas de obras cubanas. Colaboraron en sus páginas además de Remos y de Larrondo, Enrique José Varona, Raimundo Lazo, Manuel Márquez Sterling, Manuel Navarro Luna, Mercedes Matamoros, Emilia Bernal, Antonio Iraizoz, Emilio Gaspar Rodríguez, Herminia del Portal, Martina Pierra de Poo, Alejandro Andrade Coello y otros. El último ejemplar encontrado corresponde a abril de 1930.

Ideas e Ideales (La Habana, 1919). Revista mensual de propaganda y defensa de la causa aliada. Comenzó a publicarse el 16 de junio bajo la dirección de Adolfo Dollero. A partir del número 6, correspondiente a noviembre de 1919, añade al subtítulo la aclaración de «Noticias y comentarios de la guerra europea, acontecimientos políticos, culturales y sociales, literatura, arte y moda».

La revista se dedicó fundamentalmente a difundir los acontecimientos más importantes de la Primera Guerra Mundial. Publicó además poesías, cuentos, artículos de interés histórico y cultural y discursos de figuras cubanas conocidas. Colaboraron en ella, además de su director, que firmaba con el anagrama Aldo Florolo, Fernando Figueredo Socarrás, Aurelia Castillo de González, Raimundo Cabrera, Diego Vicente Tejera, Juan B. Ubago, Fernando Sánchez de Fuentes, Billiken (seudónimo de Félix Callejas), Miguel A. Macau y otros. El último ejemplar encontrado (número 7) corresponde a diciembre de 1919.

Iglesia, Álvaro de la (La Coruña, España, 3 abril 1859-La Habana, 1940). Llegó a Cuba en 1874. Se estableció en Matanzas. Allí publicó sus primeros trabajos en el semanario *El Álbum* (1887), que dirigía Nicolás Heredia. Se trasladó después a La Habana y se dedicó al periodismo. Dirigió *La Familia Cristiana* (1891), fundó *La Región* (Matanzas, 1892), fue jefe de redacción de *La Época* y redactor de *La Discusión* y *El Mundo*. Colaboró además en *El Fígaro* (1900-1913), *Chic* y *Heraldo de Cuba*. Era miembro de la Academia de la Historia de Cuba y de la Real Academia Gallega. Utilizó los seudónimos *Pedro Madruga, Eligio Aldao y Varela, Artemio, A. L. Baró, Vetusto*.

Bibliografía activa

Adoración, novela original, Matanzas, Imprenta La Propaganda, 1894; 2.ª edición, La Habana, Tipografía Los Niños Huérfanos, 1901; 3.ª edición, prólogo de Enrique José Varona, Barcelona, Editorial F. Granada, 1906.

Manuel García, el rey de los campos de Cuba, Su vida y sus hechos, La Habana, Imprenta La Comercial, 1895.

Manuel García, rey de los campos de Cuba, Vida de este famoso bandido desde su infancia hasta su muerte, La Habana, Imprenta La Moderna Poesía, 1896.

La alondra, el secreto de Estrovo, novela original, La Habana, Biblioteca de Follas Novas, 1897.

Cuba para los cubanos, Folleto político, La Habana, Imprenta Militar, 1898.

Amalia Batista; o, El último danzón, novela cubana, La Habana, Imprenta La Universal, 1900.

Una boda sangrienta; o, El fantasma de San Lázaro, novela cubana, La Habana, 1900; 2.ª edición, La Habana, edición de El Mundo, 1901.

De Navidad, historia de un billete premiado, La Habana, Imprenta La Universal, 1900.

La bruja de Atarés; o, Los bandidos de La Habana, novela cubana, La Habana, Imprenta La Moderna Poesía, 1901.

Cuentos, La Habana, 1901.

Episodios cubanos, Pepe Antonio, prólogo de Manuel Sanguily, La Habana, Biblioteca Selecta de *El Mundo*, 1903, 2 T.

Episodios cubanos, II, La factoría y la trata, La Habana, Imprenta Avisador Comercial, 1906.

Tradiciones cubanas, relatos y retratos históricos, Primera serie, «Palabras proemiales», por Jesús Castellanos, La Habana, Imprenta de Meresma y Pérez, 1911.

Cuadros viejos, Segunda serie de las *Tradiciones cubanas*, La Habana, Imprenta Moderna, 1915.

Cosas de antaño, Tercera serie de *Tradiciones cubanas*, La Habana, Imprenta Maza, 1917; 2.ª edición, Id., 1918.

Tradiciones cubanas, Lima, Imprenta de Torres Aguirre, 1959-1960, 2 T.; La Habana, Instituto Cubano del Libro, 1969.

Bibliografía pasiva

Sierra Pando, Juan, seudónimo de Juan G. Campuzano, «La gente de pluma, Álvaro de la Iglesia», en *El Fígaro*, La Habana, 10, 19, 266, junio 3, 1894.

Varona, Enrique José, «La novela *Adoración*», en *El Fígaro*, La Habana, 10, 35, 466, octubre 7, 1894.

Igualdad, La (Sancti Spíritus, Las Villas, 1893-1895). «Periódico de literatura e intereses generales. Órgano de la sociedad del mismo nombre», se lee como subtítulo en el ejemplar más antiguo encontrado (año 2, número l), correspondiente al 7 de enero de 1894. Manuel Martínez Moles señala, en la página 55 de su *Periodismo y periódicos espirituanos* (La Habana, Imprenta El Siglo XX, 1930), que comenzó a publicarse el 5 de febrero de 1893, bajo la dirección de Santiago García Cañizares. Además, añade lo siguiente: «Con arreglo a su prospecto rehuía tratar toda materia relacionada con la política o la religión, y para velar por el cumplimiento de lo precepto, instituyó la sociedad una comisión de su seno que se entendía en mantener alejados de las columnas del periódico todo escrito sobre las indicadas materias». Publicaba las sesiones y actividades recreativas y artísticas de dicha sociedad y de otras de la jurisdicción de Sancti Spíritus. Presentó poesías, relatos, artículos y crónicas del teatro de su época. Además daba a conocer noticias referentes a la población. En sus páginas aparecieron las firmas de Mercedes Matamoros, Armando Mas y Hernández, Ricardo Martínez, Francisco Sellén, *Nobody*, *Tirabeque*, *Otger*, *Nemo* y otros. El último ejemplar encontrado corresponde al 24 de febrero de 1895. Carlos Manuel Trelles señala, en la quinta parte de su trabajo «Bibliografía de la prensa cubana (de 1764-1900) y de los periódicos publicados por cubanos en el extranjero» —en *Revista Bibliográfica Cubana* (La Habana, 3, 13, 32, enero-febrero, 1939)—, que finalizó en 1895.

Ilustración Cubana, La (Barcelona, 1885-1886; 1887-1888). «Revista decenal. Destinada al progreso de los intereses de ambas Antillas», se lee en la portada del año 1, tomo 1, entregada al finalizar el mismo, conjuntamente con el índice. Francisco González del Valle señala, en su artículo «Domingo Figarola Caneda» —aparecido en *Revista de la Biblioteca Nacional* (La Habana, 2.ª serie, 3, 1, 77, enero-marzo, 1952)—, que desde que apareció la revista, Figarola Caneda estuvo «encargado en La

Habana de acopiar su material, notándose por eso, desde un principio lo selecto de su literatura, casi toda de autores cubanos». Añade, además: «No parecía un periódico hecho en España sino en Cuba, por lo que no era de extrañar que su principal mercado estuviera aquí». En su prospecto inicial la revista comenta: «Varias publicaciones ilustradas, enteramente europeas unas, dedicadas en parte a las Américas otras, circulan en la Antillas españolas con éxito distinto, pero sin llenar completamente el vacío existente de una revista ilustrada especial para la hermosa isla de Cuba, joya la más valiosa de la madre patria». Razón por la que pretenden llenar tal vacío «no con la creación de una revista más, sino presentando al público cubano una enciclopedia digna de él, y que demuestre al mundo civilizado cuánto vale Cuba, y cuál es el lugar que sus hijos se han conquistado en la esfera social, gracias a su talento e industria». Añade, además, que «cuanto tenga relación con Cuba aparecerá en las páginas de *La Ilustración Cubana*, tanto en la forma literaria, como en la artística, para lo cual contamos con distinguidos redactores, colaboradores y artistas que reproducirán las bellezas de Cuba de excelentes fotografías, hechas exprofeso para nuestra revista, que se honrará a la vez con los retratos de los hijos preclaros de Cuba y de cuantos fomenten su progreso».

En 1886 solamente se publicaron dos números, ambos en el mes de enero. En el primer número del año citado anuncia que se propone aumentar a doce el número de sus páginas y «trasladar en breve a La Habana los medios de publicación necesarios a la índole de nuestra revista y competir desde aquel brillante suelo con las principales publicaciones ilustradas tanto nacionales como extranjeras». Reaparece en enero de 1887. Anteriormente, en diciembre de 1886, había salido el prospecto correspondiente al año entrante, reproducido fragmentariamente por Manuel Isaías Mesa Rodríguez en el discurso leído el 16 de enero de 1952 en la Academia de la Historia de Cuba, titulado *Don Domingo Figarola Caneda (1852-1952)* (La Habana, Imprenta El Siglo XX, 1952), donde expresa: «Por cuanto hace a la dirección literaria del periódico, asunto de no menos importancia de la que entraña la confección material, haremos constar aquí la satisfacción que hemos sentido al saber que dicho puesto había sido aceptado por el conocido escritor don Domingo Figarola Caneda [...]».

Hasta el 20 de febrero de 1887 no aparece en el machón de la revista el nombre de Figarola Caneda como director literario. Desde esta misma fecha, la redacción y la administración pasaron a La Habana, aunque siempre se imprimió en Barcelona. A partir del 20 de mayo del propio año asumió Figarola Caneda la dirección de la revista. En el prospecto correspondiente a 1888 la revista expresa que inicia su segunda época y que aumentará a dieciséis el número de sus páginas. *La Ilustración Cubana* cumplió su principal objetivo: divulgar y destacar los valores de la cultura cubana hasta su época, excepto durante su primer año, 1885, en que fue de contenido europeo, especialmente español, tanto en su producción literaria y plástica como en las noticias culturales y científicas que brindaba.

A partir del año 1886 se hizo exclusivamente cubana. Comenzó a publicar entonces cuentos, conferencias, poesías, artículos costumbristas y sobre cuestiones literarias, y novelas de reconocidos escritores cubanos, entre ellos Antonio Bachiller y Morales, José Victoriano Betancourt, Cirilo Villaverde, Enrique José Varona, Emilio Blanchet y otros. También presentó grabados de paisajes y monumentos cubanos y de figuras sobresalientes en nuestra cultura, con su correspondiente biografía. Hizo especial énfasis en tratar temas de la actualidad cultural. Merecen ser destacados los trabajos de crítica literaria cubana que publicó. Tuvo un suplemento mensual de modas. La propia revista presenta entre sus colaboradores, además de las figuras ya citadas, a José de Armas y Cárdenas, Ramón Ignacio Arnao, Nicolás Azcárate, Francisco Calcagno, Aurelia Castillo de González, Manuel de la Cruz y Fernández, Ricardo del Monte, Pablo Hernández, Ildefonso Estrada y Zenea, José Fornaris, Eusebio Guiteras, Teodoro Guerrero, Rafael María de Labra, Rafael María de Mendive, Luisa Pérez de Zambrana, Felipe Poey, Antonio y Francisco Sellén, Manuel Sanguily, Ramón Vélez Herrera. El último número encontrado corresponde al 29 de febrero de 1888, fecha que Carlos Manuel Trelles da, en la página 323 del tomo 6 de su *Bibliografía cubana del siglo XIX* (Matanzas, Imprenta de Quirós y Estrada, 1914), como la del cese de la publicación.

Bibliografía

«A nuestros suscriptores», en *La Ilustración Cubana*, La Habana, 1, 36, 286, diciembre, 1885.

«*La Ilustración Cubana*», en *La Habana Elegante*, La Habana, 5, 10, 7, marzo 6, 1887.

«*La Ilustración Cubana*», en *El Cubano*, La Habana, 2.ª época, 2, 70, 3, marzo 31, 1888.

Mirabet, Juan J., «Bibliografía» sobre *La Ilustración Cubana*, en *La Honorata*, La Habana, 14, 3, agosto 14, 1892.

Ilustración Cubana, La (La Habana, 1903). «Revista quincenal ilustrada de ciencias, artes, literatura e intereses generales», se lee como subtítulo en el ejemplar más antiguo encontrado (número 2), correspondiente al 5 de septiembre de 1903. Era dirigida por Luis Biosca. Ocupaba la jefatura de redacción Tomás L. Montero. Fue una publicación de actualidad cultural. Presentaba la fotografía y datos de la vida de destacadas figuras de las letras y las ciencias cubanas. También publicaba poesías. Colaboraron en ella, además de su jefe de redacción, Félix Callejas, Armando del Valle, Armando Noriega, C. Figueroa, Cowan, J. Estévez Travieso, Ángel E. Blanco, *Plinio* (seudónimo de Ismael Painceira?) y otros. El último ejemplar encontrado (número 6) corresponde al 31 de julio de 1903.

Ilustración Cubana, La (Santiago de Cuba, 1904). «Periódico literario y artístico», aunque tenía formato de revista. Comenzó a salir el 15 de febrero. Era su director y redactor José Maury. Publicó poesías, cuentos y relatos. Reflejó también la actualidad teatral de su ciudad. Casi toda la producción de la revista aparece bajo la firma de J. Maury o sin firma. El último ejemplar encontrado (número 5) corresponde al 12 de mayo de 1904.

Ilustración Cubana, La (La Habana, 1892-1897). «Revista universal» se lee en el ejemplar más antiguo encontrado (año 4, 2.ª época, número 13) correspondiente al 1.º de enero de 1896. Según Carlos Manuel Trelles, en la quinta parte de su trabajo «Bibliografía de la prensa cubana (de 1764 a 1900) y de los periódicos publicados por cubanos en el extranjero» —en *Revista Bibliográfica Cubana* (La Habana, 3, 13, 32, enero-febrero, 1939)—, comenzó a salir el 10 de julio de 1892, fecha que confirma la propia publicación al conmemorar el quinto año de su fundación. El propio Trelles también cita como directores a Carlos Pedroso y Tomás Delorme. En la publicación solamente aparece el nombre de C. Pedroso como director, desde el 1.º de marzo de 1896 hasta el 15 de diciembre de 1897 (último número encontrado). Según aclaración aparecida en la sección de «Necrología», el 15 de marzo de 1896 era redactor José María Céspedes. La revista se preocupó por mantener en sus páginas la actualidad cultural de su época y divulgar cuentos, novelas y artículos costumbristas de autores cubanos ya fallecidos, como Cirilo Villaverde, José Antonio Echeverría, Ramón de Palma y otros.

Publicó poesías y artículos de crítica literaria sobre figuras cubanas reconocidas. Tuvo varias secciones fijas, entre ellas la de «Ciencias, derecho y artes», en la que se divulgaron trabajos sobre la geografía, la fauna, la flora y la economía cubanas. También reflejó la sociedad y la moda de su época, esta última a través de trabajos firmados por *Delphine*. Colaboraron en ella Antonio Bachiller y Morales, Domitila García Coronado, Luisa Pérez de Zambrana, Ambrosio González del Valle, Mercedes Matamoros, Carlos Alberto Boissier, Francisco Calcagno, Luis Victoriano Betancourt, Rafael Otero, Felipe López de Briñas (hijo), *Julio Rosas* (seudónimo de Francisco Puig y de la Puente), *Andrassy*, *Olmedo* y otros. Trelles indica, en su ya citado trabajo, que su publicación finalizó en 1897, aunque sin precisar la fecha exacta.

Imparcial, El (Véase **Páginas literarias**)

Índice (La Habana, 1933-Id.; 1936). Publicación mensual. Artes, ciencias, historia, literatura. Revista que comenzó a salir en junio. Fue dirigida por Alfredo del Valle. Asumieron la dirección artística Antonio Rodríguez Morey y Joaquín Emilio Weiss. Como jefe de redacción fungía Carlos Azcárate. En sus propósitos iniciales expresa: «Hoy, surge esta nueva revista, sin mirar el pasado, sin temores por los fracasos de las que le precedieron, con fe, y dispuesta a contribuir en la medida de sus fuerzas al mejor desarrollo intelectual de nuestro país». De su primera época solamente se ha encontrado hasta el número 2, correspondiente a julio de 1933. Reaparece en forma irregular a partir de diciembre de 1936, con el subtítulo de «Mensuario de artes, ciencias, literatura y política». Continuó bajo la dirección de Alfredo del Valle. Declara entonces: «En 1933, cuando publicamos por primera vez esta revista, lo hicimos con una ideología definida, precisa». También se expresa que la revista «igual que antes, como siempre... llevará por delante la decisión más firme, más intransigente, de defender al país, de cualquier ingerencia que pueda ofender el claro concepto de su total soberanía». Publicó fundamentalmente artículos literarios, políticos, históricos, jurídicos y de interés general. Presentaba también poesías, traducciones de cuentos norteamericanos y de artículos de la prensa extranjera. Además, aparecieron notas bibliográficas y críticas de libros cubanos publicados. Colaboraron en sus páginas Emilio Roig de Leuchsenring, José Antonio Portuondo, Elías Entralgo, Gonzalo de Quesada y Miranda, Carlos M. Raggi, Fermín Peraza y Sarausa, Renée Potts, José Manuel Ximeno, Rosa Hilda Zell, Juan Mier Febles, José Zacarías Tallet, Enrique Delahoza y otros. El último ejemplar revisado corresponde a marzo de 1940.

Infancia, La (La Habana, 1871-1874). Semanario de instrucción y recreo. Dedicado a los niños. Revista que comenzó a salir semanalmente, a partir del 27 de octubre. Fue su director y editor responsable Carlos Genaro Valdés. En su introducción se lee: «*La Infancia*, un órgano de instrucción y recreo, no olvidará jamás aquel axioma y procurará que todos sus escritos tiendan única y exclusivamente a despertar en el corazón de la niñez los sentimientos de caridad y sana moral, que tan tibios se muestran en la época presente, y a fortalecer y desarrollar su inteligencia con los conocimientos científicos que puedan ponerse a su alcance, haciéndoles amar el estudio». Según aclara la revista, comienza su segunda época a partir del 2 de marzo de 1873, con un aumento del número de sus páginas. Publicó para los niños cuentos cubanos y extranjeros, poesías, relatos, lecciones de distintas materias y consejos. Además, presentaba anécdotas o biografías de niños destacados en la cultura universal. También aparecieron en sus páginas noticias sobre Alcides Iznaga y Raúl González de Cascorro, y poemas de Nicolás Guillén, Roberto Fernández Retamar y Manuel Navarro Luna. También ha publicado trabajos de Juan Marinello, Julio Le Riverend y Manuel Moreno Fraginals. Mantuvo la sección «Los grandes de la humanidad», que publicaba artículos sobre pintores, literatos y hombres de ciencia. El último número aparecido bajo el nombre de *I.N.R.A.* corresponde a marzo de 1962. A partir del mes de abril del propio año comenzó a publicarse bajo el título de *Cuba*. Tuvo como subtítulo «Revista mensual», y fue editada con año y numeración independientes. Los miembros de la dirección fueron los mismos de INRA. En cuanto a su contenido la tónica de la publicación siguió siendo la misma. Su impresión fue más lujosa. Amplió el número de colaboradores, entre los que se destacan Alejo Carpentier, Salvador Bueno, Edmundo Desnoes y Graciela Pogolotti. Desde enero de 1964 fungió como director Lisandro Otero y como jefe de redacción Darío Carmona. Además, aparece un consejo de redacción formado por Onelio Jorge Cardoso, José Lorenzo Fuentes, Leonel López Nussa, Santiago Cardosa Arias, *Baltasar Enero* (seudónimo de José Jorge Gómez Fernández), Dulcila Cañizares, Rafael Escobar Linares y Teudis Iraeta (hijo). Desde septiembre de 1964 ha venido apareciendo una edición en ruso de la revista. Otros miembros de la redacción de *Cuba* han sido Antonio Benítez Rojo, Guillermo Rodríguez Rivera, Norberto Fuentes, Félix Contreras y Luis Rogelio Nogueras. A partir del número correspondiente a noviembre de 1968, el subtítulo de la publicación se amplía a «Revista mensual editada por la Agencia Prensa Latina», y se señala en una nota: «Desde este número *Cuba* aparece como una publicación adscrita a la Agencia Prensa Latina. El compañero Lisandro Otero, por sus funciones como vicepresidente del Consejo Nacional de Cultura, se ve imposibilitado de seguir atendiendo la dirección de nuestra publicación. La responsabilidad de la Revista ha sido asumida por Ernesto González Bermejo, como redactor en jefe...» El último número de *Cuba* apareció en abril de 1969. Reapareció como *Cuba Internacional* en julio del propio año, sin ningún subtítulo y con numeración independiente. El contenido y el formato siguieron siendo los mismos. A partir de abril de 1970 aparece como director Ernesto González Bermejo, pero desde mayo de 1972 asumió la dirección Hugo Chinea. Poco después, en mayo de 1973, asume la jefatura de redacción el escritor uruguayo Jorge Onetti. Chinea cesa de dirigirla en agosto de 1973. Desde entonces aparece como subdirector Raúl Fernández y sigue como jefe de redacción Jorge Onetti. Posteriormente fue nombrado Julio Travieso jefe de información. Otros colaboradores de la publicación han sido Minerva Salado, Antonio Conte, Agenor Martí y Raúl Rivero. Compilado por Jacobo y Pedro Guiribitey Alcalde, con la colaboración del departamento de Hemeroteca e Información de Humanidades de la Biblioteca Nacional José Martí, se ha publicado el *Índice analítico de la revista* INRA, La Habana, Biblioteca Nacional José Martí, 1973.

Bibliografía

Pavlov, Gueorgui, «Relato de seis mil páginas..., Nuestra amiga la revista *Cuba*, edición en ruso», en *URSS*, La Habana, 10, 6-9, octubre, 1974.

Salado, Minerva y Olga Fernández, «Diez años de *Cuba*», edición en ruso, en *Cuba Internacional*, La Habana, 6, 61, 48-51, septiembre, 1974.

Institución Hispano-Cubana de Cultura A propuesta de Fernando Ortiz, expuesta en el seno de la junta de gobierno de la Sociedad Económica de Amigos del País, se creó esta institución el 22 de noviembre de 1926. Tuvo carácter independiente. Su presidente perpetuo fue el propio Fernando Ortiz. Los objetivos fundamentales para su fundación fueron procurar el incremento de las relaciones intelectuales entre Cuba y España por medio del intercambio de hombres de ciencia, artistas y estudiantes. Además sostener cátedras y realizar propaganda con el fin de intensificar y difundir la cultura y el pensamiento contemporáneos. En sus estatutos planteaban que aspiraban a «constituir una institución que se sienta libre de políticas, sectarismos, escuelas y propagandas unilaterales; que esté solo al servicio de la ciencia y del arte, en sus puras manifestaciones; que rechace por igual las presiones tendenciosas contra la independencia de la verdadera cultura, y las intrusiones de los simuladores, que pudieran aspirar a distraer sus recursos o a explotar sus prestigios para los medros personales y las vanidades propias de lo que en España se llama la *cursilería*, y entre cubanos el *picuismo*». Gestionó becas y organizó conferencias, conciertos, veladas cinematográficas, cursos, exposiciones, etc. Fue dirigida por una Junta General, formada por setenta miembros fundadores, y por una Junta Ejecutiva, constituida por un presidente, cuatro vicepresidentes, un secretario, un tesorero, un contador, un director de propaganda y los vocales. Esta junta organizó además las diferentes secciones con que contó la sociedad: conferencias, música, arte, propaganda, adhesiones y recursos económicos. Fueron miembros fundadores de la institución, entre otros, Juan Marinello, Conrado Massaguer, Ramiro Guerra, Emeterio Santovenia, Antonio Eligio de la Puente, Alfredo Aguayo, Israel Castellanos, Jorge Mañach, Federico Edelman y Mariano Aramburo. Contó con filiales en Matanzas, Santiago de Cuba, Manzanillo, Caibarién (Las Villas), Camagüey, Cienfuegos (Las Villas) y Sagua la Grande (Las Villas). Entre julio de 1936 y febrero de 1947 publicó la revista *Ultra*, que fue órgano de la institución dirigida por Fernando Ortiz. Publicó solamente opiniones extranjeras y extractos y traducciones de libros y artículos. En 1948 se extinguió esta agrupación cultural.

Bibliografía

«Acercamiento Hispano Cubano sin los mitos de la raza y la religión», en *Carteles*, La Habana, 11, 49, 10, diciembre 5, 1926.

«Anoche fue creada la Institución Hispano Cubana de Cultura», en *Diario de la Marina*, La Habana, 94, 326, 1 y 8, noviembre 23, 1926.

«El año tercero, Memoria de 1929», en *Mensajes de la Institución Hispanocubana de Cultura*, La Habana, 1, 4, 203-223, mayo, 1930.

«La cooperación española en la Institución Hispano-Cubana de Cultura», en *El Mundo*,

La Habana, 18, 8 563, 4, diciembre 22, 1926.
«Institución Hispanocubana de Cultura», en *Anuario Cultural de Cuba 1943*, La Habana, Imprenta Úcar, García, 1944, págs. 373-379.
Mensajes de la Institución Hispanocubana de Cultura, Memoria de 1926-27, La Habana, 1, 1, abril, 1928.
Mensajes de la Institución Hispanocubana de Cultura, Memoria, de los años 1930-31, La Habana, Imprenta Molina, s. a.
«Reglamento de la Institución Hispanocubana de Cultura», en *Mensajes de la Institución Hispanocubana de Cultura*, La Habana, 1, 2, 115-122, julio, 1927.
«El segundo año, Memoria de 1928», en *Mensajes de la Institución Hispanocubana de Cultura*, La Habana, 1, 3, 127-677, mayo, 1929.

Instituto de Literatura y Lingüística

Quedó constituido oficialmente el 1.º de julio de 1965 como centro de investigación integrante de la Academia de Ciencias de Cuba. Desde sus inicios hasta el 31 de diciembre de 1975, fecha en que asume la dirección la Doctora Mirta Aguirre, fue dirigido por el Doctor José Antonio Portuondo. Cuenta con los departamentos de Literatura —formado por los grupos de literatura cubana, literatura ruso-soviética, literatura norteamericana y literatura y lengua gallegas—, de Lingüística y de Biblioteca. Cuenta además con un grupo de teoría literaria y del lenguaje, otro de Bibliografía y documentación y un archivo literario. El Instituto fue fundado con el objeto de investigar y preservar nuestra herencia literaria y lingüística y estudiar el proceso de la lengua y de la literatura en Cuba como expresión de la conciencia nacional, instrumentos de formación y difusión ideológicas. Además, revisa y publica obras de autores cubanos y colabora estrechamente con otros organismos del país al brindarles conferencias, ciclos de cursos y charlas. Ha realizado investigaciones sobre literatura popular en provincias, de las que constituye una muestra el cuaderno sobre *Narraciones de Nueva Paz* (1968). Entre los libros publicados por la institución figuran *Poesía de Juan Clemente Zenea* (1966), recopiladas y prologadas por José Lezama Lima; *Las honradas* (1966), de Miguel de Carrión; el *Epistolario* (1966) y las *Poesías* (1966) de Juana Borrero, prologados por Cintio Vitier y por Fina García Marruz, respectivamente; *La ciencia literaria en Cuba (1868-1968)* (1968), de José Antonio Portuondo; *La lingüística en Cuba (1868-1968)* (1968), de Francisco Mota; *Cuba y Rubén Darío*. Con el ensayo de una Bibliografía cubana de y sobre Rubén Darío por Francisco Mota (1968), de Ángel Augier; *Vocabulario de la caña de azúcar español-inglés, inglés-español* (1971). En enero de 1967 apareció el *Boletín L/L*, del cual se editaron dos números. A partir de 1970 comenzó a publicarse como *Anuario L/L*, del que han aparecido ya los volúmenes correspondientes a los años 1970-1975.

Bibliografía

Alonso, Alejandro G., «X aniversario del instituto de Literatura y Lingüística, Una entrevista con el Doctor José Antonio Portuondo», en *Juventud Rebelde*, La Habana, 4, noviembre 20, 1975.

«Celebrado el X aniversario del Instituto de Literatura y Lingüística», en *Granma*, La Habana, 11, 276, 3, noviembre 22, 1975.

Herrera, Mariano R., «Entrevista con José Antonio Portuondo», en *La Gaceta de Cuba*, La Habana, 4, 46, 23-24, septiembre, 1965.

«El Instituto de Literatura y Lingüística», en *Granma*, La Habana, 11, 50, 3, febrero 28, 1975.

«Investigación de las letras en Cuba», en *Boletín de la Comisión Nacional Cubana de la UNESCO*, La Habana, 8, 29, 23, abril-diciembre, 1969.

Marinello, Juan, «La palabra, comunicación y creación, discurso en la velada conmemorativa del X aniversario del Instituto», en *Bohemia*, La Habana, 68, 2, 62-63, enero 9, 1976.

Santos, Juan Carlos, «Investigadores sin microscopios», en *Granma*, La Habana, 5, 166, 5, julio 14, 1969.

Intransigente, El (Key West, Estados Unidos, 1897-1898). Periódico político, biográfico y de literatura. Comenzó a publicarse el 15 de agosto, bajo el lema «La unión por la verdad y la justicia». Fue dirigido por E. Alonso, quien a veces firmaba con el seudónimo *El mismo*. En su primer ejemplar se lee: «Dentro del Partido Revolucionario Cubano, acatando respetuosamente su jefatura, más aún proclamándola irremplazable: venimos al estadio de la Prensa a servir de avanzada al ejército civil que en el extranjero, soportando los rigores de la emigración complementa a aquel [sic] otro ejército que en los campos de la patria desolada en lucha homérica con la dominación española la hace morder el polvo de los combates, conquistando a la vez la independencia de la tierra querida, la admiración del mundo.» En sus páginas aparecen noticias sobre el desarrollo de la guerra. Publicó poesías, relatos, crítica literaria y artículos de contenido político. Además, reseñó parte de las actividades políticas y culturales de los cubanos emigrados en Cayo Hueso. Colaboraron en este periódico Esteban Borrero Echeverría, Federico Uhrbach, *Julio Rosas* (seudónimo de Francisco Puig y de la Puente), Miguel Gualba, Manuel María Flores, E. Ramos Merlo, Francisco Faura, Bonifacio Byrne, *Paco Seco*, *Frank* y otros. El último ejemplar encontrado corresponde al 15 de enero de 1898, año en que termina su publicación, según expresa Juan J. E. Casasús en la página 460 de su *La emigración cubana y la independencia de la Patria* (La Habana, Editorial Lex, 1953).

Bibliografía

«El Intransigente», en *Patria*, Nueva York, 6, 388, 2, septiembre 18, 1897.

Inventario (La Habana, 1948). Mensuario polémico de arte y literatura. Revista que comenzó a salir en abril, bajo la dirección de Luis Dulzaides Noda. La propia publicación comenta en el número 2 (correspondiente a mayo) que en Cuba «nadie estaba mirando con agrado la aparición de una revista como *Inventario*. Libre de todo compromiso con escuelas, tendencias, grupos o individuos, su propósito era luchar a puño limpio por las mejores cosas en el arte y la literatura». Su portada estaba ilustrada con dibujos de pintores cubanos. Tuvo una salida irregular. A partir del número 25 cambia el formato y aparece con el subtítulo de «Revista polémica de arte». Reflejó en sus páginas parte de la actualidad cultural cubana y extranjera, con marcado carácter crítico. Reseñó todo tipo de concursos y premios literarios y plásticos, exposiciones, publicaciones y espectáculos. También publicó traducciones, poesías y viñetas. Colaboraron en ella Emilio Ballagas, Samuel Feijóo, Luis Felipe Collado, Joaquín Texidor, Marcelo Salinas, José Antonio Oliva, Carlos Ximénez Arroyo, Aldo Menéndez, Tomás Gutiérrez Alea, Mario Albano, Edgardo Martín y otros. El último ejemplar revisado (número 27) se publicó en 1952, pero no se señala el mes.

Iraizoz, Antonio (La Habana, 14 junio 1890-1976). Cursó el bachillerato en La Habana y Matanzas. Muy joven aún obtuvo el certificado de maestro de enseñanza primaria. Ejerció el magisterio en zonas rurales y en la capital. Se graduó de Doctor en Pedagogía (1920) y en Filosofía y Letras (1921) en la Universidad de La Habana. Fue subsecretario de Instrucción Pública y Bellas Artes (1921-1925). Enseñó gramática y literatura en el Instituto de La Habana. Fue enviado extraordinario y ministro plenipotenciario de Cuba en Portugal entre 1925 y 1927. Trabajó en el Consulado General de Panamá en La Habana (1931-1942). Fue representante a la Cámara (1932) por el Partido Popular. Fue uno de los fundadores y presidente, durante dos años, del Círculo de Bellas Artes. Fue además vicepresidente de la Asociación de la Prensa de Cuba. Como periodista fundó y dirigió *Patria*, fue director de *Alerta y La Noche* –donde además ocupó la jefatura de información–, redactor de *La Prensa, La Lucha, Diario de la Marina, El Mundo, Pueblo, Avance* y *El Siglo*, repórter de *La Discusión* y colaborador en *El Fígaro, Bohemia, Cuba Contemporánea, La Voz del Maestro, Cúspide* (Melena del Sur, La Habana) y *Élite* (Panamá). Miembro de la Academia Nacional de Artes y Letras, de la Academia de la Historia de Cuba y de la Academia Cubana de la Lengua –que preside desde 1969–, correspondiente de la Academia Panameña de la Historia, etc. Durante el régimen de Batista fue embajador de Cuba en España (1952) y en Venezuela (1957). Ha traducido obras del francés y del portugués. Su libro sobre Cagliostro fue traducido al inglés. Utilizó los seudónimos *Piripitaña* y *Tit-Bits*.

Bibliografía activa

La masonería y la tendencia al nacionalismo en Cuba, La Habana, Imprenta La Prueba, 1916.
El sentimiento religioso en la literatura española, La Habana, Imprenta El Siglo XX, 1918.
Sensaciones del momento, artículos de actuali-

dad, La Habana, Imprenta El Siglo XX, 1919.
Las ideas pedagógicas de Martí, La Habana, Imprenta El Siglo XX, 1920.
El apóstol de la democracia portuguesa, Magalhaes Lima, La Habana, Imprenta Ruiz, 1920.
Enrique Piñeyro, su vida y sus obras, La Habana, Imprenta El Siglo XX, 1922.
Código de moral infantil, La Habana, Secretaría de Instrucción Pública y Bellas Artes, 1924.
La estética acrática de Martí, conferencia pronunciada en el Club Cubano de Bellas Artes, y publicado [sic] por la *Revista Martiana*, octubre de 1924, La Habana, La Habana, Imprenta El Siglo XX, 1924.
Lecturas cubanas, La Habana, Taller Tipográfico «Prado», 1924; La Habana, Editorial Hermes, 1939.
Libros y autores, La Habana, Imprenta Moderna, 1924.
Outline of Education Systems and School Conditions in the Republic of Cuba, La Habana, Imprenta Montalvo y Cárdenas, 1924.
Ideología de José Martí, conferencia realizada no Salâo Nobre do Teatro S. Carlos, na tarde de 17 de abril de 1925.
Lisboa, Papelería La Bécarre, 1925.
Pnyx, Madrid, Editorial Mundo Latino, 1926.
La emoción que nos falta, La Habana, Club Cubano de Bellas Artes, 1927.
La poesía civil en Cuba, La Habana, Club Cubano de Bellas Artes, 1928.
La revisión de los derechos del niño, La Habana, Mario Recio, 1928.
José Rizal, La Habana, Imprenta Molino, 1929.
La crítica en la literatura cubana, discurso leído en el acto de su recepción como académico de número, celebrado el 9 de abril de 1930, discurso de contestación por el señor Miguel Ángel Carbonell, La Habana, Imprenta Avisador Comercial, 1930, Academia Nacional de Artes y Letras.
La misión diplomática de Enrique Piñeyro, La Habana, Imprenta El Siglo XX, 1930.
Apuntes de un turista tropical, La Habana, Imprenta Molina, 1931; 2.ª edición, Santa María del Rosario, Madrid, Editorial Rosareña, 1953.
Estampas panameñas, Florida, 1935.
Itinerarios por los Estados Unidos, La Habana, Editorial Hermes, 1936; 2.ª edición, prólogo de Rafael Guas Inclán, La Habana, Imprenta Molino, 1948.
Elogio del Doctor Fernando Sánchez de Fuentes, académico electo, fallecido el día 19 de febrero de 1935, La Habana, Imprenta Molino, 1937, Academia Nacional de Artes y Letras.
La vida amorosa de Martí, conferencia pronunciada en la Academia Nacional de Artes y Letras la mañana del domingo 10 de enero de 1937, La Habana, Editorial Hermes, 1937.
Cagliostro en la historia y en el arte, trabajo leído en la R. L., «Mártires de la Libertad», de La Habana, la noche del 24 de mayo de 1938, al ser visitada por la Agrupación Masónica «El Zapato Escolar...», La Habana, Imprenta

Molino, 1938.

Emilio de Girardin y el periodismo moderno, La Habana, Editorial La Verónica, 1940.

Penumbras del recuerdo, La Habana, Imprenta Molino, 1948.

Sinfonía del terruño, La Habana, Imprenta Molina, 1949.

La vida amorosa de Goethe, conferencia pronunciada en la Academia Nacional de Artes y Letras, el 22 de marzo de 1949, La Habana, Imprenta El Siglo XX, 1949, Academia Nacional de Artes y Letras, Serie de publicaciones especiales, 2.

Estudio científico del carácter cubano, La Habana, Editorial Lex, 1950.

La historia es un «relajo», Santa María del Rosario, Madrid, Editorial Rosareña, 1954.

Hombres y libros pasan..., Madrid, Afrodisio Aguado, 1955, i. e. 1956.

No te mueras sin ir a España, Santa María del Rosario, Madrid, Editorial Rosareña, Oficina Gráfica Madrileña, 1955.

Santa María del Rosario, Los sonetos del bicentenario, 1732-1932, Madrid, Blass, 1955.

Libros y autores cubanos, Santa María del Rosario, Madrid, Editorial Rosareña, 1956.

Don Quijote en Francia, conferencia leída en la sesión inaugural del curso 1960-1961, en la Academia Cubana de la lengua, La Habana, Editorial Multimpresos, 1960.

El verdadero origen del escudo cubano, La Habana, Colonia de Caibarién, 1960.

Inés de Castro, verdad y fantasía, La Habana, Talleres del Archivo Nacional, 1964.

El misticismo de Maeterlinck, La Habana, Editorial Caballero, 1965, i. e. 1964.

De los historiadores de Maceo, conferencia pronunciada en la sesión solemne conmemorativa de la caída del Titán de Bronce efectuada el día 7 de diciembre de 1964 en la Respetable Logia «General Antonio Maceo», La Habana, 1965, publicaciones de la Gran Logia, 7.

Bibliografía pasiva

Andrade Coello, Alejandro, «El último libro de Iraizoz», sobre *Lecturas cubanas*, en *América*, La Habana, 4, 3, 65-66, diciembre, 1939.

Gay Calbó, Enrique, «*Enrique Piñeyro, Su vida y sus obras*, por el Doctor Antonio Iraizoz y de Villar,» en *Cuba Contemporánea*, La Habana, 11, 33, 130, 215-216, octubre, 1923.

González Arrili, Bernardo, «*La vida amorosa de José Martí*», en *El Espectador Habanero*, La Habana, 9, 50, 75-77, agosto, 1937.

González del Valle, Francisco, «Antonio Iraizoz, *Lecturas cubanas*», en *Cuba contemporánea*, La Habana, 12, 36, 143, 242-244, noviembre, 1924.

Laguado Jaime, Francisco, «Un libro reivindicador, *Enrique Piñeyro, su vida y sus obras*», en Bohemia, La Habana, 17, 43 y 44, 11 y 31, octubre 24 y 31, 1926.

Lizaso, Félix, «Antonio Iraizoz», en su *Ensayistas contemporáneos, 1900-1920*, La Habana, Editorial Trópico, 1938, págs. 150-154 y 264-265, Antologías cubanas, 2.

López, Pedro Alejandro, «Un joven humorista cubano, a propósito de Sensaciones del momento en *El Fígaro*, La Habana, 36, 31, 842, agosto 17, 1919.

Ramos, José Antonio, «Thrasybulo en el *Pnyx*, Leyendo a Antonio Iraizoz», en *El Fígaro*, La Habana, 43, 9, 141-142, mayo, 1926.

Santovenia, Emeterio Santiago, «Los libros, *Apuntes de un turista tropical*» en *El Mundo*, La Habana, 31, 10 338, 4, diciembre 25, 1931.

Suárez Silva, «José Rizal, poeta y mártir filipino, juzgado por Antonio Iraizoz», en *Revista de Oriente*, Santiago de Cuba, 3, 25, 8, abril, 1931.

Vitier, Medardo, «Un libro del Doctor Antonio Iraizoz», en *Diario de la Marina*, La Habana, 109, 9, 4, enero 10, 1941.

Iris (Pinar del Río, 1904). «Revista para todos», se lee en el ejemplar más antiguo encontrado (número 4), correspondiente al 11 de agosto de 1904. Era dirigida por Juan Manuel Morales y se publicaba tres veces al mes. Más tarde asumió la dirección José María Cabada, hasta el 30 de mayo de 1905 en que la revista presenta solamente los nombres de L. Galiana y Juan Manuel Morales como propietarios. El último ejemplar revisado de la primera época (volumen 2, número 16) corresponde al 10 de junio de 1905. De la segunda época se ha encontrado solamente el número 8, correspondiente a noviembre de 1907. En ese momento presentaba un formato diferente y se publicaba una sola vez al mes. Declara entonces que «en ella hallarán defensa y protección los derechos del obrero en toda la medida de nuestras fuerzas». Reaparece el 31 de julio de 1909 como suplemento ilustrado de *Alma España*. Publicó cuentos, novelas cortas, poesías y crónicas. Además, presentó artículos históricos y parte de la historia de su ciudad. En sus páginas aparecieron las firmas de Manuel Márquez Sterling, Luis F. Domínguez, León Ichaso, Francisco de P. Soler, Álvaro de la Iglesia, M. Bueno, Luis I. Valdés Roig, Juan B. Ubago, *El Bachiller Carrasco*, *Segur* y otros. El último ejemplar encontrado corresponde al 31 de julio de 1909.

Iris, El (La Habana, 1850-1851). Revista literaria, con figurines y retratos, contradanzas y dibujos para bordados. Dedicada al bello sexo habanero. Comenzó a publicarse semanalmente a partir del 8 de diciembre, bajo la dirección de Ildefonso Estrada y Zenea. José María Labraña señala, en la página 667 de su trabajo «La prensa en Cuba» —aparecido en *Cuba en la mano. Enciclopedia popular ilustrada* (La Habana, Imprenta Úcar, García, 1940, págs. 649-786)—, que fue fundada y redactada por Ildefonso Estrada y Zenea y Rafael Otero. En la relación de colaboradores que presentaba la revista, se destacan los nombres de Narciso Foxá, Juan Clemente Zenea, José Gonzalo Roldán, José Fornaris y Rafael Otero, aunque no aparecieron trabajos con sus firmas.

En el prospecto publicado el 1.º de diciembre se expresa que en sus páginas «se insertarán bellísimas composiciones poéticas originales e inéditas de Gertrudis Gómez de Avellaneda, Carolina Coronado, Amalia Fenollosa...» y añaden lo siguiente: «Interesantes artículos literarios; juicios artísticos; relaciones de viajes; artículos de costumbres; biografías de los personajes y notabilidades de todo género daremos; artículos de costumbres, teatros, y sobre todo, noticias de las últimas modas, ocuparán las páginas de la Revista, a la que acompañarán figurines, contradanzas y dibujos para bordados...». Aparecieron trabajos de José Selgas, Camilo Alfonso Valdespino, Pedro Santacilia, M. Baralt, R. Pastor de Castro, Antonio Ferrer del Río, Gavino Tejada, Félix Uzuriaga y otros. La última entrega revisada (9) corresponde al 2 de febrero de 1851, fecha que Carlos Manuel Trelles señala en la sexta parte de su trabajo «Bibliografía de la prensa cubana (de 1764 a 1900) y de los periódicos publicados por cubanos en el extranjero» —en *Revista Bibliográfica Cubana* (La Habana, 3, 14-15, 72, marzo-junio, 1939)— como la del cese de su salida.

Isla (La Habana, 1955-1959). Revista literaria mensual. Comenzó a salir en diciembre. Era publicada, en forma de boletín, por la Organización Nacional de Bibliotecas Ambulantes y Populares (ONBAP). Formaron su consejo de redacción Arístides Sosa de Quesada, José Ángel Buesa, Alberto Baeza Flores, Arturo Doreste y Sergio Hernández Rivera. La revista se propuso «servir, no solo a divulgar las actividades de la ONBAP, sino también para acercar los libros al lector, y a los lectores entre sí». A partir del ejemplar correspondiente al primer trimestre de 1957 (número 13), toma el subtítulo de «Revista literaria trimestral». Además, declara que comienza «una nueva etapa con este número, en que disminuye el tamaño, pero aumenta en seis veces sus páginas de antes, realizándose también cambios radicales en su texto y ordenación tipográfica». Más tarde, a partir del número 15 (con fecha julio-agosto de 1957), comienza a salir en forma bimestral. Publicaba fragmentos de obras de reconocidos autores de la literatura universal. Presentó cuentos, poesías y artículos de crítica literaria. Salieron, además, notas sobre libros y autores y traducciones de artículos literarios. Colaboraron en sus páginas las figuras que integraron el consejo de redacción, así como Max Henríquez Ureña, Rafael Stenger, Agustín Acosta, Rafael Alberto Arrieta, Carilda Oliver Labra, Luis Ángel Casas y otros. El último ejemplar revisado (número 25) corresponde al bimestre marzo-abril de 1959.

Isla. Al servicio de los Intereses cubanos (La Habana, 1936). Revista que comenzó a publicarse cada dos semanas a partir del 23 de mayo. Era su director Emeterio Santiago Santovenia. Como subdirector aparecía Francisco Ichaso. Entre sus propósitos señala el de estudiar «los problemas nacionales con absoluta objetividad y con vistas a soluciones prácticas, de utilidad colectiva». Aparecieron en sus páginas trabajos sobre temas políticos, económicos, sociales y culturales. Contó con la sección «Documentos cubanos», por Rafael Marquina, la cual reflejaba la situación de los trabajadores cubanos de la época.

Divulgó artículos literarios, poesías y notas bibliográficas de obras publicadas recientemente. Además, brindó amplia información sobre la actualidad nacional e internacional en el aspecto político y cultural. Colaboraron en ella Carlos Rafael Rodríguez, Camila Henríquez Ureña, Jorge Mañach, Raimundo Lazo, Emilio Ballagas, Mariblanca Sabas Alomá, Eugenio Florit, Enrique Gay Calbó, Rafael Suárez Solís, Gerardo Castellanos, Carolina Poncet, José María Chacón y Calvo, Rafael García Bárcena, Luis Bay y Sevilla, Manuel Bisbé, Antonio S. Bustamante y otros. El último ejemplar encontrado (número 16) corresponde al 19 de diciembre de 1936.

Islas (Santa Clara, 1958). Revista de la Universidad Central de Las Villas. Comenzó a salir en el trimestre correspondiente a septiembre de 1958 como «Órgano de la Universidad Central de Las Villas». Samuel Feijóo fue su responsable de edición hasta julio-agosto de 1968, fecha en que aparece como recopilador del material de la revista. Señalaba en sus propósitos iniciales que comenzaría a salir con «gran fe en el trabajo creador, en los más altos valores del espíritu, en el mejoramiento de los pueblos por el camino de la cultura; con terca y al propio tiempo modesta voluntad de servicio; sin pretensiones vanas, mas sí con muy hermosos sueños y hondos anhelos...» Desde octubre-diciembre de 1968 se responsabiliza con la publicación un consejo de dirección integrado por Aimée González Bolaños, Caridad Regina García, Francisco Rodríguez Alemán, Ethel García Domínguez y Sarah Figueroa González. En septiembre-diciembre de 1969 comienza a publicarse cada cuatro meses. Desde el número 36, correspondiente a mayo-agosto de 1970, cambia el formato y toma el subtítulo de «Revista de la Universidad de Las Villas». A partir de enero-abril de 1971 presenta un consejo de redacción adscrito al Departamento de Lengua Española de la Escuela de Letras. Desde septiembre-diciembre de 1972 integran el consejo de dirección Aimée González Bolaños, Caridad Regina García, Francisco Rodríguez Alemán y Carmen Guerra. Inicialmente se dedicó a divulgar el folklore de la provincia de Las Villas. A finales de 1968 comenzaron a aparecer en sus páginas tesis de grado de alumnos y trabajos de profesores de la Facultad de Humanidades, sobre la historia de la cultura de distintas comunidades cubanas. Conjuntamente ha presentado trabajos sobre figuras cubanas sobresalientes en la literatura y la historia, así como sobre lingüística, arqueología, arquitectura, antropología, espeleología, teatro, música, historia y crítica literaria. Durante su trayectoria ha reproducido pinturas y esculturas de artistas de latinoamérica, así como otros aspectos de su cultura. También ha publicado obras de literatura cubana. Frecuentemente han colaborado cuentistas y poetas cubanos destacados, entre los que figuran Enrique Labrador Ruiz, Samuel Feijóo, Alcides Iznaga, Félix Pita

Rodríguez, Nicolás Guillén, Cintio Vitier, José Lezama Lima, Fina García Marruz, Manuel Díaz Martínez, Ernesto García Alzola, Roberto Branly, Marta Vignier y otros. Al triunfar la Revolución comenzaron a publicarse discursos y entrevistas de altas personalidades políticas, al igual que los hechos más sobresalientes en la política nacional e internacional. Ha dedicado algunos de sus números a temas especiales, entre ellos a la conmemoración del bicentenario de Alejandro de Humboldt, a la poesía moderna cubana, a los cien años de lucha y al conocimiento de la historia y problemática de los pueblos indochinos. Desde enero-abril de 1973 comenzó a presentar en cada número un resumen del contenido de la publicación en la portada posterior. Además de los cuentistas y poetas ya mencionados, quienes también publicaron otros trabajos de carácter literario, han colaborado en sus páginas Fernando Ortiz, Juan Marinello, Alejo Carpentier, Raúl Roa, Julio Le Riverend, Mirta Aguirre, Marcelo Pogolotti, José Antonio Portuondo, Roberto Fernández Retamar, José Luciano Franco, Hortensia Pichardo, Ángel Augier, Sergio Aguirre, Antonio Núñez Jiménez, Manuel Rivero de la Calle, Ana Núñez: Machín, Jorge Mañach, Dora Alonso, Loló de la Torriente, Federico de Onís, Omar Díaz de Arce, Medardo Vitier, Odilio Urfé, Sidroc Ramos, Leoncio Yanes, Mary Cruz, Salvador Morales, Rine Leal, Salvador Arias, Magaly Pérez Calderón, Alberto Rocasolano y otros. Compilado por Luz Berta Marín, del Departamento de Hemeroteca e Información de Humanidades, de la Biblioteca Nacional José Martí, se publicó un *Índice de la revista Islas* (La Habana, Instituto Cubano del Libro, 1974) que comprende los números aparecidos desde el comienzo de la revista hasta 1968.

Bibliografía

Bueno, Salvador, «La RDA en *Islas*», en *El Mundo*, La Habana, 65, 21 832, 4, marzo 8, 1967.

López Nussa, Leonel, «*Islas*», en *Granma*, La Habana, 2, 181, 7, julio 2, 1966.

Vitier, Cintio, «Introducción», en *Índice de la revista Islas*, La Habana, Instituto Cubano del Libro, 1974, págs. 1-4.

Iturrondo, Francisco (Cádiz, España, 1800- Vapor Missouri, de Nueva York a La Habana, 30 septiembre 1868). Llegó a Cuba con su padre en 1815. Pasó el resto de su niñez en Trinidad (Las Villas), de donde se trasladó al valle de Guamacaro, en Matanzas. Conmovido por los sucesos políticos de 1820 en España, fue desde entonces ardiente partidario del liberalismo. Procesado por conspiración en 1824, fue condenado por el gobernador de Matanzas hasta que en 1827 fue desterrado. Ese mismo año embarcó hacia Charleston. Denegado el permiso para entrar en el país, se trasladó a España, desde donde obtuvo autorización para regresar a Cuba en 1829. En Matanzas reunió en torno suyo un círculo de tendencia nativista, en el que figuraban *Plácido* (seudónimo de Gabriel de la Concepción Valdés), Ignacio Valdés Machuca, Manuel González del Valle, etc. Organizó con Valdés

Machuca, la fiesta poético-campestre en honor de Martínez de la Rosa al ser designado éste ministro de Estado, de la que salió publicada una *Aureola poética* (1834). Colaboró en la *Corona fúnebre* (1834) dedicada al Obispo Espada. Tras un silencio en su actividad literaria entre 1842 y 1859, colaboró en *Aurora del Yumurí* y dirigió *Liceo de Matanzas* (1860). Al final de su vida se trasladó a Estados Unidos. Tradujo a Ossián y la pieza *El paria*, de Casimiro Delavigne, publicada en 1842 y representada en Matanzas los dos últimos días de 1848. Era conocido por su seudónimo *Delio*.

Bibliografía activa

Rasgos descriptivos de la naturaleza cubana, por *Delio*, cantor de las ruinas de la Alhambra, 2.ª edición, La Habana, Oficina de don José Boloña, impresor de la Real Marina por S. M., 1831.

Descripción de la magnífica perspectiva que con motivo de la solemne jura de la Serenísima princesa heredera del trono de las Españas Doña María Isabel Luisa de Borbón, presentó el palacio del señor Conde de Santovenia en los días catorce, quince y diez y seis del corriente, por Delio, La Habana, Oficina de don José Boloña, 1833.

Ocios poéticos de Delio, Matanzas, don Tiburcio Campe, Imprenta del Gobierno, 1834.

A la juventud matancera amante de las buenas letras, en la solemne institución del Liceo Artístico y Literario, por Delio, Matanzas, Imprenta de Murtra, 1860.

Bibliografía pasiva

«Contraste literario, ensayo de los *Rasgos descriptivos de la naturaleza cubana*, por *Delio*, publicados a mediados del presente mes», en *El Regañón de La Habana*, La Habana, 57, 33-34, noviembre 28, 29, 1831.

Echeverría, José Antonio, «Poesía cubana, *Rasgos descriptivos de la naturaleza cubana* por *Delio*, cantor de las ruinas de la Alhambra», en *Revista Bimestre Cubana*, La Habana, 2, 4, 121-131, 1831.

Lezama Lima, José, «Francisco Iturrondo, *Delio*», en su *Antología de la poesía cubana*, tomo 2, La Habana, Consejo Nacional de Cultura, 1965, págs. 414-415.

López Prieto, Antonio, «Francisco Iturrondo, *Delio*», en *su Parnaso cubano*, Colección de poesías selectas de autores cubanos desde Zequeira a nuestros días, precedida de una introducción histórico-crítica sobre el desarrollo de la poesía en Cuba, con biografías y notas críticas y literarias de reputados literatos, tomo 1, La Habana, Editor Miguel de Villa, 1881, págs. 54.

Martínez Villergas, Juan, «Al calor de la improvisación» y «Al señor director del periódico de Matanzas titulado *El Liceo*», en *El Moro Muza*, La Habana, 282-284 y 18, junio 17 y septiembre 16, 1860.

Vitier, Cintio, *Lo cubano en la poesía*, La Habana, Universidad Central de Las Villas, 1958, págs. 49-56.

Izaguirre, José María (Bayamo, Oriente, 25 abril 1828-La Habana, 7 diciembre 1905). Fue profesor público en su ciudad natal. En 1848 viajó a Estados Unidos. Se incorporó a la insurrección de Yara con Céspedes y Aguilera en 1868. Fue diputado por Jiguaní a la Asamblea de Guáimaro y firmó la Constitución promulgada el 10 de abril de 1869. Desempeñó varias comisiones del gobierno revolucionario en el extranjero. A fines de 1874 se estableció en Guatemala, donde trabajó como maestro y fundó y dirigió la Escuela Normal. Ayudó a José Martí en su labor de propaganda en el extranjero a favor de la revolución cubana y prestó su apoyo y colaboración al fracasar la expedición de Fernandina en 1894. Fue colaborador de *Faro Industrial de La Habana*.

Bibliografía activa

El narrador bayamés, Libro de cuentos para los niños, Santiago de Cuba, 1854.
Asuntos cubanos, Colección de artículos y poesías, Nueva York, Imprenta América, 1896.
Elementos de pedagogía, Managua, Tipografía Nacional, 1897.
Recuerdos de la guerra, «José María Izaguirre», por E. G., La Habana, Ediciones Guáimaro, 1941.

Bibliografía pasiva

Carbonell, José Manuel, «José María Izaguirre, 1828-1905», en su *La poesía revolucionaria en Cuba*, recopilación dirigida, prologada y anotada, tomo único, La Habana, Imprenta El Siglo XX, 1928, págs. 189-190, Evolución de la cultura cubana, 1608-1927, 6.
Penichet, Antonio, «Martí y don José María Izaguirre», en *Minerva*, La Habana, 3, 29, 15, mayo, 1942.

Iznaga, Alcides (Cienfuegos, Las Villas, 19 mayo 1914-1999). Se graduó de Bachiller en Ciencias y Letras en el Instituto de Cienfuegos en 1938. Tras abandonar los estudios de medicina y de filosofía y letras, cursó la carrera de pedagogía en la Universidad de La Habana, hasta graduarse en 1941. Mientras estudiaba la carrera, trabajaba en el central Pastora, de San Juan de los Yeras (Las Villas). Ejerció el magisterio entre 1941 y 1961 en una escuela rural de Matanzas y en su ciudad natal. Se trasladó a La Habana en 1961. Desde ese año y hasta 1966 trabajó como corrector y redactor en la Editora Pedagógica del MINED. Trabajó como corrector de estilo en *Granma*. En 1969 ganó el premio de novela del concurso de la UNEAC con *Las cercas caminaban*. Ha colaborado en *El Comercio*, *La Correspondencia*, *Liberación*, *Ateje*, *Signos* —de la que fue codirector con Aldo Menéndez—, *Cuba*, *Diario Libre* (todas de Cienfuegos) *Social*, *El País Gráfico*, *Orto* (Manzanillo, Oriente), *Orígenes*, *Islas*, *Nueva Revista Cubana*, *Bohemia*, *Hoy*, *Juventud Rebelde*, *Lunes de Revolución*, *Asomante* (Puerto Rico), *Poesía de América* (México), *Idea* (Perú). Es coautor, con Samuel Feijóo y Aldo Menéndez, del libro *Concierto*

(La Habana, Imprenta de Herrería y Fernández, 1947).

Bibliografía activa

Rumbos, relatos, Cienfuegos, Magariños, 1943.

Los valedontes, novela, La Habana, Imprenta Úcar, García, 1953; 2.ª edición aumentada La Habana, Universidad Central de Las Villas, 1958.

El barrio y el hogar, poemas, La Habana, Talleres de Ángel López, 1954.

Felipe y su piel, relatos, La Habana, Imprenta La Isla, 1954.

Hojas evasivas, poemas, Cienfuegos, Ediciones Signo, 1956.

Patria imperecedera, poemas, Cienfuegos, Ediciones Signo, 1959.

Tiempo erosivo, poemas, Cienfuegos, La Correspondencia, 1960.

La roca y la espuma, antología poética, La Habana, Universidad Central de Las Villas, 1965.

Las cercas caminaban, novela, La Habana, UNEAC, 1970.

Bibliografía pasiva

Augier, Ángel, «Roca y espuma», en *Unión*, La Habana, 5, 3, 182-183, julio-septiembre, 1966.

Díaz Martínez, Manuel, «*Los valedontes*», en *Hoy*, La Habana, 21, 155, 2, julio 9, 1959.

Navarro Lauten, Gustavo, «Tres notas bibliográficas, 2, *Los valedontes*», en *Orto*, Manzanillo, 42, 1, 20, enero, 1954.

Selva, Mauricio de la, «Alcides Iznaga, *La roca y la espuma*», en *Cuadernos Americanos*, México D. F., 26, 153, 4, 253-254, julio-agosto, 1967.

Vitier, Cintio, «Alcides Iznaga», en su *Cincuenta años de poesía cubana, 1902-1952*, ordenación, antología y notas, La Habana, Ministerio de Educación, Dirección de Cultura, 1952, págs. 304.

J

James, Joel (La Habana 13 enero 1940-27 junio 2006). A los cinco año, se traslada con su familia a Banes, Oriente, lugar en donde realiza los estudios primarios y concluye el tercer año de bachillerato. Durante la tiranía de Batista participa activamente en la lucha clandestina, lo que le cuesta ser detenido por la policía en dos ocasiones (septiembre de 1956 y abril de 1958). Al triunfo de la Revolución pasa a formar parte de las Fuerzas Armadas Revolucionarias, hasta 1961, cuando ocupa la subdirección del periódico *Sierra Maestra*, de Santiago de Cuba. Posteriormente trabaja en las delegaciones provinciales del ICAIC (1962) y del INRA (1963-1968). En la Universidad de Oriente cursa la licenciatura en, Historia y labora en la Dirección de Extensión Universitaria. Ha colaborado en *Revolución y Cultura*, *El Caimán Barbudo*, *Bohemia*, *Granma*. Obtuvo el premio de cuento en el Concurso 26 de julio de las FAR, en 1972, con su libro *Los testigos*. Fue galardonado, además, con el premio de ensayo en el Concurso Combate Uvero (1974), de la Universidad de Oriente, por su libro *Cuba, 1900-1928, la República dividida contra sí misma*. Es asesor literario del Conjunto Dramático de Oriente.

Bibliografía activa

Los testigos, La Habana, Instituto Cubano del Libro, Editorial Arte y Literatura, 1973.

Bibliografía pasiva

«El concurso de Oriente», en *Bohemia*, La Habana, 66, 24, 24, junio 14, 1974.

Jamís, Fayad (Zacatecas, México, 27 octubre 1930-12 noviembre 1988). Concluyó sus estudios de primaria en Sancti Spíritus (Las Villas). Ingresó luego en la Escuela Anexa a la Academia de Bellas Artes de San Alejandro y más tarde en ésta hasta graduarse en 1952. Muy joven aún fue jefe de redacción de *Superación* (1948) y de *Acción* (1949), de Guayos, en la provincia de Las Villas. Ha desempeñado diversas labores, algunas de ellas relacionadas con el arte plástico, como dibujante operario en talla de cerámica y vidrio y restaurador de mosaicos en el Museo Nacional. En 1954 se trasladó a París. Durante su estancia en la capital francesa recibió un curso de religiones semíticas comparadas en la Escuela de Altos Estudios de la Sorbona. Regresó a Cuba en 1959. Fue coeditor de las Ediciones La Tertulia entre 1959 y 1960 y editor de Ediciones F. J. Fue jefe de la plana cultural de *Combate* y responsable de *Hoy Domingo* (1960-1964), suplemento del periódico *Hoy*. En 1962 obtuvo el premio de poesía del Concurso Casa de las Américas por su libro *Por esta libertad*. Al año siguiente participó en el mismo concurso como jurado de poesía. Entre 1963 y 1966 ejerció como profesor de pintura en la Escuela Nacional de Arte de Cubanacán. Fue miembro del ejecutivo de la Sección de Literatura de la

UNEAC entre 1964 y 1966. Ese año fue promovido al secretariado de dicha institución y fue uno de los representantes de los plásticos cubanos en el VIII Congreso de la Asociación Internacional de Arte, celebrado en Tokio. Ha recorrido España, Bélgica, URSS, República Popular China, Hungría, Checoslovaquia, Japón y México. Es autor de colaboraciones en *Orígenes, Ciclón, Islas, Hoy Domingo, Lunes de Revolución, Nueva Revista Cubana, Casa de las Américas, Revista de la Universidad de La Habana, La Gaceta de Cuba, Unión, Les Lettres Françaises y Les Lettres Nouvelles* (francesas), *El Corno Emplumado, Parva y Poesía de América* (mexicanas), *Cormorán y Delfín y La Rosa Blindada* (Argentinas), *Svetová Literatuns* (checoslovaca), *Literatura Extranjera y Literaturnaya Gazeta* (soviéticas), *Nagy Vilag* (húngara) y *Secolul XX* (rumana). Como pintor ha expuesto en diversas ocasiones. En la actualidad desempeña el cargo de consejero cultural de la Embajada de Cuba en México. Compiló y prologó, con Roberto Fernández Retamar, la antología *Poesía joven de Cuba* (1959). Ha traducido textos de diversos poetas, entre los que se destacan Paul Éluard y Attila Josef. Su libro premiado fue traducido al ucraniano y al chino. Ha utilizado los seudónimos *Fernando Moro* y *Onirio Estrada* y las iniciales F. J. N.

Bibliografía activa

Brújula, poesía, Guayos, Imprenta Wilfredo Rodríguez, 1949.

Alumbran, Seco sábado, La Habana, 1954.

Los párpados y el polvo, poesía, La Habana, Orígenes, 1954.

Vagabundo del alba, poesía, La Habana, Ediciones La Tertulia, 1959, Colección Centro, 2.

Cuatro poemas en China, La Habana, Ediciones FJ, 1961.

La pedrada, La Habana, Ediciones La Tertulia, 1962, Cuadernos de poesía, 3; La Habana, Instituto Cubano del Libro, 19172.

Por esta libertad, La Habana, Casa de las Américas, 1962.

Los puentes, Poesía, 1956-57, La Habana, Ediciones R, 1962.

La victoria de Playa Girón, poesía, La Habana, Ediciones Unión, 1964.

Cuerpos, antología, prólogo de Roberto Fernández Retamar, La Habana, Ediciones Unión, 1966.

Abrí la verja de hierro, poesía, La Habana, UNEAC, 1973.

Bibliografía pasiva

Augier, Ángel, «*Por esta libertad*, premio de poesía 1962», en *Universidad de La Habana*, La Habana, 27, 159, 162-163, enero-febrero, 1963.

Catá, Almayda, «Recuento sobre Fayad Jamís», en *Unión*, La Habana, 6, 2, 172-173, abril-junio, 1967.

Contreras, Félix, «Cara a cara con Fayad Jamís», en *Cuba*, La Habana, 7, 77, 51, septiem-

bre, 1968.
Dalton, Roque, «*Por esta libertad*, de Fayad Jamís», en *Casa de las Américas*, La Habana, 2, 13-14, 61-63, julio-octubre, 1962.
Femández, Pablo Armando, «Fayad Jamís, *Los puentes*», en *Casa de las Américas*, La Habana, 2, 10, 140-148, enero-febrero, 1962.
Medina, Richard, «Ante la puerta de Jamís», en *Casa de las Américas*, La Habana, 15, 87, 133-135, noviembre-diciembre, 1974.
Rodríguez Rivera, Guillermo, «Trece años; después» en *Casa de las Américas*, La Habana, 7, 43, 127-128, julio-agosto, 1967.
Saínz, Enrique, «Notas a la poesía», sobre *Abrí la verja de hierro*, en *Unión*, La Habana, 13, 2, 190-193, junio, 1974.
Selva, Mauricio de la, «Fayad Jamís, *Cuerpos*», en *Cuadernos Americanos*, México, 25, 148, 5, 268-270, septiembre-octubre 1966.
Slutsky, Boris, «Leyendo el libro de Fayad Jamís», en *Literatura Soviética*, Moscú, 9, 186-187, 1973.
Suardíaz, Luis, «Sobre los puentes», en *Unión*, La Habana, 1, 2, 146-149, julio-agosto, 1962.
Vitier, Cintio, «Fayad Jamís», en su *Cincuenta años de poesía cubana, 1902-1952*, ordenación, antología y notas, La Habana, Ministerio de Educación, Dirección de Cultura, 1952, págs. 393.

Jerez Villarreal, Juan (Bayamo, Oriente, 18 junio 1890). Obtuvo el título de bachiller en la provincia de Oriente. Se graduó en Pennsylvania State Normal School y en Northwestern University of Chicago. Viajó por diversos países. Fue colaborador en *El Cubano Libre*, *El Pensil*, *El Renacimiento* —de la que fue además uno de los fundadores al sustituir ésta a *El Pensil*—, todas de Santiago de Cuba, y en las publicaciones habaneras *El Fígaro*, *Bohemia*, *El País*, *Diario de la Marina*, *Revista de Avance*. Colaboró además en *Proa* (Buenos Aires), en *Revista das Academia do Brasil*, etc. Fue uno de los fundadores de *Orto*, de Manzanillo. Fue presidente del Club Atenas, miembro de la Junta de Gobierno de la Asociación de Escritores y Artistas Americanos y miembro del Instituto Nacional de Previsión y Reformas Sociales. En 1960 obtuvo el premio de la Academia de la Historia de Cuba por su libro *Oriente* (*biografía de una provincia*). Recientemente abandonó el país.

Bibliografía activa

Vuelo y cumbre, Manzanillo, Editorial El Arte, 1923.
Gesta de bravos, poemas épicos en prosa, Episodios inéditos de la revolución de 1868, La Habana, Talleres de *Cuba Intelectual*, 1926.
Hierro y marfil, La Habana, Imprenta Caras, 1930.
La historia de Cuba y Ramiro Guerra Sánchez, La Habana, Imprenta Caras, 1930.
Hombres bajo el signo de la vocación frustrada, La Habana, 1938.
Pastor del Río, La Habana, Editorial Hermes, 1938.
La obra de dos brasileños ilustres, La Habana, Atalaya, 1939.
Oriente, biografía de una provincia, La Habana,

Imprenta El Siglo XX, 1960.

Bibliografía pasiva

Aguirre Torrado, Benigno, «Gaceta bibliográfica, *Hierro y marfil*» en *Orto*, Manzanillo, 19, 3, 126-127, marzo, 1930.

Boti, Regino E., «*Hierro y marfil*» en *Diario de la Marina*, La Habana, 98, 68, 2, 34 sección, marzo 9, 1930.

Casanovas, Martín, «Pequeña gaceta, *Gesta de bravos* de Juan Jerez Villarreal», en *Heraldo de Cuba*, La Habana, 16, 149, 3, mayo 30, 1927.

Mañach, Jorge, «En la hoja del machete», sobre *Gesta de bravos*, en *El País*, La Habana, 5, 11, 3, enero 11, 1927.

Poveda, José Manuel, «Una obra de Jerez Villarreal», en *Orto*, Manzanillo, 12, 3, 8-9, febrero 15, 1923.

Sabas Alomá, Mariblanca, «*Hierro y marfil*», en *Revista de Oriente*, Santiago de Cuba, 2, 16, 13, 14, enero, 1930.

Jigüe (Holguín, Oriente, 1969). Revista. El primer número (único que se ha encontrado) apareció en abril. En el mismo se expresa: «Pretendemos, con la creación de esta revista, la publicación de todo cuanto sea de absoluto interés para los jóvenes escritores y artistas de nuestra provincia y del país.» Más adelante añaden que «*Jigüe* no es revista de grupos pequeños cerados [sic] o clases. Estamos a la más amplia disposición de todo escritor revolucionario, dentro del arte y la literatura». En el número de referencia se publicaron cuentos, poesías, notas culturales y bibliográficas, artículos literarios y entrevistas a conocidos intelectuales, firmados por Francisco García Benítez, Ángela Castellanos, Nancy Morejón, Mariana Escalona, Pedro Fulleda, José Marcos y Run.

Jiménez, Ghiraldo (Santiago de Cuba, 3 diciembre 1892). Se graduó de bachiller en el Instituto de Oriente. Obtuvo el título de Doctor en Medicina en la Universidad de La Habana. Ejerció la carrera en Güira de Melena (La Habana). Publicó sus primeros poemas en 1916. En Sagua de Tánamo, donde se estableció definitivamente, fue elegido alcalde. Estuvo relacionado con el Grupo Literario de Manzanillo. Fue colaborador en *El Fígaro* y *Orto*. Cultivaba el dibujo.

Bibliografía activa

La selva interior, poesía, Manzanillo, Editorial El Arte, 1919.

Por allá, novela, Manzanillo, Editorial El Arte, 1931.

Bibliografía pasiva

Cañete, Ángel, «Una novela cubana», en *Orto*, Manzanillo, 20, 9, 183-186, septiembre, 1931.

Lavié, Nemesio, «Fruta criolla, Detalles de *Por allá*», en *El País*, La Habana, 9, 256, 2, noviembre 14, 1931.

Lizaso, Félix y José Antonio Fermín de Castro, «Ghiraldo Jiménez», en su *La poesía moderna* en *Cuba, 1882-1925*, antología crítica, ordenada y publicada, Madrid, Librería y Casa Editorial Hernando, 1926, págs. 293.

Poveda, José Manuel, «Ghiraldo Jiménez», en *El Fígaro*, La Habana, 32, 29, 795, 1916.

«Los versos de Ghiraldo Jiménez», en *Orto*, Manzanillo, 10, 22, 2, julio 31, 1921.

Urrutia, Gustavo E., *«Por allá»*, en *Diario de la Marina*, La Habana, 99, 322, 2, diciembre 12, 1931.

Jorge Cardoso, Onelio (Calabazar de Sagua, Las Villas, 11 mayo 1914-La Habana, 20 mayo 1986). Se graduó de Bachiller en Ciencias y Letras en el Instituto de Santa Clara. En 1936 ganó el primer premio de cuento del concurso de la revista *Social*. Desempeñó diversas labores, entre las que se cuentan las de maestro rural, vendedor ambulante, viajante de medicina, redactor del Noticiero Radial Mil Diez y la de elaboración de libretos —durante más de doce años— para la radio y la televisión. Fue redactor de textos y jefe de redacción en el noticiero cinematográfico *Cine-Revista*.

En 1945 obtuvo el Premio nacional de cuento «Hernández Catá» por su relato «Los carboneros». Posteriormente obtuvo diversas menciones en el mismo certamen. Fue galardonado con el Premio Nacional de la Paz en 1952, auspiciado por el Partido Socialista Popular. Entre 1961 y 1966 fue miembro del ejecutivo de la Sección de Literatura de la UNEAC. Ocupó la dirección del Instituto de Derechos Musicales del CNC (1965-1966). En 1966 trabajó como responsable de reportajes especiales en el periódico *Granma*. Fue jefe de redacción de *Pueblo y Cultura* y del semanario infantil *Pionero*. Ganó el premio del Concurso Periodístico 26 de julio, de la Unión de Periodistas de Cuba, por su trabajo «En Santiago antes del 26», publicado en *Pueblo y Cultura* (La Habana, 28, 53, octubre, 1964). Como cuentista y periodista ha colaborado además en *Bohemia, Carteles, Archipiélago* (Caibarién, Las Villas), *Masas, Nuestro Tiempo, La Última Hora. Hoy, INRA, Universidad de La Habana, Unión, La Gaceta de Cuba, El Mundo, Revolución, Santiago, Casa de las Américas*. Ha viajado a la Unión Soviética, Checoslovaquia, Panamá y Chile. Ha sido jurado en los concursos UNEAC, David, La Edad de Oro y Casa de las Américas.

Fue guionista de documentales de corto metraje en el ICAIC y en la Sección Fílmica del Ejército Rebelde. Es autor de la recopilación *El pueblo cuenta* (La Habana, Bibliotecas del Capitolio Nacional, 1961) y del guión del filme *Cumbite*, de Tomás Gutiérrez Alea, basado en la novela *Los gobernadores del rocío*, del escritor haitiano Jacques Roumain.

Sus cuentos han sido llevados a la escena por los grupos Teatro Escambray y Conjunto Dramático de Oriente y han sido traducidos al búlgaro, al ruso, al alemán, al checo, al chino, al inglés y al francés, e incluidos en numerosas antologías. El Ballet Nacional de Cuba representó «El caballo de Coral». En 1964 se publicó en Bucarest una recopilación de sus cuentos bajo el título *Calul de Margean* (*El caballo de coral*). Desempeñó el cargo de consejero cultural de la Embajada de Cuba en Perú.

Bibliografía activa

Taita, diga usted cómo, prólogo de José Antonio Portuondo, México, Colección Lunes, 1945.

El cuentero, La Habana, Universidad Central de Las Villas, Departamento de Relaciones Culturales, 1958.

El caballo de coral, Santa Clara, Departamento de Cultura del Gobierno Municipal Revolucionario, 1960.

La lechuza ambiciosa, Cuento, La Habana, Gobierno Municipal Revolucionario de Santa Clara, Departamento de Cultura, 1960.

Cuentos completos, La Habana, Ediciones R, 1962.

Gente de pueblo, Reportajes, La Habana, Universidad Central de Las Villas, 1962.

La otra muerte del gato, relatos, La Habana, Ediciones Unión, 1964.

El perro, Cuento, La Habana, La Tertulia, 1964, Cuadernos de prosa, 5.

Cuentos completos, prólogo de Raúl Aparicio, La Habana, Ediciones Unión, 1965; La Habana, Instituto Cubano del Libro, Ediciones Huracán, 1969.

Iba caminando, La Habana, Ediciones Granma, 1966.

Tres cuentos para niños, La Habana, Instituto Cubano del Libro, 1968.

Abrir y cerrar los ojos, La Habana, UNEAC, 1969.

Onelio Jorge Cardoso, antología, introducción y selección de textos de Angelina Gavilán, La Habana, MINED, Dirección de Educación General, 1973.

Caballito blanco, Cuentos infantiles, La Habana, Instituto Cubano del Libro, Editorial Gente Nueva, 1974.

El hilo y la cuerda, La Habana, UNEAC, 1974.

Bibliografía pasiva

Abesgaus, Maia, «*El cuento cubano en el siglo XX*» en *Literatura soviética*, Moscú, 10, 180, 1966.

Agostini, Víctor, «*Cómo, se hace un cuento*», en *La Gaceta de Cuba*, La Habana, 2, 18, 7, mayo 18, 1963.

Alomá Orlando, «El soplo de los cincuenta», en *Cultura de 64'*, Santiago de Cuba, 1, 10, 14, octubre, 1964.

Alonso Alejandro, Gumersindo, «Una larga vida útil», sobre *El hilo y la cuerda*, en *Juventud Rebelde*, La Habana, 4, julio 16, 1974.

Álvarez Conesa, Sigifredo, «Cuentos de camino», en *La Gaceta de Cuba*, La Habana, 123, 3-4, mayo, 1974.

Aparicio, Raúl, «Onelio Jorge Cardoso, *El caballo de coral*», en *Casa de las Américas*, La Habana, 2, 9, 165-167, noviembre-diciembre, 1961.

Arenas, Reinaldo, «Con los ojos abiertos», en *La Gaceta de Cuba*, La Habana, 81, 10-11, febrero-marzo, 1970.

Arias, Salvador, «Análisis de un cuento de Onelio Jorge Cardoso» en su *Búsqueda y análisis*, ensayos críticos sobre literatura cubana, prólogo de José Antonio Portuondo, La Habana,

Ediciones Unión, 1974, págs. 89-112, Cuadernos de la revista *Unión*, 5.

«Sobre Onelio Jorge Cardoso, En su sesenta aniversario, Bibliografía pasiva, 1946-1974», en *Anuario L/L*, La Habana, 5, 158-160, 1974.

Augier, Ángel, «*Gente de pueblo*, por Onelio Jorge Cardoso», en *Universidad de La Habana*, La Habana, 27, 163, 205, septiembre-octubre, 1963.

Azucena, Isabel, «*El hilo y la cuerda*», en *Bohemia*, La Habana, 66, 30, 37, julio 26, 1974.

Benítez Rojo, Antonio, «*Abrir y cerrar los ojos*», en *Casa de las Américas*, La Habana, 11, 61, 171-173, julio-agosto, 1970.

Bueno, Salvador, «Estos cuentos de Onelio», en *El Mundo*, La Habana, 65, 21 631, 4, julio 13, 1966.

Callejas, Bernardo, «Onelio Jorge Cardoso y la fibra popular, en *Granma*», La Habana, 2, 118, 7, abril 29, 1966.

Chaple, Sergio, «En torno a un cuento de Onelio Jorge Cardoso», en *Anuario L/L*, La Habana, 1, 196-207, 1970.

Díaz, Jesús, «Onelio, el cuentero», en *El Caimán Barbudo*, La Habana, 73, 23, 1966.

Díaz Martínez, Manuel, «¿Análisis de un cuento?», en *La Gaceta de Cuba*, La Habana, 73, 23-24, mayo, 1969.

Diego, Eliseo, «*Tres cuentos para niños* de Onelio Jorge Cardoso», en *Unión*, La Habana, 6, 3, 144-150, septiembre, 1968.

«Abrir o cerrar los ojos», en *Unión*, La Habana, 9, 3, 196-198, septiembre, 1970.

Elizagaray, Alga Marina, «Un caballito blanco para los niños cubanos», en *Bohemia*, La Habana, 67, 14, 26, abril 4, 1975.

García, Esther, «Con Onelio», en *Taller Literario*, Santiago de Cuba, 14, 1-2, 24, junio, 1967.

García Ronda, Denia, «Los sesenta años del cuentero», en *La Gaceta de Cuba*, La Habana, 123, 2-3, mayo, 1974.

«Habla Onelio Jorge Cardoso/escritor cubano», en *Cultura '64*, Santiago de Cuba, 1, 7, 10, julio, 1964.

Hernández Novo, Corina, «Camino de las lomas», en *Taller*, Santiago de Cuba, 25, 29-31, enero, 1973.

Huete, Ángel, «Un solitario, Onelio Jorge Cardoso», en *Nueva Revista Cubana*, La Habana, 1, 1, 147-151, abril-mayo-junio, 1959.

Jorge, Elena, «Cultura, antes, Onelio Jorge Cardoso habla sobre su paso por el radio, entrevista», en *La Gaceta de Cuba*, La Habana, 123, 4-5, mayo, 1974.

López Nussa, Leonel, «Onelio Jorge Cardoso, Un señor cuentero», en *Cuba*, La Habana, 2, 18, 56-59, 1963.

Lorenzo Fuentes, José, «Los cuentos de Onelio Jorge Cardoso», en *El Mundo del Domingo*, suplemento del periódico *El Mundo*, La Habana, 12, julio 3, 1966.

Martí, Agenor, «Onelio, se toma o se deja», en *Cuba Internacional*, La Habana, 3, 22, 39-43, mayo, 1971.

Orozco Sierra, Guillermo, «Apuntes para un estudio de la caracterización en la cuentística de Onelio Jorge Cardoso», en *Taller Literario*, Santiago de Cuba, 18, 5-7, noviembre, 1968.

Pi, Agustín, «Conversación con Onelio Jorge Cardoso», en *Granma*, La Habana, 9, 75, 2,

marzo 29, 1973.
Rodríguez Feo, José, «Onelio Jorge Cardoso, El cuentero», en *La Gaceta de Cuba*, La Habana, 1, 2, 10, mayo 1, 1962.
Sarusky, Jaime, «La voz incompartible de Onelio Jorge», en *Granma*, La Habana, 5, octubre 14, 1969.
«*Tres cuentos para niños* de Onelio Jorge Cardoso», en *Unión*, La Habana, 6, 3, 144-150, septiembre, 1969.

Jorrín, José Silverio (La Habana, 20 junio 1816-Nueva York, 6 octubre 1897). Hizo sus primeros estudios con los Padres Escolapios de la Academia de San José de Calasanz. Más tarde estudió en el Colegio San Cristóbal de Carraguao, donde fue alumno de José de la Luz y Caballero. Estudió además en el Seminario de San Carlos, en el que fue discípulo de José Agustín Govantes. Apadrinado por Luz, se graduó de Bachiller en Leyes en la Universidad de La Habana, en 1835. Colaboró en *El Álbum* (1838), donde publicó poemas, y en *La Siempreviva* (1838, 1840). Traduce a Tácito y a Silvio Pellico y publica su *Curso elemental de dibujo lineal* (1839). Organizó, con José Antonio Echeverría, Anselmo Suárez y Romero, Zacarías González del Valle y Ramón de Palma, una academia libre de derecho. Antes de obtener el título de abogado fue admitido en las reuniones de jurisconsultos notables que tenían lugar en casa de José A. Cintra para estudiar cuestiones de derecho. Se graduó de abogado en 1841. Viajó cuatro años por Estados Unidos y Europa. En París tomó cursos de Economía Política y de Legislación Penal Comparada. Ya de regreso en La Habana ocupó diversos cargos administrativos y docentes de importancia, relacionados algunos de ellos con su carrera de abogado, escribió numerosos artículos e informes sobre educación y promovió planes para la enseñanza rural. Fue nombrado socio de honor de la Sociedad Económica en 1863. Dos años más tarde llegó a ocupar su presidencia. Propulsor de la agricultura científica, se ocupó de la divulgación de los conocimientos agrícolas entre los campesinos, colaboró en la creación de planes educacionales para formar especialistas en países desarrollados de Europa y apoyó la creación de escuelas prácticas de agricultura. En la *Revista Agrícola e Industrial* de Nueva York publicó sus artículos «Los ingenios de la gran Antilla». Por estos años participa en las veladas literarias en casa de Nicolás Azcárate, en una de las cuales desarrolla el tema «Importancia de la literatura», aparecido en la *Revista del Pueblo* en 1865. La *Revista de La Habana* y el *Correo Habanero* dieron a conocer algunos de sus discursos. A fines de 1869 se trasladó a Europa. Volvió a Cuba a fines de la década siguiente. Como miembro del Partido Liberal Autonomista fue elegido senador por Puerto Príncipe (1879 y 1881) y por la Universidad de La Habana (1885). Aparecieron trabajos suyos («Italia y la poesía», «Sobre el uso eufónico de las vocales» y un extenso estudio crítico acerca de la obra de José Antonio Saco sobre la esclavitud, entre los más destacados) en diferentes publicaciones periódicas, como *El Siglo*, *El Triunfo*, *Revista Cubana* (1885-1894), *Revista de Cuba* y *Revista General de Derecho*. En *Cuba y América* (Nueva York) publicó «Cuba y los cubanos». Por sus estudios sobre Colón fue nombrado vocal de la Sociedad Colombina Onubense y miembro correspondiente de la Sociedad Histórica de Nueva York. En el Congreso de Americanistas, celebrado en París en 1890, presentó una moción en francés sobre los retratos de Colón. Ganó renombre como orador y conferenciante. Es autor, con Manuel Villanova, del *Informe sobre la reforma del sistema monetario de México* (La Habana, 1891). Su libro *España y Cuba* fue traducido al inglés por Cristóbal Madan y publicado en Nueva York en 1876.

Dejó inédita su *Biografía de Cristóbal Colón*.

Bibliografía activa

España y Cuba, París, Tipografía de Lahure, 1876.

Cristóbal Colón y la crítica contemporánea, conferencia, La Habana, Establecimiento Tipográfico de la Viuda de Soler, 1883.

Cristóbal Colón y los Estados Unidos de América, La Habana, Establecimiento Tipográfico de Soler, Álvarez, 1884.

Filosofía del arte, discurso pronunciado en el Liceo de Guanabacoa, publicado en 1861 en la *Revista Habanera* y reimpreso en 1884 en la *Revista de Cuba*, Carta-prólogo de Rafael Montoro, La Habana, Establecimiento Tipográfico de Soler, Álvarez, 1885.

Los autógrafos inéditos del primer virrey de las Indias, La Habana, Imprenta de Soler, Álvarez, 1888.

Varios autógrafos inéditos de Cristóbal Colón y el cuarto centenario del descubrimiento de América, La Habana, Establecimiento Tipográfico de Soler, Álvarez, 1888.

El descubrimiento de América, conferencia leída en la Real Sociedad Económica de Amigos del País de La Habana la noche del 11 de octubre de 1892, La Habana, Establecimiento Tipográfico La Especial, 1892.

Bibliografía pasiva

Aróstegui, Gonzalo, *José Silverio Jorrín y su tiempo*, La Habana, Imprenta Avisador Comercial, 1908.

Cabrera, Raimundo, «Cuba y los cubanos, por José Silverio Jorrín», en *Cuba y América*, Nueva York, 2, 15, 5-10, noviembre 1, 1897.

«La campaña del señor Jorrín», en *El País*, La Habana, 1, 91, 2, septiembre 7, 1885.

Cruz, Manuel de la, «José Silverio Jorrín», en su *Cromitos cubanos*, «Cromitos cubanos», por Manuel Sanguily, Madrid, Editorial Saturnino Calleja, 1926, págs. 127-131, Obras de Manuel de la Cruz, 5.

Morales y Morales, Vidal, *Apuntes para una biografía del señor don José Silverio Jorrín*, redactados y publicados en *La Enciclopedia*, La Habana, La Propaganda Literaria, 1887.

Sanguily, Manuel, «Notas colombinas, I, *Varios autógrafos de Cristóbal Colón y el cuarto centenario del descubrimiento de América*, por

José Silverio Jorrín», en *Revista Cubana*, La Habana, 8, 193-198, 1888.
Oradores de Cuba, La Habana, Tipografía Moderna de Alfredo Dorrbecker, 1926, págs. 57-63.
Obras de Manuel Sanguily, 3.

Joven Cuba, La (La Habana, 1894-1895). «Semanario artístico, literario, de actualidades y sport», aparece como subtítulo en el número 2, correspondiente al 26 de julio. Era su director José Costa y Francés, quien firmaba con los seudónimos *Giovani, Fra-Diávolo* y *César del Cerro*. Carlos Manuel Trelles señala, en la sexta parte de su trabajo «Bibliografía de la prensa cubana (de 1764 a 1900) y de los periódicos publicados por cubanos en el extranjero» —en *Revista Bibliográfica Cubana* (La Habana, 3, 14-15, 79, marzo-junio, 1939)—, que comenzó a salir el 12 de julio y que era de Guanabacoa. En realidad, la revista tenía su redacción y administración en La Habana, pero se imprimía en Guanabacoa. En el ejemplar correspondiente al 23 de agosto (último consultado), se añade al subtítulo que es «órgano oficial del Base Ball Club «Cerro». En sus páginas publicó poesías, críticas y artículos literarios, bibliográficos, deportivos y de intereses generales. Fueron sus colaboradores Mercedes Matamoros, *Mario Ovedeca* (seudónimo de Mariano Pérez de Acevedo y Castillo, quien además, firmó como *Marius* y *A. C. Buche*), *César de Guanabacoa* (seudónimo de Ciriaco Sos y Gautreau) y otros.

Trelles añade, en su ya citado trabajo, que en esta revista colaboró Jesús Castellanos y que cambió su título por el de *La Juventud Cubana*, con el cual comenzó a salir en La Habana en noviembre de 1894, como «Periódico literario», bajo la dirección de Manuel Secades. Señala también el propio Trelles que su salida finalizó en febrero de 1895 y que era «semanal, de tendencias separatistas y publicaba retratos de los patriotas de la Guerra de Yara».

Jústiz y del Valle, Tomás de (Santiago de Cuba, 12 julio 1871? 1959). Se graduó de Doctor en Derecho y de Doctor en Filosofía y Letras en la Universidad de La Habana. Fue profesor, durante varias décadas, de la Universidad —desde 1901— y del Instituto de Segunda Enseñanza de La Habana —desde 1905— en las cátedras de historia universal y de geografía. Fue profesor, además, en la Escuela Normal y en otros centros educacionales. En cursos universitarios de verano impartió clases de historia de Cuba y de geografía general. Desde su fundación en 1910, formó parte de la Academia de la Historia de Cuba, en la que llegó a ocupar la presidencia. Era miembro del Consejo Nacional de Educación y Cultura, del Ateneo y Círculo de La Habana —en el que desempeñó la vicedirección y la secretaría—, de la American Geographical Society y de la Canadian Geographical Society. Colaboró, con trabajos de crítica teatral, en *La Lucha, Patria, La Noche*. Es autor de la comedia en un acto

Terrible sanidad. Utilizó el seudónimo *Justo S. Matiz.*

Bibliografía activa

¿Existe una literatura cubana? Tesis para el grado de Doctor en la Facultad de Filosofía y Letras, La Habana, Imprenta La Universal, 1900.

Carcajadas y sollozos, novela, La Habana, Imprenta El Trabajo, de Narciso López, 1906; 2.ª edición, La Habana, Imprenta A. Serrano, 1923.

Última esperanza, comedia en tres actos, La Habana, Imprenta Cuba Intelectual, 1910.

La víctima, comedia en tres actos, La Habana, Imprenta La Moderna Poesía, 1911.

El suicida, novela, La Habana, Imprenta Cuba Intelectual, 1912.

Resumen de las lecciones de historia universal, La Habana, De Lloredo, 1916; 2.ª edición, La Habana, Imprenta Montalvo y Cárdenas, 1918; 3.ª edición, La Habana, Imprenta La Revoltosa, 1925.

Elogio del Doctor Rafael Fernández de Castro y Castro, leído, en la sesión solemne celebrada en la noche del 22 de junio de 1922, La Habana, Imprenta El Siglo XX, 1924, Academia de la Historia de Cuba.

Curso de geografía general y descriptiva, La Habana, Prado, 1926.

Lecciones de historia contemporánea para la segunda enseñanza y escuelas normales, Curso de 1930 a 1931, La Habana, Imprenta El Siglo XX, 1930.

Causas probables de los terremotos de Oriente, La Habana, Imprenta y Librería Nueva, 1932.

Elogio del Doctor Alfredo Zayas y Alfonso, individuo de número, leído por el Doctor Tomás de Jústiz y del Valle, presidente de la Academia, en la sesión solemne celebrada en la noche del 11 de abril de 1935, La Habana, Imprenta El Siglo XX, 1935, Academia de la Historia de Cuba.

Ecos de una guerra a muerte, relatos, La Habana, Cultural, 1941.

Ignacio Agramonte y Loynaz, ideal cubano, trabajo presentado en la velada del Supremo Consejo del Grado 33 en La Habana el día 23 de diciembre de 1941, La Habana, Fiallo y García, 1941.

Los centros hispano-ultramarinos, discurso leído en la sesión solemne celebrada el 10 de octubre de 1943, La Habana, Imprenta El Siglo XX, 1943, Academia de la Historia de Cuba, *discurso*, Pronunciado en la sesión solemne del 24 de febrero de 1943, al inaugurarse el tercer período anual, La Habana, Imprenta P. Fernández, 1943, República de Cuba, Ministerio de Educación, Consejo Nacional de Educación y Cultura.

Elogio del señor René Lufríu y Alonso, académico de número, leído en la sesión solemne celebrada en la noche del 4 de marzo de 1944, La Habana, Imprenta El Siglo XX, 1944, Academia de la Historia de Cuba.

Historia documentada de la isla de Cuba para la segunda enseñanza y escuelas normales, La Habana, 1945.

Elogio del señor Néstor Leonelo Carbonell, leído en la sesión pública celebrada el 22 de mayo de 1946, conmemorativa del centenario del nacimiento del ilustre cubano, La Habana, Imprenta El Siglo XX, 1946, Academia de la Historia de Cuba.

Baraguá, discurso del, en el salón de actos del Gobierno Provincial de La Habana en la noche del 15 de marzo de 1945.

Día del civismo, aniversario de la «Protesta de Baraguá», La Habana, 1947, *Anales de la Academia de la Historia de Cuba*.

Manuel Sanguily y Garritte, discurso leído en la sesión pública celebrada el 27 de marzo de 1948 conmemorativa del centenario del nacimiento de Manuel Sanguily y Garritte, La Habana, Imprenta El Siglo XX, 1948, Academia de la Historia de Cuba.

La cubanidad de Hatuey, La Habana, 1952.

Mayo 19 de 1895, discurso leído en la sesión pública celebrada el día 19 de mayo de 1953, para conmemorar el quincuagésimo-octavo aniversario de la caída del Apóstol en Dos Ríos, La Habana, Imprenta El Siglo XX, 1953, Academia de la Historia de Cuba.

Bibliografía pasiva

Lescano, Abella, Mario, «Al margen de los libros, *El suicida*, novela por Tomás Jústiz del Valle», en *Cuba y América*, La Habana, 15, 52, s. p., diciembre 7, 1912.

López, P. Alejandro, «Del ambiente y de la vida literaria, *El suicida*, novela por el Doctor Tomás Jústiz y del Valle», en *Cuba y América*, La Habana, 16, 12, 6, marzo 29, 1913.

Martínez Alonso, E., «*El suicida*, por Tomás Jústiz y del Valle», en *Bohemia*, La Habana, 3, 50, 598, diciembre 15, 1912.

Pérez Cabrera, José Manuel, «El Doctor Tomás de Jústiz y del Valle, académico de honor», en *Homenaje a los académicos de honor Doctor Tomás de Jústiz y del Valle, Doctor Juan Miguel Dihigo y Mestre y señor Carlos M. Trellos y Govín*, discursos leídos, en su elogio, por los académicos de número doctores, Jorge Mañach y Robato, José María Chacón y Calvo, en la sesión solemne celebrada el día 18 de abril de 1950.

Palabras de apertura por el Doctor Emeterio Santiago Santovenia y Echaide, presidente de la Academia, La Habana, Imprenta El Siglo XX, 1950, págs. 11-18, Academia de la Historia de Cuba.

Ramos, José Antonio, «Autores y libros, *El Suicida*», en *La Prensa*, La Habana, 5, 33, 5, febrero 2, 1913.

Juvenia. Por el arte y para el arte (La Habana, 1951). Revista. Comenzó en julio, dirigida por Miguel Agustín Gacel. En el editorial del primer número se expresa que «ve la luz para rendir una difícil labor en el doliente campo de las bellas artes, con un propósito y una finalidad». Y añade que «se propone ser, y lo será, refugio espiritual de todos los artistas cubanos, para quienes sus páginas estarán siempre abiertas, y en consecuencia, vocero infatigable en favor de nuestro desarrollo cultural, en cualquiera de sus manifestaciones». A partir del número 2 presenta el subtítulo

«Publicación mensual». En octubre de 1951 (número 3) Miguel Agustín Gacel se convierte en su director-administrador. En los números correspondientes al segundo año de su publicación desaparecen los subtítulos y cambia el formato por uno más pequeño. Desde abril de 1953 es editada por la Unión Sindical de Músicos de Cuba. Publicó artículos sobre pintura, música, arquitectura, escultura y literatura. Además reprodujo artículos tomados de publicaciones cubanas y extranjeras, así como conferencias, noticias y discursos. Es de destacar que, a partir del segundo año de publicación, la revista sufre un cambio, ya que solo aparecerán artículos, programas y noticias musicales. Fueron sus colaboradores Jorge L. Martí, Eduardo Manet, José Alberto González, Edgardo Martín, Tomás Pedroso Raimundo, Esteban Valderrama, Ramón Loy, Luis Rolando Cabrera, Alberto Alonso, Aurelio de la Vega, Daniel Serra Badué, Alberto Bolet, Gerardo Castellanos, Berta Arocena, Armando Maribona, Heriberto Portell Vilá, Gustavo Baguer, Antonio Iraizoz, Guillermo M. Tomás y otros menos conocidos. El último ejemplar consultado (números 10, 11, 12, 13) corresponde a los meses de mayo, junio, julio y agosto de 1953.

Juventud (Santiago de Cuba, 1919-1920). Revista mensual ilustrada. Publicada por los alumnos de la Escuela Normal de Oriente. Comenzó en enero. Fueron sus directores Emelitina Antonetti Vivar y Fernando Portuondo del Prado. En sus Palabras iniciales expresaban: «No pretende esta revista llenar ningún vacío», como generalmente se dice cada vez que aparece una nueva publicación... La revista *Juventud*, como su nombre lo indica, es el exponente de una aspiración juvenil: en ella, los alumnos de la Escuela Normal de Oriente aspiran a ejercitarse en la vida de las letras, a demostrar su amor al estudio, y a dar fe de su actividad en la misma escuela y fuera de ella.» Además, agregan lo siguiente: «Hemos querido que esta revista no sea solamente una publicación de "ensayos" y solicitamos, para que nos sirva de modelo y de ejemplo edificante, la colaboración valiosa de los más ilustres escritores de Cuba y de nuestros profesores... Gracias a esa cooperación generosa y desinteresada, podremos publicar en cada número trabajos valiosos, de importancia pedagógica y literaria.» En el ejemplar correspondiente a julio de este primer año de su publicación se expresa que no salió durante los meses de mayo y junio, pero que se comprometían a publicarlos próximamente a manera de ediciones especiales. En dicho número aparece Fernando Portuondo del Prado como director único. No se ha visto otro ejemplar hasta el correspondiente a marzo de 1920, en el cual señalan que se han visto impedidos de publicar algunos números, aunque aspiran a ponerse al día. En sus páginas publicó discursos de destacados intelectuales, artículos literarios y otros de interés pedagógico, poemas y noticias concernientes a actividades de los estudiantes normalistas, así como conferencias, entre ellas una muy importante —«La lengua y literatura castellanas, su origen y desenvolvimiento»— de Max Henríquez Ureña. Aparecieron trabajos de Agustín Acosta, Dulce María Escalona, Joaquín Navarro Riera, Luis Aguiar Poveda, Sara Pascual Reyes, Enrique José Varona, Miguel Galliano Cancio, Elías Pavón Tamayo, Alfredo Miguel Aguayo, Rafael A. Esténgel, Arturo Clavijo Tisseur, Carlos A. Castellanos, Pedro Duany Méndez, Enrique Cazade, Francisco Henríquez Carvajal, Armando Leyva, Rafael U. González, Alejandro Andrade Coello, Medardo Vitier, Francisco H. Lorié Bertot, entre otros menos conocidos. El último ejemplar revisado corresponde a junio de 1920. Según parece, su publicación cesó en ese año, último en que la menciona León Primelles en su *Crónica cubana. 1919-1922* (La Habana, Editorial Lex, 1957).

Juventud (La Habana, 1919-Id.). «Revista quincenal ilustrada», se lee como subtítulo en el ejemplar más antiguo encontrado (número 6), correspondiente al 15 de mayo de 1919. Aparecen como director y jefe de red-acción, respectivamente, Felipe Casas y Carlos Mendoza. Ambos habían ocupado dichos cargos a partir de este número, según señala León Primelles en la página 47 de su Crónica cubana. 1919-1922 (La Habana, Editorial Lex, 1957). Añade Primelles que la revista comenzó a editarse en febrero, bajo la dirección de Rogelio Ribas Bermúdez y con Enrique Salazar Parejo como jefe de redacción. Publicó en sus páginas cuentos, poemas y artículos literarios e históricos de corta extensión. Fueron sus colaboradores Enriqueta y Enrique Delgado y González, F. Llamosa González, Félix A. Monzón, Alfredo Muso, Isabel V. y Cisneros, Nieves Xenes, David Martínez y de Villena, Juan Merino Noda y Sergio Casal. El último ejemplar consultado (número 10) corresponde al 30 de julio de 1919. Según parece, su salida finalizó en ese año, pues León Primelles no la menciona más en su ya citada obra.

Juventud (La Habana, 1923). «Resista de los estudiantes renovadores de la Universidad de La Habana», se lee como subtítulo en el ejemplar correspondiente a los meses noviembre y diciembre de 1923 (número 2-3). No se ha visto el primer número, pero según señala Enrique González Manet en un trabajo sobre la revista publicado en Vida Universitaria (La Habana, 14, 157-158, 8-9, septiembre-octubre, 1963), comenzó a salir en octubre. Fue fundada por julio Antonio Mella, quien además era su director. Manuel Borbolla Rosales y F. Giraldo ocupaban, respectivamente, los cargos de jefe y secretario de la redacción. Sus redactores eran Sarah Pascual, Emilio Menéndez, Carlos A. Castellanos, Ofelia Paz, Fernando Sirgo, Alfonso Bernal, Gonzalo Masas, Carlos Baliño, R. Sopo Barreto, Gabriel Jiménez Lamar, Carlos Robreño, Elías Entralgo y Fausto Quintero, quien más tarde se ocuparía de la subdirección.

En mayo de 1924 (número 7-8) cesa su publicación. Reaparece en su segunda época, y con un formato ampliado, en noviembre de 1924 (número 9). Como director y administrador funge entonces Leonardo Fernández Sánchez. En este número se consigna que aparece «de nuevo con el mismo nombre de antes, pero ampliada porque a ella se ha unido Instituto, que fue su hermana de luchas en momentos en que la reacción, representada por algunos tipos serviles e hipócritas, pretendió apoderarse de la clase estudiantil». Presenta el lema «Una idea justa que aparece, vence. Martí. Venceremos...». El próximo ejemplar revisado (número 14, último que se ha visto) corresponde a mayo de 1926 y continuaba bajo la dirección de Fernández Sánchez. Estaba entonces en su cuarta época y presentaba el siguiente subtítulo «Vocero de los estudiantes renovadores de Cuba». Sus lemas eran: «Proletarios de todos los países, uníos. Marx. — Una idea justa que aparece, vence. Martí. — Di tu verdad, y rómpete. Nietzsche». En este número, que salió con formato de tabloide, se expresa: «*Juventud*, el vocero irreductible de los nuevos ideales, vuelve a aparecer con toda la rigidez de sus principios enhiestos y toda la fuerza orientadora de su estructura ideológica, en el escenario candente de la lucha activa». Desde sus comienzos expresaba que «no tiene nexo económico con ninguna entidad estudiantil o extraña». Su salida fue irregular. En sus páginas se publicaban artículos políticos, filosóficos, jurídicos y literarios. Se destaca la publicación de numerosas cartas enviadas o recibidas por la redacción. Contaba con secciones fijas, tales como «Bibliografía», «Versos», «Nuestras entrevistas», «Actualidad deportiva», «Por medicina», «Nosotros» y «En el feudo de Bustamante», esta última redactada por Mella con el seudónimo de *Lord Mac Partland*. Aparecieron trabajos, algunos de ellos seguramente reproducidos, con las firmas de Salvador Díaz Mirón, Rafael M. Sentmanat, Joaquín Dicenta, Rafael del Barrio, Enrique Serpa, Manuel Ugarte, Rodolfo Diodoro Ruiz, Fructuoso Carpena, José Abalo Cuza, Félix Anaya, V. R. Haya de la Torre, Octavio Mirbeau, Juan Clemente Zamora, Eugenio Florit, Emilio Frugoni, José Galves, José Manuel Pérez Cabrera, Elías Castelnuovo, Teresa Fernández Getino, Enrique Gay Calbó, Mariblanca Sabas Alomá y Fernando López.

Bibliografía

Dumpierre, Erasmo, «*Juventud*», en su *Mella*, La Habana, Academia de Ciencias de Cuba, Instituto de Historia, 1965, págs. 37-38, 40, 42.

González Manet, Enrique, «Revistas estudiantiles de la Universidad de La Habana, *Juventud*, órgano de lucha», en *Vida Universitaria*, La Habana, 14, 157-158, 8-9, septiembre-octubre, 1963.

Juventud (Cienfuegos, Las Villas, 1931). Revista mensual. Comenzó en noviembre, editada y dirigida por Carlos Rafael Rodríguez y Jorge A. González. En sus primeras «Palabras» se expresa lo siguiente: «Escribir volviendo torpemente las espaldas a la triste realidad de nuestra Cuba doliente y esperando tan solo recoger laurel glorificante en un torneo de frases, no es tarea digna de una juventud, que como la nuestra ha de llevar sobre sí el peso de una total renovación de nuestro ambiente.» Y agregan: «Por eso, los editores de esta modesta revista —jóvenes estudiantes penetrados de sus deberes en esta hora triste de la patria—, la dan a la publicidad, no con mezquino afán de lucro ni por ridícula pedantería, sino por sincero deseo de contribuir, en lo que sus fuerzas limitadas les permiten, a la magna empresa de palingenesia nacional.» Dedicada casi totalmente a cuestiones políticas, publicaba además artículos, pensamientos y poesías de renombrados escritores de la lengua española. Una sección importante fue la titulada «Páginas martianas». Fueron sus colaboradores César Rodríguez Morini, Osvaldo Morales Patiño, Loló de la Torriente, Manuel Marsal, Francisco González Cuesta, María Fraginals y Jorge Quintana. El último ejemplar consultado corresponde al 31 de enero de 1932.

Juventud Cubana, La (Véase **Joven Cuba, La**)

Juventud Liberal, La (Cienfuegos, Las Villas, 1894). Semanario político y literario. Órgano de la juventud de este nombre en Cienfuegos. Comenzó el 7 de octubre, bajo la dirección de Rafael Pérez. Dedicó sus páginas, fundamentalmente, a cuestiones políticas; publicaba, además, poemas, cuentos cortos y otros artículos de interés literario, firmados por José Rafael Montalvo?, *Uno* (seudónimo de Manuel Pérez Beato?), Rafael Montoro, Raimundo Cabrera, Nicolás Heredia, Avelina Correa, César Cancio, Mercedes Matamoros, Elena Borrero, Aurelia Castillo de González, Úrsula Céspedes de Escanaverino, Juana Borrero, Nieves Xenes, Pedro Mendoza y Guerra, entre otros menos conocidos. El último ejemplar consultado corresponde al 7 de abril de 1895.

Juventud Rebelde (Véase **Caimán Barbudo, El**)

K

Kaleidoscopio, El (La Habana, 1859). Publicación literaria dirijida [sic] por Ramón Zambrana y Próspero Massana. Comenzó el 23 de enero. Salía quincenalmente. En su prólogo expresan que la revista «será un *Caleidoscopio* formado por tres planos reflectantes, *instrucción, moralidad y recreo*, y los fragmentos que lleve en su fondo serán recojidos [sic] en los feraces terrenos de la literatura y de las ciencias». Y añaden: «Como fragmentos escogidos presentaremos una porción de bellísimas composiciones poéticas que poseemos de escritores del país, particularmente de nuestras poetisas, que a la vuelta de algunos meses formarán en el *Caleidoscopio* un verdadero tesoro, que hasta ahora no ha figurado en el Parnaso cubano, mereciéndolo sin embargo justísimamente, como a su tiempo lo demostraremos. Artículos interesantes, puramente literarios y originales, cortos trabajos científicos que encierran ideas útiles, de aplicación sencilla, que inician a los profanos en esos conocimientos [...] noticias curiosas, historias breves y anécdotas oportunas, y cuanto pueda contribuir a proporcionar la instrucción, sostener la moralidad y ofrecer un inocente recreo [...].» Contó con la colaboración de Luisa Pérez de Zambrana, Ramón de Palma, Joaquín Lorenzo Luaces, Antonio Bachiller y Morales, Anselmo Suárez y Romero, Manuel Costales, Julia Pérez y Montes de Oca, Antonio y Francisco Sellén, Federico García Copley, Carlos Navarrete y Romay, Úrsula Céspedes de Escanaverino, Fernando Valdés Aguirre, Serafín Massana, Esteban de Jesús Borrero, Teodoro Guerrero, Antonio Angulo y Heredia, Pedro? Santacilia?. Publicó algunos capítulos de la novela «Angélica», de Luisa Pérez de Zambrana. Luego de publicar el número 12 (con fecha 8 de julio de 1859) se fusionó con la revista *La Habana*. La colección forma un volumen de 284 páginas con índice al final. Compilado por Araceli García Carranza se ha publicado su índice analítico, aparecido en *Índices de revistas cubanas. Siglo XIX*, La Habana, Biblioteca Nacional José Martí. Departamento Colección Cubana, 1970, págs. 147-167.

Bibliografía

García Carranza, Araceli, «*El Caleidoscopio*, 1859-1860», en *Índices de revistas cubanas, Siglo, XIX*, compilados, La Habana, Biblioteca Nacional José Martí, Departamento Colección Cubana, 1970, págs. 145-146.

«*El Caleidoscopio*», en *Gaceta de La Habana*, La Habana, 12, 21, 3, enero 25, 1895.

Kayuko (La Habana, 1934). Semanario. Según parece comenzó a salir en febrero, pues el número 2 (primer ejemplar revisado) apareció con fecha 2 de marzo. Estaba bajo la dirección de Rafael García Bárcena. Presentaba una relación de redactores en la que se destacaban los nombres de Pablo de la Torriente y Eddy Chibás. Como dibujantes aparecían, entre otros, García Cabrera, Hurtado de Mendoza, y Hernández Cárdenas. A partir del 15 de marzo (número 3), asume la dirección José A. Tamayo. El 28 de abril cesa su publicación y reaparece el 19 de mayo, ahora con un nuevo director, José Sergio Velázquez. En el ejemplar del 4 de junio de 1934 aparece un artículo en el que aclaran que «Kayuko es un semanario independiente, no pertenece a ningún sector político, tanto le son los auténticos, como los agrarios, como los nacionalistas, como los abecedistas, como los marianistas, como cualquiera». Y añaden que «es periodista, no político. Y no defiende otra bandera más que la del Periódico, que es independiente». Un nuevo cambio en la dirección se produjo el 6 de agosto de 1934 (número 13, último consultado) al ocupar Edgardo Buttari el cargo; en la jefatura de redacción aparece José Colomé, quien al principio había ocupado la subdirección. La publicación estuvo integrada por diversas secciones, entre las que se destaca la sección editorial, que aparecía bajo el nombre de «Kayukazos». Fue un semanario humorístico y satírico, que trató críticamente los problemas de la época, sobre todo las cuestiones políticas. Los trabajos aparecían sin firma.

Krüger, Rosa (La Habana. 1947-Id., 4 abril 1881). Su vida literaria no fue muy activa. Publicó poemas en *El Siglo*, *El Occidente*, *La Guirnalda* y *Revista de Cuba* (1877-1881). Sus obras se recogieron póstumamente, por suscripción popular, gracias a las gestiones de su protector, José Antonio Cortina. Tradujo un estudio de William H. Prescott sobre Molière.

En ocasiones firmó sus trabajos con solo su nombre, Rosa. Recibió elogios de Ramón Zambrana y de Anselmo Suárez y Romero, entre otros.

Bibliografía activa
Obras de Rosa Krüger, prólogo de José Antonio Cortina, La Habana, Establecimiento Tipográfico de la Viuda de Soler, 1883.

Bibliografía pasiva
Carbonell, José Manuel, «Rosa Krüger y del Busto, 1847-1881», en su *La poesía lírica en Cuba*, recopilación dirigida, prologada y anotada, tomo 4, La Habana, Imprenta El Siglo XX, 1928, págs. 107, Evolución de la cultura cubana 1608-1927, 4.
Cortina, José Antonio, «Poesías de Rosa Krüger, prólogo», en *Revista de Cuba*, La Habana, 13, 458-462, 1883.
García de Coronado, Domitila, «Rosa Krüger y del Busto», en su *Álbum poético fotográfico de escritores y poetisas cubanas*, La Habana, Imprenta de *El Fígaro*, 1926, págs. 253.
González Curquejo, Antonio, «Rosa Krüger», en su *Florilegio. de escritoras cubanas*, recopilación, tomo 1., prólogo de Raimundo Cabrera, La Habana, Librería el 18 de mayo de 1999, Imprenta La Moderna Poesía, 1910, págs. 127.

L

L/L (La Habana, 1967). Boletín del Instituto de Literatura y Lingüística [de la] Academia de Ciencias de Cuba. Revista. Su primer número correspondió al trimestre enero-marzo. Dirigido por José Antonio Portuondo, presentaba un consejo de redacción integrado por Ángel Augier, Roberto Branly, Manuel Díaz Martínez y José Lezama Lima, entre otros. Fungía como secretario Armando Álvarez Bravo. En el trabajo «Inicial», que, firmado por el director, abría el primer número, se expresaba: «Con él aspiramos, en primer lugar, a tender una mano fraterna a cuantos se empeñan en labores similares, en todas partes del mundo. En segundo lugar, pretendemos ofrecer a los investigadores, miembros o no del Instituto, un vehículo idóneo para dar a conocer el fruto de sus trabajos en materia literaria o lingüística. Y, en tercer lugar, deseamos que nuestra publicación, atenta al ritmo ascensional que marca, en todos los órdenes de la existencia nacional, la Revolución Socialista, se desarrolle y supere, expresando cabalmente el desarrollo y la superación científicos de los investigadores cubanos, armados ahora de una recta concepción de la realidad fundada en el marxismo-leninismo.» Gran parte de este primer número fue dedicado a José de Armas y Cárdenas (*Justo de Lara*) en el centenario de su nacimiento. En el segundo y último número publicado, correspondiente a los meses abril-diciembre del propio año 1967, se sumaron al consejo de redacción, entre otros, Celia Martínez Páez, Enrique Saínz de la Torriente, Adolfo Suárez, Sergio Chaple, Nuria Gregori, Francisco Martínez Mota, Graciela Pérez, Aleida Pérez y Antonia María Tristá. Este número fue dedicado a la conmemoración del centenario de Rubén Darío. En sus páginas vieron la luz trabajos de crítica e investigación literaria, Bibliografías, notas sobre libros, poemas. En la sección «Nuestro Instituto» se reseñaban las actividades que en el mismo, o bajo sus auspicios, se realizaron en el período correspondiente. Fueron publicados trabajos de José Antonio Portuondo, Manuel Díaz Martínez, Roberto Branly, José Lezama Lima, Ángel Augier, Francisco Martínez Mota y Antonia Soler Mirabent, miembros todos del Instituto. Además, presentaron su colaboración Juan Marinello, Regino Pedroso, Roberto Friol, Octavio Smith, José Agustín Goytisolo. En 1970 se reanudó su publicación, ahora como *Anuario L/L*.

Bibliografía

Granda, Germán de, «*L/L*, Boletín del Instituto de Literatura y Lingüística», en *Thesaurus*, Bogotá, 23, 3, 25-27, septiembre-diciembre, 1968.

Laberinto (La Habana, 1951-ld.). Cuaderno bimestral de arte y literatura. Revista. Su primer número publicado (único que se ha visto) correspondió a febrero. En el mismo se expresaba: «El nombre o título es en sí una sugerencia. La mayoría de nosotros, no todos, puede que seamos, con justeza, "laberintos2 de mayor o menor complejidad en esta encrucijada tenaz, laberinto el gesto, el pensamiento, el estilo (si es que podemos hablar de estilo), nuestra vocación y el mundillo de nuestros deseos e inquietudes. Laberinto es, también, este sacar de lo débil y timorato de nuestras plumas, algo que a nuestras vistas impulsen y delaten en el camino del lo quizás definitivo e imperecedero». Como directores fungían Pedro Costa Peraza y César Leante Magaloni. Además, según señalaba la propia revista, colaboraban en la dirección Roberto Fernández Retamar y Julio Matas. En este número aparecieron varios sonetos de Fernández Retamar, un poema de Pedro Costa, una pequeña obra teatral de César Leante y un artículo sobre la pintura de Wilfredo Lam reproducido de una publicación especializada norteamericana.

Labor Nueva (La Habana, 1916-ld.). Revista literaria ilustrada. Comenzó a salir, semanalmente, a partir del 20 de febrero. Fueron sus directores Primitivo Ramírez Ros y Domingo Mesa. En el artículo «Nuestro programa», que apareció en su primer número, se señalaba que salía «inspirada en tres motivos fundamentales: en el deseo de estudiar los lazos de confraternidad entre todos los factores que constituyen el pueblo cubano [...] en nuestro propósito de estimular a la raza de color, para que eleve su nivel moral, intelectual y económico; y en el esfuerzo que haremos, con el mayor celo y constancia, para mostrarla como un exponente de la cultura de esa misma raza». Fue una revista dedicada, como expresan las palabras anteriormente citadas, a tratar los problemas de los negros cubanos desde el punto de vista de éstos y desde el de aquellos que, sin serlo, luchaban contra la discriminación racial. Presentó en sus páginas artículos que enfocaban dicha problemática desde los ángulos político, económico, social, cultural, moral, etc. También dio cabida a producciones de carácter literario, tales como poesías, cuentos, artículos de crítica literaria, prosas poéticas, etc. Contó con la colaboración de Lino Dou, José Manuel Poveda, Alfredo Martín Motales, Leonardo Griñán Peralta, *Attaché* (seudónimo de Víctor Muñoz), Jesús López Silvero, Vicente Silveira, Florencio Riano, Luis Vázquez de Cuberos, Luis Padilla, Arturo González Dorticós, Joaquín V. Cataneo, Ricardo Rodríguez Cáceres, Juan Antiga, Juan Felipe Risquet y otros menos conocidos. El último ejemplar revisado (número 35) corresponde al 29 de octubre de 1916. Según parece su publicación cesó en ese año, pues León Primelles solo la menciona en el mismo en su *Crónica cubana. 1915-1918* (La Habana, Editorial Lex, 1955).

Bibliografía

Martiatu, Eustasio, «La obra de *Labor Nueva*», en *Labor Nueva*, La Habana, 1, 20, 7, julio 5, 1916.

Labra y Cadrana, Rafael María de (La Habana, 1841-Madrid, 16 abril 1918). Vivió en Cuba hasta los ocho años, cuando se trasladó a España. Fue alumno de la Academia de Bellas Artes de Cádiz. A los diecinueve años se graduó de Licenciado en Administración y Derecho en la Universidad Central de Madrid, ciudad en donde residió el resto de su vida. Muy joven, ganó un premio de oratoria que le otorgó la Sociedad de jurisprudencia. Se inició en el periodismo en *El Contemporáneo* y en *La Discusión*. Más tarde se sumó a la campaña de la *Revista Hispanoamericana* (1864-1867), que llegó a proponer la autonomía de Cuba. Dirigió *El Abolicionista* (1866), órgano de la Sociedad Abolicionista Española, que lo eligió su presidente en 1869. Abogó también por la supresión de la trata de chinos. Ofreció varios cursos en el Ateneo de Madrid, institución de la que llegó a ser presidente. Obtuvo por oposición la cátedra universitaria de historia de la colonización europea, pero no le fue concedida por terror al «radicalismo» de sus ideas. Ese mismo año, 1871, fue electo diputado por Infiesto (Asturias). A partir de entonces no cesó de participar intensamente en la política española. Al renunciar Amadeo de Saboya al trono, Labra figuró en el Congreso que proclamó la República (1873). Representó a Puerto Rico en cuatro legislaturas. Cuando la restauración, se retiró por un tiempo de la vida pública para dedicarse a la abogacía y la enseñanza. Después del Pacto del Zanjón (1878) fue electo Diputado a Cortes por Cuba. Dirige *La Tribuna* (1881-1884). En 1881 es elegido Senador por la Sociedad Económica de Amigos del País y en 1884 Diputado a Cortes por Santa Clara. Se esforzó por lograr el reconocimiento de la autonomía de Cuba, la cual se implantó después tardíamente en condiciones distintas a las que él recomendó. Fue presidente de la Sociedad «Fomento de las Artes», empeñada principalmente en la educación popular y la rehabilitación de la mujer y el obrero. En esta institución ofreció cursos sobre variadas materias. Profesor, y más tarde rector, de uno de los más prestigiosos institutos pedagógicos de España, la Institución Libre de Enseñanza, dio clases de Derecho Internacional Público e inauguró la primera cátedra que se fundó en España de Historia Política Contemporánea. Colaboró en las revistas y periódicos políticos, científicos y literarios más importantes de la península. Participó en diversos congresos y obtuvo numerosas distinciones. Aunque publicó una gran cantidad de libros y folletos, la mayor parte de ellos tratan de temas políticos, sociales, históricos, jurídicos y pedagógicos. Muchos de ellos son discursos parlamentarios. Su labor propiamente literaria es escasa. Utilizó los seudónimos *Regino Albear, El negrito Albear, Fulano, Juan Pérez*.

Bibliografía activa

La abolición de la esclavitud en las Antillas españolas, Madrid, J. E. Morete, 1869.
La cuestión colonial, Cuba, Puerto Rico, Filipinas, Madrid, G. Estrada, 1869.
La pérdida de las Américas, Madrid, F. Roig,

1870.

La situación de Cuba en 1870, Madrid, 1871.

La cuestión social en las Antillas españolas, discurso, Madrid, Sociedad Abolicionista Española, 1872.

La abolición de la esclavitud en el orden económico, Madrid, Imprenta de J. Noguera a cargo de M. Martínez, 1873.

La abolición y la Sociedad Abolicionista Española en 1873, discurso, Madrid, Sociedad Abolicionista Española, 1874.

La brutalidad de los negros, Madrid, Imprenta de Aurelio J. Alaria, 1876; Introducción por Ángel C. Pinto, La Habana, Ayón, impresor, 1950, La Habana, Imprenta de la Universidad de La Habana, 1961.

La cuestión de Cuba, Madrid, Aurelio J. Alaria, 1880.

Los hombres del siglo, El negro Santos, de Santo Domingo, Toussaint Louverture, conferencia, Madrid, Aurelio J. Alaria, 1880.

El primer presupuesto de Cuba, Madrid, Aurelio J. Alaria, 1881.

La política en las Antillas, El partido liberal de Cuba, Madrid, Aurelio J. Alaria, 1882.

La violación de las leyes en Cuba, Madrid, Aurelio J. Alaria, 1882.

La situación de Cuba en 1884, discurso pronunciado en el Congreso de los Diputados de España, sesión del 20 de junio de 1884, Madrid, Imprenta de Aurelio J. Alaria, 1884.

Mi campaña en las cortes españolas de 1881 a 1883.

Madrid, Imprenta Aurelio J. Alaria, 1885.

Algo de todo, artículos sueltos, crítica ligera, notas de viaje, Barcelona, Declós y Bosch, 1886.

Estudios biográfico-políticos, Primera serie, Madrid, Imprenta de La Guirnalda, 1887.

La instrucción pública en Cuba, discurso parlamentario, Madrid, 1888.

Estudios literarios, Taine-Dixon-Poe-*La choza del tío Tom* —Las novelas de Cooper—, Mesoneros Romanos, Madrid, 1890.

Personalidades antillanas, don Calixto Bernal; el Maestro Rafael, Madrid, 1891.

El presupuesto de Cuba de 1891-1892, discurso parlamentario, Madrid, 1891.

La raza de color de Cuba, Madrid, Establecimiento Tipográfico de Fortanet, 1894.

El descubrimiento de las Antillas, Madrid, 1895.

La autonomía colonial ante las Cortes Españolas y la opinión pública de la Península con motivo de la guerra de Cuba, Madrid, 1896.

La cuestión de Cuba es 1896, Madrid, 1896.

El Partido Autonomista Cubano y la ley de reforma de 1895.

Documentos emanados de la Junta Directiva de aquel Partido y que respetuosamente presenta a la consideración del Senado español, Madrid, Tipografía de Alfredo Alonso, 1896.

La reforma colonial en las Antillas, discursos pronunciado en la sesiones celebradas por el Congreso de los Diputados el 13 de febrero y 9 de junio de 1895, Madrid, Tipografía de

Alfredo Alonso, 1896.

La cuestión de Cuba en 1897, Madrid, 1897.

El pacto del Zanjón, Madrid, 1897, *La situación de Cuba en 1895*, Madrid, 1897.

La cuestión de Cuba en 1898, discurso pronunciado en el Congreso de los Diputados, Sesión del 10 de mayo de 1898, Madrid, Tipografía de Alfredo Alonso, 1898.

Aspecto internacional de la cuestión de Cuba, Madrid, Tipografía de Alfredo Alonso, 1900.

Las colonias españolas después del tratado de París de 1898, Madrid, Fortanet, 1900.

La crisis colonial de España, 1868 a 1898, estudios de política palpitante y discursos parlamentarios, Madrid, Tipografía de Alfredo Alonso, 1901.

La reforma política de Ultramar, discursos y folletos, Madrid, Tipografía de Alfredo Alonso, 1901.

Intimidad hispanoamericana, Las instituciones docentes y sociales de la República de Cuba, Madrid, Imprenta de Fortanet, 1912.

Las relaciones económicas de España y Cuba, Madrid, 1912.

Españoles y cubanos después de la separación, Madrid, J. Ratés Martín, 1916.

En memoria y honor de los héroes del Caney, Monumento levantado en el Paseo de Atocha de Madrid en 1915, por suscripción pública y voluntaria en España y Cuba, Descubrimiento del monumento en la tarde del 11 de junio de 1915, Madrid, Establecimiento Tipográfico de J. Ratés, 1917.

Bibliografía pasiva

Cabrera, Raimundo, *Cuba y sus jueces, rectificaciones oportunas*, 7.ª edición, Filadelfia, La Compañía Levytype, impresores y grabadores, 1891, págs. 315-316.

Castellano, Juan R., «Don Rafael María de Labra, autonomista español», en *Journal of InterAmericas Studies*, Florida, 2, 4, 391-404, oct, 1960.

Castellanos, José Guadalupe, «Don Rafael María de Labra», en su *Figuras nacionales*, Cubanos de siglo XIX, Manzanillo, Editorial El Arte, 1950, págs. 23-27.

Cepeda, Francisco, *conferencias de Abuli celebradas con el jefe de la minoría autonomista parlamentaria, don Rafael M. de Labra sobre política antillana, sus relaciones con la política peninsular y procedimientos que deben seguirse en interés de la reforma colonial*, Ponce, Revista de Puerto Rico, 1890.

Domínguez Roldán, Guillermo, *Rafael María de Labra*, estudio leído en la Sociedad Económica de Amigos del País, enero 10, 1919, La Habana, Imprenta El Siglo XX, 1920.

García Kohly, Mario, *discurso de inauguración del curso académico, En honor de don Rafael M. de Labra*, Madrid, Talleres Poligráficos, 1931.

Gómez, Juan Gualberto, «Don Rafael María de Labra», en *La Ilustración Cubana*, Barcelona, 1, 35, 275-278, Dic., 1885.

Martí, José, *Obras completas*, tomo 5 y 14, La Habana, Editorial Nacional de Cuba, 1964, págs. 201, 326, 386 y 73, 188.

Martín Caballero, F., *Una semblanza, Rafael*

María de Labra, Madrid, Establecimiento Tipográfico de J. Ratés, 1915.

Méndez Capote, Renée, «Rafael María de Labra», en su *Oratoria cubana*, ensayos, La Habana, Imprenta Editorial Hermes, 1927, págs. 63-65.

«La muerte de un insigne americanista», en *El Fígaro*, La Habana, 25, 16, 443, abril 21, 1918.

Oliva Bulnes, Juana H, «Rafael María de Labra en las Cortes Españolas», en *Revista Bimestre Cubana*, La Habana, 45, 46 y 47, 190-262, 94-253 y 65-89, 1950.

El poder de las ideas, solemnidad verificada en la calle de Águila de la ciudad de La Habana el 12 de diciembre de 1915 para sustituir el nombre de dicha calle con el de Rafael M. de Labra, notas biográficas, reseña de los periódicos de Cuba y la península española, editado por varios amigos de la Intimidad de España y Cuba, Madrid, J. Ratés, 1916.

Sánchez de Bustamante y Sirvén, Antonio, «Discurso sobre el señor Rafael María de Labra y la Universidad de Oviedo, pronunciado en el Centro Asturiano el 27 de septiembre de 1908», en su *Discursos*, La Habana, Imprenta El Siglo XX, 1915, págs. 60-74.

Sanguily, Manuel, *Oradores de Cuba*, La Habana, Tipografía Moderna de Alfredo Dorrbecker, 1926, págs. 154-156, Obras, 3.

Villar Buceta, María, *Contribución a la Bibliografía de Rafael María de Labra*, ordenación y notas, nota preliminar de José Manuel Pérez Cabrera, La Habana, Imprenta El Siglo XX, 1944.

Labrador Ruiz, Enrique (Sagua la Grande, Las Villas, 11 mayo 1902-Miami, 10 noviembre 1991). Asiste a la escuela pública de su ciudad natal hasta finalizar el sexto grado. Su formación posterior es autodidáctica. Se inicia en el periodismo en *El Sol* (1922), de Cienfuegos, primero como corresponsal y luego como redactor; cuando el periódico se traslada a La Habana, en 1923, él también lo hace y permanece en su redacción hasta 1924. Su labor periodística habanera incluye colaboraciones en las revistas *Mundial*, *Chic*, *Noticias*, *Sábado*, *Social*, *Bohemia* y en los periódicos *El País*, *Alerta*, *El Debate*, *Pueblo*, *Prensa Libre*, *El Mundo*. Alternó su trabajo periodístico y literario con el oficio de comisionista de comercio, que le permitió recorrer todo el país. En 1946 recibió el premio nacional de cuento Hernández Catá por «Conejito Ulán», en 1950 el premio nacional de novela de la Dirección de Cultura del Ministerio de Educación de Cuba por *La sangre hambrienta* y, en 1951, el premio periodístico Juan Gualberto Gómez del Colegio Nacional de Periodistas. Ha colaborado en las revistas literarias *Espuela de Plata* (1941), *Gaceta del Caribe* (1944), *Orígenes*, *crónica* (1949), *Mensuario de arte, literatura, historia y crítica* (1950), *Revista Cubana* (1956-1957), *Revista Bimestre Cubana* (1957), *Unión* (1962), así como en las publicaciones extranjeras *Atenea*, *Multitud y Babel* (Chile), *American News y Americas* (Estados Unidos),

El Nacional y *Revista Nacional de Cultura* (Venezuela), *Fábula, Carácter* y *La Prensa* (Argentina), *Estampa* y *La Palabra y el Hombre* (México), *Repertorio Americano* (Costa Rica), *Revista de Guatemala* (Guatemala) *Revista de la Biblioteca Nacional* (El Salvador), *Revista de América* (Colombia). Figuró en la directiva de la Asociación de Reportes de La Habana (Círculo Nacional de Periodistas) y del Colegio Nacional de Periodistas. Como delegado de la Asociación Nacional de Reportes fue miembro del Consejo de Gobierno de la Caja de Maternidad. Al triunfo de la Revolución, en 1959, pasó a ser redactor de la Imprenta Nacional, después Editorial Nacional de Cuba. Ha viajado por distintos países de América y Europa y en 1961 visitó la Unión Soviética y la República Popular China. Sus cuentos han sido antologados numerosas veces y traducidos al ruso y al checo.

Bibliografía activa

El laberinto de sí mismo, novela, La Habana, Carasa, 1933.
Cresival, novela, La Habana, Talleres de Carasa, 1936.
Grimpolario, saldo lírico, La Habana, Carasa, 1937.
Anteo, novela gaseiforme, La Habana, Talleres de Carasa, 1940.
Manera de vivir, pequeño expediente literario, La Habana, Talleres de «La Mercantil» de Palacio, 1941.
Papel de fumar, Cenizas de conversación, La Habana, Editorial Lex, 1945.
Carne quimera, novelines neblinosos, La Habana, Talleres de Tamayo, 1947.
Trailer de sueños, relatos, La Habana, Ayón, impresor, 1949.
La sangre hambrienta, novela, La Habana, Ayón, impresor, 1950; 2.ª edición, México D. F., Ediciones Nuevo Mundo, 1959.
El gallo en el espejo, La Habana, Editorial Lex, 1953.
«Carta a Enrique Labrador Ruiz», por Fernando G. Campoamor, México D. F., Editorial Nevero, 1958; Lima, Talleres Gráficos Torres Aguirre, 1959.
El pan de los muertos, La Habana, Universidad Central de Las Villas, 1958.
Conejito Ulán, La Habana, Ediciones La Tertulia, 1963.
Cuentos, prólogo-entrevista con E. L. R.», por Humberto Arenal, La Habana, UNEAC, 1970.

Bibliografía pasiva

Aguirre, Mirta, «*Papel de fumar*», en *Noticias de Hoy*, La Habana, 7, 97, 6, abril 24, 1945.
Anderson Imbert, Enrique, «Enrique Labrador Ruiz, original escritor cubano», en *La Vanguardia*, Buenos Aires, mayo 30, 1937.
Ardura, Ernesto, «*Trailer de sueños*», en *Revista Cubana*, La Habana, 25, 238-239, julio-diciembre, 1949.
Augier, Ángel, «*Trailer de sueños*» en *Magazine de Hoy*, suplemento del periódico *Noticias de Hoy*, La Habana, 3, 6, agosto 28, 1949.
Baeza Flores, Alberto, «*El gallo en el espejo*, Enrique Labrador Ruiz», en *Revista de la Bi-*

blioteca Nacional, La Habana, 2.ª serie, 4, 4, 197-200, octubre-diciembre, 1953.

Benítez, Fernando, «La entrevista de hoy, Enrique Labrador Ruiz, novelista hecho en las redacciones», en El Nacional, México D. F., mayo 8, 1942.

Bueno, Salvador, Trayectoria de Labrador Ruiz, a los veintitrés años de Laberinto, La Habana, Editorial Librería Martí, 1958.

Diego Cuscoy, Luis, «Hallazgos canarios en un libro de cuentos cubano», El gallo en el espejo, en Revista de la Biblioteca Nacional, La Habana, 2.ª serie, 6, 3, 210-213, 1955.

Diplomáticas, seudónimo de Ramiro Guerra, «Anteo, novela gaseiforme» y «Comentarios y explicaciones», en Diario de la Marina, La Habana, 109, 67 y 70, 24 y 22, marzo 19 y 22, 1941.

Entralgo, Elías José, «Carne de quimera», en Universidad de La Habana, La Habana, 70-72, 369-370, enero-junio, 1947.

Febres Cordero, G. Julio, «Enrique Labrador Ruiz, Contribución a una Bibliografía», en Revista de la Biblioteca Nacional, La Habana, 2.ª serie, 3, 2, 93-135, 1952.

Fernández de Castro, José Antonio, «Nuevo avatar de Labrador Ruiz», sobre La sangre hambrienta, en Diario de la Marina, La Habana, 119, 203, 4, agosto 25, 1951.

Jamís, Fayad, «Comentarios sobre la aparición de un libro cubano», relatos, en Unión, La Habana, 12, 1, 162-163, marzo, 1973.

Latchman, Ricardo Antonio, «Un cubano trotamundos, Enrique Labrador Ruiz», en La Nación, Santiago de Chile, abril 11, 1951.

Lazo, Raimundo, «Labrador Ruiz, creador novelesco», sobre La sangre hambrienta, en Mensuario de arte, literatura, historia y crítica, La Habana, 1, 5, 5, abril, 1950.

Leante, César, «Cuentos de labrador Ruiz», en Santiago, Santiago de Cuba, 6, 239-245 marzo, 1972.

Mañach, Jorge, «Labrador Ruiz, Trailer de sueños», en Diario de la Marina, La Habana, 117, 246, 34, octubre 16, 1949.

Mejías Nieto, Arturo, «Cresival», en Letras, Buenos Aires, enero 30, 1937.

Navarro Montes de Oca, José, «Tendencias de la nueva novelística cubana», en El Nuevo Mundo, suplemento del periódico El Mundo, La Habana, 8, febrero 23, 1941.

Remos y Rubio, Juan José, «Carne de quimera», en Revista Cubana, La Habana, 21, 182-184, abril-junio, 1957.

Rodríguez Alemán, Mario, «El gallo en el espejo» en Universidad de La Habana, La Habana, 115-117, 233-236, julio-diciembre 1954.

Rojas, Manuel, «Peculiaridades de un escritor cubano», en Crónica, La Habana, 2, 15, 44-45, septiembre, 1952.

Sol, Ángel, seudónimo de Rafael Heliodoro Valle, «Charlando con labrador Ruiz», en Revista de Revistas, México D. F., junio 14, 1942.

Villarronda, Guillermo, Tres novelas distintas y..., un solo autor verdadero, La Habana, Editorial La Verónica, 1941.

Wapnir, Salomón, «El pan de los muertos», en Universidad, publicación de la Universidad

Nacional del Litoral, Santa Fe, Argentina, 39, 275, 1959.

Lachatañeré, Rómulo (Santiago de Cuba, 4 julio 1909-San Juan, Puerto Rico, 1951). Estudió primera y segunda enseñanzas en su ciudad natal y luego se graduó de Doctor en Farmacia en la Universidad de La Habana. Luchó contra la dictadura de Machado desde las filas estudiantiles. Posteriormente ingresó en el Partido Comunista de Cuba. Cumplió condena por participar en la huelga de marzo de 1935. Marchó becado a los Estados Unidos y combatió en la Segunda Guerra Mundial. Colaboró en los periódicos *Diario de Cuba* (Santiago de Cuba) y *Noticias de hoy* (La Habana), y en las revistas *Estudios Afrocubanos* (en donde publicó «El sistema religioso de los lucumís y otras influencias africanas en Cuba» entre 1939 y 1940), *Mediodía*, ambas de La Habana, y *Visión*, de Nueva York. Pronunció numerosas conferencias. Al fallecer —en un accidente de aviación— era laboratorista del hospital de la Universidad de Columbia y militante del Partido Comunista de los Estados Unidos. Su apellido original era Lachataignerais, pero fue castellanizado.

Bibliografía activa

¡¡Oh, mío Yemayá!! Prólogo de Fernando Ortiz, Manzanillo, Editorial El Arte, 1938.

Manual de santería; el sistema de cultos lucumí, La habana, Editorial Caribe, 1942.

Bibliografía pasiva

Guillén, Nicolás, «Rómulo Lachatañeré», en su *Prosa de prisa*, crónicas, La Habana, Universidad Central de Las Villas, Dirección de Publicaciones, 1962 págs. 169-173.

Portuondo, José Antonio, «*¡Oh, mío Yemayá!*, cuentos y cantos negros recogidos por Rómulo Lachatañeré», en *Universidad de La Habana*, La Habana, 3, 19, 177-178, julio-agosto, 1938.

«Rómulo Lachatañeré», en su *Cuentos cubanos contemporáneos*, México D. F., Editorial Leyenda, 1946, págs. 191-192.

Lamadrid Vega, José (Caibarién, Las Villas, 28 septiembre 1939). Realizó los primeros estudios en su ciudad natal. A los diecisiete años comenzó a trabajar en el sector del comercio. Participó activamente en la lucha contra la tiranía de Batista desde las filas del Movimiento 26 de julio. Al triunfo de la Revolución se incorpora al DIFAR, cuerpo que después es integrado al Ministerio del Interior. Obtuvo mención de cuento en el concurso «Abdala», del MININT, y la primera mención de novela en el concurso de narraciones policiales «XIV Aniversario del Triunfo de la Revolución», organizado por la Dirección Política del propio ministerio, en 1973, con *La justicia por su mano*. Forma parte del Taller Literario del Consejo Nacional de Cultura de Santa Clara, en cuya revista *Muestra* ha publicado cuentos. Es miembro del Partido Comunista de Cuba.

Bibliografía activa

La justicia por su mano, «La novela policial revolucionaria», por José Antonio Portuondo, La Habana, Editorial Arte y Literatura, 1973.

Lamar Schweyer, Alberto (Matanzas, 6 julio 1902-La Habana, 12 agosto 1942). Cursó la primera enseñanza en las Escuelas Pías de Camagüey y el bachillerato en el Colegio La Salle y la Academia Casado, de La Habana. Comenzó estudios universitarios de derecho y de filosofía y letras, pero los abandonó para dedicarse al periodismo. En 1918 empezó a trabajar en la redacción del *Heraldo de Cuba*. Su labor literaria la inicia en las revistas *Social* y *El Fígaro* (1921-1929). También colaboró en *Cuba Contemporánea* (1922), *El Mundo* y *Smart*, revista esta última de la que fue jefe de redacción (1922). En 1924 pasó a *El Sol*, periódico del que llegó a ser subdirector. Perteneció al Grupo Minorista, pero al ocupar el poder Gerardo Machado se vinculó a éste y fue expulsado del Grupo. Sirvió a la dictadura en el periodismo, mediante libros y conferencias y en misiones diplomáticas especiales. En 1933, al caer Machado, abandonó el país, al que no vuelve hasta algunos años después. Al morir era director de la edición vespertina de *El País*. Su libro *Memoires de S. A. R. L'Infante Eulalie*, que inicialmente apareció sin su firma, fue publicado en inglés bajo los títulos de *Memoirs of Her Royal Highness The Infanta Eulalia* (Londres, Hutchinson, 1936) y *Memoirs of a Spanish Princess* (Nueva York,

W. W. Norton Ex Company Inc., 1937); póstumamente se editó en español como *Memorias de Doña Eulalia de Borbón, Infanta de España* (Barcelona, Ed. Juventud, 1958).

Bibliografía activa

Amado Nervo, conferencia, La Habana, Imprenta López Prado y Fernández, 1919.

René López, La Habana, Imprenta Sociedad Tipográfica Cubana, 1920.

Los contemporáneos, ensayos sobre literatura cubana del siglo, La Habana, Imprenta Los Rayos X, 1921.

Las rutas paralelas, crítica y filosofía, prólogo de E. J. Varona, La Habana, Imprenta El Fígaro, 1922.

La palabra de Zarathustra, Federico Nietzsche y su influencia en el espíritu latino, prólogo de Max Henríquez Ureña, La Habana, Imprenta El Fígaro, 1923.

Biología de la democracia, ensayo de sociología americana, La Habana, Editorial Minerva, 1927.

La crisis del patriotismo, Una teoría de las inmigraciones, La Habana, Editorial Martí, 1929.

La roca de Patmos, novela, La Habana, Carasa, 1932.

Cómo cayó el presidente Machado, una página oscura de la diplomacia norteamericana, Madrid, Editorial Espasa-Calpe, 1934; La Habana, Montalvo Cárdenas, 1938.

Memoires de S.A.R. L'Infante Eulalie, París, Chez Plon, 1935.

Vendaval en los cañaverales, novela, prólogo

de S. Díaz Versón, La Habana, Tipografía La Universal, 1937.
Francia en la trinchera, La Habana, Cárdenas, 1941.

Bibliografía pasiva

Agramonte, Roberto, *La biografía contra la democracia*, La Habana, Editorial Minerva, 1927.

Andride Coello, Alejandro, «*La crisis del patriotismo*», en *El Comercio*, Quito, marzo 4, 1929.

Carbonell, José Manuel, «Alberto Lamar Schweyer, 1902», en su *La Prosa en Cuba*, recopilación dirigida, prologada y anotada, T. 1, La Habana, Imprenta Montalvo y Cárdenas, 1928, págs. 191, Evolución de la cultura cubana, 1608-1927, 12.

Chacón y Calvo, José María, «Alberto Lamar Schweyer», en *Revista Cubana*, La Habana, 15, 133-134, enero-marzo, 1943.

Labrador Ruiz, Enrique, «Lamar Schweyer», en su *El pan de los muertos*, La Habana, Universidad Central de Las Villas, 1958, págs. 47-53.

Lufríu, René, «*Las rutas paralelas*», en *El Fígaro*, La Habana, 39, 23, 362, junio 4, 1922.

Marquina, Rafael, «Los caminos de la novela cubana», en *Lyceum*, La Habana, 3, 940, 48-50, marzo-junio, 1938.

Martínez Márquez, Guillermo, «*Las rutas paralelas*, Artículos de Alberto Lamar Schweyer», en *La Libertad*, La Habana, 1, 24, 3, septiembre 2, 1922.

Masdeú, Jesús, «Puntos de vista a un libro», en *Excélsior El País*, La Habana, 7, 104-105, 2, abril 14, 1929.

Montoro, Rafael, «Un libro notable», en *Excélsior El País*, La Habana, 7, 131, 2, mayo 12, 1929.

Roig de Leuchsenring, Emilio, «Los nuevos, A. Lamar Schweyer», en *Social*, La Habana, 10, 12, 7, diciembre, 1925.

Varona, Enrique José, «Resucita Zarathustra», en *El Fígaro*, La Habana, 41, 3, 42, enero 20, 1924.

Vasconcelos, Ramón, «El gigante vencido», en *El País*, La Habana, edición de la tarde, 20, 193, 1, 6, agosto 13, 1942.

Láminas (La Habana, 1927-Id.). «Publicación mensual ilustrada», se lee como subtítulo en el único ejemplar revisado (número 2), que corresponde a marzo de 1927. Era su director Rafael Ángel Surís. En el número de referencia se publicaron poesías, cuentos, poemas en prosa, artículos de crítica literaria, así como una obrita teatral y secciones dedicadas a caricaturas y otros temas humorísticos. Entre los colaboradores figuraban María Villar Buceta, Jorge Mañach, Félix: Soloni, Agustín Acosta, Enrique Serpa y Rosario Sansores, y conocidos dibujantes de la época, como Armando Maribona, Riverón, Hernández Cárdenas, Massaguer, Rafael Blanco y Hurtado de Mendoza. Para el siguiente número de la revista, que saldría en la tercera semana de abril, anunciaban la publicación de textos literarios de Emilio Roig de Leuchsenring, Juan Marinello, Rubén Martínez Villena, José Zacarías Tallet, Mariblanca Sabas Alomá,

Andrés Núñez Olano y otros conocidos escritores.

Lara, Justo de (Véase **Armas y Cárdenas, José de**)

La Rúa, Francisco (La Habana, 14 septiembre 1844-Campos de Camagüey, 17 octubre 1877). Estudió en el Colegio El Salvador. Participó en las veladas literarias que se celebraban en casa de Nicolás Azcárate. Al comenzar la guerra del 68 está fuera del país y se incorpora a la lucha como expedicionario del vapor Galvanic. Combatió bajo las órdenes de Máximo Gómez como capitán de su Estado Mayor. Más tarde fue ascendido a comandante. Tomó parte en las acciones de Santa Cruz, Palo Seco, Naranjo y Las Guásimas. Fue Ministro de la Guerra durante el gobierno en armas del presidente Estrada Palma y diputado a la Cámara por el estado de Occidente en 1876. Colaboró en *La Independencia*, de Nueva York, y en los periódicos publicados en el campo insurrecto camagüeyano: *El Mambí* (1869), *La Estrella Solitaria* (1869-1870), *El Boletín de la Guerra* (del que fue director en 1875) y *La República* (1876). Sus obras fueron también impresas en la manigua rebelde. Se suicidó en el campamento de Antón antes de caer prisionero del ejército español. Usó el seudónimo *René*.

Bibliografía activa

La constitución y la ordenanza, s. l., s. a., *La lira mambí*, s. l., s. a.

Bibliografía pasiva

Carbonell, José Manuel, «Francisco La Rúa, 1844-1877», en su *La poesía revolucionaria en Cuba*, recopilación dirigida, prologada y anotada, tomo único, La Habana, Imprenta El Siglo XX, 1928, págs. 252, Evolución de la cultura cubana, 1608-1927, 6.
Figueredo, Fernando, «Francisco La Rúa», en *Los poetas de la guerra*, Colección de versos, prólogo de José Martí, Nueva York, Imprenta América, 1893, págs. 141-144.
«Francisco La Rúa, Semblanza», en *Álbum de* El Criollo, La Habana, Establecimiento Tipográfico O'Reilly, n.º 9, 1888.
Martí, José, «Prólogo», en *Los poetas de la guerra*, Colección de versos, Nueva York, Imprenta América, 1893, págs. XVII, Quesada y Aróstegui, Gonzalo de, «Francisco La Rúa», en su *Mi primera ofrenda*, Nueva York, Imprenta de El Porvenir, 1892, págs. 79-89.
Roa, Ramón, «Francisco La Rúa», en su *Con la pluma y el machete*, tomo 1, compilación, prólogo y notas de Raúl Roa, La Habana, Imprenta El Siglo XX, 1950, págs. 306-307.
Trujillo y Cárdenas, Enrique, «Francisco La Rúa», en su *Álbum de El Porvenir*, tomo 3. Nueva York, Imprenta de *El Porvenir*, 1890-1895.

Laso de la Vega, Lorenzo (Puerto Príncipe, floreció entre los siglos XVI y XVII). Nieto de Vasco Porcallo de Figueroa, conquistador que fundara la villa de Puerto Príncipe. Se supone que tuvo alguna educación literaria. Fue militar con el grado de alférez. Residía en Puerto Príncipe y era amigo de Silvestre de Balboa. Es autor de uno de los sonetos laudatorios que encabezan el *Espejo de paciencia*. Este soneto es la única obra suya que conocemos.

Bibliografía pasiva

Lezama Lima, José «Prólogo» y «Alférez Lorenzo Laso de la Vega y Cerda», en su *Antología de la poesía cubana*, tomo 1, La Habana, Consejo Nacional de Cultura, 1965, págs. 16 y 62.

Pichardo Moya, Felipe, «Estudio crítico», en *Espejo de paciencia*, de Silvestre de Balboa, La Habana, Ministerio de Educación, Dirección de Cultura, 1942, págs. 9, 17-18 y 20-21.

Vitier, Cintio, «Prólogo», en *Espejo de paciencia*, de Silvestre de Balboa, La Habana, publicación de la Comisión Nacional Cubana de la UNESCO, 1962, págs. 15, 19 y 20; *Lo cubano en la poesía*, La Habana, Universidad Central de Las Villas, Departamento de Relaciones Culturales, 1958, págs. 19.

Lavié, Nemesio (Manzanillo, Oriente, 19 diciembre 1892). Terminada la enseñanza primaria, obtuvo el título de Contador General, profesión que ejerció en su ciudad natal y en Santiago de Cuba. En 1915 comenzó a colaborar en la revista Orto; posteriormente formó parte del Grupo Literario de Manzanillo (1921). Entre 1933 y 1958 desempeñó distintos cargos públicos. Fue secretario de redacción de *Metrópolis* (1937). Profesor de literatura en la Escuela Profesional de Periodismo de Oriente, fue también su director hasta 1958. Ha colaborado en *La Tribuna, La Defensa, La Montaña* (Manzanillo); *Diario de Cuba, El Cubano Libre, Libertad, Oriente, El Periódico, Prensa Universal, Archipiélago, Acción Ciudadana* (Santiago de Cuba); *Diario de la Marina, La Lucha, El Mundo, Carteles, Labor* (La Habana). Miembro de la Academia de la Historia de Cuba. En el tomo *Homenaje a Martí. 1853-1953* (Santiago de Cuba, Impresora Pinillos, 1954, págs. 44-55) publicó su trabajo «Martí el americanista».

Bibliografía activa

La teoría del servicio, Manzanillo, Editorial El Arte, 1930.

Hogar y patria, título en razón de Martí, Manzanillo, Editorial El Arte, 1943.

Bayate, Índice de la revolución de 1895, prólogo de Cosme de la Torriente, Manzanillo, Editorial El Arte, 1951.

La personalidad de Rafael María Merchán, trabajo leído por el académico correspondiente en Manzanillo, en sesión pública, el día 16 de marzo de 1951, La Habana, Imprenta El Siglo XX, 1951.

Bibliografía pasiva

González Ricardo, Rogelio, «El Grupo Literario de Manzanillo», en *Letras*, La Habana, 20, 174, 44-47, marzo-mayo 1962.

Lazo, Raimundo (Camagüey, 11 marzo 1904-La Habana, 26 septiembre 1976). Realizó los estudios primarios y secundarios en su ciudad natal. Se doctoró en Derecho Civil (1925) y en Filosofía y Letras (1926) en la Universidad de La Habana. Profesor de Lengua y Literatura Española del Instituto de Segunda Enseñanza de Camagüey, fue trasladado al de La Habana, en donde permaneció durante diez años y ocupó diversos cargos. Por combatir al dictador Machado fue destituido como profesor durante algún tiempo. Tras ser instructor desde 1930, obtiene por oposición, en 1937, las cátedras de Literaturas Cubana e Hispanoamericana e Historia de la Lengua Española en la Facultad de Filosofía y Letras de la Universidad de La Habana, las cuales continuó explicando cuando dichas asignaturas pasaron a formar parte, en 1962, de la nueva Escuela de Letras. En los Estados Unidos ha ofrecido cursos en las Universidades de Alburquerque (Nuevo México, 1940), Columbia (1941 y 1959), Duke (Durham, Carolina del Norte), Nueva York (1958), así como también en Middlebury College (Vermont). Ha realizado viajes de investigación y estudio por Panamá, Ecuador, Perú, Bolivia, Argentina y Chile (1938), Italia, Francia, España e Inglaterra (1939), Estados Unidos y México (1940), Italia, Egipto, Francia y España (1953), Italia, Francia, Alemania, Austria y España (1955). Además, ha participado en numerosos congresos nacionales e internacionales. Miembro de la Academia Nacional de Artes y Letras (1949) y de la Academia Cubana de la Lengua (1951), así como de otras instituciones extranjeras.

Recibió el título de Profesor Honoris Causa de la Universidad de Haití en 1951. Ha colaborado en las publicaciones nacionales *Universidad de La Habana, Lyceum, Ultra, Revista Cubana, Bohemia, Carteles, Mensuario de arte, literatura, historia y crítica, Anales de la Academia Nacional de Artes y Letras, El Mundo, Diario de la Marina, El Crisol, Prensa Libre*, y en las extranjeras *Boletín de la Unión Panamericana, América Unida* (Estados Unidos); *Revista de la Sociedad Geográfica* (Argentina); *Revista Iberoamericana, Letras Mexicanas, El Colegio de México* (México); *Letras Colombianas*. Debido a los artículos periodísticos escritos contra la dictadura de Fulgencio Batista, tuvo que abandonar el país. Derrotada la dictadura, fue Embajador de Cuba en la UNESCO (1959-1960). Ha pronunciado gran número de conferencias y prologado distintos libros, entre ellos compilaciones de obras de José Martí, José de la Luz y Caballero, Horacio Quiroga.

Bibliografía activa

Ensayo de un programa elemental de Gramática Española, Literatura Preceptiva e Historia de la Literatura Española, La Habana, Imprenta del Ejército, 1929.

Heredia, Zenea y Martí; poetas patrióticos, La Habana, Imprenta del Ejército, 1929.

Martí y su obra literaria, tesis de grado, prólogo de J. A. Rodríguez García, La Habana, Imprenta La Propagandista, 1929.

Ejercicios realizados por Raimundo Lazo para proveer la plaza de Titular de la cátedra «A»,

gramática y literatura castellanas, tres cursos, del Instituto de Segunda Enseñanza de Santa Clara, La Habana, Imprenta y Librería La Propagandista, 1930.
El feminismo y la realidad cubana, Artículos publicados en el *Boletín de la Alianza Nacional Feminista*, La Habana, Imprenta y Librería La Propagandista, 1931.
La personalidad de la literatura hispanoamericana, La Habana, Imprenta Molina, 1935.
Leyendo y comentando La Dorotea, La Habana, Imprenta Molina, 1936.
La preparación del profesorado secundario y la provisión de cátedras de segunda enseñanza, La Habana, Imprenta Molina, 1936.
Elementos de lengua española, La Habana, Editorial Minerva, 1937; 2.ª edición corregida, Id., 1938; 3.ª edición, considerablemente ampliada, Id., 1942; 4.ª edición, Id., 1944; 5.ª edición, Id., 1948; 6.ª edición, Id., 1951; 7.ª edición, Id., 1954; 8.ª edición, Id., 1957.
Elementos de teoría y composición literarias, literatura preceptiva, La Habana, Editorial Minerva, 1938; 2.ª edición, ampliada, Id., 1944; 3.ª edición, Id., 1957.
Literatura e hispanoamericanismo, separata de la *Memoria del 29 Congreso Internacional de Catedráticos de la Literatura iberoamericana*, Los Angeles, California, 1940, *discurso pronunciado por Raimundo Lazo en el homenaje a Ramiro Valdés Daussá el día 15 de agosto de 1943 en el Aula Magna de la Universidad de La Habana*, La Habana, Editorial Minerva, 1943.
En homenaje el Doctor Manuel F. Gran, La Habana, Editorial Molina, 1943.
Vigil, Palma, *González Prada*, Evocaciones históricas de la Biblioteca Nacional de Lima, La Habana, Cultural, 1943, *Criterios idiomáticos*, La Habana, Cultural, 1944, *Arango y Parreño*, separata de *Universidad de La Habana*, La Habana, 1945.
Día del idioma, «23 de abril de 1945», La Habana, Publicaciones de la Dirección General de Relaciones Culturales, 1945.
El P. Varela y las Cartas a Elpidio, Epílogo de la edición de las *Cartas a Elpidio*, que se han publicado en la Biblioteca de autores cubanos de la Editorial de la Universidad de La Habana, La Habana, Imprenta Úcar, García, 1945.
Martí y la política, La Habana, publicación de la Universidad de La Habana, 1946, *Martí en la historia literaria de Cuba*, La Habana, edición Universidad de La Habana, 1950.
El 7 de diciembre, Homenaje de la Universidad al Lugarteniente General Antonio Maceo y a todos los mártires de la patria, Santiago de Cuba, Universidad de Oriente, 1951.
La teoría de las generaciones y su aplicación al estudio histórica de la literatura cubana, ensayo leído por el autor en el acto de su recepción como miembro correspondiente de la Academia Nacional de Artes y Letras, el 17 de febrero de 1954.
El discurso de contestación estuvo a cargo del presidente de la Academia, Doctor Miguel Ángel Carbonell, La Habana, Imprenta de la Universidad de La Habana, 1954; *La teoría de las generaciones y su aplicación al estudio histórico de la literatura cubana*, 2.ª edi-

ción ampliada, México, Universidad Nacional Autónoma de México, 1973, Cuadernos del Centro de Estudios literarios, 5.

La personalidad, la creación y el mensaje de Alfonso Reyes, trabajo inaugural del año académico de 1954 a 1955, leído por su autor en la sesión correspondiente de la Academia Cubana de la Lengua, el 19 de noviembre de 1954, La Habana, 1955.

La poesía de Zorrilla de San Martín, La Habana, Ediciones Anuario Bibliográfico Cubano, 1956.

América y la lengua española, La Habana, Imprenta Litomen, 1960, Publicaciones de la Academia Cubana de la Lengua correspondiente de la Real Española.

Discurso informe en la apertura de la XI Conferencia General de la UNESCO, París, noviembre de 1960, La Habana, Imprenta Nacional de Cuba, 1960.

Impresión hispanoamericana de Sarmiento, La Habana, Publicaciones de la Academia Cubana de la Lengua, 1961.

La literatura cubana, Esquema histórico, desde sus orígenes hasta 1966, México D. F., Imprenta Universidad Autónoma de México, 1966; La Habana, Editora Universitaria, 1967; México D. F., Universidad Nacional Autónoma de México, 1974.

Historia de la literatura hispanoamericana, tomo 1, El periodo colonial, 1492-1780, T. 2, El Siglo XIX, 1780-1914, México D. F., Editorial Porrúa, 1967, 2 T.

Historia de la literatura hispanoamericana, tomo 1, El período colonial, 1492-1780, La Habana, Editora Universitaria, 1967; 2.ª edición revisada, La Habana, Pueblo y Educación, 1968.

Historia de la literatura hispanoamericana, tomo 2, El Siglo XIX, 1780-1914, La Habana, Pueblo y Educación, 1969.

La novela andina, pasado y futuro, Alcides Arguedas, César Vallejo, Ciro Alegría, Jorge Icaza, José María Arguedas, Previsible misión de Vargas Llosa y los futuros narradores, México, Editorial Porrúa, 1971.

El romanticismo, Fijación sicológico-social de su concepto, Lo romántico en la lírica hispano-americana, del siglo XVI a 1970, México D. F., Editorial Porrúa, 1971.

Gertrudis Gómez de Avellaneda, La mujer y la poetisa lírica, México, Editorial Porrúa, 1972, Sepan cuantos..., 226.

Bibliografía pasiva

Bueno, Salvador, «La edición cubana de la *Historia de la literatura hispanoamericana*», en *El Mundo del Domingo*, suplemento del periódico *El Mundo*, La Habana, 6, mayo 7, 1967.

Martínez Bello, Antonio, «*La teoría de las generaciones y su aplicación al estudio histórico de la literatura cubana*» en *Revista de la Biblioteca Nacional*, La Habana, 2.ª serie, 6, 2, 246-262, 1955.

Vitier, Cintio, «Un libro de Raimundo Lazo», en *El Mundo*, La Habana, 66, 21 862, 4, abril 12, 1967.

Leal, Rine (La Habana, 15 julio 1930-Caracas, 16 septiembre 1996). Bachiller en Letras del Instituto de La Habana (1948). Tras estudios inconclusos de Derecho, se gradúa en la Escuela Profesional de Periodismo Manuel Márquez Sterling en 1952. Trabajó como crítico teatral en *Pueblo* (1954-1958) y como corrector de pruebas en *Carteles* (*1955-1959*) e *Información* (*1956*). Impartió cursos de estilografía y de teatro norteamericano en la Academia Municipal de Arte Dramático (1957-1958). Fue miembro de la Sociedad Cultural Nuestro Tiempo y tesorero de la Cinemateca de Cuba. Entre 1959 y 1963 hizo crítica teatral en *Revolución*. Becado por la Dirección de Cultura del Ministerio de Educación (1959-1960), participó en congresos y eventos teatrales en París, Aviñón, Orange, Atenas y Bratislava. Director del Teatro Experimental Las Máscaras (1961-1963). Fue profesor de Apreciación Teatral en la Escuela de Instructores de Arte (1961) y de Historia del Teatro en la Brigada Teatro Covarrubias y en el Conjunto Dramático Nacional. Jefe de redacción de «Arte y literatura», sección de *Bohemia*, entre 1963-1967, jefe de información de *Cuba* (1965-1967) y jefe de redacción de *Conjunto* (1967). Ha viajado por los países ya mencionados y por la RDA, R.F.A., Yugoslavia, Austria, Inglaterra, Estados Unidos, México y España. Tiene colaboraciones en *Nueva Generación*, *Mensuario de arte, literatura, historia y crítica*, *Nuestro Tiempo*, *Ciclón*, *Carteles*, *Bohemia*, *Nueva Revista Cubana*, *Lunes de Revolución*, *Cuba*, *Casa de las Américas*, *La Gaceta de Cuba*, *Unión*, *Conjunto*, *Islas*, *Santiago*. Confeccionó las antologías, *Teatro cubano en un acto* (La Habana, Ediciones R, 1963) y *Teatro irlandés* (La Habana, Consejo Nacional de Cultura, 1966). junto con Rogerio Paulo publicó *Introduçao ao teatro cubano* (Lisboa, Seara Nova, 1971). Actualmente trabaja como investigador teatral para el Consejo Nacional de Cultura. Ha utilizado el seudónimo de *Rolando R. Pérez*.

Bibliografía activa

Cuarenta años de teatro moderno, 1873-1914, Del naturalismo al expresionismo, La Habana, Municipio de La Habana, Departamento de Bellas Artes, 1956.

Viaje a la crítica, La Habana, Consejo Nacional de Cultura, 1962.

Eugene O'Neill, La Habana, Casa de las Américas, 1963.

En primera persona, *1954-1966*, La Habana, Instituto Cubano del Libro, 1967.

El teatro, La Habana, Instituto Cubano del Libro, 1968 *La selva oscura*, tomo 1, Historia del teatro cubano desde sus orígenes hasta 1868, La Habana, Editorial Arte y Literatura, 1975.

Bibliografía pasiva

Agüero, Luis, «Diálogo con Rine Leal, entrevista», en *Edita*, La Habana, 1, 11, 9-10, agosto, 1964.

Antón, Mercedes, «Crítica en torno a una actitud crítica», entrevista, en *Unión*, La Habana,

3, 3, 130-146, julio-septiembre, 1964.

Arenal, Humberto, «*Viaje a la crítica*, de Rine Leal», en *Casa de las Américas*, La Habana, 3, 17-18, 73-74, marzo-junio, 1963.

Casey, Calvert, «Siempre O'Neill», en *Bohemia*, La Habana, 56, 6, 15-16, febrero 7, 1964.

Colina, José de la, «Once y sobran cuatro», en *Bohemia*, La Habana, 56, 31, 23, julio 31, 1964.

Corrales Aguir, J., «O'Neill el hombre, O'Neill el dramaturgo», en *La Gaceta de Cuba*, La Habana, 3, 35, 20, abril 20, 1964.

Núñez Miró, Isidoro, «Once autores en busca de una antología» en *La Gaceta de Cuba*, La Habana, 4, 42, 27-28, enero-febrero, 1965.

Triana, José, «O'Neill y Vallejo», en *Rotograbado de Revolución*, suplemento del periódico *Revolución*, La Habana, 12, marzo 2, 1964.

Leante, César (Matanzas, 1 julio 1928). Reside entre 1935 y 1940 en México D. F., en donde recibe la enseñanza primaria. De regreso en Cuba, cursa hasta el 4.º año de bachillerato en el Instituto de la Víbora y realiza actividades como dirigente estudiantil. Entre 1944 y 1950 milita en las filas de la juventud Socialista y, a partir de este último año, en el Partido Socialista Popular. Trabaja como autor radial desde 1954 hasta 1959, cuando se incorpora al periódico *Revolución*. Después (1961), pasa al cuerpo de redactores de la agencia cablegráfica Prensa Latina. Entre 1961 y 1962 es profesor de literatura dramática en la Escuela Nacional de Instructores de Arte.

En 1962 participa en el Congreso Internacional de Escritores efectuado en Berlín. Agregado cultural de la Embajada de Cuba en París (1963), posteriormente pasa a ser funcionario en el Ministerio de Relaciones Exteriores. En el mismo 1963 es nombrado jefe de redacción de *La Gaceta de Cuba*. Fue secretario de Relaciones Públicas de la UNEAC. Ha viajado por Checoslovaquia, República Democrática Alemana, Polonia, Unión Soviética, Finlandia, Suecia, Dinamarca, Holanda, España, Francia, Inglaterra. Como escritor ha colaborado en *Mensuario de arte, literatura, historia y crítica*, *Carteles, Bohemia, Lunes de Revolución, Hoy Domingo, La Gaceta de Cuba, Unión, Casa de las Américas, El Mundo, Cuba, Revolución y Cultura, Partisans* (París). En 1965 obtuvo mención de novela en el concurso literario de la UNEAC por *Padres e hijos*. Su obra narrativa ha sido vertida al francés, ruso, alemán, checo y eslovaco. Ha traducido del inglés a nuestra lengua a Myrian Allen, y del francés a Simone de Beauvoir y Antoine de Saint-Exupery. Es asesor literario del Consejo Nacional de Cultura.

Bibliografía activa

Con las milicias, Reportajes, La Habana, Eds Unión, 1962.

El perseguido, novela, La Habana, Ediciones R, 1964.

Padres e hijos, novela, La Habana, Ediciones Unión, 1967.

La rueda y la serpiente, relatos, La Habana,

UNEAC, 1969.

Muelle de caballería, novela, La Habana, UNEAC, 1973.

El espacio real, ensayo, La Habana, UNEAC, 1975.

Bibliografía pasiva

Augier, Ángel, «*Con las milicias*», en *Vida Universitaria*, La Habana, 13, 142, 19-20, junio, 1962.

Bueno, Salvador, «*El perseguido*», en *El Mundo*, La Habana, 63, 21 221, 4, marzo 17, 1965.

Contreras, Orlando, «*Con las milicias*», en *Verde Olivo*, La Habana, 3, 18, 62, mayo 6, 1962.

Díaz Martínez, Manuel, «Un reportaje de César Leante» en *Verde Olivo*, La Habana, 3, 19, 67, mayo 13, 1962.

Don, Juliosvaldo, «*El perseguido*» en *El Mundo*, La Habana, 63, 21 291, 4, junio 9, 1965.

Feijóo, Samuel, «*Con las milicias*», en *Islas*, La Habana, 5, 1, 303, julio-diciembre, 1962.

Fernández Retamar, Roberto, «Con César Leante», en *La Gaceta de Cuba*, La Habana, 1, 2, 6-7, mayo 1, 1962.

Lorenzo, Fuentes, José, «Una novela de César Leante», en *Bohemia*, La Habana, 57, 7, 28, febrero 12, 1965.

Martínez Bello, Antonio, «*Padres e hijos*, de César Leante», en *El Mundo*, La Habana, 66, 22 011, 4, octubre 3, 1967.

Martínez Herrera, Alberto, «*Con las milicias*», en *Unión*, La Habana, 1, 2, 143-145, julio-agosto, 1962.

Otero, José Manuel, «*Padres e hijos*, o las relaciones en el hogar», en *Revista del Granma*, suplemento del periódico *Granma*, La Habana, 9, agosto 26, 1967.

Piñeyro, Abelardo, «Un miliciano cuenta», en *La Gaceta de Cuba*, La Habana, 3, 39, 22, julio 5, 1964.

Rodríguez, A., «Una novela de César Leante», en *El Mundo*, La Habana, 66, 22 036, 4, noviembre 1, 1967.

Lectura (Sancti Spíritus, Las Villas, 1912). «Revista literario social», se lee como subtítulo en el ejemplar más antiguo encontrado (número 6) correspondiente al 11 de agosto de 1912. Salía semanalmente, bajo la dirección de Francisco Moré, según se expresa en un pie de grabado que aparece en dicho número. Publicaba poesías, cuentos y otros trabajos de interés literario. También presentaba sección deportiva, femenina y de crónica social, así como otras en que divulgaban noticias de interés local. En sus páginas vieron la luz trabajos de Emilio Roig de Leuchsenring, Rafael Montoro, Miguel Galliano Cancio, pero sus colaboradores fueron, por lo general, escritores poco conocidos y algunos del todo desconocidos. Entre ellos, Rafael Vignier, Ángel G. Zamora, César Cancio, José Wen Maury, Juan Daniel Byrne, J. Jackson Veyan, *Inocente Palomo* (seudónimo de Ramón Schiffini Pérez), Rogelio Marín Mir, G. García Madrigal y otros. Solo se han revisado ejemplares sueltos, el último de los cuales (número 24) corresponde al 22 de diciembre de 1912.

Lectura (La Habana, 1923 ld.). «Revista mensual ilustrada», se lee en el número 2, correspondiente a agosto. Era su director Juan B. Ubagosto La dirección artística estaba a cargo de Enrique Riverón. En octubre de 1923 (número 4, segundo y último ejemplar revisado) era dirigida por Guillermo Martínez Márquez. En el reverso de portada de este número se expresa que la revista es la «más interesante y más barata de la República de Cuba», así como que «publica cada mes una comedia y una novela corta, cuentos, poesías, páginas infantiles, secciones recreativas, artículos deportivos, crónicas cinematográficas, entrevistas de actualidad, retratos, caricaturas, dibujos, chistes, modas, recetas, etc.». Y en la sección «Notas de redacción» se aclara que desde ese número la revista «queda desligada de la firma Crusellas y Cía.». Gran parte de los textos de carácter literario eran traducciones. Aparecieron también poesías inéditas de Juana de Ibarbourou, según aseveración de la propia revista. Contó con la colaboración de Juan Marinello Vidaurreta, *El curioso impertinente* (seudónimo de José A. Giralt), R. de Armas, Ricardo Marín y otros.

León, César Luis de (Cienfuegos, Las Villas, 22 septiembre 1899). Su nombre real es Eugenio Sánchez Pérez. Se inició en el periodismo en los diarios cienfuegueros *La Correspondencia*, *El Comercio* y *El Eco de las Villas*, así como en *El Camagüeyano*. Después colaboró en *El Fígaro*, *Castalia*, *La Montaña*,

Diario de la Marina, *El Mundo* (La Habana), *Orto* (Manzanillo), *Lis*, *Antena* (Camagüey), *Variedades de Jalisco*, *El Monitor Republicano* (México), *Caras y Caretas* (Buenos Aires). Trabajó durante algún tiempo como viajante de comercio. Vivió muchos años en Camagüey. Después del triunfo de la Revolución se marchó a España. Utilizó también el seudónimo de *Lord Térliz*.

Bibliografía activa
Del jardín de mi alma, poesía, prólogo de Medardo Lafuente, poemas de Vicente Menéndez Roque y Arturo Doreste, Camagüey, Editora El Nacional, 1919.

Bibliografía pasiva
Carbonell, José Manuel, «Eugenio Amador Sánchez Pérez de Zambrana, 1899», en su *La poesía lírica en Cuba*, recopilación dirigida, prologada y anotada, tomo 5, La Habana, Imprenta El Siglo XX, 1928, págs. 474-475, Evolución de la cultura cubana, 1608-1927, 5. González Báez, Paulino, *Poetas jóvenes cubanos*, Barcelona, Casa Editorial Maucci, s. a., págs. 126-127.

León, José de la Luz (Maisí, Oriente, 23 mayo 1892). Hizo la primaria y comenzó el bachillerato en Santiago de Cuba. Estudió las carreras de Derecho Diplomático y Derecho Público en la Universidad de La Habana. Se inició muy joven en el periodismo. Dirigió la revista *Alma joven* (Baracoa, Oriente, 1914). En

1918 entró en el cuerpo consular cubano. Ha sido canciller de la legación en Berna; cónsul en La Coruña, Barcelona, Sevilla y Calcuta; delegado ante la Sociedad de las Naciones; delegado ante la Oficina Internacional del Trabajo; primer representante diplomático de Cuba en París después de la Segunda Guerra Mundial, como encargado de negocios; encargado de negocios en Suiza; ministro consejero; encargado de la Embajada de Cuba ante la República Italiana; embajador en Colombia. En Cuba ha colaborado en las publicaciones *El Fígaro*, *Revista Cubana*, *Cuba Contemporánea*, *Alerta*, *El Mundo*. Durante su estancia en La Coruña, dirigió la revista de vanguardia *Alfar*. Ha sido miembro de la Real Academia Gallega, de la Academia Nacional de Artes y Letras, de la Academia de la Historia de Cuba y de la Academia Cubana de la Lengua. Entre otras órdenes y méritos obtenidos, recibió la de Oficial de la Legión de Honor de Francia y la Gran Cruz de la Orden Nacional Cubana Carlos Manuel de Céspedes. Ha pronunciado conferencias en Cuba y el extranjero. Ha usado los seudónimos *Luz de León*, *Tiberiades* y *Clara del Claro Valle*.

Bibliografía activa

La emoción del minuto, La Habana, Imprenta Militar Pérez, 1918.

Amiel o la incapacidad de amar, prólogo de Salvador de Madariaga, Madrid, Imprenta Biblioteca Nueva, 1927.

Ideario cubano, E. J. Varona, La Coruña, Imprenta Moret, 1934.

Suiza y la democracia, La Habana, Imprenta La Caricatura, 1934.

Benjamín Constant o el donjuanismo intelectual, historia de un alma, prólogo de Gregorio Marañón, La Habana, Imprenta Úcar, García, 1937.

Síntesis martiana para extranjeros, París, Imprenta Les Livres Nouveaux, 1941.

La diplomacia de la manigua, La Habana, Editorial Lex, 1947.

Fernán Caballero, Tula de Avellaneda, París-Genéve, Ediciones Internacionales de Cygne, 1949.

La imagen de cumbre en la prosa de Martí, Perfil del Autor por M. A. Carbonell, La Habana, Imprenta El Siglo XX, 1951.

Bibliografía pasiva

Carbonell, José Manuel, «José de la Luz León, 1892», en su *La prosa en Cuba*, recopilación dirigida, prologada y anotada, T. 1, La Habana, Imprenta Montalvo y Cárdenas, 1928, págs. 317, Evolución de la cultura cubana, 1608-1927, 12.

Carbonell, Miguel Ángel, «La emoción del minuto», en *Letras*, La Habana, 3.ª época, 11, 7, 10, junio 16, 1918.

Chacón y Calvo, José M., «Palabras de bienvenida al Doctor José de la Luz León», en *Boletín de la Academia Cubana de la Lengua*, La Habana, 4, 123-127, enero-junio, 1955.

«Elogio de *Clara del Claro Valle*», en *El Mundo*, La Habana 65, 21 821, 4, febrero 23, 1967.

Lizaso, Félix, «Amiel, sombra; al margen de

Amiel o la incapacidad de amar, por José de la Luz León», en Re*vista de Avance*, La Habana, 3, 2, 20, 61-62, 70, marzo 15, 1928.

«José de la Luz León», en su *Ensayistas contemporáneos, 1900-1920*, La Habana, Editorial Trópico, 1938, págs. 158-161, 266.

Mañach, Jorge, «Un amielista cubano», en *El País*, La Habana, 6, 141, 3, mayo 21, 1928.

Palomares, Enrique, «José de la Luz León», en *El Fígaro*, La Habana, 41, 1, 11, enero 6, 1924.

Rodríguez, Luis Felipe, «Palabras en torno de José de la Luz León», en *El Mundo*, La Habana, 34, 10 986, 4, junio 24, 1934.

Suárez Solís, Rafael, «*Amiel*», en *Diario de la Marina*, La Habana, 96, 8, 33, enero 8, 1928.

«José de la Luz León, I, II y III», en *Ahora*, La Habana, 2, 222, 223 y 224, 1-4, 1-4 y 1-4, mayo 22, 23 y 24, 1934.

«*Benjamín Constant o el donjuanismo intelectual, historia de un alma*, por José de la Luz León con un prólogo de Gregorio Marañón», en *Revista Cubana*, La Habana, 10, 277-278, octubre-diciembre, 1937.

Torre, Miguel A. de la, «La apología de la corbata», en *El Fígaro*, La Habana, 35, 22, 645, junio 9, 1918.

Vasconcelos, Ramón, «Un Martí inédito y un martiano postergado», en Alerta, La Habana, 15, 37, 1, 10, febrero 13, 1950.

Villaverde, Renato, «Un embajador de raza», en *Información*, La Habana, 19, 194, A-2, agosto 16, 1955.

León, José Socorro de (La Habana, 1831-Id., 6 enero 1869). Colaboró en numerosos periódicos y revistas, tales como *Aguinaldo Habanero, Ofrenda al Bazar* y *Floresta Cubana*, de la que fue redactor. Fundó, en compañía de Armas y Céspedes y Rafael Otero, *La Danza* (1854), y en 1858 fue editor de la colección de poemas *Cuba poética*, que dirigían Luaces y Fornaris. Junto con el mismo Luaces compartió la dirección de la revista *Cuba Literaria* en su primera época (1861-1862). También dirigió *Camafeos* (1865) entre las entregas 15 y 24. Murió en la Universidad, donde trabajaba como bedel. Utilizó los seudónimos *Gil Blas, Fray Severino Linazas, El mismo, El Br. Sarampión*.

Bibliografía activa

Ensayos poéticos, prólogo de José de Poo, La Habana, Imprenta de Barcina, 1852.

Flores silvestres, poesía, La Habana, Imprenta de Barcina, 1953.

No más cuartos de alquiler, Zarzuela en dos actos, La Habana, 1853, *Colección de versos*, La Habana, Imprenta El Tiempo, 1857.

Horas de buen humor, versos satírico y jocosos, La Habana, 1858.

Garrotazo y tente tieso, comedia de costumbres cubanas en un acto y en verso, La Habana, Imprenta Viuda de Barcina, 1863.

Un bautizo en Jesús María, Locura cómica en un acto y en prosa, La Habana, Imprenta La Tropical, 1865.

Le Riverend, Julio (La Coruña, España, 22 diciembre 1912). Nace en La Coruña mientras su padre ejercía el consulado de Cuba en esa ciudad. Cursó el bachillerato en el Instituto de La Habana. Durante la tiranía machadista perteneció al Ala Izquierda Estudiantil y al Grupo Maiacovski. Exiliado en París, entre los años 1932-1933 fue secretario general de la Unión Latinoamericana de Estudiantes. A su regreso se doctoró en Derecho Civil y en Ciencias Políticas, Sociales y Económicas en la Universidad de La Habana. Perteneció al consejo de redacción de la revista *Páginas* (1937-1938). En México (1943-1947) fue becario de El Colegio de México y recibió el título de Maestro en Historia del Instituto Nacional de Antropología e Historia y de El Colegio de México. Viajó, además, por los Estados Unidos (1947-1948), Gran Bretaña, Francia (1950) y Chile. Fue secretario de la Sociedad Económica de Amigos del País. Impartió cursos en la Escuela Profesional de Comercio de La Habana (1950-1952). De 1952 a 1959 fue director del Patrimonio Nacional del Tribunal de Cuentas. A partir de 1959 ha visitado a España, Italia y casi todos los países del campo socialista en misiones oficiales. Fue profesor de la Escuela de Ciencias Comerciales de la Universidad Central «Marta Abreu» (1959-1960) y de Historia Económica de Cuba en la Universidad de La Habana (1961-1964). Tiene colaboraciones en las publicaciones nacionales *Revista Bimestre*, *Gaceta del Caribe*, *Trimestre*, *Boletín del Archivo Nacional*, *Universidad de La Habana*, *Bohemia*, *Cuba Socialista*, *Islas*, *Casa de las Américas*, *INRA*, *Cuba*, *Lunes de Revolución*, *La Gaceta de Cuba*, y en *El Trimestre Económico*, *Historia Mexicana*, *Revista de Historia de América*, *Historia y Sociedad* (México); *Vepresy Istorii* (Moscú); *Wirtschafteschichte Jarbuch* (Berlín). Miembro de la Societé des Americanistes (París). En la Academia de Ciencias de Cuba ha sido director del Instituto de Historia-Archivo Nacional y vicepresidente de la institución. Posteriormente fue nombrado viceministro de Educación. En 1973 recibió el título de Doctor Honoris Causa del Instituto de América Latina de la Academia de Ciencias de la URSS. Es miembro del Partido Comunista de Cuba. En la actualidad es embajador permanente de Cuba ante la UNESCO. Ha pronunciado conferencias y prologado varias obras históricas. Realizó la selección y el prólogo de la *Órbita de Fernando Ortiz* (La Habana, UNEAC, 1973). Su *Historia económica de Cuba* ha sido traducida al inglés, francés y ruso. Utilizó el seudónimo *Damián Paredes*.

Bibliografía activa

Síntesis histórica de la cubanidad en el XVIII, La Habana, Imprenta Molina, 1940.

La economía cubana durante las guerras de la Revolución y del Imperio franceses, 1790-1808, México D. F., 1943.

Los orígenes de la economía cubana, 1510-1600, México D. F., El Colegio de México, 1945.

Reseña histórica de la economía cubana y sus problemas, México D. F., Cuadernos de la

Embajada de Cuba, 1956.

La Habana, biografía de una provincia, La Habana, Imprenta El Siglo XX, 1960.

La moneda en el mundo contemporáneo, La Habana, MINFAR, 1961.

Historia económica de Cuba, La Habana, MINCEX, 1963; 2.ª edición, La Habana, Editora del Consejo Nacional de Universidades, 1965; La Habana, Instituto Cubano del Libro, 1967; La Habana, Instituto Cubano del Libro, 1971; 4.ª edición, Id., 1974.

La República; dependencia y revolución, La Habana, Editora Universitaria, 1966; La Habana, Instituto Cubano del Libro, 1969; 3.ª edición, Id., 1973.

Observaciones en torno a la investigación histórica, conferencia pronunciada en la Primera Reunión Nacional de las Comisiones de Historia de la UJC, septiembre 22, 1967, La Habana, Comisión Nacional de Historia de la UJC, 1969.

Bibliografía pasiva

Aguirre, Sergio, «Julio Le Riverend, *Historia económica de Cuba*», en *Cuba Socialista*, La Habana, 4, 9, 32, 134-136, abril, 1964.

Pérez de la Riva, Juan, «*Historia económica de Cuba*, de Julio Le Riverend», en *Revista de la Biblioteca Nacional*, La Habana, 3.ª época, 6, 3-4, 140-143, julio-diciembre, 1964.

«La República, dependencia y revolución, de Julio Le Riverend», en *Revista de la Biblioteca Nacional*, La Habana, 3.ª época, 57, 8, 2, 85-89, abril junio, 1966.

Letras (La Habana, 1905-1914; 1918-Id.). Revista literaria. Comenzó en noviembre, bajo la dirección de Néstor Carbonell y Carlos Garrido. Se editaba quincenalmente con un formato novedoso para la época. En el trabajo inicial del primer número —«Palabras»— los directores señalaban: «*Letras* no viene a llenar vacío alguno. Surge a la vida ignorando los vacíos de la vida. En *Letras* escribirán los literatos ya consagrados y los que a su vez serán consagrados. En nuestras páginas verán la luz el artículo profundo de estilo sereno y el cuento sutil de estilo sonoro y brillante; el verso todo fondo, todo cerebro, y el verso todo música, todo ala, todo alma [...]». Desde el 15 de febrero de 1906 fue dirigida por Néstor y José Manuel Carbonell. El 15 de marzo de este mismo año (número 10) comenzó la segunda época, con un nuevo formato, ahora convencional. A partir del 15 de mayo de 1906 tomó el subtítulo de «Revista quincenal literaria» y desde el 31 de julio del mismo año aparecen los dos hermanos Carbonell como editores propietarios, a la vez que Diwaldo, Salom funge como secretario de redacción. Luego de la publicación del ejemplar correspondiente al 31 de agosto de 1906, se suspende su salida. Con un número extraordinario, correspondiente al 15 y 30 de diciembre del propio año, «reanuda [...] su publicación, bruscamente interrumpida por los pasados sucesos políticos [la segunda intervención norteamericana en Cuba]». «Y al comenzar de nuevo [...] su labor [...] —añaden— cumple a sus directores el manifestar que en nada ha cambiado, que es la misma *Letras* de antes, literaria, independiente, sin escuela de arte que seguir ni partido político que defender.» En el ejemplar correspondiente al 29 de febrero de 1908 se indica que R. Morales de Acevedo ha asumido los cargos de secretario de redacción y administrador de la revista, pero algunos números después este último cargo era ocupado por otra persona. A partir del 5 de julio de 1908 se amplió su formato y apareció como «Revista semanal ilustrada». Debajo de este subtítulo se leía que contaba «Con la colaboración de los mejores escritores y artistas cubanos y extranjeros». Como administrador fungía entonces Miguel Ángel Quevedo, quien posteriormente aparecería como administrador-gerente (hasta el 13 de marzo de 1910). Desde el 28 de noviembre de 1909, y hasta el 27 de octubre de 1912 (no se ha visto el número posterior), la jefatura de redacción estuvo a cargo de Félix Callejas. Cuando el mes tenía cinco semanas publicaban un suplemento de cuatro páginas con la crónica «que no admite demoras ni aplazamientos en el ávido deseo de conocer siempre la última noticia social». Hacia abril de 1910 comenzaron a publicarse, en páginas adicionales a la revista, sin numeración, unas «Páginas para las damas» cuyo contenido era preparado por Elisa María Bordas. En el primer número de enero de 1911 se expresa que Arturo Montori ha entrado a formar parte de la redacción y administración de la revista. Desde

el 9 de noviembre de 1913 (con anterioridad no aparecía machón) ocupó el cargo de redactor-jefe Ismael Clark, y a partir del 8 de febrero de 1914 José Manuel Carbonell, además de compartir la dirección con su hermano Néstor, ocupa el cargo de administrador-gerente. En marzo de ese mismo año recomienza la sección «Páginas para las damas», que había desaparecido, por lo menos con dicho título, hacia marzo-abril de 1911. Con el número correspondiente al 25 de octubre de 1914 cesó su publicación. El 5 de mayo de 1918 reapareció como «Revista universal ilustrada». Los editores-propietarios eran José Manuel y Néstor Carbonell y Aurelio Méndez. Manuel E. Romero y Esteban Valderrama ocupaban, respectivamente, los cargos de secretario de redacción y director artístico. En el trabajo «Con la misma bandera», que en este número inicial de la tercera época firman los editores-propietarios, se expresa: «*Letras*, hoy como ayer, dedicará preferente atención al cultivo de las bellas artes en sus varias manifestaciones, propendiendo cada vez más —como su actuación pasada lo acredita— al establecimiento de las más sólidas y cordiales relaciones entre los intelectuales, especialmente entre los de habla española». Se publicó semanalmente, sin interrupción, hasta el 25 de agosto de 1918, fecha en que cesa su salida debido a que los tiempos —señalan en este último número— «no le son propicios». En las páginas de *Letras* se publicaron poesías, cuentos, artículos sobre temas históricos y de crítica e historia literarias, fragmentos de novelas, crónicas enviadas desde el extranjero. También aparecieron encuestas sobre problemas cubanos de actualidad, que recogían opiniones de personalidades políticas y literarias de la época, fragmentos de libros próximos a publicarse o de reciente publicación, así como prólogos de los mismos. Algunas secciones interesantes fueron, entre otras, las tituladas «Páginas de Martí», en la que se reproducían textos martianos, algunos de ellos inéditos; «La semana», que comenzó en 1911 y en la cual José Manuel Carbonell comentaba hechos cubanos de actualidad, tanto de la política como de las letras; «De teatros» o «Por los teatros», en la que aparecían comentarios de las obras que se escenificaban en la capital, firmados en ocasiones por Jesús Castellanos y en la mayoría de los casos por *Sem Lai* (seudónimo de Ismael Clark); «Leyendo y contando» y «Bibliografía», en las que se reseñaban obras de reciente publicación, tanto cubanas como extranjeras. No podía faltar en las páginas de la revista, por supuesto, la crónica social que estaba a cargo de Enrique Fontanills. Contó con la colaboración, más o menos constante, de numerosos escritores cubanos, entre ellos, *Conde Kostia* (seudónimo de Aniceto Valdivia), Miguel de Carrión, Federico Uhrbach, Agustín Acosta, Esteban Borrero Echeverría, Manuel Márquez Sterling, Regino Eladio Boti, José Manuel Poveda, Bonifacio Byrne, Arturo Ramón de Carricarte, Francisco Javier Pichardo, Luis Felipe Rodríguez, Aurelia Castillo de González, René López, Dulce María Borrero, Bernardo G. Barros, Arturo Doreste, Rafael Esténger, Pedro Alejandro López, Eulogio Horta, Miguel Ángel de la Torre, Francisco García Cisneros, Hilarión Cabrisas, Fernando de Zayas, José María Collantes, Manuel Serafín Pichardo, Luis Rodríguez Embil, Mario Muñoz Bustamante, Ramiro Hernández Portela, M. Lozano Casado, Joaquín Nicolás Aramburu, Guillermo de Montagú, Miguel A. Macau, Jesús López Silvero, Eduardo Avilés Ramírez, Ciana Valdés Roig, Guillermo Martínez Márquez, Esteban Foncueva, Manuel Fernández Cabrera, José M. y Juan Guerra Núñez, Lincoln de Zayas, Primitivo Ramírez Ros, Francisco Rodríguez Mojena, Miguel Galliano Cancio, Félix L. Campuzano, Marco Antonio Dolz, Napoleón Gálvez, Vicente Silveira, Francisco Robainas, Susini de Armas, etc. También aparecieron trabajos de escritores extranjeros de lengua española, entre ellos, Pedro y Max Henríquez Ureña, Francisco Villaespesa, José Santos Chocano, Andrés González Blanco, Rafael Heliodoro Valle, Oswaldo Bazil, Máximo Soto Hall, Rosalía Castro y otros menos conocidos. En edición mecanografiada, existe en la Biblioteca Nacional José Martí un *Índice correspondiente a los nueve tomos de* Letras *de los años 1906 a 1913*, el cual, según se lee al final, fue donado por Rafael Soto Paz.

Bibliografía

Carbonell, José Manuel, Néstor Carboncil y Aurelio Méndez, «Con la misma bandera», en *Letras*, La Habana, 3.ª época, 11, 1, 10, mayo

5, 1918.
Carbonell, Néstor y José Manuel Carbonell, «Palabras», en *Letras*, La Habana, 24.ª época, 4, 1, 2, julio 5, 1908.
Dolz, Marco Antonio, «La resurrección de *Letras*», en *Letras*, La Habana, 34.ª época, 11, 2, 7, mayo 12, 1918.

Leyva, Armando (Gibara, Oriente, 14 enero 1888-La Habana, 9 diciembre 1942). Estudió en su pueblo natal y en las Escuelas Pías de Guanabacoa. Dejó inconclusa la carrera de ingeniería en los Estados Unidos para regresar a Cuba y dedicarse al periodismo. Durante algún tiempo participó en la política partidista activa. Dentro de su misma provincia, dirigió las publicaciones *Zeta*, *Pandemonium* y *El Comercio* (1915), y colaboró en *La Palabra* y *El Triunfo*, todos de Gibara, así como en *El Correo Semanal*, de Banes. En Santiago fue jefe de redacción del *Diario de Cuba* (1917) y colaborador de *El Cubano Libre;* allí mismo fue también presidente del Ateneo y alentador de la empresa editora Biblioteca Oriental. Se trasladó a La Habana en 1925 para trabajar en el periódico *El Sol.* Fue secretario de redacción de *Noticias* (1933) y director de *Labor* (1936-1937) y *Metrópolis* (1937). Colaboró en las publicaciones habaneras *Social, Bohemia, Letras, Smart, Alma Latina, El Fígaro, La Prensa, Heraldo de Cuba, Diario de la Marina, El Mundo, Información, El País, Adelante, Tierra Libre*. Editó, junto con Pedro Alejandro López y Luis Enrique Santiesteban, *La novela cubana* (*ca.* 1928), que dedicaba cada número, íntegramente, a la publicación de una novela corta. Perteneció a la Academia Nacional de Artes y Letras y a la Asociación de Reportes. Su monólogo «También el Budha suspiró de amor...». fue publicado, junto con otro de Eduardo Abril Amores, bajo el título común de *Mientras reía el carnaval...* (Santiago de Cuba, Imprenta Diario de Cuba, 1922). Utilizó el seudónimo *Randal.*

Bibliografía activa
Del ensueño y de la vida, crónicas e impresiones, «¿Prólogo?», por Marco Antonio Dolz, y «Armando Leyva», por Francisco Cañellas, Gibara-Victoria de las Tunas, Imprenta El Cucalambé, 1910.
Seroja, crónicas, prólogo de José Manuel Poveda, Banes, Imprenta El Correo Semanal, 1911.
Alma perdida, Cuentos y crónicas, Puerto Padre, Imprenta El Renacimiento, 1915.
Las horas silenciosas, cuentos y crónicas, prólogo de Max Henríquez Ureña, Santiago de Cuba, Empresa Editorial El Sol, 1920.
Amar la poesía, cultivar el verso, respetar al poeta, conferencia, Santiago de Cuba, Imprenta Diario de Cuba, 1921.
Museo, Artículos, Santiago de Cuba, Imprenta Arroyo, 1922.
Pequeños poemas, poemas en prosa, «Pórtico», por José Fatjó, Santiago de Cuba, Editorial Oriente, 1922.
La provincia, las aldeas, prólogo de Eduardo Abril Amores, Santiago de Cuba, Acosta y

Fábregas, impresores, 1922.
Estampas del regreso, «El prólogo de este breviario», por Luis G. Cabrera, Gibara, Imprenta A. Cajigal, 1923.
La enemiga, novela corta, La Habana, Imprenta El Ideal, 1928, La novela cubana, serie A. 3.

Bibliografía pasiva

Augier, Ángel, «Armando Leyva, el cronista de la vida provinciana», en *Policía*, La Habana, 2, 14, 26, enero, 1943.
Boti, Regino E., «Entre dos labores, Pretexto, Leyva, Asunto, yo», sobre *Del ensueño y de la vida*, en *Orto*, Manzanillo, 1, 6, 3-5, febrero 11, 1912.
Bueno, Salvador, «Armando Leyva, 1888-1942», en su *Antología del cuento en Cuba, 1902-1952*, La Habana, Dirección de Cultura del Ministerio de Educación, 1953, pág. 65.
Carbonell, José Manuel, «Armando Leyva Balaguer, 1888», en su *La prosa en Cuba*, recopilación dirigida, prologada y anotada, T. 1, La Habana, Imprenta Montalvo y Cárdenas, 1928, págs. 307-308, Evolución de la cultura cubana, 1608-1927, 12.
Chacón y Calvo, José María, «La muerte de Armando Leyva», en *Revista Cubana*, La Habana, 15, 135, enero-marzo, 1943.
«*Ex-corde* a la memoria de Armando Leyva», Número completo dedicado al autor, *Tierra Libre*, La Habana, 7, 1, enero, 1943.
Labrador Ruiz, Enrique, «Armando Leyva», en su *El pan de los muertos*, La Habana, Universidad Central de Las Villas, 1958, págs. 41-46.
León, José de la Luz, «El cronista que amó el mar y los montes», en *Carteles*, La Habana, 41, 1, 32, 68, enero 3, 1960.
Medrano, Higinio J., «Los restos de Armando Leyva», en *Universal*, Santiago de Cuba, abril 2, 1950.
Poveda, José Manuel, «Un libro de Leyva», sobre *Del ensueño y de la vida*, en *El Pensil*, Santiago de Cuba, 24.ª época, 2, 16, 185-186, agosto 10, 1910.
Vasconcelos, Ramón, «Armando Leyva», en *Tierra Libre*, La Habana, 4, 10, 11, octubre, 1940.

Leyva, Waldo (Remates de Ariosa, Remedios, Las Villas, 16 mayo 1943). Antes del triunfo de la Revolución era obrero agrícola. Después de 1959 fue instructor de teatro y asesor de historia. Ocupó la dirección de literatura del Consejo Provincial de Cultura de Oriente. Estudió la licenciatura en Lengua y Literatura Española y Latinoamericana en la Universidad de Oriente. Participó en el Congreso Cultural de La Habana (1968) y en la conferencia internacional sobre prensa estudiantil celebrada en Sofía, Bulgaria, en 1971. Fue director de la revista *Columna* (Santiago de Cuba) y miembro del consejo de redacción de *El Caimán Barbudo*. Además de en las publicaciones anteriores, ha colaborado en *La Gaceta de Cuba*, *Santiago* y en la revista chilena *Hacia*. Obtuvo el premio de poesía en el Concurso Uvero 1974 con su libro *De la ciudad y sus* *héroes*. Aparece en la compilación *Punto de partida* (La Habana, Instituto Cubano del Libro, 1970, págs. 163-166). Actualmente es profesor de Estética marxista de la Escuela de Letras de la Universidad de Oriente.

Leyva Guerra, Juan (Manzanillo, Oriente, 27 diciembre 1938). Trabajó como mozo de limpieza, sereno, recogedor de café, vendedor ambulante, pintor de brocha gorda, fogonero, engrasador. Estudió hasta el segundo año de la licenciatura en letras, en la Universidad de Oriente. Ha colaborado en *Unión*, *La Gaceta de Cuba*, *Santiago*, *Bohemia*, *Verde Olivo*. Obtuvo mención de cuento en el concurso David de 1967 y el premio nacional de cuento «Luis Felipe Rodríguez», en 1973, con su libro *El soldadito rubio*. Cuentos suyos fueron recomendados en el Concurso Casa de las Américas 1969 y publicados en la recopilación *Catorce cuentistas* (La Habana, Casa de las Américas, 1969). Cultiva también la poesía. Actualmente está jubilado y reside en Santiago de Cuba.

Bibliografía activa
El soldadito rubio, La Habana, UNEAC, 1974.

Bibliografía pasiva
Díaz Llanillo, Esther, «*El soldadito rubio*», en *La Gaceta de Cuba*, La Habana, 130, 30-31, enero-febrero, 1975.

Lezama Lima, José (Campamento de Columbia, Marianao, La Habana, 19 diciembre 1910-La Habana, 9 agosto 1976). Estudió en el colegio Mimó y se graduó de Bachiller, en 1928, en el Instituto de Segunda Enseñanza de La Habana. Doctorado en Leyes en 1938, trabajó en un bufete y después, desde 1941, en las oficinas del Consejo Superior de Defensa Social en el Castillo del Príncipe. Pasó más tarde (1945) a la Dirección de Cultura del Ministerio de Educación como funcionario. Viajó a México en 1949 y a Jamaica en 1950. Durante veinte años fue un impulsor de la cultura cubana a través de cuatro revistas sucesivas: *Verbum* (1937), con René Villamovo, en la Escuela de Derecho de la Universidad de La Habana; *Espuela de Plata* (1939-1941), con Guy Pérez Cisneros y Mariano Rodríguez; *Nadie Parecía* (1942-1944), con Ángel Gaztelu; y *Orígenes* (1944-1956), con José Rodríguez Feo, revista en que culminaron las anteriores. Con el triunfo de la Revolución es nombrado director del Departamento de Literatura y Publicaciones del Consejo Nacional de Cultura. Fue uno de los seis vicepresidentes de la Unión de Escritores de Cuba en 1962. Después ocupó el cargo de investigador y asesor del Instituto de Literatura y Lingüística de la Academia de Ciencias y, posteriormente, de la Casa de las Américas. Fuera de sus propias revistas, ha colaborado en las publicaciones nacionales *Grafos* (donde comenzó a publicar en 1935), *Revista Cubana*, *Lyceum*, *Diario de la Marina*, *Islas*, *Lunes de Revolución*, *Cuba en la UNESCO*, *Revolución y Cultura*, *Unión*, *Casa de las Américas*, *La Gaceta de Cuba*, *Revista de la Biblioteca Nacional José Martí*, *Boletín del Instituto de Literatura y*

Lingüística, Signos, así como en las extranjeras Revista Mexicana de Literatura, El Corno Emplumado, El Pájaro Cascabel, El Heraldo Cultural, Vida Universitaria, Siempre (México); Verbo, Ínsula, Informaciones de las Artes y las Letras (España); Margen (Argentina); Imagen (Caracas); Europe, Les Lettres Nouvelles (Francia); Tri Quarterly (Estados Unidos); Ufiras (Hungría). Compiló la Antología de la poesía cubana (La Habana, Consejo Nacional de Cultura, 1965. 3 V.), desde los orígenes hasta José Martí, con extenso estudio preliminar y notas. Recopiló y prologó el tomo de Poemas (1966) de Juan Clemente Zenea. Entre otros prólogos tiene también el realizado a la reedición de El Regañón y El Nuevo Regañón (1965), de Ventura Pascual Ferrer. Ha pronunciado conferencias, algunas no publicadas. Su obra, especialmente su novela Paradiso, ha sido traducida a numerosas lenguas extranjeras. Recibió premios literarios en Italia y España. Entre sus traducciones de poemas y artículos del francés se destaca la del libro de poemas de SaintJohn Perse, Lluvias (La Habana, La Tertulia, 1961). Ha aparecido en numerosas antologías, en Cuba y en el extranjero, como poeta, cuentista, novelista o ensayista.

Bibliografía activa

Muerte de Narciso, poesía, La Habana, Imprenta Úcar, García, 1937.
Coloquio con Juan Ramón Jiménez, La Habana, Publicaciones de la Secretaría de Educación, 1938.
Enemigo rumor, poesía, La Habana, Imprenta Úcar, García, 1941.
Aventuras sigilosas, poema, La Habane, Ediciones Orígenes, 1945.
La fijeza, poesía, La Habana, Ediciones Orígenes, 1949.
Arístides Fernández, ensayo, La Habana, Dirección de Cultura del Ministerio de Educación, 1950.
Analecta del reloj, ensayos, La Habana, Ediciones Orígenes, 1953.
La Expresión americana, ensayo, La Habana, Ministerio de Educación, Instituto Nacional de Cultura, 1957; Santiago de Chile, Editorial Universitaria, 1969; Madrid, Alianza Editorial, 1969.
Tratados en La Habana, ensayo, La Habana, Universidad Central de Las Villas, 1958; Buenos Aires, Ediciones de la Flor, 1969.
Dador, poesía, La Habana, Imprenta Úcar, García, 1960.
Órbita de Lezama Lima, ensayo preliminar, selección y notas de Armando Álvarez Bravo, La Habana, Ediciones UNEAC, 1966.
Paradiso, novela, La Habana, UNEAC, 1966; Buenos Aires, Ediciones de la Flor, 1968; México, Biblioteca Era, 1968, prólogo de Julio Ramón Ribeyro, Lima, Ediciones Paradiso, 1968, 2 T.
Los grandes todos, antología, prólogo de Armando Alvarea Bravo, Montevideo, Arca, 1968.
Posible Imagen de los Lezama Lima, introduc-

ción y selección de José Agustín Goytisolo, Barcelona, Llibres de Sinera, 1969.

La cantidad hechizada, ensayo, La Habana, UNEAC, 1970.

Esfera imagen, Sierpe de Don Luis de Góngora, Las imágenes posibles, ensayo, Barcelona, Tusquets Editor, 1970.

Nuevo encuentro con Víctor Manuel, La Habana, Biblioteca Nacional, 1970.

Poesía completa, La Habana, Instituto Cubano del Libro, 1970; Barcelona, Editorial Seix Barral, 1974.

Las Eras imaginarias, ensayo, Caracas, Editorial Fundamentos, 1971.

Bibliografía pasiva

Álvarez Bravo, Armando, «El maestro antologa», en *La Gaceta de Cuba*, La Habana, 4, 45, 26, agosto, 1965.

Aparicio, Raúl, «De una primera lectura de *Paradiso*», en *La Gaceta de Cuba*, La Habana, 51, 9, junio-julio, 1966.

Augier, Ángel, «Tres siglos de poesía cubana», sobre *Antología de la poesía cubana*, en *Unión*, La Habana, 2, 168-169, abril, junio, 1966.

Baquero, Gastón, «Sobre la poesía de José Lezama Lima», sobre *Enemigo rumor*, en *El Mundo*, La Habana, 12 944, 29, febrero 8, 1942.

Boudet, Rosa Ileana, «Lanzar la flecha bien lejos», entrevista, en *Alma Mater*, La Habana, 115, 4-9, septiembre, 1970.

Bueno, Salvador, «Intentos de captación de una poesía críptica», sobre *La fijeza*, en *Mensuario de arte, literatura, historia y crítica*, La Habana, 1, 4, marzo 18, 1950.

«Aproximaciones a *Paradiso*», en *El Mundo*, La Habana, 64, 21 585, 4, mayo 20, 1966.

Cardoza y Aragón, Luis, «*Paradiso* de José Lezama Lima», en *Marcha*, Montevideo, 1 401, 29, mayo 10, 1968.

Cortázar, Julio, «Para llegar a Lezama Lima», en *Unión*, La Habana, 4, 36-60, oct-diciembre, 1966, Díaz Martínez, Manuel, «Lezama crítico de nuestra poesía», en *Bohemia*, La Habana, 58, 2, 26-27, enero 14, 1966.

«Introducción a José Lezama Lima», en *Siempre*, México D. F., 776, III-VII, 8, mayo 8, 1968.

Edwards, Jorge, «Lezama Lima, Laberinto barroco», en *Ercilla*, Santiago de Chile, 34, 1 802, 84-85, diciembre 31, 1969 enero 6, 1970.

Fernández Retamar, Roberto, «Poesía trascendentalista», en su *La poesía contemporánea en Cuba, 1927-1953*, La Habana, Orígenes, 1954, págs. 86-117.

García Marruz, Fina, «Por *Dador* de José Lezama Lima», en *Cuba en la UNESCO*, La Habana, 4, 258-277, diciembre, 1961.

García Ponce, Juan, «La fidelidad a los orígenes», en *La cultura en México*, Suplemento de la revista *Siempre!* México D. F., 317, 111, marzo 13, 1968.

Gaztelu, Ángel, «*Muerte de Narciso*, Rauda cetrería de metáforas», en *Verbum*, La Habana, 1, 3, 49-52, noviembre, 1937.

Ghiano, Juan Carlos, «Introducción a *Paradiso* de Lezama Lima», en *Sur*, Buenos Aires, 314, 62-78, septiembre-octubre, 1968.

Ionescu Andrei, «José Lezama Lima-recuperarea naturi prin imagine», en *Románia Literara*, Bucarest, 5, 9, 28-29, febrero 24, 1972.

Juliosvaldo, «El infierno de *Paradiso*» en *Bohemia*, La Habana, 58, 27, 40, julio 8, 1966.

Lihn, Enrique, «Lezama Lima, El monstruo de la poesía cubana», en *Ercilla*, Santiago de Chile, 51-52, abril 29, 1959.

Mañach, Jorge, «El arcano de cierta poesía nueva, Carta abierta al poeta José Lezama Lima», en *Bohemia*, La Habana, 41, 39, 78 y 90, septiembre 25, 1949.

«Reacciones a un diálogo literario, algo más sobre poesía vieja y nueva», en *Bohemia*, La Habana, 41, 42, 63, 107, octubre 16, 1949.

Monsivais, Carlos, «La calle Trocadero como medio, José Lezama Lima, como fin», en *Revista Universitaria de México*, México, 12, II y III, agosto, 1968.

Müller-Bergh, Klaus, «Lezama Lima y *Paradiso*», en *Revista de Occidente*, Madrid, 84, 357-364, marzo, 1970.

Novas, Benito, «Lezama, invitación al viaje», en *Bohemia*, La Habana, 63, 1, 9-11, enero 1, 1971.

Peri Rossi, Cristina, «Un banquete lujurioso», en *Marcha*, Montevideo, 32, 1 510, 29, septiembre 11, 1970.

Piñera, Virgilio, «Dos poetas, dos poemas, dos modos de poesía», sobre *Muerte de Narciso*, en *Espuela de Plata*, La Habana, H, 16-19, agosto, 1941.

Recopilación de textos sobre José Lezama Lima, selección y notas de Pedro Simón, La Habana, Casa de las Américas, 1970, Serie Valoración múltiple.

Rodríguez Monegal, Emir, «Sobre el *Paradiso* de Lezama», en *Mundo Nuevo*, París, 16, 90-93, cet., 1967.

Sánchez, Héctor, «José Lezama Lima, *Paradiso*, la corpografía de una realidad caótica», en *Razón y Fábula*, Bogotá, 15, 131-133, septiembre-octubre, 1969.

Santana, Joaquín G., «Lezama Lima», en *Bohemia*, La Habana, 63, 1, 4-8, enero 1, 1971.

Soto Aparicio, Fernando, «Libros contemporáneos, Lezama Lima», sobre *Esfera imagen*, en *El Espectador*, Bogotá, 14, junio 7, 1970.

Torriente, Loló de la, «La imagen como fundamento poético del mundo», en *Bohemia*, La Habana, 55, 39, 84-87, 99, septiembre 27, 1963.

«*Paradiso*», en *Bohemia*, La Habana, 58, 27, 38-39, julio 8, 1966.

«Fiesta de natalicio, En los sesenta años de José Lezama Lima, en La Habana», en *Cuadernos Americanos*, México, 29, 173, 6, 158-166, noviembre-diciembre, 1970.

Trajtenberg, Mario, «De Narciso a Fronesis, la condición del poeta», en *Marcha*, Montevideo, 1 434, 28-29, enero 24, 1969.

Trigo, Pedro, «*Paradiso*, J. Lezama Lima», en *Reseña*, Madrid, 6, 30, 339-341, diciembre, 1969.

Urondo, Francisco, «*Paradiso* «retumba como un metal» o toda la memoria del mundo», en *Índice*, Madrid, 24, 251-252, agosto 1, 1969.

Vitier, Cintio, «José Lezama Lima», en su *Diez*

poetas cubanos, 1937-1947. Antología y notas, La Habana, Orígenes, 1948, págs. 15-17.
«Décimo Tercera Lección, Crecida de la ambición creadora, La poesía de José Lezama Lima y el intento de una teleología insular», en su *Lo cubano en la poesía*, La Habana, Universidad Central de Las Villas, 1958, págs. 369-397.
«Un libro maravilloso, I y II», sobre *Tratados en La Habana*, en *Diario de la Marina*, La Habana, 126, 130 y 151, 4-A y 4-A, junio 28 y 29, 1958.
Vitier, Medardo, «De José Lezama Lima», en su *Valoraciones I*, Nota preliminar de Mariano Rodríguez Solveira, La Habana, Universidad Central de Las Villas, 1960, págs. 248-252.
Zambrano, María, «La Cuba secreta», en *Orígenes*, La Habana, 20, 3-9, 1948.
«José Lezama Lima en La Habana», en *Índice*, Madrid, 232, 29-31, junio, 1968.

Lezcano, Antenor (Puerto Príncipe, 1839 México, antes de 1878). Por suscripción pública en su pueblo natal, hacia 1864, fue enviado a realizar estudios agrícolas en la Escuela Imperial de la Saulsaie (Francia). Fundó en 1866, junto con Salvador Cisneros Betancourt, el periódico reformista *El Camagüey*. Fue director de *El Popular* (Puerto Príncipe, 1868). Marchó exiliado a México en 1869. Allí colaboró en *El Cultivador* (1873), fundó, junto con Nicolás Azcárate, *El Eco de Ambos Mundos* (1876), y más tarde, en unión de otro cubano, redactó *La ópera*. Dirigió una escuela de agricultura, a la cual dotó de una *Revista Agrícola*, redactada por él mismo y subvencionada por el Gobierno de la República Mexicana. En unión de Idelfonso Estrada y Zenea publicó *Crimen de lesa humanidad* (Veracruz, Tipografía de R. Laine, 1871), sobre el fusilamiento de los estudiantes de medicina ocurrido en Cuba. Su *Curso elemental de agricultura* debió constar de cuatro tomos. Dejó inéditos una historia de México y un tomo de poesías.

Bibliografía activa
Curso elemental de agricultura, agronomía, México, 1875.

Bibliografía pasiva
Memorias de la Real Sociedad y Anales de Fomento, La Habana, 9, serie 5.ª, 212, 266, 270, 1864.

Liberación Social. Por la cultura de los trabajadores (La Habana, 1943). Revista. «órgano oficial del Sindicato General de Trabajadores de Almacenes de La Habana y del Sindicato de Víveres y Ferreterías de Santiago de Cuba», se lee en el ejemplar más antiguo revisado, que corresponde a diciembre de 1945 y enero de 1946. Salía mensualmente. Presentaba un consejo de dirección integrado por José Ríos León, Ángel Cuiña Fernández, Pedro Fernández Martell, Prudencio V. Milán, Elier Román y José Ramón Arrastia, quienes ocupaban en ese momento los cargos de director, subdirector, administrador, jefe de redacción y responsables de circulación y anuncios, respectivamente. En el editorial «Tres años de vida fecunda» que apareció en la página 3 del ejemplar correspondiente a marzo de 1946, se señala: «La llegada del mes de marzo marca para nuestra *Liberación Social*, un año más de vida en su duro bregar por la defensa de los pobres de Cuba y del mundo y por superarse como paladín incansable en la lucha intensa e ininterrumpida de nuestros derechos de clase, de los intereses en particular de los trabajadores de nuestra patria, de la unidad en la lucha contra la reacción y los residuos fascistas, contra los traidores que se ocultan en nuestras filas; y, a la vez que sigue la pauta señalada, sigue también la línea inconfundible de toda la Prensa Obrera, prensa incorruptible a la que no hay dinero que la compre ni peligro que la haga retroceder o claudicar.» En este mismo ejemplar se expresa que hace tres años que viene editándose y que tuvo como antecesora a una publicación titulada *Carga*. La mayor parte de la revista estaba dedicada al tratamiento de los problemas obreros en general, y en particular de aquellos a quienes representaba, así como a ofrecer información sobre las conquistas del socialismo en la URSS y sobre actividades sindicales en el mundo. Publicaba también discursos de líderes obreros cubanos. Mostró, además, una preferente atención por los problemas de la cultura; dio cabida en sus páginas a poemas, cuentos, artículos de contenido literario e histórico y sobre arte, música, teatro, etc. Presentaba una página infantil y además repartía, conjuntamente con la revista, el magazine *Lectura para Todos*, en el que se incluían informaciones, curiosidades y pasatiempos dedicados a los niños, así como historietas sobre cuestiones de historia cubana. Aparecieron trabajos de Juan Marinello, Nicolás Guillén, Mirta Aguirre, Helena Gil, Rafaela Chacón Nardi, Raúl Ferrer, Aníbal Escalante. También contó con la colaboración de numerosos periodistas y escritores obreros. El último ejemplar revisado corresponde a octubre de 1946.

Liberal Habanero, El (La Habana, 1823-Id.) Periódico. «El Liberal habanero» —expresan *Los redactores* en el prospecto—, bajo los auspicios de los redactores del *Americano Libre*, que más desembarazados ya de las ocupaciones que hicieron suspender su publicación, están espeditos y prontos a seguir aquellas tareas, y en medio de una borrasca política, que consterna hoy a todos los hombres verdaderos amantes de la libertad, se presenta a la palestra de un pueblo ilustrado como el de La Habana a sostener con todo el carácter y firmeza propias de un *liberal exaltado*, la preciosa joya que cuatro *coronas* conjuradas nos quieren arrebatar.» En el prospecto expresan, además, que se proponen «reformar en alguna parte las costumbres de nuestra *patria»;* que la crítica «llenará también su merecido huequecito, pues nadie mejor que ella sabe refrenar los abusos y pasos tortuosos de la sociedad», y que la poesía «ocupará igualmente algunas de nuestras páginas, procurando que sea siempre de los autores más selectos». Se ignora cuándo comenzó a publicarse, pues en su frontis no aparecían ni el día ni el mes en que se editaba cada número. Joaquín Llaverías señala, en la página 418 del tomo 1 de su *Contribución a la historia de la prensa periódica* (La Habana, Talleres del Archivo Nacional de Cuba, 1957), lo siguiente: «Mas si recordamos que comenzó después de «desembarazados ya de las ocupaciones que hicieron suspender su publicación» a los «redactores del *Americano Libre*», que fueron los mismos que continuaron con *El Revisor Político y Literario*, y que este último dejó de publicarse el 30 de agosto de 1823, no resulta equivocado conjeturar que *El Liberal Habanero* diose a luz después de la fecha antes expresada, no continuando, de seguro, por haberse abolido la ley sobre libertad de imprenta.» Se editaba dos veces a la semana, con el siguiente epígrafe: «La libertad es hija de la ilustración, y ésta también lo es de aquélla.» Llegaron a publicarse 16 números. En el último de ellos se leía la siguiente nota: «Con este número se completa el último del segundo mes, y se suspende por ahora la publicación de este periódico.» Aparecían en sus páginas artículos de carácter político, sobre moral, costumbres, etc., así como poesías y otros trabajos de interés literario. Casi todas las poesías eran firmadas por Tirzo (seudónimo de Mariano Ortiz?). Los restantes colaboradores firmaban con sus iniciales y con seudónimos: L. R., S. L. J., J. R. R., L. C. E., *El cuentista, El mismo,*

El observador, Un español americano. Joaquín Llaverías incluyó, en las páginas 416-418 de su obra antes citada, el sumario de todos los trabajos publicados en cada uno de los dieciséis números.

Libro de las Familias, El (Véase **Lotería, La**)

Libros Cubanos. Boletín de Bibliografía cubana (La Habana, 1940). Publicación bimestral. Revista. Su primer número correspondió al bimestre mayo-junio. Era dirigida por Ángel Augier. Entre los propósitos de la publicación se encontraba el de «dejar establecido [...] el vehículo idóneo por el cual llegue nuestro libro —los que publican nuestros escasos editores y los que costean sus propios autores— a todos los que por él se interesen, en Cuba y fuera de ella». Señalaba además que la revista era «una empresa de carácter comercial; pero es importante advertir que va conjuntamente con una honda finalidad de cultura: la de regar a todos los rumbos el fruto del pensamiento y el sentimiento del hombre de Cuba; la de extender el alcance del considerable aporte cubano a la cultura universal, particularmente entre los pueblos hermanos de las Américas». Y añadía que observaría «un absoluto rigor crítico», ocupándose «de las obras que realmente merezcan ser conocidas fuera de Cuba, y no limitando a *Libros Cubanos* a las funciones de un vulgar catálogo de librería, sino elevándolo a la condición de un verdadero boletín bibliográfico, con suficiente autoridad científica para servir de guía de lecturas cubanas». Desde el primer número de su segundo año, correspondiente a enero-marzo de 1942, su periodicidad varió a trimestral y el bibliógrafo español Jenaro Artiles —entonces exiliado en Cuba— compartió la dirección con Augier. Se publicaron en sus páginas Bibliografías sobre autores y temas cubanos, reseñas críticas de libros recientemente publicados, artículos sobre editoriales cubanas y libros publicados por las mismas. Presentaba una sección en que se relacionaban, separados por materia, los libros cubanos editados en el periodo. Contó con la colaboración de Emilio Roig de Leuchsenring, Julio Le Riverend, María Villar Buceta, Raquel Catalá, y Esperanza Figueroa, entre otros. El último ejemplar consultado corresponde al período julio-diciembre de 1942.

Liceo, El (Santa Clara, 1867-1869; 1887). Periódico oficial del Instituto de su nombre Liceo Artístico y Literario de Villa Clara. Comenzó a salir semanalmente a partir del 11 de agosto. En este primer número se señala que, además del habitual, dará otros «números o suplementos extraordinarios, cuando ocurra algún suceso cuya importancia lo requiera» y que su redacción «se halla a cargo de la Sección de Literatura del instituto a que pertenece». En la introducción que aparece en este primer número se expresa que dedicará su primera plana «para todo lo que tenga relación con el gobierno y administración del establecimiento» y que publicará los acuerdos de la directiva y de las secciones que lo integran, así como otras informaciones relativas a la sociedad. Respecto al contenido de sus restantes páginas se añade: «Artículos puramente didácticos, de recreo, poesías, en una palabra, todo cuanto entra en el dominio de la bella Literatura tendrá cabida en las columnas de *El Liceo*, de modo que el campo es vastísimo y óptimos serán los frutos si el deber y la buena voluntad se asocian para la consecución del objeto que se desea.» Joaquín Anido firma, en el ejemplar correspondiente al 6 de septiembre de 1868, el trabajo «Dos palabras», en el que señala: «Por segunda vez tenemos la honra de dirigir la marcha de este semanario [...]», luego de haber estado a su frente durante «los siete primeros meses de su existencia». Sustituía ahora a Manuel F. Ledón, quien a su vez le había sucedido a él cuando por primera vez dejó de dirigir la publicación. En el ejemplar del 30 de agosto de 1868, en el cual aparece la renuncia de Ledón a la dirección, Salvador Aniceto Domínguez se separa también del periódico, cuya sección «Crónica local» ha redactado desde la fundación del mismo. En nota «Al público», que se lee en el ejemplar del 31 de enero de 1869 (último número encontrado de este período), el director Anido cesa en el cargo «por razones que no son del caso manifestar». Carlos Manuel Trelles indica, en la página 368 del tomo cuarto de su *Bibliografía cubana del siglo XIX* (Matanzas, Imprenta de

Quirós y Estrada, 1913), que salió hasta febrero de 1869.

Además de todas la cuestiones relativas a la institución de que era órgano oficial, se publicaban trabajos de índole literaria, histórica, científica, moral, educativa, artística, así como otros artículos y secciones de interés general y local. Aparecieron en sus páginas poesías, narraciones, folletines, artículos de costumbres, críticas y estudios literarios. Contó con la colaboración de Miguel G. Gutiérrez, Bruno Valdés Miranda, Eduardo Machado, *Estrella* (seudónimo de Ana Josefa Fernández de Velasco), *Flórida* (seudónimo de Isabel Machado de Arredondo) y otros escritores hoy desconocidos, presumiblemente de la propia ciudad. En 1887 reapareció como «Periódico literario. Órgano oficial de la Sociedad de su nombre». En el único ejemplar consultado de este período (número 19), que corresponde al 10 de julio de 1887, aparece una nota fechada en 4 de marzo de dicho año en la que la Sección de Literatura exhorta a sus socios a que remitan sus trabajos, pues en la Junta del 20 de febrero de este año se dispuso la publicación del periódico.

Liceo Artístico y Literario de Guanabacoa
Fue inaugurado oficialmente el 16 de junio de 1861, gracias a la iniciativa de Baltasar Velázquez. Los trámites legales para su fundación se iniciaron desde principios del citado año, así como también la confección y aprobación de los estatutos y el reglamento que lo regirán. Celebradas las primeras elecciones fueron elegidos como presidente y director, respectivamente, Román Sánchez y Hurtado de Mendoza y Nicolás Azcárate. Antes de inaugurarse la institución fue abierta la biblioteca. Los objetivos del Liceo fueron fomentar las letras, la ciencias y las bellas artes, sostener clases gratuitas, ofrecer cursos de diferentes idiomas, propiciar la celebración de concursos literarios y juegos florales, realizar representaciones teatrales, ofrecer conciertos y bailes y en general promover cualquier otro tipo de actividad cultural. Las secciones más destacadas con que conté la institución fueron la de literatura, Bellas Artes y Declamación. Fueron miembros de la sociedad, varios de ellos con cargos, Gertrudis Gómez de Avellaneda, Juan Clemente Zenea, Domingo del Monte, Enrique Piñeyro, Felipe Poey, Anselmo Suárez y Romero, Joaquín Lorenzo Luaces, Saturnino Martínez, José Fornaris, Luisa Pérez de Zambrana, Enrique José Varona, Luis Victoriano Betancourt, Martina Pierra de Poo, Antonio López Prieto, Eusebio Valdés Domínguez, entre otros. Al estallar la guerra en 1868, el Liceo entró en franca decadencia. En los inicios de 1872, después de celebrarse elecciones en el seno de la asociación, ésta se transformó, inesperadamente, en Recreo Español de Guanabacoa. Muchos cubanos permanecieron en la directiva y como socios, pero poco a poco fue transformándose en centro de reunión de los españoles. Al firmarse la Paz del Zanjón volvió a resurgir la sociedad con su nombre originario. Las diferentes secciones tomaron auge. Nicolás Azcárate fue elegido para dirigir la de Literatura; José Martí

fue designado, el 15 de diciembre de 1878, para ocupar la secretaría de esta sección. En 1882 era presidente de ella Enrique José Varona, y Manuel Sanguily su director. Al reiniciarse la guerra contra España en 1895, se acordó que el Liceo cerrara sus puertas, y a tal efecto quedó clausurado el día 24 de octubre de 1896. Terminada la insurrección armada, principalmente los veteranos de la guerra se preocuparon por reiniciar la vida cultural. Así, los coroneles Daniel Tabares y Emilio Ávalos, el comandante Juan F. Coppinger, Arturo Viondi y Francisco Echemendía, se dieron a la tarea de organizar el Petit Club, en diciembre de 1899, precisamente en el local que había ocupado el Liceo. Realizaron muchas actividades culturales y artísticas, hasta que en la sesión del 20 de enero de 1900 se acordó que la asociación fuera denominada Liceo Artístico y Literario, pero más conocido simplemente como Liceo. Fue elegido presidente el general José Lacret Morlot, con el coronel Alfredo Arango en las funciones de director. Fueron nombrados socios de honor Salvador Cisneros Betancourt, Fernando Figueredo, Loynaz del Castillo, Rafael de Armas. Resurgieron la biblioteca y las representaciones teatrales. Después vinieron períodos en que apenas contaron con recursos económicos para el sostenimiento de la institución, lo que dificultaba la realización de actividades culturales. La sociedad subsistió así, en estos vaivenes, durante todo el período republicano. Al triunfo de la Revolución, una vez remozado el edificio, se instaló en él la biblioteca pública «José Machado».

Bibliografía

Castellanos, Gerardo, «*El Liceo de Guanabacoa,*» en su *Relicario histórico*, Frutos coloniales y de la vieja Guanabacoa, La Habana, Editorial Librería Selecto, 1948.

Curioso Impertinente, El seudónimo de José A. Giralt, «El Liceo Artístico, y Literario de Guanabacoa», en *Bohemia*, La Habana, 20, 20, 18, 46-47, 71, abril 29, 1928.

Liceo Artístico y Literario de La Habana

Fue fundado el 15 de septiembre de 1844 a iniciativa de José de Imaz, José Miró y Ramón Pintó, que como miembros de la Sociedad Filarmónica Santa Cecilia, fundada en 1829, solicitaron al gobernador de la isla la transformación de la misma en Liceo. Su objetivo estuvo orientado al fomento de las letras y las bellas artes, y a la vez a dar a sus asociados distracciones y entretenimientos. Ofreció clases de diversas materias, tanto humanísticas como científicas, procuró becas para alumnos pobres, organizó exposiciones, cursos de idiomas, juegos florales y otras actividades. Estructurado bajo el patronato del capitán general de la isla, contó con un presidente, cuatro conciliarios, un contador, un depositario, un secretario —cargo que desempeñó en una oportunidad Rafael María de Mendive— y sus vices correspondientes. Estuvo integrado por las secciones de Literatura y Lenguas, Ciencias, Música, Pintura, Escultura y Arquitectura y Declamación. Su primer presidente fue José María Herrera y Herrera, conde de Fernandina. Entre agosto de 1848 y noviembre de 1849 apareció *El Artista*, órgano oficial de esta institución. Publicó los trabajos correspondientes a la Sección de Literatura. Más tarde, en 1858, comenzó a publicarse, irregularmente, *El Liceo de La Habana*, también órgano de la sociedad. El 27 de enero de 1860 celebró la asociación su acto más trascendente: la coronación de Gertrudis Gómez de Avellaneda en el Teatro Tacón. A partir del 10 de octubre de 1868 las actividades del Liceo Artístico y Literario fueron languideciendo. Muchos de los cubanos que formaban sus juntas directivas y de secciones abandonaron La Habana, bien hacia el extranjero o a engrosar las filas del ejército libertador.

Bibliografía

Constituciones del Liceo Artístico y Literario de La Habana, La Habana, Imprenta del Gobierno por S. M., 1848.

Informe de las tareas artísticas y literarias del Liceo de La Habana en el año 1848. Con un resumen de las cuentas de su administración, La Habana, Imprenta del Gobierno y de la Capitanía General por S. M., 1848.

Llaverías, Joaquín, «Prefacio», en *Catálogo de los fondos del Liceo Artístico y Literario de La Habana*, La Habana, Publicaciones del Archivo Nacional de Cuba, 1944, págs. V-XXI.

Liceo Artístico y Literario de Regla Fue fundado el 10 de octubre de 1878, con fines más bien políticos que artísticos. Al mes de fundado se vio envuelto en las luchas patrióticas, y sus organizadores involucrados en el movimiento emancipador. Sus primeros presidente y director fueron, respectivamente, Nicolás Giralt Palet y Antonio Rodríguez Parra. Sus secciones verdaderamente activas fueron las de Instrucción, Declamación y Música. El 29 de enero de 1879, José Martí fue nombrado socio de la Sección de Instrucción, y el 8 de febrero del propio año habló en la inauguración oficial de esta institución. El Liceo fue el lugar de reunión de los reglanos revolucionarios. Muchos de sus fundadores fueron detenidos y en ocasiones deportados. En 1883 se abrió para los socios una academia de inglés. En 1887 el Liceo fue decayendo, pero gracias a la iniciativa de su director en aquel momento, Cristóbal Madan, logró salir de la crisis. Como movimiento de extensión, y en medio de luchas con el Casino Español, el Liceo fundó varios periódicos locales. El primero fue *El Aprendiz*, en junio de 1881, dirigido por Manuel García Villarelly; más tarde aparecieron *Regla Literaria*, órgano dedicado a las artes y las letras; *Diario de Regla*, editado por José María Izaguirre, y *El Imparcial*, que aunque editado en Guanabacoa a partir de 1889, se titulaba órgano del Liceo Artístico y Literario de Regla. Las veladas del Liceo tuvieron en muchos casos fines benéficos y humanitarios. A partir del fracaso del movimiento autonomista en 1892, el Liceo se convirtió en un centro revolucionario muy importante de occidente en la preparación de la guerra que estalló el 24 de febrero de 1895. El 18 de noviembre de 1896, tras sufrir un registro, fue clausurado el Liceo y convertido su local en cuartel de las tropas españolas. El 2 de febrero de 1900 se reanudaron sus actividades y fueron nombrados presidentes de honor Máximo Gómez y Salvador Cisneros Betancourt, y presidente efectivo Fernando Loredo. Continuó ofreciendo conferencias, veladas artísticas y literarias, bailes y diversas actividades recreativas hasta alrededor de 1956.

Bibliografía

Garrucho Fernández, Federico, *El Liceo de Regla en la Colonia*, La Habana, Editorial Cenit, 1946.

Liceo de La Habana, El (La Habana, 1857-1860; 1866-ld.; 1867-ld.). Periódico oficial del Instituto de su nombre. Comenzó a salir, semanalmente, a partir del 4 de enero. En este primer número se explicaba que la publicación constaría de cinco secciones: «Parte oficial», donde aparecerían todas las cuestiones relativas a la institución de que era órgano; «Sección de literatura» en la que se publicarían preferentemente los trabajos leídos en las sesiones y otras producciones de los socios facultativos; «Sección de ciencias», en la que se reproducirían las lecciones más interesantes de los cursos y otros trabajos; «Sección de música», que se concretaría en un principio

a la publicación de artículos «en toda la esfera del arte» y que más adelante adjuntaría piezas, y la «Sección de bellas artes», que daría a luz las producciones de sus socios facultativos y posteriormente ofrecería grabados, hojas litografiadas, etc. En la página 38 del *Catálogo de publicaciones periódicas de los siglos XVIII y XIX* (La Habana, Biblioteca Nacional José Martí. Departamento Colección Cubana, 1965), se señala como primeros directores, aunque no conjuntamente, a Felipe López de Briñas y a Fernando Valdés Aguirre, pero no se han encontrado referencias al respecto en la publicación. En el número 3, correspondiente al 17 de enero, se aclara que se hace cargo del periódico «el nuevo director de la Sección de Literatura», o sea, José Antonio Canals, quien en enero de 1858 fue ratificado como director de dicha sección, según se lee en el ejemplar correspondiente al 6 de febrero de ese año. En la sección «Gacetilla» del número de 8 de mayo de 1858 aparece una nota en la cual se expresa que, debido a la intención de mejorar el periódico y al hecho de estar impedido temporalmente el director de la Sección de Literatura, el director general de la institución, José Ramón Betancourt, ha nombrado al socio de mérito José A. Quiñones para que dirija la publicación. En el ejemplar del 30 de julio de ese mismo año, luego de indicar que la publicación sufriría una «reforma completa» —para la cual se había logrado, entre otras cosas, que los socios facultativos de las secciones de Ciencias y Literatura se comprometieran a dar cada uno tres artículos al año–, se señala que, además de los dos pliegos habituales, se añadiría un tercero que, separado del periódico, constaría de ocho páginas donde saldrían «las obras laureadas del Liceo desde su instalación a la fecha, las lecciones que se han pronunciado en sus diversas cátedras y poesías recogidas entre las que se han leído en sus ejercicios artísticos y literarios». En la colección que se ha revisado no aparecen las páginas correspondientes a este tercer pliego. Este número presenta también una relación de colaboradores por secciones, entre los cuales se destacan los nombres de Virginia Auber, Ramona Pizarro, Felipe Poey, José Fornaris, Nicolás Azcárate, José Quintín Suzarte, Ramón de Piña, Manuel Costales, Pedro José Morilla, Joaquín Lorenzo Luaces, José de Armas, Manuel Hiraldez de Acosta, Juan Martínez Villergas, Rafael María de Mendive, Teodoro Guerrero y José Ramón Betancourt, de la sección de Literatura; Víctor Landaluze, Francisco Camilo Cuyás, Augusto Ferrán, Francisco Cisneros y José María Melero, de la de Bellas Artes, y Ramón Zambrana, Antonio Bachiller y Morales, José Ignacio Rodríguez, Joaquín Fabián de Aenlle, Emilio Auber, Álvaro Reinoso, Manuel González del Valle y José Antonio Cintra, de la de Ciencias. Como socios corresponsales figuraban, entre otros, Gertrudis Gómez de Avellaneda, el conde de Pozos Dulces (Francisco de Frías) y Victoriano Betancourt. Desde el 3 de septiembre de 1858 comienza a aparecer, encabezando la primera página de cada entrega, una viñeta, y

aunque el título sigue siendo el mismo, ya en el encabezamiento de cada página se omite el artículo inicial. En la sección «Revista» del número del 10 de junio de 1859 se señala que la Sección de Literatura ha nombrado, como director de la publicación, a José Ignacio Rodríguez, quien fue ratificado posteriormente por la Junta Delegada, según se lee en el ejemplar del 24 de junio del propio año. Con dicho número finalizó la primera serie de la publicación, que completó tres tomos con 428, 406 y 192 páginas respectivamente, con índices al final de cada uno, aunque el del tercero apareció conjuntamente con el del primero de la segunda serie. Ésta comenzó a partir del 19 de julio de 1859, con numeración y paginación independientes, aunque desde enero del siguiente año presentó numeración corrida de los tomos, o sea, comenzó el cuarto tomo y no el segundo de la segunda serie. El título aparecía ahora sin artículo. También había desaparecido la viñeta que antes ornaba su primera página. El subtítulo y el formato no presentaron variaciones. El último número de esta segunda serie, que completó dos tomos con 216 y 200 páginas respectivamente, salió el 29 de junio de 1860. En el mismo se expresa que la Junta Delegada «ha acordado suspender por ahora, la publicación de este periódico; la cual continuará tan pronto como se adopten en su redacción las reformas convenientes». El 15 de junio de 1866 comenzó la tercera serie. Nuevamente presentaba el artículo en el título. Aparecía como «Periódico de literatura, ciencias y bellas artes, Oficial del Instituto de su nombre», bajo la dirección de Jesús Benigno Gálvez. «Al volver de su letargo el Instituto artístico y literario que le ha dado su nombre —se expresa en este primer número— forzoso era que se hiciese oír de nuevo la voz de su órgano oficial, de esa publicación simpática que en años anteriores, bajo la entendida dirección de aventajados escritores, dio lastre al referido Instituto proporcionando a la vez al público horas de solaz y de provechosa lectura». De esta tercera serie se ha revisado hasta el número 8, que corresponde al 1.º de octubre de 1866. La cuarta serie dio comienzo el 1.º de noviembre de 1867, con el mismo subtítulo que la tercera, pero dirigida por Francisco Giralt. Solo se ha encontrado este primer número. Además de algunos de los ya mencionados con anterioridad y de los distintos directores de la publicación, colaboraron en sus páginas Luisa Pérez de Zambrana, Enrique Piñeyro, Francisco de Paula Gelabert, Ramón Vélez Herrera, Francisco y Antonio Sellén, Rafael Otero, Esteban de Jesús Borrero, José Agustín Quintero, Tranquilino Sandalio de Noda, Mercedes Valdés Mendoza, Antonio Enrique de Zafra, Rafael de Cárdenas y Cárdenas, Felipe López de Briñas, Juan Güell y Renté, *La hija del Yumurí* (seudónimo de María Belén Cepero), Joaquín García Lebredo, Emilio Blanchet, Francisco Javier Balmaseda, José Socorro de León, Fernando Urzáis, José Poo, Manuel Costales y otros.

Bibliografía

Río, José María del, «Acta de sesión celebrada por la Junta Delegada», en *El Liceo de La Habana*, La Habana, 3, 21, 161-162, junio 3, 1859.

Liceo de Matanzas Fue fundado en 1859 con el nombre de Liceo Artístico y Literario. Su inauguración oficial tuvo lugar el 17 de febrero de 1860. Contó con un presidente, un director, un tesorero, un contador, un secretario, los vices correspondientes y los vocales. Su primer presidente fue Diego Antonio de Fuentes. Mantuvo las secciones de Literatura, Declamación y Música y Ciencias. Trabajó en favor de la difusión de la cultura a través de clases nocturnas gratuitas, convocatorias a certámenes científicos y literarios y exposiciones, conciertos, actos teatrales. En 1861 se efectuaron los primeros juegos florales, en los que la poetisa Gertrudis Gómez de Avellaneda ocupó la presidencia y resultaron premiados con medallas de oro los trabajos de Federico Milanés, Domingo del Monte y Eusebio Guiteras. En 1869 se extinguió la vida del Liceo, para resurgir en 1877 con el nombre de Club de Matanzas. En 1882 publicó la revista *Club de Matanzas* de literatura, ciencias y bellas artes. En dicho año la institución volvió a denominarse Liceo de Matanzas. La novela de Nicolás Heredia, *Un hombre de negocios*, fue premiada en los juegos florales de 1882. Publicó también las *Memorias del Liceo de Matanzas* (1882-1913). En 1895, al reiniciarse la guerra contra España, sus actividades quedaron reducidas solo a funciones reglamentarias. En el período republicano los actos culturales fueron decayendo y se convirtió solamente en sociedad de recreo, para uso exclusivo de las familias acomodadas de la ciudad. Desapareció al triunfo de la Revolución.

Bibliografía
Juegos Florales de 1882, Matanzas, Imprenta La Nacional, 1882.

Liceo de Matanzas, El (Matanzas, 1882-1883; 1889). «Revista de literatura, ciencias y bellas artes. Órgano del Instituto de su nombre», se lee en el número 2, con fecha 1.º de septiembre, que correspondía al año 4 de la publicación, pues según se expresaba siempre debajo del título, era una segunda época de *El Club de Matanzas*. Era dirigida por Guillermo Schweyer. Había comenzado a publicarse, según señala Carlos Manuel Trelles en la sexta parte de su trabajo «Bibliografía de la prensa cubana (de 1764 a 1900) y de los periódicos publicados por cubanos en el extranjero» —en *Revista Bibliográfica Cubana* (La Habana, 3, 14-15, 89, marzo-junio, 1939)–, el 15 de agosto. Desde el número 3 (17 de octubre) especificaba su periodicidad (mensual) en el subtítulo y tomó la dirección Miguel Alfredo Lavastida, a quien sustituyó desde el 15 de agosto de 1883 Domingo del Monte y Portillo. Como órgano de una sociedad de carácter cultural, dedicaba parte de sus páginas a informar sobre las actividades de la misma, así como a reproducir actas de sesiones y acuerdos tomados en éstas. Publicaba, además, numerosos trabajos de índole literaria, fundamentalmente poesías, a través de su «Sección poética». También aparecieron artículos de crítica e historia literarias, fragmentos de novelas y otros trabajos de interés general. Una sección destacada fue «Veladas del Liceo», en la cual se reseñaban las conversaciones literarias que en las mismas se efectuaban. Contó con la colaboración de Nicolás Heredia, Rafael Otero, Francisco Jimeno, Francisco Sellén, Emilio Blanchet, Sebastián Alfredo de Morales, Nicanor A. González, Antonio Vinageras, Miguel Teurbe Tolón, Rafael María de Mendive, Dionisio Font y otros que firman con seudónimos cuya identidad se desconoce.

Su publicación finalizó el 15 de septiembre de 1883 por acuerdo de la Junta Directiva «en consideración a circunstancias del momento», aunque es de señalar que el director presumía que este acuerdo habría de mantenerse «tan solo por breve tiempo». Trelles indica, en su ya citado trabajo, que reapareció el 3 de febrero de 1889 y dejó de salir el 28 de abril de dicho año. No se ha encontrado ningún ejemplar de esta etapa.

Línea (La Habana, 1931; 1933-1937). Periódico. Era órgano oficial del Ala Izquierda Estudiantil (AIE). Comenzó a salir el 14 de mayo, bajo la dirección de Gabriel Barceló. En el primer número se expresaba que la publicación sería el vehículo idóneo de la propaganda incesante del AIE y un «arma de combate contra el Imperialismo y al mismo tiempo escuela para luchadores bisoños». Además, se pronunciaba «contra el Imperialismo y sus instrumentos nativos. Contra el Oportunismo en las filas Estudiantiles y fuera de ellas. Por la Unión de las Masas oprimidas de Latinoamérica en solidaridad con los trabajadores de los Estados Unidos. Por una Unión estrecha de los Estudiantes y los Obreros».

En una nota aparecida en el segundo número (fechado el 10 de julio de 1931) se señala que, por estar detenido Barceló, el comité central del AIE ha designado para ocupar la dirección del periódico a Marcos García Villarreal. En este número se publicó el conocido artículo de Raúl Roa «¡Tiene la palabra el camarada mauser!». En sus páginas se publicaban artículos de carácter político, entre ellos los referentes a las actividades revolucionarias del AIE y a las luchas que en esa época se desarrollaban, tanto contra la dictadura de Machado como contra la ingerencia y dominación del Imperialismo yanqui en Cuba. Sus colaboradores fueron Ladislao González Carbajal, Jorge Quintana, Pablo de la Torriente Brau, Raúl Roa y otros. De esta primera etapa se ha visto hasta el número 4, correspondiente al 7 de noviembre de 1931. No se han encontrado referencias sobre su segunda época, pero cuando reaparece el 18 de septiembre de 1933, después de la caída del dictador Machado, está en su tercera época y es «órgano de la izquierda estudiantil». Integraban entonces su comité de prensa Aureliano Sánchez Arango, Ladislao González Carbajal, Raúl Roa y Jorge Quintana. En los números salteados de los años posteriores, de los que se tiene referencia por la mención que de los mismos hace Ladislao González Carbajal en su libro *El Ala Izquierda Estudiantil y su época* (La Habana, Instituto Cubano del Libro. Editorial de Ciencias Sociales, 1974), presentó como director a Carlos Font y, en ocasiones, un consejo de redacción del que formaron parte, entre otros, Edith García Buchaca y el propio González Carbajal. Este último señala, en su ya citada obra, que en *Línea* hicieron sus primeras armas periodísticas los hermanos Jacinto y Pelegrín Torras, Sergio Aguirre e Israel Talavera, a la vez que añade que en sus páginas escribió Carlos Rafael Rodríguez. En esta tercera época se mantuvieron su contenido y orientación iniciales. El último ejemplar de que se tiene referencia corresponde a mayo de 1937. En este mismo año desapareció al disolverse la organización de que era vocero oficial.

Bibliografía

González Carbajal, Ladislao, «*Línea*», en su *El Ala Izquierda Estudiantil y su época*, La Habana, Instituto Cubano del Libro, Editorial de Ciencias Sociales, 1974, págs. 72-83.

Lira de Apolo, La (La Habana, 1820-Id.). Periódico de pequeño formato, como era usual en la época. Su primer número salió el 4 de mayo. Debajo del título y de la fecha aparecían siempre los siguientes versos: «Honor de Febo, deliciosa Lira, / En los banquetes del supremo Jove, / Salve, pues eres de mi mal alivio / Cuando te invoco.» Tuvo una salida irregular. Carlos Manuel Trelles (*Bibliografía cubana del siglo XIX*. T. 1. (1820-1825), Matanzas, Imprenta de Quirós y Estrada, 1911, pág. 180) y Joaquín Llaverías (*Contribución a la historia de la prensa periódica*. T. 2. La Habana, Talleres del Archivo Nacional de Cuba, 1959, pág. 18) expresan que su director fue Ignacio Valdés Machuca, quien firmaba con el seudónimo *El redactor*. José María Labraña señala, en la página 668 de su trabajo «La prensa en Cuba» —publicado en *Cuba en la mano. Enciclopedia popular ilustrada* (La Habana, Imprenta Úcar, García, 1940, págs. 649-786)—, que Valdés Machuca fue el fundador y director de la publicación, así como que sus redactores fueron Prudencio Echevarría, Manuel Zequeira y José María Heredia. En su ya citada obra Llaverías indica que éste fue el «primer periódico escrito enteramente en verso, según lo hemos podido averiguar, que vio la luz en Cuba». Las numerosas poesías que aparecieron en sus página serán firmadas por Manuel de Avellaneda, Lorenzo Nobo, A. A. Ramos, J. D. Valdés, Manuel Morillo Muñoz, *Dorilo* (seudónimo de Manuel González del Valle), *Tirzo* (seudónimo de Mariano Ortiz), y *Ramiro Nazito* (anagramas de Mariano Ortiz), Prudencio Echevarría y O'Gavan (quien firmaba con la inicial de su primer apellido), y otros que firmaban con seudónimos cuya identidad se desconoce. Se ha consultado hasta el número 8, correspondiente al 1.º de julio de 1820. Según indican las fuentes consultadas, éste fue el último que salió. Joaquín Llaverías incluyó, en las páginas 18-20 de su obra citada, un sumario de los trabajos publicados en estos ocho números. Bajo la responsabilidad de Araceli García Carranza se ha confeccionado su índice analítico, que se encuentra a disposición del público en las gavetas de la hemeroteca del departamento de Colección Cubana de la Biblioteca Nacional José Martí.

Lis (Camagüey, 1923). Revista literaria, artística y social, Comenzó a salir el 10 de enero, bajo la dirección de Nicolás Guillén. Como subdirector y jefe de redacción fungían, respectivamente, Francisco Guillén y Félix Nápoles. Se editaba tres veces al mes. En las «Palabras preliminares» publicadas en el primer numero se expresaba lo siguiente —luego de señalar que la idea de fundar la revista se remontaba dos años atrás, y de indicar la necesidad de que Camagüey contase con una publicación de la índole de la que presentaban al público en ese momento—: «Quiere decir, pues, que aspiramos ingenuamente a realizar una doble labor: dotar a Camagüey *otra vez* de un órgano que sea vocero amoroso de sus virtudes más altas; y contribuir —por otra parte— desde nuestro modestísimo plano, a la difusión de la cultura, y al progreso de la hidalga cuna del gran Agramonte.» Y añadían: «No empuñan nuestras manos pendones partidaristas, ni nos ciegan prejuicios, ni retarda la marcha de nuestro buque el lastre de ideas gastadas y sin brillo, ni obstaculizan nuestro vuelo —porque hacia otro cielo le dirigimos— los pretéritos fracasos de los que no quisieron o no supieron luchar.» La literatura fue la máxima preocupación de los editores de la revista. En sus páginas se publicaron numerosas poesías, generalmente de autores de la propia ciudad, cuentos, críticas literarias y otros trabajos de carácter histórico, didáctico y cultural. Aparecieron también crónicas sobre las actividades sociales y culturales de las sociedades negras de la ciudad. Además de trabajos de su director y subdirector, aparecieron colaboraciones de Aurelia Castillo de González, Arturo Doreste, Felipe Pichardo Moya, César Luis de León, Félix Duarte, José Armando Plá, Medardo Lafuente, Manuel Bielsa Vives, Tomás Vélez Vázquez, Edmundo del Vals, Octavio M. Suárez, Guillermo E. Cisneros Zayas, Vicente Menéndez Roque y otros escritores locales. Con la publicación del número 18, correspondiente al 30 de junio del propio año 1923, cesó su salida. En las «Palabras finales» que aparecen en este último número se señala, después de seis meses «de lucha constante, de paciente y obstinada labor, en los que, recogiendo frecuentemente más espinas que rosas, hemos logrado aprender mucho en el ingrato y doloroso contacto con la masa», que se ven obligados a suspender la publicación de la revista porque «en Camagüey, por desgracia, no existe todavía el público capaz de prestar calor, de una manera constante y consciente a cierta clase de obras,

que, en otra parte cualquiera, encontrarían la comprensión y ayuda de todos los elementos». Más adelante se expresa en el mencionado artículo: «Nos queda, sin embargo, la satisfacción de haber hecho una obra nueva. Nos propusimos dar a la luz una publicación seria, que fuera un exponente de la intelectualidad camagüeyana y creemos haberlo conseguido, aún a trueque quizá —dada la naturaleza del medio en que apareció— de su propio sostenimiento [...].»

Bibliografía

Augier, Ángel, *Nicolás Guillén*, La Habana, UNEAC, 1971, p 31-33.

Nápoles, Félix E., «El derecho a la crítica», en *Lis*, Camagüey, 1, 15, s, págs. mayo 31, 1923.

Plá, José Armando, «Cinco párrafos», en *Lis*, Camagüey, 1, 2, s. págs. enero 20, 1923.

Vélez, Tomás, «*Labor omnia vincit*», en *Lis*, Camagüey, 1, 1, s, págs. enero 10, 1923.

Literatura. Revista popular (La Habana, 1938-ld.; 1944-ld.). Publicación mensual cuyo primer número correspondió a febrero. Era su administrador-gerente Rafael Soto Paz. Integraban el consejo de colaboración entre otros, Lisandro Otero Masdeu, Andrés Núñez Olano y Manuel Marsal. En el primer número se expresaba lo siguiente: «*Literatura* tiene como proyección central hacer accesible a los grandes núcleos sociales, lo mejor del movimiento literario de nuestros días. *Literatura* no quiere ser una revista de círculo cerrado, solo para señores de torre de marfil, ni tampoco lo contrario. Queremos despertar al dormido, y, como Juan de Mairena, el lúcido personaje de Antonio Machado, afirmamos que «para nosotros difundir y defender la cultura son una misma cosa: aumentar en el mundo el humano tesoro de conciencia vigilante».» Luego de publicar su tercer número en mayo de 1938, dejó de salir. Reapareció en febrero de 1944 (último ejemplar consultado), con un tamaño menor, bajo la dirección de Rafael Soto Paz. Fue una revista totalmente dedicada a la publicación de trabajos de índole literaria: poemas, cuentos, ensayos y artículos de crítica e historia literarias. Mantuvo varias secciones fijas: «Movimiento artístico», en la que se publicaban notas sobre teatro, cine, música, exposiciones de pintura y escultura, radio, etc. «Noticias y comentarios», donde aparecían informaciones sobre acontecimientos y personalidades relacionados con la cultura en sus diversas manifestaciones, tanto de Cuba como del extranjero; «Libros y revistas», en la que se reseñaban críticamente las últimas publicaciones. Colaboraron en sus páginas Félix Lizaso, José Lezama Lima, Mariblanca Sabas Alomá, Enrique Labrador Ruiz, José Zacarías Tallet, Medardo Vitier, Renée Potts, Guillermo Villarronda, Ernesto Fernández Arrondo, Fernando G. Campoamor, Rafael Marquina, José Antonio Portuondo, Marcelo Salinas, José María Chacón y Calvo, Mirta Aguirre, Ramón Guirao, Ángel Gaztelu, Juan Luis Martín, Herminia del Portal, Alberto Arredondo, Serafina Núñez, Virgilio Ferrer Gutiérrez. También aparecieron trabajos de escritores extranjeros de lengua hispánica, como Alfonso Reyes, Arturo Torres Rioseco, Gilberto González y Contreras, Luis Cernuda, Rafael Alberti, Pablo Neruda, José Bergamín, J. J. Domenchina, Raúl González Tuñón y otros.

Bibliografía

Marquina, Rafael, «La revista *Literatura*», en *El avance criollo*, La Habana, 5, 37, 8, febrero 12, 1938.

Lizaso, Félix (Pipián, La Habana, 23 junio 1891-Rhode Island, Estados Unidos, 9 enero 1967). Pasó sus primeros años en Madruga. Al término de la guerra de Independencia se trasladó con su familia a la capital, en cuyo Instituto de Segunda Enseñanza se graduó. Desde los quince años había comenzado a trabajar en oficinas particulares. En 1912 colaboró en *El Andaluz* y, a partir de 1919, en *El Fígaro*. Entre 1919 y 1920 fue instructor de español en la Universidad de Princenton. A su regreso a Cuba trabajó en la administración pública como miembro de la Comisión de Servicio Civil (1921-1933). Junto con José Antonio Fernández de Castro publicó la antología *La poesía moderna en Cuba (1882-1925)* (Madrid, Librería y Casa Editorial Hernando, 1926). Figuró entre los fundadores del Grupo Minorista y fue coeditor de *Surco* y director de *Cervantes* (1932). A partir de 1934 prestó servicios en la Dirección de Cultura del Ministerio de Educación, en donde ocupó diversos cargos durante más de veinte años. En 1936 fue director-tesorero de la Editorial Trópico. A partir de 1940 comenzó a publicar *Archivo José Martí*. Fundador y director de *Feria del Libro* (1943). Fue miembro de la Academia Nacional de Artes y Letras, de la Academia de la Historia, de la Academia Cubana de la Lengua y de la Comisión Nacional Cubana de la UNESCO. También formó parte de la comisión oficial del centenario de Martí, bajo la dictadura de Fulgencio Batista. Colaboró en las publicaciones cubanas *Social*, *Cuba Contemporánea*, *Revista de La Habana*, *Revista Bimestre Cubana*, *Cuadernos de la Universidad del Aire*, *Carteles*, *Bohemia*, *Revista de la Biblioteca Nacional*, *Revista Cubana*, *Diario de Cuba*, *El País-Excélsior*, *El Mundo*, y en las extranjeras *Proa*, *La Vida Literaria*, *La Prensa* (Argentina); *Repertorio Americano* (Costa Rica); *Mercurio Peruano* (Lima); *La Gaceta Literaria* (Madrid); *El Libro y el Pueblo*, *Revista Iberoamericana*, *Símbolo* (México) *Américas*, *La Prensa* (Estados Unidos). Su abundante labor de antologista incluye los libros *Ensayistas contemporáneos. 1900-1920* (La Habana, Editorial Trópico, 1938), recopilaciones de trabajos de Rafael María Merchán (*Patria y cultura*, 1948), de Vidal Morales y Morales (*Tres biografías*, 1949) y de Enrique José Varona (*El pensamiento vivo de Varona*, 1949), así como numerosas colecciones de escritos de José Martí (*Artículos desconocidos*, 1930; *Epistolario de José Martí*, 1930-1931; *Ideario separatista*, 1947; *José Martí, apuntes inéditos*, 1951; *José Martí, precursor de la UNESCO*, 1953, etc.). Su libro *Martí, místico del deber* fue traducido al inglés. Desempeñó durante algunos meses la dirección del Archivo Nacional, hasta el triunfo de la Revolución (1959), cuando abandonó el país.

Bibliografía activa

Biografía, La Habana, Imprenta Molina, 1933.
Posibilidades filosóficas en Martí, La Habana, Imprenta Molina, 1935.
Rafael María de Mendive, el maestro de Martí, La Habana, Imprenta Molina, 1937.
Pasión de Martí, La Habana, Imprenta Úcar, García, 1938.
Martí, místico del deber, Buenos Aires, Editorial Losada, 1940; 2.ª edición, Id., 1946; 3.ª edición, Id., 1952.
Martí y la utopía de América, La Habana, Imprenta Úcar, García, 1942.
La Casa de Martí, trabajo de ingreso leído por el Académico correspondiente, en la sesión solemne celebrada el 27 de enero de 1944, La Habana, Imprenta El Siglo XX, 1944, Academia de la Historia de Cuba.
Martí, espíritu de la guerra justa, La Habana, Imprenta Úcar, García, 1944.
Panorama de la cultura cubana, México, Fondo de Cultura Económica, 1949.
Cosme de la Torriente, un orgullo de Cuba, un ejemplo para los cubanos, La Habana, Comisión del Homenaje Nacional, 1951.
Camino de Martí, de Pauta 102 al campo de Dos Ríos, Santa Clara, Instituto de Segunda

Enseñanza 1953.
José Martí, Recuento del centenario, La Habana, Imprenta Úcar, García, Imprenta P. Fernández, 1953, 2 T.
Martí, crítico de arte, La Habana, Cuadernos de Divulgación Cultural de la Comisión Nacional Cubana de la UNESCO, 1953.
Proyección humana de Martí, Buenos Aires, Editorial Raigal, 1953.
Personalidad de José Martí, La Habana, Imprenta Úcar, García, 1954.
Normas literarias en Martí, La Habana, Imprenta P. Fernández, 1955.

Bibliografía pasiva

Augier Ángel I., «*Martí, espíritu de la guerra justa*», en *Gaceta del Caribe*, La Habana, 1, 4, 30, junio, 1944.
Baeza Flores, Alberto, «José Martí, Recuento del centenario» en *Revista de la Biblioteca Nacional*, La Habana, 2.ª serie, 4, 4, 185-189, 1953.
Castro Lila, «*José Martí, precursor de la UNESCO*», en *Revista de la Biblioteca Nacional*, La Habana, 2.ª serie, 4, 3, 143-145, 1953.
Chacón y Calvo, José María, «Contestación al ingreso del señor Félix Lizaso y González», en *Anales de la Academia Nacional de Artes y Letras*, La Habana, 26, 30-32, 76-88, 1945-1946.
Moreno Fraginals, Manuel, «*Panorama de la cultura cubana*», en *Revista de la Biblioteca Nacional*, La Habana, 1, 2, 122, febrero, 1950.
Ripoli, Carlos, «Félix Lizaso, 1891-1967», en *Revista Iberoamericana*, Pittsburgh, 33, 63, 115-118, enero-junio, 1967.
Vitier, Medardo, «*Ensayistas contemporáneos*», en *El Espectador Habanero*, La Habana, 12, 72, 256-257 junio, 1939.
«Puntos educacionales, Varona, Un libro de Félix Lizaso», en *El Mundo*, La Habana, 47, 15 158, 10, marzo 12, 1949.
«¿Y Lizaso?», en *Diario de la Marina*, La Habana, 123, 166, 4-A, julio 15, 1955.

Loco, El Semanario demente (La Habana, 1934-Id.). Publicación que comenzó a salir el 27 de mayo. Dirigida y administrada por Ramón Arroyo Cisneros, conocido como *Arroyito*, pues así firmaba, contó con Nicolás Guillén como jefe de redacción. Como director artístico fungía Aguilar. De carácter eminentemente satírico-humorístico, aparecían en sus páginas, además de poesías, pequeños cuentos, entrevistas, chistes, caricaturas y otros trabajos que reflejaban la actualidad política nacional desde este punto de vista y que se publicaban por lo general sin firma, poemas y artículos serios —incluidos unos a modo de editoriales, que en su mayor parte se referían a importantes problemas nacionales y extranjeros, enfocados casi siempre desde una posición antimperialista—. Contó con la colaboración de Rafael Suárez Solís, Miguel de Marcos, Horacio del Val, A. Carnicer Torres, Manuel Marsal, Mary Morandeyra, Rodolfo Arango y otros. Sus dibujantes fueron Riverón, Hernández Cárdenas, Hurtado de Mendoza, Honoré, Roseñada, Silvio, Pierra y Toni Ximénez. El último ejemplar revisado (número 11) corresponde al 5 de agosto de 1934.

López, César (Santiago de Cuba, 25 diciembre 1933-7 abril 2020) Cursó sus primeros estudios, hasta graduarse de bachiller (1950), en su ciudad natal. En España obtuvo el doctorado en Medicina en la Universidad de Salamanca (1959) y realizó estudios inconclusos de filosofía y letras. Entre 1960 y 1962 trabajó como Cónsul de Cuba en Glasgow, Escocia. De regreso a su país, desempeñó el cargo de jefe de departamento, consejero para Europa Occidental, en el Ministerio de Relaciones Exteriores (1962-1963). Ha sido secretario coordinador de la Sección de Literatura de la UNEAC y secretario de actividades del Pen-Club de Cuba. Como profesor de literatura trabajó en el Instituto Preuniversitario «Raúl Cepero Bonilla» (1964-1965) y en los grupos de teatro del Consejo Nacional de Cultura. En 1966 obtuvo Mención de Poesía en el Concurso Casa de las Américas con *Primer libro de la ciudad*. En 1971 recibió el premio de la editorial española Ocnos por *Segundo libro de la ciudad*. Ha viajado por Estados Unidos, Santo Domingo, Puerto Rico, Venezuela, Marruecos, Francia, Bélgica, R.F.A., Suecia, Dinamarca, Holanda, Irlanda, Suiza y Checoslovaquia. Como escritor, se dio a conocer en la revista *Ciclón*. Ha colaborado en *Revolución* y *Lunes de Revolución*, *El Mundo*, *Combate*, *Pueblo y Cultura*, *Islas*, *La Gaceta de Cuba*, *Unión*, *Casa de las Américas*, *El Caimán Barbudo*, *Cultura '64*, *Conjunto*, todas de Cuba; en el extranjero, en *Siempre* y *Parva*, de México; *Vanguardia*, de Colombia; *Poor Old Tired House*, de Inglaterra; *Ínsula* y *Ruedo Ibérico*, de París. Varios de sus poemas y relatos han sido vertidos al inglés, francés, ruso, alemán, húngaro, italiano, rumano, checo, búlgaro, griego y japonés. Ha traducido, del inglés a Lawrence Durrel, y, del francés, al poeta griego Yannis Ritzos. En 1972 pasó a trabajar en la Academia de Ciencias de Cuba, primero en su Departamento de Traducciones y, posteriormente, en el Instituto de Documentación e Información Científico-técnica. Obtuvo el Premio Nacional de Literatura en 1999.

Bibliografía activa
Circulando el cuadrado, relatos, La Habana, Ediciones R, 1963.
Silencio en voz de muerte, La Habana, Ediciones Unión, 1963.
Apuntes para un pequeño viaje, La Habana, Ediciones La Tertulia, 1966.
Primer libro de la ciudad, La Habana, UNEAC, 1967.
La búsqueda y su signo, Las Palmas, Inventarios Provisionales, 1971 *Segundo libro de la ciudad*, Barcelona, Ediciones Ocnos, 1971.

Bibliografía pasiva
Álvarez Bravo, Armando, «El caso Circulando», en *La Gaceta de Cuba*, La Habana, 3, 36, 21, mayo, 1964.
«Apuntes sobre los *Apuntes*», en *El Mundo*, La

Habana, 65, 21 852, 4, marzo 31, 1967.

Antón, Mercedes, «César López, *Circulando el cuadrado*», en *Casa de las Américas*, La Habana, 4, 27, 118 121, diciembre, 1964.

Claro, Elisa, «Concurso Casa de las Américas, Dos preguntas y cinco menciones, César López», entrevista, en *Juventud Rebelde*, La Habana, 5, febrero 17, 1966.

Héctor, seudónimo, «En voz de vida», en *Rotograbado de Revolución*, suplemento del periódico *Revolución*, La Habana, 8, septiembre 30, 1963.

Díaz Martínez, Manuel, «César López y la ciudad» en *El Mundo*, La Habana, 66, 21 983, 4, agosto 31, 1967.

Fornet, Ambrosio, «En Voz de Vida», en su *En tres y dos*, La Habana, Ediciones R, 1964, págs. 79-85.

Lihm, Enrique, «Anotación sobre *Primer libro de la ciudad*», en *Revista del Granma*, suplemento del periódico *Granma*, La Habana, 11, agosto 19, 1967.

Moro, Lilliam, «César López y la poesía conversacional», en *La Gaceta de Cuba*, La Habana, 6, 57, 13, abril, 1967.

Piñeyro, Virgilio, «Mitificación de Santiago de Cuba», en *Unión*, La Habana, 6, 3, 136-139, julio-septiembre, 1967.

Piñeyro, Abelardo, «Cuentos circulares», en *Bohemia*, La Habana, 56, 23, 29, junio 5, 1964.

Selva, Mauricio de la, «César López, *Apuntes para un pequeño viaje*», en *Cuadernos Americanos*, México, 26, 152, 3, 268 269, mayo-junio, 1967.

«César López, *Primer libro de la ciudad*», en *Cuadernos Americanos*, México, 27, 158, 3, 288-289, mayo-junio, 1968.

Torriente, Loló de la, «Dos poeta jóvenes», en *El Mundo*, La Habana, 62, 20 913, 4, marzo 18, 1964.

«poesía joven», en *El Mundo*, La Habana, 66, 21 874, 4, abril 26, 1967.

Vieta, Ezequiel, «*Silencio en voz de muerte*», en *Unión*, La Habana, 3, 3, 147-132, julio-septiembre, 1964.

Yanes, José, «El niño de los dientes torcidos», en *La Gaceta de Cuba*, La Habana, 6, 59, 11, julio, 1967.

López, Jesús J. (Guanabacoa, La Habana, 4 marzo 1889-La Habana, 11 febrero 1948). Tras dejar inconclusos sus estudios secundarios, apenas cumplidos los dieciséis años comenzó a publicar en *El Pilareño*. Posteriormente su firma apareció a veces en secciones fijas, en *El Comercio, La Discusión, El Correo Español, La Noche, El Día, La Lucha, La Nación, Revista Habanera, El Fígaro, Social, Chic, Bohemia, Mundial, Carteles, La Política Cómica, Karikato, La Semana*.

Fue director de *El Nacionalista* (1919) y jefe de redacción de *Crítica* (1929-1930). Creador de noticieros radiales, los que dirigió sufrieron clausuras por parte de los gobiernos de Machado, primero, y de Batista, después. Entre las obras de teatro que estrenó figuraron el monólogo *Una carta de amor* y el juguete cómico *El premio grande*, ambos reproducidos por la revista *Comedia* (La Habana, 1, 5, 12-13, febrero 12, 1914 y 1, 16, 12-14, mayo 2, 1914). En 1918 fue premiada *Como todo el mundo* en un concurso del Teatro Español de Madrid. Hizo los libretos para varias obras musicales, entre ellas la zarzuela *La dulce caña* (1920), con partitura de Eduardo Sánchez de Fuentes. Existe una traducción al inglés, impresa en La Habana, de su novela *¡Soy americano!* Utilizó los seudónimos *Jesús del Monte*, *El Diablo Cojuelo*, *Esquilo Mirallores* y en sus transmisiones radiales el de *Pericles Bellavista*.

Bibliografía activa

Bosquejo inverosímil, cuento original, La Habana, Imprenta El Pilar, 1910.

La leyenda de amor, novela, La Habana, Imprenta El Pilar, 1910, *i. e.* 1911.

Feminismo, cuento-crítica, La Habana, Imprenta El Pilar, 1911.

El cobarde, novela, elogiación de Manuel A. de Carrión, *Noche Buena*, poema escénico, en un acto, en prosa, *Cuando el amor muere...*, comedia en un acto, en prosa, La Habana, Academia de Tipógrafas, 1912.

Fanatismo, cuento original, La Habana, Imprenta El Pilar, 1912.

Alma y carne, esto es un libro de cuentos, La Habana, Imprenta La Prueba, 1919.

Dolor, novela, «A propósito...» por Evelio R. Lendián, *Cuentos nuevos*, *Cosas de la vida*, Monólogo en prosa, *Luz y vespertina*, última escena de una comedia escrita por el destino, La Habana, Imprenta El Score, 1922.

Cuentos perversos, El libro de los sarcasmos, La Habana, Imprenta y papelería de Rambla y Bouza, 1925.

Cosas de la gente, La Habana, Imprenta Molina, 1937.

¡Soy americano!, I'm an american, novela, La Habana, Imprenta Molina, 1940.

Bibliografía pasiva

Benítez y Rodríguez, J., «El primer periódico aéreo del mundo nació en Cuba», en *Álbum del cincuentenario de la Asociación de Reporters de La Habana*, 1902-1952, La Habana, Talleres Tipográficos de la Editorial Lex, 1952, págs. 60-61.

Blasco Alarcén, José, «*¡Soy americano!*, de Jesús J. López», en *Carteles*, La Habana, 21, 25, 50, junio 23, 1940.

Carbonell, José Manuel, «Jesús J. López, 1889», en su *La prosa en Cuba*, recopilación dirigida, prologada y anotada, tomo 5, La Habana, Imprenta El Siglo XX, 1928, págs. 329-330, Evolución de la cultura cubana, 1608-1927, 16.

García Rivera, Fausto, «Los escritores jóvenes, Jesús J. López», en *Revista Habanera*, La Habana, 2, 6, 48, febrero 28, 1914.

Proteo, seudónimo, «*Alma y carne*, por Jesús J. López», en *Arte*, La Habana, 7, 198-199, 22, diciembre 20, 1919-enero 15, 1920.

Vázquez, Juan Jesús, «*Dolor*, novela de Jesús J. López», en *Orto*, Manzanillo, 11, 18, 2-4, septiembre 30, 1922.

López, Pedro Alejandro (Barrancas, Oriente, 26 noviembre 1880-La Habana, 12 febrero 1963). Niño aún, se trasladó a la ciudad de Manzanillo, en donde aprendió el oficio de sastre (1895). Para complacer a sus padres estudió magisterio, que nunca llegó a ejercer. Colaboró en *El Pensil* (1909, 1910), de Santiago de Cuba, y en *Letras*, *El Estudiante*, *Brisas del Yayabo* y *El Fígaro*, de La Habana. En Manzanillo fue jefe de redacción de *La Defensa* (1918) y colaboró en *La Tribuna* y *Alma Joven*. En 1918 se trasladó a la capital de la república para trabajar como secretario particular de un político conservador. Poco después ingresó en la redacción del *Heraldo de Cuba* y, en 1920, en la de *El Mundo*, periódico del que llegó a ser jefe de redacción. También colaboró en *El Imparcial*, *Alma Latina* y *El País*. Editó, junto con Armando Leyva y Luis Enrique Santiesteban *La Novela Cubana* (ca. 1928), que dedicaba cada número, íntegramente, a la publicación de una novela. Dejó varias obras inéditas. Utilizó el seudónimo de *Argos*.

Bibliografía activa
Las horas vivientes, «Prosa del norte, Pedro Alejandro López», epílogo por Higinio Julio Medrano, Barcelona, F. Granada, editores, 1912.
El réprobo, novela corta, La Habana, Imprenta El ideal, 1927, La novela cubana, serie A, l.

Bibliografía pasiva
Guardia Bello, Rafael de la, «*Las horas vivientes*, P. Alejandro López», en *Orto*, Manzanillo, 2, 19, 6, mayo 11, 1913.
León, José de la Luz, «Páginas de ensueño y sabiduría, *Las horas vivientes*, por Pedro Alejandro López», en *Orto*, Manzanillo, 2, 19, 7, mayo 11, 1913.
Montori, Arturo, «*Horas vivientes*» en *Utras*, La Habana, 2.ª época, 9, 23, 278-279, junio 22, 1913.
Poveda, José Manuel, «*Las horas vivientes*, por Pedro Alejandro López», en *El Cubano Libre*, Santiago de Cuba, 19, 80, 2, marzo 23, 1913.

López, René (La Habana, 2 octubre 1881-Id. 12 mayo 1909). Su nombre exacto era René Fernández López. Hizo sus primeros estudios en el Colegio San Rafael y el bachillerato (1890-1895), en el Instituto de Segunda Enseñanza de La Habana y en las Escuelas Pías de Guanabacoa (La Habana). Al estallar la guerra, se trasladó con su familia a España. En 1897 ingresó en el Colegio Villar de Barcelona para seguir estudios de comercio, pues su padre, que era un rico fabricante de tabacos, quería destinarlo a este trabajo. En el colegio hizo amistad con Regino Eladio Boti y se inició en la poesía. En 1900 regresó a Cuba. En compañía de Luis Rodríguez Embil, José Manuel Carbonell y otros, redactó la revista *Cuba Libre*, de Rosario Sigarroa, en donde publicó numerosos poemas. En 1902, con la muerte de su madre, a la que estuvo fuertemente ligado, quedó afectado de los nervios y se entregó a la bebida. Su padre lo envió a un sanatorio en Nueva York, del que salió aparentemente curado. A su regreso abandonó el hogar paterno y se dedicó a una vida desorganizada y errante. Contó con la amistad de los escritores Pedro y Max Henríquez Ureña, Manuel Serafín Pichardo, Jesús Castellanos y Arturo Ramón de Carricarte. Colaboró en *El Fígaro* (1903-1906), *Azul y Rojo* (que en 1904 premió su madrigal «Alma y materia»), *Letras* (1905-1909) y *Cuba y América*. Relacionado con Regino López, pariente cercano suyo, compuso sainetes para el teatro Alhambra, de los cuales solo se conserva su escena teatral *La Mueca*, publicada en *Cuba Pedagógica* (1903). Fue incluido en la antología *Arpas cubanas* (1904). Preparaba un libro de versos titulado *Moribundas*. Falleció intoxicado por la morfina. Su obra inédita quedó en manos de Carricarte, quien no pudo realizar su proyectada edición debido a la destrucción de sus archivos. En ocasiones firmó como René F. López.

Bibliografía pasiva

Carbonell, José Manuel, «René López, 1882-1909», en su *La poesía lírica en Cuba*, recopilación dirigida, prologada y anotada, tomo 5, La Habana, Imprenta El Siglo XX, 1928, págs. 149, Evolución de la cultura cubana, 1608-1927, 5.

Carricarte, Arturo Ramón de, «Una página de dolor, Barcos que pasan..., Un poeta menos, René López», en *El Fígaro*, La Habana, 25, 43, 538, octubre 24, 1909.

Busquet, Angélica, «René López», en *Social*, La Habana, 6, 4, 37, abril, 1921.

Durán, Héctor, seudónimo de Mario Muñoz Bustamante, «René F. López», en *Cuba Libre*, La Habana, 4, 15, 5, abril 13, 1902.

Henríquez Ureña, Max, «René López», en *Letras*, Hoja suplementaria, La Habana, 5, 2.ª época, 247, mayo 16, 1909.

Henríquez Ureña, Pedro, *Obra crítica*, México, Fondo de Cultura Económica, 1960, págs. 19 y 763.

Lamar Schweyer, Alberto, *René López*, La Habana, Imprenta Sociedad Tipográfica Cubana, 1920.

Lizaso, Félix y José Antonio Fernández de Castro, «René López», en su *La poesía moderna en Cuba*, 1882-1925, antología crítica, ordenada y publicada, Madrid, Librería y Casa Editorial Hernando, 1926, págs. 177-179.

Rodríguez Embil, E., «René López», en *Suplemento literario* del Diario de la Marina, La Habana, 3, junio 22, 1941.

Rodríguez Embil, Luis, «Desde lejos», en *Letras*, La Habana, 5, 2.ª época, 23, 313, junio 27, 1909.

Rodríguez-Vicens, María Dolores, «René López, su vida y su obra», en *Trimestre*, La Habana, 3, 4, 480-489, octubre-diciembre, 1949.

Uhrbach, Federico, «De lo más íntimo», en *Letras*, La Habana, 5, 2.ª época, 18, 254, mayo 23, 1909.

Vitier, Cintio, «René López», en su *Cincuenta*

años de poesía cubana, 1902-1952, ordenación, antología y notas, La Habana, Ministerio de Educación, Dirección de Cultura, 1952, págs. 38.
Lo cubano en la poesía, La Habana, Imprenta Úcar, García, 1958, págs. 278-279.

López-Nussa, Leonel (La Habana, 25 mayo 1916-2004). Pasó parte de su niñez en Puerto Rico. Junto con Luis Mitjans fundó y dirigió en Consolación del Sur (Pinar del Río) la publicación humorística *La Recortada*, aunque sus primeros escritos aparecieron en *La Luz*. Dejó inconclusos estudios de pintura en la Escuela de Artes Plásticas San Alejandro y, con muchas interrupciones, cursó el bachillerato en los institutos de Marianao y La Habana, hasta graduarse en 1938. Hacia 1941 se trasladó a México. Allí estudió filosofía marxista y economía política en la Universidad Obrera. En 1945 pasó a Nueva York, en donde fue lavaplatos, pintor de brocha gorda y oficinista. En esa misma ciudad trabajó en el estudio del pintor Felipe Orlando, entre 1947 y 1949, año este último en que presenta su primera muestra pública de pintura. Radicado en París (1950-1952), viaja a Italia y España. Después de una breve estancia en Nueva York, pasó a residir de nuevo en México (1953). Allí fue redactor de guiones para historietas ilustradas. En diciembre de 1957 regresó a Cuba. Después del triunfo de la Revolución (1959) trabajó en el departamento de prensa del INRA y fue dibujante y redactor en la revista de ese organismo. Por esa época colaboró además en *Revolución* y en su suplemento *Lunes de Revolución*. Ha sido responsable de la página de artes y espectáculos de *Hoy* (1961-1965), redactor de *Cuba* (1962-1966) y critico cinematográfico y teatral en *Granma* (1966). Su novela *Recuerdos del 36* mereció mención en el concurso UNEAC de 1966. Participó en el Congreso Cultural de La Habana (1968). Ha colaborado también en *Islas, Unión, La Gaceta de Cuba*. Desde 1967 labora en *Bohemia* como redactor y dibujante. Ha utilizado los seudónimos Antonio Carpio, Álex Corbán, Alejo Beltrán y Red Blay, con el que publicó sus dos primeros libros. En ocasiones firma *Ele Nussa*.

Bibliografía activa
El ojo de vidrio, novela, México D. F., Editorial Diana, 1955.
El asesino de las rosas, novela, México D. F., Editorial Constancia, 1957 *Tabaco* Novela, «Sobre *Tabaco*», por Samuel Feijóo, La Habana, Universidad Central de Las Villas, Dirección de Publicaciones, 1963.
El dibujo, La Habana, Ediciones R, 1964.
Recuerdos del 36, novela, La Habana, UNEAC, 1967.

Bibliografía pasiva
Bueno, Salvador, «*Recuerdos del 36*», en *El Mundo*, La Habana, 66, 21 993, 4, septiembre 12, 1967.
Cuza Malé, Belkis, «El dibujo y no la pintura», en *Revista del Granma*, suplemento del periódico *Granma*, La Habana, 4, 15, noviembre

7, 1965.
Galardy, Anubis, «No solo de recuerdos vive el hombre», en *Revista del Granma*, suplemento del periódico *Granma*, La Habana, 10, julio 8, 1967.
Torriente, Loló de la, «López-Nussa y el dibujo», en *El Mundo*, La Habana, 64, 21 434, 4, noviembre 23, 1965.

López Alarcón, Enrique (Málaga, España, 22 junio 1891-La Habana, 28 noviembre 1963). Cursó el bachillerato en su ciudad natal y dejó inconclusos estudios de leyes y de filosofía y letras en la Universidad de Granada. Más tarde se trasladó a Madrid (1903); allí trabajo en las redacciones de *El Nuevo Evangelio*, *El Intransigente*, *El Mundo* (1907-1911), *La Mañana*, *La época*, *La Tribuna*, *La Gacetilla de Madrid*, y colaboró en *Solidaridad Obrera*, de Barcelona, ya en plena guerra civil. Sus crónicas sobre la campaña de Marruecos fueron recogidas en el libro *Melilla en 1909* (1911). Fue director del Teatro Español de Madrid y escribió entre otras, las obras dramáticas *Golondrinas* (1905), *con mujer y sin mujer* (1908), *La mano de la reacción* (1909), *Doña Bufanda* (1916), *Dictadura* (1930), *Romance caballeresco* (1933). Vino a Cuba a fines de 1939 como refugiado. Aquí se liga a la Unión de Ex-combatientes Antifascistas y colabora en las publicaciones *Combate*, órgano de la antes mencionada institución, *Bohemia*, *El País*, *El Mundo*, *Mañana*, *Tiempo*, *Mensuario de arte, literatura, historia y crítica*. También fue miembro del Centro Republicano Español y de la Alianza de Intelectuales Antifascistas. Trabajó en la radio y fue profesor en escuelas privadas. Viajó a Panamá en 1945. Regresó a Cuba en 1947. En 1956 publicó dos trabajos de elogio al periodista batistiano Alberto Salas Amaro en dos libros de éste.

Bibliografía activa
Constelaciones, poesía, 1906.
Soy español, Madrigales y otros sonetos, Pórtico «Soy cubano», poema por Manuel Serafín Pichardo, La Habana, Talleres de la Editorial Luz-Hilo, 1940.
Reflejos del sur, La Habana, Editorial Lex, 1953.

Bibliografía pasiva
Medina, Waldo, «*Soy español*», en *El Mundo*, La Habana, 52, 16 610, 6, noviembre 14, 1953.
«La muerte del poeta», en *El Mundo*, La Habana, 62, 20 823, 4, diciembre 1, 1963.

López de Briñas, Felipe (La Habana, 18 junio 1822-Id., 22 septiembre 1877). Estudió en el convento de Santo Domingo y en la Universidad de La Habana, sin llegar a concluir carrera alguna. Hacia 1840 comenzó a darse a conocer como periodista y poeta en *El Faro Industrial* y *La Prensa*. Fue durante algunos años vicesecretario de la Sección de Literatura del Liceo de La Habana, entidad que también lo nombró socio de honor y auspició la publicación de sus *Poesías*. Dirigió con Fornaris, Aenlle y Vélez Herrera la *Floresta Cubana* (1855-1856), y con

Valdés Aguirre y José A. Quiñones El Liceo de La Habana (1857-1866). Colaboró además en Flores del Siglo, El Prisma (1846), El Colibrí (1847), La Semana Literaria (1847-1848), El Artista (1848-1849), El Almendares (1852), Revista de La Habana (1853-1854), La Piragua (1853-1856), Guirnalda cubana (1854), Brisas de Cuba (1855-1856), La Antorcha (1856), El Cesto de Flores (1856), Aguinaldo Habanero (1857-1865) (La Habana, 1859), Cuba Literaria (1861-1862), Diario de La Habana. En colaboración con Ramón Zambrana, José G. Roldán y Rafael María de Mendive publicó Cuatro laúdes (1853). Mendive lo incluyó en Flores del siglo (1846) y en la antología América poética (1854).

Bibliografía activa

La cruz del misionero, Tradición cubana, La Habana, Tipografía de D. V. de Torres, 1847.
Poesías, La Habana, Oficina del Faro Industrial, 1849.
Al descubrimiento de América por Cristóbal Colón, poema, La Habana, Imprenta del Tiempo, 1855.
Cuba, Canto descriptivo, La Habana, Imprenta del Tiempo, 1855.
Fábulas, alegorías y consejas, La Habana, Imprenta de Spencer, 1856.

Bibliografía pasiva

Armas y Céspedes, José de, «Felipe López de Briñas», en Revista de La Habana, La Habana, 4 y 5, 302-304, 315-316 y 6-10, 1855 y 1856.
Calcagno, Francisco, «Felipe López de Briñas», en El Mundo Literario, La Habana, 1, 1, 3-6, octubre 5, 1877.
Carbonell, José Manuel, «Felipe López de Briñas, 1822-1877», en su La poesía lírica en Cuba, recopilación dirigida, prologada y anotada, tomo 3, La Habana, Imprenta El Siglo XX, 1928, págs. 90-91.
Evolución de la cultura cubana, 1608-1927, 3, Edmaín, Tristán, seudónimo de Tristán de Jesús Medina, «Cuatro laudes, Artículo 2. Felipe López de Briñas», en Diario de La Habana, La Habana, 2.ª época, 2, 244, 2-3, octubre, 12, 1853.
Fornaris, José y Joaquín Lorenzo Luaces, «Felipe López de Briñas», en su Cuba poética, 2.ª edición, La Habana, Imprenta de la Viuda de Barcina, 1861, págs. 109.
Lezama Lima, José, «Felipe López de Briñas», en su Antología de la poesía cubana, tomo 2, La Habana, Consejo Nacional de Cultura, 1965, págs. 509.
Morales Morales Vidal, «Necrología, Felipe López de Briñas», en Revista de Cuba, La Habana, 2, 286-287, 1877.
Pié y Faura, Fernando, «Felipe López Briñas», en Guirnalda Cubana, La Habana, 1, 37, 1854.
Valdés y Aguirre, Fernando, «Juicio sobre los poetas cubanos, Felipe López de Briñas», en Brisas de Cuba, La Habana, 1, 400-402, 1855.

López del Amo, Rolando (La Habana, 5 septiembre 1937). Trabajó como mensajero y oficinista en los Ferrocarriles Occidentales de Cuba. A partir del triunfo de la Rebelión ha desempeñado distintos cargos políticos y administrativos. Graduado de Profesor de Español en la Universidad de La Habana. Posteriormente, en dicho centro docente, ha sido profesor de Literatura General en la Escuela de Letras y de Arte, director de la Comisión de Extensión Universitaria y del Centro de Estudios Cubanos, y vicedecano de Investigaciones de la Facultad de Humanidades. Ha publicado artículos y poemas en *Casa de las Américas*, *Revolución y Cultura*, *Universidad de La Habana*, *Vida Universitaria*, *Santiago*, *Verde Olivo*, *El Caimán Barbudo*, *La Gaceta de Cuba*. Obtuvo mención de poesía en el Concurso David 1969, de la UNEAC, con su libro *La vida en limpio*. Es miembro del Partido Comunista de Cuba. Actualmente es primer secretario de la Embajada de Cuba en la República Democrática Popular de Corea.

Bibliografía activa

Antiguas comuniones, poesía, La Habana, UNEAC, 1971.

Bibliografía pasiva

Saínz, Enrique, «*Antiguas comuniones*», en *Unión*, La Habana, 10, 4, 171-173, diciembre, 1971.

López Dorticós, Pedro (Cienfuegos, Las Villas, 24 mayo 1896-La Habana, 19 agosto 1967). Hizo sus primeros estudios en el Colegio Bautista y la segunda enseñanza en el Colegio Cienfuegos. Graduado de Doctor en Derecho Civil de la Universidad de La Habana (1919).

Su poema «Canto a Cienfuegos» fue premiado en los festejos por el centenario de la Colonia Fernandina de Jagua (1919). Se inició en el periodismo como redactor de *El Comercio*, de Cienfuegos. Colaboró en *El Fígaro*, *Orto*, *Revista de la Biblioteca Nacional*, *Revista de Avance*. Desde 1926 se incorporó a la política activa. Perteneció a la organización ABC, de cuyo periódico *Acción* fue colaborador. Participó regularmente como candidato en las sucesivas farsas electorales celebradas en el país y ocupó distintos cargos políticos y administrativos. Durante la dictadura de Batista fungió como secretario del Banco Nacional. Perteneció a la Academia Nacional de Artes y Letras y ocupó la presidencia del Ateneo de Cienfuegos. Al triunfo de la Revolución (1959) fue juzgado por su colaboración batistiana y fue absuelto. Publicó varios títulos relacionados con sus actividades políticas y profesionales, entre ellos *Política del ABC*. Discursos parlamentarios (La Habana, 1942). Utilizó el seudónimo *Fileno*.

Bibliografía activa

Apología de Pedro Modesto Hernández, discurso, La Habana, Imprenta El Siglo XX, 1926.

Palabras, discursos, prólogo de Enrique Gay Calbó, «Homenaje», por Carlos T. Trujillo, La Habana, Imprenta El Siglo XX, 1926.

Poemas de amor y de frivolidad, La Habana, Imprenta El Siglo XX, 1927.

Visión de Miguel Ángel de la Torre, discurso pronunciado por el académico correspondiente, el día 30 de mayo de 1937, La Habana, Imprenta Molina, 1937, Academia Nacional de Artes y Letras, *Panegírico de Antonio Maceo*, discurso pronunciado en la sesión solemne del día 7 de diciembre de 1943, La Habana, Publicaciones de la Cámara de Representantes, 1944.

Versos de ayer y de hoy, poemas, Cienfuegos, Bustamante, 1944.

Intimidad de Martí en sus cartas a Manuel A. Mercado, conferencia leída en la Academia Nacional de Artes y Letras el día 30 de marzo de 1950, La Habana, Seoane y Fernández, Impresores, 1950.

Antonio Maceo o la República de la libertad, discurso pronunciado en Cienfuegos, el día 7 de diciembre de 1951, La Habana, Imprenta P. Fernández, 1951.

José Martí, norma y vida, conferencia, La Habana, Imprenta P. Fernández, 1952.

Bibliografía pasiva

Carbonell, José Manuel, «Pedro López Dorticós, 1896», en su *La oratoria en Cuba*, recopilación dirigida, prologada y anotada, tomo 5, La Habana, Imprenta Montalvo y Cárdenas, 1928, págs. 213-214, Evolución de la cultura cubana, 1608-1927, 11.

Gay Calbó, Enrique, «Pedro López Dorticós», en *Revista de La Habana*, La Habana, 1, 4, 81-90, abril, 1930.

Rodríguez, Luis Felipe, «*Poemas de amor y de frivolidad*», en *Orto*, Manzanillo, 16, 18, 13, septiembre 30, 1927.

Vitier, Medardo, «Pedro López Dorticós», en *Cuba Nueva en Acción*, La Habana, 2.ª época, 1, 14, 12, julio 25, 1935.

López Gómez, Rogelio (Véase **Rocasolano, Alberto**)

López Morales, Eduardo (La Habana, 19 octubre 1939-20 abril 1999). Cursó estudios en su ciudad natal, hasta terminar el bachillerato en ciencias. En la Universidad de La Habana se graduó de Contador Público y, posteriormente, de Licenciado en Lengua Española y Literaturas Hispánicas. Trabajó como codificador, jefe de despacho, sistematizador y periodista. Ha viajado a Chile (1971), Unión Soviética, RDA, Bulgaria, Polonia, España, Perú y Vietnam (1974). Tiene colaboraciones en *Heraldo Cultural* (1956-1957), *Alma Mater* (1959-1962), *La Voz* (1960), *Lunes de Revolución* (1961), *Boletín Informativo del Comité universitario de la UJC* (1963-1965), *Casa de las Américas*, *Granma*, *Bohemia*, *Verde Olivo*, *Cuba*, *El Caimán Barbudo*, *OCLAE*, *Unión*, *Pensamiento Crítico*, *Universidad de La Habana*. Fue jefe de los equipos de cultura e ideológico de *Juventud Rebelde* y director general de *Revolución y Cultura*. Ha participado como jurado en distintos concursos nacionales (13 de marzo, UNEAC, 26 de julio). Su labor como prologuista incluye las obras *Versos del soldado* (1973), de Rafael Hernández, y *Juracán* (1973), de José Martínez Malos. Es director general de literatura y publicaciones del Consejo Nacional de Cultura.

Bibliografía activa
Ensayo sobre el entendimiento humano, poesía, La Habana, Instituto Cubano del Libro, 1969.
Camino a hombre, poesía, La Habana, UNEAC, 1974.

Bibliografía pasiva
Díaz, Roberto, «Un camino en la contracorriente», en *El Caimán Barbudo*, La Habana, 38, 30, marzo, 1970.
Morales, Arqueles, «Con la pluma en ristre», en *Casa de las Américas*, La Habana, 10, 62, 202, septiembre-octubre, 1970.
Prats Sariol, José, «Los espacios en blanco», en *La Gaceta de Cuba*, La Habana, 125, 17, julio, 1974.
Santos Moray, Mercedes, «*Camino a hombre*», en *El Caimán Barbudo*, La Habana, 2.ª época, 87, 26, febrero, 1975.

López Oliva, Enrique (La Habana, 20 octubre 1936). En su ciudad natal estudia el bachillerato y periodismo, que termina en 1961. Durante ocho años trabaja en la sección latinoamericana de la agencia de noticias Prensa Latina, en donde llega a desempeñar el cargo de secretario de redacción. Como periodista asiste al Congreso Mundial por el Desarme y la Paz, celebrado en Moscú en 1962, y al Segundo Congreso Latinoamericano de Juventudes, celebrado en Santiago de Chile, en 1964. Ha colaborado en las publicaciones nacionales *Granma*, *Bohemia*, *Casa de las Américas*, *La Gaceta de Cuba*, *Pensamiento*

Crítico, *Cuba Internacional*, *Revolución y Cultura*. *El Caimán Barbudo*, *OCLAE*, y en las extranjeras *Marcha* y *Época* (Montevideo); *El Siglo* (Santiago de Chile); *Guardián* (Nueva York). Ha trabajado como investigador en el centro de documentación «Juan F. Noyola», de la Casa de las Américas, y en el Grupo de Estudios Latinoamericanos de la Facultad de Humanidades de la Universidad de La Habana. Hizo la selección, introducción y notas de la compilación de textos políticos *El camilismo en América Latina* (La Habana, Casa de las Américas, 1970).

Bibliografía activa
Los católicos y la revolución latinoamericana, «Prólogo» de Carlos María Gutiérrez, La Habana, Instituto Cubano del Libro, Editorial de Ciencias Sociales, 1970.
¿Revolución en la teología? Caracas, Fondo Editorial de la Plaza de Venezuela, 1974.

Bibliografía pasiva
Lombardo Radice, Lucio, «El catolicismo castrista», En italiano, en *Corriere della Sera*, Milán, agosto 3, 1974.

López Prieto, Antonio (Cádiz, España, 26 noviembre 1847-La Habana, 8 mayo 1883). Cursó sus primeros estudios en Sevilla, España. A los trece años se traslada con su madre a Cuba. Se dedicó al ramo del comercio. En Regla (La Habana), donde residió bastante tiempo, fue fundador y codirector del periódico

La Fe (1868), de breve duración, y también síndico del Ayuntamiento. En 1878 fundó, con Tomás Delorme, la revista *La Familia*, de marcado matiz españolizante. Viajó a Santo Domingo (*ca.* 1878) para investigar la autenticidad de los restos de Colón traídos a Cuba. Desempeñó distintos cargos oficiales, casi siempre relacionados con sus conocimientos de estadísticas. Colaboró en *Boletín Comercial, El Ingenio, El Museo, El Palenque Literario, La Propaganda Literaria* y *Revista de Cuba*, con artículos de crítica, Bibliografía, arqueología y estadística. Desde el punto de vista literario su obra más importante es la antología *Parnaso cubano*. Colección de poesías selectas de autores cubanos desde Zequeira a nuestros días, precedida de una introducción histórico-crítica sobre el desarrollo de la poesía en Cuba, con biografías y notas críticas y literarias de reputados literatos (La Habana, Editor Miguel de Villa, 1881). De ella solo llegó a publicarse el primer tomo. Dio a la imprenta, también, varios folletos sobre estadísticas y, en colaboración con Rodríguez Escay, un texto de geografía de Cuba (1879). Dejó inéditos o inconclusos trabajos sobre la historia de Regla, una ampliación de su biografía del Obispo Espada y ensayos estadísticos.

Bibliografía activa

Los restos de Colón, Examen histórico-crítico, La Habana, Imprenta Militar de la viuda de Soler, 1877.

Informe que sobre los restos de Colón, presenta al Excmo. señor Gobernador General don Joaquín Jovellar y Soler, después de su viaje a Santo Domingo, La Habana, Imprenta del Gobierno, 1878.

El Obispo Espada, Sus virtudes, sus méritos, su apostolado, estudio histórico-crítico-biográfico, La Habana, Imprenta Avisador Comercial, 1881.

Santa Teresa de Jesús, estudio histórico-crítico-biográfico premiado con medalla de oro en el Certamen Literario que celebró el Casino Español el día 16 de octubre de 1882, en conmemoración del tercer centenario de la ilustra santa, La Habana, Imprenta Avisador Comercial, 1882.

Bibliografía pasiva

Morales y Morales, Vidal, «Antonio López Prieto», en *El Museo*, La Habana, 1, 22, 173-175, abril 29, 1883.

López Segrera, Francisco (Santiago de Cuba, 15 septiembre 1940). Realizó los primeros estudios en su ciudad natal. Se graduó en derecho en la Universidad de La Habana en 1963. Profesor de Teoría Sociológica e Historia de la Cultura Cubana en la Universidad de Oriente. Posteriormente se traslada a La Habana, en cuya universidad trabaja dentro del Grupo de Estudios Cubanos, adscrito al Vicedecanato de Investigaciones de la Facultad de Humanidades. Ha colaborado en *Unión, Revista de la Biblioteca Nacional José Martí, Santiago*. Ganó en 1968 el premio de ensayo «Enrique José Varona», de la UNEAC, con *Los orígenes de la cultura cubana (1510-*

1790). En el Concurso Casa de las Américas ha obtenido, en dos ocasiones, menciones de ensayo: en 1972 con *Cuba: capitalismo dependiente y subdesarrollo* (*1510-1959*), y en 1973 con *Cuba neocolonial: clases sociales y política* (*1902-1959*). Actualmente labora en el Instituto de Servicio Exterior del Ministerio de Relaciones Exteriores.

Bibliografía activa

Los orígenes de la cultura cubana, 1510-1790, La Habana, UNEAC, 1969.

Psicoanálisis de una generación, I-II y III, separata de la *Revista de la Biblioteca Nacional José Martí*, La Habana, 1970, 3 T.

Cuba, capitalismo dependiente y subdesarrollo, 1510-1939, La Habana, Casa de las Américas, 1972.

Bibliografía pasiva

Branly, Roberto, «*Cuba neocolonial, clases sociales y política, 1902-1959*, Conversación con el autor, Francisco López Segrera» en *Juventud Rebelde*, La Habana, 4, febrero 22, 1973.

Gabaldón Márquez, Edgar, «Francisco López Segrera, *Cuba, capitalismo dependiente y subdesarrollo, 1510-1959*», en *Cultura Universitaria*, Caracas, 100, 347-349, 1973.

López Silvero, Jesús (Santa Clara, 19 marzo 1889-ld., 13 octubre 1955). De familia humilde. Cursó la enseñanza primaria y parte del bachillerato en su ciudad natal. Obtenido el certificado de maestro, se dedicó a la docencia hasta 1930. Empezó estudios de pedagogía en la Universidad de La Habana, pero no los concluyó. Por estos años inició su actividad literaria en La Habana al calor del movimiento postmodernista que lideraban José Manuel Poveda y Regino Boti. Ocupó varios empleos en oficinas particulares y del Estado. Perteneció al Ateneo y a la Asociación de la Prensa de Santa Clara, así como al Colegio Provincial de Periodistas de Las Villas. Colaboró, entre otras publicaciones, en *Bohemia*, *Carteles*, *El Fígaro*, *Minerva*, *Mundial* y *Social*. Hacia 1926 tenía en preparación *Bustos en diorita* (*Los valores villaclareños en la intelectualidad cubana*), en el que comentaría la labor de figuras tales como Pedro López Dorticós, Carlos Loveira, Jorge Mañach, Juan Marinello y otros, y *Cartones, crónicas y discursos*. Murió en la mayor pobreza.

Bibliografía activa

De los ritmos libres, Prosas atrabilliarias, La Habana, Imprenta P. Fernández, 1926.

Bibliografía pasiva

Botí, Regino E., *Notas acerca de José Manuel Poveda, su tiempo, su vida y su obra*, «Notas de ampliación y rectificación, al margen del estudio biográfico, bibliográfico y crítico de Regino Eladio Boti, acerca de José Manuel Poveda», por Héctor Poveda, Manzanillo, Imprenta y Casa Editorial El Arte, 1928, págs.

12, 13.
Roig de Leuchsenring, Emilio, «Un libro de López Silvero», en *Social*, La Habana, 11, 8, 7, agosto, 1926.

Lorenzo Fuentes, José (Santa Clara, 31 marzo 1928). Estudió la primera enseñanza, el bachillerato y periodismo en su ciudad natal. Fue profesor de historia del arte en la Escuela de Periodismo de Las Villas. Ejerció el periodismo en *Bohemia*, *Carteles* e *INRA*, y posteriormente en *Cuba*, de la que fue subdirector hasta 1963. Tiene colaboraciones también en *Lunes de Revolución*, *La Gaceta de Cuba*, *Unión*, *Casa de las Américas*, *El Mundo*. Ha viajado por la Unión Soviética, Checoslovaquia, México, España, Francia y Venezuela. Obtuvo el premio internacional Hernández Catá, en 1952, con su cuento «El lindero». En 1967 ganó el premio de novela «Cirilo Villaverde», de la UNEAC, con *Viento de enero* y, al año siguiente, mención de cuento en el Concurso Casa de las Américas con *Después de la gaviota*. Cuentos suyos han sido antologados numerosas veces. *Viento de enero* ha sido traducido al alemán, *Después de la gaviota* al francés, y algunos de sus cuentos a varios otros idiomas. Trabaja en el ICR.

Bibliografía activa

El lindero, Cuento, «El cuentista laureado José Lorenzo Fuentes», por José Antonio Pascual, La Habana, Talleres de la Cía. Editora de Libros y Folletos, 1953.

Maguaraya arriba, Cuento, La Habana, Universidad Central de Las Villas, Dirección de Publicaciones, 1963.

El Sol, ese enemigo, novela, La Habana, Ediciones R, 1963.

El vendedor de días, Cuento, La Habana, Ediciones Unión, 1967.

Después de la gaviota, La Habana, Casa de las Américas, 1968.

Viento de enero, La Habana, UNEAC, 1968.

Bibliografía pasiva

Agostini, Víctor, «Enemigo del Sol», en *El Mundo*, La Habana, 65, 21 843, 4, marzo 21, 1967.

Augier, Ángel, «*El Sol, ese enemigo, Maguaraya arriba*», en *Universidad de La Habana*, La Habana, 165, 91-92, enero-febrero, 1964.

«*El vendedor de días*», en *El Mundo*, La Habana, 66, 21 913, 4, junio, 10, 1967.

Betancourt, Gaspar, «*El lindero*» en Excélsior, La Habana, 31, 11, 14, enero 13, 1953.

González Reynaldo, «Lo que el viento se llevó», sobre *Viento de enero*, en *Unión*, La Habana, 6, 3, 157-163, septiembre, 1968.

Heras, Eduardo, «El que siembra vientos...», sobre *Viento de enero*, en Suplemento cultural del periódico *El Mundo*, La Habana, 8, diciembre 7, 1968.

Iznaga, Alcides, «*El Sol, ese enemigo*», en *Islas*, La Habana, 6, I, 238-239, julio-diciembre, 1963.

León, Waldemar, «*El Sol, ese enemigo*», en *El Mundo*, La Habana, 66, 21 995, 4, septiembre 14, 1967.

López-Nussa, Leonel, «10 preguntas a un novelista», entrevista, en *El Mundo*, La Habana,

66, 22 085, 4, diciembre 29, 1967.
Lleonart, José Alejandro, «José Lorenzo Fuentes», en *El Mundo*, La Habana, 66, 22 143, 2, marzo, 6, 1968.
Navarro, Noel, «*El vendedor de días*», en *El Mundo*, La Habana, 66, 21 975, 4, agosto 22, 1967.
Selva, Mauricio de la, «José Lorenzo Fuentes, *Después de la gaviota*», en *Cuadernos Americanos*, México D. F., 28, 164, 3, 280, mayo-junio, 1969.
Suárez Solís, Rafael, «José Lorenzo Fuentes, cuentista sin comillas», en *Diario de la Marina*, La Habana, 120, 282, 4, noviembre 26, 1952.
Torriente, Loló de la, «José Lorenzo, novelista», en *El Mundo*, 63, 21 091, 4, octubre 14, 1964.
«Los cuentos de José Lorenzo», en *El Mundo*, La Habana, 65, 21 847, 4, marzo 25, 1967.
«Sobre un libro y su autor», sobre *Viento de enero*, en *Bohemia*, La Habana, 60, 47, 18, noviembre 22, 1968.

Lorenzo Luaces, Joaquín (La Habana, 4 junio 1826-Id., 7 noviembre 1867). Estudió latinidad en el Colegio Calasancio de Puerto Príncipe, lugar en donde residía su hermano.
A partir de 1840, hizo estudios en el Colegio Seminario de San Carlos, de La Habana. Se graduó de Bachiller en Artes en 1844. Continuó estudiando en la Real Universidad, hasta alcanzar en 1848 el grado de Bachiller en jurisprudencia, pero no la licenciatura. Desde ese mismo año concurría a la tertulia literaria y científica que en su casa de la calle Amistad presidía Felipe Poey. Allí leyó sus primeros ensayos: una traducción de «L'éducation des jeunes filles» de Béranger, «El lente de Pepilla», «Noche Buena», «La danza», etc., poesías ligeras y festivas que no recogió en sus obras.
Siempre enfermizo, fue a convalecer a Isla de Pinos, donde se dedicó por entero al cultivo de la poesía, pero casi todo lo que escribió entonces se perdió. El primer poema que llamó la atención sobre Luaces, «La hija del artesano» (escrito en julio de 1849), le fue arrebatado cariñosamente por un amigo y apareció en *El Artista* (La Habana, 2, 9, 147-148, agosto 1, 1849). En unión de José Fornaris, su entrañable amigo, publicó en 1856 *La Piragua*, periódico que aspiraba a ser órgano del *siboneyismo*, en el que dio a conocer, entre otros poemas, cuentos de tema siboney y trabajos en prosa, algunos de sus *Romances cubanos*. También colaboró en las revistas *Brisas de Cuba* (1855-1856), *El Cesto de Flores* (1856), *Floresta Cubana* (1856), *Revista de La Habana* (1857), *El Kaleidoscopio* (1859), *Revista Habanera* (1861), *Cuba Literaria* (1861-1862); en los periódicos *El Regañón*, *Prensa de La Habana*, *La Aurora*, y en las compilaciones *Aguinaldo habanero* (1865) y *Noches literarias* en casa de Nicolás Azcárate (1866). Junto con Forriaris, además, dirigió la antología *Cuba poética*. Colección escogida de las composiciones en verso de los poetas cubanos desde Zequeira hasta nuestros días (La Habana, Imprenta de la Viuda de Barcina, 1858; 2.ª edición, Id., 1861). En 1859 recibió el premio del Liceo de La Habana por su oda «A

Ciro Field, por la inmersión del cable submarino».

Entre 1866 y 1867 sostuvo con Fornaris una Academia íntima, a la que asistían Antonio Zambrana, Manuel Costales, Andrés Díaz, Govantes y otros. Tres días después de su muerte, el jurado de los Juegos Florales del Liceo de La Habana, formado por Mendive, Piñeyro y Mestre, otorgó el primer premio a su oda *El trabajo*, que fue publicada en 1868. En la revista *Islas* de la Universidad Central de Las Villas, se han dado a conocer recientemente sus obras de teatro «El fantasmón de Aravaca», 38, 95-174, enero-abril, 1971, y «Una hora en la vida de un calavera», 41, 173-201, enero-abril, 1972; esta última fue la única de sus obras teatrales que llegó a ser estrenada en vida del autor. *El becerro de oro* permaneció inédita hasta la edición de su *Teatro* en 1964 y fue estrenada por el Grupo Estudio en diciembre de 1967, en La Habana. *El fantasmón de Aravaca* fue estrenada por el Centro Dramático de Las Villas en septiembre de 1970, en Cienfuegos. Utilizó el seudónimo de *Br. Taravillas*.

Bibliografía activa

Poesías, prólogo de José Fornaris, La Habana, Imprenta del *Tiempo*, 1857.

El mendigo rojo, drama en cinco actos y en verso, La Habana, Imprenta La Antilla, 1866.

Aristodemo, tragedia en cinco actos y en verso, La Habana, Establecimiento Tipográfico La Antilla, 1867; Estudio preliminar de Enrique Piñeyro, La Habana, Imprenta El Siglo XX, 1919.

El trabajo, oda premiada por el Liceo de La Habana, en los Juegos Florales de 1867, La Habana, Imprenta La Antilla, 1868, prólogo de Rafael María Merchán, Bogotá, Imprenta de Vapor, 1882.

Poesías, La Habana, *Cuba y América*, 1903.

Poesías, La Habana, Imprenta La Moderna Poesía, 1909.

Cuba, poema mitológico, La Habana, Comisión Nacional Cubana de la UNESCO, 1964.

Teatro, contiene, *El mendigo rojo* y *El becerro de oro*, La Habana, Editora del Consejo Nacional de Cultura, 1964.

Bibliografía pasiva

Arrufat, Antón, «Aviso sobre el teatro de Luaces», en *Unión*, La Habana, 4, 3, 174-178, julio-septiembre, 1965.

Artiles, Freddy, «De los castillos medievales a la sociedad de su tiempo, *El fantasmón de Aravaca*, en el Teatro Musical de La Habana», en *Juventud Rebelde*, La Habana, 2, abril 17, 1974.

Bielsa Vives, Manuel, «Los sonetos de Joaquín Lorenzo Luaces», en su *Cosas de ayer*, Colección de artículos políticos y literarios, La Habana, *La Correspondencia*, 1906, págs. 87-97.

Blanchet, Emilio, «Joaquín Lorenzo Luaces», en *Revista de la Facultad de Letras y Ciencias de la Universidad de La Habana*, La Habana, 16, 1, 23-45, enero, 1913.

Branly, Roberto, «Luaces o el mito de la poesía», en *Granma*, La Habana, 2, 78, 7, marzo

20, 1966.

Brenes, José R., «Notas», en *Joaquín Lorenzo Luaces, El fantasmón de Aravaca*, programa, La Habana, Talleres del Consejo Nacional de Cultura, 1974.

Bueno, Salvador, «Joaquín Lorenzo Luaces, poeta y dramaturgo», en su *Figuras cubanas, Breves biografías de Grandes Cubanos del siglo XIX*, La Habana, Comisión Nacional Cubana de la UNESCO, 1964, págs. 127-133.

«El centenario de Joaquín Lorenzo Luaces», en *Revista de la Biblioteca Nacional José Martí*, La Habana, 3.ª época, 10, 59, 1, 100-108, enero-abril, 1968.

Catalá, Ramón Agapito, «Joaquín Lorenzo Luaces, un homenaje merecido» en *El Fígaro*, La Habana, 29, 31, 374, 1913.

Cruz, Manuel de la, «Reseña histórica del movimiento literario en la isla de Cuba, 1790-1890», en su *Literatura cubana*, Madrid, Saturnino Calleja, 1924, págs. 37-39, Obras de Manuel de la Cruz, 3.

Cruz-Luis, Adolfo, «¿Sí o no al siglo XIX?», sobre *El fantasmón de Aravaca*, en *Juventud Rebelde*, La Habana, 2, abril 30, 1974.

Chacón y Calvo, José María, *Las cien mejores poesías cubanas*, Madrid, Editorial Reus, 1922, págs. 170-172.

Chaple, Sergio, «Notas sobre la poesía de Joaquín Lorenzo Luaces», en *Anuario L/L*, La Habana, 3-4, 150-171, 1972-1973.

Esténger, Rafael, «Joaquín Lorenzo Luaces», en su *Cien de las mejores poesías cubanas*, Tercera edición, aumentada con un ensayo preliminar y la inclusión de poetas actuales, La Habana, Ediciones Mirador, 1948, págs. 149 y 330-331.

Feijóo, Samuel, *Sobre los movimientos por una poesía cubana hasta 1856*, La Habana, Universidad Central de Las Villas, Dirección de Publicaciones, 1961, págs. 113-121.

Fornaris, José, «Con motivo de las anacreónticas de Joaquín Lorenzo Luaces», en *Cuba literaria*, La Habana, 1, 268-774, 1861.

«Joaquín Lorenzo Luaces, I y II», en *El Ateneo*, La Habana, 1, 3 y 4, 45 y 58, agosto 1 y 15, 1868.

«Poetas cubanos, Joaquín Lorenzo Luaces», en *Revista de Cuba*, La Habana, 11, 561-567, 1881.

González Curquejo, Antonio, «Joaquín Lorenzo Luaces», en *El Fígaro*, La Habana, 26, 20, 236, 1910.

González del Valle, Emilio Martín, *La poesía lírica en Cuba, apuntes para un libro de biografía y crítica*, 2.ª edición, Barcelona, Celestino Verdaguer, 1884, págs. 101-109.

González Freire, Natividad, «El fantasmón de Aravaca, I y II», en *Bohemia*, La Habana, 66, 16 y 17, 21 y 27, abril 19 y 26, 1974.

«Teatro dramático cubano del siglo XIX», en *Bohemia*, La Habana, 67, 10, 12-13, marzo 7, 1975.

Guiteras, Pedro José, «Estudios de literatura cubana, Joaquín Lorenzo Luaces», en *El Mundo Nuevo-América Ilustrada*, Nueva York, 6, 113, 329, septiembre 1, 1875.

Leal, Rine, «Luaces, nuestro desconocido», sobre su *Teatro*, en *Islas*, La Habana, 38, 89-93, enero-abril, 1971.

Lezama Lima, José, «Joaquín Lorenzo Luaces», en su *Antología de la poesía cubana*, tomo 2, La Habana, Consejo Nacional de Cultura, 1965, págs. 105-108.

Menéndez y Pelayo, Marcelino, «Introducción», en *Antología de poetas hispano-americanos*, publicada por la Real Academia Española, tomo 2, Madrid, Establecimiento Tipográfico Sucesores de Rivadeneyra, 1893, págs. XLVI-XLVIII,

Mestre y Tolón, Ángel, «Joaquín Lorenzo Luaces», en *Camafeos*, La Habana, 2, 77-82, 1865.

Mitjans, Aurelio, «Luaces y Heredia», en *El Fígaro*, La Habana, 6, 32, 6, 1890.

Monte, Enrique del, «*In memoriam*, Joaquín Lorenzo Luaces», en *El Fígaro*, La Habana, 29, 45, 548, 1913.

Nieto y Cortadellas, Rafael, «Documentos sacramentales de algunos cubanos ilustres», en *Revista de la Biblioteca Nacional*, La Habana, 2.ª serie, 6, 3, 159-171, julio-septiembre, 1955.

«Obras póstumas de Joaquín Lorenzo Luaces», en *Revista de Cuba*, La Habana, 4, 441-448, 1878.

Parajón, Mario, «*El becerro de oro*», sobre el estreno de la obra, en *El Mundo*, La Habana, 66, 22 106, 6, enero 23, 1968.

Piñeyro, Enrique, *Vida y escritos de Juan Clemente Zenea*, París, Garnier, 1901, págs. 52-55.

«Poesías de Luaces», en *Revista de Cuba*, La Habana, 14, 564-572, 1883.

Poncet, Carolina, *Algunos aspectos de la poesía de Joaquín Lorenzo Luaces*, separata de la *Miscelánea de estudios dedicada al Doctor Fernando Ortiz, por sus discípulos, colegas y amigos*, La Habana, 1956.

Salazar, Salvador, *Milanés, Luaces y la Avellaneda como poetas dramáticos*, La Habana, Miranda, 1916.

Sánchez de Bustamante y Sirvén, Antonio, «Discurso sobre Joaquín Lorenzo Luaces, como presidente de la Academia Nacional de Artes y Letras en la sesión inaugural del año 1915-1916, el día 29 de diciembre de 1915», en su *Discursos*, tomo 5, La Habana, Imprenta El Siglo XX, 1923, págs. 5-28.

Sanguily, Manuel, «José María Heredia», Refutación del juicio de Mitjans sobre Luaces y Heredia, en su *Discursos y conferencias*, tomo 1, La Habana, Imprenta y Papelería de Rambla y Bouza, 1918, págs. 218-223.

Vitier, Cintio, *Lo cubano en la poesía*, La Habana, Universidad Central de Las Villas, 1958, págs. 138-139.

«El obrero», en su *Poetas cubanos del siglo XIX*, Semblanzas, La Habana, Ediciones Unión, 1969, págs. 36-39, Cuadernos Unido, 5.

Zambrana, Ramón, *Soliloquios*, La Habana, La Intrépida, 1865, págs. 140-141.

Lotería, La (La Habana, 1884-1887; 1888-1926). Semanario dedicado a las familias. Comenzó a publicarse el 3 de agosto. Presentaba una hoja titulada «El Libro de las Familias», destinada, según se expresaba, «a una miscelánea de conocimientos que revistan algún interés, importancia o utilidad» para los suscriptores. Los editores aspiraban a que dicha hoja fuera «tesoro del hogar, abierto a todas las miradas, penetrable a todas las curiosidades, solícito en contestar a todas las preguntas que se dirijan a la Redacción sobre cuantos asuntos de la vida social y de la existencia material se quieran conocer». Desde enero de 1885 El *libro de las Familias* adquirió independencia y salió como suplemento, con formato y paginación diferentes y con un menor tamaño. En el ejemplar correspondiente al 27 de septiembre de 1885 José Eustaquio Triay firma una nota en que se señala: «Desde el 1.º del próximo mes de octubre pasa a ser este periódico propiedad exclusiva del que suscribe, copropietario y director de *La Lotería* desde su fundación [...] quedando la Administración [...] a cargo de su director». A partir del 3 de octubre de 1886 se leía que la publicación era «órgano oficial de la Colla de Sant Mus». En sus páginas se publicaron poesías, cuentos, novelas por capítulos, artículos de crítica literaria y teatral, trabajos sobre historia, música, temas científicos y otras cuestiones de interés general. Entre sus colaboradores se contaron Ramón Meza (quien generalmente firmaba con el anagrama R. E. *Maz*), Nieves Xenes, Ramón Zambrana, Luisa Pérez de Zambrana, Manuel Serafín Pichardo, Diego Vicente Tejera, Rafael María de Mendive, Domitila García de Coronado, Antonio Sellén, Francisco Javier Balmaseda,

Ramón Rodríguez Correa, Francisco de Paula Gelabert, Eugenio Sánchez de Fuentes, Francisco Calcagno, Úrsula Céspedes de Escanaverino, Francisco Chacón y Calderón, Enrique Hernández Miyares y Benjamín de Céspedes. El último número revisado corresponde al 29 de mayo de 1887. El 1.º de enero de 1888 reapareció como *El Hogar. Su* subtítulo lo caracterizaba como un «Periódico de las familias». En este primer número expresaban que esta publicación «es la continuación de *La Lotería*, mejor dicho, es la misma *Lotería* que cambia de nombre para armonizar mejor éste con las tendencias del periódico». Continuó bajo la dirección del propio Triay hasta 1890, en que pasó a dirigirlo Antonio G. Zamora, quien se mantuvo a su frente hasta el final. Posteriormente su subtítulo presentó variaciones: «Semanario ilustrado de las familias», «Periódico artístico, literario y de intereses generales», «Periódico literario y artístico, de las familias» y «Revista ilustrada universal». Durante un tiempo fue «Órgano oficial de la Sociedad Protectora de los Niños de la Isla de Cuba», así como «del Sport Club». Hasta 1889 se siguió publicando *El Libro de las Familias* con igual contenido que en la etapa anterior, pero con el formato y tamaño iguales que los de *El Hogar*. Bajo el nuevo título fue una publicación que, a pesar de no ser específicamente literaria, dedicó especial atención a las distintas manifestaciones de la literatura. Aparecieron cuadros de costumbres, poemas, cuentos, críticas, novelas, narraciones de viajes, etc. Además de los escritores que colaboraron en su primera etapa, contó bajo su nuevo título con la colaboración de Bonifacio Byrne, Julián del Casal, Carlos Pío y Federico Uhrbach, *Conde Kostia* (seudónimo de Aniceto Valdivia), Alfredo Zayas, Francisco Sellén, Mercedes Matamoros, Álvaro de la Iglesia, Enrique José Varona, Manuel de la Cruz, Esteban Borrero Echeverría, Rafael Montoro, Emilio Bobadilla, *César de Madrid* (seudónimo de Francisco de Paula Coronado), Saturnino Martínez, Augusto de Armas, Enrique Fontanills, Lola Rodríguez de Tió, Francisco García Cisneros, Pablo Hernández, Rafael Fernández de Castro, Juan Gualberto Gómez, Avelina Correa, María del Pilar Sinués, Bruno Valdés Miranda, Fernando Ortiz, Adrián del Valle, J. Conangla Fontanilles, José Manuel Carbonell, Arturo Ramón de Carricarte, Jesús Castellanos, Luis A. Baralt, Enrique Gay Calbó, entre otros muchos. Es de destacar la publicación de textos de autores extranjeros, entre ellos Manuel Gutiérrez Nájera, Rubén Darío, Juan de Dios Peza, Olegario V. Andrade, Jorge Isaacs, Luis Gonzaga Urbina, Eusebio Blasco. No se ha revisado la colección completa. El último ejemplar consultado corresponde a enero de 1926.

Loveira, Carlos (El Santo, Las Villas, 21 marzo 1881-La Habana, 26 noviembre 1928). De origen humilde. Su padre muere cuando él contaba apenas tres años. Con su madre se traslada a Matanzas, en donde ella trabaja de cocinera, hasta que enferma y muere cuando Loveira tiene nueve años.

Con la familia de la cual su madre era criada emigra a Nueva York en 1895, al anunciarse la llegada a Cuba del capitán general español Valeriano Weyler. Allí trabaja como mozo de hotel y vendedor ambulante de frutas y dulces. Llega a dominar el inglés. Relacionado con los emigrados revolucionarios, a los dieciséis años se enrola en la expedición comandada por el general Lacret que parte desde Tampa rumbo a Camagüey. Ya en la manigua, presta sus servicios en un hospital de sangre. Al terminar la guerra, con el grado de subteniente, pertenecía a las tropas del general Javier de la Vega y Basulto, que luchaban en Camagüey. Durante la primera intervención norteamericana sirvió como intérprete a las tropas yanquis.

Hacia 1903 comienza a trabajar como obrero ferroviario (retranquero, guardaequipajes, conductor de trenes de cañas, maquinista, jefe de trabajos de construcción). Estos oficios los desempeñó también en el canal de Panamá, en Ecuador y en Costa Rica, lugar en donde reside algún tiempo. Ya en Cuba de nuevo (1908), obtiene empleo en los ferrocarriles de Camagüey. Como dirigente obrero organiza, en 1910, la Liga Cubana de Empleados de Ferrocarriles y funda el periódico *El Ferrocarrilero* (1909-1911). Fracasada la Liga, Loveira se traslada a Sagua la Grande (Las Villas), en donde reinicia sus labores sindicalistas.

Funda el efímero periódico *Gente Nueva y*, posteriormente, la revista anticlerical *Cauterios*, esta última en unión del periodista catalán

Baltasar Pagés. Nuevos reveses lo hacen trasladarse ocasionalmente a La Habana. Acusado de la explosión de unas bombas, al regreso de uno de sus viajes, es detenido, pero sale absuelto en el juicio que le hacen. Trabaja en la agencia sagüera de la Secretaría de Hacienda, hasta que un incidente con dos curas lo decide a marcharse a Yucatán, lugar a donde habían emigrado muchos de sus compañeros de luchas. Llega a Mérida en febrero de 1913.

En México fue colaborador cercano de Venustiano Carranza, que le encargó organizar técnicamente el Departamento del Trabajo del Estado de Yucatán. A partir de 1915 realizó numerosos viajes entre México, Cuba y los Estados Unidos, así como por Centro y Sudamérica (Perú, Chile, Argentina, Uruguay y Brasil), en labores de propaganda y agitación. En Yucatán perteneció a la redacción de *La Voz de la Revolución*. También colaboró en *Heraldo de Cuba*, *El Imparcial* de San José de Costa Rica y, en inglés, en *The Federationist*, órgano de la American Federation of Labor, a cuyo congreso, celebrado en Washington en 1916, asiste representando a los obreros yucatecos. En dicha ciudad estadounidense labora en el Comité Pro-conferencias Panamericanas de Trabajadores.

Participó en la primera conferencia internacional del trabajo de la Liga de las Naciones como consejero técnico de la delegación de Cuba, en 1919. Nombrado funcionario de la Sección de Inmigración, Colonización y Trabajo, un decreto oficial en 1922, dispone que dedique toda su atención a la Organización Internacional del Trabajo y se ponga en comunicación con la Oficina Internacional de Trabajo en Ginebra, para que Cuba cumpla sus obligaciones en esta materia, adquiridas en el Tratado de Versalles.

Entre 1921 y 1926 participó en siete conferencias internacionales del trabajo, celebradas en Ginebra, Suiza, sobre las cuales publica folletos informativos en 1922, 1925 y 1927. También viajó por Francia, Bélgica, Alemania, Austria, España, Italia. Aparte de las ya mencionadas, tiene colaboraciones en las publicaciones *El Simún* y *El Camagüeyano*, de Camagüey; *Ondina*, de Sagua la Grande, y en las habaneras *Cuba Contemporánea*, *El Fígaro*, *Social*, *Chic*, *Smart*, *Mensual*. Fue miembro de la Academia Nacional de Artes y Letras y de la filial cubana de la Real Academia Española de la Lengua. Publicó su comedia «El hombre es el hombre» en *Cuba Contemporánea* (La Habana, 23: 144-153, 1920).

Obtuvo el tercer premio en el certamen de obras de ambiente cubano, organizado por la actriz argentina Camila Quiroga, con *El mundo anda revuelto*, en 1928. Trazó los lineamientos generales y redactó los capítulos primero y último de la novela colectiva «Fantoches», publicada en *Social*. *Generales y doctores* ha sido traducida al inglés (Nueva York, Oxford University Press, 1965).

Bibliografía activa

De los 26 a los 35, Lecciones de la experiencia

en la lucha obrera, 1908-1917, Washington, The Law Reporter Printing Company, 1917.
Los inmorales, novela, La Habana, Sociedad Editorial Cuba Contemporánea, 1919.
Generales y doctores, novela, La Habana, Sociedad Editorial Cuba Contemporánea, 1920; La Habana, Consejo Nacional de Cultura, 1962; La Habana, Instituto Cubano del Libro, 1972.
Los ciegos, novela, La Habana, Imprenta El Siglo XX, 1922.
El socialismo en Yucatán, estudio informativo y someramente crítico, a base de observación directa de los hechos, La Habana, Imprenta El Siglo XX, 1923.
La última lección, novela, La Habana, Imprenta y Papelería de Rambla y Bouza, 1924.
Un gran ensayista cubano, Fernando Lles, discurso de ingreso como miembro de número de la Sección de Literatura leído en la sesión solemne celebrada por la Academia Nacional de Artes y Letras, la noche del 30 de enero de 1926.
«Divagaciones sobre la novela», discurso de contestación por el Doctor Ramón Agapito Catalá, miembro de número de la Sección de Literatura y secretario general de la Corporación, La Habana, Imprenta El Siglo XX, 1926.
Adrián del Valle, escritor y periodista de Cuba, conferencia dada el día 13 de febrero de 1927 en la Academia Nacional de Artes y Letras, La Habana, Imprenta El Siglo XX, 1927.
Juan Criollo, novela, La Habana, Cultural, 1927; La Habana, Consejo Nacional de Cultura, 1962.
«Sobre Loveira y *Juan Criollo*», por Cita Romero, «Una entrevista con Loveira publicada al aparecer *Juan Criollo,* por Armando Leyva, La Habana, Editorial de Arte y Literatura, 1974.

Bibliografía pasiva

Agüero Vives, Eduardo, *Carlos Loveira, Un activo trabajador social,* Apuntes biográficos de Carlos Loveira pronunciados en La Casa de los Poetas de Cuba, en la noche del martes 26 de noviembre de 1946, al cumplirse un aniversario más de su fallecimiento, La Habana, Imprenta C. González, 1946.

Aguirre, Mirta, «Carlos Loveira, *Generales y doctores*», en *Cuba Socialista,* La Habana, 3, 21, 132-139, mayo, 1963.

Alemán, Pablo, «Recordando a Charles, en *Moncada,* La Habana, 4, 43, 45-49, diciembre, *1969.*

El amigo del perfilista, seudónimo de Gustavo Rey, «Perfil del día», sobre *Los ciegos,* en *El Mundo,* La Habana, 12, 7 755, 18, agosto 1, 1922.

Ara, Guillermo, *La novela naturalista hispanoamericana,* Buenos Aires, EUDEBA, 1965, págs. 64-69.

Augier, Ángel, «Lenin en las letras cubanas, 1918-1934» en *Anuario L/L,* La Habana, 1, 224-226, 1970.

Avilés Ramírez, Eduardo, «Libros», sobre *El socialismo en Yucatán,* en *El Fígaro,* La Habana, 40, 10-11, 142, 1923.

Branly, Roberto, «Carlos Loveira, imagen de un

tiempo superado», en *Pueblo y Cultura*, La Habana, 14, 19-23, 1963.

Bravet, Rogelio Luis, «Las viejas verdades», sobre *Generales y doctores*, en *Bohemia*, La Habana, 55, 24, 58-59, junio 14, 1963.

Carricarte, Arturo Ramón de, «Un libro cubano, *Los inmorales*», en *El Fígaro*, La Habana, 36, 10-11, 252, 1919.

Catalá, Ramón Agapito, «*Los ciegos*; novela, por Carlos Loveira», en *El Fígaro*, La Habana, 39, 31, 490, 1922.

«*Los ciegos*, la última novela de Carlos Loveira», Anuncio de la tienda El Encanto con juicios sobre *Los ciegos*, La Habana, 12, 7 779, 3, agosto 24, 1922.

Espinosa, Ciro, «Juicio sobre la novela Los ciegos, de Carlos Loveira», en su *Indagación y crítica*, Novelistas cubanos, La Habana, Cultural, 1940, págs. 49-118.

Goldberg, Isaac, «Un cubano, novelista de temperamento, Carlos Loveira», en *El Fígaro*, La Habana, 38, 10, 136, 1921.

González, Manuel Pedro, «Carlos Loveira», en *Revista de Estudios Hispánicos*, Puerto Rico, 2, 2, 177-192, abril-junio, 1929.

González y Murguiondo, Ariosto Domingo, «Una opinión sobre la novela cubana *Los ciegos*» en *El Fígaro*, La Habana, 11, 13, 189, 1923.

Hernández Catá, Alfonso, «Censo espiritual», en *Diario de la Marina*, La Habana, 96, 78, 2, 3.ª sección, marzo 18, 1928.

Ibirzábal, Federico de, «Carta a Carlos Loveira, sobre *Los ciegos*, en *El Fígaro*, La Habana, 39, 44, 694, octubre 29, 1922.

«Los *inmorales*, por Carlos Loveira», en *La Nación*, La Habana, 4, 876, 8, marzo 25, 1919.

Lavié, Nemesio, «Carlos Loveira», en *Archipiélago* Santiago de Cuba, 1, 8, 130, 140, diciembre 31, 1928.

Leante, César, «La república de *Juan Criollo*», en *Revolución y Cultura*, La Habana, 2.ª época, 1, 70-82, marzo, 1972.

Leyva, Armando, «Nuestras entrevistas», en *El País*, La Habana, 6, 37, 3, febrero 6, 1928.

Marinello Vidaurreta, Juan, «*Juan Criollo*, novela, de Carlos Loveira», en *Revista de Avance*, La Habana, 2, 3, 22, 130, mayo 15, 1928.

Martínez, Miguel A., «Causa, tesis y Tema de la novela de Carlos Loveira», en *Hispania*, Wichita, Kansas, 54, 1, 73-79, marzo, 1971.

«The multiple meaning of *Liborio* in the novels of Carlos Loveira» en *Caribbean Studies*, Río Piedras, Puerto Rico, 12, 4, 92-95, enero, 1973.

Montori, Arturo, *Las novelas de Carlos Loveira*, separata de *Cuba Contemporánea*, La Habana, 1922.

«La muerte de Carlos Loveira», en *Revista de Avance*, La Habana, 2, 3, 29, 362, diciembre, 1928.

Nieves, Dolores, «*Juan Criollo* y la novela picaresca», en *Bohemia*, La Habana, 66, 22, 10-13, mayo 31, 1974.

«El novelista y su novela», sobre *Los ciegos*, en *El Mundo*, La Habana, 12, 1926, 2, agosto 21, 1922.

Otero, José Manuel, «Juan Criollo de mataperros a senador», en *Granma*, La Habana, 3, 83, 8, marzo 30, 1967.

Owre, Rus J., «*Generales y doctores* after forty five years», en *Journal of Inter-american Studies*, Coral Gables, 8, 3, 371-385, julio, 1966.

«Carlos Loveira, novelista cubano que previó la tragedia», en *Actas del Segundo Congreso Internacional de Hispanistas*, Holanda, 1967, págs. 457-465.

«Carlos Loveira's *Los inmorales*», en *Revista de Estudios Hispánicos*, Alabama, 5, 3, 1971.

Palomares, Enrique; El novelista y su novela», sobre *Los ciegos*, en *El Mundo*, La Habana, 12, 7 776, 2, agosto 21, 1922.

«Carlos Loveira y una impresión crítica», Reproduce y comenta carta de Loveira sobre su anterior artículo, en *El Mundo*, La Habana, 12, 7 778, 16, agosto 24, 1922.

Parajón, Mario, «*Juan Criollo*» en *Bohemia*, La Habana, 6, 26, 6-7, junio 27, 1969.

Pogolotti, Marcelo, «La república de generales y doctores», «*Los inmorales*», y «*La última lección*» en su *La República de Cuba al través de sus escritores*, La Habana, Editorial Lex, 1958, págs. 48-50, 60-62 y 79-81.

Remos y Rubio, Juan José, *Tendencias de la narración imaginativa en Cuba*, La Habana, Montalvo-Cárdenas, 1935, págs. 192-198.

Rodríguez, César, «*Los ciegos*», en *España Nueva*, La Habana, 2, 43, 9-10, octubre 15, 1922.

Rodríguez García, José Antonio «Carta a Carlos Loveira», sobre *Los ciegos*, en *El Fígaro*, La Habana, 39, 32, 510, agosto 6, 1922.

Roig de Leuchsenring, Emilio, «Carlos Loveira», en *Social*, La Habana, 11, 1, 7-8, enero, 1926.

Spell, Jefferson Rea, «Chapter IV, Carlos Loveira, advocate of a new morality for Cuba», en su *Contemporary Spanish-American Fiction*, Chapell Hill, The University of North Carolina Press, 1944, págs. 101-134.

Torriente, Loló de la, «La Habana de Carlos Loveira», en *Carteles*, La Habana, 212, 18, 54-55, 70, 71, mayo 1, 1960.

Ulloa, Rebeca, «La realidad nacional en tres novelistas de la república mediatizada», sobre *Generales y doctores*, en *Taller*, Santiago de Cuba, 28, 26-29, agosto, 1974.

Verdecia, Luis Ernesto, «Introspección objetiva a una novela cubana», sobre *Juan Criollo*, en *Taller*, Santiago de Cuba, 22, 4-8, septiembre, 1971.

Vitier, Medardo, «La ilustre Academia Nacional de Artes y Letras abre sus puertas al novelista Carlos Loveira», en *El Fígaro*, La Habana, 43, 5-8, 103, 1926.

Loynaz, Dulce María (La Habana, 10 diciembre 1903). Hija del general del Ejército Libertador Enrique Loynaz del Castillo y hermana del poeta Enrique Loynaz Muñoz. Realizó sus estudios con profesores particulares, en su propio hogar. Publicó sus primeros poemas en *La Nación*, en 1920, año en el que también visita a los Estados Unidos. A partir de esa fecha realiza numerosos viajes por Norteamérica y casi toda Europa. En 1927 aprobó los exámenes para doctorarse en Derecho Civil, en la Universidad de La Habana. Nuevos viajes incluyen también visitas a Turquía, Siria, Libia, Palestina y Egipto (1929), México (1937), Sudamérica (1946-1947) y las Islas Canarias (1947, 1951), en donde fue declarada hija adoptiva. En 1950 publicó crónicas semanales en *El País* y *Excélsior*. También tiene colaboraciones en *Social, Grafos, Diario de la Marina, El Mundo, Revista Cubana, Revista Bimestre Cubana* y *Orígenes*. Asistió, invitada por la Universidad de Salamanca, a la celebración del V centenario del nacimiento de los Reyes Católicos (1953). Fue electa miembro de la Academia Nacional de Artes y Letras en 1951, de la Academia Cubana de la Lengua en 1959 y de la Real Academia Española de la Lengua en 1968. Su libro *Poemas sin nombre* fue traducido al italiano (Milán, Istituto Editoriale Cisalpino, 1955). Mantiene inéditas traducciones de Walt Whitman. Sus poemas han sido antologados numerosas veces, Ha ofrecido conferencias y lecturas, tanto en Cuba como en España. En 1961 dejó de ejercer la abogacía. Obtuvo el Premio Nacional de Literatura en 1987.

Bibliografía activa

Canto a la mujer estéril, poema, publicado en la *Revista Bimestre Cubana*, número de julio-octubre de 1937, La Habana, Imprenta Molina, 1938.

Versos, 1920-1938, La Habana, Imprenta Úcar, García, 1938; 2.ª edición, Tenerife, Litografía A. Romero, 1947; 3.ª edición, Madrid, Talleres Tipo-litográficos Uguina, 1950.

Juegos de agua, versos del agua y del amor, Madrid, Editora Nacional, 1947.

Jardín, novela lírica, Madrid, Ediciones Aguilar, 1951.

El día de las Artes y de las Letras, conferencia pronunciada en La Habana, el sábado 23 de marzo de 1952 como deferencia a la Sociedad de Artes y Letras Cubanas, La Habana, 1952.

La Avellaneda, una cubana universal, conferencia pronunciada en el «Liceo de Camagüey, por la ilustre poetisa y escritora cubana, la noche del 10 de enero de 1953, La Habana, 1953, *Carta de amor a Tut-Ank-Amen*, poema, prefacio de Antonio Oliver, Madrid, Nueva Imprenta Radio, 1953.

Poemas sin nombre, Nota preliminar de Federico Carlos Saínz de Robles, Madrid, Ediciones Aguilar, 1953.

Obra lírica, Nota preliminar de Federico Carlos Saínz de Robles, Madrid, Aguilar, 1955.

Últimos días de una casa, prefacio de Antonio Oliver Belmás, Madrid, Imprenta Soler Hermanos, 1958.

Un verano en Tenerife, Libro de viajes, Madrid, Aguilar, 1958.

Bibliografía pasiva

Almegal, Basilio, «*Juegos de agua*, versos, por Dulce María Loynaz», en *Magazine Social*, La Habana, 4, 7, 46-47, octubre, 1948.

Arroyo, Anita, «Dulce M. Loynaz, poesía en la Academia», en *Diario de la Marina*, La Habana, 124, 7, 4-C, enero 8, 1956.

Boza Masvidal, Aurelio, *Dulce María Loynaz,*

poesía, ensueño y silencio, estudio leído en la Universidad de La Habana el 22 de abril de 1948 en el homenaje ofrecido a Dulce María Loynaz, La Habana, Imprenta de la Universidad de La Habana, 1948; *Los Poemas sin nombre* de Dulce María Loynaz, traducidos al italiano en *Diario de la Marina*, La Habana, 123, 206, 4-A, agosto 31, 1955.

Bueno, Salvador, «Notas sobre la prosa poética de Dulce María Loynaz», en *Boletín de la Comisión, Nacional Cubana de la UNESCO*, La Habana, 3, 1, 1-3, enero, 1954.

Carbonell, José Manuel, «Dulce María Loynaz y Muñoz, 1902», en su *La poesía lírica en Cuba*, recopilación dirigida, prologada y anotada por T. 5, La Habana, Imprenta El Siglo XX, 1928, págs. 522, Evolución de la cultura cubana, 1608-1927, 5, Carbonell, Miguel Ángel, *Esquema de Dulce María Loynaz de Álvarez Cañas*, discurso de recepción de la señora Dulce María Loynaz en la Academia Nacional de Artes y Letras, pronunciado en la noche del 4 de abril de 1951.

«Poetisas de América», discurso de ingreso pronunciado por Dulce María Loynaz, La Habana, Academia Nacional de Artes y Letras, 1951.

Conde, Carmen, «Poetisas de lengua española, Dulce María Loynaz, de Cuba», en *Mundo Hispánico*, Madrid, 14, 154, 29, enero, 1961.

Cuéllar de Valdés de la Paz, Aída, *Ala y raíz en el Jardín de Dulce María Loynaz*, conferencia pronunciada en el acto organizado por la Sociedad Artes y Letras Cubanas, en los salones del Lyceum el 3 de febrero de 1950. Comentarios e interpretaciones, La Habana, 1950.

Chacón y Calvo, José María, «La poesía de Dulce María Loynaz, I, II y III», en *Diario de la Marina*, La Habana, 116, 10, 16 y 22, 35, 35 y 35, enero 11, 18 y 25, 1948, resp, «Dulce María Loynaz, apologista de la Avellaneda», en *Diario de la Marina*, La Habana, 121, 40, 54, febrero 15, 1953.

«Poemas sin nombre..., y de eternidad», en *Diario de la Marina*, La Habana, 120, 298, 50, diciembre 20, 1953.

«Viaje y poesía, I y II», en *Diario de la Marina*, La Habana, 127, 31 y 32, 4-A y 4-A, febrero 6 y 7, 1959.

Jiménez, Juan Ramón, «Dulce María Loynaz, 1937», en su *Españoles de tres mundos, Viejo mundo, nuevo mundo, otro mundo, caricatura lírica, 1914-1940*, Buenos Aires, Editorial Losada, 1942, págs. 136-140.

Jiménez Grullón, Juan I., «Dulce María Loynaz», en su *Seis poetas cubanos, ensayos apologéticos*, La Habana, Editorial Cromos, 1954, págs. 111-142.

Lazo, Raimundo, *El romanticismo*, fijación sicológico-social de su concepto, lo romántico en la lírica hispano-americana, del siglo XVI a 1970, México D. F., Editorial Porrúa, 1971, págs. 186-191.

Lizaso, Félix y José Antonio Fernández de Castro, «Dulce María Loynaz», en su *La poesía moderna en Cuba, 1882-1925*, antología crítica, ordenada y publicada, Madrid, Librería

y Casa Editorial Hernando, 1926, págs. 374.
Lombardo, Óscar, «Figulina de ensueño...», Dulce María Loynaz y Muñoz, La poesía de unos ojos y el alma de un poema», en *Bohemia*, La Habana, 12, 30, 6, 21, julio 24, 1921.
Marquina, Rafael, «Una poetisa cubana, Dulce María Loynaz», en *Lyceum*, La Habana, 3, 11-12, 26-48, septiembre-diciembre, 1938.
«*Versos, 1920-1938*.
Dulce María Loynaz», en *Revista Cubana*, La Habana, 19, 149-150, enero-junio, 1945.
Martínez Bello, Antonio, «Dulce María Loynaz, *Jardín*, novela lírica», en *Revista de la Biblioteca Nacional*, La Habana, 2.ª serie, 3, 2, 314-319, abril-junio, 1952.
«Dulce María Loynaz, *Carta de amor a Tut-Ank-Amen*», en *Revista de la Biblioteca Nacional*, La Habana, 2.ª serie, 5, 2, 150-152, abril-junio, 1954.
Vitier, Cintio, «Dulce María Loynaz», en su *Cincuenta años de poesía cubana, 1902-1952*, ordenación, antología y notas, La Habana, Ministerio de Educación, Dirección de Cultura, 1952, págs. 157.

Loynaz Muñoz, Enrique (La Habana, 5 abril 1904-ld., 29 mayo 1966). Hermano de la poetisa Dulce María Loynaz. Cursó sus estudios primarios y secundarios, al igual que el resto de sus hermanos, en el propio hogar, con profesores particulares. Entre 1920 y 1921 recorrió varios países de Europa occidental y parte de los Estados Unidos. Presentado por Chacón y Calvo, *El Fígaro* publicó en 1923 algunos poemas suyos. En la Universidad de La Habana (1928) se graduó de abogado, profesión que ejerció ocasionalmente. Su obra poética, que nunca dio a conocer con regularidad por medio de las publicaciones periódicas, permanece inédita en sus volúmenes *Un libro místico, La canción de la sombra, Faros lejanos, Canciones virginales, Poemas del amor y del vino, Miscelánea* (*Versos de narración y entretenimiento*) *y Después de la vida*. También dejó inéditos algunos ensayos.

Bibliografía pasiva

Carbonell, José Manuel, «Enrique Loynaz y Muñoz, 1904», en su *La poesía lírica en Cuba*, recopilación dirigida, prologada y anotada, tomo 5, La Habana, Imprenta El Siglo XX, 1928, págs. 576, Evolución de la cultura cubana, 1608-1927, 5, Chacón y Calvo, José María, «La poesía de Enrique Loynaz», en *Feria del Libro*, La Habana, 1, 1, 6, 8, julio, 1943.
Lizaso, Félix y José Antonio Fernández de Castro, «Enrique Loynaz y Muñoz», en su *La poesía moderna en Cuba, 1882-1925*, antología crítica, ordenada y publicada, Madrid, Librería y Casa Editorial Hernando, 1926, págs. 386.
Vitier, Cintio, «Enrique Loynaz», en su *Cincuenta años de poesía cubana, 1902-1952*, ordenación, antología y notas, La Habana, Ministerio de Educación, Dirección de Cultura, 1952, págs. 65.

Loysel, Francisco (San Cristóbal de la Laguna, Islas Canarias, España). Vecino de La Habana. Hacia 1760 propuso al gobernador Juan de Prado entrar de cadete en la milicia e ir a su tierra natal, autorizado, a fin de reclutar soldados, naturales de allí, para la guarnición habanera. Se supone que sea la misma persona que era secretario de la Capitanía General, bajo el gobierno de Ezpeleta, en 1789. Es autor del folleto *Demostración de gozo en las fiestas por el nacimiento del príncipe don Carlos Clemente de Borbón, príncipe sucesor de España* (La Habana, Imprenta destinada para el cómputo eclesiástico, 1772), en prosa y verso, el cual, según Bachiller y Morales, contenía «composiciones métricas de muchos vecinos, entre ellos *señoras*»sin méritos literarios, pero que «Como un recuerdo de las familias que entonces figuraban en la ciudad, es un documento valioso».

Bibliografía activa

Bloqueo, y sitio de Atarés plaza supuesta, verificado en La Habana el día 12 de abril de 1773. Dispúsolo el señor Marqués de la Torre su gobernador, y capitán general &c, La Habana, Imprenta de don Blas de los Olivos, 1773.

Bibliografía pasiva

Bachiller y Morales, Antonio, *Apuntes para la historia de las letras y de la instrucción pública en la Isla de Cuba*, tomo 3, La Habana, Imprenta del Tiempo, 1861, págs. 123.

Medina, J. T., *La Imprenta en La Habana, 1707-1810*, Notas bibliográficas, Santiago de Chile, Imprenta Elzeviriana, 1904, págs. 34, 37-38, 189-190.

Saco, José Antonio, *Colección de papeles científicos, históricos, políticos y de otros ramos sobre la Isla de Cuba ya publicados, ya inéditos*, tomo 2, París, Imprenta de D'Aubusson y Kugelmann, 1858, págs. 401-402.

Lozano Casado, Manuel (Medellín, España, 8 junio 1874-La Habana, 1939). Antes de su arribo a nuestro país residió en Marruecos, experiencia que se reflejo en su obra. En Cuba realizó distintos trabajos de servicio o artesanales. En 1904 ganó un premio en los juegos Florales de Camajuaní, Las Villas, con su poema «España». En ese mismo año comenzó a colaborar en *El Fígaro*, y poco después en *Letras*. Dedicado al periodismo, perteneció a las redacciones de *La Unión Española*, *Diario de la Marina*, *La Lucha*, *La Prensa* y *El Mundo*. Además colaboró en *Azul y Rojo*, *Alma Latina*, *Doga Sol*, *Bohemia* y *Orto*. Utilizó los seudónimos *Un tal Lozano*, *Mario de Besery* (o *Belepery*), *Bravonel* y *Luis de Rohan*.

Bibliografía activa

Claros de Luna, poesía, La Habana, E. Fernández, impresor, 1904.

La canción de los recuerdos, poesía, La Habana, Casa Editora de Esteban Fernández, 1906.

Covadonga, Impresiones de un enfermo, La Habana, Imprenta P. Fernández, 1907.

Del amor y del recuerdo, novelas cortas, prólogo de Juan G. Pumariega, La Habana,

Imprenta P. Fernández, 1907 *Tiempos de leyenda*, poesía, «Prefacio», por Pedro González-Blanco, La Habana, Imprenta P. Fernández, 1909.

La novela de la vida, narración, por *Bravonel*, seudónimo, «Semblanza, *Bravonel*», soneto, por Ramón Cabanillas, «Epílogo», por *Mario de Belsery*, seudónimo, La Habana, Sociedad Editorial Cubana, 1913.

Fi*guras del retablo*, por *Luis de Rohan*, seudónimo, La Habana, Imprenta La Prueba, 1919; La Habana, Imprenta El Score, 1923.

Un día que era azul, «Soneto», por Ramón Cabanillas, La Habana, Imprenta El Score, 1921.

Para leer en el crepúsculo, poesía, por *Bravonel*, seudónimo, La Habana, Imprenta y Librería La Moderna Poesía, 1922.

Las mujeres de hoy, Prosas, por *Bravonel*, seudónimo, La Habana, Imprenta El Score, 192...

Bibliografía pasiva

Bibliógrafo, seudónimo, «Un día que era azul,» en *Bohemia*, La Habana, 12, 23, 10, junio 5, 1921.

Carbonell, José Manuel, «Manuel Lozano Casado, 1873», en su *La poesía lírica en Cuba*, recopilación dirigida, prologada y anotada, tomo 5, La Habana, Imprenta El Siglo XX, 1928, págs. 14-15, Evolución de la cultura cubana, 1608-1927, 5.

Cañellas, Francisco, «Un libro de *Bravonel*», sobre *La novela de la vida*, en *Bohemia*, La Habana, 4, 43, 505, octubre 26, 1913.

Frau Marsal, Lorenzo, «*Claros de Luna*, por M. Lozano Casado», en *Azul y Rojo*, La Habana, 4, 36, 4-51 octubre 1, 1904.

Gálvez, Napoleón, «Prosa de un poeta», sobre *Del amor y del recuerdo*, en *Letras*, La Habana, 3, 33-34, *s. p.*, julio 15-30, 1907.

Hernández, Emiliano, «M. Lozano Casado», en *Azul y Rojo*, La Habana, 3, 22, 4, junio 16, 1904.

Hernández Portela, Ramiro, «*Claros de Luna*, en *La Discusión*, La Habana, 16, 283, 11, octubre 9, 1904.

López, Pedro Alejandro, «El cofre de las confesiones, Bagaje de un príncipe moro», en *Orto*, Manzanilo, 10, 12, 3-6, abril, 1921.

Ros, Leopoldo F., «Poetas latinos, Lozano Casado», en *Alma Latina*, La Habana, 1, 18, 4-5, septiembre 4, 1910.

Valle, Adrián del, «Del amor y del recuerdo», en *Cuba y América*, La Habana, 11, 24, 5, 72, agosto 3, 1907.

Villaverde, Emilio, «*Tiempos de leyenda*», en *Fémina*, La Habana, 1, 3, 1, noviembre, 1909.

Luaces, Joaquín Lorenzo (Véase **Lorenzo Luaces, Joaquín**)

Lucero de La Habana (La Habana, 1831-1844). Periódico. Comenzó a publicarse diariamente a partir del 1.º de agosto. Antonio Bachiller y Morales refiere, en la página 232 del tomo 2 de su obra *Apuntes para la historia de las letras y de la instrucción pública en la isla de Cuba* (La Habana, Academia de Ciencias de Cuba. Instituto de Literatura y

Lingüística, 1971), que «comenzó a publicarse en Matanzas y a los pocos días se suspendió», afirmación que Joaquín Llaverías, en la página 64 del tomo 1 de su *Contribución a la historia de la prensa periódica* (La Habana, Talleres del Archivo Nacional de Cuba, 1957), refuta por no encontrar pruebas que la avalen en documentos de archivo y en libros de o sobre la época por él consultados. Llaverías también señala, en la página 65 de su obra que, debido a las mejoras introducidas en el *Lucero de La Habana* y en otro periódico capitalino de la época, titulado *Noticioso Mercantil* —el cual, con diferentes títulos, venía editándose desde 1813—, se creó una peligrosa competencia «que hubiera acabado con tan importantes publicaciones, si a tiempo no acuerdan sus redactores, que lo eran entonces los señores José Pereira y José María Palmer respectivamente, reunir en uno solo ambos diarios, constituyendo una sociedad anónima [...]». En consecuencia, el *Lucero de La Habana* publicó su último número (441) el sábado 15 de septiembre de 1832 y al día siguiente comenzó a salir *El Noticioso y Lucero de La Habana*, el cual, a partir del 10 de octubre de 1834, suprime del título las palabras *de La Habana*, cambia la viñeta que ornaba el encabezamiento de su primera página y presenta el subtítulo «Diario mercantil, político y literario» (este último solo hasta el 8 de marzo de 1838). A través de su trayectoria, el periódico sufrió cambios temporales en su formato, tamaño, título y viñeta, los cuales pueden verse en la ya citada obra de Llaverías. Según parece por nota aparecida en el periódico, del 20 de junio de 1836 al 1.º de octubre de 1837 fue su redactor único *Baziloi* (seudónimo de Juan Justo Reyes; tanto Calcagno como Figarola Caneda consignan *Basiloi*). En la edición del 17 de octubre de 1839 Nicolás Pardo Pimentel escribe un artículo en que se refiere al *Noticioso y Lucero* como «el papel que dirijo [...]». En la página 3 del ejemplar correspondiente al 18 de febrero de 1844 aparece una nota firmada por Juan Antonio Soriano en que éste expresa que se separa de la dirección del periódico, aunque continuará como colaborador en unión de Juan Justo Reyes, José María Salas y Quiroga y Ramón Francisco Valdés. Este último pasa a ser redactor y director principal, según se lee en el número del 20 de febrero de ese mismo año, en el que además, en sendas notas, Soriano y Salas y Quiroga manifiestan su decisión de separarse del diario. Valdés, al hacerse cargo de la dirección del periódico, expresa que el programa del mismo se basa en los siguientes puntos: «...*paz* con todos los periodistas: *discusiones literarias: constancia* en el trabajo, cortesía siempre: imparcialidad constante, y ambición de gloria y de buen fruto en nuestros trabajos: he aquí nuestro deseo y los hechos responderán [...]». A partir del 28 de mayo de 1844 comienza una segunda época, cuyo último número revisado corresponde al 23 de julio de dicho año. Joaquín Llaverías señala, erróneamente, que el *Diario de la Marina* sucedió al *Noticioso y Lucero*. En su ya citada obra el autor expone, mediante la reproducción textual de documentos de archivo, cómo José Severino Boloña cedió mediante venta, a los ex redactores y editor del *Noticioso y Lucero*, Isidoro Araújo de Lira, Nicolás Pardo Pimentel, Antonio Ferrer y Antonio Xavier Martín, el real permiso que el Gobierno le había concedido para publicar un periódico titulado *Diario de la Marina*, cuyo primer número vio la luz el lunes 1.º de abril de 1844. Sin embargo, ya hemos expresado con anterioridad que el *Noticioso y Lucero* continuó publicándose hasta el 23 de julio del citado año, por lo que puede afirmarse que ambas publicaciones coexistieron durante varios meses y que el *Diario de la Marina* surgió como un desprendimiento del *Noticioso y Lucero*. Además de las secciones fijas propias de los periódicos de la época, en las que se informaba sobre entrada y salida de buques, estado del comercio, actividades de los tribunales, venta de negros esclavos y otras cuestiones de interés general, daba cabida a informaciones de carácter económico, histórico y político sobre asuntos del país y del resto del mundo, fundamentalmente de España, estas últimas reproducidas de periódicos de la península. En cuanto a la cultura, presentó trabajos sobre sus distintas manifestaciones, tanto nacionales como extranjeras. Publicaba notas sobre temas de educación, exposiciones de arte, funciones dramáticas, operáticas y danzarias, así como trabajos de índole literaria: poesías, descripciones, narraciones de viajes, novelas, pequeños relatos, artículos costumbristas y de crítica e historia literarias. Desde sus páginas se desarrollaron constantes polémicas, fundamentalmente con el *Diario de La Habana*, primero, y posteriormente con el *Faro Industrial de La Habana*. Es destacable, respecto al *Diario de La Habana*, la polémica sobre el eclecticismo que desde sus páginas mantuvo José de la Luz y Caballero durante los años 1839-1840 con escritores como Manuel González del Valle (quien firmaba con los seudónimos *El frenólogo*, *El bayamés* y *Fray Gerundio Habanero*), Domingo de León y Mora (seudónimo *El moderado*), Isidro Araújo de Lira (*Lira*), Luis Costales (seudónimo *El duende habanero*), Nicolás Pardo Pimentel y José Zacarías González del Valle, todos los cuales contestaban a Luz y Caballero desde el *Noticioso y Lucero*. Una sección importante de la publicación fue la titulada «Inspección general de periódicos», después nombrada «Revista de periódicos», en la que se comentaban críticamente, a veces con dureza y apasionamiento excesivo, los trabajos de otros periódicos, fundamentalmente los antes mencionados, tanto desde el punto de vista del contenido de los mismos como desde el de su forma. En sus páginas hemos encontrado las firmas de conocidos escritores cubanos de la época y de extranjeros que residían en el país, tales como Francisco Muñoz del Monte, Tranquilino Sandalio de Noda (seudónimo *Aristo* y *El guajiro*, Antonio Bachiller y Morales, *Delio* (seudónimo de Francisco Iturrondo), Ignacio Valdés Machuca, Ramón Vélez Herrera, José Victoriano Betancourt,

Miguel de Cárdenas y Chávez, Francisco Foxá, Tomás Romay, *El lugareño* (seudónimo de Gaspar Betancourt Cisneros), Anselmo Suárez, José Jacinto Milanés, Leopoldo Turla, *Plácido* (seudónimo de Gabriel de la Concepción Valdés), *Polidoro* (seudónimo de José Policarpo Valdés), Francisco Camilo Cuyás, Antonio Angulo y Guridi, José María de Andueza, José María de Salas y Quiroga, *El dómine Lucas* (seudónimo de Lucas A. Ugarte), *Anfibio* (seudónimo de Bartolomé José Crespo Borbón), Andrés Avelino de Orihuela, Ramón de la Sagra y otros.

Bibliografía

«Al público», en *Noticioso y Lucero*, La Habana, 13, 147, l-2, mayo 27, 1844.

Araújo de Lira, Isidoro, «*El Diario de La Habana* y nosotros», en *Noticioso y Lucero de La Habana*, La Habana, 9, 79, 2, marzo 20, 1841.

Aritmético curioso, El, seudónimo, «(Comunicado», en *El Noticioso y Lucero de La Habana*, La Habana, 2, 156, 2-3, junio 6, 1834.

«Comunicado», en *El Noticioso y Lucero de La Habana*, La Habana, 2, 218, 2-3, agosto 7, 1834.

«Comunicado», en *El Noticioso y Lucero de La Habana*, La Habana, 2, 250, 2-3, septiembre 8, 1834.

«Comunicado», en *El Noticioso y Lucero de La Habana*, La Habana, 2, 276, 2-3, octubre 6, 1834.

Llaverías, Joaquín, «*Lucero de La Habana*», en su *Contribución a la historia de la prensa periódica*, tomo 1, prefacio de Emeterio Santiago Santovenia, La Habana, Talleres del Archivo Nacional de Cuba, 1957, págs. 62, 64, 66, 68, 70, 72, 74-79, Publicaciones del Archivo Nacional de Cuba, 47.

Prieto Morales, Abel, «El primer *Noticioso y Lucero de La Habana*», en *Pinar del Río*, Pinar del Río, 2, 22, 13-15, junio, 1949.

Lucha, La (La Habana, 1882-1883). Semanario liberal autonomista. Periódico que comenzó a salir el 26 de noviembre, bajo la dirección de Manuel Villanueva. En el trabajo «En cumplimiento de la ley», que apareció en el ejemplar correspondiente al 10 de diciembre —número que ellos consideraban como el primero publicado—, se señala: «Como por el inciso 1.º del artículo 10 de la ley de imprenta, estábamos obligados a realizar la publicación del periódico en el preciso término de ocho días, contados desde el punto en que recibimos la autorización del Gobierno General, salió a la luz el primer número el 26 de noviembre en forma incompleta. Vencidas ya ligeras dificultades materiales, propias en los comienzos de un papel de la índole de *La Lucha*, damos hoy a nuestros lectores el número primero en toda su integridad.» Presentó en sus páginas artículos políticos de carácter autonomista, noticias importantes y críticas a otros periódicos de la época, así como algunos trabajos de índole literaria e histórica. Contó con la colaboración de Enrique José Varona, Antonio Bachiller y Morales, Francisco Calcagno, Esteban Borrero Echeverría, *Julio Rosas* (seudónimo de Francisco Puig y de la Puente). Con la salida del ejemplar correspondiente al 25 de marzo de 1883, finalizó su publicación.

Bibliografía

«*La Lucha* ante la prensa» en *La Lucha*, La Habana, 1, 1, 3, diciembre 10, 1882.

Lucha, La (Véase **Páginas literarias**)

Lufríu, René (Calabazar, La Habana, 16 mayo 1889-La Habana, 5 marzo 1943). Cursó el bachillerato, con mucha irregularidad, en los institutos de La Habana, Pinar del Río y Camagüey. Dejó inconclusos estudios de filosofía y letras. Fue secretario de Alfredo Zayas. Por varios años ejerció el magisterio en colegios privados, a la vez que colaboraba en publicaciones periódicas nacionales, como *La Opinión* (1917), *Nuestro Siglo* (1921), *Cuba y América*, *Smart* (1922), *Cuba Ilustrada*, *Heraldo de Cuba*, *La Lucha*, *La Noche*, *Diario de la Marina* y *El Fígaro*, de la que fue jefe de redacción primero (1921) y subdirector después (1925). Dirigió el colegio «La Habana» (1921-1931), premiado por su calidad pedagógica, hasta que fue clausurado bajo la dictadura de Machado y él mismo encarcelado. A la caída del dictador ocupó un cargo diplomático en República Dominicana. Miembro de la Academia de la Historia de Cuba desde 1923, fue su secretario a partir de 1929. De regreso en Cuba (1933) fundó el Partido Centrista, que fracasó electoralmente en 1936. En ese mismo año pasó a dirigir la sección de archivo diplomático de la biblioteca y de relaciones culturales del Ministerio de Estado. Perteneció además al Ateneo de La Habana y a varias instituciones extranjeras. Participó en diversos congresos nacionales y ofreció numerosas conferencias. Compiló y prologó trabajos de Manuel Márquez Sterling en *Doctrina de la República* (1937). Utilizó el seudónimo *Taki-Mori*.

Bibliografía activa

Carlos Manuel de Céspedes, Redentor de los esclavos y padre de la patria cubana, Pórtico de Carlos Manuel de Céspedes, y Quesada, La Habana, Imprenta y Librería La Propagandista, 1915.

Elogio del Doctor Antonio de la Piedra, leído en sesión solemne de la Logia Minerva, Palabras iniciales por José María López, La Habana, Imprenta El Fígaro, 1922.

La epopeya de una mañana, Diez de octubre de 1868, discursos leídos en la recepción pública del señor, la noche del 28 de mayo de 1923; contesta en nombre de la corporación el Doctor Tomás Jústiz del Valle, La Habana, Imprenta El Siglo XX, 1923, Academia de la Historia de Cuba.

El hijo del libertador, Carlos Manuel de Céspedes, Esbozo biográfico, La Habana, Editorial Fígaro, 1923.

Ensayos de divulgación histórica, prólogo de Manuel Márquez Sterling, La Habana, Librería José Albela, 1924.

Letras y nacionalismo, La Habana, Librería de

José Albela, 1925.
Manuel Sanguily, La Habana, Imprenta de El Fígaro, 1925.
El impulso inicial, estudio histórico de los tiempos modernos en Cuba, I, La Habana, Imprenta El Siglo XX, 1930.
Francisco Lufríu, héroe y mártir, discurso leído por el académico de número, en la sesión solemne celebrada el 10 de octubre de 1931, La Habana, Imprenta El Siglo XX, 1931, Academia de la Historia de Cuba.
El secreto de Gambetta, novelas de la historia, La Habana, Imprenta El Siglo XX, 1932.
Manuel Márquez Sterling, escritor y ciudadano, La Habana, Imprenta El Siglo XX, 1938.
Adiós a Carlos Manuel de Céspedes, discurso pronunciado al despedir el duelo del insigne cubano, en la Necrópolis de Colón, el 29 de marzo de 1939, La Habana, Imprenta El Siglo XX, 1939.

Bibliografía pasiva

Carbonell, José Manuel, «René Lufríu y Alonso, 1889», en su *La prosa en Cuba*, recopilación dirigida, prologada y anotada, tomo 5, La Habana, Imprenta El Siglo XX, 1928, págs. 335-336, Evolución de la cultura cubana, 1608-1927, 16.
Castellanos, Carlos A., «*El impulso inicial* por René Lufríu», en *Revista de Oriente*, Santiago de Cuba, 2, 20-21, 15, mayo-junio, 1930.
Céspedes, Carlos Manuel de, «Una escuela de nacionalismo, la academia La Habana», en *El Fígaro*, La Habana, 41, 9, 218-219, septiembre, 1924.
Dihigo, Juan Miguel, «*Manuel Márquez Sterling, escritor y ciudadano*» en *Universidad de La Habana*, La Habana, 20-21, 320-330, septiembre-diciembre, 1938.
Fernández Mas, M., «René Lufríu», en *Revista Habanera*, La Habana, 2, 6, 50-51, febrero 28, 1914.
García Godoy, Federico, «*La epopeya de una mañana, 10 de octubre de 1968*, por René Lufríu en *El Fígaro*, La Habana, 40, 16, 259, septiembre 23, 1923.
Grismer, Doctor Raymond L. y Manuel Rodríguez Saavedra, «René Lufríu y Alonso», en su *Vida y obra de autores cubanos*, tomo 1, La Habana, Editorial Alfa, 1940, págs. 63-66.
Jústiz y del Valle, Tomás, *Elogio del señor René Lufríu y Alonso, académico de número*, leído en la sesión solemne celebrada en la noche del 4 de marzo de 1944, La Habana, Imprenta El Siglo XX, 1944.
López, Pedro Alejandro, «Palabras al viento, Letra impresa», sobre *El impulso inicial*, en *Ahora*, La Habana, 1, 9, 2, enero 28, 1931.
Torriente, Cosme de la, «René Lufríu», en *Revista de La Habana*, La Habana, 1, 2, 7, 5-9, marzo, 1943.

Lugo-Viña, Ruy de (Santo Domingo, Las Villas, 23 septiembre 1888-Cercanías de Cali, Colombia, 29 diciembre 1937). Estudió y se inició en el periodismo en Cienfuegos (Las Villas). Graduado de magisterio, fue profesor de primaria en los inicios de la escuela pública cubana. Viaja después a Buenos Aires, en donde hace periodismo y estrena (*ca.* 1912) las obras teatrales *El atentado de Nur, Romance colonial* y *La presa del tigre*. Posteriormente pasa a Nueva York y a México; en esta última ciudad fue redactor de *Excélsior* y *El Universal*. Regresa a Cuba en 1918 y trabaja en *Heraldo de Cuba*, periódico del que llegó a ser jefe de redacción; por ataques suyos al gobierno de Menocal fue encarcelado por breve tiempo (1919). Resultó electo concejal del Ayuntamiento habanero en 1920 y 1926. Desde entonces se convirtió en un propagador de su teoría sobre la «Intermunicipalidad universal», a la cual dedicó folletos, conferencias, ponencias en congresos, etc., en viajes por distintos países de América y Europa. Fue delegado de Cuba a la Liga de las Naciones. Radicado en Madrid, fundó la revista *Así va el mundo* (1934). Colaboró también en *Bohemia, Social, La Nación*. Vuelve a Cuba en 1936. Muere en un accidente cuando participaba, como cronista oficial, en el Vuelo Pro-Faro de Colón.

Bibliografía activa

Los ojos de Argos, crónicas periodísticas, «Charlas de portero», por Luis Gonzaga Urbina, La Habana, Imprenta La Prueba, 1915.

El tribuno de la diplomacia, Mario García Kohly, Madrid, Editorial Atlante, 1923.

Un representativo internacionalista, Cosme de la Torriente, París, Ediciones Hispano-Francesas, 1924.

La campana rajada, poesía, París, Editorial Le Livre Libre, 1930.

Vidas en vuelo, crónicas de viajes, «Presencia del amigo ausente», por Manuel Villaverde, «Adiós, muchachos, compañeros de mi vida», por Eduardo Avilés Ramírez, La Habana, Dirección de Cultura, publicaciones de la Secretaría de Educación, 1938.

Bibliografía pasiva

Carbonell, José Manuel, «Ruy de Lugo Viña, 1888», en su *La poesía lírica en Cuba*, recopilación dirigida, prologada y anotada, T. 5, La Habana, Imprenta El Siglo XX, 1928, págs. 304, Evolución de la cultura cubana, 1608-1927, 5.

Chroniqueur, seudónimo de Ramón Agapito Catalá, «La visita de Ruy de Lugo Viña», en *El Fígaro*, La Habana, 30, 47, 561, noviembre 22, 1914.

Franco, José Luciano, «Lugo-Viña», discursos pronunciados en Buenos Aires y Santiago de Chile, en su *Proceso y triunfo de la intermunicipalidad*, La Habana, Publicaciones del Instituto Interamericano de Historia Municipal e Institucional, 1956, págs. 47-50 y 69-74.

Gay Calbó, Enrique, «Tres muertes paralelas, Ruy de Lugo Viña», en *Revista Cubana*, La Habana, 12, 34-36, 155-158, abril-junio, 1938.

Roig de Leuchsenring, Emilio, «La intermunicipalidad universal», en *Carteles*, La Habana, 27, 24, 42-43, octubre 20, 1946.

«Homenaje a Lugo Viña del II Congreso Histórico Municipal Interamericano», en *Carteles*,

La Habana, 28, 23, 42-43, junio 8, 1947.
«Por la Argentina y el Brasil, Retorno de Ruy de Lugo Viña a Buenos Aires», en *Carteles*, La Habana, 30, 49, 74-75, diciembre 4, 1949.
Soto Paz, Rafael, «Ruy de Lugo Viña», en su *Antología de periodistas cubanos*, La Habana, Empresa Editora de Publicaciones, 1943, págs. 202-203.

Luis, Raúl (Tamarindo, Camagüey 30 junio 1934). Tras dejar inconclusos estudios de bachillerato en Morón, Camagüey, cursó radiotelegrafía y telegrafía en la Academia del Ministerio de Comunicaciones y, en 1954, empezó a trabajar como telegrafista. Estuvo vinculado al grupo literario «Tiempo Nuevo» (1956). Hacia 1957 se integró al movimiento revolucionario «26 de julio», en el que militó hasta el triunfo de la Revolución. Administrador desde 1957 de la estación de correos del central Santa Marta, cerca de Santa Cruz del Sur (Camagüey), en 1961 pasó a ser jefe de Correos de la provincia. Entre 1962 y 1963 actuó como secretario-coordinador de la filial camagüeyana de la UNEAC. Fue jefe nacional de Correos (1963-1965). Ha colaborado en *El Camagüeyano* (1956) y *Adelante*, de Camagüey; en *Diario Libre*, *Revolución* y *Lunes de Revolución*, *Prensa Libre*, *Bohemia*, *Unión*, *Islas*, *La Gaceta de Cuba*, *Verde Olivo* (La Habana), y en *El Corno Emplumado*, de México. Ha sido jurado en varios concursos nacionales. Seleccionó y prologó *Poemas David '69* (La Habana, UNEAC, 1970). Composiciones suyas han sido vertidas al inglés, al francés y al ruso.

Es miembro del Partido Comunista de Cuba. En la actualidad desempeña el cargo de consejero cultural en la Embajada de Cuba en la Unión Soviética.

Bibliografía activa
Los días nombrados, poesía, La Habana, Consejo Nacional de Cultura, 1966.
Las pequeñas historias, poesía, La Habana, UNEAC, 1968.

Bibliografía pasiva
Branly, Roberto, «Raúl Luis, *Los días nombrados*», en *Granma*, La Habana, 3, 9, 7, enero 10, 1967.

Lumen (La Habana, 1944-1951). Revista cuatrimestral. Publicada por la Agrupación Católica Universitaria. El primer número correspondió a enero. Como director fungía Ataúlfo Fernández Llano y Gutiérrez. Otros directores fueron, con posterioridad, Raúl Olivera Borges y Luis Fernández Caubí. En sus páginas se publicaban ensayos, artículos sobre cuestiones relativas a la historia, la filosofía, la religión, las ciencias, la literatura, la música, la política, el cine y otras materias de interés. Entre sus colaboradores se contaron Octavio Smith, José I. Lasaga y Travieso, Emeterio Santovenia, Ángel Fernández Varela, Miguel Figueroa y Miranda, José María Bens y Arrarte. El último ejemplar revisado corresponde a octubre de 1951. Desde abril de 1950 presentaba, aparte, una edición médica que salía dos veces al año (en 1958 aún se publicaba), «constituida para proyectar la producción científica de los médicos de la A. C. U.»

Lunes de La Unión Constitucional (Véase **Suplementos literarios**)

Lunes de Revolución (La Habana, 1959-1961). Semanario con formato de tabloide. Comenzó a publicarse el 23 de marzo como un suplemento del periódico *Revolución* (1959-1965). En el artículo «Una posición», que inicia el primer número, luego de referirse a las características de la generación de escritores que lo sacaba a la luz, se expresaba: «Hasta ahora todos los medios de expresión habían resultado de vida demasiado breve, demasiado comprometidos, demasiado identificados. En fin, que estábamos presos tras una cerca de demasiados demasiado. Ahora la Revolución ha roto todas las barreras y le ha permitido al intelectual, al artista, al escritor integrarse a la vida nacional, de la que estaban alienados. Creemos —y queremos— que este papel sea el vehículo —o más bien el camino— de esa deseada vuelta a nosotros.»

Y añadían: «...Nosotros no formamos un grupo, ni literario ni artístico, sino que simplemente somos amigos y gente de la misma edad más o menos. No tenemos una decidida filosofía política, aunque no rechazamos ciertos sistemas de acercamiento a la realidad y cuando hablamos de sistema nos referimos, por ejemplo, a la dialéctica materialista o al psicoanálisis o al existencialismo. Sin embargo, creemos que la literatura —y el arte— por supuesto deben acercarse más a la vida y acercarse más a la vida es, para nosotros, acercarse más a los fenómenos políticos, sociales y económicos de la sociedad en que vive.»

Para concluir manifestaban su intención de realizar para Cuba, «en la pequeña medida» de sus posibilidades, «la labor divulgatoria que hiciera en España, una vez la *Revista de Occidente*». Desde el número 23, correspondiente al 7 de septiembre de 1959, aparecieron, como director y subdirector, respectivamente, Guillermo Cabrera Infante y Pablo Armando Fernández. A partir del número 74 fue su director artístico Raúl Martínez, quien desde varios números anteriores era responsable del diseño y emplanaje. Posteriormente compartió dicha dirección con Miguel Fernández Cutillas.

Lunes de Revolución fue una publicación eminentemente literaria, aunque ello no fue óbice para que diera cabida en sus páginas a artículos sobre cuestiones económicas, políticas, históricas, sociales, etc., en los que se analizaban problemas nacionales e internacionales. Al respecto son de destacar los números especiales dedicados a Guatemala (22), Puerto Rico (67), la República Española (68), China, África (82), Laos (115), Vietnam (116), República Popular Democrática de Corea (117), Rumania (127); a la clase obrera (7), a la Reforma Agraria (10), al 26 de julio (19), a la URSS con motivo de la exposición soviética en La Habana (46), a la situación del negro en Estados Unidos (66), al 1.º de mayo (57), a la explosión del vapor francés La Coubre (número extra de marzo (14), a Isla de Pinos (80), al fusilamiento de los estudiantes de medicina en 1871 (84), a la victoria del pueblo cubano sobre las tropas mercenarias en Playa Girón (105-106 y 106-107), al Primer Congreso Nacional de Escritores y Artistas (120), etc.

Desde el punto de vista literario se destacó por dar a conocer a numerosos autores cubanos noveles, así como por recoger gran parte de la producción de ese primer período de la Revolución. Publicó poemas, cuentos, fragmentos de novelas, artículos de crítica e historia literarias, ensayos, reseñas de libros, etc. Dio bastante importancia a la producción teatral nacional, lo que se manifestó en la publicación del texto completo de numerosas obras en un acto, así como fragmentos de otras de mayor extensión. Pueden mencionarse, entre las primeras, *La taza de café* y *Los próceres*, de Rolando Ferrer; *La Palangana*, de Raúl de Cárdenas; *Joaquín, el obrero*, de Ignacio Gutiérrez, y *Las pericas*, de Nicolás Dorr. Respecto a las segundas, se cuentan entre ellas *Aire frío* (1.º y 2.º actos), de Virgilio Piñera; *Una paloma para Graciela* (1er. acto), de Raúl González de Cascorro, y *El vivo al pollo* (1er. acto), de Antón Arrufat.

Dedicó números especiales a figuras nacionales tan conocidas como Emilio Ballagas (26), Camilo Cienfuegos (36), Pablo de la Torriente Brau (42), Rolando T. Escardó (83), José Raúl Capablanca (86), Rubén Martínez Villena (92), José Martí (93), Roberto Diago (97), Carlos Enríquez (123); así como a destacadas figuras de la literatura y el arte universales como Pablo Neruda (88), Anton Chejov (91), Ernest Hemingway (118), Federico García Lorca (119), Stanislawski (125), entre otras. Publicó notas y artículos sobre danza, cine, pintura y música, y reprodujo obras de artistas plásticos cubanos y extranjeros. Dio a conocer, según consignaba la propia publicación, las primeras traducciones al español de las obras *Señorita corazones solitarios*, de Nathanael West (traducción de René Jordán) y *La gangrena*, de Béchir Bounaza (traducción de E. A.). Esta última trata sobre las torturas y crímenes franceses en Argelia.

Presentó textos de autores latinoamericanos como Pablo Neruda, Ezequiel Martínez Estrada, Luis Cardoza y Aragón, René Marqués, Fabricio Ojeda, René Depestre, Benjamín Carrión y Gerardo Gallegos. Entre sus colaboradores se destacan, por su más constante aporte, Antón Arrufat, José Álvarez Baragaño, Rolando Escardó, Edmundo Desnoes, Ambrosio Fornet, René Leal, René Jordán, César Leante, César López, Virgilio Piñera, Pedro de Oraá, Heberto Padilla, Lisandro Otero, Loló de la Torriente, Jaime Sarusky, Sergio A. Rigol, Rosa Hilda Zell, Euclides Vázquez. Otros colaboradores fueron Humberto Arenal, Roberto Branly, Jesús Abascal, Roberto Fernández Retamar, Fayad Jamís, Noel Navarro, Luis Marré, Abelardo Piñeyro, Francisco Martínez Mota, José Manuel Otero, Nivaria Tejera, etc. El último ejemplar, que salió sin numeración el 6 de noviembre de 1961, fue dedicado a Pablo Picasso.

Bibliografía

«Editorial», en *Lunes de Revolución*, suplemento del periódico *Revolución*, La Habana, 100, 2, marzo 27, 1961.

Guillén, Nicolás, «*Lunes de Revolución*», en *Hoy*, La Habana, 2, marzo 27, 1960.

«¿Por qué me gusta y no me gusta *Lunes?*», en *Lunes de Revolución*, suplemento del periódico *Revolución*, La Habana, 52, 2-9, marzo 28, 1960.

Luz de Oriente (Santiago de Cuba, 1922). Revista mensual ilustrada. Órgano oficial de la Sociedad «Luz de Oriente». Comenzó a salir en febrero. Como director honorario fungía el presidente de la institución, Francisco Bermúdez. La dirección efectiva estaba a cargo de José Guadalupe Castellanos. Longinos Alonso y Arturo Clavijo Tisseur ocupaban, respectivamente, la dirección artística y la jefatura de redacción. En el artículo inicial, «Nuestro programa», se expresa: «...Difundir la instrucción, ampliar la cultura, estrechar la solidaridad, circunstancia cardinal para todo progreso social, y movilizar la conciencia colectiva hacia ideales y principios sanos y asequibles, serán nuestro deseo más ardiente y meta de nuestras aspiraciones». Y se añade más adelante: «En el lema CULTURA Y CORDIALIDAD, que es nuestra divisa, está resumida la labor que desenvolveremos en lo adelante.» Otros directores honorarios —y a la vez presidentes de la Sociedad— fueron Carlos Ramos Rodríguez y Pedro Bergues Pruna. Su salida fue irregular.

El penúltimo ejemplar revisado corresponde al período septiembre-diciembre de (1925). En un número especial de febrero de 1939 (último que se ha encontrado) aparece como director Candelario Cumbá Jiménez. Revista dedicada al tratamiento de los problemas de los individuos de la raza negra y, fundamentalmente, a la lucha por la superación de los mismos a través de la cultura, publicaba trabajos de contenido social, literario —poesías, cuentos, artículos de crítica e historia literarias—, artístico y de temas variados tales como educación, higiene, masonería, deportes, modas, teatros, obrerismo, etc. Además reproducía textos de conferencias pronunciadas en la sociedad de que era órgano y reseñaba las actividades que la misma auspiciaba. Fueron sus colaboradores, entre otros, Max Henríquez Ureña, Armando Leyva, Nicolás Guillén, Leonardo Griñán Peralta, Rafael Esténger, Manuel Navarro Luna, Mariblanca Sabas Alomá, Miguel Galliano Cancio, Néstor y Miguel Ángel Carbonell, Luis Aguiar Poveda, Lino Horruitiner, Enrique Cazade, Carlos E. Formet, Carlos A. Castellanos, José Joaquín Tejada, Pedro Duany Méndez, M. Siré Valenciano, Daniel N. Bertrán (*Pierrot*).

Bibliografía

Bertrán, Daniel, «Aún queda algo...», en *Luz de Oriente*, Santiago de Cuba, 1, 1, 29, febrero, 1922.

Callejas, Antolín, «Mi opinión y la Revista *Luz de Oriente*» en *Luz de Oriente*, Santiago de

Cuba, 1, 1, 43, febrero, 1922.
«En marcha», en *Luz de Oriente*, Santiago de Cuba, 1, 7, 8 y 9, 4, octubre, noviembre y diciembre, 1922.

Luz del Siglo (La Habana, 1917-1919). «Revista literaria y de intereses generales», se lee en el ejemplar más antiguo encontrado (número 54), correspondiente al 27 de diciembre de 1918. En ese momento se encontraba en su segundo año. Salía tres veces al mes, bajo la dirección de su propietario, José de Parra Quintero. Como jefe de redacción fungía Adalberto Molina. En sus páginas se publicaban, además de artículos de carácter variado y de informaciones sobre un concurso de «ojos seductores» que auspiciaba, artículos sobre temas científicos, políticos, literarios, poemas, cuentos, crónicas dialogadas, así como entrevistas y secciones deportiva, masónica y social. Publicaba también, en cada número, capítulos de la novela *La familia de Juan Candaya*, de Francisco Javier Balmaseda. Aparecieron trabajos de Rubén Martínez Villena, Loló de la Torriente, Joaquín Dicenta, Rodolfo Arango, Alfonso Camín y otros autores menos conocidos, algunos ocultos tras seudónimos cuya identidad se ignora. El último ejemplar revisado (número 80) corresponde al 31 de mayo de 1919. Según parece, este fue el último número que salió, pues León Primelles expresa, en la página 47 de su *Crónica cubana. 1919-1922* (La Habana, Editorial Lex, 1957), que en este año su publicación fue irregular, que cesó en mayo y que le sucedió *De Frente*,

el cual comenzó, según el propio autor, en julio del mismo 1919.

Luz León, José de la (Véase **León, José de la Luz**)

Luz y Caballero, José de la (La Habana, 11 julio 1800-Id., 22 junio 1862). Comenzó sus estudios de latinidad y filosofía en el Convento de San Francisco y recibió la primera tonsura y las órdenes menores.

Graduado de Bachiller en Filosofía (1817), prosiguió en el Colegio Seminario de San Carlos bajo la dirección del Pbro. José Agustín Caballero, tío de su madre, hasta graduarse de Bachiller en Leyes (1820). Tras abandonar los hábitos, ocupa la cátedra de filosofía del Seminario desde septiembre de 1824. En 1828 embarca a Estados Unidos y, al año siguiente, hacia Europa (Inglaterra, Escocia, Dinamarca, Holanda, Bélgica, Francia, Alemania, Suiza, Austria e Italia). Durante estos viajes conoció a Longfellow, Tiknor, Walter Scott, Cuvier, Michelet, Humboldt, Goethe; además, adquirió los aparatos e instrumentos para el Gabinete de Física y el Laboratorio Químico del Seminario y publicó en París, bajo el seudónimo de *Un habanero*, su traducción del *Viaje por Egipto y Siria durante los años de 1783-85* (París, Imprenta de J. Didot, 1830. 2 T.), de C. F. Volney. De regreso en La Habana, colaboró en la *Revista Bimestre Cubana* (1831-1834) junto con Saco y Del Monte, en *El Mensajero Semanal* (Nueva York, 1831), en el *Diario de La Habana* (1833-1841) y en las *Memorias de la Sociedad*

Patriótica (1838-1841), además de participar en el frustrado proyecto de establecer una Academia Cubana de Literatura.

Inclinado a la enseñanza, presentó un amplio proyecto, también fallido, para la creación de un Instituto Cubano que fuese una escuela práctica de ciencias. Ordenado el destierro de José Antonio Saco, fue Luz quien redactó su Representación al general Tacón en 1834. Se le encargó la dirección del Colegio de San Cristóbal (llamado también de Carraguao), en el cual pidió licencia para inaugurar una cátedra de química y ofreció un curso de filosofía de 1834 a 1835. Fue vicedirector de la Sociedad Patriótica en 1834 y director en 1838 y en 1840. Se graduó de abogado en la Audiencia de Puerto Príncipe (1836). Polemizó sobre cuestiones filosóficas con Domingo del Monte, el Presbítero Francisco Ruiz, Manuel Costales y los hermanos Manuel y José Zacarías González del Valle, y con Pedro Alejandro Auber sobre problemas de matemática (1832-1833). Polemizó también con varias personas a propósito de la subasta del Camino de Hierro de La Habana a Güines, compañía de la que fue secretario (1839).

En 1841 se le nombró vocal suplente de la Junta de Población, socio correspondiente de la Academia de Buenas Letras de Barcelona y vocal de una comisión encargada de realizar su proyecto de un Instituto Cubano. En 1842 logró revocar la expulsión de la Sociedad Patriótica del cónsul inglés David Turnbull, sospechoso a las autoridades por sus ideas abolicionistas. En 1843 embarcó hacia Nueva York y, más tarde, hacia París. Regresó en el otoño de 1844 para responder directamente a los cargos sobre su participación en la llamada Conspiración de la Escalera. Su causa fue sobreseída.

En enero de 1848 fundó el Colegio del Salvador, donde implantó modernos métodos de enseñanza y las famosas «pláticas de los sábados». Luz y Caballero publicó folletos anuales de *Exámenes generales*, primero del Colegio de San Cristóbal de La Habana, y posteriormente del Colegio del Salvador, en los que solía incluir sus «Elencos», uno de los cuales, el de 1850, fue reproducido varias veces hasta 1859. Otras publicaciones periódicas en las que colaboró fueron *Faro Industrial de La Habana* (1844) y *Revista de La Habana* (1853-1854). Al regreso de su primer viaje a Europa dio a la imprenta un *Texto de lectura graduada para ejercitar el método explicativo* (La Habana, Imprenta del Gobierno por S. M., 1833), del cual solo salió el libro primero; en 1937 se realizó una nueva edición, con un prólogo de José Manuel Pérez Cabrera (La Habana, Publicaciones de la Secretaría de Educación). Tradujo del alemán *Dos memorias acerca de la epidemia impropiamente llamada cólera-morbo* (Imprenta de don Pedro Nolasco Palmer, 1832), de H. Blumethal y Ratke. Las cartas enviadas a Luz por distintos escritores fueron recogidas en *De la vida íntima*. T. 2, prólogo por Elías Entralgo (La Habana, Editorial de la Universidad de La Habana, 1949, Obras de José de la Luz y Caballero, 8). Usó los seudónimos *Un habanero*, *El mismo*, *Fairplay*, *Un amante de la verdad*, *El justiciero*, *Filolézes*,

El amigo de la juventud, El centinela, Il padre Cristóforo, Un aprendiz de Gall, El escolástico.

Bibliografía activa

Índice razonado de algunas materias físicas, Propuestas en la clase de Filosofía del Colegio de San Cristóbal, En la primera parte del curso, Acerca de las cuales serán examinados, practicando asimismo los experimentos que se indican, los alumnos don José Agustín Baró, don Pedro Ignacio Cervantes, don Bartolomé José Crespo, don Carlos Hernández, don Lorenzo Arrieta, don Guillermo, don Lorenzo y don Mauricio Lobé, don Miguel de Cárdenas, don Bernardo y don Pedro Figueredo, don Antonio Guiteras, don Carlos Téllez y don León Goicuría, en los días de diciembre, bajo la dirección de Don José de la Luz, La Habana, Imprenta del Gobierno y Capitanía General por S. M. 1834.

Informe presentado a la Real junta de Fomento de Agricultura y Comercio de esta isla, en sesión de 11 de diciembre de 1833 en el expediente sobre traslación, reforma y ampliación de la Escuela Náutica establecida en el pueblo de Regla, refundiéndola en un instituto científico con arreglo a las necesidades del país, La Habana, Imprenta del Gobierno y Capitanía General por S. M., 1834.

Doctrinas de Psicología, Lógica y Moral, expuestas en la clase de Filosofía del Colegio de S. Cristóbal, sito en Carraguao, acerca de las cuales serán examinados los alumnos de 2.º año don Bartolomé José Crespo, don Juan Ajuria, don José Agustín Baró, don Antonio Guiteras, don Eugenio Arriaza y don Miguel de Cárdenas, El día [en blanco] de diciembre de 1835, bajo la dirección de Don José de la Luz, La Habana, Imprenta del Gobierno y Capitanía General por S. M., 1835.

Acerca de las materias contenidas en el Elenco de 1835, así como sobre las *que incluyen el presente, serán examinados los alumnos de filosofía, don Marcelo Bottino, don Sebastián Pichardo, don Ramón Ramos, don Federico Martínez Serrano, don Manuel Sánchez, don Antonio Regueira, don Cristóbal Valdés, don Dionisio Matamoros*, Bajo la dirección de don José de la Luz, en el Convento de San Francisco el día 8 de septiembre a las diez de la mañana, La Habana, Imprenta del Gobierno y Capitanía General, por S. M., 1838.

Artículos varios de Filosofía, La Habana, Imprenta del Gobierno y de la Real Hacienda por S. M., 1840.

Impugnación a las doctrinas filosóficas de Víctor Cousin, Primera parte, En que se refuta su análisis del *Ensayo sobre el entendimiento humano* de Locke, La Habana, Imprenta del Gobierno y de la Real Hacienda por S. M., 1840; *La polémica filosófica*, tomo 5.

Polémica sobre el eclecticismo, 3, La Habana, Editorial de la Universidad de La Habana, 1948, Obras de José de la Luz y Caballero, 3, Noción de la Filosofía, Estética, Moral.

Sobre las materias filosóficas contenidas en el siguiente Elenco serán examinados, aquí los nombres de los alumnos, bajo la dirección de Don José de la Luz, el 13 de septiembre de 1840, a las diez de la mañana, en el convento de San Francisco, La Habana, Imprenta del Gobierno y C. General, 1840.

Exámenes generales del Colegio del Salvador sito en el Cerro, bajo la dirección de Don José de la Luz, En los días 2 de diciembre y siguientes hasta su conclusión, La Habana, Imprenta del Gobierno por S. M., 1849.

Exámenes generales del Colegio del Salvador sito en el Cerro, bajo la dirección de don José de la Luz, En los días 8 de diciembre y siguientes hasta su conclusión, La Habana, Imprenta del Gobierno y Capitanía General por S. M., 1850.

Exámenes del Colegio del Salvador, Dirigido por don José de la Luz, Empezarán el 7 de diciembre, La Habana, Establecimiento Tipográfico La Antilla, 1860, *discursos leídos en los exámenes del Colegio del Salvador,* El día 16 de diciembre de 1861, La Habana, Imprenta del Tiempo, 1861.

Exámenes del Colegio del Salvador, Dirigido por don José de la Luz, Empezarán el día 7 de diciembre, a las 5 de la tarde, La Habana, Imprenta «El Tiempo», 1861.

Obras de Don José de la Luz Caballero, Coleccionadas y publicadas por Alfredo Zayas Alfonso, V, 1 y 2, La Habana, La Propaganda Literaria, 1890 y 1891, Biblioteca Cubana, Obras escogidas de autores cubanos en prosa y verso, tomo 1 y 2.

Simientes de libertad, La Habana, Imprenta La Prueba, 1916.

Aforismos, prólogo, biografía y notas ordenadas por Manuel Isaías Mesa Rodríguez, La Habana, Imprenta y Librería La Propagandista, 1930.

José de la Luz y Caballero como educador, recopilación de sus escritos e introducción de Francisco González del Valle, La Habana, Cultural, 1931.

Filosofía y pedagogía, La Habana, Secretaría de Educación, Dirección de Cultura, 1935.

Lágrimas, Manuscrito inédito, prólogo y notas de Manuel Isaías Mesa Rodríguez, La Habana, 1935.

Verbo de admonición, La Habana, Editorial Cuba, 1936.

Aforismos y apuntaciones, Ordenados y anotados por Roberto Agramonte, Retrato de José de la Luz, por José Martí, prólogo de Rafael García Bárcena, La Habana, Editorial de la Universidad de La Habana, 1945, Obras de José de la Luz y Caballero, 1; 2.ª edición, Id., 1962.

De la vida íntima, tomo 1, Epistolarios y diarios, prólogo de Elías Entralgo, La Habana, Editorial de la Universidad de La Habana, 1945, Obras de José de la Luz y Caballero, 7.

Escritos literarios, prólogo de Raimundo Lazo, La Habana, Editorial de la Universidad de La Habana, 1945, Obras de José de la Luz y Caballero, 6, *La polémica filosófica*, tomo 1.

Cuestión de método, si el estudio de la física, o de las ciencias de la naturaleza debe o no preceder al de la lógica, o de las ciencias del espíritu, intervienen José de la Luz y Caballero, *Rumilio, El Dómine, El Adicto* y otros, prólogo de Roberto Agramonte, La Habana,

Editorial de la Universidad de La Habana, 1946, *Obras* de José de la Luz y Caballero, 3.

La polémica filosófica, tomo 3, Polémica sobre el eclecticismo, 1, Intervienen José de la Luz y Caballero, José Zacarías González del Valle, Manuel González del Valle, *El Ciudadano del Mundo* y otros, La Habana, Editorial de la Universidad le La Habana, 1946, *Obras* de José de la Luz y Caballero, 3.

La polémica filosófica, tomo 4, Polémica sobre el eclecticismo, 2, Intervienen José de la Luz y Caballero, Manuel González del Valle, Domingo León y Mora, Juan Francisco Funes y otros, La Habana, Editorial de la Universidad de La Habana, 1947, *Obras* de José de la Luz y Caballero, 3.

La polémica filosófica, tomo 2, Ideología, 1838, Intervienen, Manuel Costales, José Zacarías González del Valle, José de la Luz y Caballero y otros, Moral religiosa, 1838, Intervienen, Domingo del Monte y José de la Luz y Caballero, Moral utilitaria, 1839, Intervienen, Manuel González del Valle, Francisco Ruiz, José de la Luz y Caballero y otros, La Habana, Editorial de la Universidad de La Habana, 1948, *Obras* de José de la Luz y Caballero, 3.

Elencos y discursos académicos, estudio preliminar por Roberto Agramonte, La Habana, Editorial de la Universidad de La Habana, 1950, *Obras* de José de la Luz y Caballero, 2.

Escritos educativos, La Habana, Editorial de la Universidad de La Habana, 1952, 2 T., *Obras* de José de la Luz y Caballero, 4.

Escritos sociales y científicos, La Habana, Editorial de la Universidad de La Habana, 1955,

Obras de José de la Luz y Caballero, 5.

Aforismos de Luz y Caballero, Pensamientos inéditos y un magnífico artículo de José Martí, La Habana, Editorial Lex, 1960.

Bibliografía pasiva

Agramonte, Roberto, *Prédica y ejemplo de Luz y Caballero*, La Habana, 1950.

Agramonte Simoni, Arístide, «Don José de la Luz en la Sociedad Económica», en *Revista Bimestre Cubana*, La Habana, 26, 2, 186-188, noviembre-diciembre, 1930.

Angulo y Heredia, Antonio, «Lección primera», en su *Goethe y Schiller, su vida, sus obras y su influencia en Alemania*, Lecciones pronunciadas en el Ateneo de Madrid, Madrid, Imprenta de M. Galiano, 1863.

Barrinaga y Ponce de León, Graciela, «Luz; y Caballero y la mujer», en *El Espectador Habanero*, La Habana, 5, 28, 113-114, XX-XXI, octubre, 1935.

Cabrera, Raimundo, «Carta abierta al General José Miguel Gómez sobre la estatua en bronce de José de la Luz y Caballero», en *Revista Bimestre Cubana*, La Habana, 7, 4, 316-320, julio-agosto, 1912.

«*Corrigenda a la edición de los aforismos de Luz*», en *Universidad de La Habana*, La Habana, 58-60, 1-2, enero-junio, 1945.

Cruz, Manuel de la, «Croquis y apuntes, la revuelta de El Salvador», y «José de la Luz y Caballero», en su *Literatura cubana*, Madrid, Editorial Saturnino Calleja, 1924, págs. 143-147 y 149-154, Obras completas de Manuel de la Cruz, 3.

Chacón y Calvo, José María, «Maestro y discípulo, José de la Luz y Caballero y Manuel Sanguily», en *Ábside*, México, 27, 5-28, 1963.

Entralgo, Elías José, *Dos arquetipos para una deontología cubana, Don Pepe y el Generalísimo*, La Habana, Editorial de la Universidad de La Habana, 1952.

Esténger, Rafael, *Don Pepe, retrato de un maestro de escuela*, La Habana, Editorial Alfa, 1940.

Figarola Caneda, Domingo, *Bibliografía de Luz y Caballero*, La Habana, Imprenta El Siglo XX, 1915.

González del Valle, Francisco, *José de la Luz y los católicos españoles*, La Habana, Sociedad Editorial de *Cuba Contemporánea*, 1919.

«El patriotismo de Luz y Caballero», en *El Fígaro*, La Habana, 36, 22-23, 609, 614, 1919.

«Documentos para la biografía de José de la Luz y Caballero I, II, III, IV, V, VI, VII, VIII, IX, X, y XI», en *Cuba Contemporánea*, La Habana, 26, 27, 28, 29, y 30, 139-157, 245-250, 389-395; 173-182, 253-260, 357-364; 230-240, 314-323; 172-184, 368-373; y 86-96, 1921, y 1922.

La conspiración de La Escalera, I, José de la Luz y Caballero, La Habana, Imprenta El Siglo XX, 1925.

«El propuesto traslado de la estatua de José de la Luz y Caballero», en *Cuba Contemporánea*, La Habana, 41, 14, 275-280, mayo-agosto, 1926.

Dos orientadores de la enseñanza, el padre José Agustín Caballero y José de la Luz y Caballero, La Habana, Imprenta Molina, 1935.

«La personalidad de Luz y Caballero» en *Revista Cubana*, La Habana, 2, 4-6, 251-264, abril-junio, 1935.

«José de la Luz y Caballero y la Biblioteca de la Sociedad Económica», en *Revista Bimestre Cubana*, La Habana, 37, 1, 77-83, enero-febrero, 1936.

Guardia, J. M., «Filósofos españoles de Cuba, Félix Varela y José de la Luz», en *Revista Cubana*, La Habana, 25, 233-247, 412-427, 493-502, 1892.

Guerra, Ramiro, «La preparación de los maestros, Luz Caballero y las Escuelas Normales», en *Cuba Contemporánea*, La Habana, 12, 274-292, 1916.

José de la Luz y Caballero como político, La Habana, Universidad Central de Las Villas, 1957.

Le Roy Gálvez, Luis Felipe, *Luz Caballero y la enseñanza de la química en Cuba*, conferencia pronunciada en el Colegio Municipal de Doctores en Ciencias y en Filosofía y Letras, de La Habana, el día 15 de abril de 1943, separata de *Universidad de La Habana*, La Habana, 1950.

López del Amo, Rolando, «José de la Luz y Caballero visto por Manuel Sanguily», en *Universidad de La Habana*, La Habana, 195, 179-182, 1972.

Luz y Duarte, Francisco de la, *Don José de la Luz y Caballero, Datos biográficos, recopilación de escritos sobre su muerte, así como los aforismos, pensamientos y artículos más* interesantes del sabio maestro, prólogo del Doctor Jesús Saíz de la Mora, La Habana, Imprenta y papelería de Rambla y Bouza, 1913.

Martí, José, «Cartas inéditas de José de la Luz» y «José de la Luz», en su Obras completas, tomo 5, La Habana, Editorial Nacional de Cuba, 1963, págs. 249-250 y 271-273.

Maza, Piedad de la, «Ideas pedagógicas de don José de la Luz y Caballero», en Revista de la Facultad de Letras y Ciencias, La Habana, 34 y 35, 1-2, 3-4 y 1-2, 111-139, 346-391 y 74-108, enero-junio, julio-diciembre, 1924 y enero-junio, 1925.

Mañach, Jorge, Luz y «El Salvador», discurso leído en la sesión pública celebrada el 27 de marzo de 1948, conmemorativa del centenario de la fundación del colegio «El Salvador» de José de la Luz y Caballero, La Habana, Imprenta El Siglo XX, 1948.

Medrano, Higinio J., «José de la Luz y Caballero, profesor de idealismo», en Revista Cubana, La Habana, 24, 103-143, enero-junio, 1949.

Méndez, Manuel I., Notas para el estudio de las ideas éticas en Cuba, siglo XIX, José Antonio Caballero, Félix Varela y José de la Luz y Caballero, La Habana, Editorial Lex, 1947, págs. 67-85.

Menéndez Pelayo, Marcelino, Historia de los heterodoxos españoles, tomo 2, Madrid, Biblioteca de Autores Cristianos, 1956, págs. 1075, nota.

Merchán, Rafael María, «El espinar cubano y el segur barrantina», en su Variedades, Bogotá,

Imprenta de La Luz, 1894, págs. 169-177.

Mesa Rodríguez, Manuel Isaías, «Don José de la Luz y Caballero», en Revista Bimestre Cubana, La Habana, 37, 1, 84-88, enero-febrero, 1936.

Don José de la Luz y Caballero, biografía documental, La Habana, Editorial de la Logia Realidad n.º 8, 1947.

«Don José de la Luz y la mujer, conversación para mujeres», en Trimestre, La Habana, 3, 3, 341-352, julio-septiembre, 1949; Tres retratos de Luz y Caballero, La Habana, Imprenta El Siglo XX, 1950.

José de la, Luz y Caballero, maestro de una gran generación, La Habana, Oficina del Historiador de la Ciudad, 1956.

Monal, Isabel, «Tres filósofos del centenario, José de la Luz y Caballero, 1800-1862» en Universidad de La Habana, La Habana, 32, 192, 11, 123-129, octubre-diciembre, 1968.

Páez, Alfonso E., estudio sobre José de la Luz Caballero, La Habana, Imprenta Cubana, 1914.

Pérez Cabrera, José Manuel, El Texto de Lectura de Luz y Caballero, La Habana, 1937.

Pichardo, Hortensia, «Fundación e historia del colegio de Carraguao» y «El plan de estudios de Carraguao», en Revista de Educación, La Habana, 3.ª época, 1, 8 y 9, 398-408 y 573-596, junio y octubre, 1924.

Piñeyro, Enrique, «José de la Luz y Caballero», en su Hombres y glorias de América, París, Casa Editora Garnier Hermanos, 1903, págs. 157-230.

Rodríguez, Carlos Rafael, José de la Luz y Ca-

ballero, La Habana, Ediciones de la Revista *Fundamentos*, 1947.

Rodríguez, José Ignacio, *Vida de Don José de la Luz y Caballero*, Nueva York, Imprenta de *El Mundo Nuevo-La América Ilustrada*, 1874; 2.ª edición aumentada y corregida, Nueva York, Imprenta y Librería de Néstor Ponce de León, 1878.

Roig de Leuchsenring, Emilio, «José de la Luz y Caballero, decidido y valiente antiesclavista», en *Carteles*, La Habana, 28, 26, 42-43, junio 29, 1947.

«Don José de la Luz y Caballero nunca poseyó esclavos» en *Carteles*, La Habana, 28, 27, 42-43, julio 6, 1947.

«El patriotismo cubanísimo de José de la Luz y Caballero», en *Carteles*, La Habana, 28, 28, 42-43, julio 13, 1947.

«José de la Luz y Caballero, fundador de la nación cubana», en *Carteles*, La Habana, 35, 27, 61-66, julio 4, 1954.

Saíz de la Mora, Jesús, *José de la Luz y Caballero; influencia social y política de su labor educativa*, La Habana, El Dante, 1929.

Sanguily, Manuel, «José de la Luz y Caballero y su biografía», en *Revista Cubana*, La Habana, 2, 385-420, 1885.

José de la Luz y Caballero, estudio crítico, La Habana, Establecimiento Tipográfico O´Reilly 9, 1890; La Habana, Tipografía Moderna de Alfredo Dorrbecker, 1926; La Habana, Consejo Nacional de Cultura, 1962.

José de la Luz y Caballero, discurso pronunciado en la velada que celebró la «Asociación de Maestros, Maestras y Amantes de la Niñez Cubana», el 22 de febrero de 1900, La Habana, Imprenta C. Blasco, 1913.

Sorni, Jorge, seudónimo de José Silverio Jorrín, «Don José de la Luz Caballero», en *El Fígaro*, La Habana, 3, 43, 4, 1887.

Soto Paz, Rafael, *La falsa cubanidad de Saco, Luz y del Monte*, La Habana, Editorial Alfa, 1941.

Valdés Rodríguez, Manuel, «Discurso pronunciado en la Universidad...», en *Revista Bimestre Cubana*, La Habana, 8, 5-24, 1913.

Varona, Enrique José, «Lección inaugural», en su *Conferencias filosóficas, primera serie, Lógica*, La Habana, Imprenta Militar de la Viuda de Soler, 1880, págs. 7-29.

«Luz y Caballero, a propósito del libro del señor Sanguily», en Revista Cubana, La Habana, 12, 97-106, agosto, 1890.

Vitier, Medardo, *Las ideas en Cuba*, tomo 2, La Habana, Editorial Trópico, 1938, págs. 197-133.

«José de la Luz y Caballero», en su *Estudios, notas, efigies cubanas*, La Habana, Editorial Minerva, 1944, págs. 228-234.

La Filosofía en Cuba, México, Fondo de Cultura Económica, 1948, págs. 80-123.

José de la Luz y Caballero como educador, La Habana, Universidad Central de Las Villas, 1956.

«¿Volver a José de la Luz?», en su *Valoraciones*, Nota preliminar de Mariano Rodríguez Solveira, tomo 1, La Habana, Universidad Cen-

tral de Las Villas, 1960, págs. 331-334.
«Las doctrinas filosóficas en Cuba, síntesis de un curso», en su *Valoraciones*, tomo 2, La Habana, Universidad Central de Las Villas, 1961, págs. 28-62.
Zambrana, Ramón, «Elogio de don José de la Luz», en su *Trabajos académicos*, La Habana, Imprenta La Intrépida, 1865, págs. 7-22.
Zayas, Alfredo, «Don José de la Luz», en *Revista de Cuba*, La Habana, 6, 78-84, julio, 1879.
«Un episodio de la vida de tres hombres célebres», en *Revista Cubana*, La Habana, 9, 367-378, abril, 1890.
«Por la gloria de Luz y Caballero, discurso pronunciado el 11 de julio de 1909» y «Ante la estatua de Luz y Caballero, discurso», en su *Discursos y conferencias*, tomo 1 y 2, La Habana, Imprenta Molina, 1942, págs. 152-157 y 54-58.
Zenea, Juan Clemente, «Carta a Enrique Piñeyro sobre el prólogo de las *Obras* de Ramón de Palma», en *Revista Habanera*, La Habana, 2, 5, 285-291, enero, 1862.

Luz y Sombra (La Habana, 1893-1894). Revista semanal ilustrada. En su primer número, correspondiente al 7 de octubre, se expresaba que la publicación ofrecería «en todos sus números un texto variadísimo en que no faltará la poesía seria ni la cómica, el artículo festivo ni el cuento delicado, la crónica de salones ni la de moda, ni la revista de teatros, ni la sección recreativa, amenizado todo con los dibujos que tan agradable hacen su lectura, pues tenemos la pretensión de que a todos guste, así al joven como al viejo, así a la dama encopetada como a la humilde costurera». Federico Villoch y Antonio Jiménez fungían como directores literario y artístico, respectivamente. La administración estaba a cargo de Manuel García Rivero, quien posteriormente aparecería como fundador-propietario. Más adelante salió como «Periódico literario y artístico», con formato diferente. Presentó en sus páginas poesías —algunas de tono festivo—, cuentos, artículos sobre temas literarios, crónicas de salones y teatros, pasatiempos, etc., Contó con la colaboración ocasional de *Conde Kostia* (seudónimo de Aniceto Valdivia), Esteban Borrero Echeverría, Manuel de la Cruz, Carlos Pío Uhrbach y Álvaro de la Iglesia. Otros colaboradores más constantes fueron Bonifacio Byrne, Pablo Hernández, Francisco García Cisneros, Carlos Ciaño, Guillermo Schweyer Lamar, Juan B. Ubago, Justo José de Cárdenas, Ciriaco Sos y Gautreau (quien a veces firmaba con el seudónimo *César de Guanabacoa*), Eusebio Cacho Negrete, Abelardo Farrés. El último ejemplar revisado corresponde al 23 de septiembre de 1894.

Bibliografía

«*Luz y Sombra*», en *La Habana Elegante*, La Habana, 9, 40, 7, octubre 15, 1893.

Lyceum (La Habana, 1936-1939; 1949). Revista. Su primer número correspondió a febrero. Era órgano oficial del Lyceum. Codirigida por Uldarica Mañas y Camila Henríquez Ureña. Se publicaba trimestralmente. Entre sus vocales se contaban Carolina Poncet y Piedad Maza. En las «Directrices» de su primer número se expresaba lo siguiente: «Uno de los ideales del Lyceum ha sido el de poder mantener un órgano oficial que recoja en sus páginas la síntesis de nuestras actividades. Este ideal ha encontrado siempre múltiples obstáculos que impedían su realización, los cuales, aunque no desaparecidos se han tratado de obviar, y este primer número que aparece al conmemorarse el séptimo aniversario de nuestra fundación, será el taladro que destruya los que aún quedan por salvar.» Desde el ejemplar correspondiente a los números 5 y 6 presentó un consejo de redacción en el que figuraban Carolina Poncet, Consuelo Montoro, Piedad Maza y Sylvia Shelton, como directora, subdirectora, secretaria general y jefa de redacción, respectivamente. Este último cargo fue asumido por Vicentina Antuña desde el número 9 y 10. A partir del número siguiente la subdirección está a cargo de Piedad Maza; como subjefa de redacción funge Mirta Aguirre. Con la publicación del número 15 y 16, correspondiente a septiembre-diciembre de 1939, cesó su salida debido a «la carestía de papel provocada por el reciente conflicto bélico y la necesidad de construir un edificio apropiado para la creciente expansión de las actividades del Club», según explicaron al reaparecer en febrero de 1949 (número 17) como «Órgano oficial del Lyceum y Lawn Tennis Club» y bajo la dirección de Piedad Maza. Presentaba entonces un consejo de redacción del que formaban parte, entre otras poco conocidas, Vicentina Antuña y Mercedes García Tudurí. Desde el número 18 apareció como *Revista Lyceum*, aunque en la cubierta continuó figurando el título original hasta el número 21. En el número 26, en el que se realizan cambios en el consejo de redacción, se expresa que con este número la revista «entra en una nueva fase de su evolución impulsada por el afán de mejorar y renovar, no solo aquellos aspectos relativos a la riqueza y la variedad de su contenido, sino a la manera y la forma de presentarlo». Luego de aclarar que se «intentará ofrecer mayor diversidad en cuanto a los géneros presentados», añaden que procurarán también añadir «nuevas secciones del interés más vivo y palpitante, en que se haga referencia a aquellos temas que [...] se encuentran a tono con los gustos, los intereses y las aficiones de las socias», así como que «se presentará un panorama lo más variado posible de los acontecimientos de actualidad y del movimiento cultural de la época contemporánea, ya en la vida nacional como en las relaciones internacionales». Concluyen expresando que «por encima de todo, la *Revista Lyceum* aspira a reflejar en sus páginas la obra que realiza la mujer en los diversos sectores de la vida y la cultura, y a enaltecer la memoria de las precursoras y las fundadoras, para mantener vivo el entusiasmo por la noble causa del progreso y la superación femenina». Desde el ejemplar correspondiente al número 33 y 34 fue dirigida por Isabel F. de Amado Blanco. En las páginas de *Lyceum* aparecieron ensayos en que se abordaban problemas sociológicos, filosóficos, pedagógicos, científicos y relativos a la cultura en general. Estos trabajos eran casi siempre los textos completos o fragmentados de conferencias ofrecidas en la sociedad. También se publicaban poemas, obras teatrales y artículos de crítica e historia literarias, tanto de autores cubanos como extranjeros, o referidos a unos y otros. Presentaba una sección en que se publicaban notas sobre conferencias, conciertos musicales, exposiciones, danza, teatro, cine, radio, política, deportes, así como sobre la labor social y cultural de la sociedad, su biblioteca, sus visitantes, etc. Dedicó números a temas específicos como la obra de Goethe (20), el centenario de la bandera cubana (22), el estudio de los problemas infantiles (23) y el Lyceum (37). Además de los trabajos de las escritoras ya mencionadas como integrantes de la dirección y redacción de la revista, en la misma aparecieron textos de Rafael Marquina, Raimundo Lazo, Eugenio Florit, Emilio Ballagas, Manuel Bisbé, Rafaela Chacón Nardi, José María Chacón y Calvo, Luis de Soto, Luis Amado Blanco, Jorge Mañach, Medardo Vitier, Rosario Novoa, Cintio Vitier, Francisco Pérez de la Riva, Salvador Bueno, Luis A. Baralt, Fina García Marruz, Dulce María Escalona, Gustavo Pittaluga, Herminio Almendros, Rosa Hilda Zell, José Ardévol, Fernando G. Campoamor, Rafael Suárez Solís, entre otros muy conocidos, pero cuya colaboración fue ocasional, como Juan Marineno, José Antonio Portuondo, Roberto Fernández Retamar, Guy Pérez de Cisneros, Elías Entralgo, Emilio Roig de Leuchsenring, Juan José Remos, Joaquín Llaverías, Renée Potts, José Manuel Valdés Rodríguez, etc. Entre los colaboradores extranjeros puede mencionarse a Karl Vossler, Juan Ramón Jiménez, José Ferrater, Rómulo Gallegos, Gabriela Mistral, María Zambrano, Fryda Schultz de Mantovani, Max Henríquez Ureña, Manuel Rojas, Concha Méndez, Eva Frejaville, Amanda Labarca, etc. El último ejemplar revisado (número 41) corresponde a febrero de 1955.

Bibliografía

Chacón y Calvo, José María, «La Revista de Lyceum», en *Diario de la Marina*, La Habana, 117, 93, 4, abril 20, 1949.

«Editorial...», en *Revista Lyceum*, La Habana, 7, 26, 5-6, mayo, 1951.

Maza, Piedad, «Directrices», en *Lyceum*, La Habana, 5, 17, 3-5, febrero, 1949.

Lyceum y Lawn Tennis Club Fue fundado el 1.º de diciembre de 1928 por iniciativa de Berta Arocena y Renée Méndez Capote. El propósito primordial de esta asociación femenina era fomentar en la mujer el espíritu colectivo, alentando y encauzando actividades de orden cultural, social y deportivo. Sus socias se interesaron por las nuevas tendencias culturales que conmovían la actualidad del mundo, de ahí que sintieran la influencia del Grupo Minorista. Contó con una mesa directiva formada por tres vicepresidentes que ocupaban la presidencia por un período de ocho meses cada una, una secretaria de actas, una de correspondencia, una tesorera, con sus vices correspondientes, y las vocales. Mantuvo secciones de Asistencia Social, Música, Exposiciones, Biblioteca, Conferencias, Clases, Casa, Deporte, Propaganda y Publicidad y Relaciones Sociales. Su primera presidenta fue Berta Arocena. Entre las actividades que propició están la apertura de una escuela nocturna para adultos en la que se impartían, además de materias escolares, clases de costura, taquigrafía, carpintería, etc. Convocó a concursos literarios y artísticos, ofreció conferencias, exposiciones, lecturas comentadas, cursos sobre literatura, música, canto, idiomas. En febrero de 1936 apareció la revista *Lyceum*, órgano de la institución, dirigida por Camila Henríquez Ureña y Uldarica Mañas. Se publicó hasta 1961. En febrero de 1939 el Lyceum se unió a la institución «Tennis de Señoritas», organización deportiva que había sido creada en 1913. El 19 de mayo de 1942 se inauguró la biblioteca pública del Lyceum, general y circulante, que fue la primera con este carácter que tuvo el Vedado. Contó, en calidad de depósito, con la colección perteneciente a Max Henríquez Ureña. Las actividades de esta institución cesaron poco después del triunfo de la Revolución.

Bibliografía

Antuña, Vicentina, «Lyceum y Lawn Tennis Club», en *Revista de La Habana*, La Habana, 3, 291-295, noviembre, 1942.

«El Lyceum», en *Lyceum*, La Habana, 11, 37, 7-31, febrero, 1954.

Arocena, Berta, «El primer año en la vida del Lyceum», en *Lyceum*, La Habana, 5, 17, 58-62, febrero, 1949; *Los veinte años del Lyceum*, La Habana, Editorial Lex, 1949.

Borrero, Ana María, «¿Qué sabemos del Lyceum y Lawn Tennis Club?», en *Vanidades*, La Habana, 15, 6, 11-13 y 18, marzo, 1945.

Caballero, Mary y Manuel Bisbé, «La fusión del Lyceum y el Lawn Tennis Club, I y II», en *Lyceum*, La Habana, 4, 13, 64-69, enero-marzo, 1939.

Florit, Eugenio, «El Lyceum y la cultura cubana», en *Lyceum*, La Habana, 1, 3, 156-160, septiembre, 1936.

«Lyceum-Lawn Tennis Club», en *Anuario Cultural de Cuba 1943*, La Habana, Imprenta Úcar, García, 1944, págs. 366-372.

Mañach, Jorge, «E Lyceum y la conciencia nacional», en *Lyceum*, La Habana, 11, 37, 75-90, febrero, 1954.

Mederos, Elena, «El Lyceum y su mundo interior», en *Lyceum*, La Habana, 11, 37, 32-46, febrero, 1954.

Pittaluga, Gustavo, «El Lyceum y la vida espiritual de la mujer», en *Lyceum*, La Habana, 11, 37, 60-74, febrero, 1954.

Suárez Solís, Rafael, «El Lyceum y su aportación a la cultura», en *Lyceum*, La Habana, 11, 37, 48-59, febrero, 1954.

LL

Llana, María Elena (La Habana, 17 enero 1936). Tras cursar la primera enseñanza, realizó estudios inconclusos de artes plásticas en la Escuela San Alejandro. En 1958 se graduó como periodista en la Escuela Profesional de Periodismo Manuel Márquez Sterling. Trabajó en las redacciones de *Revolución*, *La Calle* y *La Tarde*. Hizo reportajes para *Pueblo y Cultura*, *Cuba* y los noticieros de Radio Reloj y CMQ-TV. Perteneció al Departamento Latinoamericano de la Agencia de Noticias Prensa Latina. Ha visitado España, México y los Estados Unidos. Tiene colaboraciones también en *Revista del Granma*, *Palante*. Actualmente trabaja como escritora en el Instituto Cubano de Radiodifusión. Utilizó el seudónimo *Mariel*.

Bibliografía activa
La reja, Cuento, La Habana, Ediciones R, 1965.

Bibliografía pasiva
Camps, David, «*La reja*», en *Unión*, La Habana, 5, 1, 167-169, enero-marzo, 1966.
Núñez Machín, Ana, «Mucho gusto, María Elena», en *El Mundo*, La Habana, 65, 21 717, 4, octubre 21, 1966.

Llaverías, Joaquín (La Habana, 27 julio 1875-Id., 23 noviembre 1956). A los veinte años era Bachiller en Artes y conocía el oficio de tipógrafo. Por esa época (1894-1895) publicó en *La Discusión* y *El Score*. Incorporado a la insurrección armada en 1895, alcanzó el grado de Capitán del Ejército Libertador. En 1899 fue nombrado por el gobierno interventor yanqui para un cargo en los Archivos de la Isla de Cuba. A propuesta suya, dicha institución comenzó, en 1902, la publicación de un *Boletín*, del cual fue virtualmente jefe de redacción. En 1910 asistió en Bruselas a un Congreso de Archiveros y Bibliotecarios. Su labor por el mejoramiento del Archivo Nacional le hizo obtener sucesivamente posiciones de mayor responsabilidad, hasta que en 1921, y luego de aprobar un examen de suficiencia, se le designó director, cargo que desempeñó hasta su muerte. Además de dirigir el *Boletín del Archivo Nacional* (1921-1956), colaboró en *Azul*, *La Lucha*, *El Mundo*, *Revista Bimestre Cubana*, *Social*, *Revista del Círculo Militar y Naval*. Perteneció a la Academia de la Historia de Cuba, de la que fue archivero permanente y director ocasional de sus *Anales*. También fue miembro, entre otras instituciones, de la Sociedad de Folklore de La Habana y de las academias de historia de la República Dominicana y del Uruguay. Su discurso de ingreso a la Academia de la Historia de Cuba, «Facciolo y *La Voz del pueblo Cubano*», fue recogido en el folleto *Discursos leídos en la recepción pública del señor Capitán Joaquín Llaverías y Martínez director del Archivo Nacional, la noche del 14 de junio de 1923* (La Habana, Academia de la Historia de Cuba, 1923, págs. 1-67). Editó y anotó las *Cartas inéditas de Martí* (La Habana, Imprenta El Siglo XX, 1920) y recopiló los *Papeles existentes en el Archivo General de Indias relativos a*

Cuba y muy particularmente a La Habana. T. 1 (1512-1578) y T. 2 (1578-1586). (La Habana, Imprenta El Siglo XX, 1931.) En colaboración con Emeterio Santiago Santovenia recopiló y publicó las Actas de las Asambleas de Representantes y del Consejo de Gobierno durante la Guerra de Independencia, en 6 volúmenes. Prologó numerosas obras, entre ellas los tomos cuarto y quinto del Centón epistolario de Domingo del Monte, los cuales también anotó. Utilizó el seudónimo de Llavito.

Bibliografía activa

Historia de los archivos de Cuba, prólogo de Francisco de Paula Coronado, La Habana, Imprenta La Universal de Ruiz, 1912; 2.ª edición, prefacio de Emeterio Santiago Santovenia, prólogo de F. de P. Coronado, La Habana, Talleres del Archivo Nacional de Cuba, 1949, Publicaciones del Archivo Nacional, 24.

Elogio del señor Pedro Mendoza Guerra, individuo de número, leído en la sesión solemne celebrada en la noche del 1.º de diciembre de 1923, La Habana, Imprenta El Siglo XX, 1923, Academia de la Historia de Cuba.

La Comisión Militar Ejecutiva y Permanente de la Isla de Cuba, discurso leído en la sesión solemne celebrada el 10 de octubre de 1929, La Habana, Imprenta El Siglo XX, 1929, Academia de la Historia de Cuba.

Los periódicos de Martí, Cartas a Emeterio Santiago Santovenia y F. de P. Coronado, La Habana, Imprenta Pérez, Sierra, 1929.

Elogio del señor Doctor Domingo Méndez Capote, académico electo, leído en la sesión solemne celebrada en la noche del 16 de junio de 1935, La Habana, Imprenta El Siglo XX, 1935, Academia de la Historia de Cuba.

Miguel Aldama, o la dignidad patriótica, conferencia leída el 23 de diciembre de 1937, en el Palacio Municipal, correspondiente a la serie sobre Habaneros Ilustres, La Habana, Imprenta Molina, 1937.

Elogio del Licenciado Roque E. Garrigó y Salido, académico de número, leído en la sesión solemne celebrada en la noche del 17 de diciembre de 1938, La Habana, Imprenta El Siglo XX, 1938, Academia de la Historia de Cuba.

El Consejo Administrativo de Bienes Embargados, discurso leído en la sesión solemne celebrada el 10 de octubre de 1941, La Habana, Imprenta El Siglo XX, 1941, Academia de la Historia de Cuba.

Martí en el Archivo Nacional, discurso leído en la sesión solemne celebrada el 27 de enero de 1945, La Habana, Imprenta El Siglo XX, 1945.

Biografía del Archivo Nacional de Cuba, conferencia leída en la Universidad de La Habana el día 26 de noviembre de 1954, La Habana, Talleres Tipográficos del Archivo Nacional de Cuba, 1954, Publicaciones del Archivo Nacional de Cuba, 39.

Elogio del Doctor Benigno Souza y Rodríguez, leído en la sesión solemne celebrada el 21 de junio de 1955, La Habana, Imprenta El Siglo

XX, 1955, Academia de la Historia de Cuba. *Contribución a la historia de la prensa periódica*, prefacio de Emeterio Santiago Santovenia y Elías Entralgo, La Habana, Talleres del Archivo Nacional de Cuba, 1957-1959, 2 T., Publicaciones del Archivo Nacional de Cuba, 47 y 48.

Bibliografía pasiva

Alcover, Antonio Miguel, «Historia de los archivos de Cuba, por Joaquín Llaverías», en *Boletín del Archivo Nacional*, La Habana, 11, 4-5, 271-273, julio-octubre, 1912.

«Nuestras entrevistas, Hablando con el señor Joaquín Llaverías, director del Archivo Nacional», en *Carteles*, La Habana, 8, 9, 14, 22, marzo 1, 1925.

Roig de Leuchsenring, Emilio, *Joaquín Llaverías, libertador, historiógrafo y taumaturgo del Archivo Nacional*, La Habana, Oficina del Historiador de la Ciudad, 1957.

Santovenia, Emeterio Santiago, *Elogio del Capitán Joaquín Llaverías y Martínez*, leído presidente de la Corporación en la sesión solemne celebrada el 25 de noviembre de 1957, La Habana, Imprenta El Siglo XX, 1957, Academia de la Historia de Cuba.

Zéndegui, Guillermo de, «Joaquín Llaverías y Martínez», en *Revista de la Biblioteca Nacional*, La Habana, 2.ª época, 7, 4, 187-188, octubre-diciembre, 1956.

Lles, Francisco (Monte Alto, Macagua, Matanzas, 13 junio 1888-Matanzas, 1 enero 1921). Hermano de Fernando. Pasó parte de su infancia en Asturias, España (1889-1894). Allí empezó los estudios primarios y los concluyó en Sumidero, barrio del Término de Guacamaro, en su provincia natal. Después de otro viaje a España (ca. 1896), regresó a Matanzas, en cuyo Instituto Provincial de Segunda Enseñanza cursó el bachillerato. Hacia 1908 publicó sus primeros versos en la revista matancera *El Estudiante*. Fue director, junto con su hermano, de *Alma Latina* (1910). Entre 1910 y 1915 formó parte de la conocida tertulia matancera «Areópago bohemio». A partir de 1913 trabajó como maestro ambulante en el mismo barrio de Sumidero, hasta 1919, cuando matriculó medicina en la Universidad de La Habana. En sus últimos años fue maestro nocturno en una escuela de Pueblo Nuevo, Matanzas. Poemas suyos aparecieron en *Orto*, *El Jején*, *Cuba y España*, *Matanzas*, *Letras*, *Bohemia* y *El Fígaro*. Su obra poética la publicó en libros conjuntos con su hermano: *Crepúsculos* (Matanzas, Imprenta El Escritorio, 1909), *Sol de invierno* (Matanzas, Bertrán y Dulzaides, editores, 1911) y *Limoneros en flor* (Matanzas, Imprenta El Radium, 1921). Dejó inéditos un libro de poemas (*A orillas del Pireo*) y una novela de ambiente cubano. Murió balaceado en una reyerta de carácter político.

Bibliografía pasiva

Carbonell, José Manuel, «Francisco Lles, 1888-1921», en su *La poesía lírica en Cuba*, recopilación dirigida, prologada y anotada, tomo 5, La Habana, Imprenta El Siglo XX, 1928, págs. 283, Evolución de la cultura cubana, 1608-

1927, 5.

Lizaso, Félix y José Antonio Fernández de Castro, «Fernando y Francisco Lles», en su *La poesía moderna en Cuba, 1882-1925*, antología crítica, ordenada y publicada, Madrid, Librería y Casa Editorial Hernando, 1926, págs. 159-160.

Lles, Fernando, «Francisco Lles», en *Social*, La Habana, 6, 8, 32, 58, agosto, 1921.

Martínez, Emilio, «*Sol de invierno*», en *Bohemia*, La Habana, 2, 27, 229-230, julio 2, 1911.

Vitier, Cintio, «Fernando y Francisco Lles», en su *Cincuenta años de poesía cubana, 1902-1952*.

Ordenación, antología y notas, La Habana, Ministerio de Educación, Dirección de Cultura, 1952, págs. 44.

Lles y Berdayes, Fernando (Ceiba Mocha, Matanzas, 31 agosto 1883-Matanzas, 12 mayo 1949). Hacia 1887 fue llevado por sus padres a España; allí, en Cangas de Onís (Oviedo), realizó sus primeros estudios. Después de ocho años de permanencia en España regresó a Cuba. En Matanzas se dedica al giro del calzado. Mediante la llamada enseñanza libre cursa el bachillerato en el Instituto de Matanzas, hasta graduarse en 1918. Ligado a la tertulia matancera «Areópago bohemio», entre 1910 y 1915, sus primeras colaboraciones aparecieron en *El Estudiante*, de Matanzas. En la misma ciudad funda y dirige las publicaciones *Alma Latina* (1910, en colaboración con su hermano Francisco), *El Heraldo de Matanzas* (1910-1912), *El Imparcial* (1912-1916) y *Matanzas* (1913). También dirigió *El jején* (1919). Fue concejal del Ayuntamiento de Matanzas (1918-1922). A partir de 1920 abandona el periodismo para trabajar, hasta su muerte, dentro del giro de Seguros. Se graduó de Procurador Público en 1928. Fue profesor de historia y geografía universal en el Instituto de Segunda Enseñanza de Matanzas a partir de 1928, y secretario del mismo desde 1930; renunció a ambos cargos en 1933. Fue también secretario de la Administración Municipal de Matanzas (1937-1939) y secretario de la Comisión Preparatoria de la Convención Internacional Económica de Cuba. Perteneció al Ateneo de Matanzas, al Grupo Minorista de Matanzas, a la Academia Nacional de Artes y Letras y a otras asociaciones, nacionales y extranjeras. Entre las publicaciones en las que colaboró se encuentran *El Estudiante* (Santa Clara), *Revista del Grupo Minorista* (Matanzas), *Orto* (Manzanillo); *Letras, Cuba y América, Bohemia, El Fígaro, Evolución, Social, Revista de Avance* (La Habana); *Sagitario* (Buenos Aires); *El Cojo Ilustrado* (Caracas); *El Repertorio Americano* (San José de Costa Rica). En colaboración con su hermano Francisco publicó los libros de versos *Crepúsculos* (Matanzas, Imprenta El Escritorio, 1909), *Sol de invierno* (Matanzas, Bertrán y Dulzaides, editores, 1911) y *Limoneros en flor* (Matanzas, Imprenta El Radium, 1912); tenía en preparación otro titulado *A orillas del Pireo*, que la muerte de Francisco dejó inconcluso. Fue un notable conferencista. Al morir dejó en preparación un libro de ensayos titulado *Nacismo, fascismo, plutocracia, oligarquía, marxismo y democracia*.

Bibliografía activa

La higuera de Timón, Consejos al pequeño Antonio, ensayo, «A modo de prólogo», por Medardo Vitier, Matanzas, Imprenta Casas y Mercado, 1921.

La metafísica en el arte, Primera conferencia de la serie de actos culturales, patrocinados por el Club Rotario de Matanzas, y cuyo acto se llevó a cabo en los salones de la sociedad cubana El Liceo, el día 9 de julio de 1922. Matanzas, Casas y Mercado, Impresores, 1922, *La sombra de Heráclito*, ensayo, La Habana, Imprenta El Siglo XX, 1923.

La escudilla de Diógenes, Etopeya del cínico, ensayo, La Habana, Editorial Nuestra Novela, 1924.

El individualismo, ensayo sobre el instinto y la conciencia, Matanzas, 1926.

Individualismo, socialismo y comunismo, Los problemas de la conciencia contemporánea, ensayo, Valencia, España, Tip. P. Quilés, 1932.

El individuo, la sociedad y el estado, ensayo, La Habana, Cultural, 1934.

Conferencias, Matanzas, Casas y Mercado, 1944.

Bibliografía pasiva

Acosta, Agustín, «Fernando Lles, poeta», en *Revista Cubana*, La Habana, 27, 82-87, julio-diciembre, 1950.

Carbonell, José Manuel, «Fernando Lles, 1883», en su *La poesía lírica en Cuba*, recopilación dirigida, prologada y anotada, tomo 5, La Habana, Imprenta El Siglo XX, 1928, págs. 179 y en su *La prosa en Cuba*, recopilación dirigida, prologada y anotada, tomo 1, La Habana, Imprenta Montalvo y Cárdenas, 1928, págs. 91, Evolución de la cultura cubana, 1608-1927, 5 y 12.

García Godoy, Federico, «*La sombra de Heráclito*, por Fernando Lles», en *El Fígaro*, La Habana, 40, 24, 402, noviembre 18, 1923.

Grismer, Doctor Raymond L. y Manuel Rodríguez Saavedra, «Fernando Lles y Berdayes», en su *Vida y obra de autores cubanos*, tomo 1, La Habana, Editorial Alfa, 1940, págs. 113-115.

Lavié, Nemesio, «La obra de un ensayista cubano, Fernando Lles», en *Diario de la Marina*, La Habana, 95, 148, 42, mayo 29, 1927.

León, José de la Luz, «Reparos a un bello libro», en *El Fígaro*, La Habana, 39, 26, 410-411, junio 25, 1922.

Lizaso, Félix, «Fernando Lles», en su *Ensayistas contemporáneos, 1900-1920*, La Habana, Editorial Trópico, 1938, págs. 102-105, 257-258.

Lizaso, Félix y José Antonio Fernández de Castro, «Fernando y Francisco Lles», en su *La poesía moderna en Cuba, 1882-1925*, antología crítica, ordenada y publicada, Madrid, Librería y Casa Editorial Hernando, 1926, págs. 159-160.

Loveira, Carlos, «Otro libro de Fernando Lles, *La escudilla de Diógenes*», en *El Fígaro*, La

Habana, 42, 1-2, 24, enero, 1925.

Loveira y Chirino, Carlos, *Un gran ensayista, Fernando Lles*, discurso de ingreso como miembro de número de la Sección de Literatura leído en la sesión solemne celebrada por la Academia Nacional de Artes y Letras, la noche del 30 de enero de 1926, La Habana, Imprenta El Siglo XX, 1926, págs. 5-21.

Martínez, Emilio, «*Sol de invierno*», en *Bohemia*, La Habana, 2, 27, 229-230, julio 2, 1911.

Martínez Bosch, M., «*La higuera de Timón*», en *España Nueva*, La Habana, 2, 23, 8-9, abril 30, 1922.

Nodarse y Cabrera, José J., *El pensamiento de Fernando Lles*, La Habana, Cultural, 1933.

«La filosofía social y política de Lles», en *Revista Cubana*, La Habana, 27, 89-101, julio-diciembre, 1950.

Páez, Alfonso E., «A propósito de la conferencia de Lles sobre individualismo, socialismo y comunismo», en *Universidad de La Habana*, La Habana, 5, 185-192, julio-agosto, 1934.

Ramos, José Antonio, «*La sombra de Heráclito*», en *El Fígaro*, La Habana, 42, 4, 80, marzo 15, 1925.

Rodríguez Rivero, Luis, «Noticia bibliográfica de Fernando Lles y Berdayes», en *Revista Cubana*, La Habana, 27, 111-122, julio-diciembre, 1950.

Russinyol, José, «Fernando Lles, el hombre y el medio», en *Revista Cubana*, La Habana, 27, 102-110, julio-diciembre, 1950 Tejera, Diego V.

«*La higuera de Timón*», en *El Fígaro*, La Habana, 39, 15, 230, abril 9, 1922.

Vitier, Cintio, «Fernando y Francisco Lles», en su *Cincuenta años de poesía cubana, 1902-1925*, ordenación, antología y notas, La Habana, Ministerio de Educación, Dirección de Cultura, 1952, págs. 44.

Vitier, Medardo, «Más sobre *La higuera de Timón*», en *El Fígaro*, La Habana, 40, 3, 3, enero 21, 1923.

«Fernando Lles, escritor», en *Revista Cubana*, La Habana, 27, 75-81, julio-diciembre, 1950.

www.ingramcontent.com/pod-product-compliance
Lightning Source LLC
Chambersburg PA
CBHW031843220426
43663CB00006B/479